LA GRAMMAIRE D'AUJOURD'HUI :

GUIDE ALPHABÉTIQUE DE LINGUISTIQUE FRANÇAISE

© Librairie Flammarion, Paris, 1986
Printed in France
I.S.B.N. 2-08-112003-8

Michel Arrivé, Françoise Gadet
et Michel Galmiche

LA GRAMMAIRE D'AUJOURD'HUI :

GUIDE ALPHABÉTIQUE DE LINGUISTIQUE FRANÇAISE

FLAMMARION

Sommaire

AVANT-PROPOS

Quand ils ont formé le projet de composer cet ouvrage, ses auteurs se proposaient de viser simultanément trois buts :

1. Décrire l'ensemble des structures qui caractérisent une langue : le français d'aujourd'hui. À cet égard, le livre auquel ils pensaient était une grammaire, au sens large du terme : il embrasserait la morphologie et la syntaxe (ou la syntaxe et la morphologie : disons la morphosyntaxe), c'est-à-dire la grammaire au sens étroit; mais aussi les problèmes du signifiant, qu'il soit manifesté par la voix (phonétique et phonologie) ou par l'écriture (orthographe); les problèmes du lexique, envisagés essentiellement sous l'angle de la morphologie lexicale; et enfin les problèmes liés à l'interprétation sémantique des formes et des structures.

2. Fournir un inventaire raisonné, explicite et explicatif, des notions utilisées dans la description.

3. Donner le moyen, par l'exemple de la description d'une langue, d'aborder les problèmes de l'analyse d'autres langues : au-delà de la linguistique française, atteindre la linguistique, tout court, ou, si on veut un adjectif, la linguistique générale.

Dès lors, la forme à conférer à l'ouvrage en gestation s'est progressivement imposée : ce ne pouvait être que celle du *Guide alphabétique*. Les différentes pesées qui s'exerçaient en faveur de cette formule étaient exactement convergentes, quoique d'origine diverse. Énumérons :

● C'est un fait d'expérience quotidienne que — sauf situation particulière — on ne lit pas une grammaire de façon continue : on la consulte par fragments, en utilisant l'index. Pourquoi ne pas donner d'emblée l'ordre de l'alphabet — parfaitement aléatoire et, par là, parfaitement rigoureux — à la disposition des matières de la grammaire? Du coup on se donnait le moyen d'éviter non l'index — il y en a un dans ce livre — mais son hétérogénéité : à la différence des ouvrages traditionnels, celui-ci bénéficie d'un index homogène, qui ne comporte que les mots de la langue — la langue-objet — étudiés au sein des articles. Tous les éléments du lexique technique — le métalangage — trouvent immédiatement leur place dans le corps même du texte.

● On le constate aisément : les différentes notions qui apparaissent dans une grammaire ne se situent pas au même niveau. Le statut spécifique des plus générales d'entre elles a souvent pour effet paradoxal de ne les faire apparaître que marginalement, voire de les occulter. Ainsi des notions aussi importantes que, par exemple, l'*ambiguïté,* l'*énonciation,* l'*homophonie,* la *paraphrase,* ou, sur un autre plan, le *discours,* la *langue,* le *langage,* voire... la *grammaire* elle-même courent-elles fréquemment le risque de ne trouver, dans un livre de forme traditionnelle, qu'une place réduite, en annexe à l'étude des faits où leur intervention s'impose. L'ordre alphabétique permettait d'aborder de front ces notions transversales ou englobantes, et, du coup, de les utiliser avec plus de pertinence lors de la description des phénomènes qui en requièrent l'intervention. Il permettait également de rendre compte économiquement des nombreux faits de croisement entre disciplines : ainsi, la *liaison,* phénomène phonétique, est conditionnée par la syntaxe.

● Sans entrer dans l'inutile (et présomptueuse ?) critique de leurs innombrables prédécesseurs, les auteurs ont cru remarquer que beaucoup d'entre eux étaient insuffisamment explicites : certaines notions employées dans leurs explications restent non définies. Pour éviter ce danger, les auteurs ont donc pris le parti de consacrer une entrée à tous les termes linguistiques utilisés dans l'ouvrage : il se trouve, de ce point de vue, être son propre dictionnaire. « Sauf erreur et oubli » — et à la réserve des exclusions qui seront signalées et justifiées plus bas — aucune notion alléguée dans le texte ne reste privée de sa définition.

● Ultime constatation quotidienne du linguiste, professionnel ou amateur : il devient de jour en jour plus difficile — si même il a été jamais possible — de parler de *la* linguistique. La diversification des points de vue, des théories, des écoles, des disciplines va croissant. Adopter un point de vue exclusif ? La rigueur n'y aurait peut-être pas gagné. Mais la portée des explications y aurait beaucoup perdu. L'ordre alphabétique a permis d'introduire des types d'analyse complémentaires. Se trouve ainsi souligné le fait que la langue ne relève pas d'un principe d'explication unique. Ce n'est naturellement pas dire qu'on a donné dans un éclectisme œcuménique : le lecteur repérera d'autant plus aisément qu'elles sont pleinement explicites les principales orientations théoriques qui dirigent ce livre.

La forme du guide alphabétique avait donc pour le projet d'évidents avantages[1]. Elle présentait nécessairement les inconvénients complémentaires. Le principal est à coup sûr le caractère aléatoire de la disposition qu'elle impose. On croit avoir réussi à neutraliser ce handicap en signalant, chaque fois que c'est nécessaire, les relations qui s'établissent entre articles. Sans qu'on ait visé une totale circularité, le double système de renvois[2] permet pratiquement de lire, de proche en proche, la totalité du *Guide,* quel que soit le point par lequel on y entre.

C'était donc un guide alphabétique — une sorte de dictionnaire, en somme — qui allait s'élaborer. Premier souci du lexicographe : la sélection des articles. Viser l'exhaustivité ? Elle est par définition, en matière de lexique, inaccessible, même quand il s'agit du champ sémantique, relativement homogène et clos, d'une science. Des critères de choix étaient donc indispensables. Voici, d'abord négativement, ceux qu'on s'est donnés :

1. Les notions d'épistémologie générale — telles que *axiome, description, explication, raisonnement, théorie, unité,* etc., n'avaient pas, selon les auteurs, à apparaître dans un dictionnaire de linguistique.

2. Les termes de la langue quotidienne — la langue à tout faire, comme on a judicieusement proposé de dire — utilisés en linguistique avec un sens immédiatement interprétable à partir de leur sens habituel ont également été éliminés. C'est pourquoi, par exemple, on ne trouvera pas d'entrée pour *dépendance, hiérarchie, relation, statut, vérité,* etc.

3. Au sein même du lexique technique de la linguistique, on a procédé à l'exclusion des termes qui ne sont pas (ou qui sont rarement) utilisés pour décrire la langue française. Ainsi, il a paru inutile d'insérer dans l'ouvrage des listes de catégories non représentées en français, par exemple les cas « concrets » de certaines langues. On a en revanche retenu ceux des cas qui ont conservé en français quelques traces de manifestation dans le système des pronoms. C'est ce qui explique le fait — paradoxal pour qui songe au latin — que l'*accusatif* et le *datif* bénéficient d'une entrée alors que le *génitif* en est privé. On a d'autre part fait apparaître la liste exhaustive des cas « profonds » *(agent, instrumental,* etc.*)*, qui interviennent dans la description de toute langue, pourvue ou non de déclinaison.

4. Enfin, on n'a pas consacré d'articles à celles des sous-disciplines linguistiques qui ont semblé ne pas présenter de nette spécificité dans leur application au français. Ainsi, la problématique de la *psycholinguistique* ne présente apparemment pas de diversification décisive selon la langue des sujets parlants. Il en va autrement de la *sociolinguistique* : les variations auxquelles le français est sujet sont fortement spécifiques (qu'on les compare à celles qui affectent des langues voisines telles que l'allemand, l'italien et l'anglais). C'est cette considération qui rend compte de la présence de l'une et de l'absence de l'autre.

La quantité de l'information à fournir pour chaque article a été déterminée par les mêmes règles. Centrales dans le champ de l'analyse du discours littéraire ou poétique, des notions telles que *métaphore*, *rhétorique*, *rime*, *style* ou *texte* n'apparaissent, sous la forme d'articles relativement brefs, que dans la mesure, dans chaque cas variable, où elles interviennent dans le champ proprement linguistique. Inversement, ce sont des articles longs, parfois très longs, qui ont été consacrés par exemple aux classes et aux catégories fondamentales de la langue (parties du discours, fonctions, etc.) ou aux diverses sous-disciplines entre lesquelles se répartit le champ de la linguistique.

On ne se dissimule nullement le fait qu'aucun de ces critères négatifs n'était en lui-même indiscutable, et que leur application même faisait à chaque fois problème. Les ultimes hésitations par lesquelles sont passés les auteurs ont été levées par la considération de la visée didactique et pratique de l'ouvrage. Ce critère positif leur a fait retenir les notions dont l'acquisition par des lecteurs nouveaux venus à la linguistique leur a paru la plus importante : ils ont conservé les acceptions les plus couramment admises dans le discours grammatical et métalinguistique d'aujourd'hui, celui notamment qui s'est installé dans la didactique de la langue (ou des langues), tant au niveau de l'enseignement secondaire (second cycle, en particulier) qu'au niveau de l'université (premier cycle de lettres et de sciences humaines). À cet égard, les auteurs ont été constamment guidés par les indications — cursives, mais judicieuses — fournies par le programme d'enseignement du français dans le second cycle de l'enseignement secondaire[3]. C'est pourquoi, l'essentiel de la terminologie grammaticale traditionnelle a été conservé, dans la mesure où elle continue à participer aux descriptions familières, aux observations pré-théoriques accessibles aux publics les plus divers, aussi bien pour ceux qui se consacrent à l'enseignement que pour ceux qui y font référence dans le domaine des sciences humaines en général.

L'ampleur de la nomenclature ne doit pas dissimuler qu'elle ne couvre que les concepts linguistiques les plus fondamentaux, ceux-là mêmes qui ont révolutionné notre approche du langage depuis plusieurs décennies. On a, en même temps, recherché le plus grand consensus, en évitant constamment les querelles d'écoles, les points de détail les plus controversés et les discussions devenues souvent stériles du fait de l'évolution et de l'élargissement des points de vue.

Une telle attitude a donc impliqué que fût évité, d'une part, l'assujettissement à une théorie particulière et, d'autre part, le recours à une présentation fractionnée ou éclatée de tendances dont l'autorité

— voire l'impérialisme — a souvent déconcerté les meilleures volontés, aussi bien parmi les professionnels de l'enseignement que parmi ceux auxquels ces travaux sont censés s'adresser, à savoir les linguistes eux-mêmes.

En revanche, il était nécessaire d'évoquer les débats les plus fondamentaux, ceux qui jalonnent l'histoire de la pensée grammaticale et qui continuent, sous des formes renouvelées, à alimenter la réflexion et la recherche de la linguistique contemporaine. Il en est ainsi, notamment, des conflits entre les approches notionnelles et les approches formelles, entre les concepts hérités de la logique classique et ceux qui sont issus des procédures mises en œuvre par le structuralisme ou les modèles axiomatiques.

Cette double procédure — négative et positive — de sélection des entrées a permis, en dépit des contraintes matérielles qui pèsent sur un ouvrage de ce genre, d'intégrer des renseignements qui, en général, sont absents des grammaires. On trouvera ainsi des articles consacrés à la *faute*, aux *jeux de mots* et aux *lapsus* — trois oubliés de la linguistique —, et des indications sur différents systèmes cryptonymiques : non seulement l'*argot*, mais encore, par exemple, le *largonji* et le *verlan*. Enfin, on n'a pas hésité, chaque fois que cela a semblé éclairant, à donner des indications comparatives sur d'autres langues, apparentées ou non au français.

Une fois établie la liste des entrées, les auteurs n'avaient plus à affronter que les problèmes rencontrés par tout linguiste. On se gardera, ici, d'anticiper sur le détail des partis qui ont été adoptés : ce serait inutilement doubler le *Guide* d'un discours interprétatif. Il est cependant indispensable de donner des explications sur trois points :

1. L'histoire.

Le titre l'indique : l'objet visé est, d'abord, le français d'aujourd'hui. C'est exclure l'histoire pour l'histoire. On a cependant donné — brièvement — celles des indications historiques qui ont paru éclairer la description de l'état de langue contemporain (par exemple, à l'article *passé*, la concurrence entre le passé simple et le passé composé, ou, à l'article *accord*, l'historique de l'accord du participe). On a également donné, aux articles *français, indo-européen, latin, langues romanes*, les indications générales d'histoire de la langue que peut légitimement chercher le lecteur. Et nécessairement les complexes relations de la *synchronie* et de la *diachronie* donnent lieu à deux articles copieux.

2. Les niveaux de langue.

Cet ouvrage ne se désintéresse nullement des problèmes de norme : il leur consacre même un article; et, sur les principales « difficultés »[4] du français, il indique, sobrement, les partis retenus par les observateurs les plus lucides et les mieux informés. À l'usage des élèves, des étudiants et des enseignants, on a signalé les principales « tolérances » grammaticales et orthographiques prévues par l'arrêté du 28 décembre 1976. Mais il était évidemment impossible de s'en tenir à l'usage académique (au sens restreint ou au sens large du mot...) : on n'a pas hésité à signaler, sans excès de timidité (voir par exemple l'article RELATIVES), les spécificités, notamment à l'oral, des différents registres de langue.

Décrire l'oral, c'est nécessairement faire usage d'une transcription phonétique : celle de l'Alphabet phonétique international (A.P.I.). On trouvera, à l'article PHONÉTIQUE/PHONOLOGIE, la liste des symboles utilisés pour le français. On a usé de cette transcription. On croit ne pas en avoir abusé. Ainsi, on n'y a recouru que lorsqu'elle fait apparaître des phénomènes occultés par l'orthographe. Le phonème /r/ n'a été noté sous la forme de sa réalisation « parisienne » [ʁ] que dans les transcriptions phonétiques (entre crochets [ ]), par opposition aux transcriptions phonologiques (entre barres obliques / /) : voir l'article PHONÉTIQUE/PHONOLOGIE. De même, les phénomènes prosodiques n'ont été notés que lorsqu'ils déterminent une interprétation spécifique.

3. Les exemples.

Après réflexion, les auteurs ont décidé de sacrifier — ou d'utiliser à d'autres fins — le vaste fichier d'exemples littéraires qu'ils avaient préalablement constitué. L'utilisation exclusive, ou importante, de ce corpus aurait eu pour inévitable effet de donner une image faussée de la langue. Ils ont pris le parti de forger leurs exemples, espérant que leur « sentiment linguistique » ne serait pas pris en défaut, notamment dans l'appréciation des différents registres. Ils ne se sont toutefois pas interdit d'utiliser — de façon discrète et raisonnée — le stock d'exemples que les grammairiens se transmettent. Quant aux *contre-exemples* — ces séquences fréquemment agrammaticales, et dans ce cas signalées par un astérisque antéposé, qu'on utilise dans les raisonnements linguistiques — ils posaient un problème spécifique : il paraît, à première vue, inutile (pour un francophone natif),

14

voire dangereux (pour un étranger apprenant le français), d'énoncer des séquences telles que *les et hommes et femmes. Et pourtant ce contre-exemple contribue à établir la règle selon laquelle la conjonction de coordination *et* ne peut pas se répéter dans n'importe quelle condition : *et les hommes et les femmes* est parfaitement grammatical (voir l'article COORDINATION). On a donc tenu compte de ces deux exigences, apparemment antagonistes, pour faire intervenir la pratique des contre-exemples quand — et seulement quand — elle était indispensable.

Reste le contenu des exemples ainsi forgés. Il est impossible de les empêcher de véhiculer leurs présupposés idéologiques ou moraux. Certains lecteurs observeront peut-être — avec une ironie qu'on espère indulgente —, la redondance des séquences empruntées à la vie quotidienne et notamment à l'univers scolaire. Et si d'aventure, il arrive que tel lecteur s'étonne, voire s'indigne, d'un exemple, il pourra réprimer son courroux naissant en se disant qu'il ne signifie rien d'autre que le fait linguistique qu'il prétend illustrer[a]. Si, inversement un fugitif sourire passe sur ses lèvres, il pourra se demander si cet effet est conforme ou non aux intentions des auteurs.

Après la brève période du « structuralisme triomphant », la linguistique ennuie. C'est dù moins la rumeur. On souhaite vivement que cet ouvrage contribue à montrer à ses lecteurs que la rumeur, comme beaucoup d'autres, ne dit pas le vrai.

(a) *Note de l'éditeur.* Le lecteur ou la lectrice reste de toute façon libre d'inventer d'autres exemples de son choix, ou de préférer celui que, dans quelques rares cas particulièrement surprenants, l'éditeur propose à sa réflexion par une note en bas de page (précédée de « N. d. É. ») avec la mention « Autre exemple ». Jean-Marie Pruvost-Beaurain.

NOTES

(1) Ajoutons pour mémoire l'avantage de la nouveauté. Quoiqu'il y ait quelque fatuité, pour des auteurs, à vanter la nouveauté de leur ouvrage, il n'existe pas à l'époque ou s'écrivent ces lignes de livre présentant sous forme de guide alphabétique l'ensemble du contenu de la linguistique française.

(2) L'astérisque postposé à un mot signale que ce mot donne lieu à un article. D'autre part, des renvois explicites sont signalés par la formule « voir (l'article) *x* ».

(3) *Bulletin officiel de l'Éducation nationale*, 5 mars 1981. On rappelle toutefois qu'on n'a retenu les notions de rhétorique, de stylistique (et de sémiotique) que lorsqu'elles interviennent dans le champ linguistique.

(4) Est-il nécessaire de préciser qu'il était, sur ce point, impossible de viser une exhaustivité que n'atteignent pas des ouvrages d'un volume double ou triple de celui-ci, et exclusivement consacrés aux problèmes de norme? De même, il était impossible de décrire les différentes réalisations, régionales ou étrangères (Suisse, Belgique, Canada, etc.), du français : ce serait, dans chaque cas, l'objet d'un (de plusieurs?) livre(s) spécifique(s).

REMERCIEMENTS

Les auteurs ont tiré grand profit des remarques et suggestions qui leur ont été faites par Micheline Arrivé-Boudelot, Daniel Delas, Jacques Filliolet, Marie-France Galmiche-Wolf, Denise Maldidier, Francine Mazière, Rémy Porquier. Ils les remercient chaleureusement.

A

abréviation

L'*abréviation* est l'une des procédures qui concourent à la néologie* lexicale. Elle consiste à manifester une unité linguistique par un signifiant* qui, amputé d'un ou plusieurs éléments, conserve le signifié* de l'unité de départ. L'abréviation se présente sous des formes diverses :

1. L'effacement d'un élément dans une unité sémantique complexe : *le Parti* est interprété, selon les circonstances de l'énonciation, comme manifestation partielle (abréviation) de *le Parti communiste, socialiste,* etc. (Voir aussi ELLIPSE.)

2. L'usage écrit recourt fréquemment à certaines abréviations qui ne se manifestent généralement pas à l'oral : *M.* pour *Monsieur, F* pour *franc(s), pp.* pour *pages,* etc. (Voir aussi PONCTUATION.)

3. Les lexèmes jugés trop longs (généralement à partir de trois syllabes) donnent lieu, notamment dans les groupes socio-professionnels où ils sont fréquemment utilisés, à des phénomènes de troncation : *Fac* pour *faculté, manif* pour *manifestation, agreg* pour *agrégation, bac* (suffixé en *bachot*) pour *baccalauréat,* etc. Beaucoup de ces abréviations sont entrées dans l'usage commun : *cinéma* et *ciné* (suffixé en *cinoche*), *métro, imper,* etc. L'abréviation aboutit assez rarement à un monosyllabe *(pro, prof).* Elle efface généralement les dernières syllabes du mot, exceptionnellement les premières : *pitaine* pour *capitaine, cipal* pour *principal* (autrefois pour *garde municipal*), *strasse* pour *administration* dans l'argot de métier des enseignants, etc.

L'abréviation a entraîné le développement du pseudo-suffixe *-o,* par généralisation du timbre de la voyelle qui apparaît dans *promo, interro, compo, expo, vélo,* etc. D'où des formations telles que *mécano, socialo, prolo, projo* (« projecteur »), *hosto* (avec réfection étymologisante de la base), etc. Ce type d'abréviation en *-o* a plus ou moins clairement été contaminé par la suffixation en *-ot (cheminot, traminot,* etc.*).* D'où, par exemple, la formation en *-ote* du féminin de certaines abréviations en *o : la dirlote.*

L'abréviation a souvent pour résultat de réduire un préfixé à son préfixe*, qui prend alors le sens de l'ensemble : *du super.* Mais il arrive que plusieurs préfixés donnent lieu indépendamment à la même abréviation : d'où des phénomènes d'homonymie, par exemple pour *télé* (a - « télévision » ou « téléviseur », b - « téléphérique » ou « télésiège » c - « télécommunications » (lui-même abrégé en *télé-com*), dans le composé *téléboutique*). Par une procédure comparable, certains suffixes* en viennent à fonctionner avec le sens de l'un de leurs suffixés : c'est le cas de *-tique* dans les formations de type *bureautique*, « application de l'informatique au travail de bureau ».

4. La langue contemporaine fait un usage abondant d'unités constituées par les lettres initiales des éléments d'une unité sémantique complexe, le plus souvent mot composé ayant le statut d'un nom ou d'un nom propre. On parle de *sigles* (et le procédé prend le nom de *siglaison*) dans les cas du type HLM, CGT, UDF, RPR, etc., où le mot est lu par l'enchaînement du nom des lettres qui le constituent. Mais le hasard, parfois aidé par une manipulation intentionnelle du signifiant, peut rendre possible une lecture traditionnelle du sigle : SMIC, IDEN, ENA, OPEP bénéficient d'initiales qui permettent la lecture syllabique. ORSEC et — fondé sur des initiales anglaises — COMECON ont utilisé plusieurs lettres de chacun des éléments du signifiant abrégé. On parle alors d'*acronymes*. Sigles et, surtout, acronymes sont susceptibles de donner lieu à des phénomènes de suffixation : *cégétiste, smicard, énarque* (où l'élément *-arque* est l'interfixe* extrait de *mon-arque*).

absolu

1. Le participe* est utilisé de façon *absolue* dans les phrases telles que : *le chat parti, les souris dansent.* Le participe constitue avec son sujet une proposition participiale. Dans l'expression *s'agissant de,* il est dépourvu de sujet.

2. Les verbes transitifs utilisés sans complément d'objet sont en emploi *absolu : il ne fait que manger et boire.*

3. Les adjectifs* sont utilisés de façon *absolue* quand le degré atteint par la qualité n'est pas modulé par une appréciation. En principe, les adjectifs relationnels sont inaptes à s'utiliser autrement que de façon absolue (** des chantiers très navals, * une maladie un peu cardiaque* sont exclus).

4. De façon apparemment contradictoire, on donne le nom de superlatif *absolu* au degré d'intensité élevé de la qualité, marqué notamment par l'élément *très*.

abstrait

Voir NOM.

accent

1. En phonétique, l'accent est une marque spécifique qui permet de mettre en valeur une unité (de niveau toujours supérieur au phonème) par rapport aux unités de même niveau qu'elle. (Voir PHONÉTIQUE.)

2. Dans l'usage quotidien, on donne le nom d'*accent* à l'ensemble des spécificités de la manifestation orale de la langue qui caractérisent le locuteur dans ses origines sociales ou géographiques. On parle ainsi d'accent faubourien, provençal, italien, etc.

3. Dans la manifestation écrite de la langue, l'accent est un signe diacritique* qui permet de préciser la fonction des voyelles. (Pour les problèmes généraux, voir ORTHOGRAPHE. Pour les problèmes particuliers à chaque accent, voir AIGU, CIRCONFLEXE, GRAVE et TRÉMA).

accentogène

Voir PROSODIE.

accentuation

Voir PROSODIE.

acceptabilité

Voir GRAMMATICALITÉ.

accolade, accolades

Cet élément de la manifestation écrite de la langue apparaît surtout dans certains usages techniques : il permet une énumération de termes présentant un trait commun souvent explicité au niveau de la pointe de l'accolade; en mathématiques, les accolades sont utilisées comme parenthèses de 3e niveau (après les parenthèses elles-mêmes et les crochets); enfin, en grammaire générative, les accolades montrent dans une règle de réécriture qu'on a le choix entre plusieurs suites possibles.

accompli

L'un des aspects du verbe. Voir ASPECT, PASSÉ et VERBE.

accord

Soit le nom *fille*. Il est invariablement porteur de la catégorie* morphologique du genre* féminin*. Dans le discours, il est nécessairement affecté par l'un des deux nombres*, le singulier ou le pluriel, choisi selon les besoins momentanés de l'énonciation*. Quand on emploie ce nom dans un énoncé, on constate que les deux catégories morphologiques dont il est porteur sont transférées sur d'autres éléments, non seulement dans le syntagme* qu'il constitue et dans la phrase dont il est le sujet, mais éventuellement dans d'autres phrases. Ainsi, dans *toutes ces petites filles dansent agréablement : elles sont fortement applaudies,* le féminin et le pluriel affectent, dans le syntagme, les éléments *toutes, ces* (malgré l'homonymie*, au pluriel, de la forme de masculin) et *petites; elles* et *applaudies* dans la seconde phrase. Le pluriel seul apparaît sur les éléments *dansent* (dans la première phrase) et *sont* (dans la seconde). Ce phénomène de transfert à distance des catégories morphologiques d'une classe — celle du nom et, dans des conditions partiellement différentes, celle du pronom* nominal* — sur d'autres classes (le déterminant*, l'adjectif*, le pronom représentant*, le verbe*), reçoit le nom traditionnel d'*accord.*

Le phénomène linguistique de l'accord intervient en français de façon moyennement extensive : plus qu'en allemand (où l'adjectif ne s'accorde que lorsqu'il est épithète) et en anglais (où l'article et l'adjectif, invariables, sont nécessairement inaptes à s'accorder); mais moins que dans d'autres langues, par exemple le bantou, où tous les éléments de la phrase répètent certaines marques du sujet.

L'accord a pour effet de faciliter certains repérages sémanticosyntaxiques : *des travaux de grammaire allemands* ne sont pas forcément *des travaux de grammaire allemande.* Dans *l'image ne convient pas au texte : il/elle est trop vulgaire,* seul l'accord en genre du personnel* de 3e personne permet de repérer celui des deux noms qu'il représente.

Remarque terminologique. — L'analyse qui a été donnée plus haut montre que le genre et le nombre n'affectent pas de la même façon les diverses classes grammaticales : le nom en est porteur de façon inhérente (pour le genre) ou sous l'effet d'un choix lié aux besoins spécifiques de l'énonciation (pour le nombre). Les autres classes en sont affectées de façon indirecte, par référence à un syntagme nominal. C'est pourquoi il convient d'utiliser avec précaution les expressions telles que *verbe au pluriel* (et plus encore *verbe pluriel*), en notant que leur pertinence n'atteint que le plan du signifiant : le procès signifié par le verbe n'est évidemment pas modifié par son accord au pluriel. On sait d'ailleurs que certaines langues connaissent un authentique pluriel verbal, marquant la répétition du procès. Le fréquentatif*, représenté de façon sporadique en français *(criailler)*, en donne une idée approchée. Quant à l'expression *phrase au pluriel*, il convient de lui donner le sens limitatif de « phrase dont le syntagme nominal sujet est au pluriel ».

On étudiera l'accord successivement dans le syntagme nominal, dans la phrase, enfin au-delà des limites de la phrase.

A. L'accord dans le syntagme nominal

1. Le déterminant porte les marques de genre et de nombre du nom qu'il détermine : *le tableau, la table, les meubles,* etc. Cependant ce phénomène d'accord peut être partiellement occulté par les faits de neutralisation* qu'on observe dans la morphologie de plusieurs déterminants. (Voir notamment ARTICLE, DÉMONSTRATIFS, INDÉFINIS, POSSESSIFS.)

Remarque. — On entend parfois l'expression *les un franc,* extension contestable du déterminant au pluriel devant un syntagme au singulier. Il vaut mieux dire *le franc.*

2. Accord de l'adjectif épithète

La règle générale est que l'adjectif épithète porte les marques de genre et de nombre du nom auquel « il se rapporte », c'est-à-dire dans le syntagme duquel il apparaît : *un escalier dangereux, des échelles périlleuses.*

Remarques. — 1. Dans les mots composés* tels que *nu-tête, nu-pieds, demi-heure, demi-douzaine, demi-dieux, semi-voyelle,* etc., l'adjectif ne s'accorde pas. Mais il s'accorde normalement quand, perdant le statut d'élément de composition*, il apparaît après le nom : *jambes nues, une heure et demie* (mais, pour une évidente raison sémantique, *deux heures et demie,* avec l'accord en genre et non en nombre). Pour *midi et demi, minuit et demi,* on trouve aussi les orthographes *midi et demie, minuit et demie.*

2. L'adjectif archaïsant *feu* s'accorde normalement quand il apparaît entre l'article et le nom : *la feue reine.* Mais il présente en outre la particularité insolite de pouvoir apparaître devant l'article. Dans ce cas il ne s'accorde pas : *feu la reine.*

3. *Plein* et *sauf* fonctionnent comme des prépositions* — et de ce fait restent invariables — dans les constructions du type *plein les poches, sauf les femmes.*

4. Il en va de même pour les participes passés tels que *attendu, compris, excepté, passé, supposé, vu : excepté les flammes.* On hésite parfois pour l'orthographe de *étant donné : étant donné(e?) la situation.*

5. *Ci-joint, ci-annexé, ci-inclus,* fréquents dans la correspondance administrative, donnent lieu à des règles complexes :

— précédant le syntagme nominal, ils ne s'accordent pas : *ci-joint une copie de ma lettre;*

— cependant, ils s'accordent s'ils peuvent être considérés comme attributs du syntagme nominal : *vous trouverez ci-jointe une copie de ma lettre.* La non-détermination du nom interdit l'accord : *vous trouverez ci-joint copie de ma lettre;*

— placés après le nom, ils s'accordent : *la lettre ci-jointe.*

6. Les adjectifs de couleurs s'accordent selon la règle générale, sauf dans les deux cas suivants :

— quand l'adjectif est lui-même complété par un autre adjectif ou par un nom, l'ensemble reste invariable : *des cheveux rouge brique, des tuniques bleu horizon,* etc.

— les adjectifs de couleurs issus de noms par dérivation* impropre restent en principe invariables : *des étoffes marron, des écharpes citron,* etc. Cependant les adjectifs de ce type terminés par *-e* présentent une tendance à s'accorder : pour *orange,* on observe les deux usages *(des chaises orange* ou *oranges).* Pour *écarlate, mauve, pourpre, rose,* l'accord se fait constamment : indice de l'adjectivation* complète de ces mots.

7. Les adjectifs composés constitués de deux adjectifs accordent leurs deux éléments : *les enfants sourds-muets, les députés chrétiens-démocrates.* On observe quelques exceptions *(grand-ducale, franc-comtoises,* etc). Mais quand le premier adjectif a par rapport au second la fonction d'un adverbe, il ne s'accorde pas : *une notoriété nouveau-née, une petite mignonne court-vêtue,* etc. Toutefois, conformément à un usage ancien, certains adjectifs de ce type s'accordent : *des fenêtres grandes ouvertes, des roses fraîches écloses,* etc.

Quand l'épithète « se rapporte » simultanément à plusieurs noms, elle prend nécessairement la forme du pluriel. Quand les noms sont de même genre, l'adjectif prend ce genre. Quand ils sont de genre différent, il prend nécessairement la forme du masculin, qui fonctionne ici comme cas non marqué (voir GENRE) : *une échelle et un escalier presque verticaux.* On évite toutefois de faire apparaître l'adjectif sous la forme masculine à proximité immédiate d'un nom féminin.

Remarques. — 1. *Comme, ainsi que,* etc., fonctionnent fréquemment de la même façon qu'une conjonction de coordination. On observe alors la règle de l'accord simultané avec les deux noms : *il a acheté une auto ainsi qu'un camion accidentés.*

2. La coordination des noms par *ou* pose un problème spécifique. Quand *ou* est nettement exclusif, l'accord se fait avec le dernier nom : *achète-moi une valise ou un sac facile à porter.* Mais l'accord peut se faire selon la règle générale quand la qualification affecte visiblement les deux noms : *on ne trouve pas n'importe où une valise ou un sac faciles à porter.* Pour *ni,* on observe l'alternance du singulier et du pluriel : *je ne veux ni valise, ni sac difficile(s) à porter.*

3. On a parfois l'occasion d'appliquer séparément des adjectifs différents (surtout relationnels, voir ADJECTIF) aux référents* multiples désignés par un nom au pluriel : *les constitutions suédoise, danoise et norvégienne.* Les adjectifs restent au singulier. On

observe même parfois des accords apparemment insolites du type *Bergers champenois et champenoise,* en légende d'une photo représentant une bergère et un berger champenois.

Apparemment vétilleuses, ces remarques ont toutefois l'intérêt de faire apparaître clairement le mécanisme du phénomène linguistique de l'accord. On constate par exemple que lorsqu'il y a disjonction entre le nombre grammatical du nom et la quantification du référent visé par l'adjectif, l'accord se fait directement avec le référent : c'est parce que je ne demande qu'un objet (valise *ou* sac) que je fais l'accord au singulier; c'est parce qu'il n'y a qu'une constitution danoise que l'adjectif refuse le pluriel du syntagme *les constitutions.*

3. Cas particulier de l'accord avec le pronom

L'accord dans le syntagme du pronom pose des problèmes spécifiques :

a) en règle générale, les pronoms ne comportent pas de déterminant. Seuls les possessifs *(le mien)* et l'indéfini *l'un* sont pourvus de l'article défini, qui s'accorde dans les conditions normales : *les tiennes, les unes et les autres* (on sait que *autre* n'est pas un pronom, mais un adjectif nominalisé). (Voir INDÉFINIS.)

b) les pronoms sont normalement inaptes à recevoir une épithète : les syntagmes du type *ceux capables de travailler,* condamnés par les puristes, font d'ailleurs apparaître l'accord dans les conditions régulières.

Toutefois, il est possible de qualifier un pronom à l'intérieur de son syntagme. Il faut alors faire précéder l'adjectif de la préposition *de.* On observe dans ce cas les phénomènes suivants :

— quand le pronom est représentant, il tient lieu de relais entre le nom qu'il représente et l'adjectif : *parmi ces élèves, il y en a plusieurs d'intelligents* (sur le problème spécifique de l'accord du pronom avec le nom, voir plus bas).

— quand le pronom est nominal, on distingue deux cas :

• celui des animés : l'accord se fait au masculin singulier : *quelqu'un d'intelligent* peut indifféremment être un homme ou une femme.

• celui des non-animés : le masculin singulier de l'adjectif introduit par *de* a alors la valeur d'un neutre* : *rien d'intéressant, quelque chose de beau.*

B. L'accord dans la phrase

1. Accord de l'attribut

On distingue les cas de l'adjectif attribut et du nom attribut*.

a) pour l'adjectif, les phénomènes d'accord sont pour l'essentiel identiques à ceux qu'on observe pour l'épithète. Les faits spécifiques sont les suivants :

— en l'absence de syntagme nominal, l'accord se fait en prenant en considération le référent visé : *sois belle et tais-toi; être ambitieuse est une qualité.*

Remarque. — Dans ce cas, la marque du genre est interprétée comme marque du sexe. On retrouve, à l'égard de la répartition sexuelle, le type de fonctionnement de l'accord qui a été observé, plus haut, à l'égard de la quantification : la catégorie qu'on confère à l'adjectif vise directement un aspect du référent.

— avec *nous, vous* et *on,* l'accord se fait selon les caractères (quantitatifs et sexuels) du référent : une femme qui compose un livre écrira *nous sommes convaincue de l'efficacité de notre méthode,* en faisant l'accord au féminin/singulier. Inversement, on peut employer le pluriel, au masculin et éventuellement au féminin, lorsque le pronom *on* vise plusieurs individus : *on est très fâchés; on était bien contentes.*

— l'expression *avoir l'air* fonctionne parfois comme équivalent du verbe attributif *paraître :* l'adjectif attribut s'accorde alors avec le sujet : *elle avait l'air intelligente.* Mais il arrive aussi que le nom *l'air* conserve son autonomie, et impose à l'adjectif le masculin singulier : *c'est une femme qui a l'air ambitieux.*

(Les deux accords sont tolérés par l'arrêté du 28-12-1976.)

Remarque. — Dans tous les cas d'accord de l'adjectif — épithète ou attribut —, les variations morphologiques de l'adjectif obéissent aux règles énumérées dans les tableaux I et II de l'article ADJECTIF; les formes de masculin et de féminin, de singulier et de pluriel sont souvent identiques, notamment à l'oral : *fragile,* indistinctement masculin et féminin, ne se distingue de *fragiles,* pluriel commun aux deux genres, que dans l'écriture. À l'oral, il n'y a que la forme [fʁaʒil] pour les quatre termes des deux catégories. Mais cette non-manifestation de l'accord ne doit pas faire penser que l'accord ne se fait pas : le choix d'un autre adjectif le ferait apparaître.

b) pour le nom attribut, on distingue selon que le nom est ou non déterminé :

— quand il n'est pas déterminé, il se comporte en règle générale à la manière d'un adjectif : *elles sont actrices* (mais : *elles sont médecins,* ** elles sont médecines* étant exclu).

— quand il est déterminé, on rencontre la situation décrite à ATTRIBUT.

2. Accord du verbe avec le syntagme nominal sujet

Les formes personnelles du verbe (formes simples ou auxiliaires des formes composées; sur le participe de ces formes, voir plus bas) s'accordent en personne et en nombre avec le syntagme nominal sujet. La première et la deuxième personnes n'apparaissent que lorsque le sujet est un pronom personnel tel que *je, tu, nous* ou *vous*. Dans tous les autres cas (nom déterminé, nom propre, pronom autre que les personnels de 1re et de 2e personne) on emploie la 3e personne : *je travaille; vous rêvez; Paul éternue; les étudiants manifestent.*

Pour déterminer l'accord en personne, la 1re personne prévaut sur les deux autres, la 2e sur la 3e : *toi et moi (nous) écrivons; Jacques et toi (vous) réussirez.*

La pluralité des sujets, leur éventuelle coordination par *comme, ainsi que* ou par *ou* déterminent des phénomènes d'accord en nombre du verbe analogues à ceux de l'adjectif (l'accord en genre étant évidemment exclu) : *Paul et Virginie travaillent; l'alcoolisme comme le tabagisme sont des fléaux sociaux; une valise ou un sac faciles à porter ne se trouvent pas partout.* (Dans ces deux derniers cas, l'arrêté du 28-12-1976 tolère l'accord à l'un ou l'autre nombre).

Les expressions quantitatives du type *assez de, beaucoup de, la plupart de, peu de,* etc., suivies d'un nom au pluriel déterminent l'accord au pluriel : *beaucoup de gens l'ignorent.* On conserve le pluriel même quand le nom est effacé : *beaucoup l'ignorent* (nouvel exemple d'accord « selon le sens », c'est-à-dire d'après le référent).

Les noms collectifs au singulier (*foule, multitude, masse,* etc.) suivis d'un complément au pluriel déterminent, au choix (arrêté du 28-12-1976), l'accord au singulier ou au pluriel : *une foule considérable de spectateurs envahit* (ou : *-irent*) *le terrain.*

Enfin, un cas intéressant s'observe quand plusieurs sujets sont visiblement coréférentiels*, soit en vertu du contexte *(l'auteur et l'éditeur de ce livre est un seul et même homme),* soit en raison de leur proximité sémantique : *la joie et l'allégresse s'empara des esprits.* Dans le second cas, l'arrêté du 28-12-1976 tolère le pluriel (le singulier était, traditionnellement, seul possible). Dans le premier, le singulier est seul possible mais l'usage tend à supprimer le déterminant devant le second nom : *l'auteur et éditeur...*

3. *Accord du verbe être avec l'attribut*

Quand le verbe *être* a pour sujet *ce* (ou, de façon légèrement archaïsante, *ceci* ou *cela*) et se construit avec un attribut au pluriel (ou plusieurs attributs coordonnés), il peut, surtout dans l'usage écrit surveillé, prendre la marque du pluriel : *ce sont de braves gens; tout ceci sont des vérités* (arch.); *ce sont un ministre, un général et un vidangeur.* Seul le singulier est possible avec *c'est nous, c'est vous* (mais *c'est eux/ce sont eux*). L'accord au pluriel peut même atteindre un modalisateur* du verbe *être* : *ce peuvent (doivent) être les enfants*

25

qui rentrent. Enfin, la langue littéraire classique connaissait un emploi plus étendu de l'accord du verbe *être* avec l'attribut, après un sujet autre que *ce, ceci* ou *cela : la nourriture de l'écureuil sont des fruits et des noisettes.*

Remarque. — Ce problème de l'accord du verbe *être* avec l'attribut interfère avec celui de l'accord du pronom (voir plus bas) et avec celui des présentatifs*. Il a d'autre part donné lieu à de vastes débats sur l'identification du sujet dans de telles constructions : certains grammairiens ont été tentés de repérer le sujet dans le terme, même postposé, qui détermine l'accord.

4. Accord du participe passé

Morceau de bravoure de toute grammaire française, ce problème se caractérise par l'importance des phénomènes orthographiques. Importance assez nettement amoindrie depuis l'arrêté du 28-12-1976, qui introduit des tolérances sur les points les plus vétilleux quand l'orthographe est seule en cause. Les faits se décrivent de la façon suivante :

a) Le participe est épithète. Il s'accorde avec le nom selon les règles énoncées pour l'adjectif : *des rivières asséchées; les locataires expulsés; ma jeunesse partie.*

b) Il suffit d'introduire le verbe *être* entre le nom et le participe de ces syntagmes pour faire apparaître un participe passé attribut qui suit, pour l'accord, les règles énoncées pour l'adjectif : *des rivières sont asséchées; les locataires sont expulsés; ma jeunesse est partie.*

On constate alors que les phrases ainsi obtenues peuvent être décrites de deux façons différentes : on peut y voir des phrases attributives canoniques dont la seule particularité est d'avoir pour adjectif un participe passé; mais on peut également les décrire comme comportant une forme verbale composée, constituée à l'aide de l'auxiliaire* *être* et d'un verbe « auxilié* » au participe passé. Encore faut-il les répartir en deux classes :

— les deux premières sont aptes à recevoir un complément prépositionnel spécifique : *des rivières sont asséchées par la chaleur persistante; les locataires sont expulsés par le propriétaire.* Il s'agit de phrases passives (voir PASSIF), dont le complément en *par* devient le sujet si on les transforme en phrases actives : *la chaleur persistante assèche des rivières,* etc.

— la troisième phrase est inapte à recevoir un complément de ce type. Si je dis *ma jeunesse est partie par la fenêtre,* le complément ne peut pas se transformer en sujet. Il s'agit d'une phrase à verbe intransitif*, dont les formes temporelles composées (voir PASSÉ) sont constituées à l'aide de l'auxiliaire *être.*

Quoi qu'il en soit de leurs différences, les phrases de ces deux types se comportent à l'égard de l'accord de façon identique et exactement conforme aux règles générales d'accord de l'adjectif.

c) Il n'en va pas de même pour les formes verbales composées à l'aide de l'auxiliaire *avoir*. En effet, leur participe passé ne s'accorde jamais avec le syntagme nominal sujet. Il reste invarié (c'est-à-dire au masculin singulier) quand la phrase ne comporte pas de complément d'objet direct ou en comporte un après le verbe : *ils ont bien travaillé; nous avons écrit des romans; elle a demeuré rue Lepic* (comparer à : *elle est demeurée à la maison :* le changement d'auxiliaire entraîne une différence d'accord, malgré la faible différence de sens). Il suffit toutefois que le complément d'objet apparaisse avant le verbe pour que le participe passé s'accorde en genre et en nombre avec lui. Cette situation se rencontre dans trois types de phrases :

— les interrogatives où le complément d'objet, visé par l'interrogation, est antéposé : *quels romans avez-vous écrits ?*

— les phrases où l'objet est un pronom personnel : *je publie mes nouvelles dès que je les ai écrites.*

— les phrases où l'objet est un pronom relatif : *je ne suis pas content des nouvelles que j'ai écrites.*

Cette règle a un caractère doublement insolite, et par l'accord avec le complément d'objet, et par la variation déterminée par la place de ce complément. Il est toutefois possible de l'expliquer par une double considération :

— quand il est postposé, le participe apparaît dans une structure comparable à celle de l'attribut du complément d'objet : *les livres que j'ai écrits* est formellement l'analogue de *la jambe que j'ai malade,* lui-même identique à *la jambe que j'ai cassée,* phrase ambiguë qui peut être interprétée soit comme *j'ai la jambe cassée* (attribut du complément d'objet) soit comme *j'ai cassé la jambe* (verbe composé).

— quand le complément d'objet apparaît après le participe, la ressemblance formelle avec la structure attributive disparaît. En outre, le locuteur peut ne pas être définitivement fixé sur le nom qu'il va utiliser, ni, par suite, sur son genre et son nombre.

Remarque. — Introduite au début du XVIe siècle, sous l'influence de François Ier qui demanda à Clément Marot de la formuler sous forme d'*Épître* (1538), la règle — qui, on vient de le voir, n'est pas totalement artificielle — a été vaille que vaille appliquée depuis lors. Elle a toutefois donné lieu de la part des grammairiens à d'interminables débats, en tous sens. En 1900, un arrêté autorisa l'invariabilité de tout participe passé conjugué avec *avoir*. Mais il fut immédiatement rapporté et remplacé par l'arrêté, beaucoup moins hardi, du 26-02-1901 (voir plus bas). L'arrêté du 28-12-1976 laisse subsister la règle générale, tout en introduisant les tolérances de détail qui seront signalées plus bas. L'usage contemporain écrit respecte la règle, dont l'apprentissage pose beaucoup de difficultés. Dans l'usage oral, les participes qui marquent l'opposition des genres sont peu nombreux, mais relativement fréquents (*faire, prendre, apprendre, comprendre, écrire, plaindre*, etc.). On observe une nette tendance à laisser à ces participes la forme du masculin. Quant à l'opposition de nombre, elle n'est jamais apparente à l'oral, sauf dans de très rares cas de liaison : *les faux-pas que j'ai faits en marchant* ([fɛzãmaʁʃã]).

d) L'accord du participe passé dans les formes composées des verbes pronominaux

Les participes des verbes pronominaux*, toujours employés avec l'auxiliaire *être*, s'accordent avec le sujet : *elles se sont levées; ils se sont évanouis.* Toutefois, quand le pronom réfléchi est clairement interprétable comme « datif » (complément d'attribution), l'accord obéit aux règles formulées pour l'auxiliaire *avoir : les deux femmes se sont succédé* (l'une a succédé à l'autre; mais : *elles se sont remplacées,* car l'une a remplacé l'autre); *les mots qu'elles se sont dits* (l'accord se fait avec *les mots,* c.o.d. et non avec *se,* datif). *Se plaire à* et *se rire de,* où *se* est tenu pour un datif, ne déterminent jamais l'accord de leur participe. *Se rappeler* dans le sens de « se souvenir » fait accorder le sien exclusivement avec son éventuel complément d'objet direct (l'objet du souvenir) : *elles se sont plu à travailler; les événements qu'elles se sont rappelés* (mais : *elles se sont rappelées à votre souvenir*).

e) Cas particuliers

— les verbes impersonnels*. Leur participe passé reste toujours invariable, bien que leur complément présente des aspects communs avec le c.o.d. : *la pluie qu'il est tombé, les soins qu'il nous a fallu.*

— participe après *le* neutre*, *en* et *combien* c.o.d. N'étant affectés ni par le genre ni par le nombre, ces pronoms laissent en principe le participe invarié : *la crise est plus profonde qu'on ne l'a pensé* (où *l',* résultat de l'élision* de *le,* représente la proposition « la crise est profonde »); *des livres, j'en ai lu! combien de livres ai-je lu?* Cependant, quand il arrive, comme dans les deux exemples cités, que *en* et *combien* visent un référent multiple, le locuteur peut tenir compte de ce référent : il fait alors l'accord en nombre, et, indissolublement, en genre : *des plaquettes de poésie, j'en ai lues à foison. Et toi, combien en as-tu lues?* L'arrêté du 28-12-1976 autorise explicitement cet accord dans le cas de *en.*

— compléments circonstanciels* directs (type *coûter*). On sait que ces compléments (voir OBJET) présentent des traits communs avec le c.o.d. Ils s'en distinguent cependant par l'impossibilité de la transformation passive. La règle traditionnelle les disjoint des c.o.d. : ils ne font pas apparaître l'accord : *les cent francs que ce livre m'a coûté; les cent kilos que la bête a pesé.* Mais la confusion avec les emplois authentiquement transitifs de certains de ces verbes (*les cent grammes* *de gruyère que la crémière m'a pesés)* est si facile que l'arrêté du 28-12-1976 autorise l'accord dans tous les cas.

— accord du participe passé suivi d'un infinitif. Le problème ne se pose réellement que pour un petit nombre de verbes de sensation (*voir, entendre, écouter,* etc.) et de direction (*envoyer, mener,* etc.). La règle traditionnelle oppose :

● *les violonistes que j'ai entendus jouer,* où *que,* représentant *les violonistes,* est complément de la forme composée avec le participe : l'accord se fait.

● *les airs que j'ai entendu jouer,* où *que,* représentant *les airs,* est complément de l'infinitif *jouer :* l'accord ne se fait pas.

Malgré quelques techniques auxiliaires — la plus efficace consistant à remplacer le relatif par son antécédent et à observer l'ordre des termes de la phrase obtenue : *... les violonistes jouer/jouer les airs —* le critère est de maniement délicat. L'arrêté du 28-12-1976 (modifiant celui du 26-02-1901 qui ne tolérait que l'invariabilité) tolère que l'accord se fasse ou ne se fasse pas dans l'un et l'autre cas.

Remarque. — Avec les autres verbes introduisant une infinitive, le critère était douteux — grammairiens et écrivains ont toujours hésité sur les phrases du type *les petites filles que j'ai laissé(es?) jouer* — ou nettement inopérant : c'est le cas avec *pouvoir, devoir,* etc. ; et personne n'a jamais songé sérieusement à pratiquer l'accord en genre — oralement manifeste — du verbe *faire* dans ** les petites filles que j'ai faites jouer,* malgré l'analogie avec la phrase avec *laissé(es?)* citée plus haut, où on observe parfois l'accord.

— accord du participe passé suivi d'un adjectif ou d'un autre participe. C'est en principe la règle générale qui s'applique : *je vous aurais crues plus travailleuses; une lettre que j'aurais préférée mieux écrite.* Toutefois, elle est observée de façon moins fréquente que dans les autres cas.

Dans les formes surcomposées* du verbe (voir aussi PASSÉ), l'accord n'atteint pas le premier participe : *quand je les ai eu cuites, j'ai mangé mes pommes de terre.* On trouve quelques contre-exemples.

C. L'accord au-delà des limites de la phrase

Les phénomènes d'accord décrits dans ce paragraphe peuvent se manifester à l'intérieur d'une phrase. Mais à la différence des faits précédemment étudiés ils peuvent également s'observer entre plusieurs phrases successives.

Ils affectent les pronoms, dans les conditions suivantes :

1. Les pronoms nominaux sont, par définition, en principe exclus du champ d'application de l'accord. Il arrive cependant que les démonstratifs *ce* et *ça* et l'indéfini *tout* représentent le contenu notionnel de syntagmes nominaux antécédents : *les jeunes chiens, c'est bien embarrassant : ça salit les tapis, les rideaux, les tentures, tout, en somme. J'ai acheté une petite maison à Barbizon : c'est ravissant, cette maison.* Comme le montrent ces exemples, les nominaux ne s'accordent pas avec les éléments dont ils représentent le contenu. En revanche, ils imposent aux adjectifs attributs l'accord au masculin singulier.

Le pronom *ce* est fréquemment utilisé comme relais sémantique entre deux syntagmes nominaux, notamment quand ils sont de nombre différent : *mon plaisir ? C'est mes travaux.*

2. Les pronoms représentants qui ont un nom pour antécédent s'accordent toujours en genre avec lui. Dans *la fleur qui est flétrie, qui* est bien féminin, comme l'indique l'accord de *flétrie.*

En revanche, l'accord en nombre n'intervient de façon constante que pour les relatifs et les personnels de la 3e personne (ceux des deux premières sont des nominaux), avec toutefois l'exception signalée plus bas. Les autres représentants sont aptes à modifier la quantification du syntagme représenté, et par suite à prendre le nombre opposé. On observe ce phénomène pour les pronoms suivants :

a) démonstratifs : *mes élèves sont travailleurs. Celui-ci pourtant est un peu indolent.*

b) possessifs : *vos nouvelles sont un peu lugubres. La mienne est nettement plus euphorique.*

c) indéfinis : *j'ai lu ces deux livres. L'un est plus intéressant que l'autre.*

d) numéraux : *je n'ai qu'une voiture, vous en avez deux.*

e) interrogatifs : *tu as lu mes deux livres. Lequel préfères-tu ?*

f) enfin, même avec les personnels, on trouve, exclusivement pour les formes disjointes, des phénomènes comparables : *je te présente mes nouveaux amis. Lui est écrivain, elle est professeur.* Mais on peut également considérer que *lui* et *elle* fonctionnent ici comme nominaux.

On observera avec intérêt les deux phénomènes suivants :

— le changement de nombre entre les deux syntagmes se fait selon le cas du singulier au pluriel ou du pluriel au singulier.

— l'accord en nombre implique nécessairement l'accord en genre. Mais l'inverse n'est pas vrai : les exemples cités comportent l'accord en genre, mais non en nombre.

accusatif

Dans les langues qui comportent une déclinaison*, l'accusatif est, entre autres, le cas du complément d'objet*. En français, où les fonctions du nom sont marquées par l'ordre des termes et les prépositions*, on ne peut parler d'accusatif au sens strict. Cependant, les pronoms en *qu-* dans leur emploi relatif et les pronoms personnels présentent une déclinaison. On constate alors que l'attribut* a la même forme casuelle que le complément d'objet : d'où l'ambiguïté d'une phrase telle que *le professeur que je suis* où, en raison de l'homonymie* des deux formes *suis* (de *être* et de *suivre*), *que* peut être attribut ou complément d'objet.

achronie

Voir SYNCHRONIE.

acronyme

Voir ABRÉVIATION.

acte de langage

Terme qui désigne l'interprétation de l'acte accompli par une forme de phrase : une question présente une interrogation, un impératif donne un ordre. L'acte de langage est à distinguer du performatif * au sens strict, et de l'acte de langage indirect*.

acte de langage indirect

Le terme d'*acte de langage indirect,* issu du point de vue pragmatique* sur le langage, caractérise les effets sémantiques et pragmatiques d'un certain nombre d'expressions qui manifestent une divergence entre la signification littérale de leur énoncé et la signification que l'on peut attribuer à leur énonciation. Ainsi : *peux-tu me passer le sel ?* est, formellement, une question. Mais, de fait, une réponse comme *oui, je le peux* qui ne serait pas suivie d'un acte, tout en étant adaptée à une vraie question, est tout à fait mal venue dans la situation concrète où elle a permis à un convive de demander poliment qu'on lui passe le sel. On dira alors que la signification de l'énonciation peut être atteinte par une inférence à partir non de la forme de l'énoncé, mais de la situation d'énonciation. (Voir INTERROGATION, ORDRE.)

actif

La voix (on disait autrefois *forme* ou *tournure*) *active* s'oppose en français à la voix passive et à la voix pronominale (voir toutefois, sur ce problème, l'article PRONOMINAUX). L'opposition des trois voix peut être envisagée au niveau du verbe. On étudie alors les différences de sens entre le sujet du verbe actif (en principe agent* du procès*), celui du verbe passif (normalement patient*) et celui du verbe pronominal (souvent considéré comme à la fois agent et patient, au même titre que celui des verbes moyens* du grec ancien). Mais on peut également considérer l'opposition des trois voix comme affectant la phrase dans son ensemble. On décrit alors les phrases passives et pronominales comme résultant de transformations appliquées aux phrases actives. (Voir PASSIF, PRONOMINAUX (VERBES), VERBE ET VOIX.)

actualisateur

Les *actualisateurs* sont les éléments linguistiques qui marquent l'actualisation* des morphèmes. Les marques de personne* et de temps* sont les actualisateurs du verbe*. Pour le nom, les actualisateurs sont souvent désignés sous le nom de déterminants*.

actualisation

L'*actualisation* est l'opération par laquelle un morphème de la langue passe dans le discours. Cette opération, liée au phénomène général de l'énonciation, s'accompagne de la référenciation : l'élément linguistique qui, en langue, n'a pas de référent, s'en voit affecter un dans le discours : comparer le statut des noms *livre* et *table* dans le dictionnaire et leur statut dans la phrase *le livre est sur la table* .

L'actualisation affecte nécessairement toutes les classes linguistiques. Elle a sur elles des effets différents selon qu'elles sont variables ou invariables. Ces effets sont étudiés dans chacun des articles concernant les diverses classes.

Pour le nom, on utilise communément *détermination** à la place d'*actualisation.*

adjectif

La classe des *adjectifs* groupe des éléments dont le trait commun est d'apparaître de façon *facultative* dans le syntagme nominal. Ils se distinguent par là des *déterminants*,* dont la présence dans le syntagme est, malgré certaines exceptions apparentes, *obligatoire* (*ce livre* *intéressant : ce* est obligatoire, *intéressant* facultatif). Dans la classe des adjectifs on distingue, selon des critères sémantiques et syntaxiques, les qualificatifs — qui énoncent les qualités du nom : *un discours interminable* — et les relationnels, parfois dits *pseudo-adjectifs*, qui indiquent les relations du nom avec d'autres éléments : *le discours présidentiel* = *le discours du président.*

Sur le modèle de la terminologie utilisée pour la grammaire latine, la grammaire traditionnelle donne le même nom d'*adjectif* (étymologiquement : « qui s'ajoute ») aux éléments des deux classes suivantes :

— les adjectifs qualificatifs : une robe *rouge*, cet élève est *intelligent;*

— les adjectifs non qualificatifs, ou déterminatifs : *démonstratifs*, possessifs*, numéraux*, interrogatifs-exclamatifs*, relatifs*, indéfinis*.*

Les adjectifs qualificatifs n'ont *en aucun cas* la possibilité de conférer à un nom le statut de syntagme nominal (les quelques exceptions apparentes — *certain, différents, divers, nul, tel* — s'expliquent par des phénomènes d'homonymie*, voir INDÉFINIS). En revanche, les déterminatifs ont, au même titre que l'article, la propriété de permettre au nom de fonctionner comme syntagme nominal. Compte tenu de cette opposition fondamentale, il est préférable de réserver le nom d'adjectifs aux qualificatifs. On inclut dans cette classe les numéraux ordinaux, ainsi que quelques indéfinis (*autre, même, quelconque, tel* dans certains de ses emplois) : ces éléments ont en effet des emplois très proches de ceux des qualificatifs : *le troisième homme, un élève quelconque, la situation est telle,* etc. Quant aux non qualificatifs, ils constituent avec l'article la classe des déterminants*.

Parmi les adjectifs ainsi opposés aux déterminants, il convient de distinguer deux sous-classes :

a) certains adjectifs indiquent une qualité, ou propriété essentielle ou accidentelle, de l'objet désigné par le nom (ou le pronom) : *une robe rouge, un livre intéressant, celui-ci est mauvais.*

b) d'autres adjectifs établissent une relation entre le nom et un autre élément nominal : dans *le discours présidentiel,* l'adjectif est l'équivalent d'un complément de la forme : *du président;* il indique une relation entre le nom *discours* et le référent* désigné par le nom *président.* De même, dans *le voyage alsacien du Ministre,* l'adjectif *alsacien* (souvent orthographié avec la majuscule) est l'équivalent de *en Alsace.*

Du point de vue syntaxique, on observe entre les adjectifs de ces deux sous-classes les différences suivantes :

— sauf phénomène de blocage sémantique, les adjectifs de la première classe (qualificatifs au sens strict) sont aptes à marquer les degrés* de la qualité signifiée : *un livre très (assez, plus, moins,* etc.) *intéressant.* Cette possibilité est évidemment interdite aux adjectifs de la seconde classe (parfois dits relationnels) : le voyage du président ne peut pas être dit *très (assez, plus, moins,* etc.) *présidentiel;*

— les qualificatifs peuvent fonctionner comme attributs *(cette robe est rouge, ce livre paraît intéressant).* Les relationnels ne le peuvent généralement pas : *ce voyage est présidentiel* (voir cependant plus bas);

— le qualificatif épithète* peut se voir substituer une relative* (*la robe qui est rouge*). L'adjectif relationnel ne le peut pas : *le voyage qui est présidentiel.*

L'ensemble de ces traits différentiels amène certains linguistes à donner aux éléments de la 2e classe — les relationnels — le nom de *pseudo-adjectifs.* Cependant, la frontière entre les deux classes n'est pas d'une rigueur absolue. L'adjectif relationnel peut en effet se charger des qualités de l'objet désigné : il est alors reversé à la classe des qualificatifs. Ainsi, *un discours très présidentiel* sera interprété comme « au plus haut point conforme à ce qu'on peut attendre d'un président ».

A. Morphologie de l'adjectif

L'adjectif est affecté par les catégories du genre* et du nombre*, selon les règles d'accord* avec l'élément nominal. Il est également affecté par la catégorie du degré*, selon le niveau atteint par la qualité signifiée.

1. Le genre et le nombre

Ces deux catégories morphologiques sont communes à l'adjectif et au nom (ainsi qu'aux déterminants, à la plupart des pronoms et à certaines formes adjectivées du verbe, voir PARTICIPE). Cependant, le genre et le nombre n'affectent pas l'adjectif dans les mêmes conditions que le nom :

a) le genre et le nombre n'affectent l'adjectif que de façon indirecte, par référence au genre et au nombre de l'élément nominal;

b) comme le nom, l'adjectif comporte une forme de singulier et une forme de pluriel. Mais il comporte aussi une forme de masculin *et* une forme de féminin, et se distingue ainsi du nom, qui est du masculin *ou* du féminin : le genre caractérise le nom de façon constante, mais l'adjectif de façon variable.

Remarques. — 1. Sur les exceptions apparentes à la règle d'invariabilité du genre des noms, voir GENRE et NOM.

2. Certains adjectifs, par exception, ne s'emploient qu'à un genre. Ce phénomène s'explique par le fait que ces adjectifs ne s'appliquent jamais qu'à un seul nom ou, plus rarement, à quelques noms de même genre : *un pied bot, un homme fat, une femme (une jeune fille) enceinte,* etc.

2. Marques de genre de l'adjectif. Voir tableau I, p. 39.

3. Marques de nombre de l'adjectif. Voir tableau II, p. 42.

4. Accord de l'adjectif. Voir ACCORD.

5. Les degrés de l'adjectif. Voir DEGRÉS.

B. Les fonctions syntaxiques de l'adjectif

L'adjectif a fondamentalement deux types d'emploi :

*1. **Dans le syntagme nominal** :* un beau travail, un élève paresseux. On parle d'adjectif *épithète* (ou d'*épithète*). Dans ce cas, la qualification est fournie à l'élément nominal en dehors de toute limitation temporelle.

*2. **Dans le syntagme du verbe** être* ou d'un de ses éléments modalisés : *paraître, sembler, devenir, rester, passer pour,* etc. On dit que l'adjectif est *attribut* (voir aussi cet article). La qualification est alors affectée à l'élément nominal dans les limites (temporelles, modales) des catégories morphologiques du verbe.

Remarque. — La relation entre ces deux fonctions fondamentales de l'adjectif donne lieu à de vastes débats chez les linguistes. Les grammaires génératives* ont eu tendance à présenter l'épithète comme résultant de l'effacement* d'une relative où l'adjectif est attribut : *l'élève paresseux* proviendrait de *l'élève qui est paresseux.* Mais cette description se heurte notamment à deux difficultés : *a)* comme on a vu plus haut, certains adjectifs sont inaptes à se construire comme attributs ; *b)* comme on verra plus bas, certains adjectifs épithètes ont, en français, quand ils sont antéposés, un sens différent de celui qu'ils ont quand ils sont attributs : *ce grand homme/cet homme est grand.*

C. L'adjectif épithète

Il n'apparaît normalement que dans le syntagme d'un nom commun. Il ne peut alors être séparé du nom que par une autre épithète *(un bon petit dîner)* ou par un complément prépositionnel du nom *(un match de tennis interminable).* L'épithète peut se trouver coordonnée (voir COORDINATION) à une relative : *un match interminable, mais qui passionne les spectateurs.*

L'adjectif est normalement inapte à fonctionner comme épithète dans le syntagme d'un pronom*. Une relation sémantiquement voisine de celle de l'épithète est marquée par des syntagmes tels que *quelqu'un d'intéressant, personne d'intelligent* (on remarque l'accord au masculin, même quand le référent visé par le syntagme est de sexe féminin). De façon archaïsante, *rien autre* se substitue parfois à *rien d'autre.* Cependant, le démonstratif simple *celui* est parfois qualifié par un participe, voire, d'une façon contestée par les puristes, par un adjectif : *celui capable de voler est capable de tuer.*

Dans des cas tels que *ces poulets sont avantageux : j'en ai acheté un (deux, plusieurs) gros, un, deux, plusieurs* sont déterminants, et nominalisent l'adjectif (cf : *quelques gros,* où *quelques* ne peut être que déterminant).

Le nom propre* est lui aussi inapte à recevoir une épithète dans les mêmes conditions que le nom. Un groupement tel que *Pierre grand est agrammatical. Il suffit toutefois de faire apparaître l'article défini dans le syntagme du nom propre pour qu'il puisse recevoir une épithète : *le grand Pierre* ou *Pierre le grand.* L'article peut même disparaître quand le nom est en apostrophe* : *belle Marie, je vous offre ces fleurs.* Mais *Marie belle est exclu, même en apostrophe. Enfin, certaines conditions spécifiques rendent possible l'emploi de l'épithète avec le nom propre : *Socrate aveugle serait plus lucide que César clairvoyant.*

Remarque. — Les limitations qui affectent la possibilité d'ajouter des épithètes à un pronom et à un nom propre s'expliquent par les spécificités sémantiques des mots de ces deux classes (voir PRONOM et NOM PROPRE).

Place de l'adjectif épithète

Certains adjectifs ne peuvent, dans les conditions normales, apparaître qu'après le nom. Mais beaucoup d'autres apparaissent selon le cas avant ou après le nom. En français contemporain courant, on observe généralement environ 1/3 de cas d'antéposition et 2/3 de cas de postposition. Mais cette proportion varie assez considérablement selon le type de discours : des textes techniques donnent jusqu'à 90 % de cas de postposition, et certains textes littéraires font apparaître plus de 50 % de cas d'antéposition.

Cette variabilité de la place de l'adjectif épithète caractérise le français par rapport à d'autres langues, notamment les langues germaniques, où la postposition est exceptionnelle. Les facteurs qui interviennent pour régler la place de l'épithète sont de nature diverse. Leur combinaison s'opère de façon particulièrement complexe, en sorte que grammairiens et linguistes font de ce problème un thème privilégié de recherches. On peut résumer les faits de la façon suivante :

a) Les facteurs *formels* conditionnent fortement la place de l'épithète :

— du point de vue rythmique, on observe souvent les usages suivants :

- l'adjectif bref (notamment monosyllabique) est antéposé à un nom polysyllabique : *le vieux français* (cf. *le français moderne, le français médiéval), une grosse voiture, une bonne grammaire,* etc.
- l'adjectif long est placé après le nom bref, notamment monosyllabique : *une mort pitoyable, un chef autoritaire,* etc.
- quand le nom et l'adjectif sont de même longueur, notamment monosyllabiques, l'adjectif est généralement postposé : *la vie chère, une vue nette,* etc.

Les contre-exemples, toujours possibles, (*l'ancien français, un adjectif bref,* etc.) s'expliquent soit par l'intervention du facteur sémantique (voir plus bas), soit par une volonté délibérée d'enfreindre l'usage habituel, soit enfin par la survivance d'usages anciens, où l'antéposition était plus fréquente;

— du point de vue syntaxique, la structure du syntagme nominal et la structure du syntagme adjectival lui-même influent sur la place de l'épithète :

- la présence dans le SN d'un complément prépositionnel facilite l'antéposition : *un travail facile* (l'antéposition est peu vraisemblable) / *un facile travail de documentation* (l'antéposition est rendue possible);
- quand l'épithète constitue elle-même un syntagme, avec un (ou des) complément(s), elle est normalement postposée : *une grammaire remarquablement bonne* (mais : *une très bonne grammaire), un bon spectacle* (l'antéposition est seule possible)/ *un spectacle bon pour les enfants.*

On remarque que ces tendances syntaxiques peuvent également être décrites du point de vue rythmique : *bon pour les enfants* fonctionne comme une épithète particulièrement longue, et est donc postposée.

b) En concurrence avec les facteurs formels, on peut identifier un facteur *sémantique.* Malgré un nombre non négligeable de contre-exemples, qui ne se laissent pas tous expliquer par l'intervention des facteurs formels, on peut le décrire de la façon suivante : l'épithète antéposée qualifie le contenu notionnel (le signifié) du nom. L'épithète postposée qualifie le référent visé, dans les circonstances ponctuelles de l'énonciation*, par le syntagme nominal. Cette observation permet de rendre compte de plusieurs phénomènes :

— les adjectifs qui désignent des qualités distinctives, dont l'énonciation permet des classifications, sont généralement postposés. C'est le cas des adjectifs de couleurs, de formes, ainsi que des adjectifs relationnels. Quand, par exception, un adjectif de couleur perd cette fonction classificatrice (par exemple quand la couleur est une qualité inséparable, ou jugée telle, du signifié du nom), l'antéposition redevient possible : *les vertes prairies;*

— inversement, les adjectifs qui désignent des qualités considérées comme affectant de façon permanente le contenu notionnel du nom ont tendance à s'antéposer. On constate alors que l'opposition entre l'anté- et la postposition n'est pas un trait qui affecte l'adjectif seul, mais l'ensemble qu'il constitue avec le nom. Il est donc inutile de dresser des listes d'adjectifs, qu'il serait facile de confirmer avec certains noms et de falsifier avec d'autres;

— quand on observe une différence de sens caractérisée entre l'adjectif selon qu'il est antéposé ou postposé à un même nom, cette différence se laisse le plus souvent analyser selon la règle énoncée plus haut. On cite souvent sous cette rubrique une liste très restrictive d'adjectifs : *grand (grand homme/homme grand), simple (une simple lettre/une lettre simple), ancien (un ancien professeur/un professeur ancien « qui a de l'ancienneté »), vague (une vague idée/une idée vague), vrai (une vraie aventure/une aventure vraie), apparent (une apparente folie/une folie apparente)* et quelques autres. En réalité, ce fonctionnement atteint, de façon plus ou moins claire selon le sens de l'épithète et du nom, un grand nombre d'adjectifs : *une belle femme* est une femme en qui la féminité est belle ; *une femme belle* est *belle* sans référence spécifique à son statut de femme. Cependant, le fonctionnement est parfois masqué par le fait que certaines postpositions sont peu grammaticales, pour des raisons de sens plus ou moins évidentes. Ainsi, on parlera volontiers d'un *gros industriel* ou d'*une petite hystérique* (une personne chez qui l'hystérie est légère), mais on aura plus rarement l'occasion d'alléguer *un industriel gros* (obèse) ou *une hystérique petite* (de petite taille). Cependant, la construction attributive est possible *(cet industriel est gros)*, avec le sens qu'aurait l'adjectif postposé;

— on observe dans certains cas une neutralisation* de l'opposition de sens entre l'épithète antéposée et postposée. Ainsi il est difficile de distinguer entre *une luxueuse réception* et *une réception luxueuse.* Cette suspension de l'opposition s'explique par le fait que les deux mécanismes qualificatifs produisent le même effet de sens.

Il subsiste cependant un nombre non négligeable d'exemples qui résistent à la règle : la différence entre *la dernière année* et *l'année dernière* ou entre *un unique exemple* et *un exemple unique* est atypique. (Sur le problème de la place de l'adjectif épithète, voir aussi EMPRUNT.)

Ordre de plusieurs épithètes

Il convient de distinguer deux types d'emplois :

a) les épithètes sont coordonnées ou juxtaposées entre elles : *un élève paresseux, stupide et indiscipliné.* Leur nombre n'est pas limité. Les adjectifs qualifient le nom chacun de façon indépendante;

b) les épithètes interviennent de façon hiérarchisée. Dans ce cas, l'adjectif le plus éloigné qualifie le groupement constitué par le nom et l'adjectif le plus proche : dans *la guerre civile espagnole, espagnole* qualifie *guerre civile.* De tels groupements d'adjectifs sont en principe limités à deux. Il est toutefois possible d'ajouter une troisième épithète, à condition de l'antéposer : *la sanglante guerre civile espagnole.*

D. Autres emplois de l'adjectif

a) On parle parfois d'*adjectif apposé* quand l'épithète est détachée par une double pause. Elle est alors souvent interprétée comme explicative : *cet élève, paresseux, a été renvoyé du lycée.* Ce type d'emploi se rencontre notamment avec les noms propres, ainsi qu'avec les pronoms : *Paul* (ou : *celui-ci), travailleur, a été reçu à l'examen;*

b) dans des groupements tels que *il se relève sain et sauf,* les adjectifs fonctionnent simultanément comme attributs par rapport au syntagme nominal et comme adverbes par rapport au verbe;

c) comme les autres classes grammaticales, l'adjectif peut être nominalisé : *le bleu, le vide.* Certains des adjectifs ainsi nominalisés donnent lieu à des constructions appréciatives du type *une drôle d'histoire.* (Voir APPOSITION.)

TABLEAU I

LES MARQUES DE GENRE DE L'ADJECTIF

À la seule réserve des adjectifs tels que *bot* ou *enceinte* (voir plus haut), les adjectifs sont tous affectés par la variation en genre. Cependant, l'opposition des deux genres est loin d'être constamment manifestée au niveau du signifiant. On observe à cet égard les proportions suivantes : au niveau de la manifestation orale, les 2/3 des adjectifs ne marquent pas l'opposition des genres. Au niveau de la manifestation écrite, 58 % des adjectifs marquent l'opposition des genres. Mais les 42 % restants ne la marquent pas.

On répartira ici les adjectifs entre trois classes : ceux qui ne marquent l'opposition des genres ni à l'oral ni à l'écrit ; ceux qui la marquent exclusivement à l'écrit ; ceux qui la marquent et à l'oral et à l'écrit.

A. L'opposition des genres n'est manifestée ni à l'écrit ni à l'oral

1. Adjectifs terminés au masculin par un *-e,* le plus souvent après consonne *(utile, honorable, chauve, rare, dense),* parfois après voyelle *(amphibie).*

Remarque. — Les quelques exceptions qu'on observe s'expliquent par des phénomènes d'adjectivation de noms : *maître* et *traître* ont pour féminins *maîtresse* et *traîtresse.*

2. La plupart des adjectifs obtenus par dérivation impropre à partir de noms ou d'adverbes : *une femme enfant, une grande fille très bien, une jupe marron,* etc.

Remarque. — Certains adjectifs issus de noms tendent à marquer le féminin : *costaud* donne fréquemment *costaude* ; la forme de féminin *conne* tend à se généraliser.

B. L'opposition des genres n'est manifestée qu'à l'écrit

1. Adjectifs terminés au masculin par une voyelle orale : le féminin est marqué par l'adjonction d'un *-e : barbu, joli, bleu/barbue, jolie, bleue.* Après le groupe graphique *-gu,* l'*-e* du féminin porte un tréma (sur le projet de déplacement du tréma sur l'*-u-,* voir TRÉMA) : *aigu/aiguë.*

Remarque. — Il existait autrefois une opposition de longueur qui distinguait, à l'oral, la forme de masculin (avec voyelle brève) de celle de féminin (avec voyelle longue) : [baʁby], [baʁbyː]. Cette opposition n'est plus observée en français standard.

Exceptions. — Les adjectifs en *-eau* ont un féminin en *-elle* ([o]/[ɛl]). La plupart des adjectifs en *-ou* forment leur féminin en *-olle (mou, molle). Andalou* donne *andalouse, coi* et *favori* respectivement *coite* et *favorite.*

2. Adjectifs terminés au masculin par un *-c* (sauf *sec/sèche*), un *-t* ou un *-l* pourvu que cette consonne soit prononcée. L'adjonction de l'*-e* muet du féminin s'accompagne fréquemment de modifications graphiques de la consonne : *-c* devient *-que (caduc/caduque ; public/publique)*, *-cque* dans *grec/grecque ;* consonne simple au masculin, double au féminin : *net/nette ; nul/nulle* (mais : *original/originale*).

3. De nombreux adjectifs terminés au masculin par un *-r* prononcé : *dur/dure ; pair/paire ; amer/amère* (remarquer l'accent grave) ; la série des onze adjectifs en *-eur* de sens comparatif : *antérieur, citérieur, extérieur, inférieur, intérieur, majeur, meilleur, mineur, postérieur, supérieur, ultérieur* (les autres adjectifs en *-eur* ont une morphologie différente, voir plus bas).

C. Adjectifs qui marquent l'opposition des genres à l'oral et à l'écrit

1. Le féminin est caractérisé par l'apparition d'une consonne avec ou sans modification de la voyelle antécédente :
— consonne /t/ : *petit/petite; complet/complète.* Remarquer l'opposition : /o/ vs /ɔ/ dans *sot/sotte* ([so]/[sɔt]).
— consonne /d/ : *grand/grande* ([gʁã]/[gʁãd]).
— consonne /s/ : *gras/grasse; doux/douce; épars/éparse,* etc.
— consonne /z/ : *paresseux/paresseuse.*
— consonne /ʃ/ : *frais/fraîche; blanc/blanche* ([blã]/[blãʃ]).
— consonne /g/ : *long/longue.*
— consonne /l/ :
— sans modification de la voyelle : *saoûl/saoûle* ([su]/[sul])
— avec modification de la voyelle : les adjectifs en *-eau*, fém. *-elle* ([o]/[ɛl]); la plupart des adjectifs en *-ou*, fém. *-olle* ([u]/[ɔl])
— consonne /r/, avec modification de la voyelle : *léger/légère* ([leʒe]/[leʒɛʁ])
— consonne /n/, avec substitution au féminin d'une voyelle orale à la voyelle nasale du masculin : *paysan/paysanne; bon/bonne; plein/pleine; enfantin/enfantine; brun/brune.*
— consonne /ɲ/, avec substitution d'une voyelle orale à la voyelle nasale : *malin/maligne* ([malɛ̃]/[maliɲ])
— semi-consonne /j/, sans modification de la voyelle (*gentil/gentille*) ou avec modification (*vieux/vieille*, [vjø]/[vjɛj])
— groupe de consonnes /kt/ : *suspect/suspecte.*

Remarque. — *Beau, nouveau, fou, mou* et *vieux* prennent, oralement, une forme homophone du féminin devant un nom masculin à initiale vocalique : *un bel enfant, un mol oreiller, un vieil avare* (mais : *c'est beau à voir, vieux et méchant*). *Bel et bon, bel et bien* sont des expressions figées.

2. Le féminin est caractérisé par la modification de la consonne finale du masculin, avec ou sans modification de la voyelle antécédente :

— alternance /f/ vs /v/ : *neuf/neuve; bref/brève*, etc.
— alternance /k/ vs /ʃ/ : *sec/sèche;*
— alternance /œr/ vs /øz/ : *menteur/menteuse.*

3. Le féminin est caractérisé par un suffixe distinct de celui du masculin :

— suffixe *-teur* au masculin, suffixe *-trice* au féminin : *indicateur, indicatrice.*

— *suffixe -eur* au masculin, suffixe *-eresse* au féminin : *vengeur, vengeresse.*

TABLEAU II

LES MARQUES DE NOMBRE DE L'ADJECTIF

Le système est pour l'essentiel identique à celui des noms (voir cet article). On observe pourtant certaines spécificités :

1. Les adjectifs en *-eau* marquent le pluriel masculin par un *-x :* *nouveau/nouveaux.* De même : *hébreu/hébreux* (mais : *bleu/bleus*).

2. Les adjectifs en *-al* ont le pluriel masculin en *-aux : amical/ amicaux.*

Exceptions. — *banal, fatal, final, glacial, idéal, naval, tonal,* et quelques autres ont un pluriel, d'ailleurs rarement employé, en *-als. Banal* a deux pluriels : *banals* et *banaux.*

3. Les adjectifs de couleurs issus de noms se répartissent en deux classes. Les uns ne marquent pas le pluriel *(des tissus marron)*, les autres en portent les marques *(des habits mauves, roses, etc.).* Pour certains adjectifs (par exemple *orange*), l'usage hésite.

adjectif (complément de l')

Quelle que soit sa fonction, l'adjectif constitue un syntagme adjectival, au sein duquel peuvent apparaître divers types de compléments :

1. Adverbes

Certains marquent le degré* atteint par la qualité (voir ADJECTIF). D'autres spécifient certains aspects de la qualité : *un écrivain étonnamment productif* ou de la relation instituée entre le syntagme adjectival et le syntagme nominal : *un étudiant continûment travailleur.*

2. Syntagmes prépositionnels

Un homme fier de sa popularité (ou : *d'être populaire*), *un banquier âpre au gain, il est généreux envers tous.* Plusieurs adjectifs coordonnés peuvent avoir un même complément : *généreux et charitable envers tous.* Un problème spécifique se pose lorsque les adjectifs coordonnés introduisent par des prépositions différentes leurs compléments respectifs : ** il est attaché à et fier de ses fonctions* est agrammatical. On préfère à cette phrase la représentation du complément par un pronom : *il est attaché à ses fonctions et en est fier.*

3. Phrase subordonnée

On peut ici distinguer entre des subordonnées analogues aux complétives (avec des adjectifs tels que *content, heureux, ravi, satisfait,* ou *certain, convaincu, sûr : certain que vous réussirez, je ne m'inquiète pas pour vous*) et des subordonnées analogues aux circonstancielles *(un homme digne qu'on l'appelle aux plus hautes fonctions).*

Remarques. — 1. Certains adjectifs sont plus ou moins inaptes à recevoir des compléments. Il s'agit fréquemment d'adjectifs relationnels (voir ADJECTIF). Toutefois certains types d'emploi de ces adjectifs peuvent faire apparaître un complément : *il est américain à outrance.*

2. Les participes* conservent toutes les possibilités de complémentation des verbes dont ils sont issus.

Complément du comparatif et du superlatif

Le complément de l'adjectif au comparatif indique le terme sur lequel porte la comparaison. Ce complément est introduit par l'élément *que : Pierre est plus (moins, aussi) paresseux que Paul* (ou *que l'an dernier, que tu (ne) penses, ne* n'étant possible que dans les cas de comparatif d'inégalité). Quand un tel complément ne comporte pas de verbe manifeste, on considère souvent que ce verbe a fait l'objet d'un effacement*. Ainsi, *Pierre est aussi paresseux que Paul* proviendrait de *Pierre est aussi paresseux que Paul est paresseux.*

43

Le complément de l'adjectif au superlatif relatif est introduit par la préposition *de,* qui a ici la valeur partitive : *Pierre est le plus travailleur de la classe.*

adjectif verbal

Voir PARTICIPE.

adjectival

Le syntagme *adjectival,* centré autour de l'adjectif, peut comporter une marque de degré (type *très, fort,* etc.) et un complément sous la forme d'un syntagme prépositionnel : dans *un étudiant bien fier de son succès,* le syntagme adjectival est *bien fier de son succès.*

adjectivation (parfois : adjectivisation ou adjectivalisation)

Le processus de transformation en adjectif, c'est-à-dire d'*adjectivation,* peut affecter deux sortes d'éléments :

— un syntagme prépositionnel marquant une relation est transformé en adjectif relationnel : *le roi de Norvège, le roi norvégien.*

— un élément linguistique de classe indifférente (fréquemment un nom ou un adverbe) est transformé en adjectif : *il est très XVIe (arrondissement); elle est un peu Guermantes; une femme très bien; il est très « in »,* etc.

adjective

On donne parfois le nom de proposition *adjective* à la proposition relative avec antécédent. Elle fonctionne en effet à la manière d'un adjectif épithète : *l'étudiant travailleur, l'étudiant qui est travailleur.* (Voir ADJECTIF, ÉPITHÈTE et RELATIVE.)

adresse

En lexicographie, l'adresse est la forme lexicale qui constitue l'entrée de l'article. Ici, le mot *adresse* est l'adresse de l'article. (Voir DICTIONNAIRE et LEXICOGRAPHIE.)

adverbe

Les *adverbes* constituent une partie du discours ouverte (ce qui les apparente au nom, au verbe et à l'adjectif), mais invariable. *Beaucoup, rapidement, souvent* et *hier* sont des adverbes.

A. Définition de l'adverbe

Classiquement, l'adverbe peut être défini par trois caractéristiques : il est invariable, dépendant et intransitif.

1. L'adverbe est invariable

Ce critère, commun à toute la classe, permet de reconnaître l'emploi adverbial d'une catégorie autre que l'adverbe : dans *ils parlent haut*, l'adjectif *haut*, invariable, est adverbialisé; *quelque* est adverbe et invariable dans *il a quelque trente ans*. La seule exception (partielle) est constituée par *tout* (voir INDÉFINI), qui connaît une variation de genre *(il est tout petit, ils sont tout petits; elle est toute petite, elles sont toutes petites)*.

Cette propriété, qu'il partage avec la conjonction, la préposition et l'interjection, isole l'adverbe parmi les catégories majeures.

2. L'adverbe est dépendant

La plupart des adverbes, à la différence des interjections et de mots eux aussi invariables mais susceptibles d'apparaître comme bases de phrases *(oui, voici...)*, sont adjoints à un terme, qui peut être un verbe *(il est parti rapidement)*, un adverbe *(très intelligemment)*, un adjectif *(remarquablement intelligent)*, une préposition *(tout contre)*, une conjonction *(il sortait juste comme nous arrivions)*, ou un groupe de mots ou une proposition *(il arriva longtemps avant la nuit)*. Certains peuvent qualifier plus d'une catégorie *(peu, trop, assez* sont à la fois adverbes de verbe et d'adjectif). Exceptionnellement, un adverbe peut qualifier un nom *(des gens bien, la roue arrière)*, mais c'est généralement plutôt par l'intermédiaire d'une préposition *(la patte de derrière)*, lien que d'ailleurs il peut aussi entretenir avec un verbe *(je vous engage à partir d'aujourd'hui)*.

Deux importantes exceptions au principe de la dépendance de constituants sont réalisées par les adverbes de phrase* *(heureusement, je connaissais le chemin)* et par les adverbes d'énonciation* *(franchement, je ne sais que penser)*.

45

3. L'adverbe est intransitif

L'adverbe dépend d'une autre catégorie, mais aucune ne dépend de lui. C'est là le trait qui permet de le différencier de la préposition*et de la conjonction*.

La préposition, comme lui, est invariable et dépendante, mais elle régit un complément. Il existe cependant des formes qui, selon l'emploi, sont tantôt adverbe *(je pars devant)*, tantôt préposition *(je marche devant toi)*, ce qui offre la possibilité de distinguer entre l'animé, exprimé par la préposition et un rappel sous forme de pronom *(rejoins ton frère et joue avec lui)*, et l'inanimé, auquel est consacré l'emploi adverbial de la préposition *(prends ton ballon et joue avec)*. Certains adverbes peuvent se combiner avec une préposition pour former une locution prépositive *(près* et *près de)*, ou un déterminant du nom *(beaucoup* et *beaucoup de)*.

La conjonction, elle aussi, est invariable et dépendante, et se différencie de l'adverbe par sa transitivité. Il existe aussi des formes qui sont tantôt adverbe *(quand viens-tu ?)* et tantôt conjonction *(viens quand tu veux)*.

Quelques exceptions au principe de l'intransitivité sont constituées par les adverbes suivis de la conjonction *que (heureusement qu'il vient !)* formes assez fréquentes en français populaire *(sûrement que, même que)*, et par certains adverbes qui peuvent être suivis d'une préposition *(conformément à votre demande)*.

Où, dont, en et *y* sont formellement des adverbes, mais leur fonction de représentation est à ce point primordiale qu'on les étudie généralement parmi les pronoms. (Voir RELATIFS et PERSONNELS.)

4. Emplois particuliers de l'adverbe

Certains adverbes (parmi les adverbes de quantité) peuvent jouer le rôle d'un pronom indéfini *(beaucoup l'admirèrent, peu le comprirent)*, ou devenir déterminants s'ils qualifient un groupe nominal *(bien des gens)*.

Les adverbes en tête de phrase peuvent jouer un rôle très proche d'une conjonction* de coordination*, dont ils se différencient néanmoins par la mobilité. Certains peuvent entraîner une inversion du sujet *(ainsi, aussi, sans doute, peut-être : aussi savait-il où aller)*.

B. Les différents types d'adverbes

Les adverbes français sont d'origines assez diverses, ce qui a des effets sur leurs formes. Quelques-uns d'entre eux (généralement brefs et courants) proviennent du stock latin : *bien, hier, non, peu, plus, tant, ensemble...* D'autres, formés par composition, constituent soit un terme unique *(désormais, partout, quelquefois)*, soit des locutions adverbiales, liées par un trait d'union *(là-dedans)* ou non *(tout à fait, peu à peu, mot à mot)*. Les emprunts à d'autres langues que le latin sont peu nombreux comparés aux emprunts de verbes, de noms et d'adjectifs : emprunts populaires à l'arabe *(bézèf, chouya, fissa)*, emprunts spécialisés à l'italien *(piano, franco)*, ou emprunts savants au latin *(ad libitum, a fortiori, passim, in extenso)*.

De très nombreux adverbes sont créés par « changement d'emploi » d'un adjectif suivant un verbe, qui devient adverbe quand il ne s'accorde plus *(la pluie tombe dru)* : *boire sec, manger froid, rire jaune, sentir bon, s'arrêter net, parler français...* Cette forme offre, par la concurrence avec un adverbe en *-ment,* la possibilité d'une opposition entre sens physique et sens moral *(parler net/parler nettement),* sans qu'il y ait de règle systématique *(parler bas/parler bassement).* A travers les usages publicitaires et la reproduction de schémas de l'anglais, cette forme est très productive : *rouler japonais, s'habiller pratique, voter utile, penser français...* pouvant même s'étendre à des noms *(acheter qualité, penser conserves).* On peut ici faire une distinction entre *il s'habille jeune,* où *jeune* est adverbe au même titre que dans les expressions précédentes, et *il a débuté jeune,* dont la mobilité et la possibilité de paraphrase par une circonstancielle font un circonstant (voir plus bas). Quand l'adjectif adverbialisé est en position d'épithète, le statut d'adverbe est moins net, et l'usage est souvent flottant : il arrive que l'accord se fasse *(des portes larges ouvertes,* où il est néanmoins difficile de dire que *larges* soit adjectif *),* qu'il ne se fasse pas *(des fillettes nouveau-nées),* ou qu'il y ait le choix *(une fleur frais* ou *fraîche éclose).*

La source la plus productive des adverbes est incontestablement la dérivation. Le seul suffixe vivant à l'heure actuelle est *-ment,* formant un adverbe « de manière » sur la base d'un adjectif féminin *(naïve +* *-ment = naïvement),* ou exceptionnellement d'un nom *(bêtement, diablement, vachement, nuitamment).* Cependant, certains adjectifs refusent ce procédé *(content, satisfait),* d'autres ne s'y prêtent que dans l'un de leur sens (*verte* donne *vertement* dans le sens moral, mais n'existent ni **rougement,* ni **jaunement).* Pour d'autres, on ne retrouve pas le féminin de l'adjectif, par exemple dans *prudemment, savamment, hardiment, vraiment, obstinément, commodément, traitreusement,* particularités explicables par la diachronie*. (Voir aussi SUFFIXE.)

C. Fonctionnement de l'adverbe

Pour des raisons formelles et sémantiques, l'adverbe peut être comparé à l'adjectif et au circonstanciel.

1. Ressemblance et différence avec l'adjectif

L'adverbe a fréquemment en commun avec l'adjectif le caractère facultatif, et une racine dans bien des cas semblable. Par ailleurs, tous deux connaissent le degré* : comparatif *(plus, moins, aussi solidement)* et superlatif *(le plus solidement, très solidement)*. Cependant, le degré ne peut pas s'appliquer à tous les adverbes : il s'applique à la plupart des adverbes en -*ment*, et à quelques autres *(souvent, longtemps, etc.)*.

Cependant, adjectifs et adverbes diffèrent par plusieurs traits :

— l'adverbe ne connaît pas de différence entre épithète et attribut.

— alors que l'adjectif détermine essentiellement le nom, l'adverbe ne se rapporte pas qu'au verbe, mais à tout ce qui n'est pas nom et pronom : on évitera donc de dire, comme le font souvent les grammaires scolaires, que l'adverbe est au verbe ce que l'adjectif est au nom.

— l'adjectif adopte les marques du nom, alors que l'adverbe, lié à des termes non nominaux, reste toujours invariable : dans *des personnes peu intelligentes, peu* porte sur l'intelligence, pas sur les personnes. Une exceptionnelle variation de personne et de nombre se manifeste dans des locutions adverbiales comme *à mon insu*.

— il n'y a pas d'équivalent, pour l'adjectif, de ce que représentent adverbes de phrase et adverbes d'énonciation.

— un adverbe comme la négation* *ne...pas,* généralement adverbe de verbe, peut porter sur un élément de la phrase qui n'est pas le verbe : *il n'aime pas toutes les femmes, mais il aime les femmes.* Rien de comparable n'existe pour l'adjectif.

2. Ressemblance et différence avec le circonstanciel

On peut voir avec le complément circonstanciel* et la proposition circonstancielle*, que ces catégories ont des points de fonctionnement communs avec l'adverbe. Ceci ouvre la possibilité d'un emploi du terme *adverbe* qui ne recouvre plus une forme, mais un fonctionnement.

En effet (et sans tenir compte ici des différences soulignées à CIRCONSTANCIEL et CIRCONSTANCIELLE), pour chacune des trois catégories, on peut distinguer un emploi qu'on appellera proprement adverbial, dans lequel l'élément ne peut pas être déplacé *(il court vite; il a été blessé à mort; il ne travaille pas autant qu'il le prétend);* et un emploi qu'on appellera circonstant ou circonstanciel, où le déplacement est possible, sans grosse modification du sens *(il était parti finalement/finalement, il était parti; il part à cinq heures/à cinq heures, il part; il parlera puisqu'on le lui demande/puisqu'on le lui demande, il parlera).* Un type mixte est constitué, dans les trois cas, par un élément déplaçable, mais au prix d'une modification radicale du sens, ou de l'introduction d'une ambiguïté.

Dans ce nouveau sens, on n'appellera donc adverbe qu'un élément immédiatement postposé au verbe, et qui caractérise la relation verbale. Selon cet emploi, pourront également être assimilés à l'adverbe :

— certains emplois de l'adjectif, comme vu précédemment.

— certains syntagmes prépositionnels *(trembler de peur, prendre à froid, crier à tue-tête),* souvent isolés du verbe en fonction des exigences rythmiques de longueur respective des constituants *(Pierre prend Jeanne par la main, Pierre prend par la main la fillette morte de peur),* mais indéplaçables *(*par la main, Pierre prend Jeanne).*

— un infinitif prépositionnel *(joli à croquer, chanter à ravir),* qui suit impérativement le terme qu'il qualifie.

— la préposition seule *(il marche devant, je vote pour),* forme condamnée par le purisme.

— les comparatifs *(Pierre travaille plus que Jean; Pierre travaille beaucoup plus).*

D. Les critères de classement des adverbes

Le classement traditionnel des adverbes consiste à établir une liste sur des critères sémantiques : adverbes de temps *(hier, souvent, tôt),* adverbes de lieu *(ici),* adverbes de manière *(bien,* tous les adverbes en *-ment),* adverbes de quantité *(beaucoup, très, autant, davantage),* adverbes d'interrogation et d'exclamation *(comment, quand),* adverbes d'affirmation, de doute ou de négation *(oui, peut-être, ne...pas).*

Ce classement ne présente guère d'intérêt, consistant, comme pour les circonstanciels, en étiquetages vagues et intuitifs, et en remarques de détail. Par ailleurs, un tel classement ne dit rien sur l'articulation entre le sens et le fonctionnement syntaxique. Or l'adverbe, jouissant d'une certaine liberté de position, subit les contraintes attachées à cette liberté. Nous allons donc examiner comment pourrait se constituer une classification sur la base des propriétés syntaxiques, spécialement pour les adverbes en -*ment* qui sont les plus nombreux, ont le plus de souplesse de position, et sont en relation avec un adjectif. Les autres adverbes obéissent également à des règles strictes en matière de place, mais avec moins de latitude.

On peut établir, quant à la place d'un adverbe, un certain nombre de règles générales :

— un adverbe qui modifie un adjectif ou un adverbe, est placé avant lui *(il est complètement fou)*, ce qui est vrai aussi bien d'un adverbe en -*ment* que d'un autre.

— un adverbe qui modifie un verbe à un temps simple est placé après lui *(la voiture roule doucement)*. Pratiquement tous les adverbes en -*ment* peuvent occuper cette position.

— cependant, ces mêmes adverbes peuvent aussi être séparés du verbe : *il observe la scène attentivement.*

— si le verbe comporte un participe passé ou un infinitif, l'adverbe peut figurer avant ou après, mais ce ne sont pas toujours les mêmes adverbes qui occupent les deux positions. Plutôt que de parler de position entre auxiliaire et participe passé, il est nécessaire de distinguer entre la place juste avant le participe passé *(ils n'ont pas complètement oublié; ils ont tous complètement oublié; ils ont probablement complètement oublié; ils ont dû complètement oublier)*, et la place juste après l'auxiliaire *(ils n'ont probablement pas oublié; ils ont probablement tous oublié; ils ont probablement complètement oublié; ils ont probablement dû oublier)*. On s'aperçoit en effet que, si l'on intervertit *complètement* et *probablement* dans ces phrases, le résultat ne produit pas des phrases grammaticales.

— la position en tête de phrase est interdite pour les adverbes de verbe : **attentivement, il observait la scène.*

— les adverbes de phrase peuvent figurer dans les positions : en tête de phrase *(heureusement, je sais le latin)*, en fin de phrase *(je sais le latin, heureusement)*, entre l'auxiliaire et le participe passé *(j'avais, heureusement, appris le latin)*, entre le sujet et le verbe *(Pierre, heureusement, sait le latin)*, et au milieu de la phrase *(Pierre a appris, heureusement, le latin au lycée)*. Mais on s'aperçoit qu'il est nécessaire de préciser la plupart de ces positions.

— pour établir si un adverbe de phrase peut figurer en tête de phrase, il faut distinguer parmi les types de phrases : par exemple, *évidemment* ne peut pas précéder une phrase interrogative, alors que *franchement* le peut.

— la position en fin de phrase est source d'ambiguïté. *Il parle naturellement* a un premier sens, avec pause, virgule, un accent sur le verbe et une intonation descendante sur l'adverbe, l'adverbe dominant l'éventuelle négation (paraphrase : *il est naturel qu'il ne parle pas*); dans un deuxième sens, l'accent porte sur l'adverbe, il n'y a pas de pause, et c'est l'adverbe qui dépend de la négation (paraphrase : *ce n'est pas de façon naturelle qu'il parle*). Seul le premier sens constitue un adverbe de phrase, le deuxième étant un adverbe de verbe.

— pour la position en milieu de phrase, on doit aussi distinguer entre *a)* la position insérée *(il a regardé la scène, finalement, tous les jours; il a regardé, finalement, la scène tous les jours)*, qui constitue une véritable parenthèse; *b)* la position après le verbe ou le c.o.d. *(il a observé attentivement la scène; il a observé la scène attentivement)*, qui ne comporte ni pause ni virgule; et *c)* la position détachée *(il l'a observée, attentivement, tous les jours)*, avec virgule ou rupture intonative, position qui diffère de la position insérée par le fait que l'adverbe porte l'accent et qu'il est paraphrasable par une coordination : *il l'a observée tous les jours, et attentivement*, alors qu'on ne peut avoir *il a observé la scène tous les jours, et finalement.*

— il faut encore ajouter quelques positions : *a)* la position devant syntagme nominal ou prépositionnel *(il regarde les passants, notamment les femmes); b)* la possibilité d'être focus* dans une phrase clivée* *(c'est gentiment qu'il m'a raconté l'histoire);* et *c)* la possibilité de venir en réponse à une question totale ou à une question particlle *(est-il parti ? — probablement; comment a-t-il raconté l'histoire? — gentiment).* (Voir INTERROGATION.)

— la seule position absolument exclue pour tout adverbe est entre pronom clitique* et verbe *(*il adverbe vient)*, ce qui distingue le français de l'anglais ou de l'allemand.

Ces critères étant établis, on peut faire quelques constatations :

— si l'on poursuivait l'application de critères formels, chaque adverbe manifesterait un comportement idiosyncrasique. L'idée de classement suppose donc une sélection des caractères.

— les limites entre les classes restent floues, certains adverbes devant entrer dans au moins deux classes, et d'autres pouvant, avec autant de justifications, être classés dans l'une ou dans une autre.

E. Une tentative de classement des adverbes en -ment

Si l'on accepte ces limites, on peut proposer un classement selon sept classes, des adverbes les plus dépendants du verbe jusqu'aux plus autonomes.

1. Les adverbes de degré

Ils se placent avant un adjectif, un adverbe ou un participe passé. Ils n'apparaissent jamais en tête de phrase, ne dominent jamais la négation, et ne sont jamais focus de la phrase *(tellement, extrêmement, parfaitement...)*.

2. Les adverbes modaux

Ils apparaissent directement après le verbe, mais peuvent être en tête de la phrase si elle est positive, assertive et active. Ils ne dominent jamais la négation, mais peuvent être focus de la phrase *(attentivement, soigneusement, énergiquement, joliment...)*.

3. Les adverbes d'événement

Ils apparaissent après le verbe, et souvent en tête de la phrase, même si elle est passive, mais pas si elle est interrogative, négative ou impérative. Ils ne dominent jamais la négation, mais peuvent être focus de la phrase *(rapidement, brusquement, rarement, constamment, ouvertement...)*.

4. Les adverbes de cadre

Ils définissent le cadre temporel, aspectuel ou local de la phrase. Ils apparaissent en tête de n'importe quelle phrase, après un auxiliaire ou un complément d'objet direct, en position insérée ou finale. Ils peuvent dominer la négation ou être dominés par elle, et peuvent être focus de la phrase *(logiquement, actuellement, récemment, généralement...)*.

5. Les adverbes de phrase

Ils apparaissent en tête de phrases déclaratives et négatives, jamais de phrases interrogatives ou impératives. Ils peuvent aussi apparaître après le verbe, en position insérée ou finale, ils ne sont jamais focus *(évidemment, heureusement, probablement, nécessairement, réellement)*. Ils peuvent être paraphrasés par la forme *que* phrase *est* adjectif *(évidemment, Pierre est venu → que Pierre soit venu est évident, ou il est évident que Pierre est venu)*, et ils forment deux sous-classes selon qu'ils dominent la négation *(certainement)* ou sont dominés par elle *(forcément)*.

6. Les adverbes de relation ou d'énonciation

Ils relient la phrase dans laquelle ils figurent à une information extérieure (le contexte linguistique, l'acte d'énonciation, la situation, le locuteur), et tous les adverbes de cette classe figurent aussi dans au moins une autre classe. Ils apparaissent surtout en tête de n'importe quelle phrase, en position insérée ou finale. Ils ne sont jamais focus de la phrase *(franchement, sérieusement, honnêtement, notamment, simplement, justement...)*.

7. Les adverbes restrictifs

Ils restreignent la prédication de la phrase. Ils apparaissent directement avant un syntagme nominal ou prépositionnel, ils ne sont jamais focus d'une phrase clivée, et peuvent figurer directement après la négation *(également, justement, simplement, uniquement, spéciale-ment, exactement...)*.

Il est également intéressant d'étudier le rôle pragmatique* de certains adverbes : un adverbe comme *justement,* employé seul ou accompagné d'une justification dans un dialogue, sert à montrer qu'une argumentation destinée par un locuteur A à prouver une certaine conclusion, autorise pour un locuteur B la conclusion inverse.

S'ils n'ont pas la même fonction, il est toujours possible d'avoir une suite d'adverbes : *beaucoup plus fortement.*

adverbe (complément de l')

Un certain nombre d'adverbes peuvent recevoir un complément :

1. Le complément peut prendre la forme d'un autre adverbe : *on en trouve absolument partout.* Les adverbes de degré affectent les adverbes en *-ment* dans les mêmes conditions (à quelques détails près) que les adjectifs : *il travaille très rapidement, il m'a reçu peu aimablement.* Les préfixes d'intensité sont également possibles : *il conduit archivite, mais hyperbien* (style à la fois affecté et familier).

2. Le complément peut être un syntagme prépositionnel : *suffi-samment d'argent,* autrefois contesté par les puristes, est aujourd'hui

53

d'usage courant. Les cas de coordination d'adverbes introduisant leurs compléments respectifs par des prépositions différentes sont réglés comme ils le sont pour les adjectifs : *conformément à mais indépendamment de votre demande* est généralement évité au profit de *conformément à votre demande mais indépendamment d'elle*.

3. Les adverbes de sens comparatif (*plus, moins, autant, mieux*, etc.) ainsi que les adverbes utilisés au comparatif ont un complément introduit par *que*. On observe alors des phénomènes intéressants d'effacement* : *il sait danser moins bien que moi; il connaît le latin mieux qu'un prêtre son bréviaire.* Il en va de même pour *ailleurs* et *autrement : je ne veux pas aller ailleurs que toi.* Toutefois, *plus* et *moins* introduisent par *de* un complément comportant un numéral cardinal : *plus de dix ans, moins de vingt mètres.*

4. Quand l'adverbe constitue par lui-même le centre d'une phrase, il peut avoir une subordonnée : *certainement qu'il viendra !*

5. Enfin, le complément de l'adverbe au comparatif et au superlatif relatif présente le même aspect que le complément de l'adjectif au comparatif ou au superlatif relatif : *il travaille mieux* (ou : *aussi bien, moins bien) que l'an dernier; il m'a reçu le plus aimablement du monde.*

adverbial

1. Le syntagme *adverbial* est centré autour de l'adverbe. *Très rigoureusement, conformément à vos instructions* sont des syntagmes adverbiaux.

2. Les compléments circonstanciels* et les propositions circonstancielles* sont souvent considérés comme exerçant une fonction *adverbiale :* comparer *il se lève tôt; il se lève le matin; il se lève dès que le soleil se lève.*

3. L'adjectif est en emploi *adverbial* quand il se rattache à un syntagme verbal : *il parle haut;* dans l'usage publicitaire : *lavez facile.*

4. Les locutions *adverbiales* sont des adverbes composés* : *sur-le-champ, à tire-larigot, à la bonne franquette, au pied levé,* etc.

5. Pronoms *adverbiaux.* On donne fréquemment ce nom aux éléments *en* et *y,* étudiés ici à PERSONNELS (PRONOMS).

adverbialisation

Processus de transformation en adverbe d'un élément appartenant à une autre classe, souvent un adjectif. L'*adverbialisation* peut avoir une marque (souvent le suffixe *-ment*) ou ne pas être morphologiquement marquée. (Voir les exemples à ADVERBIAL.)

affirmation

Terme généralement utilisé pour identifier la forme grammaticale d'une phrase qui se donne pour vraie. Celle-ci se distingue alors de la forme interrogative, impérative, mais aussi de la forme négative. C'est pourquoi la notion d'*affirmation* n'est pas normalement considérée comme un acte de langage, contrairement à l'assertion*, l'interrogation* ou l'ordre* (voir ces mots; voir aussi MODALITÉ).

affirmative (phrase)

Voir AFFIRMATION.

affixe

Ce terme prend deux sens assez nettement distincts selon le contexte théorique dans lequel il apparaît :

1. En linguistique structurale, affixe est le terme générique qui recouvre les trois notions de préfixe*, de suffixe* et d'infixe*. En général, on n'étend pas la notion d'affixe aux morphèmes flexionnels : dans une forme telle que *(nous) insensibiliserons*, in-, préfixe et *-is-*, suffixe, sont des affixes. Mais les morphèmes flexionnels *-er-* et *-ons* n'en sont pas.

2. En grammaire générative,* les affixes sont les morphèmes flexionnels qui entrent dans les règles de réécriture d'éléments tels que temps*, personne*, nombre*, aspect*.

agent (ou agentif)

En grammaire de cas, rôle sémantique réservé à l'instigateur (normalement animé) de l'action décrite par le verbe. (Voir CAS (PROFONDS).)

agent (complément d')

Complément créé lors de la mise au passif* d'une phrase active, à partir du sujet du verbe actif. Il est introduit par la préposition *par*, et plus rarement par *de (Pierre est aimé par Marie* ou *de Marie).*

1. Extension du complément d'agent

La grammaire traditionnelle tente de le définir sémantiquement comme exprimant l'agent par qui une action est accomplie, avec le risque de le faire confondre avec le sujet. Il est donc préférable de le définir par le rapport structural qu'il entretient avec le sujet actif, ce qui lui donne une définition plus ou moins stricte selon l'extension que l'on donne au passif (voir ce terme). On peut ainsi aller jusqu'à voir des compléments d'agent dans : *les papiers sont jaunis par le soleil* (de : *le soleil jaunit les papiers*), *les papiers jaunissent au soleil* (aussi de : *le soleil jaunit les papiers*), *Pierre tomba sous le choc* (de : *le choc fit tomber Pierre*). Ces trois compléments ont en effet en commun d'être les sujets d'une phrase considérée comme active.

2. Préposition introductrice

En français classique, le complément d'agent est généralement introduit par *de*, alors qu'en français moderne, c'est *par* qui est le plus fréquent, *de* apparaissant comme une forme recherchée. Il est difficile de systématiser les possibilités d'emploi de *de*, tout au plus peut-on énoncer quelques tendances :

a) *de* peut suivre un verbe pris au sens figuré, ou dont le sens propre s'est affaibli, le complément d'agent exprimant l'état qui résulte de l'action subie et se rapprochant alors d'un complément de cause ou de moyen (*il est accablé de soucis*). *Par* s'emploie plutôt quand le verbe a son sens propre et que le complément reste un agent effectif (*il est accablé par son fardeau, par son frère*).

b) *de* peut suivre les verbes de sentiment (*aimer, estimer, respecter...*) et d'opération intellectuelle (*croire, connaître, oublier...*).

c) *de* et *par* supposent une nuance quant à la participation de l'agent à l'action (*il est accompagné de sa femme; l'enfant est porté par sa mère*).

d) *de* apparaît avec un complément d'agent non déterminé*, et *par* devant un complément qui comporte un article défini* et/ou un complément de nom (*il est accablé d'impôts, par ses impôts, par les impôts sur le revenu*).

Dans tous les cas où *de* peut apparaître, il peut être remplacé par *par*. Et quand un verbe passif est suivi de deux compléments, l'un en *par* et l'autre en *de*, c'est toujours celui en *par* qui est compris comme complément d'agent, celui en *de* étant interprété comme un circonstanciel (*cet homme est accablé de soucis par sa charge*).

En outre, dans certaines expressions figées, le complément d'agent peut être introduit par *à (mangé aux mites, piqué aux vers)*. Enfin, on a également pu voir un complément d'agent dans des compléments suivant des verbes comme *laisser, faire, voir, entendre, (je ferai coudre cette robe à ma couturière)*.

3. Effacement de l'agent

Le complément d'agent a la particularité de pouvoir être omis, ce qui produit une forme où le sujet sémantique est supprimé (mise au passif, puis effacement du complément d'agent). Ces passifs inachevés sont très fréquents à l'écrit et encore plus à l'oral, révélant ainsi l'une des valeurs essentielles du passif. Un substitut fréquemment donné pour la reconstitution active du complément d'agent absent est *on (la lampe a été cassée* proviendrait ainsi de *on a cassé la lampe)*. L'équivalence n'est pas parfaite, car *on* ne peut s'appliquer qu'à un animé, alors que la phrase peut aussi permettre un agent comme *par le vent*.

Enfin, le complément d'agent est impossible en français moderne après un pronominal à sens passif (** ce poème se récite par tous les enfants*).

Distingué du complément circonstanciel par l'équivalence structurelle au sujet actif, le complément d'agent reste néanmoins proche de celui-ci, comme le montre la possibilité de coordonner un complément d'agent et un circonstanciel : *ce projet a été conçu par les hommes et pour les hommes*, et même : *par et pour les hommes*.

agglutination

L'*agglutination* est le processus diachronique* par lequel des unités originellement distinctes, mais fréquemment manifestées l'une après l'autre dans le discours, sont soudées pour constituer une nouvelle unité : *lierre* vient de l'agglutination de *l'ierre* (du latin *hedera*), *mamour* (dans l'expression *faire des mamours*) de l'agglutination de *m'amour* (où *m'* est la forme élidée du possessif *ma* devant *amour* féminin); *aujourd'hui* laisse apparents les éléments agglutinés, etc. Le processus inverse de l'agglutination est la déglutination*. (Voir aussi ÉLISION.)

agrammatical, agrammaticalité

Voir GRAMMATICALITÉ.

aigu (accent)

Au niveau de la manifestation écrite, l'accent aigu n'affecte que le graphème *e*. En règle générale, *é* marque /e/ et s'oppose ainsi à *e* (fréquemment marque de /ə/), à *è* (/ɛ/) et à *ê* (également /ɛ/). Mais ces correspondances ne sont pas constantes : *e* marque souvent /e/ (*pied, nez,* etc.) et *é* correspond parfois à /ɛ/ : *événement* [evɛnmɑ̃].

algorithme

Un *algorithme* est un ensemble d'instructions explicites à appliquer dans un ordre déterminé. Le modèle de la grammaire générative* a le fonctionnement d'un algorithme.

Remarque. — Du point de vue étymologique, le nom algorithme provient d'un phénomène d'attraction paronymique* entre l'étymon* arabe — le nom propre du mathématicien `Al Khwārizm — et le nom grec du nombre, *arithmos.*

alinéa

L'*alinéa* — qui a pour support matériel un retrait de quelques espaces par rapport au début de la ligne — est la marque du début du paragraphe.

allemand (mots empruntés à l')

Voir EMPRUNT.

allitération

Voir HOMOPHONIE.

allocutaire

Voir DESTINATAIRE.

allomorphe

Les *allomorphes* sont les variantes de manifestation du morphème en fonction du contexte. Dans la conjugaison du verbe *aller*, *all-* (par exemple dans *allons*), *i-* (dans *irons*), *v-* (dans *vont*) sont des allomorphes.

allongement

Voir PHONÉTIQUE/PHONOLOGIE.

allophone

Les *allophones* sont les variantes de réalisation du phonème. On peut limiter l'extension de la notion d'allophone au cas des variantes combinatoires : par exemple, le phonème /k/ ne se réalise pas de la même façon dans [ku] et dans [ki], et l'on dit que le [k] vélaire de [ku] et le [k] palatal de [ki] sont des allophones. On peut également étendre la notion au cas des variantes libres : on dit alors que [r], [R] et [ʁ], variantes du phonème /r/, sont des allophones. (Voir PHONÉTIQUE/PHONOLOGIE.)

alphabet

L'*alphabet* est la liste, ordonnée de façon traditionnelle, des lettres qui sont utilisées pour la manifestation écrite des langues qui, comme le français, ont un système d'écriture en relation avec l'inventaire des phonèmes. Le français utilise les 26 lettres de l'alphabet latin :

a b c d e f g h i j k l m n o p q r s t u v w x y z

En réalité, le latin ne connaissait ni *j*, ni *v*, ni *w*, et utilisait très peu *k*, *y* et *z*. Certaines des lettres de l'alphabet reçoivent en outre des signes diacritiques* (accent*, cédille*, tréma*) qui en précisent la fonction.

En français, la correspondance entre les lettres de la manifestation écrite et les phonèmes de la manifestation orale obéit à des règles particulièrement complexes qui sont exposées à l'article ORTHOGRAPHE.

L'Alphabet phonétique international, en abrégé A.P.I., créé en 1888 par l'Association phonétique internationale, est fondé sur le principe de la correspondance biunivoque entre les unités de la manifestation orale et celles de la manifestation écrite : à chaque son un signe et un seul (sauf exceptions : affriquées, semi-nasales), à chaque signe un son et un seul. (Voir PHONÉTIQUE.)

alternance

Les phénomènes linguistiques sujets à l'alternance sont ceux qui, ayant un trait commun, apparaissent, selon les conditions, sous des formes différentes. Ainsi, le phonème /o/ est noté en alternance par les graphèmes* *o*, *au*, *eau*, etc. (voir ORTHOGRAPHE). Les bases* qui interviennent dans la conjugaison* du verbe *dormir* sont, en alternance, *dor-*, *dorm-*, *dormi-*. (Voir aussi PHONÉTIQUE/PHONOLOGIE, ainsi que ALLOMORPHE et ALLOPHONE.)

amalgame

On parle d'*amalgame* quand deux unités linguistiques se trouvent manifestées par un signifiant unique. L'amalgame présente deux aspects :

1. L'article contracté *au* est l'amalgame de la préposition *à* et de l'article défini *le,* qui sont l'un et l'autre susceptibles d'être manifestés indépendamment l'un de l'autre. En ce sens, on dit parfois que les mots composés sont des amalgames. (Voir COMPOSITION et LEXICALISATION.)

2. Dans la conjugaison*, le morphème *-ons* manifeste à la fois la 1re personne et le pluriel, sans qu'il soit possible de donner une manifestation indépendante à chacun de ces éléments.

ambiguïté

Propriété des langues naturelles tenant à l'absence de correspondance biunivoque entre forme* et sens*, l'*ambiguïté* peut recevoir une définition sémantique, proche de la perception immédiate : est ambigu tout énoncé susceptible de recevoir plusieurs interprétations. On peut aussi proposer une définition formelle : un énoncé ambigu est susceptible, à un niveau donné de représentation, d'une seule description, et de plusieurs à un autre niveau. Ainsi, dans *Pierre demande à Jean de partir,* le niveau phonologique et la succession de catégories offrent une représentation unique, alors que si l'on tente de reconstituer les sources de l'infinitif*, on devra supposer soit *Pierre part,* soit *Jean part,* soit *Pierre et Jean partent.*

Les ambiguïtés sont de plusieurs types et portent sur des phénomènes de tous niveaux. La plus fréquente est l'ambiguïté lexicale (polysémie* ou homonymie*), cas où un mot a plusieurs sens : *les jumelles grossissent* combine l'ambiguïté de *jumelle* (« sœur » ou « appareil optique ») à celle de *grossir* (« prendre du poids » ou « augmenter la puissance de vision »). L'ambiguïté peut n'être qu'orale (*saint, sain et sein)* (voir HOMOPHONIE).

Les ambiguïtés syntaxiques sont également de types variés. Certaines sont des « homonymies de construction », dues soit à un conflit d'étiquetage (*la belle porte le voile* peut s'analyser en déterminant-nom-verbe-déterminant-nom, ou en déterminant-adjectif-nom-pronom-verbe), soit à un conflit de rattachement des constituants (dans *je reçois un vase de Chine, de Chine* peut être rattaché à *recevoir* ou à *vase*), même s'il n'y a pas toujours de conséquences sémantiques nettes (comme dans *un bonnet de coton blanc*).

Les autres ambiguïtés syntaxiques ne peuvent être analysées que par référence à l'ensemble du système. Ainsi, dans *la crainte de l'ennemi*, les deux sens (subjectif et objectif) ne peuvent être représentés que s'ils sont mis en rapport avec les sujets affectés par *crainte*, nominalisation de *craindre*, lui-même susceptible d'entrer dans les deux phrases *l'ennemi craint X*, et *X craint l'ennemi*. On comprend dès lors le rôle de l'ambiguïté dans la grammaire générative*, à partir du postulat selon lequel à toute interprétation doit correspondre une description : une forme ambiguë se voit donc associer deux structures profondes* différentes.

L'ambiguïté syntaxique doit être distinguée de l'ambiguïté référentielle (*il vient* ou *son père* peuvent dans un énoncé, avoir plusieurs référents), et de « l'indétermination » (dans *Napoléon, qui reconnut le danger menaçant son flanc, lança sa garde*, la nature de la relation entre principale et relative est indéterminée plutôt qu'ambiguë).

L'intérêt de la distinction des structures profondes est de montrer le caractère aléatoire de l'ambiguïté, rencontre entre formes de surface ayant des histoires grammaticales différentes. Aussi les ambiguïtés ne sont-elles que rarement traduisibles (l'ambiguïté de *flying planes can be dangerous* ne se retrouve pas en français, où l'on a « les avions qui volent peuvent être dangereux » ou « voler en avion peut être dangereux »).

Cependant, la limite de cette analyse est l'enfermement dans une alternative entre interprétations exclusives. Or certains exemples invitent à considérer que le sens n'est pas dichotomique. Ainsi, à *Œdipe voulait épouser sa mère*, on donne traditionnellement deux lectures : « une femme dont on dit qu'elle est sa mère » et « il sait qu'elle est sa mère ». Or le mythe d'Œdipe invite à une lecture intermédiaire (c'est parce qu'elle est sa mère qu'elle l'attire inconsciemment).

Reconnue de tout temps par ceux qui s'occupent du langage, sous la forme de l'amphibologie ou de l'ambivalence, l'ambiguïté est un cas limite de l'équivoque de la langue. Quand elle n'est pas caricaturée dans la dichotomie, c'est une ouverture vers l'idée que la langue est autre chose qu'un moyen de communication parfait et univoque : un lieu de plaisanterie, de poésie, de malentendu et d'inconscient.

amuïssement

Voir PHONÉTIQUE.

analogie

En régularisant une forme par pression interne du système, l'analogie est une force de changement qui agit dans la langue, selon un schéma décrit par Saussure comme la quatrième proportionnelle. *Éteindrai : éteindre = viendrai : x* se lit : *x* est à *viendrai* ce que *éteindre* est à *éteindrai*, et explique la création analogique enfantine de l'infinitif **viendre* pour *venir*.

L'analogie produit des formes destinées à s'imposer dans la langue : c'est le changement par remplacement (à opposer au changement par évolution phonétique), qui a par exemple créé analogiquement *ils prouvent* sur *nous prouvons*, à partir de *ils preuvent*, mais ne s'est pas appliqué à *ils peuvent*, qui continue à s'opposer à *nous pouvons*. Mais elle crée aussi des formes fautives (comme *viendre*), et des néologismes lexicaux, comme *répressionnaire* (de *répression*), sur le modèle de *réaction/réactionnaire*. Les mots les plus fréquents peuvent résister à l'analogie : *vous dites* ne s'est pas aligné sur *nous disons* et *vous lisez* (**vous disez*), alors que le composé *contredire* l'a fait *(vous contredisez)*.

L'analogie, en tant que processus interne au système, constitue donc une force opposable à la norme*, qui agit par imposition externe (voir ANOMALIE, 2).

analyse

Ce terme s'utilise en linguistique conformément à sa valeur épistémologique habituelle : on parle ainsi de *l'analyse d'une langue*. Toutefois, il se spécialise de façon spécifique dans trois acceptions :

1. Analyse distributionnelle. Voir DISTRIBUTION et GRAMMAIRE.

2. Analyse de discours. Voir DISCOURS.

3. Dans la pratique pédagogique traditionnelle, l'analyse reste l'exercice grammatical fondamental. Elle se répartit entre l'analyse *grammaticale*, qui consiste à repérer la classe, la (ou les) catégorie(s) et la fonction d'un constituant de la dimension d'un mot, et l'analyse *logique*, qui consiste à identifier la nature et la fonction des propositions*. La répartition entre les deux adjectifs *grammaticale* et *logique* est assez fortement aléatoire : l'analyse *logique* n'est guère moins *grammaticale*, et pas sensiblement plus *logique*, que l'analyse *grammaticale*. (Voir aussi GRAMMAIRE.)

anaphore

Certains segments du discours ne peuvent être compris que si l'on prend en compte la relation qu'ils entretiennent avec d'autres segments qui sont apparus antérieurement ; cette relation est dite *anaphorique;* l'*antécédent* ou l'*anaphorisé* peut avoir des dimensions variables : mots, groupes de mots, phrases, succession de phrases. Dans les cas les plus simples, l'*anaphorisant* est représenté par un morphème grammatical qui joue le rôle de substitut (pronom) ou qui permet la reprise (démonstratif) : *Paul est mécontent, il s'en va; Il était une fois un chien. Ce chien, ...* (ce qui permet notamment de distinguer l'emploi anaphorique du démonstratif de son emploi *déictique** où le référent qu'il introduit est présent dans la situation extra-linguistique); on parle dans ce cas d'anaphore *grammaticale.*

Mais la relation anaphorique recouvre également des phénomènes plus ou moins complexes qui impliquent une analyse du sens des éléments concernés; ainsi, dans *nous avions perdu notre chat, nous avons longtemps cherché avant de le retrouver. L'aventure s'est bien terminée,* le syntagme *l'aventure* reprend l'ensemble de la phrase antérieure grâce à un processus de *condensation.* De même, l'anaphore peut être indirecte et exiger le recours à une série d'inférences fondées sur un savoir partagé; l'interprétation de *le portrait de Marcel est raté, les yeux sont flous* fait appel à des propositions comme : tout portrait représente un visage, tout visage comporte deux yeux... afin de récupérer la totalité de l'anaphorisant : *les yeux du visage de Marcel;* il s'agit alors d'anaphores sémantiques.

Lorsque le substitut précède l'élément qu'il représente, on parle de *cataphore : Elle est encore en retard, Sylvie; son cri rend le corbeau antipathique.*

anaphorique

Les éléments *anaphoriques* sont ceux qui représentent, par anaphore*, un élément antécédent du contexte. Voir PRONOM, PRO-ADJECTIF et PRO-VERBE.

anglais (éléments empruntés à l'anglais)

Voir EMPRUNT, ainsi que COMPOSITION.

animaux

1. Il n'existe pas en français de catégorie morphologique spécifique pour les *animaux :* les pronoms tels que *qui* (interrogatif), *quelqu'un, personne* etc., sont exclusivement réservés aux humains, *que* (et *quoi* [interrogatifs]), *quelque chose, rien,* etc., sont strictement affectés aux non-animés.

2. Sur les langages des animaux, voir ZOOSÉMIOTIQUE.

animés

1. Les *animés,* qui désignent des êtres vivants ou conçus comme tels, obéissent à des règles de compatibilité contextuelle distinctes de celles qui régissent les non animés (ou inanimés). Ainsi les verbes *marcher* ou *mourir,* les adjectifs *alerte* ou *pensif* ne sont normalement compatibles qu'avec des noms animés.

2. La classe du nom ne comporte pas en français d'opposition morphologique entre les animés et les non animés : les uns comme les autres sont affectés par l'un des deux termes, masculin et féminin, de la catégorie du genre*. Mais de nombreux pronoms nominaux comportent une opposition formelle entre les animés et les non animés. (Voir INDÉFINIS et INTERROGATIFS.)

anomalie

1. En linguistique contemporaine, on parle d'*anomalie* en présence de phrases qui sont considérées comme mal formées, soit du point de vue syntaxique — il s'agit alors de *phrases agrammaticales* (voir GRAMMATICALITÉ) — soit du point de vue sémantique. Les anomalies sémantiques regroupent les phrases dites *asémantiques,* c'est-à-dire celles dont l'interprétation n'est pas accessible autrement que par des processus métaphoriques difficiles à systématiser et normalement induits par des contextes particuliers (exemple : **le radiateur a avalé trois phonèmes*) et les phrases dont la forme logique entre en conflit avec la structure sémantique du lexique ; il en est ainsi des contradictions : *l'épouse de ce célibataire est heureuse,* et des tautologies : *je connais un célibataire qui n'est pas marié.*

2. Dans l'histoire de la linguistique, l'*anomalie* s'opposait à l'*analogie** et désignait les phénomènes d'irrégularité dans la langue, par exemple les flexions hétérogènes : à cet égard, les verbes irréguliers français (voir CONJUGAISON) relèvent de l'anomalie.

antécédent

Au sens le plus général du mot, l'*antécédent* est l'élément linguistique qui, dans le discours, apparaît avant un autre élément. La subordonnée circonstancielle de condition est *antécédente* à la principale dans la phrase *si tu viens, je serai content*.

Le terme *antécédent* est spécialement utilisé dans le cas d'un syntagme nominal représenté par anaphore* par un pronom*, et notamment par un pronom relatif* : dans *le livre que j'ai acheté, le livre* est l'antécédent du relatif *que* et de la proposition qu'il introduit.

antéposition

L'*antéposition* consiste à placer un élément linguistique avant un autre élément linguistique. Le pronom est antéposé au verbe dans *il travaille*, l'adjectif antéposé au nom dans *un grand homme*. L'antéposition s'oppose à la postposition*. Quand elle est possible, l'alternance entre l'antéposition et la postposition détermine des effets sémantiques variables selon le cas, et étudiés dans les articles spécifiques. (Voir ADJECTIF et INTERROGATION par exemple.)

antérieur

1. Voir PHONÉTIQUE/PHONOLOGIE.

2. Dans la nomenclature des tiroirs* du verbe, *antérieur* apparaît dans la désignation du passé et du futur antérieurs. (Voir PASSÉ et FUTUR.)

anthroponyme

Nom propre* d'être humain. En français, les *anthroponymes* se répartissent entre une classe, fermée, mais abondante, de prénoms, et une classe ouverte de patronymes. Chaque personne porte un prénom usuel, choisi par les parents (il s'y ajoute en général un ou plusieurs autres prénoms) et un patronyme héréditaire. Ce type de système est loin d'être universel. Au même titre que les autres classes linguistiques, les anthroponymes sont sujets à l'homonymie*, quoique dans des conditions spécifiques : il existe autant de noms *Jean Dupont* que de personnes qui le portent; voir l'annuaire téléphonique.

anthroponymie

Étude scientifique des anthroponymes.

antiphrase

L'*antiphrase* est le procédé rhétorique qui consiste à faire entendre le contraire de ce qui est littéralement signifié par l'expression qu'on emploie : *Ah! C'est du propre!* n'est généralement pas interprété comme l'éloge qu'il est littéralement, mais comme une critique. (Voir ÉNONCIATION et IRONIE.)

antonomase

Cette figure* de rhétorique* consiste à faire passer un nom propre dans la classe du nom commun *(c'est un Tartuffe)* ou un nom commun dans celle du nom propre *(le Sauveur).* Sous son premier aspect, l'antonomase a donné lieu à un nombre important de néologismes* lexicalisés, du type *bougie, poubelle, diesel,* etc. La relation entre le référent originel du nom propre et le signifié du nom commun est parfois de type métaphorique (un Tartuffe est *comme* Tartuffe), mais plus fréquemment de type métonymique (Diesel a inventé le moteur qui porte son nom).

antonymie

Le terme *d'antonymie* est, en général, utilisé dans les dictionnaires pour suggérer qu'il y a une relation d'opposition ou de contrariété entre deux termes. En fait, la notion ne présente quelque intérêt que lorsque les termes ainsi associés partagent un certain nombre de traits communs (il n'y aurait guère de sens à opposer *fenêtre* à *citron*), ce qui permet de privilégier un axe d'opposition. Ainsi, *fille* a pour antonyme *garçon* ou *femme* selon que l'axe choisi est celui du sexe *(mâle/femelle)* ou celui de l'âge *(adulte/non adulte).*

On distingue, en outre *a)* les termes dont l'opposition est complémentaire; ils sont en relation de disjonction exclusive : soit *vivant* et *mort,* si *x* est vivant, alors *x* n'est pas mort (et inversement); de plus, tout *x* (à condition qu'il s'agisse d'un humain ou d'un animal) ne saurait être que vivant ou mort; *b)* de ceux dont l'opposition est gradable : soit *riche* et *pauvre;* comme précédemment, si *x* est riche, alors il n'est pas pauvre (et inversement); en revanche, *x* peut n'être ni riche ni pauvre, sa fortune se situant à un degré intermédiaire. On comprend ainsi que dire de quelqu'un qu'il n'est pas pauvre n'implique pas nécessairement qu'il soit riche.

Enfin, on dit également de certains prédicats (verbes ou adjectifs) qu'ils sont antonymes lorsque la substitution de l'un par l'autre oblige à inverser les arguments mis en relation pour conserver la synonymie* (prédicats converses); c'est le cas, par exemple de *posséder/ appartenir* : *Paul possède cette maison/cette maison appartient à Paul.*

aoriste

C'est le nom de l'un des temps du verbe en grec ancien. Il se caractérise par le fait qu'il présente le procès indépendamment de toute relation avec l'instance de l'énonciation. C'est ce trait qui a incité certains linguistes — par exemple Benveniste — à donner le nom d'aoriste au passé simple français. (Voir PASSÉ.)

aperture

Voir PHONÉTIQUE/PHONOLOGIE.

apical

Voir PHONÉTIQUE/PHONOLOGIE.

apico-dental

Voir PHONÉTIQUE/PHONOLOGIE.

apostrophe (mot en)

Au même titre que l'impératif — avec lequel elle entretient des relations étroites — l'*apostrophe* est exclusivement liée au mode d'énonciation discursive (voir DISCOURS). Elle consiste en effet à nommer, par l'une de ses désignations possibles, le destinataire, singulier ou collectif, à qui on adresse la parole en vue d'attirer (ou de retenir) son attention. L'apostrophe relève donc de la fonction phatique* du langage*.

Le terme mis en apostrophe peut appartenir aux classes suivantes :

— nom : le nom est alors, selon le cas, déterminé ou non déterminé : *enfants, levez-vous; réveillez-vous, les enfants; vous ne travaillez pas assez, mes enfants.* Aucun déterminant autre que l'article défini et le possessif de la 1re personne n'est possible.

— nom propre : *je me demande, Jacques, si tu me comprends bien.*

— pronom personnel de la 2e personne : *tu viens, toi? Et vous, vous restez?*

Comme le montrent les exemples cités, l'apostrophe, qui n'a pas à proprement parler de fonction syntaxique dans la phrase, peut s'y déplacer à peu près librement. Elle en est isolée par une pause, marquée par une virgule. Pause et virgule sont redoublées quand l'apostrophe s'intercale entre deux éléments de la phrase.

Quand le terme en apostrophe est coréférentiel* au sujet (parfois à l'objet) de la phrase, il peut y avoir ambiguïté entre l'apostrophe et l'apposition*. L'ordre des termes, la détermination du nom, l'intonation permettent parfois de lever l'équivoque : dans *enfants, vous ne travaillez pas,* seule l'intonation permet de repérer s'il s'agit d'un simple appel, ou si la coréférence entre *enfants* et *vous* est suggérée — ce qui fait d'*enfants* une apposition.

L'usage contemporain ne fait plus guère appel aux interjections*(*ô, hé, eh,* etc.) qui, autrefois, accompagnaient fréquemment le terme en apostrophe.

apostrophe (signe graphique)

L'apostrophe est la marque graphique de l'élision* : elle se substitue à la voyelle élidée. Elle n'apparaît pourtant pas de façon constante (voir ÉLISION). Les règles qui déterminent la présence de l'apostrophe sont les suivantes :

a) la voyelle élidée est -*e* :
— pour *ce* pronom (le déterminant donne *cet* devant une voyelle), ainsi que pour *je, me, te, se, le, de, ne, que, jusque,* l'apostrophe apparaît devant toute initiale vocalique;
— pour *lorsque, quoique, puisque,* l'apostrophe n'apparaît que devant *il(s), elle(s), un(e), en, on,* ainsi : *puisqu'il vient,* mais *puisque Ernest vient;*
— pour *presque,* l'apostrophe n'apparaît normalement que dans le composé *presqu'île;*
— pour *quelque,* l'apostrophe n'apparaît normalement que dans l'indéfini *quelqu'un* (mais *quelque élève*).
— enfin, *entre* préfixe fait apparaître l'apostrophe dans *s'entr'aimer, entr'apercevoir, entr'appeler, entr'avertir* et *entr'égorger* (mais *s'entraider, entre anciens,* etc.).

b) la voyelle élidée est -*a* : pour *la,* l'apostrophe se substitue au -*a* élidé devant toute initiale vocalique : *je l'ai vue, l'armoire,* etc.

c) la voyelle élidée est -*i* : l'apostrophe se substitue au -*i* élidé de la conjonction *si* devant *il(s) : s'il veut* (mais *si elle veut*).

d) la voyelle élidée est -*u* : pour *tu,* l'élision de -*u* est fréquente dans l'usage familier. Quand on la note graphiquement, on fait apparaître l'apostrophe devant toute initiale vocalique : *t'as raison, t'iras ou t'iras pas?*

apparent (sujet)

Voir IMPERSONNEL et SUJET.

apposition

Le terme traditionnel d'*apposition* recouvre une série d'emplois du nom qui, variés au niveau de la manifestation formelle, présentent cependant, du point de vue sémantico-syntaxique, deux traits communs : *a)* Entre le nom en apposition et un autre syntagme nominal il existe une relation identique à celle qui lie l'attribut et le terme auquel il renvoie; c'est l'existence de cette relation qui distingue l'apposition des phénomènes de juxtaposition*. *b)* Cette relation n'est pas établie par un verbe. On observe ces deux traits dans les types de groupements suivants :

1. *Le roi Louis XIV, le poète Chatterton, mon ami le rémouleur.*

2. *Un discours fleuve, un employé modèle, une femme médecin, un style nouille.*

3. *La ville de Paris et celle de Lyon, le mois de janvier.*

4. *Le terme d'analogie et celui d'anomalie, la vertu de charité et celle de tolérance.*

5. *Cette canaille de Paul, cet imbécile de gendarme, ton colonel de mari.*

6. *Le préfet, un colosse, sortit de la voiture.*

7. *Jean, ce crétin, aura encore manqué son train.*

8. *Maire de mon village, j'y passe trois jours par semaine; enfant, il eut de graves difficultés familiales.*

Dans les exemples 1, le nom apposé est un nom propre de personne ou un nom animé déterminé. Il n'y a pas de pause — ni de virgule — entre les deux termes. Dans les exemples 2, les noms apposés — toujours sans pause ni virgule — ne sont pas déterminés; ils prennent une valeur qualificative proche de celle de l'adjectif et peuvent parfois s'accorder *(des employés modèles)* ou prendre une marque de degré *(un style très nouille)*. En 3, le terme apposé est un nom propre (ou assimilé, comme *janvier*) non animé. La préposition *de* n'est pas supprimable. Pour 4, les éléments apposés sont des noms non animés. La préposition *de* est supprimable, notamment dans le cas où le premier terme est un mot métalinguistique (le mot *analogie;* remarquer cependant que la suppression de *de* est strictement impossible après le pronom *celui*). On retrouve la préposition *de,* cette fois obligatoire, dans les exemples 5, où le premier terme a nécessairement une valeur appréciative, le plus souvent péjorative (le terme *colonel,* par une sorte de calembour syntaxique, est chargé ici d'une telle valeur; voir cependant, inversement, *un amour d'enfant*).

En outre, le premier terme est prédicatif à l'égard du second, qui est le plus souvent un animé (voir cependant *cette horreur de robe*). En 6, plus de préposition, mais une pause, marquée par une virgule. Les deux noms sont indifféremment animés ou non animés et le premier peut exercer n'importe quelle fonction. Le second n'est pas déplaçable par rapport à lui : si on met *un colosse* avant *le préfet*, c'est *le préfet* qui devient apposé. En 7, toujours une pause, mais les deux termes, normalement animés, sont déplaçables : *Jean aura encore, ce crétin, manqué son train* ou... *manqué son train, ce crétin*. Les termes ainsi apposés présentent les traits sémantiques déjà repérés dans les exemples 5. Enfin, en 8, pas de détermination, une pause, des noms généralement animés, et déplaçables de façon limitée. C'est dans ce type d'exemples que, lorsque le verbe est à la 2e personne (particulièrement à l'impératif) la construction se confond avec celle de l'apostrophe (voir cet article).

Par analogie avec les constructions des types 2 et 3, on dit parfois de l'adjectif qu'il est apposé dans les constructions du type *quelqu'un d'intelligent, personne de beau*, etc.

Par analogie avec la construction 8, on parle également d'adjectif apposé dans les cas où l'épithète est séparée du reste de la phrase par une double pause : *cet élève, paresseux, a été renvoyé du lycée*. (Voir CIRCONSTANCIELLE, PARTICIPE et RELATIVE.)

appositive

Voir RELATIVE (PROPOSITION).

arabe (mots empruntés à l'arabe)

Voir EMPRUNT. Voir aussi ALGORITHME.

arbitraire

Voir LANGUE, SIGNE, SIGNIFIANT, SIGNIFIÉ.

arbre

Représentation de la structure en constituants* immédiats (ou structure syntagmatique) d'une phrase, sous la forme d'un diagramme dont les nœuds sont porteurs d'étiquettes catégorielles et où les divers niveaux de branchements permettent d'identifier la structure hiérarchique de ces catégories. (Voir CONSTITUANTS (ANALYSE EN CONSTITUANTS IMMÉDIATS).)

archaïsme

L'*archaïsme* consiste à faire apparaître, dans une manifestation discursive de la langue à l'époque A, un élément linguistique caractéristique d'une époque antérieure. L'archaïsme se définit alors comme un phénomène de connotation* : le signifiant *chef* associé au signifié « tête » comporte le signifié de connotation « archaïsme ». L'archaïsme peut avoir comme support au niveau du signifiant des éléments de dimension et de niveau variés : phénomènes de graphie (par exemple, les graphies telles que *très-obéissant,* ou *enfans* conservées en plein XXᵉ siècle par la *Revue des Deux Mondes*), de prononciation (en français contemporain, la réalisation par [ɑ] de la voyelle de *câpre* est considérée comme légèrement archaïsante), de lexique (*T.S.F.* pour *radio*), de morphologie (l'indéfini *maint*), de syntaxe (la périphrase verbale *aller* + gérondif*). L'archaïsme produit des effets sémantiques souvent exploités stylistiquement.

archiphonème

Voir PHONÉTIQUE/PHONOLOGIE.

argot

Un *argot* est un système codé, exclusivement lexical, qui emprunte sa syntaxe et sa prononciation à la langue dont il vient doubler le lexique. On peut y voir trois sens, qui permettent donc de parler des argots :

a) le sens à la fois le plus ancien et le plus courant : on parle d'argot des malfaiteurs et de couches déterminées de la population ;

b) l'argot de métier, vocabulaire technique appliqué aux attributs d'une profession, ou l'argot d'un groupe (armée, école);

c) certains procédés de maquillage (pour le français, largonji*, verlan*, loucherbem ou javanais*), à peu près déductibles par des règles simples de la langue d'origine.

« L'argot » désigne un système initialement instauré à des fins de secret (ne se faire comprendre que des initiés), et qui maintenant marque l'appartenance sociale à un groupe. Syntaxiquement et phonétiquement, il correspond au français populaire, et lexicalement, il se caractérise par ses sources d'emprunts, provinciale, archaïque ou étrangère *(bled, spaghetti, bézèf),* par ses procédés de formation (troncation : *le Sébasto, la brigade des stups;* redoublement, agglutination, système de suffixation particulier : *cendrimuche, pastaga).*

L'adoption de termes de largonji est courante *(à loilpé, en loucedé),* et peut permettre une dérivation (*laubé,* beau, permet *laubiche,* belle), et les figures (calembour*, métaphore*, métonymie*, antiphrase*, euphémisme*) y sont fréquentes : *cloporte,* concierge (parce qu'il « clôt la porte »), *fouille,* poche, etc.

argument

Terme emprunté à la logique formelle pour désigner les éléments qui entrent dans une relation prédicative. Dans les représentations sémantiques les plus familières (voir SENS), le rôle d'argument est réservé aux syntagmes nominaux. (Voir SUJET et PRÉDICAT.)

arrondi

Voir PHONÉTIQUE/PHONOLOGIE.

article

Avec les adjectifs possessifs et démonstratifs, les *articles* appartiennent à une sous-classe de déterminants qui ont la propriété de ne pas pouvoir se combiner entre eux. Ils peuvent, cependant, se combiner avec certains indéfinis (voir cet article) en position antérieure — d'où le terme de préarticle : *tous les hommes; tout un régiment,* ou postérieure (postarticle) : *les autres élèves; un autre élève.*

Face à leurs concurrents, qui cumulent plusieurs fonctions (détermination, possession, deixis*), les articles sont souvent considérés comme exprimant le degré minimal de la détermination au sein d'un syntagme nominal réduit à sa plus simple expression (art. + nom).

Ils se répartissent en trois séries de formes : l'article défini, l'article indéfini, l'article partitif.

Les variations morphologiques de l'article défini et de l'indéfini sont soumises à divers phénomènes de neutralisation, tant à l'écrit qu'à l'oral.

1. Formes de l'article défini

		M	F
Sing.	init. cons.	*le*	*la*
	init. voc.	*l'*	
Plur.		*les*	

(effacement de la distinction en genre, au singulier devant les noms à initiale vocalique et, dans tous les cas, au pluriel).

L'article défini présente une forme dite « contractée » (au masculin singulier et au pluriel) lorsqu'il détermine un syntagme prépositionnel introduit par *à* ou *de* :

	prép. *à*		prép. *de*	
	M	F	M	F
Sing.	*au*	*à la*	*du*	*de la*
Plur.	*aux*		*des*	

(neutralisation de la distinction en genre pour les deux formes du pluriel).

2. Formes de l'article indéfini

	M	F
Sing.	*un*	*une*
Plur.	*des*	

(neutralisation de la distinction en genre, au pluriel).

3. Formes de l'article partitif

	M	F
Sing.	*du*	*de la*
Plur.	∅	

A. Utilisation des divers types d'articles

1. L'article défini

L'article est dit « défini » lorsqu'il détermine un nom de manière à signaler qu'il désigne une (au singulier) ou des (au pluriel) entité(s) parfaitement circonscrites et identifiables. Cette identification a pour repère un univers de discours représentable par un ensemble d'objets ou d'individus divers, parmi lesquels l'article défini sélectionne un sous-ensemble délimité (il se ramène au singleton dans le cas du singulier). Cet ensemble est normalement fourni par la situation ou le contexte; ainsi : *passez-moi la carafe* (à table) ; *j'ai acheté un crayon et une gomme, j'ai oublié la gomme chez le marchand* (dans ce cas l'ensemble figure dans le contexte linguistique); on parle souvent, à ce propos, d'emploi anaphorique, ce qui a pour effet de rapprocher le fonctionnement de l'article défini de celui du pronom. À noter, toutefois, que cette relation peut être plus ou moins complexe : *ma voiture est en panne, la batterie est à plat* (toute voiture a une batterie); *je ne mets plus cette veste, les manches sont usées* (toute veste comporte deux manches), etc. On peut expliquer également, de cette manière, l'emploi de l'article défini devant des noms désignant des entités dites « uniques » : *l'univers, les océans* (noms concrets), *la gravitation, les passions* (noms abstraits) et ceci, dans la mesure où l'ensemble de référence est partagé par la totalité des locuteurs.

Ces divers types d'utilisation ont souvent été décrits à l'aide des notions de « familiarité » ou de « notoriété ». En fait, outre le mécanisme sémantique de sélection et d'identification, ils font appel à un principe énonciatif très général, qui est celui de la présomption d'identification : le locuteur utilise l'article défini lorsqu'il présume que son interlocuteur est capable de réidentifier l'entité à laquelle il réfère : *j'ai vu le professeur* (celui que tu connais, celui dont on a parlé, etc.) ou tout simplement de l'« identifier », pour autant qu'elle est identifiable : *va me chercher la bouteille qui est dans le réfrigérateur* (il n'y en a qu'une).

Sur le plan logique, l'utilisation de l'article défini indique la présence d'une présupposition d'existence et d'unicité (unicité correspondant à la notion d'ensemble). Dire : *la maîtresse de Roger est rousse* [1], c'est présupposer que Roger a une maîtresse, présupposition dont la vérité est maintenue à la forme négative : *la maîtresse de Roger n'est pas rousse.*

Emplois particuliers : l'article défini s'emploie avec la valeur d'un adjectif possessif devant des noms désignant des parties du corps ou des éléments vestimentaires : *il a les mains dans les poches.*

(Pour son utilisation devant les noms propres, voir NOM PROPRE; son emploi générique est traité plus bas).

2. L'article indéfini

La forme *un* appartient à la fois à la série des articles indéfinis et à celle de l'adjectif numéral cardinal; la distinction n'étant pas toujours aisée, on convient d'accorder à cette forme une valeur numérique lorsqu'on peut lui substituer d'autres adjectifs numéraux : *je vous mets un morceau de sucre? — Non, deux.*

---

(1) N. d. É. — Autre exemple : *la voiture de Roger est bleue*, etc.

Au singulier comme au pluriel, l'article indéfini sert essentiellement à introduire dans le discours, des entités qui n'ont pas encore été identifiées : *une voiture a klaxonné; des élèves sortent du lycée.* Une fois introduites, ces entités sont nécessairement reprises par le pronom défini : *ils...*, l'adjectif démonstratif : *ces élèves...* ou l'article défini : *les élèves en question...*; tout nouvel emploi de l'article indéfini interdisant la coréférence : *des élèves fumaient* (ce ne sont pas ceux qui sortaient du lycée). Sur le plan énonciatif, l'article indéfini se distingue de l'article défini en ce que son emploi implique chez le locuteur l'absence d'une présomption d'identification de la part de l'interlocuteur.

En outre, alors que l'article défini entraîne une présupposition d'existence et d'unicité, l'article indéfini pose l'existence du référent qu'il détermine; dire : *un homme entra,* ce n'est pas présupposer l'existence d'un homme, c'est l'asserter.

Emplois particuliers : l'article indéfini est parfois utilisé pour prélever un sous-ensemble d'objets ou d'individus dans un ensemble préalablement circonscrit; son information se réduit alors à la quantification : *une des vitres est à remplacer/une vitre est à remplacer* (valeur numérique); *des verres sont ébréchés* (plus d'un).

Lorsque le syntagme nominal comporte un adjectif antéposé, l'indéfini pluriel *des* est souvent remplacé par *de* (essentiellement en langue écrite) : *de beaux enfants, de sérieux progrès.*

3. L'article partitif

L'article partitif s'emploie devant des noms dits « non comptables », c'est-à-dire des noms qui désignent des substances continues (voir NOM) : *du sable, de la margarine* (noms concrets), *du tempérament, de la patience* (noms abstraits). La forme *des* à valeur partitive n'apparaît que devant quelques noms qui ne connaissent que la forme du pluriel : *des lentilles, des épinards.*

B. Emplois génériques

L'article défini connaît divers emplois génériques. Au singulier, il permet, en général, d'envisager le substantif sous l'angle de la classe ou de l'espèce : *le lapin est un rongeur; l'homme est mortel; le pétrole est un minéral.* Au pluriel, il indique, en principe, que le substantif désigne l'ensemble des membres d'une classe ou d'une espèce : *les chats sont des carnivores* (cette notion de norme quantitative est, en réalité, très variable; elle résulte souvent d'une généralisation par induction : *les hommes sont fourbes* (— Tous ?).

L'article indéfini singulier est interprété comme générique lorsqu'il détermine un nom représentant une espèce par l'intermédiaire d'un de ses membres pris au hasard : *une baleine est un mammifère*. Il est très souvent sollicité dans les jugements à portée morale : *un enfant doit le respect à ses parents*.

Remarque. — L'article indéfini pluriel *des* ainsi que l'article partitif ne connaissent pas d'emploi générique ; la langue parlée tolère toutefois des formes particulières, du genre : *des tigres, c'est/ce sont des animaux sauvages*, et même : *du pain, c'est bon*.

C. Article zéro

Il est fréquent que l'article soit absent devant les noms en position de complément prépositionnel au sein d'un SN : *un collier de perles, un procès d'intention* (le nom, non déterminé, perd alors son accès à la référence, au profit d'une valorisation de ses traits définitoires).

De même, l'article n'apparaît pas dans de nombreux assemblages, plus ou moins figés : c'est le cas des locutions verbales du genre : *prendre femme*[1]*, faire peur, donner envie, avoir cours*, etc. L'article est souvent absent devant les groupes apposés : *Paul, fils de Charles;* Les Misérables, *roman de V. Hugo;* il en est de même pour les titres de la presse : *Guerre en Iran, Rentrée parlementaire;* les énumérations : *camions, voitures, vélos, rien ne pouvait circuler;* les formes proverbiales : *pierre qui roule n'amasse pas mousse*.

articulation

1. Voir PHONÉTIQUE.

2. Double articulation. Voir LANGUE, rubrique 2.

artificiel (langage), artificielle (langue)

Voir LANGAGE et LANGUE.

aspect

Comme il est expliqué à la fin de l'article VERBE, les signifiés des éléments appartenant à la classe grammaticale du verbe — les procès*— ont en propre d'être inscrits dans le temps. Le verbe est donc, en français comme en beaucoup d'autres langues, la classe qui

---

(1) N. d. É. — Autres exemples : *prendre date; prendre racine*.

donne, par des différences morphologiques, des indications relatives au temps. Ces indications sont de deux ordres :

a) Le procès est situé par rapport à un repère temporel, par exemple le moment de l'énonciation, ou un point fixé dans le passé ou l'avenir : *hier je me suis reposé; aujourd'hui, je travaille à mon roman; demain je préparerai mes cours dès que Françoise sera partie.*

b) Le procès en lui-même, indépendamment du repère temporel par rapport auquel on le situe, prend du temps (plus ou moins, mais toujours un peu) pour se réaliser. Il est d'autre part affecté de façon variable par le temps qui s'écoule depuis le début de sa réalisation. Ces deux phénomènes apparaissent clairement dans les trois phrases de l'énoncé suivant : *j'ai longtemps marché. Finalement je suis arrivé à Tombouctou. J'y vis depuis six mois.*

Les indications du type décrit en *a)* sont données par les variations qui relèvent du *temps* (au sens linguistique du mot). Les indications du type décrit en *b)* sont données par les variations qui relèvent de l'*aspect*.

Remarque. — On n'a pas pu échapper, dans les analyses qui viennent d'être faites, à l'ambiguïté du mot *temps*. (Sur cette ambiguïté, voir TEMPS.)

Selon les langues, les variations morphologiques en temps et en aspect sont séparées ou conjointes. Les langues slaves modernes séparent nettement les deux catégories. Beaucoup de verbes de ces langues ont deux formes distinctes du point de vue de l'aspect, et chacune de ces deux formes a une série de tiroirs temporels. En français, les indications de temps et d'aspect sont données de façon syncrétique par les mêmes formes, ce qui a pour effet de faire naître certaines ambiguïtés (voir plus bas et à PASSÉ). En outre le français ne confère pas de marque morphologique à certaines oppositions aspectuelles marquées dans d'autres langues. C'est ce qui explique que la catégorie de l'aspect a longtemps été, dans la tradition grammaticale française, occultée par celle du temps.

Les aspects susceptibles d'affecter le procès sont les suivants :

1. *Perfectif/imperfectif* (on dit parfois aussi, avec le même sens, conclusif/non conclusif).

Les procès signifiés par les verbes perfectifs comportent par eux-mêmes, indépendamment de tout effet extérieur exercé sur eux, une limitation. Une fois commencé, le procès va nécessairement à un terme qui en constitue l'achèvement. *Naître* et *mourir* sont perfectifs : on ne peut pas continuer à *naître* ni à *mourir* dès le moment où l'on est *né* ou *mort*.

Inversement, les verbes imperfectifs signifient des procès qui, s'ils ne sont pas interrompus par des circonstances extérieures, peuvent se prolonger sans limitation. Les procès évoqués par des verbes tels que *exister* ou *vivre* peuvent bien être interrompus (par exemple, dans le cas des êtres vivants, par la *mort*). Mais cette interruption n'est pas inscrite dans le signifié même des verbes, qu'on dit de ce fait imperfectifs.

Ainsi s'opposent des perfectifs tels que : *abattre, aboutir, apprêter, arracher, arriver, atteindre, assommer, casser, couper, dévoiler, entrer, fermer, mourir, naître, préparer, rendre, sortir, tomber, trouver, tuer,* etc., et des imperfectifs tels que : *admirer, adorer, aimer, bourdonner, briller, chatouiller, chasser, cheminer, chérir, chevaucher, conserver, courir, craindre, cultiver, durer, errer, exister, guider, habiter, haïr, marcher, méditer, nager, parler, protéger, ramper, redouter, régner, ressembler, songer, travailler, vivre, voyager,* etc.

Remarques. — 1. On peut comparer l'opposition des perfectifs et des imperfectifs à celle des noms comptables et non comptables (voir NOM et NOMBRE). De même que les noms peuvent, sous certaines conditions, passer d'une classe à l'autre, les verbes peuvent, selon le contexte, fonctionner comme perfectifs ou imperfectifs. Dans la célèbre maxime *il faut manger pour vivre et non pas vivre pour manger, manger* est (plutôt) perfectif dans la première proposition et — nettement — imperfectif dans la seconde.

2. Les deux listes de verbes qu'on vient de citer montrent clairement que la distinction des perfectifs et des imperfectifs ne se confond pas avec celle des transitifs et des intransitifs. Les deux répartitions se croisent : il y a des perfectifs transitifs (*atteindre, trouver,* etc.) et des perfectifs intransitifs : *naître, mourir; arriver* ou *entrer,* intransitifs, comportent toutefois un complément qui, bien que dit circonstanciel, est cependant à peu près indispensable. Inversement, il y a des imperfectifs intransitifs (*admirer, chercher, redouter,* etc.) et des imperfectifs intransitifs (*courir, nager, voyager,* etc.). Cependant il existe des contacts entre les deux couples d'opposition : l'emploi d'un verbe comme transitif ou intransitif peut le faire passer d'un aspect à l'autre. Dans *que faites-vous ? — J'écris* (« je suis écrivain » ou « je suis en train d'écrire »), *écrire* est imperfectif. Dans *j'écris une lettre* (« un graphème » ou « une missive ») ou même *j'écris au percepteur, écrire* est perfectif. La détermination du syntagme nominal objet peut avoir le même effet différenciateur : *j'écris une nouvelle* est perfectif, *j'écris des romans pour les enfants* ne l'est pas, etc.

3. Comme le montrent également les deux listes d'exemples, l'opposition du perfectif et de l'imperfectif est réalisée en français par des moyens lexicaux : tel verbe est perfectif, tel autre est imperfectif. Il arrive cependant, de façon très lacunaire, que des procédés flexionnels, lexicaux ou grammaticaux, soient utilisés pour fixer l'opposition :

— *mourir* est perfectif, mais le pronominal *se mourir* est imperfectif;

— le préfixe *a-* (et ses variantes contextuelles) sert dans plusieurs cas à fournir un perfectif à un verbe imperfectif : *mener/amener, courir/accourir, porter/apporter,* etc.

— pour les intransitifs, il existe — sans régularité absolue — une certaine compatibilité entre l'auxiliaire *être* et les verbes perfectifs, l'auxiliaire *avoir* et les imperfectifs : comparer *j'ai couru* à *je suis accouru* (mais *il a disparu* est incontestablement perfectif). Dans les rares cas où, pour le même intransitif, les deux auxiliaires sont possibles, *être* caractérise l'emploi perfectif, *avoir* l'emploi imperfectif : *je suis monté au sommet de l'Everest/j'ai monté deux bonnes heures; je suis demeuré* (« je me suis arrêté ») *à mi-chemin/j'ai demeuré rue Lepic.*

4. Les verbes perfectifs et imperfectifs ne réagissent pas de la même façon aux variations proprement temporelles. (Voir surtout PASSÉ (TEMPS DU).)

2. Accompli/non accompli (on dit parfois aussi, avec le même sens, extensif/tensif et transcendant/immanent).

Ici, les termes mêmes d'accompli et de non accompli indiquent la spécificité de l'opposition aspectuelle : *j'ai écrit* signifie que le procès est achevé, *j'écris* le présente dans son accomplissement. La distinction de l'accompli et du non accompli ne se confond pas avec celle du perfectif et de l'imperfectif. Les deux répartitions se croisent : *j'ai trouvé* est perfectif et accompli, *je trouve* perfectif et non accompli; *j'ai cherché* est imperfectif et accompli, *je cherche* imperfectif et non accompli. La seule différence de compatibilité des perfectifs et imperfectifs avec l'accompli vient de ce que les premiers tiennent leur accomplissement du contenu même du procès, alors que les seconds le reçoivent de circonstances spécifiques, extérieures à leur signifié : comparer *je suis arrivé* (la nature même du procès m'empêche de continuer à le faire) à *j'ai marché pendant deux heures* (rien, dans le contenu du verbe *marcher,* ne s'oppose à une poursuite du procès : ce sont des circonstances extrinsèques qui m'ont poussé à l'interrompre).

Comme l'ont montré les exemples cités, l'opposition de l'accompli au non accompli est manifestée en français par l'opposition des formes composées aux formes simples. Il existe, comme il est dit à l'article PASSÉ, une forme composée en face de chaque forme simple du verbe. Les deux formes relèvent du même temps, et ne s'opposent que par l'aspect : de ce point de vue le passé composé est un accompli de présent, absolument non substituable à un temps du passé (*elle a vécu/elle vécut*), le plus-que-parfait un accompli d'imparfait, etc.

La difficulté tient à ce que les formes composées ne sont pas utilisées uniquement avec la valeur aspectuelle d'accompli. Elles fonctionnent également avec la valeur temporelle d'antériorité. C'est ce qui explique le développement des formes surcomposées, qui tiennent notamment lieu d'antérieur aux formes composées (sur les détails, voir PASSÉ et SURCOMPOSÉES (FORMES)). Ce phénomène de syncrétisme entre une marque aspectuelle (l'opposition de l'accompli au non accompli) et une marque temporelle (l'opposition de l'antérieur à l'ultérieur) est l'un de ceux qui obscurcissent le fonctionnement de l'aspect en français.

3. Limitatif/non limitatif (on dit aussi, avec des sens voisins, ponctuel/duratif et non sécant/sécant).

Soit la phrase *le Parlement siégea* (ou : *a siégé*) *pendant l'été 2 023.* La durée du procès est entièrement comprise dans les limites de l'été, qu'elles peuvent d'ailleurs ne pas atteindre : la phrase reste vraie si le Parlement n'a siégé que du 9 juillet au 14 août. Quoi qu'il en soit des détails chronologiques, les limites temporelles du procès (ici les deux limites temporelles : le début et la fin) sont envisagées par le verbe au passé simple ou au passé composé. Le procès est donc présenté sous l'aspect limitatif.

Soit maintenant la phrase *le Parlement siégeait pendant l'été 2 023.* Le procès, à l'époque, prise comme point de repère, de l'été 2 023, était déjà en cours. Il peut s'être prolongé au-delà. Rien n'est dit par le verbe à l'imparfait de son début ni de son éventuel achèvement. Il est donc présenté sous l'aspect non limitatif.

On a pris pour exemples les temps du passé, qui font apparaître l'opposition du limitatif et du non limitatif sous la forme : passé simple (ou composé)/imparfait. Le présent, qui se donne comme point de repère le moment de l'énonciation, est nécessairement non limitatif. Il ne peut être limitatif que dans des conditions contextuelles très particulières (par exemple le présent historique, voir PRÉSENT). Quant au futur (et aux formes simples des autres modes), il ne comporte pas de distinction formelle entre les deux aspects : *le Parlement siégera pendant l'été 2 023* peut recevoir les deux interprétations.

Remarques. — 1. On voit comment se justifie l'appellation ponctuel/duratif, qui a cependant l'inconvénient de laisser entendre — faussement — que le procès limitatif est nécessairement bref, le procès non limitatif nécessairement long. Quant à l'opposition non sécant/sécant, elle tient compte du repère temporel qui, effectivement, coupe en deux portions le procès non limitatif, ce qui a pour effet d'en effacer les limites.

2. Les relations de l'opposition limitatif/non limitatif avec les deux oppositions précédemment étudiées se décrivent de la façon suivante :

— limitatif et non limitatif affectent indifféremment les perfectifs et les imperfectifs;

— dans le cas des perfectifs, le limitatif envisage les deux limites temporelles du procès, qui se trouve de fait présenté en outre comme accompli : *le roi abdiqua* (ou : *a abdiqué*) est donc simultanément perfectif, limitatif et accompli. Mais pour les imperfectifs, le limitatif peut n'envisager que la limite initiale du procès, qui est alors interprété comme non accompli : *dès huit heures il marcha* (ou : *a marché*) est à la fois imperfectif, limitatif et non accompli. On repère au passage que le passé composé, ici substituable au passé simple, n'a pas nécessairement, utilisé comme temps du passé, la valeur d'accompli qui le caractérise par rapport au présent simple.

Les trois oppositions aspectuelles qu'on vient d'énumérer sont fondamentales. Même en français — langue qui, pourtant, privilégie le temps aux dépens de l'aspect — elles comportent au moins des éléments, parfois lacunaires ou syncrétiques, de manifestation morphologique. On peut en outre distinguer plusieurs autres différenciations de caractère aspectuel. En français, elles restent non marquées ou, en cas d'ambiguïté gênante, se contentent de marques lexicales :

a) Semelfactif/itératif. Soit la phrase *j'ai ramassé des champignons la semaine dernière.* Pendant le laps de temps envisagé, le procès peut être réalisé une seule fois (on parle alors de *semelfactif,* du latin *semel,* « une fois ») ou réalisé plusieurs fois (par exemple chaque jour de la semaine) : on parle alors d'*itératif.*

Remarque. — Certaines langues, par exemple le latin, comportent, sous le nom de *fréquentatif,* une flexion, généralement suffixale, pour marquer la répétition du procès. De façon très lacunaire le suffixe français *-ailler* a cette valeur fréquentative *(criaillter, tournailler,* etc.).

b) l'aspect *progressif,* pour les verbes imperfectifs, se distingue de l'aspect *linéaire* en ce qu'il envisage le développement par degrés du procès. La périphrase verbale archaïsante *aller* + gérondif marque cet aspect : *mon mal va s'aggravant.*

c) Inchoatif/terminatif. Le premier souligne la limite initiale du procès, le second en souligne la limite finale. Cette opposition (pour laquelle le latin disposait d'un suffixe inchoatif) est manifestée en français par les périphrases verbales du type *se mettre à, commencer à* et *finir de, cesser de,* où l'on remarquera l'opposition des deux prépositions *à* et *de.* Lié à la forme pronominale du verbe, *s'endormir* fonctionne comme inchoatif de *dormir.*

Remarque. — Il n'est pas impossible, en l'absence de marque morphologique, de raffiner sur les distinctions qui viennent d'être faites, et de repérer par exemple un aspect *continuatif* qui insiste sur le déroulement sans interruption d'un procès imperfectif accompli ou inaccompli *(j'ai longtemps habité sous de vastes portiques),* un aspect *multiplicatif (sautiller), distributif (j'ai fait des achats),* etc. En revanche on se gardera de classer parmi les aspects le *factitif* (qui envisage les relations du verbe et de son sujet) et les diverses périphrases verbales à valeur strictement temporelle, et non pas aspectuelle *(aller* + infinitif, *venir de* + infinitif, etc).

aspectuel

On donne parfois ce nom à l'ensemble des périphrases verbales ou semi-auxiliaires (voir AUXILIAIRE), que leur valeur soit temporelle (parfois même modale) ou proprement aspectuelle. Il est évidemment préférable de réserver le terme au dernier cas.

aspiré

Dans le système graphique du français, l'*h* est dit *aspiré* quand il bloque tout phénomène de liaison* et d'élision* : *le hachis* (mais *l'hermine*); *les héros* ([lɛ ʔeʁo]) mais *les héroïnes* ([lɛzeʁɔin]).

assertion

Acte de langage qui consiste à transmettre un contenu propositionnel sur le mode du « dire ». (Les propositions assertées peuvent apparaître sous la forme affirmative ou négative). L'assertion se distingue ainsi des actes qui consistent à interroger (voir INTERROGATION) ou à ordonner (voir ORDRE).

assimilation

Voir PHONÉTIQUE/PHONOLOGIE.

associatifs (rapports)

On donne parfois, à la suite de Saussure, le nom de *rapports associatifs* aux rapports paradigmatiques. Voir PARADIGME.

assonance

Voir HOMOPHONIE et RIME.

astérisque

Voir PONCTUATION.

asyndète

Terme de rhétorique qui caractérise une juxtaposition*, sans la moindre marque formelle de mise en relation (*il pleut, il ne viendra pas*). (Voir JUXTAPOSITION et PARATAXE.)

atone

Se dit d'une syllabe qui ne porte pas l'accent tonique. Voir PROSODIE.

attraction modale

Le phénomène traditionnellement appelé *attraction modale* s'observe dans les conditions suivantes. Soit la phrase : *il affirme que tu es travailleur.* Le verbe de la complétive est à l'indicatif. Si le verbe principal *il affirme* est lui-même au subjonctif, par exemple dans une concessive, le verbe de la complétive peut rester à l'indicatif : *bien qu'il affirme que tu es travailleur, j'ai quelques doutes.* Mais il peut aussi passer au subjonctif : *bien qu'il affirme que tu sois...* C'est dans ce cas qu'on parle d'attraction modale. Le phénomène peut également s'observer dans une relative : *quels que soient les services qu'il m'a* (ou : *qu'il m'ait) rendus...* L'emploi du subjonctif s'explique dans les cas de ce genre par une extension de sa valeur modale au verbe de la subordonnée. Le maintien de l'indicatif marque au contraire que le verbe de la subordonnée n'est pas sémantiquement dépendant du verbe principal au subjonctif, tout en lui restant syntaxiquement subordonné.

Remarque. — L'attraction modale est comparable, *mutatis mutandis,* à la concordance des temps*. On lui a d'ailleurs parfois donné le nom de concordance des modes.

attraction paronymique

L'*attraction paronymique* est le phénomène qui a pour effet de rapprocher et, éventuellement, de confondre au niveau du signifié deux mots paronymes*. Diachroniquement, l'attraction paronymique rend compte de nombreux phénomènes : ainsi le verbe *flétrir,* « faire perdre à une plante sa fraîcheur », s'est chargé du signifié de son paronyme *flatir,* « marquer d'ignominie ». Le phénomène s'observe également en synchronie : *un artisan émérite* est pris avec le sens de « plein de mérite »; le mot d'origine grecque *pause,* « interruption », est rapproché de son paronyme *pose,* déverbal de *poser; les jours ouvrables* sont interprétés comme ceux où les magasins sont *ouverts,* et non comme ceux où l'on travaille, etc.

attraction vocalique

Voir PHONÉTIQUE/PHONOLOGIE.

attribut

Les définitions traditionnelles de l'*attribut* sont en général caractérisées par la priorité qu'elles accordent à la relation que celui-ci entretient avec le sujet*; dans cette perspective, l'attribut indique la

« manière d'être du sujet » et ce, au moyen d'un verbe appelé « verbe d'état » ou, parfois, verbe attributif.

A. Propriétés formelles

Si cette définition purement sémantique n'est pas fondamentalement fausse, elle risque de donner une description de la phrase attributive (deux termes unis par une relation) qui laisse échapper bon nombre des propriétés syntaxiques de l'attribut.

1. Certains grammairiens ont insisté sur le fait que l'attribut partage avec le complément d'objet* des propriétés en nombre suffisant pour en faire, comme ce dernier, un élément appartenant au syntagme verbal. Tous deux se placent, en effet, régulièrement après le verbe ; ils sont, d'autre part, soumis à des phénomènes de pronominalisation semblables : interrogatif *que : tu fais tes devoirs → que fais-tu ?/tu deviens une grande personne → que deviens-tu ?* relatif *que : je vois un homme → l'homme que je vois/je suis le responsable → le responsable que je suis ;* pronom partitif *en : j'ai du tabac → j'en ai/c'est du tabac → c'en est ;* enfin le pronom *le : je verrai le maire → je le verrai/je serai maire → je le serai.* (Cette dernière constatation doit toutefois être nuancée : seul *le* objet peut être coréférent du pronom accentué *lui : lui, je le verrai/*lui, je le serai ;* c'est pourquoi *le* attribut est souvent appelé pronom « neutre ».)

On observe également que le groupe verbe-attribut manifeste une certaine autonomie ; il peut, en effet, jouer le rôle d'un constituant à part entière lorsqu'il est privé de son sujet : *être aviateur, voilà ce qu'il veut ; être aviateur est son rêve ; Il rêve d'être aviateur.* La grammaire générative en a tenu compte, qui propose une règle de réécriture du syntagme verbal offrant un choix exclusif entre SN (syntagme nominal complément de verbe), SP (syntagme prépositionnel complément de verbe) et syntagme attributif (attribut).

2. Cependant, les similitudes entre compléments de verbe et attribut ne sauraient dissimuler leurs différences qui ressortissent notamment à la nature des catégories syntaxiques mises en jeu.

On constate, certes, que le nom joue indifféremment le rôle de complément d'objet ou d'attribut, mais seule la fonction attribut permet la commutation entre nom et adjectif : *ce monsieur est commerçant/médecin.../aimable/compétent/âgé...* Il peut d'ailleurs s'agir du même élément lexical appartenant aux deux catégories : *cette femme est une voleuse/cette femme est voleuse.* En outre, le nom complément d'objet est nécessairement accompagné d'un déterminant (*le, ce, un, mon, plusieurs,* etc.) pour constituer un véritable SN

alors que le nom attribut est, souvent, dépourvu de déterminant —
ce qui a fait dire à de nombreux grammairiens que sa valeur se
confondait avec celle de l'adjectif. (Dans certains cas, le déterminant
peut être restauré : *cet homme est agent de police/un agent de police;* il
est rendu obligatoire lorsque le nom est, lui-même, modifié par un
adjectif : *cet homme est médecin/cet homme est un médecin éminent.*)
En outre, à la différence de très nombreux compléments d'objet, qui
peuvent être supprimés sans affecter la grammaticalité de la phrase :
*Jacques chante un air connu/Jacques chante; Marie mange un gâ-
teau/Marie mange,* etc., l'attribut ne tolère pas l'ellipse : **la maison
semble; *le garçon devient; *le tapis est.*

Par ailleurs, seul un sous-ensemble restreint de verbes se construit
normalement avec un attribut du sujet : à *être,* qui représente
l'exemple privilégié, on ajoute, en général, *devenir, sembler, paraître,
rester, demeurer.* Ces verbes se distinguent de ceux qui acceptent un
complément d'objet par le fait qu'ils ne permettent pas la transformation passive : introduction de l'auxiliaire *être* suivi du verbe au
participe passé, inversion du sujet et de l'objet qui deviennent
respectivement complément d'agent et sujet. L'inversion du sujet et
de l'attribut, lorsqu'elle est possible, laisse le verbe inchangé : *Monsieur Louis est le caissier/le caissier est Monsieur Louis.* (Le français
moderne permet souvent l'introduction d'attributs au moyen d'une
acception particulière de verbes comme *faire : ce chapeau fait démodé;
représenter : cette décision représente un progrès; constituer : ce fait
constitue un paradoxe;* dans ce genre d'emploi, les verbes en question
n'acceptent plus la forme passive). Par ailleurs, certaines associations
verbe + préposition permettent également l'introduction d'un attribut; on parle alors d'*attribut indirect : Jeanne passe pour intelligente;
ce canapé sert de lit.*

Enfin, on a souvent prétendu que sujet et attribut étaient soumis
à des règles d'accord* en genre* et en nombre*. Ce phénomène se
vérifie effectivement avec l'adjectif : *Jean est grand/Lucienne est
grande/ces cadeaux sont originaux;* mais la notion d'« accord » est
plus délicate à utiliser lorsqu'il s'agit de noms. Certes, sujet et attribut
sont souvent porteurs du même nombre : *cet homme est un déména-
geur/ces hommes sont des déménageurs,* et parfois du même genre,
lorsque le lexique dispose d'une opposition masculin/féminin (correspondant à la différence de sexe entre êtres animés) : *il est devenu
masseur/elle est devenue masseuse.* Mais de nombreux cas ne présentent pas cette concordance, que ce soit en genre : *l'homme qui est
devant la porte est une sentinelle; la fourmi est un insecte,* en nombre :
les fourmis géantes sont une espèce rare, ou en genre et en nombre : *les
enfants gâtés sont une vraie plaie.*

B. Interprétation sémantique

Si du point de vue syntaxique, l'attribut peut être considéré comme un élément intégré au syntagme verbal, l'analyse sémantique de l'attribut passe par l'étude de la relation qu'il entretient avec le sujet. Du même coup, l'opérateur verbal qui médiatise cette relation se trouve relégué au second plan; il est à noter d'ailleurs que de nombreuses langues juxtaposent directement sujet et attribut, construction que l'on retrouve parfois en français sous la forme inversée : *heureux les simples d'esprit; intéressant ce projet.*

Il convient, dès lors, de distinguer deux cas :

a) L'attribut est un adjectif : pour la grammaire traditionnelle il indique « la manière d'être » du sujet, on dit aussi qu'il le *caractérise* : *le ciel est gris, mon fils est grand,* etc., mais il peut également indiquer la cardinalité : *ils étaient trois cents à l'aéroport.*

b) L'attribut est un nom, sujet et attribut entretiennent une relation qui peut être pensée en termes d'ensembles. Il peut s'agir d'une simple égalité : *les députés sont les représentants du peuple;* lorsque chacun des deux ensembles ne comporte qu'un seul élément, on parle d'*identification* (on dit aussi *consubstantialité*) : *mon voisin est M. Dupuis;* cette relation permet également d'indiquer qu'un même référent peut être désigné de deux manières différentes : *George Sand est la baronne Dudevant.* La plupart des cas d'égalité permettent l'inversion du sujet et de l'attribut; la négation de l'égalité entraîne la constitution de deux ensembles disjoints : *les comédiens professionnels n'ont pas été les vedettes du spectacle.* Il peut s'agir aussi d'une inclusion : *cet homme est un écrivain; les canaris sont des oiseaux.* Encore convient-il de préciser si l'on raisonne en *extension* ou en *compréhension* : dans le premier cas, on dira que les canaris constituent un ensemble inclus dans celui des oiseaux et dans le second cas, que la propriété « être un oiseau » est incluse dans le sens de *canari.* (En logique extensionnelle, on considère que la relation nom sujet/adjectif attribut représente également une inclusion, *la neige est blanche* signifiant que *la neige* fait partie de l'ensemble des objets blancs; mais cette interprétation paraît relativement éloignée de l'intuition linguistique).

Quant au support de la relation, mis à part le fait qu'il est porteur des marques du temps, il peut être considéré comme un élément pratiquement vide de sens : c'est le cas de *être* (appelé « copule »), simple indicateur d'un « état »; mais son contenu peut s'enrichir avec *devenir* (changement d'état), *rester, demeurer* (permanence d'un état), *sembler, paraître* (modalité qui exprime la distance du locuteur vis-à-vis de la réalité de son énoncé).

On parle, parfois, d'attribut à propos de certaines constructions dans lesquelles le terme relationnel n'est pas exprimé; même si elles comportent un verbe, celui-ci ne peut pas être considéré comme le responsable de la relation attributive : les phrases *il est parti furieux; il est revenu satisfait* indiquent, en fait, la concomitance d'un état et d'une action : « Il était furieux lorsqu'il est parti »; « il était satisfait lorsqu'il est revenu ». On préfère toutefois parler d'« adjectif à valeur de complément circonstanciel de manière » dans des cas comme : *il a connu la gloire adolescent* = « il a acquis la gloire lorsqu'il était adolescent ».

Le point de vue sémantique, qui accorde une priorité à la relation sujet-attribut n'est pas fondamentalement incompatible avec la structure syntaxique SN SV. Certains linguistes ont, en effet, proposé de regrouper verbes et adjectifs dans une catégorie sous-jacente unique; il s'agit alors d'une catégorie abstraite comparable à la « constante prédicative » des logiciens (en logique des prédicats, *la neige tombe* et *la neige est blanche* reçoivent des représentations formelles du même type : $T(n); B(n)$ où $T = tomber, B = blanc$ et $n = neige$); telle est l'option des modèles génératifs dont la composante de base n'est plus de nature syntaxique mais constitue une véritable structure logico-sémantique (*sémantique générative* par exemple). Dans cette perspective, c'est l'adjectif (ou le nom à valeur adjectivale) qui engendre sa propre copule. Cette option présente l'intérêt, d'une part, de rendre compte, de manière naturelle, des constructions sans copule et, d'autre part, de faire ressortir les nombreuses affinités qu'entretiennent verbes et adjectifs.

a) Tous deux sont en effet porteurs de valeurs aspectuelles : *entrer, tomber, cesser,* etc., indiquent une irruption dans le temps de même que *souriant, dépité, impromptu,* etc.; *dormir, marcher, vivre,* etc., indiquent une durée, de même que *grand, blond, habile,* etc.

b) Il existe de nombreuses relations paraphrastiques entre les constructions verbales et adjectivales : *il devient vieux/il vieillit; cela devient noir/cela noircit; ce garçon vole/ce garçon est un voleur; il pense/il est pensif; cette thèse peut être défendue/cette thèse est défendable,* etc.

C. L'attribut du complément d'objet

Lorsque la relation attributive s'établit, non plus avec le sujet, mais avec l'objet du verbe de la phrase, on parle d'attribut du complément d'objet. Dans ce cas, objet et attribut se succèdent immédiatement : *j'ai trouvé ce film intéressant; nous imaginions cette demeure paisible;* d'où la confusion possible entre épithète et attribut. La distinction à établir apparaît nettement dans les cas d'ambiguïté. Dans la phrase : *cet élève a rendu son dessin amusant, amusant* peut être une épithète du nom *dessin,* auquel cas il est possible de le placer immédiatement avant le SN *(son amusant dessin), rendre* ayant ici le sens de « remettre ». Mais lorsque *amusant* est attribut, il ne peut que se placer avant le syntagme nominal complet *son dessin : cet élève a rendu amusant son dessin; rendre* prend alors le sens de « faire en sorte que ». Par ailleurs, les paraphrases de ce genre de constructions permettent souvent de restaurer une copule* : *j'ai trouvé que ce film était intéressant; nous imaginions que cette demeure était paisible; il a fait en sorte que son dessin soit amusant.* Seuls quelques verbes transitifs permettent l'introduction d'un attribut de l'objet, qu'il s'agisse d'un adjectif : *trouver, imaginer, juger, croire, savoir, rendre,* etc. ou d'un nom : *nommer, élire, appeler. (Ils ont appelé leur fils Paul.)*

Tout comme l'attribut du sujet, l'attribut de l'objet peut être indirect, c'est-à-dire introduit par une préposition : *je considère Gérard comme un frère; elle a Monique pour amie; je tiens cet homme pour un menteur.*

D. Formes syntaxiques de l'attribut

L'adjectif et le nom sont les catégories les plus représentées dans la fonction attribut, mais on peut avoir aussi affaire à un pronom : *cette maison est celle de mon père; si j'étais vous...,* etc.; à un infinitif introduit par *de : son problème est d'arriver à l'heure; la difficulté est de ne mécontenter personne;* à un participe passé : *l'entrée est interdite; les choses semblaient réglées;* à une proposition introduite par *que : l'ennui est qu'il a des difficultés à se concentrer;* à une proposition circonstancielle introduite par *quand : le bonheur, c'est quand on ne pense à rien;* enfin à une relative : *cet homme n'est pas vraiment qui vous croyez.*

attributif

Les verbes *attributifs* sont ceux qui introduisent un attribut, comme *être, paraître, devenir* pour l'attribut du sujet, *prendre pour, traiter de* pour l'attribut de l'objet. Voir ATTRIBUT.

Remarque. — Le syntagme *verbe attributif* s'emploie parfois aussi pour les verbes tels que *donner, gratifier,* etc., qui comportent un « complément d'attribution » (un datif*). Il est évidemment préférable de réserver le mot au premier type de verbes.

attribution (complément d')

Voir DATIF, OBJET (COMPLÉMENT D') et PRONOMINAUX (VERBES).

augmentatif

Les affixes* — préfixes* et suffixes* — sont dits *augmentatifs* quand ils marquent un degré* élevé du contenu notionnel de l'élément qu'ils affectent. Les préfixes *super-*, *sur-*, etc., le suffixe *-issime* sont des augmentatifs. Étymologiquement, le suffixe *-on* de *ballon* est également un augmentatif. Par extension, on donne parfois le nom d'*augmentatifs* aux formations qui comportent un élément augmentatif.

autonymie (autonyme, autonymique)

Un signe* est dit *autonyme* quand il se désigne lui-même. Dans *Paris rime avec souris*, *Paris* et *souris* sont autonymes (= employés de façon autonymique, en autonymie) : ils désignent les formes linguistiques *Paris* et *souris*, et non les objets correspondants. De ce fait, il est impossible de les remplacer par leurs synonymes* ou leurs définitions : **la capitale de la France rime avec un petit mammifère rongeur;* en outre : **la capitale de la France rime avec un petit mammifère rongeur* serait une phrase fausse.

L'autonymie a pour effet de faire échapper les formes à leur classe grammaticale d'origine, en les transformant en noms propres masculins : on dira par exemple que *souris est féminin,* en faisant l'accord au masculin. L'autonymie est en outre signalée par des indices supplémentaires, surtout apparents au niveau du code écrit : les caractères italiques (ou, parfois, gras), les guillemets (voir PONCTUATION). Au niveau du code oral, une pause, ou une intonation spécifique signalent l'expression utilisée de façon autonymique.

L'autonymie est l'un des aspects du métalangage* : en permettant de *citer* les formes linguistiques — quelle qu'en soit la nature ou la dimension, de la lettre (ou du phonème) à l'énoncé — elle en rend possible la description. Il suffit de feuilleter un ouvrage de linguistique — celui-ci par exemple — pour repérer l'extrême fréquence des éléments employés de façon autonymique.

Un cas particulier de l'autonymie est la *connotation* autonymique* : dans *pas question de faire du sentiment pour ce « terroriste »*, le mot *terroriste* désigne une personne, et simultanément se désigne lui-même, ce qui a pour effet de laisser entendre que l'emploi du mot pour désigner la personne est contestable : le contexte de l'exemple cité indique que le « terroriste » est en réalité un prisonnier politique mort des suites de la grève de la faim. Le discours politique contemporain fait un très large usage de la connotation autonymique, qui permet au locuteur de prendre ses distances par rapport aux mots qu'il emploie.

auxiliaire

La notion *d'auxiliaire* est l'une de celles qui donnent lieu à des définitions fortement divergentes selon le cadre théorique adopté. Si l'auxiliaire des grammaires traditionnelles peut plus ou moins nettement être reconnu dans l'auxiliaire des grammaires dites structurales, il n'en va pas de même pour son homonyme des grammaires génératives transformationnelles.

A. L'auxiliaire dans les grammaires non génératives

Les auxiliaires sont ceux des verbes qui, indépendamment de leur emploi lexical propre, sont en outre utilisés pour construire les formes composées de la conjugaison. La grammaire traditionnelle ne reconnaît comme auxiliaires que *avoir* et *être* : les formes *j'ai mangé, il est sorti, elle est aimée* appartiennent non à la conjugaison de *avoir* ou *être*, mais à celle de *manger, sortir* et *aimer*, où elles s'opposent, selon des modalités décrites aux articles ASPECT, PASSÉ et PASSIF, aux formes simples *je mange, il sort, elle aime*. Certains linguistes ajoutent *aller* à la liste des auxiliaires. *Aller* sert en effet à construire une « périphrase verbale » (dès lors considérée comme forme composée) marquant en principe le futur proche, mais très fréquemment utilisée dans l'usage quotidien comme pur et simple substitut du futur : *il va arriver la semaine prochaine/il arrivera la semaine prochaine*. On remarquera que la relation entre *il va arriver* et *il arrivera* est comparable à celle qui s'observe entre *il est arrivé* et *il arriva*. L'ambiguïté qui affecte *il va travailler* (*va* verbe de mouvement? ou auxiliaire du futur ?) peut se comparer à celle de *Françoise est fatiguée* (*est* attributif*? ou auxiliaire du passif?). Enfin, comme *avoir* (*j'ai eu*), *aller* peut s'auxilier lui-même : *je vais aller à Paris*.

Avoir et *être* dans leur fonction d'auxiliaire se répartissent selon les règles suivantes :

1. Dans la construction des formes composées temporelles et aspectuelles (type passé composé, voir notamment ASPECT et PASSÉ), *avoir* et *être* sont en distribution complémentaire :

a) *avoir* sert d'auxiliaire à *être* (*j'ai été*) et, on vient de le voir, à *avoir* lui-même : *j'ai eu*. Il est en outre utilisé pour tous les verbes transitifs et pour un grand nombre de verbes intransitifs, souvent — mais non toujours — imperfectifs : *j'ai marché, j'ai nagé,* (mais *j'ai disparu, j'ai abouti*, etc., sont perfectifs).

b) *être* sert d'auxiliaire aux autres verbes, qui se trouvent tous être des intransitifs perfectifs : *aller* (mais *il est allé* est fortement concurrencé, dans l'usage quotidien, par *il a été*), *arriver, décéder, devenir* (attributif), *échoir, éclore, entrer, mourir, naître, partir, rester* (parfois attributif), *retourner, sortir, tomber, venir* et leurs préfixés (notamment en *re-*). En outre, *être* est utilisé pour tous les verbes pronominaux*, quelle que soit leur classe : *ils se sont reconnus, il s'est souvenu de moi, nous nous sommes lavé les mains,* etc.

> **Remarques.** — 1. Un petit nombre de verbes construisent leurs formes composées alternativement avec *être* et *avoir*. Pour les cas tels que *monter* ou *demeurer*, voir ASPECT. Dans des cas tels que *il a/il est changé, grandi, maigri,* etc., l'auxiliaire *être* tend à se confondre avec le verbe attributif, comme le montrent les différences d'expression du degré *il a beaucoup changé/il est très changé*.
>
> 2. Quand il arrive à un verbe intransitif d'être employé transitivement, il adopte nécessairement l'auxiliaire *avoir* : *j'ai monté trois étages; j'ai tombé la veste* (familier).

2. Dans la construction du passif des verbes transitifs, on utilise l'auxiliaire *être* : *la maison est construite par des ouvriers immigrés.* Les formes composées des verbes passifs comportent donc les deux auxiliaires, *avoir,* pour marquer l'accompli, auxiliant *être,* qui marque le passif : *la maison a été construite en trois jours.* Pour les formes surcomposées à la voix passive, on observe trois auxiliaires hiérarchisés : *avoir* s'auxiliant lui-même, l'ensemble *avoir + eu* tenant lieu d'auxiliaire à *être,* lui-même au participe : *dès que la maison a eu été construite, elle a été habitée.*

Certaines périphrases verbales, temporelles, aspectuelles, modales ou diathétiques*, sont parfois considérées comme des auxiliaires (on dit aussi semi-auxiliaires). Il s'agit essentiellement des éléments suivants :

— périphrases temporelles : *venir de, être sur le point de, devoir +* infinitif (pour cette dernière dans certains de ses emplois, voir FUTUR);

— périphrases aspectuelles : *être en train de, être à +* infinitif, *aller +* gérondif (archaïsante), et même *commencer à, finir de,* etc., + infinitif;

— périphrases modales : *pouvoir, vouloir, devoir,* et même *savoir, croire +* infinitif;

— périphrases diathétiques : *se faire, se laisser, se voir, s'entendre +* infinitif.

Sur le plan formel, ces périphrases peuvent difficilement être mises au même niveau que les trois auxiliaires cités plus haut : elles ne peuvent généralement pas s'affecter elles-mêmes (seul *il vient de venir* est à la rigueur acceptable, à la différence de **il est en train d'être en train,* etc.); elles n'entrent pas directement en relation avec une forme simple de la conjugaison. Mais ces arguments peuvent être contestés : on est ici aux confins des structures grammaticales et lexicales.

B. L'auxiliaire dans les grammaires génératives trans-formationnelles.

On appelle auxiliaire (en abrégé *Aux*) un élément obligatoire du syntagme verbal qui recouvre les éléments autres que la racine verbale : temps, personne, nombre, aspect, éventuellement modalisateurs.

auxilié

L'*auxilié* est la racine verbale qui, à l'infinitif ou au participe, constitue avec l'auxiliaire la forme composée; dans *je suis arrivé*, *arrivé* est auxilié par *je suis*.

B

barbarisme

Ce très vieux mot rappelle la façon dont les anciens Grecs considéraient les langues étrangères : celles des « Barbares ». Un *barbarisme* est donc, originellement pour le grec, puis, par extension, pour toute langue, une forme qui n'est pas « dans la langue », c'est-à-dire qui n'est pas conforme aux règles morphologiques en vigueur à l'époque considérée. *Nous peuvons, il cueillira, rébarabatif,* etc., ne sont pas de la langue : ce sont des barbarismes. Le barbarisme est la « faute »* la plus grave et, dans les exercices scolaires, la plus lourdement sanctionnée. Il s'oppose au solécisme*.

barre oblique

Signe graphique, utilisé en linguistique — et spécialement dans cet ouvrage — avec les deux valeurs suivantes :

a) la barre simple sépare deux termes qui s'opposent : imparfait/ passé simple. On emploie parfois avec cette valeur le mot latin *versus* (« opposé à »), abrégé en *vs.*

b) la barre double (/ /) isole un élément transcrit phonologiquement. Dans cet emploi, la barre redoublée s'oppose aux crochets (voir PHONÉTIQUE/PHONOLOGIE).

base

1. En morphologie, notamment verbale, la *base* est l'ensemble constitué par le radical* et les affixes* (au sens 1 de l'article AFFIXE) qui s'ajoutent à lui. Les morphèmes flexionnels s'ajoutent à la base. Quand il n'y a pas d'affixe, la base se confond avec le radical.

2. En grammaire générative, la base définit les structures profondes. Dans la théorie standard, elle comporte deux parties :

a) un ensemble de règles de réécriture de type P → SN + SV; SN → Dét + N, etc.

b) un ensemble de règles d'insertion lexicale, dont la fonction est de faire apparaître les morphèmes à la place des symboles de la dernière règle de réécriture. (Pour plus de détails, voir GRAMMAIRE GÉNÉRATIVE.)

base articulatoire

Voir PHONÉTIQUE/PHONOLOGIE.

bilatérale

Voir PHONÉTIQUE/PHONOLOGIE.

bilinguisme

Ce terme s'emploie à propos d'individus, de groupes d'individus ou de communautés qui utilisent concurremment deux langues. Au-delà de deux langues, on parle de plurilinguisme. Les situations bilingues ou plurilingues sont extrêmement variées : elles concernent un individu (cas d'un émigrant solitaire), un groupe (par exemple, cas des travailleurs immigrés turcs en France), une région (cas de survivance d'un dialecte* ou d'une langue régionale dans un pays ayant une langue nationale : le breton ou le basque face au français* en France), un État (États ayant deux ou plusieurs langues nationales, comme la Belgique, le Canada ou la Suisse).

Le bilinguisme intéresse la sociolinguistique*, qui étudiera, pour chaque situation, le statut des langues en présence, les situations de parole dans lesquelles chacune d'entre elles apparaît, le prestige relatif dont elles jouissent, la répartition démographique et sociale des locuteurs bilingues. Il intéresse aussi la psycholinguistique, pour les problèmes d'acquisition et les éventuelles interférences. (Voir aussi DIGLOSSIE, EMPRUNT et FRANÇAIS.)

biunivocité

La *biunivocité* est la relation qui s'observe entre deux ensembles quand à chaque élément de l'un correspond un seul élément de l'autre et réciproquement. Il y a biunivocité entre l'ensemble des phonèmes du français et l'ensemble de leurs notations par les symboles de l'A.P.I. (voir PHONÉTIQUE/PHONOLOGIE). En revanche, il n'y a pas biunivocité entre l'ensemble des phonèmes et l'ensemble de leurs notations par l'orthographe* traditionnelle.

blanc

Voir MOT et PONCTUATION.

boîte de Hockett

Voir CONSTITUANTS IMMÉDIATS (ANALYSE EN).

bref

Voir PHONÉTIQUE/PHONOLOGIE.

bruit

1. Voir PHONÉTIQUE/PHONOLOGIE.
2. Voir COMMUNICATION.

but

Voir CIRCONSTANCIEL (COMPLÉMENT), CIRCONSTANCIELLE (PROPOSI-
TION), OBJET (COMPLÉMENT D') et CAS (PROFONDS).

C

cacophonie

La manifestation orale de la langue est dite *cacophonique* quand elle est jugée désagréable à entendre. On a parfois attribué au souci d'éviter la cacophonie certaines règles de grammaire. Par exemple, la transformation qui fait apparaître *il est accusé de crimes horribles* à partir de* *il est accusé de des crimes horribles* reçoit encore aujourd'hui le nom traditionnel de « règle de cacophonie ».

caduc

Les phonèmes caducs — « enclins à la chute » — sont ceux qui, dans certains contextes, ne sont pas manifestés dans la chaîne orale, mais restent marqués dans l'orthographe. C'est le cas en français du /ə/ (voir les règles à ORTHOGRAPHE et à PHONÉTIQUE/PHONOLOGIE). On dit parfois, avec le même sens, *instable*. En revanche, *muet* est en principe réservé aux cas où un graphème n'a jamais de manifestation orale. (Voir PHONÉTIQUE/PHONOLOGIE.)

calembour

Voir JEU DE MOTS.

canon

Voir ORDRE DES MOTS.

canonique (schéma)

Voir PHONÉTIQUE/PHONOLOGIE et PHRASE.

caractérisation

La *caractérisation* consiste à énoncer les qualités (ou propriétés) d'un objet. Elle se manifeste généralement par des adjectifs* *(un* *tablier rouge)* ou des compléments prépositionnels *(une nappe à carreaux)*. De ce fait, la caractérisation ne se confond pas avec la détermination*. Il arrive cependant que la caractérisation d'un objet en permette l'identification : quand je dis *c'est le cheval noir qui a gagné,* la caractérisation de *cheval* par *noir* contribue à la détermination.

Synonyme : *qualification.*

cardinal

Voir NUMÉRAUX.

cas

Le terme de *cas* est traditionnellement utilisé pour désigner les fonctions syntaxiques des constituants* de la phrase lorsque celles-ci se manifestent par la présence d'affixes particuliers ou *marques casuelles* (suffixes liés aux noms, aux pronoms, et, par accord, aux adjectifs, en latin , par exemple); on parle alors de formes fléchies. Les listes de cas des langues à flexion, très variables quant à leur extension (de deux en ancien français à une cinquantaine en avar et en tabarassan), sont réunies dans des paradigmes* appelés *déclinaisons*.*

Bien que des langues comme le français ou l'anglais ne connaissent plus ce type de fonctionnement, le terme de *cas* est encore utilisé dans un sens équivalent pour désigner les quelques traces formelles de flexion qui ont subsisté, par exemple, dans le domaine des pronoms *(il/le/lui; qui/que* dans l'emploi relatif; anglais *he/him).* On estime, en général, que l'absence de marque formelle sur les syntagmes nominaux est compensée, dans ces langues, par un ordre* contraignant des constituants ainsi que par le recours à des préposi-tions*et/ou des postpositions.

cas (profonds)

La grammaire de cas est un modèle de type génératif qui postule l'existence d'une liste finie, a priori universelle, de rôles sémantiques sous-jacents appelés *cas* (ou cas profonds). Ces divers cas reçoivent une définition de type notionnel : chaque verbe ou adjectif est ainsi caractérisé par un *assortiment de cas* (certains sont facultatifs) dont la réalisation en surface peut correspondre à des syntagmes nominaux aux fonctions syntaxiques relativement variées. Dans *Paul a brisé la vitre avec une pierre,* les trois SN sont respectivement porteurs des cas Agent, objet, instrument, mais dans *la pierre a brisé la vitre,* c'est l'instrument qui est sujet, alors que dans *la vitre s'est brisée,* c'est l'objet. De même, les deux phrases *les fruits abondent dans le verger* et *le verger abonde en fruits* ne se distinguent que par le fait que les deux cas Objet et Locatif ont été mutuellement substitués. (On trouvera des illustrations de ce type d'analyse à SUJET, OBJET, (COMPLÉMENT D')).

Il devient en outre possible, dans cette perspective, d'affiner le classement sémantique des verbes : ainsi, *voir* et *regarder* comportent, tous deux, un cas Objet mais le sujet sera Datif pour *voir* et Agent pour *regarder;* quant à *montrer,* il cumule les cas Agent, Objet et Datif.

Malgré ses prétentions à l'universalité, la liste des cas est susceptible de varier quelque peu d'un auteur à l'autre. Ces variations sont liées à des problèmes de désignation métalinguistique ainsi qu'au degré d'abstraction et de généralisation recherché. On a pu repérer ainsi, à l'intérieur du cas Datif, un rôle sémantique propre aux êtres animés lorsqu'ils sont le siège d'une manifestation psychologique (angl. *Experiencer*) : il devient le sujet des prédicats dits « psychologiques » : *Paul est mécontent, Marie savoure son succès.* De même, les cas Source et But ont été proposés pour rendre compte des changements d'état *(la chenille s'est transformée en papillon)* ou des processus qui prennent place entre des limites spatiales ou temporelles : *il a marché de l'aube à la nuit. Il a couru de chez lui à la gare.* Parmi les plus stables sur le plan de l'intuition linguistique, on retiendra les cas suivants : Agent, Datif, Instrument, Objet, Factitif (Résultatif ou But), Lieu (Locatif) et Temps. (L'ordre des cas dans cette liste correspond à une hiérarchie fondée sur la priorité qu'il convient de leur accorder au niveau de leur promotion à la fonction de sujet syntaxique).

cas régime

Dans la déclinaison à deux cas* de l'ancien français, le *cas régime* s'utilisait pour l'ensemble des compléments. De ce fait plus utilisée que la forme de cas sujet, c'est la forme de cas régime qui a généralement survécu en français moderne. Il existe cependant un petit nombre d'exceptions : *ancêtre, peintre, sœur,* etc., sont des formes de cas sujet qui ont éliminé les cas régimes *ancesseur, peinteur, sereur;* les comparatifs synthétiques *pire* et *moindre* sont également des survivances du cas sujet. (Voir aussi DOUBLET.)

cas sujet

Dans la déclinaison* à deux cas* que comportait l'ancien français, le cas sujet s'utilisait pour le sujet, son attribut et pour l'apostrophe.

Moins employée que celle du cas régime, la forme de cas sujet a généralement disparu. (Sur les cas où elle a subsisté en concurrence avec la forme de cas régime, voir DOUBLET.)

cataphore

Voir ANAPHORE.

catégorie

Comme il arrive parfois en linguistique (voir par exemple forme/ signifiant), *catégorie* (terme de la logique traditionnelle) constitue avec *classe* un couple de notions dont l'opposition n'est pas fixée de façon absolument stable. Le plus souvent, *catégorie* s'applique aux notions telles que le genre, le nombre, le temps, l'aspect, etc. Les catégories ainsi définies affectent les *classes* grammaticales telles que le nom, le verbe, etc., en sorte qu'il est possible de définir les classes en faisant l'inventaire des catégories dont elles sont porteuses. Cependant, on observe fréquemment des emplois de *catégorie* avec le sens de *classe*. *Classe* avec le sens de *catégorie* est plus rare. En linguistique de langue anglaise contemporaine, le terme *catégorie* est d'emploi généralement extensif.

causatif

Synonyme de *factitif**(sens 2).

cause

Voir CIRCONSTANCIEL (COMPLÉMENT) et CIRCONSTANCIELLE (PRO-POSITION).

cédille

Étymologiquement diminutif (en espagnol) du nom de la lettre *z*, la cédille, manifestée par un petit *c* renversé et souscrit, note la prononciation [s] du graphème *ç* devant *o, a* et *u : façade, leçon, reçu.* Devant *e, i* et *y*, la lettre *c*, sans cédille, note /s/ : *ce, farci, cygne.*

changement

Voir DIACHRONIE et VARIATION.

chiffre

Voir NUMÉRAUX et ORTHOGRAPHE.

cible

1. Voir CODE et COMMUNICATION.

2. Dans les opérations de traduction, la *langue-cible* est la langue dans laquelle on traduit un texte d'une autre langue dite *langue-source.*

circonflexe (accent)

L'*accent circonflexe* peut affecter tous les graphèmes vocaliques du français à la réserve de *y*. Les fonctions de l'accent circonflexe en opposition à la voyelle simple (ou, éventuellement, munie d'un autre accent (aigu et grave) ou du tréma) sont celles que peuvent prendre, en français, tous les éléments de la manifestation graphique :

1. Fonction phonographique

C'est par exemple le cas pour *â* qui note fréquemment /ɑ/ par opposition à *a* (/a/). Mais cette opposition est fragile (voir ARCHAÏSME et PHONÉTIQUE). Quand elle est réalisée, *â* note dans plusieurs cas /a/ *(vous aimâtes)*, et *a* très fréquemment /ɑ/ *(gaz).*

2. Fonction morphographique

Les formes d'imparfait du subjonctif telles que *fût, vînt, prît*, etc., sont distinguées des formes de passé simple *fut, vint, prit* par l'accent circonflexe.

3. Fonction logographique

On l'observe par exemple dans l'opposition *mûr/mur, sûr/sur, forêt/foret, pêcher/pécher, faîte/faite, rôder/roder*, etc.
Historiquement, le /ˆ/ est fréquemment la trace laissée par un graphème disparu : *-e-* dans plusieurs adverbes en *-ment* (*assidûment, continûment*, etc.), *-s-* dans des mots tels que *forêt, épître,* etc.

circonstanciel (complément circonstanciel)

De toutes les fonctions grammaticales, celle de *complément circonstanciel* apparaît comme la plus difficile à fonder et à cerner de manière rigoureuse. Bien que tributaire d'une attitude qui consiste à privilégier les critères d'ordre sémantique par rapport aux critères formels, la grammaire traditionnelle est à même de proposer une caractérisation relativement cohérente des fonctions majeures qui président à l'organisation des constituants au sein de la phrase. C'est le cas du *sujet* et du *complément d'objet* dans la mesure où, précisément, les critères formels — à défaut d'étayer les critères sémantiques — sont malgré tout capables de les relayer de manière satisfaisante. Il en va tout autrement du *complément circonstanciel* dont le rôle dans la phrase se trouve, en fait, caractérisé par un recours systématique à un réseau notionnel plus apte à représenter des données d'expérience qu'à identifier des relations abstraites : d'où la difficulté de dégager un ensemble suffisamment cohérent de propriétés formelles comme devrait pourtant l'exiger le terme même de *fonction*.

A. Identification : à la recherche de critères formels

1. Les grammaires pédagogiques l'ont bien compris, qui se bornent à décrire ces compléments par un certain nombre de notions destinées à représenter les « circonstances » dans lesquelles se trouve le sujet, ou s'accomplit le procès du verbe : *lieu, temps, manière, cause, but,* etc.; à quoi s'ajoutent des critères d'identification qui consistent à poser des questions du genre : *où ?, quand ?, comment ?, pourquoi ?,* etc. Encore, cette apparence de consensus n'a-t-elle été possible qu'au prix d'une exemplification limitée du nombre des notions ainsi que des questions, sans pour autant éliminer le caractère nécessairement *ouvert* des listes proposées. Ainsi, malgré les apparences, cette caractérisation n'est autre que négative : dans cette perspective en effet, sont appelés *circonstanciels* tous les compléments autres que ceux d'objet (direct-indirect) et d'agent, pour lesquels on dispose d'observations simples (relation actif-passif; prépositions *à* ou *de*); tout se passe donc comme si l'enrichissement notionnel n'était là que pour combler le vide formel. Dès lors, rien d'étonnant à ce que certaines grammaires en viennent à multiplier les étiquettes, leur nombre pouvant atteindre la trentaine.

2. En fait, l'application systématique de ces critères sémantiques conduit inévitablement à identifier des réalités grammaticales fondamentalement hétérogènes. C'est le cas, par exemple, lorsque après avoir posé la question *où ?*, on décide que les deux phrases *il va à Paris* et *il travaille à Paris* contiennent un complément circonstanciel de *lieu*. On dissimule ainsi des différences structurelles essentielles : dans la première phrase, *à Paris* est un complément obligatoire *(*il va)* qui n'est pas déplaçable *(*à Paris, il va)* et n'est, en somme, guère différent d'un complément d'objet indirect, si ce n'est qu'on ne peut lui substituer que des termes indiquant une localisation. Dans la deuxième, il garde son autonomie, sa présence est facultative et il peut se placer en tête de phrase. On ferait des observations semblables si l'on donnait la priorité à la notion de *temps* (durée ou époque) pour identifier les compléments des phrases : *le cours a duré deux heures; il est sorti à deux heures.* C'est pourquoi il convient de faire une distinction entre d'une part, les compléments qui entretiennent avec le verbe d'étroites relations de solidarité et d'autre part, ceux qui ne dépendent pas du verbe mais de la phrase. Les premiers sont conditionnés par la présence d'unités lexicales (les verbes) qui imposent des constructions permettant de compléter leur sémantisme, comme *aller, habiter, rester,* etc., qui appellent un syntagme à valeur locative; ou *durer, s'écouler* (dans *il s'est écoulé*) qui appellent un syntagme à valeur temporelle — ces syntagmes devant se placer immédiatement après les verbes en question. C'est le même type de conditionnement qui a conduit à proposer les notions de « complément de *prix* », (avec des verbes comme *coûter, valoir*) et de *poids* (avec *peser*). Les seconds, en revanche, ne sont pas indispensables à la construction d'une proposition élémentaire bien formée, leur nombre n'est pas limité : *il travaille à Paris, tous les soirs, dans un restaurant, pour aider sa famille...* et la relative liberté de leur placement dans la phrase est fréquemment exploitée sur le plan stylistique.

Ces deux types de propriétés sont représentés par les grammaires formelles (grammaire distributionnelle; grammaire générative) au moyen de relations de dépendance : dans la structure phrase (P) = syntagme nominal (SN) + syntagme verbal (SV), les compléments de verbe appartiennent à la catégorie SV, tandis que les compléments de phrase appartiennent à la catégorie P, ce sont des SN ou des SP (syntagmes prépositionnels) qui se situent au même niveau que le SN et le SV, ce qui correspond à la structure P = SN + SV + SN ou SP...

B. Interprétation sémantique

1. Cette distinction, bien qu'essentiellement formelle, n'est pas dépourvue d'une contrepartie sémantique. Sa pertinence apparaît nettement dans les cas d'ambiguïté. Par exemple, la phrase : *le forcené tirait sur le toit* peut signifier « il tirait en direction du toit » ou bien « il tirait du toit »; dans le premier cas, *sur le toit* est un complément de verbe et dans le second, un complément de phrase. Tous deux expriment certes une relation sémantique concernant un lieu, mais ce n'est qu'au second que s'applique proprement la notion de « circonstance ». D'origine rhétorique, les « circonstances » (du latin *circumstantia* : « ce qui se tient autour ») désignaient au XVIIIe siècle un ensemble d'idées « accessoires » pouvant s'ajouter à la proposition minimale constituée de termes nécessaires. Bien que mieux adaptée au *temps* et au *lieu* qu'à la *manière* ou au *but* par exemple, cette acception du terme de « circonstance » permet, en tout cas, d'éviter les confusions qui pourraient résulter de l'application unique des critères de sens. Après tout, la relation sujet-verbe est parfaitement capable d'exprimer une idée de temps : *les heures se succèdent,* ou de lieu : *ces maisons se touchent.* De même, la relation verbe-objet peut exprimer une idée de lieu : *un loup hante la région,* ou de but : *elle cherche le succès.* Enfin, les compléments de nom sont aptes à exprimer le temps : *les rendez-vous du samedi,* le lieu : *les paysages de France,* la manière : *un homme de caractère,* etc.

2. Reste la question de la pertinence et de l'inventaire des catégories métalinguistiques couramment utilisées pour décrire les compléments circonstanciels. Parmi elles, il ne fait pas de doute que les notions de *temps* et de *lieu* occupent une position privilégiée. Les coordonnées spatio-temporelles constituent bien, en effet, les repères essentiels permettant de situer un procès ; ce sont d'ailleurs les seules à entraîner la forme négative de l'énoncé lorsqu'elles sont vidées de leur contenu : *jamais il ne retrouve son chemin ; nulle part il n'est heureux ;* mais : *il a appelé pour rien* (négation du *but*) ; *il pleure sans raison* (négation de la *cause*), etc. En outre, les compléments de temps sont soumis à des restrictions de compatibilité avec le temps du verbe : ** l'autre jour il fera son devoir,* **j'étais parti demain.*

Il est courant d'y ajouter la *manière,* le *but,* le *propos,* la *cause,* le *moyen* (ou l'*instrument*), la *condition,* la *concession.* Encore, l'application de ces étiquettes n'est-elle pas toujours aisée et nombreux sont les cas d'ambiguïté : *manger avec un couteau* implique à la fois un « instrument » et une « manière » de manger ; dans la phrase : *avec une bicyclette, j'y serais déjà,* le complément indique-t-il un « moyen » ou une « condition » ? De même, convient-il de multiplier les nuances de manière à figer dans une liste rigide des concepts qui tiennent davantage au degré de subtilité de l'analyse du sens qu'à la grammaire proprement dite ? Il est toutefois une catégorie de compléments circonstanciels qui n'est que rarement mentionnée mais qui mérite une attention particulière dans la mesure où elle appartient au domaine de la *modalité,* c'est-à-dire de l'ensemble des moyens dont le locuteur dispose pour indiquer son attitude à l'égard de l'énoncé qu'il produit : prise en charge : *selon moi, à mon avis;* distance : *d'après lui;* incertitude : *probablement, peut-être;* certitude : *incontestablement, de toute évidence,* etc.

C. Forme des compléments circonstanciels

Très souvent, le complément circonstanciel est un syntagme nominal introduit par une préposition* (syntagme prépositionnel). Le sens même de la préposition peut indiquer le caractère de la relation : temps : *avant le repas;* lieu : *sous l'étagère;* cause : *à cause de lui;* concession : *malgré lui,* etc. Lorsqu'il s'agit de prépositions vides de toute signification, ce sont les éléments lexicaux qui prennent le relais : lieu : *à Paris;* temps : *à trois heures;* manière : *à quatre pattes.* La présence de certains termes justifie parfois l'absence de préposition, le complément se réduit alors à un SN : *la nuit, place de la Concorde, les yeux baissés, un bouquet à la main.* De nombreux adverbes peuvent assumer la fonction de compléments circonstanciels comme les amalgames devenus figés : *auparavant, autrefois, bientôt, toujours,* etc., ou les dérivations à base adjective caractérisées par le suffixe *-ment : consciemment, étrangement, rarement,* etc. Il en est de même pour les gérondifs, introduits par *en : en réfléchissant,* et pour les infinitifs, qui acceptent de nombreuses prépositions : *sans sourciller, avant de partir, pour en finir,* etc. Il existe enfin une classe de *propositions circonstancielles* (voir ce mot).

circonstancielle (proposition)

Type de subordonnée (opposée en particulier à la relative* et à la complétive*), la *proposition circonstancielle* est traditionnellement définie par sa forme (elle commence par une conjonction* de subordination*) et par son sens (elle exprime l'une des circonstances dans lesquelles se déroule l'action de la principale). On peut aussi la définir par sa fonction : tout en ayant une structure propositionnelle, elle occupe une fonction nominale, caractérisable négativement comme n'étant ni complément de nom, d'adjectif ou d'adverbe, ni sujet, complément d'objet, attribut ou apposition. Elle est complément de la principale (ce qui est plus juste que de dire complément du verbe principal). On peut alors comparer les circonstancielles aux adverbes (d'où le nom d'adverbiale qui leur est parfois donné) et aux compléments circonstanciels.

A. D'une définition traditionnelle à une tentative de définition formelle

Examinons successivement les différentes définitions.

1. La définition sémantique

Les circonstancielles expriment les circonstances : le temps, la cause, la conséquence, le but, la concession ou opposition, la condition ou hypothèse, et la comparaison (pour la signification, l'origine et la critique du terme « circonstance », voir COMPLÉMENT CIRCONS-TANCIEL). L'inconvénient d'une telle liste réside à la fois dans la difficulté de la limiter (pourquoi ne pas ajouter des termes comme restriction, exception... ?), et dans le caractère arbitrairement psychologique de l'attribution des nuances (il arrive que la cause se confonde avec le temps; la différence entre but et conséquence ne réside que dans l'intention). Ajoutons qu'il est impossible de considérer la comparaison comme une « circonstance », et qu'en outre elle a un fonctionnement complètement différent de celui des autres circonstancielles.

2. La définition en extension

La classe des circonstancielles comporte à la fois :

— des propositions commençant par une conjonction de subordination simple *(quand, comme, si, puisque...)*, ou composée à base verbe conjugué à l'indicatif ou au subjonctif, et certaines d'entre elles admettent également une forme à l'infinitif.

— des propositions participes, assimilables aux circonstancielles *(Pierre étant parti, je décidai de revenir)* (voir plus bas).

— des relatives sans antécédent introduites par un adverbe relatif, et à valeur de complément circonstanciel *(vis où tu veux !)*

— des formes plus rares, comme les propositions introduites par une double conjonction *(faites comme si vous étiez chez vous)*, ou par une préposition et une conjonction (*un livre pour quand on est triste*, forme populaire).

3. La définition fonctionnelle

Nous avons déjà vu que la dénomination d'adverbiale était liée à la comparaison avec le fonctionnement de l'adverbe. Or, cette comparaison se heurte à l'inexistence d'adverbes pour l'expression de certains rapports, comme la condition ou la conséquence. Quant à la comparaison avec les compléments circonstanciels, il s'avère que les deux listes ne concordent pas : la liste des circonstancielles est plus courte (il n'existe de circonstancielle de lieu qu'avec un adverbe relatif; rien ne correspond au complément de manière). Par ailleurs, les fréquences relatives ne sont pas les mêmes (la cause, la conséquence ou la condition sont exprimées préférentiellement au moyen de propositions). Ajoutons que rien ne correspond du côté des compléments aux corrélations* des circonstancielles de conséquence et de comparaison *(tellement... que, si... que)*.

4. La définition formelle

Comme les compléments, les propositions circonstancielles sont des réponses à des questions portant sur des groupes nominaux, de forme simple *(quand ? pourquoi ? comment ?)* ou complexe *(dans quelles conditions ? sous quel prétexte ?...)*. La relation exprimée entre la principale et la subordonnée est paraphrasable par une coordination, au prix de quelques différences de fonctionnement et de sens (par exemple, *car* peut paraphraser *parce que* ou *puisque*), ou par une simple juxtaposition* *(je suis arrivé, il était parti; Paul tremble : il a froid)*, avec à l'oral une intonation particulière. Les circonstancielles jouissent de la même mobilité que le complément circonstanciel : comme lui, elles sont déplaçables, détachables avec une virgule, supprimables, et elles ne peuvent être remplacées par un pronom.

Il y a cependant bien des exceptions et des cas particuliers à opposer à ces traits généraux.

B. Succession de circonstancielles

Quand plusieurs circonstancielles se succèdent, elles peuvent indifféremment être coordonnées *(quand le soir tomba et alors qu'il savait que c'était interdit...)* ou ne pas l'être *(quand le soir tomba, bien que ce fût interdit...)*.

Dans la succession de circonstancielles de même nature, il y a trois possibilités : répéter la conjonction, avec ou sans coordination *(quand la nuit tombe, quand l'ombre s'étend...)*, remplacer la deuxième conjonction par *que (quand la nuit tombe, (et) que l'ombre s'étend...)* ou omettre la conjonction quand le lien sémantique est étroit *(quand la nuit tombe et l'ombre s'étend..., forme recherchée, voire littéraire)*.

C. Propositions participes

Tout en étant, par son statut vis-à-vis de la principale, par ses latitudes formelles et par les valeurs qu'elle prend, assimilable aux circonstancielles, la proposition participe s'en distingue par l'absence de tout terme de subordination : c'est son mode seul qui indique son statut (voir PARTICIPE). Dans sa forme complète, elle doit avoir un sujet propre, aussi bien au présent qu'au passé *(Pierre conduisant bien, il décida de le suivre ; le chat parti, les souris dansent)*, la similitude des sujets étant donc exclue. Il n'en est pas de même cependant pour des formes comparables, comme le participe détaché *(déçu, il s'en alla)* qui, en langue moderne, impose au contraire l'identité des sujets *(*pourri, il ne put passer le pont)*, ou le gérondif * *(il tomba en hurlant)*.

Ces diverses formes présentent l'avantage de la concision, mais elles sont souvent évitées à cause de leur indétermination. Ainsi, dans *Pierre étant parti, il décida de manger*, la proposition participe peut être interprétée avec une valeur temporelle, causale, consécutive, concessive. (Voir JUXTAPOSITION.)

D. Tentative de classement formel

Le classement traditionnel des circonstancielles se fait à partir de la valeur sémantique que leur donne la conjonction qui les introduit. Aux problèmes déjà rencontrés concernant le classement sémantique, il faut ajouter le fait que de nombreuses conjonctions sont polyvalentes. Par exemple, *si* introduit une circonstancielle de condition, mais peut également introduire une interrogative indirecte *(je me demande s'il va venir)*, ou une circonstancielle qu'on ne saurait classer comme conditionnelle *(si tu as soif, il y a de la bière)*.

Il existe néanmoins des critères formels permettant d'établir que les conjonctions ont des fonctionnements différents, et du même coup la proposition qu'elles introduisent.

1. Le temps et le mode permettent d'opposer cinq sortes de circonstancielles :
— les circonstancielles introduites par des conjonctions ne subordonnant que l'indicatif à un temps simple *(à mesure que, pendant que, tandis que...)* ;
— les circonstancielles introduites par des conjonctions ne subordonnant que l'indicatif à un temps composé *(après que, sitôt que...)* ;
— les circonstancielles introduites par des conjonctions ne subordonnant que l'indicatif, à un temps quelconque. Elles sont très nombreuses *(ainsi que, alors que, de même que, lorsque, parce que, puisque, tant que...)* ;

— les circonstancielles introduites par des conjonctions ne subordonnant que le subjonctif, à un temps quelconque. Elles sont aussi très nombreuses *(afin que, à moins que, avant que, bien que, pour que, quoique, sans que...);*
— les circonstancielles introduites par des conjonctions subordonnant et l'indicatif et le subjonctif *(de façon que, de sorte que, jusqu'à ce que...).* L'opposition entre indicatif et subjonctif recouvre deux distinctions différentes : celle entre conséquence et but quand l'énoncé est positif *(il a bu, de sorte qu'il est ivre :* conséquence; *il a bu de sorte qu'il soit ivre :* but); et celle entre principale positive *(il a bu au point qu'il est ivre)* et principale négative *(il n'a pas bu au point qu'il soit ivre).* Les deux facteurs d'opposition se rejoignent : quand l'indicatif apparaît en subordonnée, les deux propositions constituent deux énonciations indépendantes, alors qu'il n'y en a qu'une quand apparaît le subjonctif, ce que souligne la portée de la négation.

2. La concordance des temps

Certaines conjonctions permettent de mettre en relation les procès de la principale et de la subordonnée en fonction d'exigences relatives à la concordance des temps*. Par exemple, quand la subordonnée est introduite par *après que,* le présent n'est jamais possible (quel que soit le temps de la principale); un passé composé peut correspondre au présent, au passé composé, au futur ou au futur antérieur, mais pas à l'imparfait... On peut ainsi établir, pour chaque conjonction, un tableau des concordances possibles et impossibles.

3. Le remplacement par une infinitive

À côté de la subordination au subjonctif, certaines conjonctions, assez nombreuses, admettent l'infinitif. Le cas le plus fréquent fait précéder l'infinitif de *de (au lieu qu'il parte/au lieu de partir),* mais on peut aussi trouver *à (de façon qu'il parte/de façon à partir),* ou l'infinitif seul *(sans qu'il sache/sans savoir).* On a ainsi deux énoncés paraphrastiques.

4. La juxtaposition à un énoncé illocutoire

Certaines conjonctions permettent la juxtaposition de la circonstancielle et d'un énoncé illocutoire* *(puisqu'il t'ennuie, quitte-le !),* éventuellement implicite *(puisque tu veux tout savoir, il est parti —* pour *apprends qu'il est parti).* Ce sont *afin que, après que, avant que, bien que, dès que, tandis que, vu que...* Par contre, pour d'autres, une telle juxtaposition, explicite ou non, est impossible *(*parce qu'il parle tant, reviens chez toi !).*

5. Le comportement face au déplacement

Comme les compléments circonstanciels et les adverbes, les circonstancielles appartiennent à deux types différents, en fonction de leur degré d'indépendance par rapport à la principale, que l'on apprécie par le test du déplacement de la circonstancielle (on utilise des principales négatives, mieux aptes à faire ressortir les différences de sens) :

— si le déplacement est possible, et si le sens ne change pas (ou très peu), que la subordonnée soit placée avant ou après la principale, on dira la circonstancielle de type « circonstant » *(il ne parlera pas puisqu'on le lui demande ; puisqu'on le lui demande, il ne parlera pas).* Les conjonctions concernées sont : *alors que, avant que, bien que, encore que, puisque...*

— si le déplacement est impossible, on dira que la circonstancielle est de type « adverbe » *(il ne travaille pas autant qu'il le dit ; *autant qu'il le dit il ne travaille pas).* Ceci concerne les conjonctions : *autant que, au point que + subjonctif, de sorte que, plus que,* etc.

— si le déplacement est possible mais entraîne une différence de sens, on dira que la circonstancielle est ambiguë, à la fois adverbe et circonstant. Ainsi, *il ne travaille pas parce qu'on le lui demande* a deux sens, alors que *parce qu'on le lui demande, il ne travaille pas* n'en a qu'un. Les conjonctions qui introduisent une telle circonstancielle sont : *afin que, ainsi que, après que, depuis que, jusqu'à ce que, parce que, pour que, suivant que...*

On voit donc ici la nécessité d'affiner la caractéristique générale selon laquelle la circonstancielle est déplaçable. Du point de vue énonciatif, on peut faire la distinction entre les phrases dans lesquelles la circonstancielle constitue une assertion indépendante de celle de la principale (phrase à double assertion, comme *Pierre reste à la maison parce qu'il est malade*) et celles dans lesquelles la circonstancielle et la principale constituent une assertion unique, produisant un effet de présupposé *(Pierre reste à la maison puisqu'il est malade,* ou *Pierre sort bien qu'il soit malade* présupposent qu'il est vrai que Pierre est malade).

6. Les possibilités d'ellipse

Quelques conjonctions permettent une ellipse du verbe, en principe plutôt caractéristique de la coordination* : *il est courageux quoique timide.* C'est le cas de *bien que, parce que, depuis que, autant que...*

Ces critères offrent la possibilité de classer les circonstancielles de façon oppositive : il n'est pas deux conjonctions à présenter la même configuration. On ne peut cependant tirer de conclusions que partielles :

— les conjonctions subordonnant l'infinitif constituent un sous-ensemble de celles qui subordonnent le subjonctif (l'exception essentielle est *après que*, qui justement tend à être suivie du subjonctif, contre la norme mais en conformité avec la régularité du système);

— les conjonctions ne subordonnant que l'indicatif ne peuvent introduire qu'un circonstant;

— les conjonctions n'introduisant qu'un adverbe n'acceptent pas de principales illocutoires.

Ce classement, beaucoup plus rigoureux que le classement traditionnel, et parfaitement oppositif, présente l'avantage de ne pas reposer sur la labilité de l'intuition sémantique. Pour des raisons de tradition, et bien qu'aucune classe ainsi constituée ne présente de cohérence formelle, nous allons néanmoins exposer ici le *classement traditionnel*.

E. Classement traditionnel

1. Les circonstancielles de temps (temporelles)

Elles sont de façon générale à l'indicatif, et placées indifféremment en tête ou en fin de phrase.

La conjonction introductrice la plus fréquente est *quand*, souvent en tête de phrase. *Quand* exprime la simultanéité quand le temps des deux propositions est le même *(quand il partait, je souriais)*, et l'antériorité quand un temps simple s'oppose à un temps composé *(quand il fut parti, je souris)*. *Quand* et *lorsque* se prêtent à la subordination inverse, où la subordonnée, placée en fin de phrase, constitue le propos *(on était au fromage quand un orage éclata)*.

Les autres conjonctions introduisent un rapport de simultanéité *(comme, pendant que, tandis que)*, de succession rapide *(à peine... que, ne pas plutôt... que)*, d'antériorité ou de postériorité *(avant que* + subjonctif, et *ne* explétif* facultatif, ou *après que* + indicatif (en principe); *dès que, jusqu'à ce que, depuis que...)*; la postériorité implique l'usage d'un temps composé.

2. Les circonstancielles de cause (causales)

Plusieurs des conjonctions qui expriment la cause étaient initialement marques de temps *(comme, dès lors que)*. Le mode le plus fréquent est l'indicatif, et les conjonctions les plus répandues sont *parce que, puisque* et *comme*.

Parce que et *puisque,* de sens proche, s'opposent par plusieurs traits :

a) *puisque* ne peut pas introduire une réponse à une question, contrairement à *parce que ;*

b) *parce que* peut constituer à lui seul une réponse *(pourquoi l'a-t-il fait ? parce que);* c'est d'ailleurs la seule conjonction à avoir cette propriété ;

c) avec *parce que,* c'est la principale qui représente le fait connu, et la subordonnée qui apporte l'information; c'est l'inverse avec *puisque.* D'où l'effet de présupposé de *puisque :* c'est pourquoi il est plus fréquent de voir la subordonnée en *puisque* en tête de phrase, et celle en *parce que* à la fin;

d) enfin, seul *parce que* peut être construit avec *c'est... que (c'est parce qu'il sait le latin que je l'aime).*

L'indicatif souligne toujours une cause réelle *(du moment que, attendu que),* qu'elle soit connue ou pas. Le subjonctif intervient pour indiquer une cause présentée comme fausse, apparente ou incertaine *(non que, sans que, sous prétexte que, soit que... soit que).*

3. Les circonstancielles de conséquence (consécutives)

Cette relation est l'inverse de la relation causale : on trouvera donc des couples d'inverses paraphrastiques *(il dort parce qu'il a trop mangé; il a trop mangé, si bien qu'il dort).*

La conséquence est marquée par la fréquence des corrélations*, avec des adverbes ou adjectifs dans le premier membre *(si... que, tant... que, tel...que, de telle manière que)* : aussi l'ordre est-il à peu près toujours *principale + subordonnée.* La circonstancielle est toujours à l'indicatif, sauf quand la principale exprime une négation ou un doute *(il ne travaille pas au point que je sois prêt à le féliciter).* Les circonstancielles de conséquence sont fréquemment à l'infinitif, précédé de *à, de,* ou *pour.*

4. Les circonstancielles de but (finales)

Il y a aisément confusion entre conséquence et but, le but étant défini comme une conséquence voulue : les conjonctions sont fréquemment les mêmes *(de manière à ce que, afin que, que* en langue familière). Mais la différence syntaxique est double : la conséquence est souvent amorcée par l'intermédiaire d'un antécédent, et le mode est différent (préférentiellement indicatif pour la conséquence et subjonctif pour le but). La conjonction finale la plus employée est *pour que.*

La crainte, en tant que but négatif, s'exprime avec les conjonctions *de peur que, de crainte que (ne), pour que... ne... pas.*

Les finales, au subjonctif ou à l'infinitif avec *pour (que)*, sont généralement en fin de phrase.

5. Les circonstancielles de concession (concessives)

On distingue deux niveaux dans l'opposition : celui de l'opposition simple, entre deux faits qui existent ou pourraient exister en même temps (cette relation se confond généralement avec le temps), et la concession proprement dite, dans laquelle l'un des deux faits aurait dû ou devrait empêcher la réalisation de l'autre. Cette relation met donc en jeu à la fois la cause et l'hypothèse.

Les conjonctions concessives les plus fréquentes sont *bien que, quoique* et *encore que,* suivies du subjonctif. *Malgré que* est populaire. Des conjonctions comme *sans que, même si* ou *quand même* (avec indicatif ou conditionnel), *lors même que* (littéraire) peuvent être assimilées à la concession. *Bien que* et *quoique* permettent l'ellipse du verbe *(elle est très jolie, quoique déjà âgée).*

La concession peut également être fondée sur un adjectif, un adverbe, un pronom ou un substantif : le terme de l'opposition passe alors en tête de phrase, et est précédé de *tout, si, quelque* ou *pour,* suivis de *que.* Ainsi, *bien qu'il soit sot* peut devenir *tout sot qu'il est* ou *si sot qu'il soit.* Le français moderne perçoit ici l'indicatif comme une opposition, et le subjonctif comme une concession, et tendra donc à dire (contre la norme) *tout sot qu'il soit.*

La concession peut aussi être introduite par un pronom appartenant au système commun aux relatives et aux interrogatives, suivi de *que* et du subjonctif *(qui que tu sois, quoi que tu fasses, quelle qu'en soit la raison).*

6. Les circonstancielles de condition (conditionnelles ou hypothétiques)

La circonstancielle de condition présente une hypothèse dont la conséquence éventuelle est exposée dans la principale. La conjonction la plus fréquente est *si.* On a souvent tenté de décrire le système français d'après le modèle du latin (potentiel, irréel du présent, irréel du passé), mais le français n'a pas de forme spécifique pour chaque valeur, et les différences de sens sont plutôt exprimées par des moyens lexicaux ou prosodiques (adverbes ou intonation).

Les trois systèmes hypothétiques les plus fréquents sont :

— *si* + présent... futur *(si tu viens, je partirai)*
— *si* + imparfait... conditionnel *(si tu venais, je partirais)*

— *si* + plus-que-parfait... conditionnel passé *(si tu étais venu, je serais parti).*

Toutefois, chacun de ces trois modèles de base connaît de nombreuses variantes. Trois traits restent cependant réguliers :

a) jamais le futur ou le conditionnel n'apparaissent après le *si (*si j'aurais su...);*

b) le subjonctif n'apparaît que dans la survivance représentée par les phrases du type *si j'eusse su, je ne fusse pas venu* (voir SUBJONCTIF). (Le rapport temporel l'emporte sur l'expression modale) ;

c) il y a progression temporelle entre l'hypothèse et sa conséquence.

L'hypothétique peut également être introduite par une autre conjonction : *quand (quand il serait mort, ce serait bien ennuyeux), en supposant que, pourvu que...* avec le subjonctif, *selon que, suivant que* et l'indicatif, *au cas où* et le conditionnel, ou bien *qui* avec le conditionnel dans les deux propositions *(qui vivrait saurait).* Elle peut également être exprimée par la simple juxtaposition de deux phrases au conditionnel *(nous aurions une guerre, nous ne saurions que faire).*

7. Les circonstancielles de comparaison (comparatives)

C'est pour elles que la dénomination de « circonstancielle » est la moins adaptée (ce ne sont ni des subordonnées, ni des circonstances).

Un rapport de comparaison s'introduit entre deux faits indépendants grâce à un système d'adverbes et de conjonctions. Leur fonctionnement les met radicalement à part des autres circonstancielles :

— les marques peuvent être les mêmes pour introduire des éléments verbaux, nominaux ou adjectivaux *(il est plus tard que tu ne penses ; il est plus travailleur qu'intelligent ; nul n'est plus intelligent que Pierre).*

— pour la plupart des corrélations, le choix de l'ordre est libre, avec des modifications syntaxiques : *il est d'autant plus apprécié qu'il ne le cherche pas/moins il le cherche, plus il est apprécié.*

La comparaison peut également être marquée par *comme, ainsi que, de même que,* caractérisés par une grande liberté dans la phrase, *d'autant plus que, tel, autant, aussi, si... que, le même que,* ou un adjectif ou un adverbe au comparatif suivi de *que.* Elle est toujours à l'indicatif, et elle permet fréquemment l'ellipse *(mon fils est plus beau que le tien).*

circonstant

1. On donne parfois le nom de *circonstant* à tout élément exerçant dans la phrase une fonction circonstancielle, quelle qu'en soit la manifestation : adverbe simple ou composé (locution adverbiale), syntagme prépositionnel (ou, dans certains cas, non prépositionnel), proposition subordonnée.

2. Pour un autre emploi du terme *circonstant,* voir ADVERBE, et CIRCONSTANCIELLE (PROPOSITION).

classe

Voir CATÉGORIE et CONSTITUANTS (ANALYSE EN).

clitique

1. Voir PROSODIE.
2. Le terme *clitique* est très fréquemment utilisé pour désigner les pronoms personnels* dans leurs emplois atones, qui recouvrent partiellement leurs emplois conjoints.

clivée

On dit d'une phrase qu'elle est *clivée,* d'un point de vue formel, quand un groupe nominal, quelle qu'en soit la fonction, en a été détaché pour être placé à sa tête. À partir de *Pierre travaille le dimanche,* on peut former les phrases clivées *c'est Pierre qui travaille le dimanche,* ou *c'est le dimanche que Pierre travaille (que travaille Pierre). Le clivage recouvre l'ambiguïté entre présentatif et emphase : *c'est le colonel que les insurgés ont sequestré* peut se paraphraser par *voici le colonel...,* ou *ils ont séquestré le colonel.* (Voir ORDRE DES MOTS, EMPHASE, PRÉSENTATIF et THÉMATISATION.)

code

On donne le nom de *code* aux langages* artificiels constitués d'un ensemble d'unités signifiantes (souvent appelées signaux*, signes* ou symboles*) et d'un ensemble de règles de combinaison de ces unités. Les codes sont utilisés pour représenter et transmettre une information d'un point (la source) à un autre (la cible). L'information ainsi transmise reçoit le nom de message. On citera comme exemples de code le système de numérotation des chambres d'hôtel (la chambre 308 est au 3e étage, la 8e dans le couloir), ou l'ensemble des signaux du code de la route (en réalité groupement d'une série de sous-codes, par exemple les feux tricolores, dont le fonctionnement est décrit à l'article SIGNE). Certains codes s'articulent sur une langue naturelle, à laquelle on dit qu'ils sont subrogés : par exemple le morse, le code Braille utilisé par les aveugles, la sténographie, pour une part la « langue des signes » des sourds-muets sont des codes dérivés d'une langue naturelle. Certaines pratiques linguistiques de caractère ludique (le verlan*, le javanais*, les charades, les rébus, etc.) peuvent, partiellement ou complètement, être décrits comme des codes. Enfin, l'écriture elle-même, si on la considère comme un langage artificiel second par rapport à la manifestation orale de la langue, est un code dont l'inventaire des symboles est (pour les langues à notation phonographique) l'alphabet et les règles de combinaison des symboles, les règles de l'orthographe* (voir aussi LANGUE). Discutée pour les systèmes d'écriture traditionnels, cette analyse ne l'est pas pour les alphabets phonétiques du type de l'A.P.I., qui sont effectivement des codes.

Les langues naturelles, envisagées exclusivement dans leur fonction de communication*, peuvent être assimilées à des codes, malgré certains de leurs traits spécifiques : phénomènes d'homophonie* et d'ambiguïté* font des langues des instruments de communication imparfaits. *Code* est alors à prendre dans le sens que prend *langue* à la rubrique 3 de l'article LANGAGE, et *message* est à prendre au sens de *discours*.*

Enfin, par extension, on donne souvent le nom de *code oral* et de *code écrit* aux manifestations respectivement orale et écrite de la langue.

codification

Voir LEXICALISATION.

collectif

Les noms *collectifs* sont ceux qui désignent un ensemble de plusieurs éléments dont chacun serait susceptible d'être isolé : *la foule, une multitude, la majorité,* etc. Les noms collectifs ont fréquemment un complément qui indique la composition de la collectivité : *une foule de gens, la majorité des électeurs,* etc. (Voir ACCORD).

Les suffixés tels que *hêtraie, valetaille, soldatesque,* etc., sont également des collectifs. (Voir SUFFIXE.)

combinatoire (variante)

Voir PHONÉTIQUE/PHONOLOGIE.

commentaire

Équivalent de *rhème* et de *focus*, s'articule avec la notion de *topique* ou de *thème*. (Voir THÈME.)

commun

Voir NOM.

communication

La *communication* est le processus qui consiste, dans une situation spécifique donnée, à représenter une information (le message) dans le système des unités (signaux*, signes* ou symboles*) d'un code*, et à faire passer cette information d'un point d'origine (la « source ») à un point de destination (la « cible »). Ce processus se confond avec celui qui est décrit, à LANGAGE, dans l'analyse des fonctions du langage :

— la source et la cible ont la place qu'ont le destinateur (ou émetteur) et le destinataire (ou récepteur), *destinateur* et *destinataire* étant généralement (mais non constamment) utilisés pour des sujets humains ;

— le code et le message ont exactement le même statut dans l'analyse des fonctions du langage et dans celle qui est donnée ici ;

— la situation spécifique dans laquelle l'information est transmise correspond au contexte (= référent) ;

— le contact entre la source (le destinateur, l'émetteur) et la cible (le destinataire, le récepteur) est également indispensable dans l'un et l'autre cas.

De l'identité des schémas ne découle pas toutefois l'identité absolue des fonctions. Alors que le langage humain, quand il est utilisé comme moyen de communication, comporte au moins six fonctions, l'utilisation des codes semble ne pas comporter les fonctions poétique ni métalinguistique. Encore ces exclusions sont-elles sans doute à corriger pour tenir compte des spécificités de certains langages informatiques.

Disjointe de l'identité des fonctions, l'identité des schémas s'explique nécessairement par le fait que la communication peut se faire au moyen d'une langue (communication verbale) ou par un autre moyen (communication non verbale), utilisant un canal autre que la voix ou l'écriture : le geste, des rayons lumineux, des impressions tactiles (dans le cas, par exemple, de l'alphabet Braille), des systèmes mécaniques ou électriques divers, etc.

La même information peut être communiquée, selon les besoins, par un canal verbal ou non verbal. Ainsi, dans la situation spécifique (contexte, référent) d'une rue à traverser, le message « la voie est libre : vous pouvez traverser » est communiqué aux piétons par l'un des moyens suivants :

1. Moyens non verbaux

a) les gestes spécifiques d'un agent de la circulation (par exemple : les bras en croix parallèles à la direction du passage).

b) un feu lumineux de couleur verte, situé au-dessous de deux autres feux provisoirement éteints.

c) la petite silhouette d'un piéton en marche sur un fond lumineux de couleur verte.

2. Moyens verbaux

a) l'indication orale « la voie est libre : vous pouvez traverser », articulée par une voix humaine enregistrée et amplifiée. Cette réalisation vocale du message, la plus rarement employée, est spécifiquement destinée aux aveugles et mal-voyants.

b) l'indication « passez », écrite sur un fond lumineux de couleur verte.

La description de cet exemple de phénomène de communication emprunté à la vie quotidienne fait apparaître les traits suivants :

● dans tous les cas, l'information a dû être représentée à l'aide des unités du code choisi et de leurs règles de combinaison : cette opération, qui consiste à conférer un signifiant spécifique (par exemple : le feu de couleur verte) à un signifié préalablement donné (l'information elle-même) reçoit le nom d'*encodage* ;

● une fois manifesté, le signifiant spécifique (feu de couleur verte, petite silhouette, etc.) a dû, dans tous les cas, être rapporté, par le récepteur, au signifié qui lui est affecté. Cette opération reçoit le nom de *décodage* ;

● dans les cas *1.a.* et *1.c.*, le signifiant est — plus ou moins clairement — *motivé* (voir SIGNE et SYMBOLE) par rapport à l'information qu'il transmet : les bras de l'agent, parallèles à la direction suivie par les passants, ne leur barrent pas le passage, alors qu'ils sont un obstacle pour les voitures qui viennent face à l'agent ; la petite silhouette du piéton en marche représente la conduite qui est conseillée ou autorisée. Dans les trois autres cas, le signifiant est arbitraire par rapport à l'information : rien d'autre qu'une convention ne lie la couleur verte au signifié « voie libre » ; quant aux messages en langue naturelle (moyens *2.a.* et *2.b.*), ils utilisent des signes linguistiques, par définition arbitraires. La signification des unités des codes doit donner lieu à un apprentissage, non seulement dans le cas où elles sont arbitraires (comment savoir, sans l'avoir appris, que le feu vert indique la voie libre ?), mais aussi dans le cas où elles sont motivées, la motivation n'apparaissant souvent qu'à ceux des utilisateurs qui sont préalablement informés de la signification des unités : d'où l'incontestable difficulté du décodage de certains messages manifestés par des symboles prétendûment motivés (mode d'emploi de certains objets).

● dans les cas *1.b.*, *1.c.* et *2.b.*, la même information est simultanément manifestée par deux signifiants : la couleur (verte) et la position (au-dessous des deux autres feux) du signal dans *1.b.;* la silhouette du piéton en marche et de nouveau la couleur verte dans *1.c.;* enfin le message en langue naturelle et encore la couleur verte dans *2.b.* Ce phénomène de répétition de l'information reçoit le nom de *redondance**. Il a pour fonction de pallier l'éventuel mauvais fonctionnement des divers facteurs en cause dans l'acte de communication : un feu rendu accidentellement incolore est cependant interprété comme signal de la voie libre en raison de sa position au-dessous des deux autres. L'ensemble des dysfonctionnements qui peuvent entraver la transmission de l'information reçoit le nom général de *bruit*, même quand l'obstacle qui tend à bloquer la communication ne se manifeste pas de façon sonore (ce serait le cas pour une communication orale en langue naturelle), mais sous forme visuelle (cas du feu accidentellement rendu incolore) ou sous toute autre forme liée au canal utilisé.

Envisagées dans leur fonction de codes de communication, les langues naturelles sont nécessairement sujettes à des phénomènes de *bruit* : l'homophonie*, l'homonymie*, l'ambiguïté* sous ses différentes formes entraînent des difficultés de décodage en principe évitées dans les autres codes. Dans le cas de la manifestation orale, il faut tenir compte du bruit environnant (au sens habituel du mot *bruit*), de la mauvaise réalisation du message par un émetteur malhabile, fatigué, maîtrisant mal le code, etc., ou, symétriquement, de sa réception imparfaite par un récepteur affecté de telle ou telle insuffisance. Dans le cas de la communication écrite, des éléments tels qu'une mauvaise écriture, un support (papier, tableau,...) mal approprié, etc., peuvent constituer des *bruits* (au sens technique du mot). Cependant l'essentiel du bruit dans la communication écrite tient à ce que le récepteur est, le plus souvent, éloigné de l'émetteur et, du même coup, de l'ensemble des éléments qui caractérisent la situation d'énonciation. Empêché d'interrompre la communication (elle est achevée sous forme définitive) pour demander des commentaires (par exemple, métalinguistiques*), il a à procéder seul au travail de décodage, c'est-à-dire de reconstruction du référent absent. Mais inversement il dispose de possibilités qui sont, par la force des choses, interdites au récepteur d'une communication orale : ainsi, il peut revenir en arrière, par exemple pour repérer le nom représenté par un pronom ambigu. On comprend que dans ces conditions les phénomènes de redondance affectent très diversement la manifestation orale et la manifestation écrite de la langue. D'une façon générale, la manifestation écrite est plus redondante que la manifestation orale : on s'en convaincra en étudiant, dans les articles ACCORD, GENRE et NOMBRE, la façon dont les marques des deux catégories grammaticales du genre et du nombre sont distribuées différemment dans le discours oral et le discours écrit. On remarquera également que la redondance linguistique se manifeste *dans le temps*, selon la linéarité du signifiant* (*elle* est venu *e* : la marque du féminin est présente deux fois de suite), contrairement à ce qui se passe dans les codes à manifestation visuelle. (Sur le problème général des relations entre les deux manifestations, on consultera les articles ORTHOGRAPHE, PHONÉTIQUE et PONCTUATION.)

Remarques. — 1. Depuis la fin du XIXᵉ siècle, se sont développés plusieurs types de communication orale à distance : téléphone, radio, télévison, etc. Dans des conditions qui varient selon le cas, la communication orale est alors affectée par des traits spécifiques. D'où le développement de pratiques discursives elles aussi spécifiques. On notera par exemple l'importance particulière des éléments phatiques* *(allô)* dans la communication téléphonique, ressentie par les sujets comme toujours menacée. Le discours télévisuel (où l'émetteur et le référent sont alternativement ou simultanément vus par le sujet récepteur) a nécessairement des caractères nettement distincts de ceux du discours radiophonique : il suffit de songer au statut absolument différent de la description (chose présente/chose absente) dans les deux types de discours.

2. Le discours tenu en langue naturelle par un sujet humain peut avoir un destinataire non humain. La langue naturelle donne alors lieu fréquemment (mais non constamment) à des phénomènes de surcodage : les signifiants de la langue sont affectés, conventionnellement, à des signifiés qui ne sont pas les leurs dans l'usage quotidien.

3. Dans l'ensemble de cet article, la langue a été tenue exclusivement pour un code analogue aux langages artificiels. Il est en effet évident que la langue est *utilisée comme* instrument de communication.

Il convient cependant de ne pas perdre de vue les trois points suivants :
— la langue est un système de communication spécifique, affecté de traits négatifs du strict point de vue de la transmission de l'information : l'homophonie, l'ambiguïté ;
— la langue a d'autres fonctions que la simple communication (sur ces deux premiers points, voir LANGAGE et LANGUE) ;
— il est imprudent de traiter le langage comme un « instrument de communication ». On se contentera de dire que, par le discours auquel il donne lieu, le langage se prête à la fonction d'instrument de communication.

commutation

Selon les linguistes, ce terme est utilisé avec deux sens distincts :

1. La *commutation* est l'épreuve qui permet d'identifier les unités linguistiques, quels qu'en soient le niveau et la dimension. Ainsi, au plan du signifiant, le remplacement de /m/ par /p/ devant /al/, entraîne une différence au niveau du signifié : il y a commutation entre les deux éléments /m/ et /p/.

2. Commutation est parfois utilisé de façon lâche comme équivalent de *substitution**, avec ou sans effet sémantique.

comparaison

1. Degrés de comparaison. Voir DEGRÉS.

2. Propositions de comparaison. Voir CIRCONSTANCIELLES.

comparatif

Voir ADJECTIF, ADJECTIF (COMPLÉMENT DE L'), ADVERBE, ADVERBE (COMPLÉMENT DE L') et DEGRÉS.

compétence

On désigne par *compétence* l'ensemble des dispositions ou aptitudes spécifiques que tout locuteur d'une langue est censé posséder et qui le rendent, notamment, capable de prononcer et de comprendre un ensemble théoriquement infini de phrases.
Ces aptitudes se manifestent, en outre, sous la forme de ce que les linguistes appellent l'*intuition linguistique* : tout sujet parlant a, en effet, la capacité :
— de décider si une suite quelconque de mots appartient ou non à sa langue (voir GRAMMATICALITÉ);

— de reconnaître les ambiguïtés;
— d'identifier les relations paraphrastiques.

La mise en œuvre effective de ce savoir intériorisé est constituée par la *performance* : réalisation d'actes de parole dans des situations concrètes. Alors que la compétence constitue un système idéalisé, la performance est tributaire de paramètres individuels : attention, émotivité, mémoire, etc.

Dans la théorie générativiste, le rôle de la grammaire consiste à postuler un système de règles destiné à rendre compte de la compétence.

complément

1. La notion de *complément,* relativement récente dans l'histoire de la grammaire — elle remonte au XVIIIᵉ siècle —, est l'une des plus fréquemment utilisées et en même temps l'une des plus floues. Elle recouvre en effet de façon syncrétique des relations syntaxiques, morphologiques et sémantiques. Pour prendre l'exemple du complément d'objet :

a) la relation syntaxique tient à ce que le syntagme complément dépend du syntagme verbal;

b) la relation morphologique réside dans la marque spécifique du syntagme nominal comme complément (ordre des mots dans le cas général, forme casuelle spécifique dans le cas des pronoms personnels et relatifs);

c) la relation sémantique, variable selon les contextes, est précisément celle qui est visée par le terme *objet* de la désignation complément d'objet. (Pour l'analyse de détail, voir OBJET.)

2. En outre, la notion de complément présente trois caractères qui en rendent le maniement délicat :

a) elle laisse entendre que le complément est indispensable au terme complété, ce qui n'est pas toujours le cas (voir, par exemple, COMPLÉMENT DE NOM);

b) elle ne fait pas apparaître la notion de subordination (dépendance syntaxique) qui s'observe dans tout complément;

c) pour des raisons de tradition, elle exclut des phénomènes tels que l'épithète et la relative, qui sont pourtant comparables au complément de nom (comparer *le roi norvégien* et *le roi de Norvège*).

Malgré ces inconvénients, la notion de complément continue à être largement utilisée dans les grammaires contemporaines. On a suivi leur exemple et réparti l'étude des compléments entre les articles suivants : ADJECTIF (COMPLÉMENT DE L'), ADVERBE (COMPLÉMENT DE L'), AGENT (COMPLÉMENT D'), CIRCONSTANCIEL (COMPLÉMENT), NOM (COMPLÉMENT DE), OBJET (COMPLÉMENT D'), PRONOM (COMPLÉMENT DU). Voir aussi ACCUSATIF, ATTRIBUT, CAS, DATIF.

complémentaire

Voir DISTRIBUTION.

complétive

Une complétive est un type de subordonnée* introduite par un segment qui ne marque que la mise en relation de deux propositions : la conjonction* de subordination *que (je pense que tu partiras)* ou les locutions *à ce que* et *de ce que (je m'attends à ce qu'il revienne ; je m'étonne de ce qu'il parte)*, ou quelquefois *en ce que (le problème consiste en ce qu'il ne peut partir)* ou *sur ce que (je compte sur ce qu'il ne partira pas)*. Elle peut occuper, dans une phrase complexe, la plupart des fonctions non circonstancielles assumées par le nom dans une phrase simple. On l'appelle aussi *conjonctive* dans une perspective formelle (en référence au terme qui l'introduit), et *substantive* dans un classement « morphologique » (par analogie avec les fonctions du substantif ou nom dans une phrase simple).

1. Fonctions des complétives

La fonction la plus couramment remplie par la complétive est celle de complément d'objet, au point que c'est parfois la seule retenue, comme tend d'ailleurs à le suggérer le terme même de « complétive ». Elle peut suivre, de façon directe ou non, les verbes déclaratifs (*dire, raconter, demander...* d'où sa fréquence dans le discours* indirect), des verbes de sentiment *(craindre, aimer...)*, de volonté *(souhaiter, vouloir, exiger...)*, mais aussi d'autres difficilement classables dans cette terminologie sémantique *(apprendre, trouver, convenir...)*. De cette fonction objet peut être rapprochée celle de complément déterminatif d'un nom : le nom qui introduit ce type de complétive est une nominalisation du verbe correspondant *(l'annonce que, la pensée que, le désir que...)*. Les verbes impersonnels* et les présentatifs* sont parfois considérés comme introduisant une complétive : *il faut qu'il travaille ; voilà qu'il revient.*

Les verbes pouvant être suivis d'une complétive constituent une classe de quelques centaines de membres, que l'on peut augmenter d'emplois métaphoriques *(le chat me miaula qu'il avait faim ; il me cligna qu'il était d'accord...)*. Ces verbes imposent pour la plupart à leur sujet une contrainte très restrictive, celle d'avoir le trait [+ humain] *(annoncer, accepter, demander, menacer, ignorer, jurer, croire, penser, juger, souhaiter...)*, cette caractéristique pouvant s'étendre à un collectif* d'humains *(le jury, la météo annonce que...)*. Cette contrainte est d'ailleurs tellement importante qu'elle peut suffire à faire le partage entre deux sens d'un même verbe (ou deux verbes homonymes) : *promettre* a un sens où le sujet pourvu du trait [+ humain] peut être suivi d'une complétive *(Pierre promet qu'il partira)*, et un autre sens où le sujet [− humain] ne le peut pas *(*la saison promet qu'elle sera belle,* mais *la saison promet d'être belle)*.

Par ailleurs, une complétive peut également être sujet, dans des tours généralement sentis comme lourds *(qu'il soit parti ne t'oblige pas à l'oublier)*, légèrement améliorés quand ils sont soulignés par *le fait que (le fait qu'il soit parti...)* ; elle peut aussi être attribut *(le malheur est que je le sais)*; complément d'un adjectif *(fier qu'il ait réussi, surpris qu'il sache...)*, d'un nom ou d'un pronom *(le moment est venu que je te dise tout; je le sais, que tu vas partir)*.

2. Mode du verbe dans la complétive

Une complétive peut être à l'indicatif ou au subjonctif. La grammaire traditionnelle a tenté d'y reconnaître une distinction sémantique : l'indicatif affirmerait l'existence d'un fait *(je sais que la terre tourne)*, et le subjonctif exprimerait l'incertitude ou la potentialité après les verbes de volonté, de souhait ct de doute *(je souhaite que tu partes, je doute que tu le saches)*. (Voir SUBJONCTIF.)

Ceci n'est pas faux, mais insuffisant pour comprendre toutes les potentialités de fonctionnement. Il faut en effet aussi tenir compte de l'existence de contraintes syntaxiques. Un certain nombre de verbes normalement suivis d'une complétive à l'indicatif peuvent, lorsqu'ils ont une forme négative ou interrogative, déclencher le subjonctif en subordonnée *(je prétends que tu le sais/je ne prétends pas que tu le saches; prétends-tu que je le sache ?* — le subjonctif permettant d'ailleurs ici une nuance de sens avec *je ne prétends pas que tu le sais* et *prétends-tu que je le sais ?* qui ne sont nullement impossibles). Certains verbes, d'ailleurs, permettent l'opposition entre indicatif et subjonctif, même à la forme affirmative *(j'admets que tu fais bien la cuisine; j'admets que tu fasses des sottises, mais...)*. Il ne semble guère possible, sur ce terrain, de proposer une règle systématique. (Voir SUBJONCTIF.)

3. Différence entre complétive et relative

On a souvent souligné la ressemblance formelle entre la complétive et la relative (la complétive étant introduite par *que* et la relative par *qu-i* ou *qu-e* pour les formes les plus fréquentes). Quant à leur différence, il ne suffit pas de les opposer en disant que la complétive suit un verbe et la relative un nom, puisque la complétive peut aussi suivre un nom. Le mode a alors souvent la fonction de souligner la différence *(il accepte la condition que vous lui imposez,* où l'indicatif indique la relative; *il accepte la condition que vous partiez,* où le subjonctif indique la complétive)*. Cependant, quand la complétive est à l'indicatif, l'ambiguïté peut être parfaite *(j'ai la preuve qu'il attend depuis longtemps)*. La différence ne réside que dans le statut du *que,* simple marque de relation dans le cas de la complétive (sans fonction dans la subordonnée), et cumul dans la relative d'une marque de subordination et d'une indication fonctionnelle. Seul le deuxième cas accepte la paraphrase *il attend la (une, cette) preuve.*

4. Rapport entre l'introduction d'un nom et l'introduction d'une complétive.

Là où la langue classique utilisait presque exclusivement l'introducteur *que,* la langue moderne tend à aligner la complétive sur les compléments nominaux.

Le schéma le plus général obéit à une correspondance entre les deux catégories :

— à un complément nominal direct correspond une complétive en *que (je déplore son départ/je déplore qu'il parte);*

— à un complément nominal introduit par la préposition *à* correspond une complétive en *à ce que (je tiens à son départ/je tiens à ce qu'il parte);*

— à un complément nominal introduit par la préposition *de* correspond une complétive en *de ce que (je me plains de son départ/je me plains de ce qu'il parte).*

Cependant, les exceptions ne sont pas rares : *je me souviens de mon père,* mais *je me souviens qu'il m'attend; je compte sur Pierre,* mais *je compte qu'il partira...*

La forme de la pronominalisation possible pour la complétive montre que c'est la forme nominale qu'il faut prendre comme base : quelle que soit la forme de la complétive, le pronom est *le* si le complément nominal est direct, *y* si le complément nominal est introduit par *à,* et *en* si le complément nominal est introduit par *de.* Ainsi : *je me souviens de ses paroles/je me souviens qu'il a dit cela/je m'en souviens,* où *en* pronominalise aussi bien le nom que la complétive. Il est à noter que l'évolution actuelle, généralisant les tours complétifs en *à ce que* et *de ce que* (généralement en alternance avec la forme directe), permet de rétablir le parallèle : *je m'étonne de son départ/je m'étonne qu'il parte/je m'étonne de ce qu'il parte,* la pronominalisation étant *je m'en étonne.* On peut noter toutefois une légère différence de sens entre les deux complétives.

5. Rapport entre complétive et infinitive

L'existence d'une relation entre forme complétive et forme infinitive a toujours été relevée par les grammairiens. Mais la grammaire traditionnelle ne reconnaît comme proposition infinitive que les cas où le sujet de l'indicatif est présent : *j'écoute les oiseaux chanter.* (Voir PROPOSITION INFINITIVE.)

La grammaire générative, quant à elle, propose de faire un usage plus large de la notion de proposition infinitive. Elle étend la notion de proposition infinitive aux cas où le sujet *implicite* du verbe à l'infinitif est coréférentiel à un segment nominal antérieur, la plupart du temps sujet du verbe principal : *je pense que tu viendras/je pense que je viendrai/je pense venir,* où le passage à l'infinitive est facultatif, puisque la forme avec sujets coréférentiels *(je pense que je viendrai)* est possible ; *je veux que tu viennes/*je veux que je vienne/je veux venir,* où le passage à l'infinitive est obligatoire, puisque la forme avec sujets coréférentiels est agrammaticale. Pour les verbes suivis d'un complément, le sujet que l'on postule pour l'infinitif peut également être l'objet de la principale, rendant la phrase ambiguë aussi bien à la forme complétive qu'à la forme infinitive : *Pierre propose à Jacques qu'il vienne,* où *il* peut représenter soit *Pierre,* soit *Jacques,* soit un tiers ; *Pierre propose à Jacques d'écrire un livre,* où le sujet que l'on reconstruit pour l'infinitif peut être aussi bien *Pierre* que *Jacques,* ou d'ailleurs les deux, si les conditions extralinguistiques le permettent.

On peut alors, sur la base de leur comportement devant complétive et infinitive, proposer un classement des verbes introducteurs de propositions, sans qu'il soit cependant possible d'effectuer une systématisation sémantique. On distinguera les verbes qui ne peuvent être suivis que d'une complétive *(insinuer, observer, annoncer...),* ceux pour lesquels complétive et infinitive sont possibles, l'infinitive étant facultative quand il y a coréférence *(croire, jurer, nier, oublier...),* et ceux pour lesquels complétive et infinitive sont possibles, l'infinitive étant obligatoire quand il y a coréférence *(aimer, s'étonner, souhaiter, accepter...).* Les verbes qui ne prennent que l'infinitif, bien qu'ils puissent formellement être rapprochés de ces cas, représentent un autre phénomène dans la mesure où la complétive est toujours impossible *(pouvoir, commencer à, courir...)*. Les complétives et les infinitives constituent néanmoins des structures assez souples qui modifient facilement leurs propriétés : un verbe comme *insinuer* ne peut en principe être suivi que de la complétive, mais on constate que l'on peut construire l'infinitive sans difficultés *(il insinua avoir été trompé, ne pas aimer les femmes, être surpris par une telle demande,* modification facilitée par un temps passé, une négation ou un passif).

Un certain nombre de verbes échappent à ce classement *(faire, dire, empêcher, comprendre, consister...)* parce qu'ils entrent dans des structures ambiguës ou ont des propriétés plus complexes; néanmoins il s'applique à une très grande partie des verbes introducteurs des complétives.

L'interrogation* indirecte, fréquemment comparée à la complétive, avec laquelle elle a des propriétés communes, sera néanmoins traitée à part, avec l'interrogation.

complexe (phrase)

La *phrase* *complexe* se distingue de la phrase simple en ce qu'elle comporte plus d'une proposition*.

componentielle (analyse)

Voir SENS.

composé

1. Temps composé. Voir ASPECT, AUXILIAIRE, CONJUGAISON, FUTUR, PASSÉ, SURCOMPOSÉS (TEMPS) et VERBE.

2. Mot composé. Voir COMPOSITION, INTERFIXATION, NÉOLOGIE.

composition

Parmi les procédures qui contribuent à la néologie* lexicale, la *composition* se distingue de la dérivation* en ce que les éléments qu'elle utilise pour former des unités lexicales nouvelles sont tous aptes à s'employer de façon autonome dans l'énoncé : on distingue ainsi *chou-fleur* ou *pomme de terre,* mots composés, où les éléments ont la possibilité de s'utiliser librement, de *présalaire* ou *cerisier,* mots dérivés, où les éléments *pré-* et *-ier,* quoique parfaitement identifiables, ne sont pas aptes à s'utiliser en dehors de formations dérivées.

Comme la préfixation*, la composition permet de faire apparaître dans le cadre d'une unité lexicale des relations sémantico-syntaxiques susceptibles d'être également manifestées par une unité syntaxique de plus grande dimension. Toutefois les types de syntagmes qui se trouvent ramenés aux dimensions de l'unité lexicale ne sont pas les mêmes dans les deux cas. Pour prendre l'exemple du nom, le préfixe fonctionne à l'égard de la base comme une préposition à l'égard d'un nom : un *anti-mite(s)*, c'est un produit qui agit contre les mites. Dans la composition, on observe des rapports de type prédicatif : relation attributive de nom à nom (*enseignant-chercheur* : un enseignant qui est un chercheur) ou de nom à adjectif *(chaise longue, plein-emploi)*; relation de verbe à complément d'objet ou à complément circonstanciel, avec effacement du sujet : *un pèse-lettres* est un « instrument qui pèse les lettres »; *un réveille-matin* un « instrument qui réveille au matin », etc.).

Remarques. — 1. Dans de nombreux cas, l'ordre des éléments du composé, conforme aux règles de la syntaxe française, fait apparaître le déterminé avant le déterminant, au contraire de ce qui s'observe dans l'interfixation* où l'ordre des éléments obéit aux règles de la syntaxe latine ou grecque. Il y a cependant de nombreuses exceptions, par exemple l'ensemble des composés de forme adjectif + nom qui ne sont pas tous de formation ancienne (*basse-cour, bonheur* sont anciens, mais *troisième âge, Tiers monde* sont récents). Un *croque-monsieur*, qui fait apparaître l'ordre verbe-sujet, ne se confond pas avec un *anthropophage*. Enfin, l'emprunt*à l'anglais fait apparaître de nombreux composés de forme déterminant-déterminé : la *science fiction* n'est pas une science fictionnelle, mais une fiction scientifique.

2. Des phénomènes de métaphore* et de métonymie* peuvent intervenir dans la formation des composés : un *poisson-chat* n'est un chat que par métaphore, un *casque bleu* est, par métonymie, un soldat porteur d'un casque bleu. Les relations de ce type s'observent fréquemment dans certains lexiques techniques (outillage : *un pied-de-biche, un maître-à-danser, un col-de-cygne*, etc.; botanique : *une gueule-de-loup, un pied-de-mouton, un pied bleu*, etc).

Du fait même que, par définition, les éléments utilisés dans la composition sont aptes à être employés de façon autonome, il n'est pas toujours facile de décider si un enchaînement d'unités lexicales constitue un mot composé ou relève de la combinaison libre d'unités dans le discours.

L'orthographe ne fournit un critère décisif que dans les cas où les éléments du composé constituent une forme graphique unique : *portefeuille, clairsemé, maintenir* sont incontestablement des composés. Mais cette fusion graphique des termes a un aspect aléatoire : pourquoi *portefeuille*, mais *porte-monnaie* ou *porte-plume* ? D'autre part, la fusion graphique des termes a souvent pour résultat d'obscurcir le phénomène de composition, surtout quand elle s'accompagne de modifications orthographiques et/ou phonologiques des éléments : *gendarme* et *vinaigre* sont fréquemment interprétés par les locuteurs comme des composés. Mais il n'en va pas de même pour *vaurien, lieutenant, culbuter, bascule, colporter* (« porter au cou »), *saupoudrer* (« poudrer de sel »), etc., qui ne sont plus des composés que du point de vue diachronique* : d'où les changements de sens observés pour *colporter (on colporte des nouvelles)* ou *saupoudrer (on saupoudre de sucre).*

La présence du trait d'union* est également un indice suffisant, mais non nécessaire, de composition : *chien-loup, trois-mâts, porte-plume, garde-malade.* Cette fonction du trait d'union comme indice de composition est confirmée par son emploi dans la construction de composés provisoires : *le Monsieur-qui-a-fait-la-dernière-guerre.* Mais de très nombreux mots composés ne comportent pas de trait d'union : même sans tenir compte des variations qui s'observent entre dictionnaires (on trouve *lieudit, lieu-dit* et *lieu dit*), l'alternance entre la présence et l'absence du trait d'union est assez fantaisiste : pourquoi *eau-de-vie* et *eau-forte,* mais *eau de rose* et *eau lourde* ? Pourquoi *faux-bourdon* et *faux-fuyant* (où *faux-* est d'ailleurs la réinterprétation du préfixe *for-*...) mais *faux bond* et *faux pas* ? Ce problème, apparemment mineur, a cependant des implications importantes en lexicographie : la présence du trait d'union entraîne pour le mot une entrée autonome, à sa place alphabétique; son absence entraîne parfois l'omission pure et simple du mot, ou le relègue dans une rubrique annexée à l'article d'un de ses composants : des expressions aussi communes que *bon marché, collet monté, salle à manger, arc de triomphe* et même *trait d'union* (qui n'a pas de trait d'union) n'ont généralement pas d'entrée spécifique dans les dictionnaires.

Dans tous les cas — très nombreux — où le critère graphique est défaillant, on utilise une série de tests morphologiques, syntaxiques et sémantiques.

1. L'existence d'un dérivé suffixal

A côté des formations anciennes du type *ferblantier, prudhommesque* (et *prud'homal*) on observe des formations récentes du type de *tiers-mondiste.* Les adjectifs tels que *ouest-allemand, sud-américain,* etc, manifestent le statut de composé des noms propres du type *Allemagne de l'Ouest, Amérique du Sud,* etc.

2. L'invariabilité morphologique interne

Elle constitue un critère suffisant (voir les composés en *nu-, demi-, nouveau-,* etc.) mais non nécessaire : le pluriel d'*arc-en-ciel* s'écrit *arcs-en-ciel* (mais se prononce sans liaison).

3. L'impossibilité de déterminer séparément les éléments du composé

On l'observe clairement dans les composés tels que *chambre à air* ou *prendre froid,* qui excluent des déterminations séparées du type **chambre à air pollué* ou **prendre froid rigoureux.* Toutefois, certains composés peuvent présenter un moindre degré de cohésion, et permettre, notamment dans l'usage technique, des qualifications du type *journaux japonais du matin, horaires normaux de travail,* etc.

4. L'impossibilité, partielle ou totale, de substitution d'un synonyme (ou d'un antonyme) à l'un des éléments

On la constate de façon évidente dans *chemin de fer (*voie de fer* est exclu*), boîte aux lettres (*boîte aux envois* est exclu*), un achat bon marché (*mauvais marché* est exclu*).* Mais on observe aussi la formation de séries de mots composés du type *journaux du matin, du soir,* éventuellement *de l'après-midi,* etc.

5. La non-détermination du nom dépendant

Elle se manifeste souvent par l'absence d'article : *agent de police, bec de gaz, coiffeur pour dames,* etc. Même dans les cas, plus rares, où l'article est présent (*chèque au porteur, chou à la crème, prendre la mouche,* etc.), le nom dépendant n'a pas de référence spécifique, et ne peut tenir lieu d'antécédent à une relative : **les choux à la crème qui est rance.*

6. L'unité sémantique du contenu du composé

On l'observe de façon particulièrement claire dans les cas où le signifié global du composé n'est pas conforme à ce que laisserait attendre la combinaison libre des signifiés des composants : une *pomme de terre* n'a rien à voir avec une pomme qui pousserait en terre ; le *plancher des vaches* n'est pas un parquet sur lequel circulent des ruminants ; le *chien assis, l'homme debout* et le *gendarme couché* ne sont pas ce que leur nom peut faire penser, et le monsieur qui *prend la mouche* n'attrape pas des insectes. L'indice lexicologique de ce phénomène sémantique est que les composés peuvent fréquemment commuter avec les mots simples *(pomme de terre* appartient au paradigme de *carotte, navet,* etc.*)* ou se les voir substituer *(chien assis, homme debout* et *gendarme couché* sont respectivement concurrencés par *lucarne, bonnetière* et *cassis, pomme de terre* a pour équivalent familier *patate* et comme concurrent régional *cartoufle).*

TABLEAU DES PRINCIPAUX TYPES DE COMPOSÉS

I. NOMS Structure du composé	Exemples	Syntagmes équivalents
nom + nom	1. *canapé-lit* 2. *classe-pilote* 3. *pause-café*	un canapé qui est un lit une classe qui est pilote une pause pour le café
nom + prép. + nom (ou verbe à l'infin.)	1. *feux de route* 2. *chèque sans provision* 3. *machine à écrire*	des feux pour la route équivalent de l'exemple une machine qui sert à écrire
nom + adj.	1. *amour-propre* 2. *gras-double*	équivalent équivalent, avec lexicalisation : le *gras-double* est plutôt maigre...
adj. + nom	1. *tiers monde* 2. *rouge-gorge*	la 3e partie du monde un N qui a la gorge rouge.
adj. + adj.	1. *clair-obscur* 2. *fausse-maigre*	un N qui est clair et obscur une N qui est faussement maigre
verbe + nom	1. *porte-bagages* 2. *croque-monsieur*	un N qui porte les bagages un N que le monsieur croque
verbe + verbe	1. *cache-cache* 2. *va-et-vient* 3. *laisser-aller*	un N qui consiste à se cacher un N qui va et vient un N qui consiste à laisser aller

TABLEAU DES PRINCIPAUX TYPES DE COMPOSÉS *(suite)*

I. NOMS Structure du composé	Exemples	Syntagmes équivalents
énoncé rapporté	1. *je-ne-sais-quoi* 2. *jusqu'au-boutisme*	un N qui est *je-ne-sais-quoi* Un N qui consiste à aller jusqu'au bout
2. ADJECTIFS adj. + adj.	*aigre-doux,* *social-démocrate*	aigre et doux socialiste et démocrate
adv. (ou adj. inv.) + participe	*tard-levé* *court-vêtu*	levé tardivement vêtu de façon courte
3. VERBES verbe + nom	1. sans article : *prendre feu* 2. avec article : *perdre la face*	équivalent, avec lexicalisation : « commencer à brûler » équivalent, avec lexicalisation : « être humilié en public ».
nom + verbe (form. archaïque)	*colporter*	porter au cou
pronom + verbe	*s'en aller* *s'y connaître* *la ramener* (fam.)	le pronom n'a généralement pas de référent identifiable; ses relations avec le verbe sont variées

TABLEAU DES PRINCIPAUX TYPES DE COMPOSÉS *(suite)*

---

4. AUTRES CLASSES GRAMMATICALES.

La grammaire traditionnelle donne le nom de locutions adverbiales, prépositives, conjonctives, parfois interjectives à des unités composées de ces diverses classes.

Dans de nombreux cas, la composition, obscurcie par l'histoire, n'est plus apparente : *désormais, dorénavant, pourtant, cependant* (originellement proposition participiale où *ce* est sujet), etc., ne laissent plus reconnaître clairement leur composition. *Après* (de *adpressum*) et *devant* (de *de ab ante*) ne sont des composés que pour les historiens de la langue. Mais il existe aussi de nombreux éléments de ces diverses classes dont la composition est apparente :

— adverbes : *aussitôt, bientôt, en effet, sur-le-champ, tout à coup, tout à fait, d'arrache-pied, à l'improviste, dès potron-minet, en tapinois,* etc.

— prépositions : *autour de, à cause de, en raison de, grâce à, rapport à, jusqu'à* (et *jusqu'en, jusque dans,* etc.), *au fur et à mesure de,* etc.

— conjonctions : *afin que, pour que, de façon que, de même que, parce que, pour la raison que, à supposer que, étant entendu que, comme si,* etc.

— interjections : la série, constamment enrichie et modifiée, des formules de jurement, donne un bon exemple d'interjections composées : *Nom de Dieu* et ses atténuations (*nom d'une pipe, scrongneugneu,* etc.), *bonté divine,* etc. Voir aussi *mais enfin,* parfois écrasé en *m'enfin.*

---

composition savante

On a parfois donné ce nom au procédé de formation lexicale étudié ici sous le nom d'*interfixation.* Le procédé a également été décrit sous les noms de *confixation* et de *recomposition.*

compréhension

Synonyme d'*intension.* S'oppose à *extension*.* Voir NOM et NOM PROPRE.

132

comptables (noms)

Voir NOM et NOMBRE.

conative (fonction)

Voir LANGAGE.

concaténation

Enchaînement syntagmatique d'unités linguistiques.

concession

La relation de *concession* est marquée par des compléments circonstanciels* introduits par *malgré, en dépit de (en dépit de son départ, je suis content)*. Elle s'exprime aussi par des circonstancielles* concessives. Voir aussi INDÉFINIS (pour les éléments *quelque... que, tout... que*).

conclusif

Synonyme de *perfectif.* Voir ASPECT.

concordance des modes

Voir ATTRACTION MODALE.

concordance (ou correspondance) des temps

La *concordance des temps* est la relation qui s'établit, dans le système constitué par une principale et une subordonnée, entre le temps du verbe de la principale et celui du verbe de la subordonnée. Des phénomènes de concordance des temps s'observent également dans le discours* indirect libre.

« Le chapitre de la concordance des temps se résume en une ligne : il n'y en a pas. » Sans aller jusqu'à suivre totalement Ferdinand Brunot dans cette boutade polémique et provocatrice, on remarquera qu'elle est pour l'essentiel fondée : le choix du tiroir* temporel de la subordonnée ne dépend pas d'une règle automatique d'accord avec celui du verbe de la principale, mais des valeurs respectives des deux tiroirs. En d'autres termes, les règles de concordance ont bien une existence. Mais elles ne sont que la manifestation des différences de valeur des tiroirs verbaux.

Comme il est indiqué notamment à FUTUR, PASSÉ (TEMPS DU) et PRÉSENT, le repère temporel qui permet la sélection du tiroir peut être fixé de façon absolue : *je travaillais, je travaille, je travaillerai* sont respectivement passé, présent et futur par rapport au repère absolu qu'est le moment de l'énonciation. Mais le repère peut également être fixé de façon relative : dans *Galilée soutenait que la terre tournait,* l'imparfait de la subordonnée souligne la contemporanéité entre le procès de rotation de la terre et la formulation de l'opinion de Galilée. Dans les subordonnées et le discours indirect libre, les tiroirs du verbe sont fréquemment sélectionnés par rapport au repère relatif qu'est le temps du verbe (explicite ou implicite) principal : les règles de concordance sont observées. Mais il est toujours possible de choisir le tiroir du verbe de la subordonnée par rapport au repère absolu qu'est le moment de l'énonciation de la phrase. Les règles de concordance sont alors enfreintes. C'est ce qu'on observe dans *Galilée soutenait que la terre tourne,* où le présent *tourne* marque la contemporanéité entre le procès et le moment de l'énonciation : la terre continue à tourner au moment où s'énonce la phrase.

Compte tenu de ces remarques générales, on donnera quelques exemples de cas où sont observées ou enfreintes les règles de concordance, en distinguant les faits selon qu'ils apparaissent à l'indicatif, au subjonctif ou à l'infinitif.

A. Indicatif

1. *Verbe principal au présent*

Ici, le repère absolu et le repère relatif sont confondus. Les règles de concordance se confondent donc avec celles qui sélectionnent les temps en emploi libre.

2. *Verbe principal au futur*

Quoique le repère temporel, situé dans le futur, ne se confonde pas avec le moment de l'énonciation, les temps de la subordonnée sont ceux qui apparaîtraient en emploi libre : le présent de *il dira qu'il travaille* et le passé composé de *il dira qu'il a travaillé* se retrouvent dans les phrases de discours direct correspondantes. Toutefois, le futur est rare dans la subordonnée : possible, et non ambigu, dans *il dira qu'il partira,* il serait ambigu dans *il dira qu'il aura mal à la tête* (au moment où il le dira ? ou après ?).

3. Verbe principal au passé

C'est dans ce cas que les règles de concordance sont le plus nettes :

a) l'imparfait marque la contemporanéité des deux procès : *Saussure affirmait qu'il trouvait des anagrammes partout.*

b) le futur en *-rais* marque l'ultériorité du procès de la subordonnée : *Ferdinand espérait que Giuseppe lui répondrait.*

c) les temps composés sont utilisés comme antérieurs, le plus-que-parfait par rapport au passé, le futur composé en *-rais* par rapport à un moment lui-même ultérieur au repère, passé, du verbe de la principale : *Freud savait qu'il avait publié un grand livre; Gustave espérait qu'il aurait terminé la vendange à la fin de la semaine.*

Cependant, il est toujours possible de faire apparaître le même tiroir qu'en emploi libre. Ce phénomène a pour effet d'effacer la relation temporelle avec le verbe principal. Il est facilité par certaines circonstances : valeur omnitemporelle du présent de la subordonnée (voir l'exemple de Galilée), valeur aspectuelle d'accompli de présent du passé composé de la principale : *j'ai appris que tu ne travailles pas assez.*

B. Subjonctif

Les faits sont simplifiés par les phénomènes de syncrétisme qu'entraîne le nombre réduit des tiroirs temporels du subjonctif. Dans l'usage quotidien, notamment oral, seuls sont utilisés le présent et le passé (forme composée). La forme composée marque l'antériorité. Faute de forme spécifique de futur, l'ultériorité n'est pas marquée :

on regrette
on regrettera } { qu'il parte
on regrettait } { qu'il soit parti

Toutefois, l'usage surveillé continue à utiliser l'imparfait et le plus-que-parfait du subjonctif quand le verbe principal est au passé et même à la forme de futur en *-rais* (ce qui est un indice supplémentaire des relations de cette forme avec l'imparfait de l'indicatif) :

on regrettait } { qu'il partît
on regretterait } { qu'il fût parti

135

On trouve parfois le subjonctif imparfait dépendant d'un verbe au présent. Il a alors une valeur d'irréel : *on craint que, s'il échouait, il n'en vînt à se suicider.* Le subjonctif imparfait pallie ici l'absence de « conditionnel » au subjonctif.

C. Infinitif

L'infinitif présent et l'infinitif passé s'associent indifféremment à un verbe au présent, au passé ou au futur : *on regrette, on regrettera, on regrettait, de partir, d'être parti.*

Remarque. — La concordance des temps est comparable, *mutatis mutandis,* à l'attraction modale*.

concret

Voir NOM.

condition

Notion utilisée dans la description sémantique de certains constituants assumant la fonction de compléments circonstanciels. Exemple : *en cas d'urgence...; si cela était nécessaire...* (Voir CIRCONSTANCIELS (COMPLÉMENTS) et CIRCONSTANCIELLES (PROPOSITIONS)).

conditionnel

La grammaire traditionnelle fait du *conditionnel* un mode* spécifique, constitué de l'ensemble des tiroirs* en *-rais :* formes simples, composées et surcomposées formées à l'aide de l'élément *-r-* et de l'un des deux allomorphes* *-ai-*([ɛ]) et *-i-*([j]) : *je travaille-r-ai-s, nous i-r-i-ons, vous se-r-i-ez venus, ils au-r-ai-ent eu terminé.* Certaines équivalences d'emploi permettent en outre d'intégrer au « mode » ainsi défini le plus-que-parfait du subjonctif quand il est employé dans un système hypothétique (voir SUBJONCTIF).

Comme il est indiqué aux articles CONJUGAISON et FUTUR, la description morphologique des tiroirs en *-rais*, appuyée par l'analyse de leurs emplois, invite à les intégrer à l'indicatif. D'autres tiroirs de ce mode (par exemple l'imparfait, voir PASSÉ) ont d'ailleurs également des valeurs modales. Quant au plus-que-parfait du subjonctif, il est particulièrement arbitraire d'isoler certains de ses emplois (voir SUBJONCTIF).

Pour des raisons didactiques, on a conservé ici une entrée CONDITIONNEL, où sont étudiés les emplois plus spécifiquement modaux des formes en *-rais*. Leurs emplois temporels sont décrits à FUTUR.

Les emplois modaux des formes en -*rais* apparaissent dans trois types de structures :

1. Dans la phrase principale d'un système conditionnel dont la subordonnée, introduite par *si*, est à l'imparfait ou au plus-que-parfait de l'indicatif.

a) subordonnée à l'imparfait : le verbe de la principale est au conditionnel présent : *si j'avais six semaines de vacances, je terminerais mon roman.* La subordonnée présente la condition comme non réalisée. Le procès du verbe de la principale relève donc de l'irréel. Toutefois les phrases de ce type sont ambiguës : l'imparfait de la subordonnée et le conditionnel de la principale peuvent selon le cas référer au présent ou à l'avenir. Indice de cette ambiguïté : on peut faire apparaître dans ces phrases un adverbe tel que *aujourd'hui* ou *demain.* Dans le premier cas, l'ambiguïté est levée en faveur de l'irréel du présent. Dans le second, elle l'est en faveur de l'irréel du futur, parfois appelé potentiel.

Remarques. — 1. Le terme potentiel paraît entrer en contradiction avec la notion d'irréel. C'est que l'événement futur peut venir infirmer les prévisions formulées au moment de l'énonciation : même si je ne considère pas aujourd'hui comme possible d'avoir demain six semaines de vacances, je peux être heureusement détrompé par l'événement.

2. L'ambiguïté temporelle des phrases françaises de ce type n'existe pas dans toutes les langues : le latin, par exemple, distingue le potentiel de l'irréel du présent par l'emploi de temps distincts du subjonctif (le présent pour le potentiel, l'imparfait pour l'irréel du présent).

b) subordonnée au plus-que-parfait : le verbe de la principale est au conditionnel passé : *si j'avais eu six semaines de vacances, j'aurais terminé mon roman.* Le conditionnel passé marque l'éventualité, dans le passé, d'un procès qui, subordonné à une condition non réalisée, n'a finalement pas eu lieu. C'est ce qu'on appelle parfois l'irréel du passé.

Remarque. — C'est dans ce type de phrase que le plus-que-parfait du subjonctif peut se substituer non seulement au conditionnel passé de la principale, mais encore au plus-que-parfait de l'indicatif de la subordonnée : *si j'eusse eu six semaines de vacances, j'eusse terminé mon roman.* Ce type de structure caractérise le style comme affecté et archaïsant.

En principe, les formes en -*rais* n'apparaissent pas dans les subordonnées introduites par *si*. L'usage populaire a toutefois tendance à unifier les tiroirs des deux propositions : *si j'aurais su, j'aurais pas venu* (avec, en outre, la généralisation de l'auxiliaire *avoir*).

D'autre part, les conjonctions *quand, quand même, lors même que,* qui ajoutent à la condition une notion d'opposition, sont compatibles avec le conditionnel : *quand même je serais milliardaire, je continuerais à faire de la grammaire.*

2. Employé dans les deux éléments d'une structure de phrases juxtaposées*, le conditionnel marque à la fois le caractère irréel des deux procès et leur opposition réciproque : *je pourrais être milliardaire, je continuerais à travailler.* L'expression *avoir beau* est fréquente dans ce type d'emploi. (Voir aussi JUXTAPOSITION.)

3. En dehors de tout système de relation avec une autre proposition, le conditionnel marque l'éventuel, avec toutes les nuances auxquelles il peut donner lieu, selon le contexte et le type de discours. La forme simple correspond au non accompli, la forme composée à l'accompli ou à l'antérieur, la forme surcomposée à l'antérieur de l'accompli :

— l'imaginaire : *on serait dans une île déserte. On passerait tout notre temps à faire de la grammaire.*

Remarque. — On ne confondra pas ces emplois (fréquents dans l'usage préludique des enfants) avec le conditionnel à valeur temporelle du discours indirect libre : *il avait décidé de partir. Il prendrait l'avion de 14 h 27 pour Tananarive.* Toutefois, une certaine ambiguïté, parfois calculée, peut s'établir entre les deux emplois.

— le probable : *la majorité sortante conserverait le pouvoir. L'opposition aurait été largement battue.*

— l'atténuation d'un ordre ou d'une demande : *vous devriez travailler davantage; j'aurais voulu des renseignements sur le canapé Louis XV que vous exposez.*

conditionnelle (phrase)

Voir CIRCONSTANCIELLE, CONDITIONNEL, JUXTAPOSITION et SUBJONCTIF.

conjointes (formes)

Voir PERSONNEL (PRONOMS).

conjonctif

1. Ancien nom du *subjonctif*.*

2. Pronoms et adjectifs *conjonctifs :* ancien nom des pronoms relatifs* et des adjectifs interrogatifs* introduisant une interrogative indirecte. Voir INTERROGATION.

3. Proposition *conjonctive :* ancien nom des propositions introduites par une conjonction de subordination. Voir CIRCONSTANCIELLES et COMPLÉTIVES.

4. Locution *conjonctive.* Voir COMPOSITION, CONJONCTION et LOCUTION.

conjonction

Les *conjonctions* sont, comme les adverbes, les prépositions et les interjections, des parties du discours* invariables. On les divise traditionnellement en conjonctions de coordination *(et, ni, mais, ou, or, car, donc,* ou, selon le procédé mnémotechnique, *mais, ou, et, donc, or, ni, car),* et conjonctions de subordination *(que, si, bien que, parce que, lorsque, tandis que...).* Les deux types ont pour fonction commune d'unir des éléments, bien que de façon différente.

On a pu tenter d'opposer les deux fonctionnements par un certain nombre de critères; mais on s'aperçoit que, globalement justes, ces critères échouent à différencier totalement les deux sortes de conjonctions, et donc les deux types de liens (voir COORDINATION et SUBORDINATION) :

— une conjonction de coordination coordonne aussi des éléments qui ne sont pas des phrases *(Pierre et Paul, intelligent ou travailleur...).* Mais d'une part, ce n'est pas le cas de toutes *(car* et *or* font exception); d'autre part, certaines des conjonctions de subordination peuvent relier des éléments non phrastiques *(intelligent quoique paresseux).*

— une conjonction de coordination peut commuter avec un adverbe (*après* ou *puis* à la place de *et*), les conjonctions de subordination ne le peuvent pas. Cependant, ce critère est sémantiquement trop vague pour être efficace.

— la conjonction de subordination joue, devant la proposition qu'elle introduit, le même rôle qu'une préposition devant un groupe nominal *(avant que nous n'arrivions/avant notre arrivée).* Il ne se passe rien de tel pour la conjonction de coordination.

— la conjonction de coordination peut être supprimée, celle de subordination ne le peut pas. Ce critère est faux, aussi bien dans un sens que dans l'autre.

— l'inversion est possible pour la proposition précédée d'une conjonction de subordination, mais non pour celle précédée d'une conjonction de coordination. Ce critère, toujours vrai pour la coordination, ne l'est, parmi les subordonnées, que pour les circonstancielles, et même pas pour toutes.

— la conjonction de coordination ne peut introduire une réponse à une question *(Pourquoi part-il ? — Parce qu'il est temps,* mais **car il est temps).* Mais ce critère ne s'applique pas à toutes les conjonctions de subordination : on ne peut pas répondre par *si... que.*

Il apparaît donc qu'il n'y a aucun critère capable d'isoler de manière exclusive tous les membres d'une catégorie donnée. On se trouve, par conséquent, renvoyé à la tradition, et à l'intuition.

A. Les conjonctions de coordination

Le lien de coordination unit deux mots, groupes de mots ou phrases, ayant la même fonction par rapport au même mot, ou le même statut pour deux propositions. C'est donc une marque d'égalité fonctionnelle entre les éléments qu'elle associe.

La marque de coordination est attachée aussi bien au terme qui précède qu'au terme qui suit : elle ne peut en être éloignée, ni apparaître ailleurs qu'entre les deux éléments.

Dans le lien entre phrases, un adverbe peut souvent jouer un rôle similaire à celui d'une conjonction de coordination. Cependant, on peut les différencier par l'impossibilité de cumuler les conjonctions *(*et mais),* alors que les adverbes peuvent se cumuler *(ainsi cependant),* et être adjoints à une conjonction *(et pourtant, mais toutefois...* toujours dans cet ordre-là). Ce critère exclut *donc* des conjonctions de coordination. Mais, sans lui, on serait obligé d'y inclure *ainsi, aussi, bref, cependant, enfin, même, néanmoins, du reste, par suite...*

Il y a différentes façons de classer les conjonctions de coordination :

1. Selon leur position par rapport aux segments coordonnés. On opposera ainsi : *car* qui ne peut apparaître qu'entre éléments coordonnés; *or* qui ne peut apparaître qu'en tête de phrase; *ou* et *ni* qui peuvent fonctionner comme *car,* et ont en outre la possibilité d'être répétés devant chacun des segments; *et* et *mais* qui, à ces deux possibilités, ajoutent les caractéristiques de *or.*

2. Selon la nature des segments qu'elles coordonnent. On distinguera alors *or* et *car,* qui ne coordonnent que des phrases, *ni* qui ne coordonne jamais des propositions indépendantes, *et* et *ou* qui peuvent coordonner presque n'importe quoi, jusqu'à des articles ou des préfixes *(le ou les élèves, les pro- et les anti-staliniens).*

3. Le classement présenté classiquement par la grammaire traditionnelle est de nature sémantico-logique. On peut ainsi opposer un lien copulatif *(et, ni),* disjonctif *(ou, ou bien, soit... soit),* adversatif *(mais),* causal *(car),* conclusif *(donc),* oppositif *(or).*

4. On peut ajouter que certaines conjonctions permettent l'ellipse du verbe *(Pierre sait le latin et moi le grec)* : c'est le cas de *et, ou* et *ni* sans difficulté, *mais* de façon plus contrainte. Par contre, *or* et *car* ne le permettent pas.

B. Les conjonctions de subordination

Elles unissent des termes fonctionnellement inégaux : il y a dépendance du second élément par rapport au premier, sans réciproque. Le signe de cette dépendance inégale est la concordance* des temps, qui joue toujours du premier élément au deuxième, et la concordance des modes, en fonction de la nature de la conjonction *(parce que* ou *si* imposent au verbe qui dépend d'elles l'indicatif, *bien que* ou *avant que,* le subjonctif), ou de la nature négative ou interrogative de la principale (voir COMPLÉTIVE).

La conjonction de subordination marque le début de la subordonnée, à l'intérieur de laquelle elle n'assure aucune fonction. Ce dernier trait suffit à la distinguer des pronoms et adverbes relatifs et interrogatifs, qui ont toujours une fonction dans la subordonnée : *il se vante de ce qu'il a fait fortune* (*de ce que* est conjonction de subordination) et *il se vante de ce qu'il a fait* (*de ce que* est pronom relatif). Par sa forme, elle indique la fonction de la subordonnée.

Les classements qui s'offrent sont divers. (Pour les classements syntaxiques, voir SUBORDINATION.) La difficulté d'un classement sémantique provient du fait que, parmi les relations exprimées, il n'en est guère qui soient l'apanage d'une seule conjonction, et il n'est guère de conjonctions qui ne puissent en exprimer plusieurs. Le classement le moins ambitieux est d'ordre morphologique, où l'on distinguera :

1. Les conjonctions simples : *que, quand, comme, si. Que* est la plus abstraite, ce qu'elle manifeste par la multiplicité de ses emplois. *Que* est susceptible, dans la coordination de subordonnées, de remplacer n'importe quelle autre conjonction *(bien qu'il soit parti et qu'il ait renoncé à revenir...).* C'est aussi *que* que l'on trouve dans la dépendance d'un présentatif* *(voilà que Pierre s'en va !),* comme lien entre phrases manifestant une opposition modale *(viens que je t'embrasse !)*, dans la subordination inverse *(il viendrait que je ne le recevrais pas*, où *que* est facultatif), ou soulignant une intonation *(une chance que cette pluie !)*

2. Les conjonctions formées d'un adverbe suivi de *que (alors que, non que...)*.

3. Les conjonctions formées d'une préposition suivie de *que (avant que, depuis que...)*, où la source prépositionnelle est encore perçue, mais sans que préposition et conjonction constituent des entités libres.

4. Les conjonctions formées par les prépositions *à, de, en* ou *par*, suivies de *ce que*, dont l'ambiguïté avec le relatif homonyme est tranchée par l'absence de fonction dans la subordonnée.

5. Les conjonctions formées par un groupe *préposition* + *nom* + *que (à condition que)*, ou par une forme verbale suivie de *que (soit que, vu que, en attendant que)*.

6. La locution soudée *quoique*.

On note que, dans chacun des deux systèmes, il est une conjonction nettement dominante par rapport aux autres, aux significations et emplois variés : *et* et *que*.

conjugaison

La *conjugaison* est la liste des formes fléchies du verbe*. Ces formes fléchies — en nombre limité, mais important, voir plus bas — ont pour fonction de marquer, au niveau du signifiant, les catégories de la personne* et du nombre* *(je travaille, tu travailles, nous travaillons)*, du mode* *(nous travaillons, que nous travaillions)*, du temps*et de l'aspect* *(elle travaille, elle travaillait, elle a travaillé)*, éventuellement de la voix* *(il apprécie, il est apprécié)*.

Le nombre maximal des formes de la conjugaison s'obtient par une série d'opérations arithmétiques simples :
— On compte le nombre des tiroirs* temporels des modes personnels : 10 pour l'indicatif*, y compris le « conditionnel »* : 5 simples et 5 composés (voir AUXILIAIRE et TEMPS), 4 pour le subjonctif (2 simples et 2 composés), 2 pour l'impératif (1 simple et 1 composé).

On multiplie ces nombres par le nombre des personnes (3 au singulier et 3 au pluriel pour l'indicatif et le subjonctif, 1 au singulier, 2 au pluriel pour l'impératif). On obtient 60 formes d'indicatif, 24 de subjonctif et 6 d'impératif, soit 90 formes personnelles.

· — On ajoute à ce nombre les formes des modes impersonnels* : 2 formes d'infinitif (1 simple, 1 composée), 3 formes de participe (1 simple au présent, 1 simple et 1 composée au passé), enfin 1 forme simple de gérondif (le gérondif composé étant à peu près inusité). On obtient donc finalement un inventaire de 96 formes.

Pour ceux des verbes qui comportent un passif*, il faut ajouter 95 autres formes, toutes composées. 95, et non 96 : le participe passé, de forme simple, déjà compté au titre de l'actif, intervient en effet dans des constructions actives *(j'ai aimé)* et dans des constructions passives *(aimé de ses enfants)*. On aboutit finalement à un inventaire de 189 formes, qui constitue le paradigme* complet du verbe. Le verbe est donc en français — comme dans la plupart des langues qui comportent un verbe morphologiquement distinct — la classe qui présente le plus grand nombre de formes fléchies. Cette disproportion est particulièrement accusée : à côté des 189 formes verbales, l'adjectif ne connaît que 4 formes, le nom 2 (4 pour les noms variables en genre*). On observera que si le nombre des formes d'un verbe est très élevé, le nombre total des verbes est nettement moins important que celui des noms : de l'ordre de 10 000 verbes, en face de à peu près 50 000 noms (et d'environ 6 000 adjectifs).

Remarques. — 1. Il existe dans la conjugaison de tous les verbes des phénomènes d'homonymie*, qui s'observent de façon particulièrement importante, sous la forme de l'homophonie*, au niveau du code oral : *je travaille, tu travailles, il travaille, ils travaillent* et même *on travaille*, fréquent substitut de *nous travaillons*, sont homophones ([travaj]).

2. Même pour les verbes non défectifs*, certaines des 189 formes sont d'utilisation exceptionnelle : le plus-que-parfait du subjonctif passif à la 2e personne du pluriel *(que vous eussiez été apprécié(e)s)* est incontestablement rare, tout en restant parfaitement disponible.

3. On n'a tenu compte dans l'inventaire des 189 formes ni des temps surcomposés*, eux aussi d'emploi relativement rare, mais également disponibles, ni des formes pronominales (voir PRONOMINAUX).

Les éléments qui interviennent dans la conjugaison du verbe sont, pour les temps simples, au nombre de quatre : le radical* et un ensemble de trois marques grammaticales. Pour les temps composés, c'est l'auxiliaire* qui est conjugué, l'auxilié* apparaissant sous la forme du participe (parfois de l'infinitif : *je vais parler*).

Les quatre éléments de la conjugaison interviennent dans l'ordre suivant :

Le radical, morphème lexical, porteur du signifié spécifique du verbe. Pour un grand nombre de verbes, le radical reste inchangé dans l'ensemble de la conjugaison : *travaill-* ([tʁavaj]) et *ex-clu-* ([ɛkskly]) apparaissent dans toutes les formes fléchies. Mais pour d'autres verbes ce radical subit des modifications. Pour *finir* (et un grand nombre de verbes du même type, voir plus bas), on utilise alternativement les formes *fini-* ([fini]) *(je finis, il finit, fini, finir,* etc.) et *finiss-* ([finis]) *(nous finissons, je finissais, finissant).* Pour *dormir,* l'alternance se fait entre les trois formes :

dor- ([dɔʁ]) *(je dors, elle dort);*

dorm- ([dɔʁm]) *(nous dormons, il dormait);*

dormi- ([dɔʁmi]) *(je dormirai).*

Dans ces deux exemples, l'élément initial *(fini-* et *dor-)* du radical reste intact d'un bout à l'autre de la conjugaison. Cette permanence incite à parler non de radicaux différents, mais de *bases* formées sur un radical unique. L'élément (*-ss-* pour *finir,* *-m-* et *-mi-* pour *dormir*) qui élargit le radical pose des problèmes complexes, qui sont résolus de façon différente selon les théories. On lui donnera ici le nom d'*élargissement.* Cependant il existe des verbes pour lesquels ce sont effectivement des radicaux différents qui entrent dans le système d'alternance : par exemple, *aller* comporte quatre radicaux :

v- ([v]) (qui se combine de façon difficilement analysable avec les marques de personne et de nombre : *vais, vas, va, vont);*

al- ([al]) *(allons);*

aill- ([aj]) *(que j'aille);*

i- ([i]) *(j'irai).*

Ces quatre radicaux, différents du point de vue du signifiant, restent porteurs du même signifié. Ils peuvent donc être également désignés par le terme base. Les verbes qui comportent un grand nombre de bases différentes (jusqu'à huit, selon certaines analyses, pour le verbe *être*) sont souvent qualifiés de verbes irréguliers (voir plus bas). D'une façon générale, le nombre des bases qui interviennent dans la conjugaison est un critère de répartition des verbes entre plusieurs classes ou groupes. L'alternance des bases obéit à des règles complexes, nécessairement variables selon le nombre des bases. Le lecteur attentif repérera la manifestation de ces règles à la lecture des tableaux de conjugaison.

Un ensemble de morphèmes grammaticaux qui ont pour fonction de marquer les catégories morphologiques verbales qui affectent la forme. Ces morphèmes se répartissent en trois classes, énumérées ici dans leur ordre d'apparition après la base. Les éléments des deux premières classes n'apparaissent que dans certains tiroirs. Les éléments de la 3e classe apparaissent dans toutes les formes personnelles, immédiatement après la base quand les éléments des deux premières classes sont absents.

a) Le morphème *-(e)r-* ([(ə)ʁ]). Il caractérise les formes de futur (y compris celles de conditionnel) : *je travaill-er-ai, je fini-r-ai, je dormi-r-ai, nous i-r-ions,* etc. L'élément *r* caractérise également l'infinitif. Toutefois, il n'est constant qu'au niveau du code écrit : *travailler* ne comporte le phonème /r/ que dans les cas, d'ailleurs assez rares, de liaison*. Quand l'élément /r/ apparaît au niveau du code oral, il est manifesté alternativement par *-re* (constant après une consonne : *vivre, croître, conclure,* etc., mais également représenté après une voyelle : *rire, conduire, boire,* etc.) et *-r* (exclusivement après une voyelle : *avoir, brandir, émouvoir,* etc.). Cependant, le futur n'est prévisible à partir de l'infinitif que dans le cas des verbes en *-er* (à la réserve de *aller* et *envoyer*) et des verbes en *-ir* du type de *finir*. Mais pour les autres verbes, la relation entre l'infinitif et le futur n'est pas constante : en face de *coudre/coudrai, mordre/mordrai, bouillir/ bouillirai,* etc., on trouve *faire, ferai, courir, courrai* (mais l'ancien infinitif *courre* subsiste dans l'expression *chasse à courre*), *cueillir, cueillerai* (mais on rencontre le futur analogique *cueillirai*); parmi les verbes en *-oir,* un petit nombre seulement forment leur futur sur l'infinitif : *prévoir/prévoirai, pourvoir/pourvoirai,* mais *devoir/de- vrai, pouvoir/pourrai, voir/verrai,* etc.

b) Un ensemble de deux allomorphes* de forme [ɛ] *(-ai-)* et [j] *(-i-).* [ɛ] apparaît aux trois personnes du singulier et à la 3e personne du pluriel, [j] aux deux premières personnes du pluriel. Ces éléments caractérisent l'imparfait quand ils apparaissent immédiatement après la base *(je travaill-ai-s, nous finiss-i-ons).* Ils caractérisent le condi- tionnel quand ils apparaissent après l'élément *-(e)r- : il travaill-er-ait, nous fini-r-i-ons, elles coud-r-aient,* etc. [j] *(-i-)* caractérise en outre, aux 2e et 3e personnes du pluriel, les formes de subjonctif, au présent *(que nous travaill-i-ons)* et à l'imparfait *(que vous travaillass-i-ez).*

c) Un ensemble de morphèmes qui caractérisent de façon syncré- tique la personne et le nombre. Ces deux catégories sont déjà marquées par les pronoms personnels* conjoints sujets. Leurs formes

145

— *je, tu, il, elle, on, nous, vous, ils, elles* —, en aucun cas homographes, ne présentent un phénomène d'homophonie qu'à la 3ᵉ personne : [il] correspond à *il* et *ils*, [ɛl] à *elle* et *elles*. Toutefois, l'*-s* se manifeste devant une initiale vocalique : [ilzɛm] (ou : [izɛm]).

Au niveau du code écrit, ces morphèmes de la personne et du nombre (qui varient, quoique de façon limitée, selon le type des verbes et selon les tiroirs), sont au nombre de 12. À l'oral, les phénomènes d'homophonie ramènent ce nombre à 5, selon le tableau de correspondance suivant.

Remarque. — On n'a pas fait apparaître dans ce tableau les morphèmes spécifiques du passé simple ni ceux du subjonctif imparfait, tiroirs qui sont pour l'essentiel réservés à l'usage écrit. Les formes de ces tiroirs sont décrites plus bas.

CODE ÉCRIT	CODE ORAL
-e, -es, -s, -x, -t, -ent	zéro — cependant les morphèmes comportant un *-e* font apparaître dans la prononciation la consonne antécédente : comparer *qu'il sente* ([sɑ̃t]), du subjonctif, et *il sent* ([sɑ̃]), de l'indicatif.
-ons, -ont	[ɔ̃]
-ez	[e]
-as, -a	[a]
-ai	[ɛ], parfois [e].

Les morphèmes grammaticaux qui viennent d'être énumérés apparaissent dans la conjugaison des verbes selon les tableaux suivants :

1. Indicatif présent

Les morphèmes de la classe *c* (personne et nombre) suivent immédiatement la base. Ils affectent les formes énumérées dans le tableau de la page 147 pour l'ensemble des verbes — à la seule réserve de *être, avoir, aller, faire* et *dire*, qui ont des morphèmes spécifiques, à l'ensemble des personnes ou à une partie d'entre elles. Cette spécificité des morphèmes de personne et de nombre de l'indicatif présent est le critère qui est retenu ici pour isoler les verbes irréguliers. Ce critère est plus opératoire que celui de la variabilité de la base, qui affecte — il est vrai de façon numériquement limitée — des verbes parfaitement réguliers tels que *finir* (2 bases) et *dormir* (3 bases).

		CODE ÉCRIT		CODE ORAL
		système 1	système 2	
Sing.	1	-e	-s ou -x	zéro
	2	-es	-s ou -x	zéro
	3	-e	-t ou zéro	zéro
Plur.	1	-ons		[ɔ̃]
	2	-ez		[e]
	3	-ent		zéro

Identiques pour tous les verbes à l'oral et, à l'écrit, pour les trois personnes du pluriel, les marques — qui prennent alors le statut d'allomorphes* — se répartissent selon deux systèmes différents pour les trois personnes du singulier au niveau du code écrit. Le système 1 caractérise les verbes à infinitif en -er (sauf, naturellement, *aller*) ainsi que le verbe *cueillir* et un petit nombre de verbes à infinitif en -r ([ʁ]) dont la base se termine par consonne + r ([ʁ]) : *couvrir, offrir, ouvrir* et *souffrir*. Le second système affecte les autres verbes. Aux deux premières personnes, -x se substitue à -s pour *pouvoir (je peux), vouloir (tu veux)* et *valoir (je vaux)*. On sait que cette complémentarité de -s et de -x comme morphogrammes* s'observe aussi dans la morphologie du nom* (voir aussi NOMBRE et ORTHOGRAPHE). À la 3e personne du singulier, l'allomorphe zéro caractérise les verbes dont l'infinitif est en -tre ([tʁ]) (*battre, il bat*, où le -t n'est pas un morphème, mais un élément de la base), les rares verbes à l'infinitif en -cre ([kʁ]) (*convaincre, il convainc*) ainsi que certains verbes à infinitif en -dre (*défendre, il défend*, mais *peindre, il peint*, où -t est un morphème, et non un élément de la base).

(Pour les problèmes de variation de la base, on se reportera aux tableaux de conjugaison.)

2. Indicatif imparfait

Les marques de personne et de nombre suivent l'élément -ai- / -i-, lui-même placé après la base. Elles ont des réalisations identiques à celles du présent pour le code oral et pour les trois personnes du pluriel du code écrit : *nous travaill-i-ons* ([tʁavajjɔ̃], parfois [tʁavajɔ̃]), *vous finiss-i-ez, ils pouv-ai-ent*). Pour les trois personnes du singulier, on a les morphogrammes -s, -s et -t, identiques à ceux du système 2 du présent : *je cous-ai-s, tu sertiss-ai-s, il brod-ai-t*.

3. Subjonctif présent

Les marques de personne et de nombre suivent immédiatement la base aux trois personnes du singulier et à la troisième du pluriel. Aux deux premières personnes du pluriel, l'élément *-i-* les sépare de la base. Sauf pour les verbes *être* et *avoir* (voir les tableaux de conjugaison) les marques se confondent avec celle du système 1 de l'indicatif présent. Il en résulte des phénomènes d'homonymie du subjonctif présent avec son homologue de l'indicatif (c'est toujours le cas, sauf lorsqu'il y a changement de base, à la 3e personne du pluriel : *ils finissent, qu'ils finissent;* c'est souvent le cas aux trois personnes du singulier : *qu'il travaille, il travaille).* Même phénomène d'homophonie avec l'indicatif imparfait (aux deux premières personnes du pluriel, toujours à la réserve des cas de changement de base : *nous allions, que nous allions,* mais *vous sav-i-ez, que vous sach-i-ez).*

4. Impératif

Les trois personnes de l'impératif sont — à l'exception des verbes *être, avoir, vouloir* et *savoir* — homonymes des formes d'indicatif présent. Toutefois, l'*-s* final des verbes en *-er* (y compris celui de *tu vas*) disparaît à l'impératif : *travaille, va.* Cependant, l'*-s* réapparaît oralement et graphiquement devant *en* et *y* : *manges-en, vas-y* (mais *ose y penser,* où *y* dépend de *penser,* et non de *ose).*

Les quatre verbes qui font exception empruntent leur forme d'impératif au subjonctif, en faisant également disparaître, à la 2e personne du singulier, l'*-s* final quand il suit *-e- : aie, sache, veuille,* mais *sois. Savoir* et *vouloir* sont exceptionnels dans l'exception, le premier par la suppression de l'élément *-i-* aux deux personnes du pluriel *(sachons, sachez),* le second par l'existence de deux séries de formes d'impératif, l'une, homonyme de l'indicatif *(veux, voulons, voulez),* l'autre, parente du subjonctif *(veuille, veuillons, veuillez).* La première s'utilise comme impératif de *vouloir* au sens plein *(voulez : vous pourrez),* le second comme auxiliaire modal *(veuillez penser à la misère du tiers-monde).*

5. Indicatif futur

Les marques de personne et de nombre suivent immédiatement l'élément *-r-.* Elles présentent les formes suivantes, spécifiques aux trois personnes du singulier et à la 3e du pluriel :

		CODE ÉCRIT	CODE ORAL
Sing.	1	-ai	[ɛ], parfois [e]
	2	-as	[a]
	3	-a	[a]
Plur.	1	-ons	[ɔ̃]
	2	-ez	[e] .
	3	-ont	[ɔ̃]

Ces formes sont remarquables à différents égards : ⁓1) Elles ne présentent aucun phénomène d'homographie. 2) Elles présentent peu de phénomènes d'homophonie : il existe quatre formes distinctes au niveau du code oral ([ɛ], [a], [ɔ̃], [e]). 3) Les morphèmes de personne et de nombre du futur sont homonymes des formes de présent de l'indicatif du verbe *avoir*, à la réserve des deux premières personnes du pluriel, où *-ons* et *-ez* se substituent respectivement à *avons* et *avez*. Historiquement, le futur est issu d'une périphrase verbale latine constituée de l'infinitif du verbe suivi des formes de présent du verbe *habere* (étymon d'*avoir*).

6. Conditionnel

Les marques de personne et de nombre se confondent avec celles de l'imparfait. Elles apparaissent après l'élément *-ai- / -i-*, lui aussi caractéristique de l'imparfait, qui se trouve lui-même précédé de l'élément *-r-*, caractéristique du futur : *je se-r-ai-s, nous dev-r-i-ons, ils mour-r-ai-ent*, etc.

7. Passé simple

Ce temps simple du passé — aujourd'hui normalement réservé, dans des conditions décrites aux articles ÉNONCIATION et PASSÉ, à l'usage écrit — présente une structure morphologique spécifique. Les éléments en sont les suivants :

a) Un ensemble d'allomorphes fonctionnant comme marques syncrétiques du temps et de l'aspect. Ces allomorphes sont :

-ai ([ɛ], parfois [e]),
-a (et *-â-*) ([a]),
-è- ([ɛ]),
-i- (et *-î-*) ([i]),
-u- (et *-û-*) ([y]),
enfin *-in-* (et *-în-*) ([ɛ̃]).

149

je travaill-ai, tu travaill-a-s, nous travaill-â-mes, ils travaill-è-rent, il perd-i-t, elle cour-u-t, il vin-t (sic, sans trait d'union entre *v-* et *in-*). Les trois premiers alternent, selon la personne, dans le passé simple des verbes à l'infinitif en *-er*. Les trois autres caractérisent de façon continue le passé simple des autres verbes, entre lesquels ils se répartissent selon des règles qui, trop complexes pour être explicitées ici, sont données par leurs manifestations, dans les tableaux de conjugaison.

Ces allomorphes apparaissent immédiatement après la base, qui est selon le cas : 1) celle du singulier du présent (*je fin-i-s*, avec un phénomène de confusion entre le *-i-* final de la base et le *-i-* caractéristique du passé simple), 2) celle du pluriel du présent (*il dorm-i-t, il écriv-i-t, il mour-u-t*), 3) une autre base, parfois commune avec celle du participe passé (*il véc-u-t*), parfois différente (*il naqu-i-t*), 4) parfois enfin une base réduite : *il prit, il vint, il tint*. Dans les cas de ce type, il devient impossible de distinguer clairement la base (serait-elle réduite respectivement à *pr-*, *v-* et *t-* ?) de la marque temporelle.

b) Un ensemble également spécifique de marques de personne et de nombre. Aux trois personnes du pluriel, ces marques sont, pour tous les verbes *-mes* ([m]) *(nous travaill-â-mes, nous tîn-mes)*, *-tes* ([t]) *(vous naqu-î-tes, vous mour-û-tes)*, enfin *-rent* ([ʁ]) *(ils termin-è-rent, ils prirent)*. Aux trois personnes du singulier, les marques se distribuent complémentairement : zéro, *-s*, zéro pour les verbes qui, ayant l'infinitif en *-er*, font alterner à ces personnes *-ai* et *-a-* : *je travaillai, tu travailla-s, elle travailla; -s, -s, -t* dans les autres cas : *je résolus, tu craign-i-s, il prévin-t*. Au niveau du code oral, la distinction n'est faite que pour les verbes en *-er* entre la 1re personne ([ʒə tʁavajɛ] ou [ʒə tʁavaje]) et l'ensemble constitué par la 2e et la 3e ([ty/il tʁavaja]). On remarque à ce sujet que l'élément *-ai* peut de ce fait être décrit comme marque syncrétique non seulement du temps (et de l'aspect) mais encore de la personne et du nombre. Pour les autres verbes, les trois personnes du singulier sont homophones : [tɛ̃] correspond à *tins* (1re et 2e) et à *tint* (3e).

8. Subjonctif imparfait

Lui aussi spécifique de l'usage écrit — où il devient rare — ce tiroir est morphologiquement apparenté au passé simple. Il est en effet formé sur le même thème base + voyelle :

-a- (et *-â-*),
-i- (et *-î-*),
-u- (et *-û-*),
-in- (et *-în-*).

150

Il s'en distingue par un jeu de marques de personne et de nombre spécifique : -sse ([s]), -sses ([s]), -t (zéro) -ssions ([sjɔ̃]), -ssiez ([sje]), -ssent ([s]). L'accent circonflexe affecte la voyelle à la 3ᵉ personne du singulier, en sorte que *qu'il vînt* est graphiquement distinct de *il vint* (passé simple).

9. Infinitif

On a vu plus haut qu'il est caractérisé par l'élément -r qui, toujours présent dans l'écriture (et, généralement, dans les phénomènes de liaison), n'apparaît oralement, devant une consonne, qu'après les consonnes et les voyelles autres que [e] : [i] *(finir, suffire),* [wa] *(voir, boire),* [y] *(conclure),* [ɛ] *(faire, plaire),* [ɔ] *(clore).* Sur l'alternance graphique entre -r et -re comme marques de [ʁ], voir plus haut.

Remarque. — L'infinitif *fiche,* caractéristique de l'usage familier, s'est substitué au XIXᵉ siècle au plus ancien *ficher : va te faire fiche.* C'est la seule forme d'infinitif qui ne présente l'-r ni à l'oral ni à l'écrit.

La présence ou l'absence d'une voyelle devant le -r de l'infinitif ainsi que le timbre de cette voyelle dépendent de règles morphonologiques* trop complexes pour être explicitées ici. On considérera donc la forme d'infinitif comme une donnée de base. C'est d'ailleurs ce que font depuis longtemps les lexicographes, qui utilisent l'infinitif comme forme d'entrée des articles concernant les verbes, et les grammairiens, qui ont fondé leur classification des verbes en trois groupes sur la forme de l'infinitif (voir plus bas).

10. Le participe présent et le gérondif

Ils sont l'un et l'autre formés à l'aide du suffixe -ant, qui ne comporte pas de variation en genre et en nombre. Le gérondif est en outre normalement précédé de l'élément *en.* Le suffixe -ant apparaît après la base unique *(travaill-ant)* ou, dans le cas de pluralité de bases, après celle de 1ʳᵉ personne du pluriel du présent : *finiss-ant, dorm-ant, fais-ant.* Seuls sont irréguliers les participes présents de *être (étant),* avoir *(ay-ant),* et *savoir (sach-ant).* Pour les deux derniers, on reconnaît la base du subjonctif.

11. Le participe passé

Sauf pour quelques verbes qui comportent un participe passé terminé par une consonne (*mort* [mɔʁ], *offert* [ɔfɛʁ]), parfois manifestée seulement au féminin (*clos, close* [klo], [kloz]), cette forme adjectivale du verbe comporte comme marque l'une des voyelles *-é* ([e]) *(travaillé)*, *-i* ([i]) *(fini, dormi)* et *-u* ([y]) *(couru, conclu)*. Pour la base à laquelle s'ajoutent ces éléments, voir les tableaux de conjugaison.

12. Les temps composés et surcomposés

Comme il est dit ici même et aux articles ASPECT, AUXILIAIRE, CONDITIONNEL, ÉNONCIATION, FUTUR, PASSÉ, PRÉSENT, TEMPS, à chaque tiroir simple correspond un tiroir composé avec l'un des auxiliaires *avoir* et *être*, auxquels s'ajoute la forme de participe passé du verbe auxilié. Ces formes composées génèrent à leur tour des formes surcomposées*. Il existe en outre des « semi-auxiliaires », du type *aller* + infinitif. Enfin, l'auxiliaire *être* est utilisé pour former le passif* des verbes transitifs. Toutes ces formes composées ont pour trait commun de conjuguer l'auxiliaire, selon les règles qui viennent d'être décrites et les tableaux de conjugaison. Il est donc toujours possible de prévoir sans erreur les formes composées des verbes. C'est pourquoi on ne les a fait figurer dans les tableaux que pour le seul verbe *aimer* et les auxiliaires *être*, *avoir* et *aller*.

Les classes de verbes

Comme il est apparu au cours de la description qui vient d'être faite, les verbes ne se conjuguent pas tous de la même façon : certains ne comportent qu'une base, d'autres en comportent plusieurs; les marques des diverses catégories morphologiques varient, dans certains cas, selon le type du verbe qu'elles affectent. Il est donc utile de procéder à une répartition des verbes entre plusieurs classes ou groupes.

La grammaire traditionnelle classe les verbes en trois groupes :

1. Les verbes du premier groupe sont ceux qui forment leur infinitif en *-er* ([e]) et la première personne du singulier de l'indicatif présent en *-e* (ce qui exclut *aller*, avec *je vais*). Les verbes de ce groupe sont de très loin les plus nombreux : plus de 90 % de l'ensemble des verbes. Les verbes néologiques — à de très rares exceptions près — sont formés sur leur modèle (*téléviser, débudgétiser*, etc.), en sorte que leur nombre s'accroît constamment.

2. Les verbes du deuxième groupe forment leur infinitif en *-ir* et font apparaître l'élément *-ss-* dès la première personne du pluriel de l'indicatif présent : *finir, nous finissons*. Ces verbes sont au nombre de plus de 300. Quelques formations récentes ont été observées : le dérivé onomatopéique* *vrombir* et les formations parasynthétiques* *amerrir, alunir* [1] (sporadiquement *avénusir* [1]), sur le modèle du plus ancien *atterrir* (*atterrer* étant déjà utilisé). En outre, certains verbes du 3e groupe (par exemple *vêtir* et *maudire*) s'intègrent au deuxième, qui reste donc en expansion modérée.

Les verbes de ces deux premiers groupes ont une conjugaison entièrement prévisible, à quelques particularités près, notamment orthographiques.

3. Les autres verbes (environ 370 unités) constituent le **troisième groupe** qui, même subdivisé en 3 sous-groupes d'après la forme de l'infinitif *(-ir, -oir, -re)*, n'en est pas moins un fourre-tout assez hétéroclite.

Ce classement traditionnel a fréquemment été critiqué. De nombreux autres classements ont été proposés, qui vont de deux à huit classes. On a notamment tenu compte du nombre des bases qui interviennent dans la conjugaison.

Le classement qui est retenu ici utilise comme critères combinés la forme de l'infinitif et le nombre des bases. On n'a toutefois pas pris en compte les bases du passé simple et du participe passé. Les classements obtenus en auraient été plus complexes encore, sans véritable utilité. On aboutit à sept classes. Les six premières réunissent les verbes réguliers. Leur conjugaison est pour l'essentiel prévisible dès que sont connus les changements de base. La septième réunit les verbes irréguliers, au sens qui a été défini plus haut : les morphèmes de personne et de nombre de l'indicatif présent ont pour ces verbes des formes spécifiques. Ils sont en outre caractérisés par un nombre important de bases.

1. Classe des verbes à base unique

    1.1. infinitif en *-er* [e] : *aimer*
    1.2. et 1.3. infinitif en *-r* et en *-re* [ʁ] : *courir* et *conclure*

2. Classe des verbes en -er à deux ou trois bases

    2.1. deux bases : *achever* et *noyer*
    2.2. trois bases : *envoyer*

---

(1) Verbes à éviter : on préférera *atterrir sur la Lune*, *atterrir sur Vénus*.

3. Classe des verbes en -r et en -re [ʁ] à deux bases :

    3.1. *finir*
    3.2. *ouvrir*
    3.3. *battre*
    3.4. *croire*
    3.5. *écrire*
    3.6. *mourir*
    3.7. *acquérir*

4. Classe des verbes en -r et en -re [ʁ] à trois bases

    4.1. *voir*
    4.2. *devoir*
    4.3. *boire*
    4.4. *paraître*
    4.5. *dormir*
    4.6. *craindre*
    4.7. *coudre*

5. Classe des verbes en -r et en -re à quatre bases

    5.1. *savoir* et *valoir*
    5.2. *tenir* et *venir*
    5.3. *prendre*

6. Classe des verbes en -r à cinq bases

    6.1. *vouloir*
    6.2. *pouvoir*

7. Classe des verbes irréguliers

    7.1. *avoir*
    7.2. *être*
    7.3. *aller*
    7.4. *faire*
    7.5. *dire*

Il existe de nombreux ouvrages exclusivement consacrés à la conjugaison des verbes français. Il était donc impossible de viser ici l'exhaustivité, au demeurant inaccessible : même en procédant à des regroupements, inévitablement lacunaires, on a pu identifier jusqu'à 85 types de conjugaison au niveau de l'écrit, et 488 à l'oral ! On s'est donc borné à donner :

— la conjugaison complète du verbe *aimer*, avec les formes composées et surcomposées ainsi que les formes passives (limitées au présent et aux passés composé et surcomposé);

— la conjugaison complète des cinq verbes irréguliers, toutefois limitée à l'actif et aux formes simples pour *faire* et *dire;*

— la conjugaison complète, à l'actif, des formes simples des verbes *courir, conclure* et *finir;*

— les formes utiles de la conjugaison des autres verbes retenus pour modèles, avec des indications sur la conjugaison de nombreux autres verbes.

Compte tenu du statut d'auxiliaire* de *avoir, être, aller* et *faire,* et de la fréquence des modaux* *vouloir* et *pouvoir,* ainsi que du verbe *dire,* on a présenté les tableaux dans l'ordre suivant : 7ᵉ classe, puis 6ᵉ, puis 1ʳᵉ, et dans l'ordre jusqu'à la 5ᵉ.

(Sur le choix de l'auxiliaire des formes composées, on se reportera à AUXILIAIRE, PASSÉ (TEMPS DU), PASSIF, PRONOMINAUX, SURCOMPOSÉS (TEMPS) et VOIX.)

Remarque. — Le sujet d'un verbe à la 3ᵉ personne peut être selon le cas un pronom personnel masculin ou féminin ou un syntagme nominal d'un autre type : nom déterminé, pronom autre que personnel. Dans les tableaux de conjugaison, on n'a fait apparaître que le pronom *il* (*ils* au pluriel), sauf dans le cas des formes auxiliées par *être,* où la présence d'un sujet féminin entraîne l'accord au féminin).

Classe 7 : Verbes irréguliers

7.1. AVOIR

INDICATIF

Formes simples		Formes composées		
présent		**passé composé**		
j'	ai	j'	ai	eu
tu	as	tu	as	eu
il	a	il	a	eu
nous	avons	nous	avons	eu
vous	avez	vous	avez	eu
ils	ont	ils	ont	eu
imparfait		**plus-que-parfait**		
j'	avais	j'	avais	eu
tu	avais	tu	avais	eu
il	avait	il	avait	eu
nous	avions	nous	avions	eu
vous	aviez	vous	aviez	eu
ils	avaient	ils	avaient	eu
passé simple		**passé antérieur**		
j'	eus	j'	eus	eu
tu	eus	tu	eus	eu
il	eut	il	eut	eu
nous	eûmes	nous	eûmes	eu
vous	eûtes	vous	eûtes	eu
ils	eurent	ils	eurent	eu
futur simple		**futur antérieur**		
j'	aurai	j'	aurai	eu
tu	auras	tu	auras	eu
il	aura	il	aura	eu
nous	aurons	nous	aurons	eu
vous	aurez	vous	aurez	eu
ils	auront	ils	auront	eu
conditionnel présent		**conditionnel passé**		
j'	aurais	j'	aurais	eu
tu	aurais	tu	aurais	eu
il	aurait	il	aurait	eu
nous	aurions	nous	aurions	eu
vous	auriez	vous	auriez	eu
ils	auraient	ils	auraient	eu

IMPÉRATIF

présent	**passé**	
aie	aie	eu
ayons	ayons	eu
ayez	ayez	eu

SUBJONCTIF

Formes simples		Formes composées		
présent		**passé**		
que j'	aie	que j'	aie	eu
que tu	aies	que tu	aies	eu
qu'il	ait	qu'il	ait	eu
que nous	ayons	que nous	ayons	eu
que vous	ayez	que vous	ayez	eu
qu'ils	aient	qu'ils	aient	eu
imparfait		**plus-que-parfait**		
que j'	eusse	que j'	eusse	eu
que tu	eusses	que tu	eusses	eu
qu'il	eût	qu'il	eût	eu
que nous	eussions	que nous	eussions	eu
que vous	eussiez	que vous	eussiez	eu
qu'ils	eussent	qu'ils	eussent	eu

INFINITIF

présent	**passé**
avoir	avoir eu

PARTICIPE

présent	**passé**
ayant	eu, eue
	ayant eu

GÉRONDIF

présent	**passé**
en ayant	? en ayant eu[1]

(1) Forme rare.

Classe 7 : Verbes irréguliers

7.2. ÊTRE

INDICATIF			SUBJONCTIF			

INDICATIF

présent		passé composé			SUBJONCTIF présent		passé		

présent

je	suis
tu	es
il	est
nous	sommes
vous	êtes
ils	sont

passé composé

j'	ai	été
tu	as	été
il	a	été
nous	avons	été
vous	avez	été
ils	ont	été

imparfait

j'	étais
tu	étais
il	était
nous	étions
vous	étiez
ils	étaient

plus-que-parfait

j'	avais	été
tu	avais	été
il	avait	été
nous	avions	été
vous	aviez	été
ils	avaient	été

passé simple

je	fus
tu	fus
il	fut
nous	fûmes
vous	fûtes
ils	furent

· passé antérieur

j'	eus	été
tu	eus	été
il	eut	été
nous	eûmes	été
vous	eûtes	été
ils	eurent	été

futur simple

je	serai
tu	seras
il	sera
nous	serons
vous	serez
ils	seront

futur antérieur

j'	aurai	été
tu	auras	été
il	aura	été
nous	aurons	été
vous	aurez	été
ils	auront	été

conditionnel présent

je	serais
tu	serais
il	serait
nous	serions
vous	seriez
ils	seraient

conditionnel passé

j'	aurais	été
tu	aurais	été
il	aurait	été
nous	aurions	été
vous	auriez	été
ils	auraient	été

IMPÉRATIF

présent

| sois |
| soyons |
| soyez |

passé

aie	été
ayons	été
ayez	été

SUBJONCTIF

présent

que je	sois
que tu	sois
qu'il	soit
que nous	soyons
que vous	soyez
qu'ils	soient

passé

que j'	aie	été
que tu	aies	été
qu'il	ait	été
que nous	ayons	été
que vous	ayez	été
qu'ils	aient	été

imparfait

que je	fusse
que tu	fusses
qu'il	fût
que nous	fussions
que vous	fussiez
qu'ils	fussent

plus-que-parfait

que j'	eusse	été
que tu	eusses	été
qu'il	eût	été
que nous	eussions	été
que vous	eussiez	été
qu'ils	eussent	été

INFINITIF

présent

être

passé

avoir été

PARTICIPE

présent

étant

passé

été
ayant été

GÉRONDIF

présent

en étant

passé

? en ayant été[1]

(1) Forme rare.

157

Classe 7 : Verbes irréguliers

7.3. ALLER

INDICATIF

Formes simples		Formes composées [1]		
présent		**passé composé**		
je	vais	je	suis	allé, ée
tu	vas	tu	es	allé, ée
il	va	il, elle	est	allé, ée
nous	allons	nous	sommes	allés, ées
vous	allez	vous	êtes	allés, ées
ils	vont	ils, elles	sont	allés, ées
imparfait		**plus-que-parfait**		
j'	allais	j'	étais	allé, ée
tu	allais	tu	étais	allé, ée
il	allait	il, elle	était	allé, ée
nous	allions	nous	étions	allés, ées
vous	alliez	vous	étiez	allés, ées
ils	allaient	ils, elles	étaient	allés, ées
passé simple		**passé antérieur**		
j'	allai	je	fus	allé, ée
tu	allas	tu	fus	allé, ée
il	alla	il, elle	fut	allé, ée
nous	allâmes	nous	fûmes	allés, ées
vous	allâtes	vous	fûtes	allés, ées
ils	allèrent	ils, elles	furent	allés, ées
futur simple		**futur antérieur**		
j'	irai	j'	serai	allé, ée
tu	iras	tu	seras	allé, ée
il	ira	il, elle	sera	allé, ée
nous	irons	nous	serons	allés, ées
vous	irez	vous	serez	allés, ées
ils	iront	ils, elles	seront	allés, ées
conditionnel présent		**conditionnel passé**		
j'	irais	je	serais	allé, ée
tu	irais	tu	serais	allé, ée
il	irait	il, elle	serait	allé, ée
nous	irions	nous	serions	allés, ées
vous	iriez	vous	seriez	allés, ées
ils	iraient	ils, elles	seraient	allés, ées

IMPÉRATIF

présent	passé
va (vas-y)	sois allé, ée
allons	soyons allés, ées
allez	soyez allés, ées

SUBJONCTIF

Formes simples		Formes composées [1]		
présent		**passé**		
que j'	aille	que je	sois	allé, ée
que tu	ailles	que tu	sois	allé, ée
qu'il	aille	qu'il, elle	soit	allé, ée
que nous	allions	que nous	soyons	allés, ées
que vous	alliez	que vous	soyez	allés, ées
qu'ils	aillent	qu'ils, elles	soient	allés, ées
imparfait		**plus-que-parfait**		
que j'	allasse	que je	fusse	allé, ée
que tu	allasses	que tu	fusses	allé, ée
qu'il	allât	qu' il, elle	fût	allé, ée
que nous	allassions	que nous	fussions	allés, ées
que vous	allassiez	que vous	fussiez	allés, ées
qu'ils	allassent	qu'ils, elles	fussent	allés, ées

INFINITIF

présent	passé
aller	être allé

PARTICIPE

présent	passé
allant	allé, ée
	étant allé, ée

GÉRONDIF

présent	passé
en allant	? en étant allé, ée

(1) Les formes composées du verbe *aller* sont fortement concurrencées, notamment dans l'usage oral, par les formes composées du verbe *être : j'ai été à Montélimar, il faut qu'il ait été à Paris.* Inversement, c'est l'usage littéraire et surveillé qui utilise parfois le passé simple du verbe *être* comme substitut d'*aller*, notamment pour le composé pronominal *s'en aller : il fut à Paris, elle s'en fut bien vite.*

Classe 7 : Verbes irréguliers

7.4. FAIRE

INDICATIF		SUBJONCTIF	
présent		**présent**	
je	fais	que je	fasse
tu	fais	que tu	fasses
il	fait	qu'il	fasse
nous	faisons [fəzɔ̃]	que nous	fassions
vous	*faites*	que vous	fassiez
ils	font	qu'ils	fassent
imparfait		**imparfait**	
je	faisais	que je	fisse
tu	faisais	que tu	fisses
il	faisait	qu'il	fît
nous	faisions	que nous	fissions
vous	faisiez	que vous	fissiez
ils	faisaient	qu'ils	fissent

passé simple

je	fis
tu	fis
il	fit
nous	fîmes
vous	fîtes
ils	firent

INFINITIF

faire

PARTICIPE

faisant, [fəzɑ̃], fait

futur simple

je	ferai
tu	feras
il	fera
nous	ferons
vous	ferez
ils	feront

GÉRONDIF

en faisant

conditionnel présent

je	ferais
tu	ferais
il	ferait
nous	ferions
vous	feriez
ils	feraient

IMPÉRATIF

présent

fais
faisons [fəzɔ̃]
faites

7.5. DIRE

INDICATIF		SUBJONCTIF	
présent		**présent**	
je	dis	que je	dise
tu	dis	que tu	dises
il	dit	qu'il	dise
nous	disons	que nous	disions
vous	*dites*	que vous	disiez
ils	disent	qu'ils	disent
imparfait		**imparfait**	
je	disais	que je	disse
tu	disais	que tu	disses
il	disait	qu'il	dît
nous	disions	que nous	dissions
vous	disiez	que vous	dissiez
ils	disaient	qu'ils	dissent

passé simple

je	dis
tu	dis
il	dit
nous	dîmes
vous	dîtes
ils	dirent

INFINITIF

dire

PARTICIPE

disant, dit

futur simple

je	dirai
tu	diras
il	dira
nous	dirons
vous	direz
ils	diront

GÉRONDIF

en disant

conditionnel présent

je	dirais
tu	dirais
il	dirait
nous	dirions
vous	diriez
ils	diraient

IMPÉRATIF

présent

dis
disons
dites

Remarques. — Les préfixés de *faire* (*refaire*, *défaire*, *satisfaire*, etc.) se conjuguent comme lui. En revanche, les composés et préfixés de *dire* se répartissent en trois classes :

1. *Maudire* est rattaché à la 3e classe *(finir)* : *nous maudissons, vous maudissez;* noter cependant l'orthographe de *maudire* et le participe passé *maudit, -e.*

2. *Redire* se conjugue exactement comme dire : *vous redites.*

3. Les autres verbes *(contredire, se dédire, interdire, médire, prédire)* ont une forme en *-disez* à la 2e personne du pluriel du présent de l'indicatif et de l'impératif : *vous interdisez, ne vous dédisez pas.*

Classe 6 : Verbes en -R à cinq bases

6.1. VOULOIR

INDICATIF	SUBJONCTIF
présent	**présent**
je veux	que je veuille
tu veux	que tu veuilles
il veut	qu'il veuille
nous voulons	que nous voulions
vous voulez	que vous vouliez
ils veulent	qu'ils veuillent
imparfait	**imparfait**
je voulais	que je voulusse
passé simple	
je voulus	**INFINITIF**
futur simple	vouloir
je voudrai	
	PARTICIPE
conditionnel présent	voulant, voulu
je voudrais	**GÉRONDIF**
	en voulant

IMPÉRATIF
1. veuille
   veuillons
   veuillez
2. veux
   voulons
   voulez

6.2. POUVOIR

INDICATIF	SUBJONCTIF
présent	**présent**
je peux	que je puisse
tu peux	que tu puisses
il peut	qu'il puisse
nous pouvons	que nous puissions
vous pouvez	que vous puissiez
ils peuvent	qu'ils puissent
imparfait	**imparfait**
je pouvais	que je pusse
passé simple	
je pus	**INFINITIF**
futur simple	pouvoir
je pourrai	
	PARTICIPE
conditionnel présent	pouvant, pu
je pourrais	**GÉRONDIF**
	en pouvant

IMPÉRATIF
Absent

Remarques. — 1. Sur la répartition des deux impératifs de *vouloir*, voir plus haut.

2. Les formes anciennes de subjonctif présent de *vouloir : que nous veuill(i)ons, que vous veuill(i)ez* se rencontrent parfois, avec un effet d'archaïsme*.

3. En inversion, on trouve, pour l'indicatif présent de *pouvoir, puis-je* (et non **peux-je*). *Je puis* et, surtout, *je ne puis* s'utilisent de façon archaïsante. Enfin, la base *puiss-* a fourni l'ancien participe présent *puissant*, devenu adjectif.

4. L'absence d'impératif de *pouvoir* s'explique par le signifié même du verbe : il est impossible de donner l'ordre de *pouvoir*.

Les tableaux font apparaître clairement les cinq bases de ces deux verbes : pour *vouloir, veu-* [vø], *voul-* [vul], *veul-* [vœl], *voud-* [vud], *veuill-* [vœj]. Pour *pouvoir, peu-* [pø], *pouv-* [puv], *peuv-* [pœv], *pou-* [pu], *puiss-* [pɥis].

Classe 1 : Verbes à base unique

1.1. AIMER (ACTIF)

INDICATIF

présent		passé composé			passé surcomposé		
j'	aime	j'	ai	aimé	j'	ai	eu aimé
tu	aimes	tu	as	aimé	tu	as	eu aimé
il	aime	il	a	aimé	il	a	eu aimé
nous	aimons	nous	avons	aimé	nous	avons	eu aimé
vous	aimez	vous	avez	aimé	vous	avez	eu aimé
ils	aiment	ils	ont	aimé	ils	ont	eu aimé

imparfait		plus-que-parfait			plus-que-parfait surcomposé		
j'	aimais	j'	avais	aimé	j'	avais	eu aimé
tu	aimais	tu	avais	aimé	tu	avais	eu aimé
il	aimait	il	avait	aimé	il	avait	eu aimé
nous	aimions	nous	avions	aimé	nous	avions	eu aimé
vous	aimiez	vous	aviez	aimé	vous	aviez	eu aimé
ils	aimaient	ils	avaient	aimé	ils	avaient	eu aimé

passé simple		passé antérieur		
j'	aimai	j'	eus	aimé
tu	aimas	tu	eus	aimé
il	aima	il	eut	aimé
nous	aimâmes	nous	eûmes	aimé
vous	aimâtes	vous	eûtes	aimé
ils	aimèrent	ils	eurent	aimé

futur simple		futur antérieur			futur antérieur surcomposé		
j'	aimerai	j'	aurai	aimé	j'	aurai	eu aimé
tu	aimeras	tu	auras	aimé	tu	auras	eu aimé
il	aimera	il	aura	aimé	il	aura	eu aimé
nous	aimerons	nous	aurons	aimé	nous	aurons	eu aimé
vous	aimerez	vous	aurez	aimé	vous	aurez	eu aimé
ils	aimeront	ils	auront	aimé	ils	auront	eu aimé

conditionnel présent		conditionnel passé			conditionnel passé surcomposé		
j'	aimerais	j'	aurais	aimé	j'	aurais	eu aimé
tu	aimerais	tu	aurais	aimé	tu	aurais	eu aimé
il	aimerait	il	aurait	aimé	il	aurait	eu aimé
nous	aimerions	nous	aurions	aimé	nous	aurions	eu aimé
vous	aimeriez	vous	auriez	aimé	vous	auriez	eu aimé
ils	aimeraient	ils	auraient	aimé	ils	auraient	eu aimé

SUBJONCTIF

présent		passé			passé surcomposé			
que j'	aime	que j'	aie	aimé	que j'	aie	eu aimé
que tu	aimes	que tu	aies	aimé	que tu	aies	eu aimé
qu'il	aime	qu'il	ait	aimé	qu'il	ait	eu aimé
que nous	aimions	que nous	ayons	aimé	que nous	ayons	eu aimé
que vous	aimiez	que vous	ayez	aimé	que vous	ayez	eu aimé
qu'ils	aiment	qu'ils	aient	aimé	qu'ils	aient	eu aimé

imparfait		plus-que-parfait		
que j'	aimasse	que j'	eusse	aimé
que tu	aimasses	que tu	eusses	aimé
qu'il	aimât	qu'il	eût	aimé
que nous	aimassions	que nous	eussions	aimé
que vous	aimassiez	que nous	eussiez	aimé
qu'ils	aimassent	qu'ils	eussent	aimé

INFINITIF

présent	passé
aimer	avoir aimé

IMPÉRATIF

présent	passé	
aime	aie	aimé
aimons	ayons	aimé
aimez	ayez	aimé

PARTICIPE

présent	passé
aimant	aimé, ée
	ayant aimé

GÉRONDIF

en aimant   ? en ayant aimé

(PASSIF)

INDICATIF

présent			passé composé			passé surcomposé		
je	suis	aimé, ée	j'	ai	été aimé, ée	j'	ai	eu été aimé, ée
tu	es	aimé, ée	tu	as	été aimé, ée	tu	as	eu été aimé, ée
il, elle	est	aimé, ée	il, elle	a	été aimé, ée	il, elle	a	eu été aimé, ée
nous	sommes	aimés, ées	nous	avons	été aimés, ées	nous	avons	eu été aimés, ées
vous	êtes	aimés, ées	vous	avez	été aimés, ées	vous	avez	eu été aimés, ées
ils, elles	sont	aimés, ées	ils, elles	ont	été aimés, ées	ils, elles	ont	eu été aimés, ées

IMPÉRATIF

présent

sois	aimé, ée
soyons	aimés, ées
soyez	aimés, ées

(le passé est inusité)

INFINITIF

présent	passé
être aimé, ée, és, ées	avoir été aimé, ée, és, ées

PARTICIPE

présent	passé
étant aimé, ée, és, ées	aimé, ée, és, ées
	ayant été aimé, ée, és, ées

GÉRONDIF

présent	passé
en étant aimé, ée, és, ées	? en ayant été aimé, ée, és, ées

Les autres tiroirs de la voix passive se forment régulièrement à l'aide de l'auxiliaire *être* conjugué selon le modèle de la page 157.

Se conjuguent sur ce modèle tous les verbes en -*er* à la réserve de *aller* et des verbes des classes 2.1 et 2.2.

Remarques. — Particularités graphiques des verbes se conjuguant sur le modèle d'*aimer* :

1. Le -*c*- des verbes en -*cer* [se] prend une cédille devant -*o* et -*a* : *elle suce, nous suçons, suçant.*

2. Le *g*- des verbes en -*ger* [ʒe] est suivi de -*e*- devant -*o* et -*a* : *je longe, nous longeons, longeant.*

On observera que du point de vue de l'écriture, ces verbes comportent deux bases, et pourraient, de ce fait, être renvoyés dans la classe 2.

Classe 1 : Verbes à base unique

1.2. COURIR

INDICATIF		SUBJONCTIF	
présent		**présent**	
je	cours	que je	coure
tu	cours	que tu	coures
il	court	qu'il	coure
nous	courons	que nous	courions
vous	courez	que vous	couriez
ils	courent	qu'ils	courent
imparfait		**imparfait**	
je	courais	que je	courusse
tu	courais	que tu	courusses
il	courait	qu'il	courût
nous	courions	que nous	courussions
vous	couriez	que vous	courussiez
ils	couraient	qu'ils	courussent
passé simple			
je	courus	**INFINITIF**	
tu	courus		
il	courut	courir	
nous	courûmes		
vous	courûtes	**PARTICIPE**	
ils	coururent		
		courant, couru	
futur simple			
je	courrai	**GÉRONDIF**	
tu	courras		
il	courra	en courant	
nous	courrons		
vous	courrez		
ils	courront	**IMPÉRATIF**	
conditionnel présent		**présent**	
		cours	
je	courrais	courons	
tu	courrais	courez	
il	courrait		
nous	courrions		
vous	courriez		
ils	courraient		

1.3. CONCLURE

INDICATIF		SUBJONCTIF	
présent		**présent**	
je	conclus	que je	conclue
tu	conclus	que tu	conclues
il	conclut	qu'il	conclue
nous	concluons	que nous	concluions
vous	concluez	que vous	concluiez
ils	concluent	qu'ils	concluent
imparfait		**imparfait**	
je	concluais	que je	conclusse
tu	concluais	que tu	conclusses
il	concluait	qu'il	conclût
nous	concluions	que nous	conclussions
vous	concluiez	que vous	conclussiez
ils	concluaient	qu'ils	conclussent
passé simple			
je	conclus	**INFINITIF**	
tu	conclus		
il	conclut	conclure	
nous	conclûmes		
vous	conclûtes	**PARTICIPE**	
ils	conclurent		
		concluant, conclu	
futur simple			
je	conclurai	**GÉRONDIF**	
tu	concluras		
il	conclura	en concluant	
nous	conclurons		
vous	conclurez		
ils	concluront	**IMPÉRATIF**	
conditionnel présent		**présent**	
		conclus	
je	conclurais	concluons	
tu	conclurais	concluez	
il	conclurait		
nous	conclurions		
vous	concluriez		
ils	concluraient		

Les préfixés de *courir* se conjuguent sur son modèle : *recourir, encourir*. Sur le modèle de *conclure* se conjuguent *exclure* et *inclure*. Toutefois *inclure* a un participe passé de forme *inclus*, fém. *incluse*. *Rire* et *sourire* ont une conjugaison analogue à celle de *conclure* : *je ris, nous sourions, riez, souri*. Toutefois, à l'oral, il y a une alternance [ʁi]/[ʁij], qui pourrait inciter à les faire passer dans la 3ᵉ classe.

Classe 2 : Verbes en -ER à deux ou trois bases
2.1. Verbes en -ER à deux bases

ACHEVER

INDICATIF		SUBJONCTIF	
présent		**présent**	
j'	achève	que j'	achève
nous	achevons	que nous	achevions
imparfait		**imparfait**	
j'	achevais	que j'	achevasse
passé simple		**INFINITIF**	
j'	achevai	achever	
futur simple			
j'	achèverai	**PARTICIPE**	
conditionnel présent		achevant, evé	
j'	achèverais		
		GÉRONDIF	
IMPÉRATIF		en achevant	
présent			
achève			
achevons			
achevez			

NOYER

INDICATIF		SUBJONCTIF	
présent		**présent**	
je	noie	que je	noie
nous	noyons	que nous	noyions
imparfait		**imparfait**	
je	noyais	que je	noyasse
nous	noyions		
passé simple		**INFINITIF**	
je	noyai	noyer	
futur simple			
je	noierai	**PARTICIPE**	
conditionnel présent		noyant, noyé	
je	noierais		
		GÉRONDIF	
IMPÉRATIF		en noyant	
présent			
noie			
noyons			
noyez			

Le tableau fait apparaître les deux bases de la conjugaison de ces verbes. Ce sont respectivement :

1. Pour *achever : achèv-* ([aʃɛv]) et *achev-* ([aʃ(ə)v]). Se conjuguent sur le même modèle : *lever, mener, peser, semer* et, d'une façon générale, tous les verbes dont l'avant-dernière syllabe de l'infinitif a pour voyelle un -e- instable ([ə]).

Remarque. — Pour les verbes en -*eler* et -*eter*, le passage de [ə] à [ɛ] pose un problème d'orthographe. Le [ɛ] est noté par -*è*- dans *celer, ciseler, congeler, déceler, démanteler, écarteler, geler, marteler, modeler, peler* et dans *(r)acheter, corseter, crocheter, fureter, haleter : il martèle, il achète.* Il est marqué par -*el* ou -*et*- dans les autres verbes : *il appelle, il jette.*

2. Pour *noyer : noi-* ([nwa]) et *noy-* ([nwaj]). Les verbes en -*oyer* (sauf *envoyer,* voir plus bas) se conjuguent sur ce modèle. Les verbes en -*uyer* présentent une alternance du même type : *j'ennuie* ([ãnɥi]),

nous ennuyons [ɑ̃nɥijɔ̃]. Les verbes en *-ayer* ont la particularité de présenter selon le cas la conjugaison à deux bases *(je paie* [pɛ]), *nous payons* [pɛjɔ̃]) ou de la simplifier à une base, sur le modèle de *aimer : je paye* [pɛj], *nous payons* [pɛjɔ̃].

Enfin, on observe des alternances comparables entre deux bases pour les verbes suivants :

— verbes en *-ébrer, -écher, -éder, -éjer, -éler, -érer :* alternance entre une base *-é-* [e] et une base en *-è-* [ɛ] : *révéler* [ʁevele], *je révèle* [ʁevɛl]; les verbes en *-éger* combinent cette alternance avec l'alternance graphique *-g-/-ge-* : *j'abrège* [ʒabʁɛʒ], *nous abrégeons* [abʁeʒɔ̃].

— verbes en *-ier :* alternance orale entre une base en [i] et une base en [j] : *je remercie, nous remercions* [ʁəmɛʁsi, ʁəmɛʁsjɔ̃]. Du point de vue de l'écriture, ces verbes ne comportent qu'une base, et pourraient donc être, à cet égard, renvoyés à la classe 1 (modèle *aimer*).

2.2. Verbe en -ER à trois bases : ENVOYER

INDICATIF

présent

j'	envoie
nous	envoyons
vous	envoyez
ils	envoient

imparfait

j'	envoyais
nous	envoyions

passé simple

j'	envoyai

futur simple

j'	enverrai
ils	enverront

conditionnel présent

j'	enverrais

SUBJONCTIF

présent

que j'	envoie
que nous	envoyions
qu'ils	envoient

imparfait

que j'	envoyasse

IMPÉRATIF

envoie
envoyons
envoyez

INFINITIF

envoyer

PARTICIPE

envoyant, envoyé

GÉRONDIF

en envoyant

Le verbe *envoyer* est le seul de sa classe. Les trois bases sont : *envoi-* ([ɑ̃vwa]), *envoy-* ([ɑ̃vwaj]), *enver-* ([ɑ̃ve]). Les formes anciennes de futur *envoi(e)rai* se sont utilisées jusqu'au XVIIe siècle. On les entend parfois dans l'usage populaire et régional.

Classe 3 : Verbes en -R ou -RE ([ʁ]) à deux bases

3.1. FINIR

INDICATIF

présent

je	finis
tu	finis
il	finit
nous	finissons
vous	finissez
ils	finissent

imparfait

je	finissais
tu	finissais
il	finissait
nous	finissions
vous	finissiez
ils	finissaient

conditionnel présent

je	finirais
tu	finirais
il	finirait
nous	finirions
vous	finiriez
ils	finiraient

passé simple

je	finis
tu	finis
il	finit
nous	finîmes
vous	finîtes
ils	finirent

futur simple

je	finirai
tu	finiras
il	finira
nous	finirons
vous	finirez
ils	finiront

IMPÉRATIF

présent

finis
finissons
finissez

GÉRONDIF

en finissant

SUBJONCTIF

présent

que je	finisse
que tu	finisses
qu'il	finisse
que nous	finissions
que vous	finissiez
qu'ils	finissent

imparfait

que je	finisse
que tu	finisse
qu'il	finît
que nous	finissions
que vous	finissiez
qu'ils	finissent

INFINITIF

présent	**passé**
finir	avoir fini

PARTICIPE

présent	**passé**
finissant	fini, ie
	ayant fini

Le tableau fait clairement apparaître les deux bases : *fin-* [fin] et *finiss-* [finis]. On remarquera l'homonymie des subjonctifs présent et imparfait (sauf à la 3e personne du singulier), bien que l'élément *-iss-* y ait un statut différent : élément de la base au présent *(finiss-e)*, morphème du mode à l'imparfait *(fin-isse)*.

Se conjuguent sur le modèle de *finir* tous les verbes à infinitif en -*ir* dont la 1re personne du pluriel du présent de l'indicatif présente une forme en *-issons*. Les temps composés de ces verbes sont formés avec l'auxiliaire *avoir* (*atterrir* et *amerrir* prennent parfois l'auxiliaire *être*).

Remarques. — 1. *Haïr* a à l'indicatif et à l'impératif présents les formes mono-syllabiques *je hais, tu hais, il hait* et *hais* [ɛ].

2. *Bénir* distingue le participe passé *béni* de sa forme adjectivée *bénit, bénite*.

3. Sur *maudire*, voir la remarque annexée au tableau de *dire*. *Bruire* donne un autre exemple d'infinitif en -*ire*, mais est fortement défectif : il est limité à la 3e personne du singulier du présent et de l'imparfait.

4. Dans la conjugaison de *fleurir*, l'alternance entre une base *fleuriss-* et une base *floriss-* est de caractère lexical : *fleuriss-* pour « donner des fleurs », *floriss-* pour « prospérer ».

Classe 3 : Verbes en -R ou -RE [ʁ] à deux bases

3.2. OUVRIR

INDICATIF

présent

j'   ouvre
nous   ouvrons
ils   ouvrent

imparfait

j'   ouvrais

passé simple

j'   ouvris

futur simple

j'   ouvrirai

conditionnel présent

j'   ouvrirais

SUBJONCTIF

présent

que j'   ouvre
que nous   ouvrions
qu'ils   ouvrent

imparfait

que j'   ouvrisse
qu'il   ouvrît

IMPÉRATIF

ouvre
ouvrons
ouvrez

INFINITIF

ouvrir

PARTICIPE

ouvrant, ouvert

GÉRONDIF

en ouvrant

Les deux bases sont *ouvr-*[uvʁ] et *ouvri-*[uvʁi]. Se conjuguent sur le modèle des verbes tels que *couvrir,* et, compte tenu des différences formelles du radical, *offrir, souffrir. Assaillir, défaillir* et *tressaillir* ont le participe passé en -*i. Cueillir* et ses préfixés ont également le participe passé en -*i.* Ils ont en outre le futur (et le conditionnel) en -*erai(s)* (voir cependant p. 145).

3.3. BATTRE

INDICATIF

présent

je   bats
nous   battons
ils   battent

imparfait

je   battais

passé simple

je   battis

futur simple

je   battrai

conditionnel présent

je   battrais

SUBJONCTIF

présent

que je   batte
que nous   battions
qu'ils   battent

imparfait

que je   battisse
qu'il   battît

IMPÉRATIF

bats
battons
battez

INFINITIF

battre

PARTICIPE

battant, battu

GÉRONDIF

en battant

Les deux bases sont *bat-* [ba] et *batt-* [bat]. Se conjuguent sur le même modèle les préfixés de *battre (combattre, débattre, etc.). Mettre et ses préfixés (commettre, démettre, etc.)* ne se distinguent que par le passé simple *je mis,* l'imparfait du subjonctif *je misse* et le participe passé *mis.* Parmi les verbes à infinitif en *-dre, épandre, défendre, descendre, fendre, mordre, pendre, perdre, rendre, répondre, tondre, tordre, vendre* et leurs préfixés se conjuguent, *mutatis mutandis,* sur le même modèle. Pour *rompre,* remarquer il *rompt.*

Vaincre et *convaincre* présentent une alternance graphique entre *-c-* (*je vaincs, il vainc, convaincu*) et *-qu-* (*nous vainquons, ils convainquent*). *Suivre* et ses préfixés présentent l'alternance entre deux bases de forme *sui-* [sɥi] et *suiv-* [sɥiv]. Ils ont le participe passé en *-i : suivi.* *Vivre* présente une alternance entre *vi-* [vi] et *viv-* [viv]. Son passé simple est *je vécus* et son participe passé *vécu.*

3.4. CROIRE

INDICATIF

présent

je	crois
nous	croyons
ils	croient

imparfait

je	croyais
nous	croyions
ils	croyaient

passé simple

| je | crus |
| nous | crûmes |

futur simple

| je | croirai |

conditionnel présent

| je | croirais |

SUBJONCTIF

présent

que je	croie
que nous	croyions
qu'ils	croient

imparfait

| que je | crusse |
| qu'il | crût |

IMPÉRATIF

crois
croyons
croyez

INFINITIF

croire

PARTICIPE

croyant, cru

GÉRONDIF

en croyant

Les deux bases sont *croi-* [kʁwa] et *croy-* [kʁwaj]. Le passé simple et le participe passé — non retenus, comme il a été dit plus haut, dans le compte du nombre de bases — sont de formes *crus* et *cru. Fuir* et *s'enfuir* (malgré la différence de l'infinitif) ont une conjugaison analogue à celle de *croire :* les deux bases sont *fui-* [fɥi] et *fuy-* [fɥij]. Passé simple et participe passé sont en *-i : je m'enfuis, fui. Prévoir* et

169

pourvoir ne se conjuguent pas comme *voir* (qui a trois bases) mais comme *croire*. Remarquer toutefois la différence à l'infinitif (en *-r* et non en *-re*), ainsi que les passés simples et participes passés : *je prévis, prévu; je pourvus, pourvu. Asseoir* présente la particularité de donner deux formes alternantes à chacune de ses deux bases : *assoi-* [aswa] et *assoy-* [aswaj] alternent avec respectivement *assie(d)-* [asje] et *assey-* [asɛj] : *je m'assois, je m'assoyais, je m'assieds, je m'asseyais. Seoir* ne présente que les formes du 2ᵉ type (presque uniquement à la 3ᵉ personne : *il sied, il seyait, seyant*). Inversement *surseoir* n'a que les formes du premier type : *je sursois, sursoyais. Traire* et ses préfixés *(abstraire, extraire, soustraire)* présentent l'alternance de *-trai-* [tʁɛ] et de *tray-* [tʁɛj]. Le passé simple est inexistant, le participe passé de forme *-trait*.

3.5. ÉCRIRE

INDICATIF

présent

j'	écris
nous	écrivons
ils	écrivent

imparfait

j'	écrivais

passé simple

j'	écrivis

futur simple

j'	écrirai

conditionnel présent

j'	écrirais

SUBJONCTIF

présent

que j'	écrive
que nous	écrivions

imparfait

que j'	écrivisse

IMPÉRATIF

écris
écrivons
écrivez

INFINITIF

écrire

PARTICIPE

écrivant, écrit

GÉRONDIF

en écrivant

Les deux bases sont *écri-* [ekʁi] et *écriv-* [ekʁiv]. *Décrire, inscrire, prescrire, proscrire* sont conformes au modèle d'*écrire*. On observe des phénomènes analogues pour les verbes suivants :

— *lire* et ses préfixés *(relire, élire)* ont pour bases *li-* [li] et *lis-* [liz] : *je lis, ils élisaient*. Passé simple et participe passé sont de forme *je lus* et *lu. Suffire* et *confire* ont des bases en *-fi-* [fi] et *-fis-* [fiz].

— les verbes en *-duire* *(conduire, déduire, enduire*, etc) ainsi que *construire, cuire, détruire, instruire* présentent des bases en *-ui-* [ɥi] et *-uis-* [ɥiz] : *je détruis, ils instruisent*. Leurs participes passés sont en *-it*. C'est le seul trait qui les distingue de *nuire* et *luire*, dont le participe passé est *nui* et *lui*.

170

— *taire* ainsi que *plaire* et ses préfixés opposent des bases de forme -*ai*- [ε] et -*ais*- [εz] : *il se tait, elles plaisent*. Remarquer l'accent circonflexe de *il plaît*.

3.6. MOURIR

Mourir présente une alternance entre *meur*- [mœʁ] *(je meurs, il meurt, qu'il meure)* et *mour*- [muʁ] *(nous mourons, ils mourront, il mourut)*. *Meur*-apparaît devant -*s*, -*t* et -*e* instable. À cette alternance près, *mourir* se conjugue comme *courir*. Son participe passé est *mort, morte*.

3.7. ACQUÉRIR

Acquérir et les verbes en -*quérir* (y compris le simple *quérir*, il est vrai peu employé) présentent une alternance de type -*quier*- [kjεʁ] *(j'acquiers, il acquiert, ils acquièrent)* opposé à -*quér*- [keʁ] (*nous acquérons, j'acquerrai*, remarquer les différences d'accentuation). Le passé simple est *j'acquis*, le participe passé *acquis*.

Classe 4 : Verbes en -R ou -RE [ʁ] à trois bases

4.1. VOIR

INDICATIF

présent

je	vois
nous	voyons
ils	voient

Imparfait

je	voyais
nous	voyions
ils	voyaient

passé simple

je	vis
vous	vîmes
ils	virent

futur simple

| je | verrai |

conditionnel présent

| je | verrais |

SUBJONCTIF

présent

que je	voie
que nous	voyions
qu'ils	voient

imparfait

| que je | visse |
| qu'il | vît |

IMPÉRATIF

vois
voyons
voyez

INFINITIF

voir

PARTICIPE

voyant, vu

GÉRONDIF

en voyant

Les trois bases sont *voi*- [vwa], *voy*- [vwaj] et *ver*- [ve]. Parmi les préfixés de *voir*, seul *revoir* se conjugue sur le même type. Pour *prévoir* et *pourvoir*, voir plus haut.

4.2. DEVOIR et les verbes en -CEVOIR

INDICATIF		SUBJONCTIF		INFINITIF
présent	**futur simple**	**présent**		devoir
je dois	je devrai	que je doive		
nous devons		que nous devons		**PARTICIPE**
ils doivent		qu'ils doivent		devant,
imparfait	**conditionnel présent**	**imparfait**		dû, due
je devais	je devrais	que je dusse		dus, dues
		qu'il dût		
passé simple				**GÉRONDIF**
je dus		**IMPÉRATIF**		en devant
nous dûmes		dois		
ils durent		devons		
		devez		

Les trois bases sont *doi-* [dwa], *dev-* [dəv] et *doiv-* [dwav]. Les verbes en *-cevoir* (*décevoir, (a)percevoir, recevoir,* etc.) se conjuguent de la même façon, à la réserve du participe passé, qui ne présente pas l'accent circonflexe de *dû* : *aperçu*. Remarquer, pour ces verbes, l'alternance entre *-c-* et *-ç-* : *je déçois, nous recevons*.

Mouvoir et ses préfixés *(émouvoir, promouvoir)* ont une alternance entre *meu-* [mø] *(il émeut), mouv-* [muv] *(nous promouvons)* et *meuv-* [mœv] *(ils émeuvent)*. Remarquer la différence d'orthographe entre le participe passé *mû* (mais *mue, mus, mues*) et les préfixés *ému, promu,* sans accent circonflexe.

4.3. BOIRE

INDICATIF		SUBJONCTIF		IMPÉRATIF
présent	**futur simple**	**présent**		bois
je bois	je boirai	que je boive		buvons
nous buvons		que nous buvions		buvez
ils boivent		qu'ils boivent		
imparfait	**conditionnel présent**	**imparfait**		**INFINITIF**
je buvais	je boirais	que je busse		boire
		qu'il bût		
passé simple				**PARTICIPE**
je bus				buvant, bu
nous bûmes				
ils burent				**GÉRONDIF**
				en buvant

Les trois bases sont *boi-* [bwa], *buv-* [byv], *boiv-* [bwav].

4.4. PARAÎTRE

INDICATIF		SUBJONCTIF	IMPÉRATIF
présent	**futur simple**	**présent**	parais
je parais	je paraîtrai	que je paraisse	paraissons
nous paraissons		que nous paraissions	paraissez
ils paraissent		qu'ils paraissent	

INFINITIF

paraître

imparfait	**conditionnel présent**	**imparfait**
je paraissais	je paraîtrais	que je parusse

passé simple

je   parus
nous parûmes
ils   parurent

PARTICIPE

paraissant, paru

GÉRONDIF

en paraissant

Les trois bases sont *parai-* [paʁɛ], *paraiss-* [paʁɛs] et *paraît-* [paʁɛt]. *Connaître* et ses préfixés se conjuguent sur ce modèle. *Naître* s'en distingue par le passé simple *je naquis* et le participe passé *né*. *Croître* et ses composés ont au passé simple *je crûs* (ainsi distingué de *je crus* de *croire*, voir plus haut) et au participe passé *crû* (pour la même raison; mais *accroître* donne *accru*, sans accent).

4.5. DORMIR

INDICATIF		SUBJONCTIF	IMPÉRATIF
présent	**futur simple**	**présent**	dors
je dors	je dormirai	que je dorme	dormons
nous dormons			dormez
ils dorment			

INFINITIF

dormir

imparfait	**conditionnel présent**	**imparfait**
je dormais	je dormirais	que je dormisse

passé simple

je   dormis
nous dormîmes
ils   dormirent

PARTICIPE

dormant, dormi

GÉRONDIF

en dormant

Les trois bases de *dormir* et de ses préfixés sont *dor-* [dɔʁ], *dorm-* [dɔʁm] et *dormi-* [dɔʁmi]. Se conjuguent, *mutatis mutandis,* sur le même modèle *partir, mentir, se repentir, sentir, servir, sortir.* *Vêtir* et ses préfixés ne se distinguent du modèle que par la conservation, dans l'écriture, de la consonne finale du radical là où elle est absente à l'oral : l'alternance est en effet : *vêt-* [vɛ], *vêt-* [vɛt], *vêti-* [vɛti]. En outre, son participe passé est *vêtu. Bouillir* fait alterner *bou-* [bu] *(l'eau bout), bouill-* [buj] *(elle bouillait)* et *bouilli-* [buji] *(elle bouillira,* souvent remplacé par *elle va bouillir* et parfois par le barbarisme *elle bouera).*

4.6. CRAINDRE

INDICATIF

présent

je	crains
nous	craignons
ils	craignent

imparfait

| je | craignais |
| nous | craignions |

passé simple

je	craignis
nous	craignîmes
ils	craignirent

futur simple

| je | craindrai |

conditionnel présent

| je | craindrais |

SUBJONCTIF

présent

que je	craigne
que nous	craignions
qu'ils	craignent

imparfait

| que je | craignisse |

IMPÉRATIF

crains
craignons
craignez

INFINITIF

craindre

PARTICIPE

craignant, craint

GÉRONDIF

en craignant

Les trois bases sont *crain-* [kʁɛ̃], *craign-* [kʁɛɲ], et *craind-* [kʁɛ̃d]. Sur ce modèle se conjuguent les verbes en *-aindre (contraindre, plaindre),* en *-eindre (astreindre, atteindre, ceindre, enfreindre, éteindre, feindre, geindre, peindre, teindre)* et *-oindre (joindre* et ses préfixés *enjoindre, conjoindre, rejoindre,* auxquels s'ajoutent les deux verbes archaïsants *oindre* et *poindre,* ce dernier fortement défectif).

4.7. COUDRE

INDICATIF		SUBJONCTIF	IMPÉRATIF
présent	**futur simple**	**présent**	couds
je couds	je coudrai	que je couse	cousons
nous cousons		que nous cousions	cousez
ils cousent			
imparfait	**conditionnel présent**	**imparfait**	**INFINITIF**
je cousais	je coudrais	que je cousisse	coudre
nous cousions			
passé simple			**PARTICIPE**
je cousis			cousant, cousu

GÉRONDIF
en cousant

Les trois bases sont *coud-* [ku], *cous-* [kuz] et *coud-* [kud]. Sont de modèle voisin :
— **moudre,** qui fait alterner *moud-* [mu] *(je mouds),* *moul-* [mul] *(nous moulons)* et *moud-* [mud] *(je moudrai).* Passé simple *je moulus,* participe passé *moulu.*
— **absoudre** et *dissoudre,* avec *-soud-* [su] *(j'absouds),* *-solv-* [sɔlv] *(nous absolvons)* et *-soud-* [sud] *(il absoudra). Résoudre* ne se distingue d'eux que par la présence d'un passé simple *je résolus,* et la forme *résolu* du participe passé, en face de *absous, absoute* (remarquer l'orthographe).

Classe 5 : Verbes en -R ou -RE [ʁ] à quatre bases

5.1. SAVOIR

INDICATIF		SUBJONCTIF	IMPÉRATIF
présent	**futur simple**	**présent**	sache
je sais	je saurai	que je sache	sachons
nous savons		que nous sachions	sachez
ils savent		qu'ils sachent	
imparfait	**conditionnel présent**	**imparfait**	**INFINITIF**
je savais	je saurais	que je susse	savoir
nous savions		qu'il sût	
ils savaient		que nous sussions	**PARTICIPE**
passé simple			sachant, su
je sus			
nous sûmes			**GÉRONDIF**
ils surent			en sachant

175

Les quatre bases sont *sai-* [sɛ], *sav-* [sav], *sau-* [sɔ] et *sach-* [saʃ]. (Sur les formes d'impératif, voir IMPÉRATIF. Sur les formes de subjonctif, voir SUBJONCTIF.)

Le système des alternances de *valoir* est du même type : on observe en effet les bases *vau-* [vo] *(il vaut)*, *val-* [val] *(nous valons); vaud-* [vod] *(il vaudra)* et *vaill-* [vaj] *(qu'il vaille)*. Le passé simple est *je valus*, le participe passé *valu*. Au participe présent, *valant* a éliminé *vaillant*, qui subsiste dans des expressions figées *(sans un sou vaillant)*.

5.2. TENIR

INDICATIF

présent

je	tiens
nous	tenons
ils	tiennent

imparfait

je	tenais
nous	tenions
ils	tenaient

passé simple

je	tins
nous	tînmes
ils	tinrent

futur simple

je	tiendrai

conditionnel présent

je	tiendrais

SUBJONCTIF

présent

que je	tienne
que nous	tenions
qu'ils	tiennent

imparfait

que je	tinsse
qu'il	tînt
qu'ils	tinssent

IMPÉRATIF

tiens
tenons
tenez

INFINITIF

tenir

PARTICIPE

tenant, tenu

GÉRONDIF

en tenant

Les quatre bases sont *tien-* [tjɛ̃], *ten-* [tən], *tienn-* [tjɛn] et *tiend-* [tjɛ̃d]. Outre *tenir* et ses préfixés, *venir* et ses préfixés se conjuguent sur ce modèle : *maintenir, soutenir, convenir, devenir, se souvenir*, etc. *Tenir* et ses préfixés ont *avoir* pour auxiliaire. *Venir* et les siens se conjuguent avec *être*, sauf *contrevenir, subvenir, prévenir. Convenir* fait alterner les deux auxiliaires.

5.3. PRENDRE

INDICATIF

présent

je	prends
nous	prenons
ils	prennent

imparfait

je	prenais
nous	prenions
ils	prenaient

passé simple

je	pris
nous	prîmes
ils	prirent

futur simple

je	prendrai

conditionnel présent

je	prendrais

SUBJONCTIF

présent

que je	prenne
que nous	prenions
qu'ils	prennent

imparfait

que je	prisse
qu'il	prît

IMPÉRATIF

prends
prenons
prenez

INFINITIF

prendre

PARTICIPE

prenant, pris

GÉRONDIF

en prenant

Les quatre bases sont *prend-* [pʁɑ̃], *pren-* [pʁən], *prenn-* [pʁɛn] et *prend-* [pʁɑ̃d]. Cette conjugaison affecte uniquement *prendre* et ses préfixés : *comprendre, entreprendre, surprendre,* etc.

VERBES DÉFECTIFS

Parmi les verbes défectifs, on distingue deux classes :

1. Les verbes exclusivement impersonnels*. Ils n'existent (dans les conditions normales) qu'à la 3e personne du singulier, mais peuvent avoir, à cette forme, une flexion en temps et en mode complète — à la réserve toutefois de l'impératif, du participe présent et du gérondif. (Voir IMPERSONNELS.)

Les principaux verbes exclusivement impersonnels sont les suivants :

a) les verbes météorologiques*. *Grêler, geler, neiger, tonner, venter* sont de la classe 1.1. *Pleuvoir* a deux bases : *pleu-* [plø] *(il pleut), pleuv-* [pløv] *(il pleuvait, il pleuvra);*

b) une série de verbes généralement suivis d'un complément (syntagme nominal ou complétive*). *S'avérer* est presque exclusivement employé dans l'expression *il s'avère que. Apparoir* et *chaloir* donnent lieu aux archaïsants *il appert* (style juridique) et *peu m'en chaut* (ironique). *Échoir* se trouve dans *il échoit* (et l'archaïsant *il échet,* voir le dérivé nominal *déchet), il échut, il échoira* (et l'archaïsant *il écherra*), mais surtout dans les participes adjectivés *échéant* et *échu (le cas échéant, à terme échu). S'ensuivre,* sur *suivre,* fonctionne comme *s'avérer.* Le plus important de ces verbes est *falloir,* qui a le sens d'un modal*. Il comporte quatre bases : *fau-* [fo] *(il faut), fall-* [fal] *(il fallait), faud-* [fod] *(il faudra), faill-* [faj] *(qu'il faille).* Le passé simple est *il fallut,* le participe passé *fallu.*

Remarque. — *Falloir* est un doublet* de *faillir.* Il conserve le sens de *faillir* dans l'expression *s'en falloir de : il s'en faut de peu, peu (beaucoup,* parfois *loin) s'en faut.*

2. D'autres verbes, pour des raisons variées, ne s'utilisent qu'à un nombre limité de tiroirs*. Quelques-uns ont déjà été cités (ou étudiés) dans les tableaux précédents : il s'agit de *absoudre, bruire, oindre, poindre, quérir, seoir* et *traire.* Les plus importants parmi les autres sont :

— *accroire :* préfixé de *croire,* uniquement dans *en faire accroire;*

— *braire* : comme *croire*, uniquement au présent, à l'imparfait et au futur, surtout à la 3e personne du singulier : *il brait, il brayait* (distinct de *il braillait*, de *brailler*), *il braira*.

— *choir* : fortement archaïque, s'emploie au présent *(il choit)* et au passé simple *(il chut)*. Il est remplacé par *tomber* et, notamment dans l'usage sportif, par *chuter*, dérivé de *chute*, lui-même nominalisation* d'une ancienne forme *chute* du participe *chu, chue*. Son préfixé *déchoir* est moins défectif (*je déchois, je déchoyais, je déchus*, etc.). Au futur, on a — rarement — des formes en *-choirai* et *-cherrai*. Le participe *déchu* est fréquent comme adjectif : *un champion déchu*.

— *clore, déclore* et *enclore* sont diversement défectifs. Ils n'ont ni imparfait ni passé simple. *Éclore* est normalement limité à la 3e personne. Présent et futur sont de forme *-clos, -clôt, -clorai, -clora*. Le participe passé en *-clos* est assez fréquent, notamment comme adjectif : *un terrain clos. Forclore* est limité à l'infinitif et au participe *forclos* (usage administratif: *un dossier forclos*).

— *faillir* : à l'infinitif, au passé simple *(il faillit)* et aux temps composés à l'aide du participe *failli*. Voir aussi *falloir*. Avec le sens de « faire faillite », *faillir* se conjuge comme *finir*. Son préfixé *défaillir* a un présent *(il défaille)*, un imparfait *(il défaillait)*, un passé simple *(il défaillit)* et des formes composées en *défailli*.

— *férir* : *sans coup férir* et *féru de grammaire*. (Sur l'ancienne forme *fiert*, voir ORTHOGRAPHE.)

— *frire* : à l'infinitif, au singulier du présent et aux formes composées à l'aide de *frit*. Les formes manquantes sont remplacées par le factitif *faire frire : faites frire à l'huile très chaude*.

— *gésir* : dans *ci-gît* et *gisant*.

— *inclure* : presque uniquement au participe *inclus, incluse*.

— *ouïr* : dans *par ouï-dire. Oyez, oyons* sont d'anciennes formes d'impératif.

— *paître* : comme *paraître*, mais uniquement aux formes simples du présent, de l'imparfait et du futur. Son préfixé *(se) repaître* a, grâce à son participe *repu* et son passé simple *je (me) repus*, une conjugaison complète.

— *reclure* : uniquement au participe passé *reclus*.

— *renaître* : son participe passé *rené* n'existe que comme nom propre. Il n'a donc pas de formes composées.

connecteur

Terme qui permet de regrouper les usages interphrastiques des conjonctions de coordination*, et de certains adverbes* ou assimilés qui jouent le même rôle en tête de phrase : *et, or, puis, cependant, en fin de compte...* sont des *connecteurs*.

connotation

La notion de *connotation* recouvre divers phénomènes qu'il est difficile de systématiser étant donné la diversité des points de vue qu'il est possible d'adopter.

Dans son acception la plus courante, le terme de *connotation* renvoie à des effets de signification que l'on peut considérer comme « seconds » par rapport à la *dénotation* qui, elle, est première et par définition stable (elle constitue le garant du contenu conceptuel — ou cognitif — qui structure le lexique). Un même type d'objet ou d'action peut ainsi être désigné par différentes expressions : *je rentre chez moi/à la maison/dans mes foyers/au bercail/à la baraque...; je rejoins mes pénates/mes appartements*, etc., peuvent avoir exactement le même contenu conceptuel (c'est-à-dire la même dénotation); en revanche, le choix (volontaire ou non) de l'une ou l'autre d'entre elles pourra renseigner l'interlocuteur sur l'origine sociale, régionale, le niveau culturel du locuteur (on parle, dans ce cas, de *surdétermination*) aussi bien que sur l'attitude que celui-ci manifeste à son égard (distance, indifférence, familiarité, etc.). Autrement dit, les signifiés de connotation ressortissent tout autant à un système de valeurs résultant de la prise en charge socioculturelle du lexique par la communauté linguistique tout entière (les dictionnaires tentent d'en rendre compte avec des appréciations du genre *familier, populaire, archaïque, recherché*, etc.) qu'à des processus de type énonciatif. Dans cette seconde perspective, l'interprétation connotative ne résulte pas seulement d'une surdétermination attachée aux expressions X ou Y, mais aussi et surtout du fait même qu'un locuteur L, dans une situation S, a effectivement utilisé X ou Y. (Il est à noter également que la part de convention est, ici, difficile à estimer, les effets d'ordre connotatif étant par définition ouverts et relativement instables : ils dépendent de mécanismes associatifs qui sont susceptibles de varier d'un groupe à l'autre, voire d'un individu à l'autre).

On remarquera en outre, premièrement, que les signifiants de la connotation ne coïncident pas nécessairement avec ceux de la dénotation : une intonation ou une prononciation particulière, une forme syntaxique (archaïque, affectée, négligée ou elliptique), la structure même d'un discours peuvent devenir pertinentes sur le plan connotatif et, deuxièmement, que d'autres systèmes sémiotiques, comme ceux des attitudes physiques (la gestuelle, les mimiques), comme le langage des images (voir à ce propos le parti qu'en tire la publicité) sont tout aussi ouverts à des interprétations de type connotatif que l'usage de la langue naturelle.

Au niveau formel, le langage de connotation est considéré comme le résultat de l'association d'un signifiant qui est constitué par le signe linguistique destiné à l'usage dénotatif (signifiant-signifié) et d'un signifié dérivé ou second ; ce que l'on peut exprimer par le schéma :

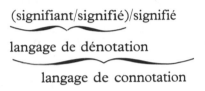

(signifiant/signifié)/signifié

langage de dénotation

langage de connotation

conséquence (ou consécutive)

Subordonnée circonstancielle de conséquence. Voir CIRCONSTANCIELLE.

consonne

Voir PHONÉTIQUE/PHONOLOGIE et ORTHOGRAPHE.

consonne double

Voir GÉMINATION et ORTHOGRAPHE.

constituant (analyse en constituants immédiats)

L'*analyse en constituants immédiats* permet de dégager le réseau de relations qu'entretiennent les mots ou groupes de mots au sein de la phrase, confirmant ainsi l'intuition selon laquelle les phrases de la langue répondent à une structure qu'on ne saurait ramener au simple enchaînement linéaire que nous livrent leurs réalisations sonore ou graphique.

Le terme même d'*analyse* rappelle évidemment l'exercice pédagogique attaché à l'enseignement de la grammaire traditionnelle : ces deux démarches ne sont pas — comme on le verra — incompatibles. Toutefois, l'analyse en constituants immédiats présente l'avantage de reposer sur un point de vue résolument *formel,* faisant appel à des procédures qui ne sollicitent que très faiblement l'intuition (elles se ramènent essentiellement à la notion de *substitution*), alors que la recherche traditionnelle des fonctions s'inspire souvent d'une démarche qui ne permet guère d'estimer la part relative des critères de sens et des propriétés formelles (voir à ce propos les articles consacrés aux principales fonctions).

Le résultat de l'analyse en constituants immédiats consiste en une hiérarchie d'éléments et d'assemblages d'éléments, c'est-à-dire en un système inclusif capable de figurer les relations de dépendance qu'un élément (ou un groupe d'éléments) entretient avec un autre élément (ou groupe d'éléments) : par exemple, A est défini comme pouvant être associé à B pour appartenir à un groupe de type C, C peut être associé à D pour donner un groupe de type E, etc., jusqu'à ce qu'on atteigne le groupe d'extension maximale qui se confond avec la phrase.

Le principe de base d'application de la procédure est le suivant : on considère que deux éléments sont associés lorsqu'on peut leur substituer un élément unique ; cette association reçoit une *étiquette* destinée à identifier le syntagme ainsi dégagé.

Soit la phrase :

Cette petite fille promène le chien de la voisine. En procédant de la droite vers la gauche, on constate que :

a) *la + voisine* peut être remplacé par *Nicole* (ou par *Jean, Marcel,* etc., il ne s'agit pas, ici, d'obtenir de véritables paraphrases) : c'est un syntagme nominal (SN) ; *la* et *voisine* sont les constituants immédiats de ce SN ;

b) *de* + SN peut être remplacé par *noir, frisé,* etc. : c'est un syntagme prépositionnel (SP) ;

c) *chien* + SP peut être remplacé par *cocker, chat, bébé,* etc. : c'est un membre nominal (MN) (il équivaut à un nom mais n'est pas un SN autonome) ;

d) *le* + MN peut être remplacé par *Médor, Patrick,* etc. : c'est un SN ;

e) *promène* + SN peut être remplacé par *rêve, chante,* etc. : c'est un syntagme verbal (SV) ;

f) l'association du mot suivant avec le SV n'est plus possible, il ne s'agit pas d'un constituant ; le SV doit être considéré comme l'un des constituants majeurs de la phrase ;

g) en revanche, *petite* + *fille* peut être remplacé par *enfant, dame,* etc. ; c'est un MN ;

h) *cette* + MN peut être remplacé par *Marie;* c'est un SN, il représente l'autre constituant majeur de la phrase (SN et SV sont les constituants immédiats de P).

Cette structure est représentable par un schéma qu'on appelle « boîte de Hockett » :

Cette	petite	fille	promène	le	chien	de	la	voisine
Dét	Adj	N	V	Dét	N	Prép	Dét	N
							SN ||
						SP			
					MN				
	MN				SN				
SN			SV						
P									

Remarques. — 1. On aboutit au même résultat en procédant en sens inverse, c'est-à-dire en partant des constituants majeurs; la phrase de départ peut être comparée à *Marie rêve*, la substitution permet d'obtenir le SN et le SV, et ainsi de suite jusqu'au niveau des mots; la lecture de la boîte peut d'ailleurs s'opérer dans les deux sens : du haut vers le bas ou du bas vers le haut.

2. À l'origine, cette méthode, purement formelle, reposait uniquement sur la comparaison d'énoncés recueillis dans un corpus (écrit ou enregistré), seule procédure applicable à des langues non connues. La procédure simplifiée qu'on a adoptée ici est davantage exploitable sur le plan pédagogique dans la mesure où elle exige un recours à la compétence linguistique du locuteur, c'est-à-dire à la connaissance implicite qu'il a de sa langue.

Il est également possible de représenter cette structure par un système de parenthèses qui symbolisent les divers niveaux d'inclusion, mais la lecture en est difficile; que l'on en juge à propos du seul SN *le chien de la voisine:*

((le) ((chien) ((de) ((la) (voisine)))))

La représentation la plus claire (et la plus familière) est celle du diagramme en arbre où chaque constituant est identifié par un nœud :

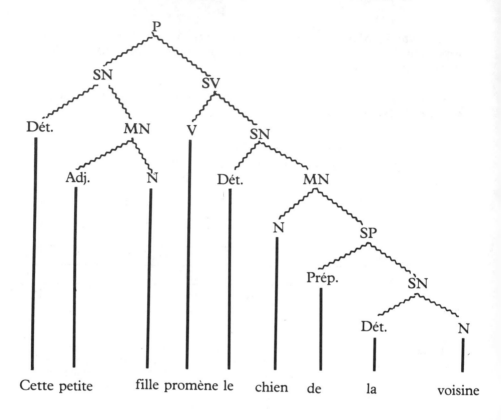

Remarque. — En grammaire générative, ce schéma correspond à la structure syntagmatique de la phrase mais, dans ce cas, il n'est pas, comme ici, le résultat d'une analyse. Il est obtenu par un système de règles de réécriture du type P → SN + SV, SV → V + SN, etc., et par des règles d'insertion lexicale; la démarche est alors de type hypothético-déductif. Toutefois, rien n'empêche d'emprunter ce schéma aux seules fins de la représentation d'un résultat obtenu par une démarche inductive. Il conviendra, dans cette perspective, d'éviter toute confusion : on ne peut pas dire que la phrase dont la structure est représentée par la figure précédente a été « engendrée » par une « grammaire » (au sens d'un système formel explicite); ce n'est, en fait, qu'un matériau empirique qui a été soumis à un mode d'analyse particulier.

Dès lors, la notion de *fonction* devient accessible au seul niveau formel : le sujet sera identifié comme étant le SN immédiatement dominé par le symbole P *(cette petite fille)* que l'on peut éventuellement ramener à son noyau nominal *fille;* de même, le V *(promène)* est immédiatement dominé par SV, c'est le verbe principal de la phrase; le complément d'objet est un SN qui dépend également du SV *(le chien de la voisine);* le SP *de la voisine* dépend d'un MN puis d'un

SN, ce qui permet de dire, après réduction aux noyaux nominaux, que *voisine* est complément du nom.

Cette analyse atteint toutefois ses limites lorsqu'il s'agit *a)* de prendre en charge des segments discontinus dont l'unité fonctionnelle est pourtant évidente (c'est le cas par exemple de *ne ... pas*) ou *b)* de traiter de certaines ambiguïtés*. Ainsi, dans *la chasse des renards a été terrible*, l'analyse en constituants dégagera le SN la *chasse des renards*, mais ne permettra pas de déceler son ambiguïté; seul un système de transformations permettra de postuler qu'il peut être issu de deux structures différentes du type : *les renards ont chassé/on a chassé les renards*.

constrictive

Voir PHONÉTIQUE/PHONOLOGIE.

contamination

Autre nom du processus étudié ici à ATTRACTION PARONYMIQUE. (Voir aussi ANALOGIE, et, pour un exemple, ALGORITHME.)

contenu

Équivalent, chez certains linguistes (notamment Hjelmslev) de *signifié*. (Voir LANGUE, SIGNE, SIGNIFIANT et SIGNIFIÉ.)

contexte

Ce terme est utilisé avec deux valeurs distinctes :

1. Par rapport à un élément quelconque d'une suite linguistique, le *contexte* est l'ensemble des unités qui le précèdent et le suivent. Le contexte pris en considération reçoit des limitations proportionnelles au statut et à la dimension de l'unité concernée : le contexte d'un phonème sera la syllabe (éventuellement le morphème), le contexte du morphème, le syntagme, celui du syntagme, la phrase. Pour la phrase, le contexte est constitué par des unités discursives dont la délimitation s'opère selon des procédures qui ne relèvent plus exclusivement de la linguistique.

2. Le contexte est l'ensemble des éléments situationnels — extralinguistiques — au sein desquels se situe l'acte d'énonciation de la séquence linguistique. En ce second sens, *contexte* se confond avec *référent**. (Voir aussi LANGAGE (FONCTIONS DU) et RÉFÉRENCE.)

185

continu

Antonyme* de *discret*.

continuatif

L'un des aspects du verbe. Voir ASPECT.

contracté (article)

Voir ARTICLE.

contraction

Voir ARTICLE et PROSODIE.

contrainte

Voir RESTRICTION.

contre-exemple

À l'intérieur d'un raisonnement linguistique de type hypothético-déductif, exemple qui permet de limiter la portée d'une règle. (Voir EXEMPLE, EXCEPTION, et l'avant-propos de cet ouvrage.)

contrepèterie

Voir JEU DE MOTS et LAPSUS.

cooccurrence

Relation de coexistence ou de coprésence d'une ou de plusieurs unités (ou catégories d'unités) avec une unité donnée à l'intérieur d'un énoncé. Ainsi, dans *Paul a cassé un verre*, on dira, selon les points de vue adoptés dans la description, que *Paul* est en relation de cooccurrence avec *a cassé*, avec *un verre* ou avec *a cassé un verre* : ce sont ses *éléments cooccurrents* (ou tout simplement ses *cooccurrents*).

En grammaire générative, les contraintes ou restrictions de cooccurrence correspondent à des formules qui règlent la combinatoire des unités lexicales en fonction des catégories et sous-catégories d'unités avec lesquelles elles peuvent apparaître : l'emploi de *casser*, dans l'exemple précédent, sera identifié par la présence, à sa gauche, d'un cooccurrent nominal de type [+ animé] et à sa droite, par un cooccurrent nominal de type [+ concret], [− animé].

coordination

La *coordination* est un lien syntaxique qui s'établit entre deux unités ayant même fonction syntaxique et placées sur le même rang. L'unité totale constituée par la coordination de deux constituants appartient à la même classe formelle que chacun des constituants : aucun des deux n'implique logiquement l'autre *(je veux des pommes et du nougat)*. La coordination se définit donc par l'association et l'autonomie.

Du point de vue du rapport entre les termes, il n'y a pas lieu de faire de différence entre juxtaposition* et coordination, comme on le voit dans une suite telle que *j'aime le chocolat, les gâteaux et les fruits :* la relation est la même entre *chocolat* et *gâteaux* qu'entre *gâteaux* et *fruits*. Le *et* ne fait que marquer la fin de l'énumération : il vaut donc pour l'ensemble de la série, dont il souligne l'unité. On peut d'ailleurs aussi bien dire *j'aime le chocolat et les gâteaux et les fruits*, ou *j'aime le chocolat, les gâteaux, les fruits*.

Pour les mots ou les groupes de mots, il y a coordination quand plusieurs termes ont, dans une phrase, même fonction par rapport au même terme; pour les propositions, elles sont coordonnées quand elles ont même fonction dans la phrase *(je sais qu'ils sont partis et qu'ils sont loin)*; pour les indépendantes ou les principales, c'est l'identité fonctionnelle entre deux propositions voisines qui définit la coordination.

La coordination a connu dans l'histoire de la grammaire un sort assez particulier : la notion n'a pas été isolée avant la fin du XIXᵉ siècle. La mise en place de la notion s'est faite en deux étapes : 1) parmi les conjonctions, certaines ont reçu le nom de conjonctions de coordination *(et, ni, ou, or, mais, car, donc)*; 2) on a appelé « coordonnées » les propositions liées par ces conjonctions. La notion sera ultérieurement étendue au lien entre mots ou groupes de mots.

Notion impossible à définir de façon sémantique (plan où juxtaposition, coordination et subordination peuvent représenter les mêmes rapports logiques : concomitance, successivité, causalité, consécution, concession, hypothèse), la coordination ne peut l'être davantage de façon formelle (voir JUXTAPOSITION et SUBORDINATION) : il n'est aucun critère s'y appliquant de façon à la fois définitoire et exclusive. Du moins peut-on la caractériser par certains traits :

— la coordination suppose l'identité de nature entre les éléments coordonnés (que l'on peut appeler la « compatibilité des conjoints »). Sont donc exclues les séquences réunissant des éléments jouant des

187

rôles syntaxiques similaires, mais n'ayant pas même forme *(*Pierre est triste et un imbécile; *le scénario de ce film et que j'ai imaginé est intéressant);*

— quelle que soit la conjonction, et quels que soient les éléments conjoints, il existe des contraintes plus ou moins fortes sur les possibilités de coordonner;

— la coordination est soulignée à l'oral par l'intonation : entre les termes coordonnés apparaissent des pauses plus ou moins fortes, marquées ou non par la ponctuation*. Les variations mélodiques manifestent une montée de la voix sur chaque terme juxtaposé, jusqu'à la descente d'achèvement du groupe.

L'étude de la coordination peut se faire selon deux angles complémentaires : à partir de la nature des éléments coordonnés, et de la nature du coordonnant (et de sa position par rapport aux segments coordonnés).

1. Coordination de mots ou groupes de mots

Toutes les conjonctions de coordination ne sont pas susceptibles de coordonner des éléments inférieurs à la phrase : seules *et, ou, ni,* et *mais* le peuvent.

On analyse généralement la coordination comme le résultat de l'effacement des segments communs, partant d'une distributivité des éléments : *Pierre et Paul aiment le cinéma* proviendrait de *Pierre aime le cinéma et Paul aime le cinéma...*

Les coordinations des différentes catégories n'ont pas toutes les mêmes propriétés.

a) Pour le groupe nominal, on constate que les noms coordonnés et les noms au pluriel ont des propriétés syntaxiques et sémantiques communes :

— l'accord* en nombre donne une existence grammaticale à la coordination : la coordination de deux sujets singuliers entraîne le pluriel du verbe, et deux constituants nominaux coordonnés peuvent avoir un adjectif au pluriel en commun *(une pomme et une poire peu mûres)* : le pluriel a donc pour effet de souligner la création d'un nouveau groupe nominal;

— noms au pluriel et noms coordonnés peuvent apparaître dans des structures réciproques* *(les enfants/Pierre et Marie se parlent avec passion).* (Voir PRONOMINAUX.);

— les éléments des deux types peuvent être spécifiés par des indéfinis distributifs *(les enfants/Pierre et Marie s'aiment l'un l'autre);*

— ils peuvent être accompagnés d'adverbes distributifs *(ensemble, simultanément),* possibilité cependant exclue pour *ou.*

b) On ne peut coordonner entre eux les déterminants : articles, défini ou indéfini, démonstratifs, possessifs. Seuls sont possibles des tours métalinguistiques coordonnant un singulier et un pluriel, un masculin et un féminin..., et uniquement avec *ou (la ou les personne(s) concernée(s)...)* (Voir cependant à INDÉFINIS, *maint(s) et maint(s), tel ou tel.*)

L'absence d'article dans le second membre d'une coordination nominale est impossible *(*des éléphants et hippopotames se côtoient sur ces rives)*, sauf s'il y a coréférence* *(mon éminent collègue et ami)*, ou si le déterminant est un nombre *(il me faut cinq voitures et camions pour ce travail* — ou *cinq voitures ou camions)*, à condition qu'il y ait compatibilité sémantique *(*cinq hommes et camions suffiront)*.

c) En dehors de ces restrictions, toutes les coordinations sont possibles, pourvu que soit respectée l'homogénéité des conjoints. Ainsi, pour l'adjectif, on peut difficilement coordonner un adjectif de type affectif et un adjectif matériel **un livre passionnant et blanc,* ou un pseudo-adjectif* et un adjectif : **un chèque postal et important.*

d) Dans le groupe verbal, on peut coordonner des participes passés *(il a bu et mangé)*, des verbes *(il nage et plonge)*, le groupe verbal entier *(elle aime la montagne et déteste la mer)*, avec éventuellement un actif et un passif *(Marie a vu Pierre et a été reconnue par lui)*. Les verbes coordonnés peuvent ne pas être au même temps, particulièrement avec *ni;* dans ce cas, le même verbe peut être répété *(Marie ne le connaît pas ni ne le connaîtra jamais,* ou *et ne le connaîtra jamais)*.

Il faut revenir sur la définition de la coordination comme processus d'effacement des segments communs, pour deux raisons :
— elle ne s'applique pas correctement à toutes les conjonctions : ni à *ni*, sur lequel pèsent des restrictions syntaxiques, ni à *ou*, qui offre le choix entre singulier et pluriel, ni à *mais*, qui suppose l'asymétrie entre les segments coordonnés (voir plus bas).
— même pour *et*, il n'est pas toujours possible d'analyser la coordination comme effacement de segments identiques : *un drapeau blanc et noir* ne peut provenir de *un drapeau blanc et un drapeau noir; deux et deux font quatre* ne peut provenir de **deux fait quatre et deux fait quatre.*

Le coordonnant ne peut jamais être répété avec un nom ou un groupe nominal sans déterminant *(*les et hommes et femmes)*, mais peut l'être pour l'ensemble du groupe nominal *(et les hommes et les femmes)*, et pour toute autre catégorie *(Jean et vend et achète; il est et intelligent et travailleur...)*. La répétition est très fréquente pour *ou* et *ni*, mais impossible pour *mais*.

Une coordination ou une juxtaposition formelles peuvent avoir à s'interpréter de façon toute différente de la coordination sémantique si c'est le même terme qui est réitéré : *les gardes civils abattent des hommes et des hommes sans relâche* [1] *; il pleure et pleure depuis des jours; ce gâteau est bon bon bon bon* (mais pas **bon et bon*). Ce tour, appelé *réduplication* (parfois gémination*)* en rhétorique, fonctionne avec certaines restrictions pour le nom (il ne peut s'appliquer aux noms propres, et est restreint aux groupes nominaux comportant un article indéfini pluriel ou un non comptable : *boire du vin et du vin*), le verbe, l'adjectif (la juxtaposition est possible, mais pas la coordination) et l'adverbe (dans les mêmes conditions que pour l'adjectif, et pour un petit nombre d'adverbes seulement : *il conduit vite vite vite*). Il ne peut jamais s'appliquer à des prépositions, des conjonctions ou des articles. Il exprime la répétition ou l'intensité d'un procès, la quantité, le degré (c'est une marque d'emphase*). Ce tour fonctionne essentiellement pour *et; *pour *mais,* il n'existe que pour l'adjectif *(il est bête, mais bête,* avec intonation bien particulière*),* et jamais pour les autres conjonctions.

2. Coordination de propositions et de phrases

La coordination phrastique (phrases et propositions) pose le problème du rapport entre subordination et coordination. On peut voir à SUBORDINATION qu'il n'y a aucun critère biunivoque général pour distinguer coordination et subordination, ni du point de vue formel, ni du point de vue sémantique.

Seuls *or* et *car* sont réservés à la coordination phrastique. Les autres conjonctions coordonnent soit des éléments phrastiques, soit des éléments de niveau inférieur.

Il n'y a pas ici de phénomène comparable à l'accord dans le cas de la coordination de mots. Néanmoins, la cohésion peut se marquer formellement :

— deux propositions coordonnées peuvent avoir un circonstanciel commun *(avant le déjeuner, Pierre met le couvert et Marie prépare les boissons);*

— il y a des contraintes sur la coordination des propositions non indépendantes : on peut dire *je souhaite et j'exige qu'il vienne* (où les deux verbes sont suivis du subjonctif), mais pas **je souhaite et j'espère qu'il viendra (espérer* est bien construit, *souhaiter* ne l'est pas*).*

---

(1) N. d. É. — Autre exemple : *pendant que les sauveteurs extraient des décombres des blessés et des blessés, trois chirurgiens seulement sont là, qui opèrent et opèrent sans relâche, de nuit comme de jour.*

Il est possible de coordonner tous les types de propositions (relatives, circonstancielles, complétives, participes, indépendantes). La coordination d'un syntagme nominal et d'une phrase (réservée à *et* et *ou*) peut s'analyser syntaxiquement comme une ellipse *(un verre de vin et j'accepte de partir ! un cigare ou je fais un malheur)*, mais on ne pourra en comprendre le sens et la portée que si on l'envisage comme intervention du sujet d'énonciation*.

En tant que lien interpropositionnel, on constate une proximité de fonctionnement entre les conjonctions coordonnant des phrases et certains adverbes *(puis, en effet, alors, ainsi, ensuite, par conséquent, aussi, par contre...)*. On peut les appeler « adverbes de liaison ». Il existe cependant quelques propriétés formelles qui invitent à distinguer les deux classes :

— les conjonctions ne peuvent pas se cumuler entre elles, alors que les adverbes le peuvent et peuvent être adjoints à des conjonctions *(et alors, ainsi par contre, puis ensuite)*.

— l'ordre conjonction/adverbe est rigoureux *(et par conséquent, mais ensuite, *aussi mais)*.

— la conjonction de coordination se présente toujours en tête de l'unité qu'elle coordonne, alors que l'adverbe de liaison peut être déplacé dans la phrase.

Ces propriétés imposent la conclusion que *donc* n'est pas, comme le veut la tradition, une conjonction de coordination : il peut être combiné, surtout à *et*, *ni* et *mais;* juxtaposé à un adverbe, il peut aussi bien le précéder que le suivre *(donc en effet, ainsi donc);* et il peut occuper plusieurs positions à l'intérieur de la phrase : c'est donc un adverbe.

La coordination de phrases semble moins contrainte que la coordination de groupes ou de mots. Cependant, la coordination de deux phrases grammaticales ne donne pas toujours une combinaison grammaticale : il existe des contraintes de discours, visant en particulier à éviter les contradictions, les incohérences et les tautologies. La coordination doit respecter deux principes :

— il faut un minimum d'éléments thématiques (que certains items lexicaux soient identiques, coréférentiels* ou synonymes*; qu'il y ait une relation de présupposition* ou de déduction). L'acceptabilité de la coordination est meilleure si les relations sont explicites, banales ou culturellement partagées. Ainsi, *Jean mange des yaourts et ne va jamais chez le médecin* est très acceptable si l'on admet que les yaourts sont bons pour la santé;

— interviennent également des contraintes visant à éviter la

191

redondance* et la contradiction, et à imposer qu'il y ait apport d'information nouvelle : on évitera autant *Jean est végétarien et il mange de la viande* que *Jean est végétarien et il ne mange pas de viande.*

Une propriété intéressante de la coordination de phrases est la possibilité d'ellipse du verbe quand il est commun aux deux segments coordonnés *(Jean a mangé des pommes et Marie des fraises).* Cette opération ne porte pas en français de nom spécifique autre que celui d'ellipse*, caractérisant la coordination et la corrélation (comparez avec *il connaît le latin mieux qu'un prêtre son bréviaire).* Elle peut prendre diverses formes, la plus courante étant la simple ellipse du verbe. Mais l'on trouve aussi : *Jean a mangé des pommes et Marie aussi; Jean a mangé des pommes et Marie en a fait autant; Jean n'a pas réussi mais il aurait pu; Jean a souvent tenté mais n'a jamais réussi l'agrégation* ... Cette ellipse a pu être proposée comme un critère permettant d'opposer coordination et subordination, mais il n'est pas plus distinctif que les autres, pour deux raisons :

— cette ellipse ne s'applique pas à toutes les coordinations : impossible après *car* et *or,* elle est assez contrainte pour *ou* et *mais,* et elle est impossible si la conjonction est suivie d'un adverbe *(*il boit du thé et en outre Marie du café).*

— une ellipse limitée au verbe *être* peut se faire après certaines conjonctions de subordination : *il est courageux quoique/bien que/ parce que timide,* mais pas avec *tandis que, quand* ou *alors que.* Malgré l'ellipse, ces formes restent des subordinations, à cause de la possibilité de déplacer le constituant dans son ensemble *(quoique timide, il est courageux),* possibilité qui reste impossible pour la coordination.

3. La coordination par ET

Et est la conjonction de coordination la plus fréquente en français, avec des significations fort diverses (produit logique, opposition, sécution, conséquence, insistance, réunion d'ensembles, intersection). Cependant, quelle que soit la nature de la relation, c'est du contexte linguistique (lexique, temps, modes) ou extra-linguistique qu'elle provient, et non de *et,* qui n'est qu'une marque formelle de solidarité, sans signification propre. Il peut se faire que l'ordre de succession des termes conjoints soit pertinent, de façon temporelle ou argumentative *(vivre et mourir, fromage et dessert),* mais cela est dû à la signification des termes. De même, une valeur oppositive (*il a vingt ans et il joue aux billes)* provient de l'opposition sémantique entre les termes (il faudrait paraphraser cette phrase avec une subordination en *bien que).*

Sur le plan logique, les coordinations de groupes en *et* ont généralement la signification de réunions d'ensembles *(les femmes et les enfants d'abord)*. Il est cependant des cas où l'on peut hésiter entre réunion et intersection : *les romans d'Erckmann et de Chatrian* (on optera ici pour l'intersection, ces deux auteurs n'ayant écrit qu'en commun); *les romans de Flaubert et de Maupassant* (ensemble vide si c'était une intersection, donc réunion); *les romans de Boileau et de Narcejac* (on pourrait hésiter entre intersection et réunion, mais on optera plutôt pour l'intersection). On voit ici que ce sont nos connaissances extra-linguistiques qui imposent sa signification à chacune des coordinations.

S'il s'agit d'une réunion, le traitement par effacement des segments communs est justifié, mais pas lorsqu'il s'agit d'une intersection.

La coordination par *et*, bien que très souple et susceptible de nombreuses valeurs, connaît néanmoins un certain nombre de contraintes. Le groupe doit non seulement avoir même fonction, mais de préférence même forme *(*zone prioritaire et d'aménagement; *le collier de diamants et à restaurer)*, avec néanmoins certaines latitudes *(un homme blond et qui vient du Nord)*. La possibilité de coordonner deux éléments constitue d'ailleurs un test de proximité de fonctionnement de deux éléments.

La rhétorique parle de zeugme* pour caractériser les cas où une coordination par *et* produit un assemblage inattendu, par le rapprochement de termes ayant même forme mais qui diffèrent par un trait *(vêtu de probité candide et de lin blanc* = abstrait/concret; ..., *dit-il en lui-même et en anglais;* éventuellement jusqu'à la faute par rupture de construction : *j'entre et je sors de mon bureau)*. Cette figure, beaucoup plus facilement admise en français classique, crée des effets divers, selon la forme qu'elle revêt et le type de discours dans lequel elle apparaît (poétique, recherché, comique, relâché...).

Une phrase qui cumule les coordinations par *et* peut comporter de nombreuses ambiguïtés. Ainsi, *Jean et Marie possèdent une villa et un château* a deux significations : chacun possède les deux, ou, ensemble, ils possèdent les deux. L'adjonction de certaines formes (adverbes, pronoms) permet de désambiguïser : souligner soit l'interprétation individualisante par *indépendamment, individuellement, chacun...*, soit l'interprétation totalisante *(ensemble, en chœur, tous...)*. L'adverbe *respectivement* a la particularité de rendre linguistiquement possible une potentialité logique qui, sans lui, n'est jamais réalisée : *Jean et Marie possèdent respectivement une villa et un château* signifie que Jean possède la villa et Marie le château. Ces éléments peuvent généralement être placés en fin de phrase, après pause forte.

De *et* interpropositionnel peut être rapproché *puis*, qu'on peut aussi légitimement considérer comme une conjonction (du fait de sa position nécessaire en tête de phrase), ou comme un adverbe (en raison de son cumul possible avec *et*). C'est un connecteur privilégié du récit non élaboré, généralement temporel. Il ne peut jamais coordonner deux épithètes, et rarement deux noms (*Jean, puis Pierre, ont décidé...*). Contrairement à *ensuite* dont il est proche par le sens, il n'est pas déplaçable dans la phrase.

Voire, classé comme adverbe est aussi très proche de *et*, dont il se distingue par sa valeur de renchérissement (synonyme de *et même, et de plus*). Il peut coordonner des épithètes, des groupes nominaux, des appositions, voire des propositions. Il fonctionne aussi comme mot-phrase.

4. La coordination par MAIS

Mais, qui est, dans la langue actuelle, la seule conjonction de coordination permettant de marquer l'opposition, possède des valeurs très différentes : il coordonne des termes en opposition sémantique (*il plie mais ne rompt pas*), ou formelle (positif/négatif : *il est belge, mais il n'aime pas Tintin*, ou négatif/positif : *il n'est pas belge, mais chinois*). Un certain nombre d'adverbes permettent de le renforcer : *non seulement..., mais (encore), non pas..., mais (par contre/au contraire), de plus, en outre, aussi, également...*

Mais a, comme *et*, une capacité coordinative très variée : il peut coordonner des propositions, des prédicats, des attributs, des épithètes... Le seul emploi qui lui soit interdit est la coordination de deux noms (**les philosophes mais linguistes*).

On peut distinguer deux *mais* en français, dont on peut faire ressortir le sens par une comparaison avec l'espagnol, qui distingue *pero* et *sino (que)*, ou l'allemand, qui distingue *aber* et *sondern*. La différence affleure en un certain nombre de fonctionnements :

— la nature du premier membre de la connection, positive (*il est fort, mais il est beau*), ou négative, (*il n'est pas fort, mais brutal*);

— les adverbes que l'on peut adjoindre à *mais*, ou par lesquels on peut le remplacer : d'une part *cependant, néanmoins, pourtant, en revanche, par contre...*, de l'autre *au contraire, même que* (familier), ou, dans la ponctuation, les deux points (*il n'est pas fort : il est brutal*);

— les possibilités d'effacement d'une partie commune aux deux segments : elle est tantôt obligatoire (ou préférable) : *il n'est pas fort, mais brutal;* tantôt facultative : *il est pauvre, mais (il est) honnête;* et tantôt impossible : *il n'est pas grand mais il est costaud (*il n'est pas grand mais costaud) :*

— quand le premier segment est négatif, la possibilité de paraphraser la négation par *non pas : c'est non pas vraisemblable, mais certain; *il est non pas français, mais belge.*

Sémantiquement, le *mais* comparable à *pero* et *aber* a pour caractéristique d'opposer deux éléments, dans une relation de concession faible. Dans une phrase de forme *p mais q*, *p* conduit à une certaine conclusion, contre laquelle *q* représente un argument plus fort, allant vers une conclusion opposée. Aussi y a-t-il des restrictions sur les possibilités de conjoindre par *mais* : (a) les termes ne peuvent être ni synonymes *(*il est grand mais de haute taille)*, ni antonymes, sauf avec une précision *(il est grand, mais petit par rapport à ce que j'attendais)*. *Mais* fait donc fonctionner un sous-entendu : *il est français mais honnête* sous-entend que je considère tous les Français comme malhonnêtes. (b) les deux segments reliés par *mais* doivent comporter une même orientation argumentative : *Carlos parle bien l'espagnol. Il est espagnol ? — non, mais il est argentin* (être argentin constitue une raison pour bien parler l'espagnol); par contre : *Carlos connaît bien l'Espagne. Il est espagnol ? — non, *mais il est argentin (mais* est ici impossible, car être argentin ne peut constituer une raison directe pour bien connaître l'Espagne). (c) si les deux segments font partie d'une même gradation, ce qui est nié dans le premier membre doit être argumentativement supérieur à ce qui est affirmé dans le second *(ce n'est pas certain, mais c'est probable; *ce n'est pas probable, mais c'est certain)*. Ce *mais* peut permettre l'ellipse *(Pierre a une maison, mais Marie un chien; il n'a pas réussi, mais il aurait pu)*.

Quant au sens de *mais* comparable à *sino (que)* et *sondern*, il a les caractéristiques suivantes : (a) *p* est nécessairement négatif (ce trait n'est cependant pas suffisant pour l'appartenance à la catégorie); (b) l'ensemble *p mais q* doit être une énonciation par un même sujet; (c) *q* est avancé comme une justification du refus que l'on oppose à *p*. Ce *mais* prolonge une négation polémique, il rectifie une assertion qui a été refusée.

Mais, fréquent dans les dialogues, permet, aussi bien sous la forme *oui mais* que sous la forme *non mais*, et quels que soient les arguments antérieurs, qu'un locuteur reprenne la parole pour son propre compte, et développe ses propres thèses.

5. La coordination par OR

Or est un coordonnant faible et rare, qui ne coordonne que des phrases. Il est toujours en tête de phrase, faisant lien avec la phrase précédente ou avec le contexte, attirant l'attention sur l'énoncé qui suit. Un emploi fréquent en est fait dans le raisonnement, souvent en association avec *donc : Pierre aime la chaleur; or il habite un pays froid, il va donc s'exiler.*

6. La coordination par CAR

Car est la conjonction de coordination la plus proche de la subordination : son sens la rapproche de *parce que* et *puisque.* La différence réside non seulement dans les types d'emploi (*car* est pratiquement absent de l'oral courant), mais encore dans certains traits formels. Par exemple, si l'on compare *car* et *parce que,* on peut faire les remarques suivantes :

— tous les deux peuvent apparaître à la jonction de propositions;

— seul *parce que* peut être déplacé en tête de phrase, et être introduit en incise *(Pierre, parce qu'il avait bu, pensait pouvoir grimper);*

— un premier segment négatif fait apparaître une différence de sens : si l'on compare *il n'est pas parti parce que Pierre était mort* et *il n'est pas parti car Pierre était mort,* on s'aperçoit que seule la première est ambiguë : soit il n'est pas parti, et ce à cause de la mort de Pierre (la négation porte sur *partir*), soit ce n'est pas parce que Pierre était mort qu'il est parti (la négation porte sur l'ensemble de l'énoncé). La seconde phrase n'a que le premier sens. Ce dernier trait rapproche davantage *car* de *puisque,* dont il ne se distingue que par le caractère déplaçable de *puisque.*

Car coordonne surtout des propositions. Il peut cependant (du moins pour certains locuteurs) conjoindre de petits constituants *(solitaire car abandonné).* Il peut aussi apparaître en tête d'énoncé, souvent devant des adverbes *(car enfin...).*

7. Les disjonctions

Le *ou* français est fort ambigu. La plupart du temps disjonction exclusive *(c'est un garçon ou une fille* — l'un ou l'autre*),* il peut aussi marquer la disjonction inclusive (l'un ou l'autre ou les deux, que l'on appelle aussi *disjonctif).* La différence entre les deux est suffisante pour que certaines langues fassent la distinction : par exemple le latin, qui oppose *aut* (exclusif) et *vel* (disjonctif). Un emploi fréquent du *ou* inclusif apparaît en français dans les titres de livres *(Justine ou les Malheurs de la vertu).* Le signe de l'opération est toujours apparent : c'est une coordination qui ne peut jamais être exprimée par la juxtaposition.

Cette ambiguïté a conduit les discours ayant besoin de précision (par exemple, philosophique, scientifique ou juridique) à créer la conjonction *et/ou,* qui représente la disjonction inclusive *(les person-nes concernées et/ou intéressées).* On peut également orienter l'inter-prétation en ayant recours aux déterminants distributifs *chaque, tout* ou *chacun des.*

Si la coordination par *ou* joint deux sujets, l'accord* au singulier ou au pluriel peut souligner une signification préférentiellement exclusive *(Pierre ou Paul viendra)* ou inclusive *(Pierre ou Paul vien-dront).* L'interprétation disjonctive est cependant impossible en inter-rogation *(*Pierre ou Jean viendra-t-il ?).* De façon générale, la conjonction par *ou* de deux groupes nominaux s'interprète de préfé-rence comme une exclusion, à cause de la concurrence de *et.*

Certains éléments coordonnés par *ou* admettent la répétition de la conjonction (les groupes nominaux, les prépositions, les adjectifs, mais pas les verbes et les groupes verbaux) : *ou il est fou, ou il est génial.* Comme pour *et* et *mais,* la connexion peut être asymétrique, mais pour des raisons lexicales *(ou tu manges ta soupe, ou tu vas te coucher).*

Ou bien reprend la plupart des traits de *ou,* admettant la répétition dans les mêmes conditions : *les élèves dorment ou bien rêvent; ou bien les professeurs sont fatigués, ou bien les élèves sont endormis;* de même *soit... soit...,* qui accentue l'interprétation disjonctive. L'un et l'autre peuvent conjoindre des propositions, des prédicats, des groupes nominaux ou des épithètes.

8. La coordination par NI

Le fonctionnement le plus fréquent de *ni* comporte la répétition. On dit souvent que cette conjonction est équivalente à *et ne... pas,* mais cette règle ne suffit pas à indiquer ses conditions d'emplois : *ni,* répété ou pas, ne peut pas coordonner deux propositions indépendan-tes et sans terme commun *(*ni Pierre ne partira, ni Marie ne sortira).* Par contre, on peut dire : *ni Pierre ni Marie ne partiront* (ou *partira*); *Pierre (ni) ne partira ni ne reviendra; je pense que ni Pierre ne partira ni Marie ne reviendra. Ni* peut donc conjoindre deux énoncés subordonnés, deux prédicats ou deux attributs, deux groupes nomi-naux. Sans répétition, il ne peut s'appliquer qu'à la coordination de deux prédicats *(il ne mange ni ne boit, *il ni ne mange ni ne boit). Ni* ne peut jamais être supprimé (il n'est jamais sous-entendu).

Les emplois nominaux (ou assimilés) peuvent être coordonnés par *sans... ni... (sans tambour ni trompette, sans boire ni manger).*

9. Liaisons revêtant la forme d'une coordination

Elles regroupent un ensemble de phénomènes qui ne sont pas rares en français, même populaire. Le « relatif de liaison » est littéraire; les grammaires en citent comme exemple cette phrase de Gide : *un carnet noir se trouvait là; que prit Julius et qu'il ouvrit.* Un relatif de ce type est fréquent en français parlé, dans des formes comme : *terminons cette affaire. Après quoi, nous irons dîner.*

On trouve également cette liaison sous forme de subordination avec *de sorte que, si bien que, tandis que, au lieu que...* *Quoique,* dans un tel emploi, est à ce point élément coordinatif qu'il est suivi de l'indicatif, et non du subjonctif comme dans son emploi subordinatif : *quoique, d'après ce que je sais, Jean n'est pas vraiment innocent* (avec une pause intonative après *quoique*).

copule

Voir ATTRIBUT.

coréférence

Le terme de *coréférence* désigne la relation qu'entretiennent deux mots ou expressions à valeur nominale qui, dans un même énoncé, renvoient à un référent unique, c'est-à-dire une même entité extralinguistique. Cette relation entre dans la formulation de nombreuses transformations. Ainsi, dans *Paul croit qu'il rêve,* si *il* est coréférentiel à *Paul* (ce qui n'est pas forcément le cas), la complétive peut être transformée en infinitive : *Paul croit rêver;* en revanche, dans *Jean est heureux qu'il parte,* il ne peut pas être coréférentiel à *Jean,* seule la construction infinitive permet une interprétation coréférentielle, sans manifestation de sujet en surface : *Jean est heureux de partir.*

Dans les descriptions métalinguistiques, la coréférence est symbolisée par l'identité des indices que l'on affecte aux constituants concernés : les deux phrases *Jean 1 a dit à Paul 2 qu'il 1 gagnerait* et *Jean 1 a dit à Paul 2 qu'il 2 gagnerait* se distinguent par le fait que dans la première *Jean* est interprété comme le sujet de *gagnerait,* alors que dans la seconde, c'est *Paul.* (Voir COMPLÉTIVE et INFINITIVE.)

corpus

Ensemble d'énoncés d'une langue donnée (écrits ou oraux enregistrés) qui ont été recueillis pour constituer une base d'observation permettant d'entreprendre la description et l'analyse de la langue en question. (Voir GRAMMAIRE GÉNÉRATIVE et LEXIQUE.)

correction

Voir BARBARISME, FAUTE, GRAMMATICALITÉ, NORME et SOLÉCISME.

corrélation

La *corrélation* est un type de lien entre phrases, dont il est difficile de dire s'il est de l'ordre de la juxtaposition* ou de la coordination*. La corrélation se caractérise en effet par l'absence totale d'indépendance entre les éléments qu'elle conjoint, et par la symétrie entre deux éléments interdépendants. *Plus il fait froid, plus il faut se couvrir* est une corrélation : *plus il fait froid* seul ne peut constituer une phrase complète, et l'élément complémentaire appelé par le premier *plus* doit être du même ordre (soit *plus*, soit *moins*, mais pas *que*). Certaines subordinations ont aussi la forme d'une corrélation : *il fait si froid qu'il faut se couvrir.* (Sur un autre sens de *corrélation*, voir PHONÉTIQUE/PHONOLOGIE.)

couleurs

1. Termes désignant les couleurs. Voir LANGUE et SIGNE.

2. Adjectifs de couleurs. Voir ADJECTIF.

coupe

1. Coupe des syllabes. Synonyme de *syllabation.* (Voir PHONÉTIQUE.)

2. Coupe des mots. Voir PONCTUATION et TRAIT D'UNION.

créativité

Aptitude fondamentale appartenant à la compétence linguistique qui se manifeste par le fait que tout locuteur est capable de prononcer et de comprendre un nombre infini de phrases qu'il n'a jamais entendues auparavant.

crochets

Ces éléments de la manifestation écrite de la langue ont une fonction idéographique. À moins d'être nommés (« entre crochets »), ils n'apparaissent pas au niveau de la manifestation orale. Ils s'utilisent surtout dans certains usages techniques comme parenthèses* de second degré. (Sur leur emploi en phonétique, voir BARRES et PHONÉTIQUE.)

cryptonymie

La *cryptonymie* est la pratique qui consiste à réserver l'interprétation d'un message à un groupe socioculturel limité. La cryptonymie laisse généralement intacte la structure phonologique et syntaxique de la langue, mais en modifie les unités lexicales par différents procédés : substitution d'autres unités (argot*), modification des unités existantes (javanais*, verlan*, largonji*, loucherbem, etc.).

cuir

Voir LIAISON.

culminative (fonction)

Voir PROSODIE.

D

datation

La *datation* consiste à repérer et à indiquer la date d'apparition d'un phénomène linguistique, notamment d'une forme lexicale. Les dictionnaires étymologiques donnent les datations des mots. Ces datations ont nécessairement un caractère approximatif et provisoire. Elles sont fréquemment modifiées (avancées ou reculées) au fur et à mesure des progrès de la recherche étymologique. (Voir EMPRUNT et ÉTYMOLOGIE.)

datif

Dans les langues comportant un système de déclinaison, le *datif* est, entre autre, le cas affecté à un constituant qui présente les propriétés suivantes : *a)* il s'agit de l'un des deux compléments qui apparaissent avec des verbes exprimant une notion de « transfert » ou d'« attribution » comme *donner, offrir, dire,* etc.; *b)* alors que leur complément d'objet (normalement porteur du cas accusatif) représente l'entité transférée, le constituant porteur du cas *datif* est l'être animé qui représente le destinataire de cet acte de transfert. Le datif existait en latin. Il ne subsiste plus morphologiquement en français que dans l'indéfini *autrui,* de **alterui,* datif de *alter* en latin vulgaire.

Dans une langue comme le français, qui ignore la déclinaison, ce type de complément correspond à un syntagme prépositionnel introduit par *à* (exemple, *prêter quelque chose à quelqu'un*) qui se place généralement après le complément d'objet. La seule trace de flexion que l'on puisse lui associer est la forme atone du pronom *lui/leur,* par exemple, *il le lui donne.*

En proposant le terme de *complément d'attribution,* les grammaires traditionnelles ont voulu imposer l'idée d'un parallélisme entre ces syntagmes et les constituants porteurs du cas *datif* dans des langues comme le latin ou l'allemand; si cette notion a quelque utilité lors de l'initiation aux exercices de thème, elle ne peut être que trompeuse sur le plan de la description du français : de nombreux syntagmes prépositionnels introduits par *à*, compléments d'un verbe qui admet également un objet direct, ne comportent pas la moindre idée d'attribution : *on a confisqué le ballon aux élèves; j'ai ôté son chapeau à Paul*. C'est pourquoi, on préfère parler, dans ce cas, de *complément d'objet second*. (Voir OBJET (COMPLÉMENT D'), CAS (PROFONDS); sur le *datif éthique*, voir PERSONNELS (PRONOMS).)

datif (cas profond)

En grammaire de cas, rôle sémantique assumé par l'être animé affecté par l'action ou l'état décrit par le verbe (voir OBJET (COMPLÉMENT D') et SUJET); lorsqu'il s'agit d'état psychologique, on parle plutôt d'*experiencer*.

débrayage

Voir EMBRAYAGE.

déclinaison

Liste (ou paradigme*) de formes *fléchies*, c'est-à-dire de radicaux munis d'affixes correspondant aux divers *cas* utilisés pour marquer les fonctions syntaxiques des syntagmes nominaux au sein de la phrase : selon les langues, les noms, les pronoms, mais aussi les adjectifs et parfois les déterminants, sont porteurs de marques casuelles. En français moderne, seuls les pronoms personnels* et les pronoms en *qu-* dans leur emploi relatif* présentent une déclinaison, il est vrai très lacunaire. L'ancien français connaissait en outre, pour les noms et les déterminants, une déclinaison à deux cas*, le cas sujet* et le cas régime*.

décodage

Voir CODE, COMMUNICATION, LANGAGE et LECTURE.

défectif

Les mots *défectifs* sont ceux dont la flexion* ne comporte pas l'ensemble des formes possibles. Compte tenu des spécificités de la morphologie du français, c'est surtout à propos des verbes qu'on parle de défectivité. Un certain nombre de verbes défectifs sont cités à CONJUGAISON.

défense

Ordre négatif. Voir IMPÉRATIF, NÉGATION, ORDRE, PERSONNELS (PRONOMS).

202

défini

1. Article défini. Voir ARTICLE.

2. Passé défini. Ancienne désignation du passé simple. (Voir PASSÉ (TEMPS DU).)

définition

Voir DICTIONNAIRE.

déglutination

Processus inverse de l'agglutination*, la *déglutination* consiste à séparer un élément originellement unique en deux unités distinctes. Le nom *mie*, dans *ma mie*, vient de la déglutination de *m'amie* (de *ma amie*) en *ma + mie*.

degré

La catégorie du degré est propre à la classe des adjectifs et à celle des adverbes. Elle permet d'indiquer le niveau atteint par le contenu notionnel de l'adjectif ou de l'adverbe. Quand on parle d'une *femme élégante*, la qualité signifiée par l'adjectif peut affecter la femme à des degrés divers : elle peut être *très, assez, peu élégante*, ou *plus, aussi, moins élégante qu'une autre personne*. De même, si on parle de gens qui *vivent agréablement*, la façon dont l'adverbe *agréablement* affecte le verbe *vivre* peut donner lieu à des variations de degré : *très, assez, peu agréablement*, ou *plus, aussi, moins agréablement que d'autres personnes*.

On comprend que les variations de degré n'atteignent pas les adjectifs qui marquent une relation *(le voyage présidentiel, les maladies cardiaques,* etc.), non plus que les adjectifs qui désignent une qualité non susceptible de variation : une femme ne peut pas normalement être dite **très, *plus* ou **moins enceinte*. De même les adverbes ne sont pas tous aptes à recevoir une flexion en degré : on peut dire *plus* ou *très souvent*, mais non **plus* ou **très toujours; plus* ou *très respectueusement*, mais non **plus* ou **très respectivement*.

La terminologie traditionnellement utilisée pour décrire les degrés de l'adjectif et de l'adverbe oppose au positif* le comparatif et le superlatif, lui-même analysé en superlatif absolu et relatif. Ces termes, qui permettent de décrire efficacement les variations de l'adjectif et de l'adverbe latins, sont mal adaptés au fonctionnement de leurs équivalents français. On distinguera donc :

A. Les degrés d'intensité

Le degré est apprécié en lui-même, sans référence à un élément extérieur. Ainsi apprécié, le degré peut être faible, moyen ou élevé. Dans ces trois cas, ce sont des adverbes antéposés ou des préfixes* qui indiquent le degré :

1. Intensité faible

a) l'adverbe *peu,* auquel s'ajoute une série d'adverbes en *-ment (médiocrement, petitement, passablement,* etc.);

b) préfixes : *sous-* : *les pays sous-développés, une entreprise sous-équipée,* etc.; *hypo-* : *un malade hypotendu, hypoémotif; infra-* : *infra-littéraire, infrasensible,* etc.

> **Remarque.** — Ces trois préfixes ont en outre une valeur de situation dans l'espace, qui ne doit pas être confondue avec leur valeur d'appréciation du degré : une *inflammation sous-cutanée* est située sous la peau, les *rayons infrarouges* sont, dans le spectre lumineux, au-dessous des rayons rouges, etc.

2. Intensité moyenne

L'adverbe *assez,* auquel s'ajoute une série d'adverbes en *-ment (modérément, moyennement,* etc.).

Presque marque l'idée spécifique que l'adjectif est tout près d'affecter le nom : *un militaire presque intelligent;* avec un adverbe : *il est revenu presque immédiatement. Quasi,* archaïque et affecté, marque l'approximation, ainsi que son dérivé *quasiment.*

3. Intensité forte

Elle correspond au « superlatif absolu » des grammaires traditionnelles. Elle a pour marques :

a) les adverbes *très, fort* et *bien,* distingués entre eux par des traits stylistiques : *très* est neutre, *fort* légèrement archaïsant et affecté (parfois aussi régional), *bien* laisse apparaître la subjectivité de l'appréciation;

b) une importante série d'adverbes en *-ment,* particulièrement sujets au renouvellement selon la mode de l'époque : *furieusement, formidablement, intensément, débilement,* etc. En règle générale, on évite de marquer le degré d'un adverbe en *-ment* à l'aide d'un autre adverbe en *-ment;*

c) les préfixes : *sur-* *(des élèves surdoués), super- (superfin, super-fluide), archi- (archifaux, archisûr,* etc.*), extra- (extra-brut, extra-plat,* etc.*).*

L'adverbe *trop,* ainsi que les préfixes *hyper-* *(hypertoxique, hyper-critique)* et *ultra-* *(ultra-sensible, ultra-réactionnaire,* etc.) marquent l'intensité excessive.

Tout, adverbe au comportement morphologique spécifique (voir INDÉFINIS), marque, pour l'adjectif, que la qualité affecte l'ensemble du référent. D'où des phénomènes complexes de compatibilité et d'incompatibilité avec les adjectifs : une femme sera dite *toute belle,* mais non **tout intelligente. Tout* peut également porter sur un adverbe qui est d'ailleurs fréquemment un adjectif adverbialisé : *tout beau ! tout court, tout récemment,* et sur un adverbe de phrase : *il travaille, tout simplement.*

Si, susceptible d'être utilisé dans une exclamative* *(elle est si gentille !),* annonce fréquemment une subordonnée en corrélation* : *il est si acharné qu'il réussira; il travaille si mal qu'il échouera. Si, quelque* et *tout* introduisent à l'aide de *que* des concessives fondées sur le degré de la qualité.

Tant porte en principe sur un verbe *(il travaille tant !)* ou tient lieu, avec *de,* de déterminant d'un syntagme nominal *(tant de peine pour si peu de résultats !).*

Remarques. — 1. Comme l'ont montré les exemples cités, les adverbes et, surtout, les préfixes d'intensité ne sont pas aptes à affecter indifféremment tous les adjectifs : **peu grand* n'est pas grammatical, **ultra-doué,* non attesté, est peu vraisemblable. On observe la constitution de microsystèmes complexes, qui spécialisent les préfixes pour certaines catégories, formelles et/ou sémantiques, d'adjectifs : *hypo-* et *hyper-* notamment dans le lexique médical, *ultra-* préférentiellement dans le vocabulaire politique, *archi-* fréquemment pour les adjectifs comportant un trait péjoratif : *archibête, archigrotesque.* Quant aux adverbes, ils sont difficilement compatibles avec les préfixes d'intensité (voir cependant deux exemples à ADVERBE (COMPLÉMENT DE L')).

2. Le système des préfixes tend à gagner la classe du nom : *du supercaburant, un ultra-réactionnaire,* etc. D'où des phénomènes de nominalisation* de préfixes, sous l'effet de l'abréviation* : *du super, un ultra.*

3. Du système suffixal latin, le français n'a conservé, par l'intermédiaire d'un emprunt* à l'italien, que les trois formes *rarissime, richissime, grandissime,* cette dernière spécialisée dans des emplois tels que *le grandissime favori* ou *de grandissimes bouteilles.* On entend parfois aussi *gravissime.* Et le suffixe *-issime* se rencontre encore dans les titres italiens du type *Sérénissime, Révérendissime.*

4. En dehors de ce système d'adverbes et de préfixes, on peut marquer l'intensité de l'adjectif par de nombreux procédés discursifs : la répétition *(il n'est pas joli joli),* un complément *(bête à pleurer),* une comparaison figée *(fort comme un Turc),* la litote *(c'est un peu fort !).* L'intensité forte donne lieu fréquemment à des exclamatives*.

Enfin, le superlatif relatif (voir plus bas) dans une structure partitive prend fréquemment la valeur du superlatif absolu : *il est des plus intelligents,* avec ou sans la marque du pluriel selon qu'on insiste sur l'intégration au groupe ou sur le degré de la qualité. Cette tournure s'étend parfois à l'adverbe : *ils vivent des plus agréablement.*

B. Les degrés de comparaison

Le degré est apprécié de façon comparative. La comparaison, dans le cas de l'adjectif, affecte l'une des deux formes suivantes :

a) dans la série :

1. *Pierre est plus (moins, aussi) travailleur que Jacques;*
2. *Pierre est plus (moins, aussi) travailleur que ses camarades;*
3. *Pierre est plus (moins, aussi) travailleur que l'année dernière;*
4. *Pierre est plus (moins, aussi) travailleur qu'intelligent,*

le niveau de la qualité signifiée par *travailleur* telle qu'elle est appliquée à Pierre est apprécié par comparaison avec un élément de référence : la même qualité appliquée à un (exemple 1) ou plusieurs (exemple 2) référents distincts de Pierre; la même qualité appliquée au même référent, mais dans d'autres circonstances (exemple 3); une autre qualité affectée au même référent (exemple 4). Cette énumération — qui n'épuise pas toutes les possibilités — ne fait en aucun cas apparaître un jugement absolu sur le niveau de la qualité : quels que soient la phrase et l'adverbe, Pierre peut être très ou très peu travailleur. Ce premier type d'appréciation comparative de la qualité reçoit le nom traditionnel de *comparatif.*

b) dans *Pierre est le plus (le moins) travailleur de la classe,* Pierre, en tant que qualifié par *travailleur,* est isolé comme le premier (par *le plus*) ou le dernier (par *le moins*) parmi les éléments de l'ensemble *(la classe)* dont il fait partie. Le terme de la comparaison est donc ici la qualité *travailleur* affectée à chacun des éléments de l'ensemble. Ce second type d'appréciation comparative de la qualité reçoit le nom traditionnel de *superlatif relatif,* dont on voit le caractère trompeur : l'identité du terme *superlatif* pour le degré d'intensité décrit plus haut et pour le degré de comparaison ici étudié risque de les faire confondre. Certains grammairiens ont proposé le terme *comparatif généralisé.* On a toutefois conservé ici le terme traditionnel.

Des analyses analogues pourraient être menées à propos des degrés de comparaison de l'adverbe : *Paul travaille plus (moins, aussi) efficacement que Jacques (l'an dernier, courageusement).*

1. *Le comparatif*

Il affecte trois formes :

a) Comparatif de supériorité. La marque en est l'adverbe *plus.* Toutefois, le français contemporain conserve encore, pour les adjectifs, trois comparatifs synthétiques : *meilleur, moindre* et *pire,* qui sont concurrencés, de façon inégalement énergique, par les formes *plus bon* (inévitable dans les comparaisons du type *il est plus bon qu'intelligent), plus petit* et *plus mauvais. Pis* se substitue parfois à *pire* quand l'élément qualifié est désigné par un pronom neutre* : *c'est encore pis.*

Parmi les adverbes, *plus* peut s'utiliser dans un syntagme verbal *(il travaille plus que toi),* constituer une phrase *(toujours plus !)* ou déterminer un syntagme nominal *(il a plus d'argent que toi). Mieux* est à *bien* ce que *meilleur* est à *bon. Pis* s'utilise comme comparatif de *mal* dans quelques expressions figées : *de mal en pis, tant pis* (antonyme* de *tant mieux).*

b) Comparatif d'égalité. Il est marqué par l'adverbe *aussi : il est aussi pauvre que Job; il vit aussi mal que possible;* toutefois, compte tenu de son complément, ce dernier exemple est interprété avec le sens « il vit très mal ». *Si* se substitue parfois à *aussi,* notamment dans les phrases interrogatives et négatives : *il n'est pas si pauvre que ça; il ne vit pas si mal qu'il le dit.*

Autant fonctionne dans un syntagme verbal *(Jean travaille autant que Pierre)* et peut, avec *de,* constituer un déterminant : *il n'a pas autant d'argent que Pierre.* Postposé à un adjectif, il se substitue à *aussi : il est travailleur autant qu'intelligent.* Enfin, *autant* est concurrencé par *tant* dans les mêmes conditions que *aussi* par *si : travaille-t-il tant que ça ?*

c) Comparatif d'infériorité. Il a pour marque l'adverbe *moins,* qui s'utilise indifféremment avec un adjectif ou un autre adverbe *(moins beau, moins souvent),* dans un syntagme verbal *(on dort moins en été qu'en hiver)* et comme élément de détermination d'un syntagme nominal : *les Français ont moins d'enfants que les Canadiens.*

2. Le superlatif relatif

Il ne comporte évidemment que l'inégalité, sous la forme de la supériorité ou de l'infériorité : remarquer l'égalité, sous le chef de telle ou telle qualité, de tous les éléments d'un ensemble, ne peut avoir pour effet d'en isoler un. D'où l'agrammaticalité de **Pierre est l'aussi paresseux de la classe.*

Le superlatif relatif est constitué par l'adjectif au comparatif de supériorité ou d'infériorité affecté par l'article défini ou le déterminant possessif, parfois par l'élément *de* à valeur partitive : *le plus beau livre; mon meilleur ouvrage; c'est ce que j'ai lu de moins décevant sur la question.* Quand l'adjectif est postposé à l'élément qualifié, l'article défini est répété, même quand c'est le possessif qui détermine le nom : ainsi dans les formules de fin de lettres : *nos sentiments les plus distingués.*

Remarque. — Le problème de l'accord de l'article défini est, en principe, réglé de la façon suivante : l'article reste au masculin singulier quand on compare entre eux les différents niveaux possibles d'une même qualité attachée à un nom; il s'accorde en genre et en nombre quand on compare des qualités attachées à des objets différents. Ainsi s'explique l'opposition entre *c'est en hiver que la pratique de l'alpinisme est le plus exaltante* (on compare le niveau atteint par la qualité en hiver aux niveaux qu'elle atteint dans d'autres circonstances) et *la pratique de l'alpinisme est la plus exaltante des activités sportives* (on compare la qualité selon qu'elle affecte la pratique de l'alpinisme ou d'autres activités). Mais la règle est de maniement délicat, et il n'est pas rare de trouver l'accord dans tous les cas : la phrase *c'est en hiver que la pratique de l'alpinisme est la plus exaltante* n'est pas agrammaticale.

L'adverbe peut également comporter le superlatif relatif : *il m'a reçu le plus aimablement du monde; il travaille le moins souvent possible.*

(Sur les compléments du comparatif et du superlatif relatif, voir ADJECTIF (COMPLÉMENT DE L') et ADVERBE (COMPLÉMENT DE L').)

déictique

Les éléments *déictiques* et les éléments en emploi déictique sont ceux qui marquent la déixis*.

déixis

La *déixis* — mot emprunté tel quel au grec ancien, où il signifie l'« action de montrer » — est l'une des façons de conférer son référent à une séquence linguistique. Elle s'observe clairement dans le fonctionnement des démonstratifs*.

La déixis s'oppose à la fois à l'anaphore* et à l'embrayage* :

a) à la différence de l'anaphore, la déixis n'implique pas de relations avec d'autres éléments du contexte : je peux dire *ce chat va se faire écraser* sans qu'il ait précédemment été fait mention du chat suicidaire;

b) à la différence de l'embrayage, la déixis ne se satisfait pas des seules indications fournies par l'acte même de l'énonciation : si je dis *je veux cette voiture,* le référent de *je,* embrayeur, est identifié de façon complète par le fait que c'est moi qui énonce la phrase. Mais pour repérer la voiture que je veux parmi celles qui sont exposées, il faut, accompagnant le déictique *cette,* un élément de monstration : geste, attitude, regard, etc; quand la situation est telle qu'il n'y a pas d'erreur possible sur le référent (une seule voiture dans la vitrine), le fait même de s'y trouver constitue la monstration.

Remarque. — Certains auteurs utilisent de façon indifférente *embrayage* et *déixis, embrayeurs* et *déictiques.*

délocutif

Les verbes *délocutifs* sont dérivés, à l'aide de l'élément verbal *-er*, d'une « locution » : *saluer* est formé sur « salut ! », *pester* sur « peste ! », *tutoyer* et *vouvoyer* respectivement sur « tu » et « vous ». Du point de vue sémantique, les verbes délocutifs indiquent qu'on énonce la locution sur laquelle ils sont formés : *saluer,* c'est « dire *salut* », *vouvoyer,* c'est « dire *vous* », etc. (Voir PERFORMATIF.)

délibératif

L'infinitif* français, employé de façon indépendante dans une phrase de forme interrogative, a une valeur *délibérative* : *que faire ?*

démarcatif

Les éléments *démarcatifs* sont ceux qui signalent la frontière entre deux unités linguistiques contiguës (voir PONCTUATION et PROSODIE).

démarcative (fonction)

Voir PONCTUATION et PROSODIE.

démonstratifs

Les *démonstratifs* se répartissent entre une série de déterminants, qui constituent, avec l'article et les déterminants possessifs, la sous-classe des déterminants* spécifiques, et une série de pronoms. Déterminants et pronoms présentent des formes simples (du type *ce, celui*) et des formes composées à l'aide des particules *ci* et *là.* Du point de vue sémantique, les démonstratifs manifestent la détermination dans des conditions comparables, quoique non identiques, à celles des embrayeurs*.

A. Les déterminants démonstratifs

En tant que déterminants spécifiques, ils présentent les traits suivants :

— du point de vue syntaxique, ils apparaissent exclusivement dans des syntagmes nominaux de forme *démonstratif + nom,* avec insertion possible entre le démonstratif et le nom d'un adjectif qualificatif et/ou d'un déterminant non spécifique : *ces trois excellents livres.*

— du point de vue morphologique, les démonstratifs présentent, comme l'article et les possessifs, un phénomène de neutralisation de l'opposition des genres au pluriel et, au singulier, devant une initiale vocalique. Toutefois, la neutralisation n'atteint au singulier que les formes orales, les formes écrites restant distinctes :

		ÉCRIT		ORAL	
		M	F	M	F
Sing.	devant initiale consonantique	ce	cette	[sə]	[sɛt]
	devant initiale vocalique	cet		[sɛt]	
Plur.		ces		[se] ou [sɛ]	

Remarque. — La forme au profit de laquelle se fait, au singulier antévocalique, la neutralisation, est pour le démonstratif la forme [sɛt] du féminin, alors que pour le possessif c'est la forme *mon* du masculin et pour l'article la forme *l'*, distincte et du masculin *le* et du féminin *la*.

Les éléments adverbiaux *ci* et *là* (ce dernier beaucoup plus fréquent) apparaissent après le nom déterminé, auquel ils sont joints par un trait d'union : *ce livre-ci, cet ouvrage-là*.

Le démonstratif apparaît dans deux types de conditions :

1. En l'absence de toute mention antérieure de l'objet envisagé : *apportez-moi ce livre; cet élève-là ne fait rien.*

Dans les cas de ce type, l'emploi du démonstratif est appuyé par un indice non linguistique (geste, attitude, regard, etc.). C'est en cela que les démonstratifs se distinguent des véritables embrayeurs, qui ne nécessitent aucun indice extralinguistique : le référent de *je* est identifié comme étant l'être qui dit *je* par le seul fait que celui-ci dit *je*. Le référent de *cet élève-ci* n'est pas identifié par la seule occurrence* du syntagme dans la situation d'énonciation, mais par le concours de cette occurrence et d'un indice extralinguistique. Ces emplois du démonstratif sont dits déictiques*.

2. En présence d'une mention antérieure de l'objet envisagé, soit par le même nom : *j'ai vu une voiture; cette voiture a brûlé un feu rouge*, soit par une autre désignation : *j'ai vu chez un libraire un vieux* *bouquin de grammaire; j'ai acheté ce livre.* Dans ces emplois anaphoriques* — où l'identification du référent est assurée par la mention antérieure qui en a été faite — le démonstratif est en concurrence, dans des conditions complexes, avec l'article défini. En règle générale, l'emploi du démonstratif s'impose chaque fois qu'il n'y a pas de choix possible entre plusieurs référents. Ainsi dans *quelqu'un est entré dans la salle; j'avais déjà vu cet homme,* l'emploi de l'article défini est à peu près impossible. C'est au contraire le démonstratif qui est exclu dans *un homme et une femme sont entrés dans la salle; j'avais déjà vu l'homme.*

L'emploi des formes composées en *-ci* et *-là* du déterminant démonstratif ne se distingue pas fondamentalement de l'emploi des formes simples, contrairement à ce qui se passe pour les pronoms. Quant à la différence de sens entre *-ci* et *-là,* elle est identique pour les déterminants et les pronoms. On en trouvera donc la description après l'étude des formes composées du pronom.

B. Les pronoms démonstratifs

1. Les formes composées

Elles se répartissent entre des formes comportant l'opposition de genre* et de nombre* et des formes invariables en genre et en nombre, traditionnellement dites neutres :

	M	F	N
Sing.	celui-ci [səlɥisi] celui-là [səlɥila]	celle-ci [sɛlsi] celle-là [sɛlla]	ceci [səsi] cela, ça [səla], [sa]
Plur.	ceux-ci [søsi] ceux-là [søla]	celles-ci [sɛlsi] celles-là [sɛlla]	

Remarques. — 1. *Celui-ci* et *celui-là* sont fréquemment prononcés [sɥisi], [sɥila]. 2. La forme *ça* n'a pas morphologiquement l'aspect d'une forme composée. Toutefois ses emplois sont ceux des formes composées. *Ça* est d'ailleurs historiquement issu de *cela,* peut-être sous l'influence de l'adverbe *çà.* Dans l'usage oral contemporain, *ça* tend à se substituer à *cela,* lui-même plus employé que *ceci.*

Les pronoms variables en genre et en nombre fonctionnent surtout comme représentants* et affectent au nom ainsi représenté la même détermination que le déterminant démonstratif. Le syntagme constitué par le pronom peut être à un autre nombre que le nom représenté : *ces élèves sont paresseux; celui-ci pourtant travaille un peu,* ou : *j'ai lu ce livre; mais je préfère ceux-là.*

Employées en opposition, les formes composées sont parfois utilisées, surtout dans la langue classique, comme nominales*, avec le sens de *l'un (les uns)..., l'autre (les autres) : ceux-ci travaillent, ceux-là ne font rien.*

Les formes neutres fonctionnent normalement en tant que pronoms nominaux. Elles désignent directement un référent pour lequel le locuteur ne peut ou ne veut trouver un nom : *qu'est-ce que c'est que ça ?* (d'où l'emploi nominalisé que les psychanalystes font de *ça* pour désigner l'une des instances de l'inconscient). Elles peuvent aussi représenter par anaphore (parfois par cataphore*) un élément contextuel dépourvu de genre et de nombre : *nous dînerons ; après ça nous irons au cinéma,* ou : *ça coûte combien, d'aller en Angleterre ?* Enfin, dans l'usage familier elles sont parfois utilisées, avec des intentions diverses (notamment péjoratives), pour représenter un nom (souvent générique) qu'elles ont pour effet de priver de ses catégories de genre et de nombre : *les jeunes gens aujourd'hui, ça ne veut plus se marier* (mais **Paul, ça ne se marie pas* est exclu).

Opposition de sens des formes en -ci et en -là

Aussi bien pour les déterminants que pour les pronoms, la langue classique utilisait *-ci* pour les objets proches, *-là* pour les objets éloignés (proximité et éloignement étant appréciés dans le temps, l'espace ou le contexte). La raréfaction d'emploi des formes en *-ci* fait progressivement disparaître cette opposition, qui, pour les déterminants, est remplacée par l'opposition forme simple/forme en *-là*. Parmi les pronoms, *ceci* continue à s'utiliser, notamment dans l'expression *ceci dit* (généralement préférée, sans doute pour des raisons phoniques, à *cela dit*).

2. Les formes simples

	M	F	N
S	celui [səlɥi]	celle [sɛl]	ce [sə]
P	ceux [sø]	celles [sɛl]	

Malgré leur évidente parenté morphologique avec les formes composées, elles ont des emplois absolument différents.

Les formes masculines et féminines ne peuvent s'utiliser que lorsque le syntagme qu'elles constituent est déterminé :

— par une proposition relative : *parmi les livres, je préfère ceux qui sont distrayants.* Sans antécédent : *gloire à ceux qui sont morts pour la linguistique*[1].

— par un complément prépositionnel normalement introduit par *de (ceux de tes amis qui viendront),* parfois par une autre préposition : *je prends celui à dix francs.*

— par un participe ou, usage contesté par les puristes, par un adjectif.

La forme *ce* a deux types d'emploi :

— sujet du verbe *être* (parfois d'un verbe tel que *pouvoir, vouloir* modalisant le verbe *être*) : *c'est difficile; ce peut être impossible.* Sauf devant le présent de l'indicatif, *ce* est fortement concurrencé dans cet emploi par *ça :* **ça est difficile* est évité (sauf régionalement), mais *ça serait difficile* (et même *ça n'est pas difficile*) sont courants.

— antécédent d'une relative : *dis ce que tu veux.*

dénomination

La *dénomination* est le processus par lequel les mots (qui, malgré l'étymologie, ne sont pas toujours des noms) sont affectés aux référents. Par extension, *dénomination* s'applique parfois au mot lui-même dans la mesure où il vise le référent.

dénotation

1. Ensemble ou classe d'entités auquel renvoie un terme (nom ou expression nominale) envisagé au niveau du système linguistique; on dira ainsi que « le terme X *dénote* (ou a pour *extension*) tout objet ayant les propriétés : $X_1,... X_n$ ».

2. Le *langage de dénotation,* qui s'articule en deux plans : l'expression (ou signifiant*) et le contenu (ou signifié*) peut, à lui seul, constituer l'un des deux plans d'un autre type de langage, le *langage de connotation* d'une part, et le *métalangage* d'autre part. (Voir EXTENSION, CONNOTATION et MÉTALANGAGE.)

---

(1) N. d. É. — Autre exemple : *gloire à ceux qui sont morts sans avoir tué.*

dental

Voir PHONÉTIQUE/PHONOLOGIE

dérivation 1

En grammaire générative*, la *dérivation* est le processus par lequel les phrases sont générées par l'application des règles de réécriture.

dérivation 2

Dans l'étude de la néologie*, c'est-à-dire de la formation d'unités lexicales nouvelles, on oppose traditionnellement la dérivation à la composition* en faisant intervenir le critère suivant :

a) sont dites dérivées (c'est-à-dire résultant d'un processus de dérivation), les unités dont l'un seulement des éléments constitutifs est susceptible d'être employé de façon autonome dans l'énoncé : dans *événement-iel* comme dans *re-faire*, *événement* et *faire* sont aptes à apparaître isolément dans une phrase. Il n'en va pas de même pour *-iel* et *re-*, qui se manifestent exclusivement dans des formations dérivées. Ces éléments reçoivent le nom d'affixes*.

b) sont dites composées (c'est-à-dire résultant d'un processus de composition), les unités dont tous les éléments constitutifs sont susceptibles d'être employés de façon autonome. C'est le cas de formations telles que *porte-avions, pomme de terre, prendre peur, à mesure que*, etc.

La dérivation, ainsi distinguée de la composition, présente deux aspects, que l'on distingue en tenant compte de la place et de la fonction syntaxique de l'affixe :

— quand l'affixe apparaît au début (à la gauche) de la formation nouvelle, il n'a jamais (voir cependant la remarque) pour effet de modifier la classe grammaticale de l'élément qu'il précède : *refaire* est un verbe comme *faire*. Les affixes qui présentent ce double caractère sont appelés préfixes, et le processus de dérivation reçoit le nom de préfixation*.

Remarque. — Le préfixe *anti-* a parfois pour effet de produire un adjectif à partir d'un nom.

— quand l'affixe apparaît à la fin (à la droite) de la formation nouvelle, il a fréquemment pour effet de modifier la classe grammaticale de l'élément auquel il s'ajoute : *événementiel* est un adjectif formé sur le nom *événement.* Les affixes qui apparaissent après la base sont les suffixes et le processus de dérivation est la suffixation*.

La plupart des suffixes sont aptes à modifier la classe grammaticale de l'élément qu'ils affectent. D'autres, plus rares, ne le sont pas ou le sont de façon très limitée : ainsi les suffixes diminutifs du type *-et*, *-ette*, *-illon*, *-ille*, etc.

D'une rigueur apparemment absolue, la distinction qui vient d'être mise en place entre dérivation et composition comporte cependant une zone d'intersection. Dans une formation telle que *contrefaire*, l'élément *contre* présente les deux traits définitionnels du préfixe : il apparaît devant la base et ne modifie pas la classe grammaticale de celle-ci. Mais il présente en outre la particularité de pouvoir être utilisé de façon autonome, comme préposition, dans des énoncés tels que *il combat contre l'intolérance*. Bien que certains linguistes retiennent la pertinence de ce dernier trait et rattachent les formations de ce type à la composition, il est également légitime de les rattacher à la préfixation, en tenant compte non seulement de l'identité de statut entre *re-* et *contre-* dans *refaire* et *contrefaire*, mais en outre du fait que le *contre-* de *contrefaire* ne se confond avec la préposition *contre* que du point de vue du signifiant. C'est le parti qui a été adopté dans cet ouvrage.

D'autre part, la formation illustrée par des mots tels que *odontalgie* (« douleur dentaire ») et *algophilie* (« goût pour la douleur ») ou *gastrotomie* (« ablation chirurgicale de l'estomac ») et *tomographie* (« radiographie d'une coupe d'organe ») présente des traits qui l'écartent à la fois de la dérivation et de la composition :

— *alg-* et *tom-* élargis selon le cas en *-o-* ou en *-ie*, apparaissent alternativement à l'initiale et à la finale de la formation : ils ne peuvent donc être qualifiés ni de préfixes, ni de suffixes, et le procédé de formation échappe à la dérivation au sens strict.

— *odont-* ni *gastr-*, même élargis en *-ie*, ne peuvent apparaître de façon autonome dans l'énoncé. Il en va de même pour *philie*. Seul, *algie* est, de façon limitée, susceptible d'un tel emploi. Les formations étudiées échappent donc à la composition au sens strict.

Les linguistes traitent cette formation de façons très diverses. On a pris le parti dans cet ouvrage d'en faire un type de formation spécifique, qu'on propose d'appeler *interfixation**, ce qui implique que les éléments utilisés reçoivent le nom d'*interfixes*. On remarque que les interfixes n'entrent pas dans l'inventaire des affixes.

Enfin, les grammaires traditionnelles donnent le nom de « dérivation impropre » au phénomène de transformation (ou transfert) de classe grammaticale lorsqu'il intervient sans marque suffixale : comparer *le bleu du ciel* (l'adjectif *bleu* est nominalisé, sans suffixe) et *la bleuité du ciel* (le suffixe *-ité* marque la nominalisation). Ce processus a donné lieu dans cet ouvrage à des remarques relatives à chacune des classes concernées. On en donne ici un tableau récapitulatif.

TABLEAU DES PRINCIPAUX PHÉNOMÈNES
DE « DÉRIVATION IMPROPRE »

Les faits sont répartis selon la classe à laquelle aboutit le phénomène de « dérivation impropre », c'est-à-dire de transfert de classe sans marque morphologique spécifique.

1. Nom

1.1. Nom propre : *une bougie* (ville d'Algérie d'où venait la cire), *une poubelle* (nom du préfet de police qui imposa l'emploi de l'objet).

Remarque. — C'est l'un des aspects de l'antonomase*.

1.2. Adjectif : *la capitale, une circulaire, le métro(politain), le beau.*
1.3. Pronom : *le moi, le ça, les Quarante* (numéral en fonction de pronom).
1.4. Verbe : *le boire et le manger; un consultant, un accusé.*

Remarque. — Ce type de transfert ne peut affecter que les infinitifs et participes.

1.5. Adverbe : *le bien et le mal.*
1.6. Préposition : *le pour et le contre.*
1.7. Conjonction : *des mais, des si et des que.*
1.8. Interjection : *un hurrah enthousiaste, un allô perplexe.*

Enfin, la pratique du métalangage* permet de nominaliser toute séquence linguistique, du phonème à l'énoncé : *un o fermé, le « je vous ai compris » du général de Gaulle.*

2. Nom propre

2.1. Nom : *le Sauveur, le Seigneur.*

Remarque. — C'est le second aspect de l'antonomase*.

2.2. Adjectif : *le Malin, l'Autre.*

Remarque. — Ce type de transfert a produit de nombreux patronymes* : Legros, Lebon.

3. Adjectif

3.1. Nom : *une robe marron, un air très collet monté.*
3.2. Nom propre : *elle prit son ton le plus Guermantes.*
3.3. Verbe : *une critique très piquante.*

Remarque. — Il s'agit de l'« adjectif verbal », transformation qui suppose que le verbe est préalablement au participe*.

3.4. Adverbe : *une femme très bien, très comme il faut.*

3.5. Interjection : *une revue très ollé, ollé.*

Remarque. — *Je suis contre, je suis très pour* ne relèvent pas du transfert de classe, mais de l'effacement de l'élément introduit par la conjonction.

4. Déterminant

4.1. Nom : *une foule de, un tas de, quantité de,* etc.

4.2. Adverbe : *beaucoup de, pas mal de,* etc.

5. Pronom

5.1. Adverbe : *j'en ai vu beaucoup, j'en ai tant (trop) dit,* etc.

Remarque. — L'emploi des mêmes formes comme déterminants et comme pronoms dans certaines classes *(je n'ai aucun élève, je n'en ai aucun)* n'est pas un phénomène de transfert de classe, mais tient à la possibilité qu'a tout déterminant de fonctionner comme pronom, avec ou sans changement de forme : *je vois les élèves, je les vois, ils travaillent.*

6. Adverbe

6.1. Nom : *rouler voiture, penser conserves.*

6.2. Nom propre : *roulez Peugeot, lavez Bonux.*

6.3. Adjectif : *parler haut, voter utile.*

6.4. Préposition : *on fait avec* (effacement de l'élément introduit par *avec*).

7. Préposition

7.1. Nom : *question argent, rapport au boulot.*

7.2. Adjectif : *sauf les femmes, excepté les vieillards.*

7.3. Adverbe : *dessous la table, aussitôt mon arrivée.*

8. Conjonction

Sur les relations entre l'adverbe et la conjonction de coordination, voir COORDINATION.

9. Interjection

9.1. Nom Propre : *Seigneur ! Marie ! Joseph !* (c'est le jurement*).

9.2. Nom : *attention ! peste ! merde !*

9.3. Adjectif : *bon !*

9.4. Pronom : *ça !*

9.5. Verbe : *allons, voyons, allez...*

destinataire, destinateur

Voir COMMUNICATION et LANGAGE.

destination

Caractérisation sémantique de certains compléments circonstanciels (notamment de lieu). (Voir CIRCONSTANCIEL (COMPLÉMENT).)

détachement

1. On parle parfois de *détachement* de l'épithète quand l'adjectif est séparé du syntagme nominal par une pause marquée par une virgule. (Voir ADJECTIF et APPOSITION.)

2. D'une façon générale, le détachement d'un constituant est l'une des manifestations syntaxiques de l'emphase*. (Voir aussi ORDRE DES MOTS.)

déterminant

On réserve aujourd'hui le terme de *déterminant* à un ensemble de morphèmes dont le rôle essentiel est de permettre l'introduction du nom dans le discours. Le caractère indispensable du déterminant est reflété, en grammaire générative, par le fait qu'il représente un constituant obligatoire dans la règle de réécriture du syntagme nominal : SN → Dét + N. Placé devant le nom, il lui emprunte ses marques de genre et de nombre. Deux sous-ensembles sont à distinguer : *a)* les déterminants qui ne peuvent se combiner entre eux : il s'agit des articles*, des adjectifs démonstratifs*, des adjectifs possessifs* (*le/ce/mon livre*) et *b)* ceux qui, pouvant être employés seuls (à quelques exceptions près) autorisent divers types de combinaisons, à la fois avec les précédents et entre eux : ce sont les adjectifs numéraux* et les adjectifs indéfinis* : *deux élèves, quelques élèves, les deux premiers élèves, tous les autres élèves,* etc. Enfin, sont parfois considérés comme déterminants les adjectifs interrogatifs* (*quel élève ?*) et les adjectifs exclamatifs (*quel temps !*).

Outre leur rôle d'« actualisation » du nom, les différents types de déterminants sont porteurs de valeurs spécifiques; celles-ci sont décrites dans les articles particuliers qui leur sont consacrés.

déterminatif

1. La grammaire traditionnelle utilisait fréquemment le terme *adjectif déterminatif* pour les éléments étudiés ici sous le nom de *déterminants*. (Voir aussi ADJECTIF.)

2. On a parfois donné le nom de *complément déterminatif* à l'ensemble des compléments autres que les compléments d'objet.

détermination

1. Dans un sens étroit, communément admis aujourd'hui, la *détermination* désigne le mode d'introduction d'un nom dans le discours par un morphème qui le précède obligatoirement, le *déterminant* (voir ce mot). Il peut s'agir d'un article*, d'un adjectif démonstratif*, possessif* ou indéfini* ou de diverses combinaisons de certains d'entre eux : *cet ami; mon ami; plusieurs amis; un de mes amis; tous mes amis,* etc.
Cette notion restrictive entre toutefois en concurrence avec trois autres acceptions — aux limites assez floues — que l'on rencontre encore dans le contexte de la grammaire traditionnelle; les divers chevauchements catégoriels qu'elles sont susceptibles d'entraîner font que l'on a tendance à éviter d'y recourir.

2. Ainsi, il est possible de dire qu'un nom est plus ou moins « déterminé » : dans *le/ce/mon chien est dans le jardin, chien* peut être considéré comme parfaitement déterminé, alors que dans *le/un chien est quadrupède, chien* ne désigne pas un individu particulier, il est totalement indéterminé (il s'agit de l'interprétation dite *générique;* voir ARTICLE). On admet toutefois, qu'entre ces ceux cas extrêmes, *un chien* dans *un chien aboyait dans la nuit,* désigne, malgré tout, un individu particulier, mais que le locuteur n'est pas à même d'identifier; l'indétermination n'est alors que partielle.

3. Il est possible, également, de décrire divers composants du syntagme nominal comme responsables d'une détermination. C'est le cas des adjectifs* qualificatifs, des noms compléments* ou des propositions relatives*. Dans *le chien noir et blanc/du voisin/que vous m'avez donné,* les constituants postnominaux peuvent être considérés comme participant à la détermination du nom *chien* — d'où l'opposition entre épithète (adjectif ou proposition) *déterminative* et *appositive* (voir RELATIVE) : *le chien fidèle est attaché à son maître/le chien, fidèle, est attaché à son maître.*

4. Enfin, on peut, dans un sens très large, parler de *détermination* à propos de la plupart des éléments ayant pour fonction de modifier ou de compléter un élément quelconque considéré comme une constante. Ainsi, dans *demain, nous partirons en voiture,* l'adverbe *demain* assume une relation de détermination à l'égard de la phrase tout entière et le syntagme prépositionnel *en voiture,* une relation de détermination à l'égard du verbe *partirons.*

déterminative

Voir RELATIVE.

deux points

Voir PONCTUATION.

déverbal

Un nom *déverbal* (parfois : *postverbal*) est formé, par dérivation*, sur un verbe préalablement existant, par suppression des marques verbales : *cumul,* attesté au XVIIᵉ siècle, est le déverbal de *cumuler,* attesté dès le XIIIᵉ. (Voir aussi SUFFIXATION).

Remarque. — On donne parfois aussi le nom de *déverbal* au nom formé à partir d'un verbe à l'aide d'un suffixe.

diachronie

La linguistique *diachronique* s'oppose à la linguistique *synchronique* en ce qu'elle vise les faits de langue dans leur successivité temporelle, c'est-à-dire sous l'aspect du changement qui les substitue, dans l'histoire, les uns aux autres. Chez Saussure, la *diachronie* est, dans des conditions qui sont expliquées à SYNCHRONIE, limitée pour l'essentiel à l'étude des faits isolés, notamment à l'évolution phonétique. Cependant, certaines indications du *Cours* laissent envisager une extension de la diachronie à l'évolution des systèmes linguistiques. C'est cette conception de la diachronie qui a été développée par la linguistique contemporaine.

Le changement dans le temps atteint tous les systèmes constitutifs de la langue :

1. Système phonologique

La comparaison du système phonologique du français moderne à celui du latin — dont il est issu — donne une idée de l'ampleur du changement : 5 voyelles en latin, chacune d'elles comportant une opposition de longueur, 14 en français (dans certains systèmes), sans opposition de longueur pertinente ; 14 consonnes en latin, 20 en français. La comparaison achronique* de ces deux systèmes, indépendamment de toute information diachronique, ne permettrait pas de supposer que l'un est issu de l'autre.

Même à brève distance temporelle, certaines évolutions se laissent repérer : ainsi les oppositions /a/ vs /ɑ/ et /ɛ̃/ vs /œ̃/ ont, en une cinquantaine d'années, considérablement régressé en français standard. On peut — sans certitude — prévoir leur disparition totale. Le phonème /ŋ/ (nasale vélaire) a été introduit en français par l'intermédiaire de l'emprunt* à l'anglais de nombreux noms en -*ing*.

Remarque. — En phonologie générative (voir PHONÉTIQUE/PHONOLOGIE), les règles de réécriture permettent fréquemment de mettre en relation la structure synchronique avec l'évolution diachronique, notamment en rendant compte de certains faits morphophonologiques anciens fixés par l'orthographe* : la consonne latente au masculin et le -*e* « muet » au féminin des adjectifs* tels que *petit, petite, grand, grande,* ou la dénasalisation des phonèmes marquée dans l'orthographe par voyelle + *n.*

2. Système morphosyntaxique

On se contentera de donner l'exemple des morphèmes des fonctions nominales. Manifestées en latin par l'opposition des cas* de la déclinaison*, les fonctions du syntagme nominal le sont en français par des phénomènes d'ordre des mots* et par des prépositions*. Quant à la déclinaison, déjà réduite en ancien français à deux cas, elle a entièrement disparu pour les noms en français moderne. Elle ne subsiste que pour les pronoms personnels et les pronoms en *qu-* dans leur emploi comme relatifs*.

L'explication de ce type de phénomènes est particulièrement litigieuse. On y a vu souvent le résultat de phénomènes strictement phonétiques, ayant pour conséquence l'effacement des syllabes finales, porteuses des morphèmes de cas. D'autres travaux insistent sur les phénomènes de redondance* (par exemple ordre des termes + préposition + cas), qui rendaient superflue la flexion casuelle.

3. Système lexicosémantique

La relation entre les plans du signifié* et du signifiant* est, en synchronie, d'une stabilité absolue : c'est la définition même de la langue d'interdire d'affecter à sa guise les signifiants aux signifiés. D'une façon apparemment paradoxale, le sens des éléments linguistiques est cependant affecté aussi par l'évolution diachronique. Le signifiant *chef,* affecté en ancien français au signifié « tête » (il en subsiste le composé *couvre-chef*), est en français moderne réservé au signifié « supérieur hiérarchique ». Sauf phénomène discursif d'archaïsme*, il a été remplacé par *tête* pour le signifié « tête ». Ces phénomènes d'évolution sémantique travaillent constamment le stock lexical de la langue et lui font subir un lent glissement. On les répartit en plusieurs classes :

a) Il arrive fréquemment que le référent (ou, ce qui revient au même, la connaissance qu'on en a) évolue sans que le signe soit modifié : le soleil continue à *se lever* et à *se coucher*, en dépit de l'astronomie. L'*atome*, qui, étymologiquement, « ne se coupe pas », a cessé d'être insécable. L'histoire du doublet* *déjeuner/dîner* est particulièrement instructive : l'heure du *dîner* est passée progressivement de 9 heures à midi, puis à l'après-midi et à la soirée. Le *déjeuner* prenait progressivement sa place, au point d'être à son tour remplacé, pour le repas du matin, par le *petit déjeuner.* Évolution qui a déterminé certaines hésitations : les articles *déjeuner* et *dîner* du *Dictionnaire* de Littré donnent des indications qui ne concordent pas clairement avec son emploi du temps tel qu'il le décrit dans la *Préface.* Ni dans le *Dictionnaire* ni dans la *Préface,* il n'existe de nom pour le repas du matin.

b) Indépendamment des emprunts* à diverses langues étrangères, on observe à l'intérieur d'une même langue des échanges entre le lexique commun et les lexiques spécifiques, notamment techniques. Ces échanges peuvent prendre les trois formes suivantes :

— passage de signes d'un lexique technique dans le lexique commun : *niais* et *hagard,* originellement termes du lexique cynégétique, sont passés dans le lexique commun et y ont pris un sens différent ;

— passage de signes du lexique commun à un lexique technique : à date très ancienne, *mutare* (« changer », voir l'emprunt « savant » *muter*) et *ponere* (« poser ») ont pris les sens spécifiques de *muer* et de *pondre* ;

— échanges entre lexiques techniques : le lexique de l'aviation, à la fin du XIXᵉ siècle, puis celui de l'astronautique, au milieu du XXᵉ, se sont pour une large part constitués par des emprunts à des lexiques précédemment existants. Le résultat se manifeste par des changements de sens : un *aiguilleur* n'a pas la même fonction dans une gare de triage et dans un aéroport.

c) Le changement de sens des signes repose fréquemment sur des phénomènes de déplacement qu'on peut décrire à l'aide des notions de la rhétorique* :

— c'est la métaphore* qui rend compte par exemple de l'emploi de noms d'animaux pour des outils ou des appareils : *chien, chèvre, chevalet, col-de-cygne*, etc. *Poutre* est étymologiquement le nom de la *jument;*

— le nom de la *langue* comme système de signification vient d'une métonymie* (déjà largement amorcée en latin) affectant le nom de la *langue*, « organe » ;

— l'euphémisme et, inversement, la péjoration expliquent de nombreux changements de sens : *tumeur* est fréquemment utilisé comme équivalent euphémique de *cancer; garce* et *fille*, originellement non péjoratifs, ont acquis une valeur dépréciative. Certains euphémismes glissent progressivement vers la péjoration : ce fut par exemple le cas de *benêt, imbécile, crétin* (forme dialectale de *chrétien*).

Les changements de sens tels qu'ils viennent d'être décrits donnent lieu à deux importantes remarques :

● Comme l'ont montré la plupart des exemples cités, le sens nouveau d'un signe élimine rarement son (ses) sens ancien(s). Ce phénomène a pour conséquence l'extension de la polysémie* et la réduction de la monosémie*, qui ne s'observe de façon absolue que pour les noms propres* et pour certains termes techniques peu aptes à subir un déplacement de sens : *appendicectomie* ne peut désigner que l'« ablation de l'appendice ».

● Les exemples cités montrent l'importance que prend le référent dans le processus de l'évolution sémantique. On peut donc poser le problème de savoir dans quelle mesure le signe lui-même — défini comme relation du signifiant et du signifié — est affecté par les mutations de sa relation au référent. Pour éclairer ce problème, on prendra pour ultime exemple le cas du verbe *voler*. Originellement, il n'était utilisé, conformément à son étymon latin, que pour le « déplacement aérien des oiseaux » (soit : *voler 1*). Son emploi dans le vocabulaire technique de la fauconnerie a eu pour effet de lui faire prendre le sens de « enlever une proie, en parlant d'un oiseau de chasse » (soit : *voler 2*). Repris par le lexique commun, *voler* a acquis le sens nouveau de « dérober » *(voler 3)*. Avec l'apparition de l'aérostation, puis de l'aviation, *voler* a été utilisé pour le « déplacement aérien d'objets non animés » (*voler 4*). Enfin, le développement de l'astronautique permet de conférer à *voler* un sujet humain, et de supprimer la référence à l'atmosphère : d'où l'apparition de *voler 5*. On voit de quelle façon des accidents référentiels, ici de nature culturelle (l'institution de la fauconnerie, l'invention de l'aviation puis de l'astronautique) ont finalement pour conséquence des modifications qui affectent le signifié même du mot, et du coup le signe qu'il constitue : entre le signifié de *voler 1* et celui de *voler 5*, il ne subsiste en commun que le trait (le sème*) « déplacement non terrestre ». Il n'en subsiste plus entre *voler 1* et *voler 3*, qui sont traités par les dictionnaires comme des homonymes*, sous deux adresses* distinctes. On peut en tirer la conclusion que la problématique de la diachronie dans le domaine du sens doit faire intervenir, de façon nécessairement complexe, les relations entre les données proprement linguistiques et les données socio culturelles.

diacritique (signe)

Les *signes diacritiques* sont, dans l'orthographe* française, les accents*, la cédille* et le tréma*. Ils permettent de constituer, à l'aide des 26 lettres de l'alphabet*, des unités supplémentaires, pourvues de fonctions diverses : phonographique dans l'opposition de *c-* à *ç-* ou de *o* à *ô*, morphographique dans l'opposition de *vint* à *vînt*, logographique dans l'opposition de *mur* à *mûr*.

dialecte

1. Au sens propre du terme, le *dialecte* est la forme spécifique conférée à une langue par l'évolution diachronique différenciée selon les régions. En ce sens, on peut dire que les langues romanes, qui résultent de l'évolution différenciée du latin, sont des dialectes du latin.

2. Le terme *dialecte* est couramment utilisé comme équivalent de *dialecte régional*. Il désigne alors, par opposition à *langue*, un système linguistique de même origine que la langue, mais qui ne bénéficie pas du statut socioculturel de la langue. En France, où il existe une langue officielle, unifiée et normalisée, les dialectes, exclus de l'usage réglementaire et de l'enseignement de base, sont le plus souvent réduits à l'état de patois*.

3. On donne parfois le nom de *dialecte social* à l'ensemble des spécificités (essentiellement lexicales) propres à l'usage d'un groupe socioculturel : en ce sens les argots* professionnels, les lexiques techniques, les divers systèmes cryptonymiques* sont des dialectes sociaux.

diathèse

Nom grec de la catégorie morphosyntaxique de la voix*.

diathétique

Les périphrases verbales *diathétiques* sont celles qui marquent une catégorie de l'ordre de la diathèse, c'est-à-dire de la voix. Il s'agit de *(se) faire, (se) laisser, (se) voir* + infinitif.

dictionnaire

Le *dictionnaire* constitue certainement l'objet culturel le plus familier auprès du grand public, pour lequel il est censé représenter un répertoire : celui des mots de la langue, accompagnés de tout ce qu'il convient de savoir à leur propos. Cette image est à la fois illusoire et incomplète, dans la mesure où elle promeut un modèle qui n'a qu'un rapport lointain avec la diversité de ses réalisations concrètes. C'est pourquoi il est plus juste, dans un premier temps, de parler *des* dictionnaires, plutôt que *du* dictionnaire.

Les dictionnaires sont, avant tout, des objets empiriques, résultats d'une activité pratique (la lexicographie), et conçus à des fins utilitaires ; comme tels, ils sont tributaires de nombreux impératifs — souvent contradictoires — liés à leur destination : nécessité d'une présentation conventionnelle, d'une adaptation à un ou plusieurs publics, recherche de l'exhaustivité et de la simplicité, souci pédagogique et didactique, etc.

A. Les types de dictionnaires

Outre les dictionnaires bilingues, qui constituent l'outil essentiel de la traduction, il existe aujourd'hui quantité d'ouvrages monolingues qui se caractérisent par leur spécialisation : dictionnaires décrivant un état ancien de la langue (le français du XVIᵉ siècle, le français classique, etc.), dictionnaires de mots nouveaux, de mots à la mode, etc., dictionnaires de parlers régionaux, d'argot, dictionnaires techniques (cuisine, médecine, informatique, etc.) ; ou encore, dictionnaires qui limitent leur information à des propriétés spécifiques du vocabulaire : dictionnaires de prononciation, dictionnaires étymologiques, dictionnaires de synonymes, etc.

Parmi les plus fidèles au modèle couramment admis, il convient encore de faire une distinction entre les dictionnaires encyclopédiques et les dictionnaires de langue, les premiers étant censés traiter des choses, les seconds, des mots. Ainsi, les dictionnaires encyclopédiques s'efforcent surtout de rassembler les connaissances que l'on possède sur les objets, les individus, les espèces, les concepts ; ils accueillent un grand nombre de noms propres et font un grand usage de l'illustration, alors que les dictionnaires de langue s'attachent à décrire le sens des mots et leur fonctionnement dans le discours.

Encore cette distinction n'est-elle pas absolue; alors qu'il existe de véritables encyclopédies, c'est-à-dire des ouvrages d'où l'information linguistique est totalement absente (sinon comme contenu des articles visant spécifiquement la linguistique), il est difficile de concevoir un dictionnaire de langue qui échappe totalement à la description des choses; bien que réduite à son strict minimum, elle apparaît nécessairement au détour de certaines définitions (espèces naturelles, objets manufacturés), ainsi qu'à la lecture des exemples destinés à illustrer les termes définis. En outre, certains dictionnaires tentent d'échapper à cette dichotomie dans la mesure où ils proposent de cumuler les deux types d'information (les ouvrages donnant lieu à des développements importants s'efforcent de maintenir la distinction : définitions en langue/notices encyclopédiques).

B. La nomenclature des dictionnaires de langue

Les divers dictionnaires de langue se distinguent encore par l'extension de leur nomenclature, c'est-à-dire par le nombre de mots qui constituent les entrées ou adresses (mots-vedettes). Contraints d'abandonner l'idée qu'un ouvrage quelconque pourrait rendre compte du lexique total d'une langue, les lexicographes établissent leur nomenclature en fonction d'impératifs économiques (prix de revient), matériels (maniabilité), pédagogiques (profil de l'utilisateur), tout en gardant le souci d'une certaine généralité ou représentativité. L'estimation d'un vocabulaire commun à l'ensemble des locuteurs conduit à la sélection de 3 000 à 5 000 mots (manuels élémentaires pour l'apprentissage du français langue maternelle ou langue étrangère); alors que les nomenclatures s'adressant à un lecteur moyen tournent autour de 20 000 mots (ouvrages les plus répandus), elles peuvent dépasser 50 000 mots lorsqu'elles visent un niveau culturel considéré comme optimal.

Dans tous les cas, et surtout dans les deux derniers, le lexicographe est contraint d'exercer certains choix : bien que cherchant à donner une image de la langue de son époque, il doit décider de la part à accorder aux mots vieillis ou archaïques (ils peuvent faire l'objet de recherches lors de la lecture de textes des siècles passés) ainsi que de celle qu'il faut laisser aux termes techniques ou spécialisés, dont le nombre s'accroît sans cesse avec le développement scientifique; de même, avant d'accueillir des mots nouveaux, il doit s'assurer qu'ils ont acquis droit de cité au sein de la communauté linguistique. Ce n'est que confronté à cet ensemble de difficultés que l'on est à même de mesurer le caractère illusoire de toute prétention à l'exhaustivité.

Toutefois la diversité n'empêche pas l'adhésion à certains principes ou conventions, sans qu'il s'agisse pour autant de véritables invariants.

C. Les conventions du dictionnaire

1. Les mots-vedettes

Contrairement aux apparences, le fait de considérer le mot comme l'unité de base du dictionnaire est loin de constituer une évidence linguistique. La recherche d'unités minimales porteuses d'une forme et d'un sens (signifiant-signifié) conduit, en fait, à la notion de *morphème**, qui ne coïncide pas toujours avec celle de *mot** (unité identifiable, en langue écrite, par des espaces) : ainsi, le groupe *les pêcheurs du lac* comporte quatre mots mais huit morphèmes *(le + s + pêch + eur + s + de + le + lac);* seul *lac* représente, à la fois, un mot et un morphème. Certes, des morphèmes grammaticaux comme le *s* du pluriel relèvent de la grammaire et non du lexique, c'est pourquoi le dictionnaire choisit de ne faire figurer que les formes non marquées (singulier pour les noms, masculin singulier pour les adjectifs). Mais on pourrait s'interroger à propos de *pêch-eur* qui partage avec *pêche, pêchait, pêchera, pêcherie* un élément de sens invariant. En fait, des suffixes comme *-eur* et *-erie* seront également réservés au domaine de la grammaire (ils sont en petit nombre et leur liste est fermée), ils n'apparaîtront pas dans la nomenclature qui ne retient que les formes uniques *pêcheur, pêcherie.* Quant aux formes du verbe, elles sont, pour des raisons pratiques, réduites à celle de l'infinitif (les dictionnaires latins donnent la première personne du singulier du présent et les dictionnaires anglais la forme de base du verbe dépourvue de la marque de l'infinitif — sinon tous les verbes figureraient à la lettre T).

Les morphèmes grammaticaux autonomes (non liés) comme les déterminants, les pronoms, les prépositions entrent tout naturellement dans la nomenclature, ce qui ne va pas sans jeter quelque doute quant au respect de la distinction entre lexique et grammaire. En réalité, la priorité accordée au mot résulte non seulement d'un assujettissement au modèle écrit, mais répond également à des impératifs psycho-linguistiques : par exemple, les divers préfixes* et suffixes* ne sont pas librement combinables avec n'importe quelle racine (*pêche* et non *pêchage* ni *pêchation*); les unités considérées comme mots sont le résultat d'un processus de codification et, comme tels, constituent des supports mémoriels chez les locuteurs. Les difficultés commencent avec les assemblages de mots; certains gardent une certaine latitude combinatoire, *fauteuil de salon, chaise de*

227

jardin, alors que d'autres tendent vers l'autonomie : une *robe de chambre* est-elle une *robe* au même titre qu'une *robe d'été* ou une *robe de soirée* ? D'autres encore ne laissent plus percevoir le sens de certaines des unités qui entrent dans leur composition : le *chemin de fer* est-il vraiment une sorte de *chemin* (comme le serait un *chemin de terre*) ? La *pomme de terre* une sorte de *pomme* ? Les solutions consistent à accorder une entrée particulière à ce dernier type d'assemblages, ainsi qu'à ceux qui sont scellés par des traits d'union : *arc-en-ciel, col-de-cygne* (on s'étonnera toutefois de ne pas trouver *au fur et à mesure,* que l'on doit chercher soit à *fur* soit à *mesure*). (Voir COMPOSITION).

2. Autre contrainte, purement conventionnelle, cette fois : *l'ordre alphabétique.*

De par son caractère immuable et totalement arbitraire, il facilite la structuration des nomenclatures et constitue un guide irremplaçable pour la consultation. On notera toutefois que, faisant appel à la seule forme écrite, il exige une relative connaissance des possibilités de réalisation orthographique lorsque l'utilisateur ne dispose que de la forme orale. En outre, il peut donner l'illusion qu'il correspond à une certaine « organisation » du lexique, le voisinage de certains termes témoignant parfois d'une réelle parenté sémantique : à la suite de *labour,* on trouve *labourage, labourer;* mais que penser de la cohabitation de *mirliton, mirmillon, mirobolant, miroir* ? Et de la dispersion de *racine, enraciner, déraciner* ? (Un système de renvois permet souvent de compenser cet éparpillement.)

D. Les articles du dictionnaire

La forme orthographiée du mot, qui constitue à la fois un repère et une information, est parfois complétée par des indications relatives à la flexion du mot : féminin pour certains noms, *lion, lionne,* et aussi pluriel, *vitrail, vitraux;* féminin (et parfois pluriel) pour les adjectifs, *loyal, e, aux;* renvoi à des tableaux de conjugaison pour les verbes; elle peut être également suivie par une transcription phonétique, soit de manière systématique, soit seulement dans les cas où la prononciation risque de poser des problèmes. Vient ensuite la mention de la catégorie grammaticale : *nom, verbe, adjectif,* etc., ainsi que l'indication du genre pour les noms et de la construction pour les verbes : *transitif, intransitif.* La plupart des dictionnaires donnent également l'étymologie du mot, qu'elle soit attestée (avec éventuellement la date de sa première apparition dans un texte écrit) ou reconstituée, elle est alors précédée de l'astérisque. L'essentiel du corps de l'article est consacré à la (ou aux) définition(s).

1. Homonymie et polysémie

L'association d'une définition ou d'un ensemble de définitions à une forme oblige le lexicographe à pratiquer un certain nombre de choix, justiciables d'attitudes diverses. Dira-t-on qu'un même mot a plusieurs sens ou bien que chacun de ces sens correspond à des mots différents qui se trouvent avoir la même forme ? On admettra, dans un premier temps, qu'en toute logique, ce genre de question ne devrait pas se poser puisque le principe de la nomenclature repose uniquement sur le repérage des formes graphiques, il ne saurait donc y avoir deux mots « qui ont la même forme ». Toutefois, le principe de l'association entre forme graphique et catégorisation syntaxique permet déjà une dissociation de certaines entrées : *fort*, par exemple, donnera lieu à trois articles, selon qu'il est adjectif *(un homme fort)*, adverbe *(frapper fort)* ou nom *(édifier un fort)*. En outre, il est encore possible de distinguer deux entrées lorsqu'une même forme se trouve être le résultat de deux origines étymologiques différentes : *bol* (de l'anglais *bowl*) et *bol* (du grec *bôlos*); *tour* (du latin *turris*) et *tour* (du latin *turnus*). On parlera dans tous les cas, d'*homonymie* *, partielle dans le premier, totale dans le second (pour ce qui est du dictionnaire, il s'agit, au sens strict, d'*homographie* *). Le critère étymologique doit cependant être relativisé, une origine commune pouvant donner lieu à des développements historiques qui aboutissent à des formes n'ayant plus rien de commun sur le plan sémantique : ainsi *grève* (bande de terrain au bord de l'eau) et *grève* (arrêt de travail). En fait, c'est essentiellement la notion de parenté sémantique qui constitue le critère le plus sûr. Dès lors, les diverses acceptions enregistrées dans un même article de dictionnaire peuvent être considérées comme appartenant à la *polysémie* * du mot-adresse. Tout le problème consiste, alors, à diviser, répartir, ordonner ces divers « sens ». Là encore, le critère étymologique conduit à privilégier l'acception la plus proche de celle de l'étymon, mais cette pratique (sauf pour les mots forgés ou savants) ne correspond que rarement à l'usage réel en synchronie : *charme* n'a qu'un rapport lointain avec le latin *carmen* (chant, poème). Partant du principe qu'un mot ne tire son sens que de la multiplicité de ses emplois, les lexicographes tentent de classer ses diverses acceptions à partir d'un noyau commun, leur répartition se fondant sur les environnements dans lesquels le mot se rencontre le plus fréquemment. Cette démarche, d'abord intuitive, s'est peu à peu nourrie des travaux de la linguistique (distributionnelle); c'est ainsi que certains dictionnaires proposent des classements fondés sur les combinatoires syntaxiques (constructions) et sur la sous-catégorisation des mots cooccurrents : par exemple *percer*, dans son emploi transitif, offre deux sens différents, selon que son complément est [+ concret] *(percer un mur* : « trouer »*)* ou [– concret] *(percer une énigme* : « découvrir »*).*

2. La définition

La possibilité même de la définition repose sur la notion de synonymie : elle est censée représenter un équivalent paraphrastique du mot. L'entrée du dictionnaire, au plan grammatical, fonctionne comme le sujet d'une phrase prédicative dont l'attribut est la définition : « (un) damier (est un) plateau de bois divisé en cent cases (...) ». La définition peut se réduire à un seul mot (considéré comme un véritable synonyme), ce qui ne va pas sans le risque d'aboutir rapidement à la circularité : *courge* pouvant se définir par *citrouille* et *citrouille* par *courge;* il s'agit le plus souvent d'un ou de plusieurs syntagmes.

Du point de vue logique, la définition est censée répondre à un modèle qui procède à partir d'un terme incluant (hypéronyme, terme superordonné) que l'on complète par des traits spécifiques (différences). Ainsi, *chat* est d'abord défini par *mammifère,* puis par *carnassier, domestique,* etc. Se pose alors le problème d'une limitation des deux extrémités de la chaîne; si l'on aboutit très vite à la limite supérieure *(mammifère < animal < être vivant),* l'accumulation des traits spécifiques peut donner lieu à des développements importants; cette extension ressortit essentiellement à la distinction entre dictionnaire de langue et encyclopédie. Dans le premier cas, seuls les traits distinctifs sont, *a priori,* considérés comme pertinents : dans *école,* « établissement destiné à l'enseignement collectif », la définition suffit à distinguer l'entité dénotée des autres types d'établissements, mais dans le second, l'information peut atteindre des proportions importantes (histoire de l'école, types d'écoles, voire conceptions de l'école, etc.). Dans les faits, les dictionnaires limitent l'inclusion supérieure à des termes prenant leur valeur dans un champ donné : *rat* est d'abord défini comme un mammifère (plutôt que comme un animal ou un être vivant), la spécification de « petit rongeur » contribue à le distinguer de *lapin, castor,* etc. Quant aux termes de *vorace, prolifique, nuisible,* ils relèvent du domaine de la description et sont empruntés à une représentation considérée comme commune, c'est-à-dire à un stéréotype. Pour les termes dérivés, la définition ne fait que reproduire leur structure syntaxico-sémantique sous-jacente : *incompréhensible,* « qu'on ne peut pas comprendre » (présence du morphème lexical *comprendre,* de la négation (= préfixe *in-*) et du verbe *pouvoir* (= suffixe *-ible*).

Les définitions sont normalement accompagnées par des exemples destinés à les illustrer et à les justifier ; leur mérite essentiel est de créer un contexte minimal capable de suggérer les cooccurrences les plus fréquentes d'un mot ; il s'agit, le plus souvent, de phrases ou de syntagmes forgés par le lexicographe, mais il peut également s'agir de citations littéraires, parfois plus propres à illustrer les emplois dits « figurés ».

E. L'image du dictionnaire

De par l'ampleur de sa diffusion, de par sa vocation essentiellement didactique et enfin de par l'objet même de son propos (à travers les mots, il vise la *langue**, produit social à travers lequel se reconnaissent les membres d'une communauté), le dictionnaire est nécessairement tributaire d'une image plus ou moins idéalisée. Il constitue un garant : des questions comme « ce mot est-il français ? » se résolvent, en général, par d'autres questions du type « ce mot est-il dans le dictionnaire ? » De même, la consultation aidera à résoudre les problèmes du sens « exact », de la possibilité d'utilisation d'un mot : on le sollicitera pour choisir, préférer, éviter, voire condamner certains mots, tours ou expressions. Il contribue ainsi à la promotion d'une *norme** qui n'est que l'image dans laquelle une société aspire à se reconnaître, face à un objet « langue » essentiellement instable, hétérogène et infiniment créatif. En témoignent : les jugements négatifs du type *populaire, familier, vulgaire, dialectal* ou valorisants, du type *recherché, littéraire, poétique ;* l'exclusion (par certains ouvrages) de mots considérés comme tabous (le plus souvent en relation avec la sexualité) ; les exemples, présentés comme de simples illustrations mais souvent interprétables comme des modèles prescriptifs, où norme linguistique et norme comportementale ou morale finissent, parfois, par se confondre : lieux communs, maximes, proverbes, ou encore exemples d'écrivains, contribuant à la valorisation d'un modèle culturel ; le contenu même des définitions, qui ne saurait échapper aux représentations d'une société avec ses systèmes de valeur mais aussi ses préjugés (pour le vérifier, il n'est que de consulter quelques dictionnaires du siècle dernier pour des articles comme *femme, nègre, religion*, etc.).

Nécessairement empreint de l'idéologie de son époque — et parfois pour cela même —, le dictionnaire n'en demeure pas moins l'instrument irremplaçable que lui confère son image dans la conscience collective : son renouvellement constant et la diversité de ses réalisations (qui doivent être considérées comme complémentaires) constituent les garants de la seule forme d'objectivité à laquelle il peut prétendre.

diérèse

La *diérèse* est le phénomène de prononciation d'une semi-voyelle sous forme de la voyelle correspondante : [nɥi] prononcé [nyi], avec deux syllabes au lieu d'une. Elle peut apparaître (selon des règles complexes) dans la lecture de la poésie, ou dans une prononciation lente. (Voir PHONÉTIQUE/PHONOLOGIE.)

diglossie

Plus ou moins synonyme de *bilinguisme**, quoique d'extension moindre, ce terme comporte deux nuances possibles :

a) certains parlent de *diglossie* quand il y a inégalité de statut entre les langues en cause (par exemple une langue régionale et une langue nationale, comme le basque et le français);

b) d'autres utilisent ce terme pour désigner l'usage concurrent de deux variétés d'une même langue (par exemple, le français populaire et le français standard). (Voir FRANÇAIS.)

digramme

Groupe de deux lettres pourvu, dans l'orthographe*, d'une fonction unique ou de plusieurs fonctions associées. Dans *char*, le digramme *ch*, notation de /ʃ/, a une fonction phonographique (voir PHONOGRAMME). Dans *pouls*, le digramme *-ls*, qui n'a pas de correspondant à l'oral, a une fonction logographique (voir LOGOGRAMME) : sa présence distingue dans l'orthographe *pouls* de son homophone *pou*. Dans l'article contracté *au*, le digramme a à la fois une fonction phonographique (il note le phonème /o/) et une fonction logographique (il distingue *au* de ses homophones, *ô, oh, eau, haut,* etc.).

dilation

Voir PHONÉTIQUE/PHONOLOGIE.

diminutif

Les affixes* *diminutifs* — en français exclusivement des suffixes*— donnent lieu à des formations lexicales dont le signifié est présenté comme réduit par rapport à celui du mot non suffixé : *un garçonnet* est un *petit garçon, une mine pâlotte* (ou *pâlichonne*) est moins livide qu'*une mine pâle,* etc. Les diminutifs servent aussi à désigner les petits des animaux : *chaton, chiot, lionceau,* etc.

Par extension, on donne le nom de diminutifs aux noms et aux noms propres affectés d'un suffixe diminutif : *frérot, sœurette, Pierrot,* etc. D'autres diminutifs sont obtenus par le procédé de *gémination** (au sens 3). Les diminutifs sont fréquemment des hypocoristiques*.

diphtongue

Voir PHONÉTIQUE/PHONOLOGIE

direct

Se dit de certains types de compléments ainsi que des constructions dans lesquelles ils apparaissent. (Voir OBJET (COMPLÉMENT D'), ATTRIBUT, PRÉPOSITION, NOM (COMPLÉMENT DE); voir aussi DISCOURS et INTERROGATION.)

discontinu

Propriété de certains morphèmes ou constituants formés d'éléments qui n'apparaissent pas de manière contiguë dans les énoncés. (Voir CONSTITUANT (ANALYSE EN CONSTITUANTS IMMÉDIATS), NÉGATION.)

discours

Sauf peut-être le terme voisin d'énoncé*, il semble qu'il n'y ait pas de mot plus polysémique dans le champ linguistique : il connaît des emplois très variés et des délimitations assez floues. Un point commun entre ses emplois les plus courants est qu'il s'agit d'une réalisation, orale ou écrite, par un sujet, de la dimension de la phrase ou davantage (succession de phrases).

Le *discours* peut être conçu comme une extension du champ de la linguistique, ou comme le symptôme d'une difficulté interne de la linguistique (particulièrement dans le domaine du sens), rendant nécessaire le recours à d'autres disciplines.

A. Au-delà de la phrase

Ce premier sens fait du discours un domaine de prolongement de l'application de la grammaire : certains phénomènes, d'ordre incontestablement grammatical, ne sont pas traitables dans le cadre de la phrase. Étudier le discours, c'est donc étudier la manière dont les contraintes qu'il impose agissent soit à l'intérieur même de la phrase, soit dans les relations entre phrases successives. À la grammaire de phrases, on oppose donc une grammaire de discours (ou grammaire de texte), dont relèveraient des phénomènes comme : la sélection des articles, la concordance des temps, les phénomènes d'emphase et de thématisation, certains phénomènes de coréférence, certains phénomènes d'intonation, l'inversion stylistique, certaines relations question-réponse (par exemple, pour les interro-négatives, selon qu'elles demandent confirmation positive ou négative), certains usages des pronoms, la compatibilité des éléments conjoints dans une coordination de phrases, etc.

Des linguistes ont poursuivi cette perspective transphrastique vers l'organisation des phrases ou des discours à travers des connecteurs comme *mais, d'ailleurs, eh bien,* des adverbes comme *franchement, décidément...,* études qui peuvent conduire à une problématique de l'orientation argumentative, visant à établir ce que ces mots traduisent de l'organisation d'un discours.

B. Le discours comme limite de la linguistique

L'origine de cet emploi se trouve dans une remise en cause de la dichotomie saussurienne entre *langue* et *parole* (voir ces mots), entre lesquels on postule qu'il est nécessaire d'instaurer un ordre du discours. Ceci de deux façons, avec deux horizons théoriques différents :

— chez Benveniste, le discours est la mise en action de la langue par un sujet parlant, « la conversion individuelle de la langue en discours ». Cette perspective conduit à adjoindre à la perspective linguistique une étude de l'énonciation*, comme processus de production linguistique ;

— le courant dit d'*analyse de discours* part du constat selon lequel les concepts saussuriens ont pour effet d'instaurer une dichotomie tranchée entre un objet de science (la langue) et un domaine conçu, par opposition, comme celui de la liberté du sujet parlant. L'analyse de discours remplace « parole » par « discours », qu'elle conçoit comme contraint par des règles ou des régularités de deux types : celles de la langue (voir le sens 1), et d'autres liées à l'histoire (idéologie, habitus, mentalité, « savoir » au sens de Foucault...) et à l'inconscient. Ce qui permet de fonder une méthodologie, dont une partie, liée à la langue, est proprement linguistique, et dont l'autre (le fait que la forme linguistique d'un énoncé soit liée à ses « conditions de production ») fait appel à des connaissances relatives à l'histoire, la sociologie, la psychanalyse, la philosophie, la pragmatique...

Retrouvant certains aspects de la perspective de Benveniste, l'analyse de discours vise non pas ce que dit un texte, mais la façon dont il le dit, à travers les deux perspectives indissociables de l'analyse de discours proprement dite (étude d'énoncés réalisés, constitués en corpus*), et de la théorie du discours (visant à établir des règles régissant des séquences potentielles de phrases).

Discours en ce sens fait appel à l'idée qu'il existe quelque chose que l'on peut appeler *cohérence discursive* ou *cohérence textuelle* : résultat de l'articulation d'une pluralité de structurations transphrastiques, en fonction de conditions de production particulières ; le fait de le poser ne détruit pas l'existence et l'autonomie de la langue, et donc la possibilité de son étude, ainsi que celle de l'énonciation.

C. Typologie des discours

En prenant *discours* dans un sens similaire, certains linguistes ont avancé l'idée d'une typologie des discours, avec des critères de classement divers. Les uns sont empruntés à une classification de l'action sociale (discours polémique, discours scientifique, discours didactique...), les autres réfèrent à un fonctionnement rhétorique (dialogue, argumentation, narration, description). Seul le deuxième type est susceptible d'une caractérisation en termes de marques formelles (par exemple, la narration sera caractérisée par son système temporel et par l'usage des personnes). Mais ces marques ne suffisent jamais à isoler un type de discours parmi les autres, et tous ne peuvent pas se différencier de cette manière. Un autre risque de cette problématique est d'instaurer l'idée qu'il y aurait une langue, naturelle, qui serait sans règles, par exemple celle de la conversation courante, et que l'on pourrait opposer à des types de discours nettement définis, manifestant les indices formels de leur existence comme discours autonomes.

Ce n'est pas le lieu de parler ici d'un emploi de *discours* comme système de relations entre des énoncés ne prenant pas en compte les réalisations linguistiques de ceux-ci, à l'œuvre dans les écrits de Michel Foucault.

D. Discours (par opposition à histoire)

Il s'agit là d'une distinction relative au fonctionnement de l'énonciation, tracée entre *histoire* et *discours*, et proposée par Benveniste.

Le récit des événements passés constitue l'histoire. L'énoncé historique (parfois appelé récit) se caractérise par le fait que le procès d'énonciation qui l'a produit n'y laisse aucune trace : « Les événements, dit Benveniste, semblent se raconter d'eux-mêmes. » La troisième personne, seule admise, y est donc en fait une absence de personne. Sont exclus de ce type d'énoncé les éléments marquant l'intervention du locuteur, tels les embrayeurs et les déictiques ; les temps privilégiés sont le passé simple, l'imparfait, le passé antérieur et le plus-que-parfait. Le passé composé et le présent sont exclus (sauf l'exception rare du présent atemporel).

Le discours se caractérise par opposition à l'histoire : bien au-delà des seules émissions orales, ce terme concerne tout ce qui, oral ou écrit, n'est pas histoire. À côté de la 3e personne des personnels et des possessifs, on trouve la 1re et la 2e personnes, ainsi que les autres embrayeurs, comme le présent. Tous les temps y sont autorisés, sauf le passé simple et le passé antérieur.

Cette distinction permet d'étudier le fonctionnement du système temporel français en liaison avec l'énonciation, sans limitation à l'axe temporel (voir les différents temps, et spécialement PASSÉ).

E. Discours rapporté

Le terme de *discours rapporté* désigne les différentes modalités d'intégration d'un discours extérieur dans un premier discours. Les différentes formes en sont le discours direct, le discours indirect et le discours indirect libre (on dit aussi « style »).

Le *discours direct* préserve l'indépendance du discours cité, chacun des deux actes d'énonciation étant référé à sa propre situation. Le discours cité est présenté entre guillemets* (après une pause et avec intonation particulière à l'oral), introduit par un verbe qui peut occuper différentes positions : *il dit : « Pierre a terminé »; « Pierre, dit-il, a terminé »; « Pierre a terminé », dit-il.* Les embrayeurs renvoient chacun au sujet d'énonciation du segment dans lequel il se situe : dans *mon père a dit : « J'ai perdu mon livre »*, le *mon* du syntagme *mon père* renvoie au sujet d'énonciation de la phrase (celui qui la prononce), et le *mon* de *mon livre* renvoie à *père*, sujet d'énonciation du discours cité. L'indépendance du discours cité est telle qu'il peut être en langue étrangère *(il a dit : « Ich liebe dich »)*, être une exclamation *(il a dit : « Zut ! »)* ou une phrase incomplète *(il a dit : « Génial ! »)*.

Le *discours indirect* enlève toute autonomie au discours cité, qui est complètement subordonné à l'énonciation du verbe introducteur *(il a dit que Pierre allait venir)*, et qui est soumis à la concordance des temps*. L'intonation totale est celle d'une phrase complète. Aussi inverse-t-il toutes les caractéristiques du discours direct : les embrayeurs renvoient à l'unique sujet d'énonciation (celui de la phrase), et le discours cité est trop intégré à la phrase pour être autre chose qu'une phrase française. Le discours indirect n'est pratiquement jamais une reproduction fidèle du discours direct : une phrase unique peut résumer (ou interpréter) un long discours *(il dit qu'il en a assez)*.

Par ailleurs, dans *Œdipe dit qu'il aime sa mère*, doit-on considérer qu'il a dit *« j'aime ma mère »*, ou qu'il a dit *« j'aime cette femme »*, dont l'auditeur interprète qu'elle est sa mère ? Il est clair que l'exercice scolaire qui consiste à passer du discours direct au discours indirect (ou inversement) ne tient pas compte de ces particularités.

Le *discours indirect libre*, propre à l'écrit et particulièrement au roman à partir du XIXᵉ siècle, cumule les avantages des deux autres discours : conserver les traces de l'énonciateur du discours cité, et introduire un point de vue extérieur. Il n'y a pas de marques univoques du discours indirect libre, qui n'est interprétable comme tel qu'en contexte (*Pierre sourit. Ils allaient voir !* : l'imparfait permet l'interprétation comme style indirect libre), contrairement à ce qui se passe dans une langue comme l'allemand, où une indépendante au subjonctif ne peut avoir que cette valeur.

discours (parties du)

L'expression *parties du discours* est la traduction littérale de l'expression latine correspondante *partes orationis,* où *partes* serait plus exactement traduit par *éléments* et *orationis* par *de la langue.* On s'aperçoit alors que les *parties du discours* ont dans la tradition grammaticale la même fonction que les *classes linguistiques* dans la réflexion contemporaine.

À l'époque latine, l'inventaire des parties du discours comporte neuf termes : le nom, le verbe, l'article, l'adjectif, le pronom, l'adverbe, la préposition, la conjonction et l'interjection. Les définitions qui en sont données sont complexes et hétérogènes, et se distinguent par là des définitions, souvent plus rigoureuses, des linguistiques modernes. (Voir CATÉGORIE et CLASSE.)

discret

Les unités linguistiques, quel que soit leur niveau (unités de l'ordre du signe : morphèmes*, ou de l'ordre du signifiant : phonèmes* ou graphèmes*) sont définies comme *discrètes*, c'est-à-dire comme distinctes les unes des autres dans les systèmes qu'elles constituent : le phonème /r/, quelle qu'en soit la réalisation, est distinct de tout autre phonème susceptible d'apparaître dans le même contexte. Il en va de même pour le morphème *il* (distinct de *ils, elle, elles, lui*, etc.). (Sur le problème de la discrétion des éléments suprasegmentaux, voir PROSODIE.)

disjointes (formes)

Voir PERSONNELS (PRONOMS).

dislocation

Voir EMPHASE et ORDRE DES MOTS.

disponibilité

Un mot relativement peu fréquent* est dit *disponible* quand la spécificité de la conversation entraîne nécessairement son emploi. *Fourchette* et *pardessus* — dont le rang* dans les listes de fréquence est très éloigné — sont des mots *disponibles*.

dissimilation

Voir PHONÉTIQUE.

distinctif (trait)

Voir PHONÉTIQUE/PHONOLOGIE, SENS et TRAIT.

distributif

1. Les indéfinis* tels que *chaque, chacun* et *tout* dans le syntagme *tout homme* ont une valeur *distributive*.

2. Sur l'aspect *distributif* du verbe, voir ASPECT.

distribution

La *distribution* d'une unité est constituée par l'ensemble des *environnements* dans lesquels elle est susceptible d'apparaître, c'est-à-dire l'ensemble des mots ou catégories de mots qui peuvent figurer à sa gauche et/ou à sa droite dans les phrases considérées comme grammaticales. Les régularités ainsi observées sont à la base de divers types de classements : on dira que deux unités ayant la même distribution appartiennent à une même classe ou catégorie; en revanche, deux unités n'ayant aucun environnement en commun sont dites en *distribution complémentaire*.

doubles (lettres)

Voir GÉMINATION et ORTHOGRAPHE. Pour les consonnes doubles, voir aussi PHONÉTIQUE.

doublet

Un *doublet* est un couple de mots (ou de morphèmes*) qui, issus du même étymon*, sont cependant distincts au niveau du signifiant*et, le plus souvent, du signifié*. La plupart des doublets proviennent du sort différent réservé aux mots d'origine latine selon qu'ils ont été hérités ou empruntés (voir EMPRUNT). Hérité, le mot a subi la totalité de l'évolution phonétique, particulièrement mutilante en français : *masticare* a été réduit à *mâcher, navigare* à *nager, hospitalem* à *hôtel,* etc. Emprunté, même à date relativement ancienne, le mot n'a subi qu'une adaptation minime aux règles phonologiques (et orthographiques) du français. Ainsi empruntés, *masticare, navigare* et *hospitalem* sont respectivement représentés par *mastiquer, naviguer* et *hôpital.*

Il existe des doublets parmi les suffixes* *(-eur, -ateur; -ier, -aire,* etc.) et parmi les préfixes* *(sur-, super-,* etc.*).*

Remarque. — Un petit nombre de doublets ont pour origine la survivance séparée des formes de cas sujet* et de cas régime* de l'ancien français : *copain* et *compagnon, chantre* et *chanteur, pâtre* et *pasteur, nonne* et *nonnain, pute* et *putain.* L'un et l'autre hérités, *déjeuner* et *diner* ont été affectés à deux repas différents (voir DIACHRONIE). *Noir* est hérité du latin, *nègre* (puis *negro*) sont des emprunts à l'espagnol (ou au portugais) *negro,* qui représente lui-même le latin *nigrum,* étymon de *noir.*

duel

Dans certaines langues (grec ancien, sanscrit, slovène, etc.) la catégorie morphologique du nombre* comporte, intercalé entre le singulier et le pluriel, un *duel* utilisé pour les référents constitués de deux unités. (Sur les rares survivances de cette catégorie en français, voir NOMBRE.)

duratif

Voir ASPECT.

E

écart

Voir FIGURE, NORME, REGISTRES DE LANGUE et SOCIOLINGUISTIQUE.

échange verbal

Voir VERBAL.

économie

Voir PHONÉTIQUE/PHONOLOGIE.

écriture

L'*écriture* est la manifestation de la langue sous la forme d'unités disposées linéairement sur une surface : feuille de papier, tableau noir, surface rocheuse, écran d'un téléscripteur ou d'un ordinateur, etc. Il existe plusieurs systèmes de manifestation écrite des langues : idéographique, syllabographique, phonographique. Les alphabets — parmi lesquels l'alphabet latin, utilisé par le français — relèvent du système phonographique.

Le problème linguistique posé par l'écriture est celui de sa relation avec la manifestation orale de la langue. (Voir ORTHOGRAPHE, PHONÉTIQUE, PONCTUATION et PROSODIE.)

effacement

Terme utilisé pour décrire un processus transformationnel qui consiste à supprimer un constituant dans une structure donnée. Ainsi, de nombreux verbes transitifs permettent l'*effacement* de leur complément d'objet : *manger, chanter, écrire*, etc. De même, la tournure passive est fréquemment utilisée du fait qu'elle autorise l'effacement de l'agent du procès : *des voitures ont été volées; des vitres ont été brisées*. Enfin, l'effacement d'un constituant est parfois à l'origine d'un changement de construction : dans *je pense que je rentrerai tard,* l'effacement du sujet de *rentrer* entraîne la transformation de la complétive* en infinitive* (voir ces mots) : *je pense rentrer tard.*

élargissement

Voir CONJUGAISON.

élision

L'*élision* est un phénomène d'ajustement qui entraîne, quand le mot suivant commence par une voyelle, la disparition de la voyelle finale d'un mot : *l'ami,* [lami], et non **le ami,* alors qu'on a *le camarade,* [ləkamaʁad].

Il n'y a pas d'unité graphique de la marque d'élision : tantôt la voyelle élidée est remplacée par une apostrophe* *(j'aime),* tantôt elle ne l'est pas *(un autre aime,* [œ̃notʁɛm])*,* bien que l'effet dans la chaîne parlée soit le même. Il faut donc distinguer entre élision phonologique (voir ENCHAÎNEMENT) et élision graphique, ou élision proprement dite.

L'élision peut se produire devant toutes les initiales vocaliques, mais aussi devant les semi-voyelles *(l'oie, l'ouest, l'iode)* — à l'exclusion de certains mots d'origine étrangère *(le water, le Yémen...)* — et devant le *h* muet *(l'huile, l'habitant)* — à l'exclusion du *h* aspiré *(la haine, le héros).* La similitude entre les initiales permettant l'élision et celles permettant la liaison (voir ce mot) est un argument essentiel pour les réunir sous un même phénomène de troncation : l'élision serait la troncation d'une voyelle devant voyelle, et la non-liaison* la troncation d'une consonne devant consonne, à condition de prendre comme forme de base la forme avec consonne finale ([pətit] plutôt que [pəti]).

La voyelle la plus fréquemment élidée est le *e,* dit muet en position atone.

Dans les termes grammaticaux, l'élision est toujours marquée graphiquement : *je, me, te, se, le, ce, de, ne* et *que* (et ses composés) constituent un ensemble de termes à la fois brefs, inaccentués, fréquents et peu nombreux, ce qui réalise des conditions de conservation favorables. *Ce* n'est élidé que quand il est pronom *(c'est),* alors que, déterminant, il devient *cet* devant voyelle *(cet individu). Quelque* ne s'élide que devant *un (quelqu'un,* mais *quelque autre,* qui se prononce néanmoins [kɛlkotʁ]; *lorsque, puisque* et *quoique* ne s'élident en principe que devant *il, elle, un, en, on* et *ainsi,* mais on les trouve parfois élidés dans d'autres cas *(quoiqu'indifférent, lorsqu'avec ses enfants...)*.

C'est avec des termes grammaticaux qu'apparaissent les rares cas d'élision d'une voyelle autre que *e* : *la* en position non accentuée, soit article *(l'amie)*, soit clitique *(je l'aperçois, elle)*; mais, de même d'ailleurs que pour *le*, l'élision est impossible en position tonique *(montre-la à Pierre; dis-le à Pierre)*; *si*, quand il est conjonction ou particule interrogative *(s'il vient, je me demande s'il vient*, mais *il est si ignare)*, élision qui par ailleurs ne se fait pas en langue parlée ([siivjɛ̃]). La langue parlée permet également l'élision de la voyelle *u* dans *tu (t'arrives)*.

Dans les formes lexicales, seul le *e* muet s'élide. L'étude de l'élision nécessite donc un examen de la distribution du [ə] muet en français, aussi bien à l'intérieur des mots qu'au contact des morphèmes et des mots (voir PHONÉTIQUE). La rareté de l'élision marquée graphiquement dans les termes lexicaux assure la permanence des formes (*aube* garde une forme unique, aussi bien dans *l'aube approche* que dans *l'aube vient)*. Les seuls mots affectés sont, au contact entre morphèmes*, ceux qui comportent les préfixes *presque (presqu'île,* mais *presque arrivé)* et *entre* (pour lequel l'usage est d'ailleurs flottant : *entr'apercevoir* et *s'entr'égorger,* mais *entracte* et *s'entraider,* en principe). Historiquement, le groupe d'un article élidé et d'un nom a pu donner naissance à de nouveaux noms, par agglutination* *(lierre, lendemain)*.

Parmi les cas où l'élision devrait être automatique, l'appartenance à une série peut contrarier la tendance : dans la série des nombres, on dira *le un* et *le onze* (mais *bouillon d'onze heures,* et *courrier d'une heure)*; *le oui,* sur le modèle de *le non.* Le désir de détacher un mot informatif peut aussi entraîner, de plus en plus fréquemment, la restauration d'un [ə] muet dans une position où il aurait pu être élidé : *quelque chose de ample,* prononcé [kɛlkə ʃozdəãpl].

Notons que la convention de l'apostrophe est assez généralement adoptée dans les transcriptions graphiques qui tentent de rendre une élision à l'oral *(t'arrives)*.

ellipse

Il existe dans toute langue des procédés qui permettent de raccourcir les énoncés : l'emploi de représentants* en est un, l'*ellipse* en constitue un autre.

On peut distinguer deux types d'ellipse :

1. Dans certains contextes, certains mots peuvent facultativement ou obligatoirement être sous-entendus, quelles que soient les conditions d'emploi. On parle alors d'ellipse de langue, ou d'ellipse conventionnelle, pour indiquer le caractère sémantiquement conditionné. Le terme ayant subi l'ellipse peut appartenir à différentes classes : *un (film) documentaire, (tournez) à gauche, avoir un grain (de folie), une cuisinière (pour) tous combustibles...* Ces ellipses peuvent être répertoriées dans un dictionnaire.

2. On parle d'ellipses de discours, ou d'ellipses grammaticales, quand c'est le schéma syntaxique qui permet un effacement. Les trois grands cas en sont : la réponse à une question : — *où vas-tu ?* — *(je vais) à Paris;* la coordination : *Pierre mange des pommes et Marie (mange) des poires;* et la comparaison : *il sait le latin mieux qu'un prêtre (ne sait) son bréviaire.* Cette ellipse se caractérise par la possibilité syntaxique de restituer l'élément supprimé et d'établir les conditions de la suppression et les contraintes qui pèsent sur elle.

L'ellipse est un concept grammatical très fragile, dans la mesure où elle a pu constituer un principe d'explication facile, où l'on confondait « inexprimé » et « supprimé ». Elle constitue un enjeu pour les théories grammaticales, où deux conceptions de la grammaire peuvent s'opposer : une théorie distributionnelle ne saurait parler d'ellipses; celles-ci ne peuvent apparaître que dans une théorie qui connaît des opérations comme l'effacement*, et les réglemente.

embrayage

L'*embrayage* est la procédure discursive par laquelle le sujet de l'énonciation* manifeste, par l'emploi des embrayeurs*, sa présence dans l'énoncé. Le débrayage est l'opération inverse. Dans la phrase *je préfère la linguistique à la psychanalyse : les linguistes sont moins fantaisistes,* il y a d'abord embrayage, puis débrayage.

embrayeurs

Les *embrayeurs* sont les éléments linguistiques qui manifestent dans l'énoncé la présence du sujet de l'énonciation*. Ils sont repérables selon le critère suivant : le référent* qu'ils désignent ne peut être identifié que par les témoins de l'acte d'énonciation. Coupé des circonstances de son énonciation, le discours comportant des embrayeurs est ininterprétable : des élèves qui entrent dans une classe et qui trouvent inscrite au tableau la phrase *je ne fais pas mon cours aujourd'hui* ne savent pas qui est *je* ni quel jour vise *aujourd'hui*.

émetteur

Émetteur a pour équivalent *destinateur*. Voir COMMUNICATION, LANGUE et RÉCEPTEUR.

émotive (fonction)

Voir LANGAGE.

emphase

Le terme d'*emphase* — emprunté à la rhétorique* — désigne les phénomènes d'insistance qui peuvent affecter les constituants de la phrase. L'emphase peut se manifester uniquement par des traits prosodiques. Elle peut entraîner en outre des transformations de la phrase. Ces transformations ont reçu, en grammaire générative, des descriptions diverses. Les phrases emphatiques sont caractérisées par des phénomènes de détachement, de dislocation, de focalisation qui sont décrits à ORDRE DES MOTS. (Sur d'autres manifestations de l'emphase, voir COORDINATION.)

emprunt

L'*emprunt* est l'un des processus par lesquels s'enrichit l'inventaire des éléments (essentiellement lexicaux) d'une langue. Il consiste à faire apparaître dans un système linguistique — par exemple le français — un élément issu d'une autre langue, par exemple le latin (voir plus bas), l'italien ou l'anglais. L'emprunt présente (en commun avec l'onomatopée*, à vrai dire beaucoup moins productive) le caractère de faire apparaître des unités nouvelles sans recourir à des éléments lexicaux préexistants dans la langue. Il se distingue par là des procédés de formation de mots tels que la dérivation* ou la composition*.

Le processus de l'emprunt s'analyse en deux temps :

1. Un certain nombre de sujets parlants — éventuellement un sujet unique — en contact avec des usagers d'une autre langue, et de ce fait partiellement bilingues (voir BILINGUISME) introduisent dans leur usage un élément de la langue avec laquelle ils sont en contact. Ainsi, au XVIᵉ siècle, les Français vivant en Italie ont utilisé, en l'adaptant d'emblée aux règles morphophonologiques du français, le nom italien *appartamento,* sous la forme francisée *appartement* : le mot est attesté pour la première fois dans un sonnet des *Regrets* de du Bellay, écrit pendant le séjour du poète à Rome.

Remarque. — Cette première attestation, nécessairement écrite, n'a évidemment qu'un caractère indicatif : le poème a été publié en 1559, mais composé quelques années avant. Le mot a pu être utilisé oralement à une date encore antérieure, ou avoir donné lieu à une mention écrite disparue ou non encore repérée par les spécialistes de l'histoire du lexique. (Voir DATATION.)

2. Quand certaines conditions sont réunies (utilité de l'emprunt, facilité de son intégration dans le système de la langue, statut socioculturel de la langue-source par rapport à la langue-cible, etc.), l'élément emprunté s'introduit progressivement dans l'usage, d'abord passif, puis éventuellement actif, de l'ensemble des sujets parlants.

Il prend sa place parmi les éléments déjà existants de sens voisin : dans l'exemple cité, les noms tels que *habitation, maison, logement,* etc. Au terme de ce processus, le mot originellement étranger est intégré dans l'ensemble des structures de la langue. Seuls les historiens du lexique connaissent son statut originel d'emprunt.

L'emprunt, dans son premier temps, relève d'un phénomène sociolinguistique de contact entre langues, de caractère synchronique*. C'est dans le second temps que l'emprunt acquiert un aspect diachronique* : entre la période A (ici, antérieure à 1559) et la période B (postérieure à 1559), la langue a acquis une unité nouvelle. Des relations se sont instituées entre cette unité nouvelle et les unités préalablement existantes. Les relations réciproques de ces dernières s'en sont trouvées modifiées : le microsystème des dénominations de l'habitat humain a évolué dans son ensemble.

Le phénomène de l'emprunt n'est généralement étudié que dans le lexique. C'est effectivement dans ce secteur qu'il a la plus grande extension. On peut cependant repérer des phénomènes d'emprunt dans d'autres domaines :

a) *En phonologie,* on considère parfois que le français s'est enrichi, à date récente (depuis la fin de la Seconde Guerre mondiale) d'un élément souvent décrit comme un phonème : la nasale vélaire /ŋ/. Elle n'apparaît cependant guère que dans la finale en *-ing* de mots empruntés à l'anglais (ou forgés sur le modèle de ceux-ci, comme *footing,* qui n'existe pas en anglais avec le sens qu'il a en français).

b) *En syntaxe,* certains phénomènes, s'ils ne relèvent pas de l'emprunt au sens strict, n'en font pas moins apparaître l'influence des structures syntaxiques d'une langue étrangère. Parmi les faits contemporains, l'emploi adverbial de l'adjectif *(mangez facile, voyagez économique)* ou du nom propre *(roulez Peugeot, volez Air France)* est sans doute partiellement conditionné par l'influence de l'anglais (mais *boire frais* est bien français, et de longue date !). L'ordre insolite du déterminant cardinal et de l'adjectif ordinal dans *les premiers cent mètres* (au lieu du régulier *les cent premiers mètres,* voir NUMÉRAUX) est, selon toute vraisemblance, un calque de la structure anglaise correspondante. Une certaine extension de l'antéposition de l'épithète, notamment dans l'usage des journalistes *(une urgente mission, l'actuelle situation)* trouve sans doute l'une de ses explications dans l'imitation de l'anglais où l'antéposition est constante. Parmi les phénomènes à la fois plus anciens et plus généraux, on considère comme vraisemblable que l'apparition des temps composés avec les auxiliaires *être* et *avoir* dans les langues romanes et germaniques s'explique notamment par des phénomènes de contact entre ces diverses langues.

A. Les emprunts aux langues anciennes

C'est dans le lexique que le phénomème de l'emprunt est à la fois le plus important et le plus apparent. Au cours de son histoire, le français a emprunté à toutes les langues avec lesquelles il a été en contact, quelle qu'ait été la nature des relations établies : commerciales, culturelles, conflictuelles, etc. Le nombre des emprunts faits à chacune d'elles dépend notamment de la durée et de l'importance de ces contacts. À date très ancienne (premiers siècles de l'ère chrétienne) ce fut le gaulois, auquel le latin avait déjà lui-même fait des emprunts : *char, chemin* et *savon* en sont des témoignages. Sont d'origine gauloise — et, à la différence des trois mots précédemment cités, exlusivement français — des noms d'arbres et de plantes *(bouleau, bruyère, chêne),* des termes relatifs aux anciennes techniques *(benne, jante; bonde, tonneau; arpent, charrue, soc, sillon),* quelques rares termes relatifs aux institutions sociales *(vassal).* Les langues parlées par les envahisseurs germaniques (IIIᵉ au VIIIᵉ siècle) ont donné lieu à un très grand nombre d'emprunts : mots du vocabulaire militaire *(bannière, éperon, étrier, garde, guerre, guetter, maréchal,* etc.), mots relatifs aux institutions sociales *(bannir, échevin, gage, gagner,* etc.), mots des techniques agricoles et de la vie rurale *(blé, cresson, épervier, gazon, gerbe, grappe, groseille, hameau, hanneton, houx, jardin, marais, roseau, troëne, troupeau,* etc.). Les adjectifs de couleurs *blanc, bleu, brun, fauve* et *gris* sont également d'origine germanique, ainsi que les adverbes *guère* et *trop* (en relation étymologique avec *troupe* et *troupeau*). L'adjectif *franc* et le nom même de la *France* viennent du nom des Francs. Enfin, les suffixes *-ard (richard)* et *-aud (lourdaud),* de même que les préfixes *for-* (contamination du germanique **fir-* par le latin *foris,* aujourd'hui improductif) et *mé(s)- (forban, forclos, méfait, mésaventure, mévente)* sont des emprunts germaniques.

Le latin, longtemps pratiqué à l'égal d'une langue vivante par les couches cultivées de la population, est à l'origine d'un nombre considérable d'emprunts. Il convient toutefois de distinguer clairement deux classes de mots d'origine latine présents dans le lexique du français contemporain. D'une part, les mots *hérités* du latin ont été utilisés sans interruption depuis l'époque où la langue latine s'est substituée progressivement aux langues celtiques jusqu'alors parlées en Gaule. Ces mots n'ont pas eu à être empruntés, puisqu'ils n'ont jamais cessé d'être employés. Relativement peu nombreuse (de l'ordre de 10 % du vocabulaire), cette classe de mots fournit au français la plupart des unités les plus fréquemment employées, par exemple les verbes *être, avoir, dire, faire,* l'ensemble des pronoms et des déterminants (à la seule réserve de l'archaïsant *maint*), les prépositions et les conjonctions, etc. D'autre part, un très grand nombre de mots latins, provisoirement sortis de l'usage, ont été réintroduits à des époques diverses. Ces mots *empruntés* se distinguent des mots hérités en ce qu'ils n'ont subi que partiellement l'évolution phonétique, et sont donc beaucoup plus proches formellement de leur étymon*. Ces mots représentent près de 40% du stock lexical employé. On les trouve par exemple dans les lexiques de la vie religieuse, du droit, de la philosophie, des sciences, comme de la vie quotidienne. On notera spécialement les noms abstraits de qualité, qui pallient l'absence (ou l'utilisation avec un autre sens) d'un dérivé suffixal d'adjectif : *cécité* fournit à *aveugle* un nom de qualité qui ne se confond pas avec *aveuglement.*

Remarque. — Il est arrivé fréquemment qu'un mot emprunté ait remplacé un mot hérité : *adorer* s'est susbtitué à *aorer, avare* à *aver, infirme* à *enferm,* etc. Dans certains cas, les deux formes ont subsisté et se sont spécialisées dans des sens différents *(frêle, fragile; hôtel, hôpital)* voire opposés dans certaines distributions *(livrer, libérer un prisonnier).* Les couples de mots ainsi constitués reçoivent le nom de doublets*.

Le latin a également tenu lieu d'intermédiaire pour l'emprunt au grec ancien : *philosophie* et *grammaire* (qui a pour doublet *grimoire)* viennent du grec par le canal du latin.

Grec et latin ont en outre fourni au français les éléments utilisés dans la « composition savante », ici désignée sous le nom d'interfixation* : *téléphone* et *herbivore,* le premier d'origine grecque, le second d'origine latine, n'ont jamais existé tels quels dans ces langues, mais ont été construits en français avec des éléments respectivement grecs et latins.

B. Les emprunts aux langues modernes

L'appréciation quantitative de l'importance des emprunts aux différentes langues modernes pose des problèmes difficiles à résoudre : à partir de quel degré d'intégration dans la langue doit-on tenir un mot étranger observé dans un texte pour un emprunt ? Et comment apprécier rigoureusement le degré d'intégration d'un mot ? Les mots chinois *liumang* (traduit par « hooligan » — autre mot étranger ! — et « traîne-savates ») et *touji daoba* (« spéculation lucrative »), observés en 1984 dans un article sur la Chine, étaient sans doute à cette date trop peu intégrés pour être tenus pour des emprunts (seul le premier moment du processus décrit plus haut les avait atteints). On parle fréquemment, dans les cas de ce genre, de *xénisme.* Inversement, *dazibao* (« affiche murale ») avait subi, notamment lors de la Révolution culturelle, au moins certains aspects du second moment : par exemple, il prenait l'*-s* du pluriel *(des dazibaos).* Il pouvait sans doute être tenu pour un emprunt. Pour fixer les idées, il convient, de façon arbitraire, de prendre le corpus des dictionnaires pour base de la documentation. Les dénombrements effectués par P. Guiraud d'après deux dictionnaires étymologiques donnent les résultats suivants :

mots italiens	824	mots néerlandais	214
mots anglais	694	mots allemands	167
mots espagnols	302	mots d'Amérique latine	89
mots arabes	269	mots portugais	56

Viennent ensuite, dans l'ordre, les apports scandinaves, turcs, slaves, malais, grecs (à l'exclusion du grec ancien), hébreux, hindous, japonais, chinois, africains, persans, amérindiens du Nord, avec des effectifs variant entre 46 et 8. Ces chiffres n'ont évidemment qu'une valeur indicative : sur un corpus plus étendu, on a repéré 1 510 emprunts à l'italien. Sur un autre corpus, on a repéré 2 620 anglicismes.

Ce palmarès — pour utiliser un mot directement emprunté du latin, à date relativement récente : 1868 — ne laisse pas d'étonner, particulièrement par la première place prise par l'italien, assez loin devant l'anglais. Mais cet étonnement lui-même est instructif. Il s'explique en effet par l'ancienneté de la plupart des emprunts italiens : à la réserve d'un petit nombre de mots récemment introduits *(pizza* et *pizzeria, ciao)*, les emprunts à l'italien ont été faits à date ancienne, avec une pointe au XVIᵉ siècle. Les deux langues étant de structure assez proche, l'intégration morphophonologique s'est généralement faite sans difficulté : comme pour *appartement,* il est difficile de repérer l'origine italienne de mots tels que *canon, mousquet, cartouche, colonel, escrime, rotonde, balcon, violon, concert, festin, coloris,* etc. Si d'obscures raisons de psychologie sociale font parfois soupçonner l'origine italienne (d'ailleurs sans doute non exclusive) du suffixe *-issime,* les suffixes *-ade* et *-esque* ne sont pas clairement repérés comme italiens. La situation de l'anglais est exactement inverse. Les emprunts antérieurs au XVIIIᵉ siècle sont rares, et d'ailleurs si bien intégrés qu'ils ne sont pas reconnaissables : qui, en dehors des historiens du lexique, repère dans *redingote* (doublet du plus récent *riding-coat)* l'élément *-coat* (d'ailleurs lui-même emprunté au français *cotte)* de *duffle-coat* ? Ou le turbulent *bowling* (lui-même obtenu par suffixation en *-ing* du français *boule)* dans le paisible *boulingrin (bowling-green)* ? À côté de ces rares exemples d'emprunts parfaitement intégrés, les emprunts modernes (à partir de la seconde moitié du XVIIIᵉ, avec une pointe à l'époque contemporaine) sont, en règle générale, d'autant plus voyants qu'ils sont plus récents : la connaissance de plus en plus répandue de l'anglo-américain (plus ou moins appris par la quasi-totalité de la population scolaire et de surcroît langue seconde obligatoire dans un grand nombre de pays) bloque, en le faisant paraître inutile, le phénomène d'intégration morphophonologique au point que, on l'a vu plus haut, le phonème anglais /ŋ/ tend à apparaître en français. Le prestige, dans de nombreux secteurs (par exemple en linguistique, où les américanismes sont nombreux) de la civilisation anglo-américaine confère aux formes empruntées à l'anglais une connotation valorisante, souvent exploitée à des fins publicitaires. À la différence des mots italiens, dont la spécificité formelle a été estompée par l'histoire, les mots anglais s'affichent comme tels. C'est ce qui rend leur prolifération — réelle, et sans doute encore aujourd'hui en expansion : il faudrait réactualiser systématiquement l'enquête de Guiraud — si apparente. De nombreux lexiques techniques présentent un grand nombre de mots anglais : commerce *(discount, facturing, leasing, sponsor, marketing,* etc.*),* spectacle *(strip-tease, disc-jockey, happening),* sport (outre les anciens *golf, tennis* — issu du français *tenez* — et *football,* les plus récents *bowling, karting, skating, squash,* etc., ainsi que les lexiques internes de ces sports; le mot *sport* lui-même donne un bon exemple du phénomène fréquent d'aller-retour entre les deux langues : l'anglais l'a emprunté à l'ancien français *desport,* « amusement »), industrie pétrolière *(channeling, choke, core drill, dog leg, goose neck, mouse hole, racking, squezze, weight indicator,* etc.*),* informatique *(bit,* mot-valise* formé de *binary digit,* Fortran — acronyme*de for*mula* trans*lation* —, *hardware, software, firmware,* etc.). La vie quotidienne elle-même comporte un nombre non négligeable d'emprunts à l'anglo-américain : *briefing, brushing, cheese-burger, drugstore, gadget, hamburger, leader, standard,* etc.

Même si on a observé — il est vrai, en 1963 : la situation peut avoir légèrement changé depuis — qu'aucun mot anglais, à la réserve de *speaker*, n'apparaissait parmi les 1 000 mots les plus fréquents en français, la prolifération des mots anglais inquiète périodiquement les observateurs. On a même pu, en 1964, créer le mot-valise* *franglais* pour désigner, de façon sans doute excessive, le « sabir atlantique » que serait devenu le français. Exactement parallèles aux angoisses d'Henri Estienne au XVIᵉ siècle devant le « nouveau langage françoys italianisé » (on a repéré 900 emprunts italiens au XVIᵉ, dont les 2/3 n'ont pas survécu), ces inquiétudes ne sont pas entièrement fondées. On observe des efforts, souvent encouragés par le pouvoir politique, pour franciser les secteurs les plus atteints : tous les mots de l'industrie pétrolière émunérés plus haut ont désormais un équivalent français, dans l'ordre *cheminement, duse, forage carottier, patte de chien, col-de-cygne, trou de souris, gerbage, esquiche, peson.* Les pompistes ne vendent plus de *gas-oil,* mais du *gazole.* Pour *fuel,* des recommandations plus ou moins officielles préconisent soit la graphie *fioul,* soit la conservation de *fuel* avec la prononciation [fɥɛl], comme *duel* [dɥɛl]. *Container* apparaît le plus souvent sous la forme *conteneur,* et ses dérivés *to containerize* et *containerization* sont francisés, du double point de vue de la graphie et de la prononciation en *contenériser* et *contenérisation.* On aura observé d'autre part, à propos de plusieurs des américanismes cités, qu'ils sont d'usage très limité, susceptibles de s'éliminer rapidement, comme les 600 mots italiens fugitivement empruntés par le français du XVIᵉ siècle. L'intégration de nombreux mots anglais est manifestée par les phénomènes de dérivation auxquels ils donnent lieu : *gadgetière, gadgeterie, gadgétisation, antigadget, gadgetophile,* etc. Le seul danger réel viendrait d'une généralisation de l'anglo-américain comme langue internationale exclusive, qui réduirait les autres langues — à commencer par le français — au statut de dialectes locaux, réservés aux usages de la communication quotidienne. Thème de réflexion prospective, où, à vrai dire, le linguiste n'a plus que le pouvoir de décrire.

Comme on l'a repéré dans cette description des emprunts à l'italien et à l'anglais, les problèmes généraux posés par l'emprunt sont de deux ordres :

1. *Problème d'intégration* de l'unité empruntée dans les structures de la langue cible. Quelles que soient les structures envisagées — phonologique, orthographique, morphosyntaxique, sémantique — on observe une différence entre les emprunts anciens (rapidement intégrés) et les emprunts contemporains, pour lesquels l'intégration, difficile, exige fréquemment une intervention humaine explicite, qui reste parfois sans effet. On notera toutefois que les structures phologiques sont particulièrement prégnantes, et de ce fait peu menacées par l'emprunt. Les langues qui ne comportent pas de genre, et inversement celles qui, à la différence du français, en comportent plus de deux, n'imposent pas leur système morphologique, mais fournissent des noms immédiatement intégrés soit comme masculins, soit comme féminins : ainsi, c'est sous l'effet d'un phénomène d'étymologie seconde* que le neutre allemand *Sauerkraut* (« chou aigre », avec antéposition de l'épithète) a été intégré en français comme féminin sous la forme *choucroute*. Et le turc, qui ne connaît pas de genre, a fourni le masculin *pacha* et le féminin *odalisque* pour d'évidentes raisons sexuelles (voir GENRE). La francisation de la marque du nombre est un bon témoin de l'intégration de l'emprunt (voir des exemples dans le tableau IV de l'article NOM).

2. Problème sociolinguistique des différences de statut axiologique entre les langues. Le nombre et la spécificité des emprunts fournis par les langues étrangères dépend pour une très large part du jugement collectif des sujets parlants sur les civilisations qu'elles manifestent : c'est le prestige de l'Italie au XVIe siècle, des U.S.A. au XXe siècle qui explique la prépondérance quantitative des emprunts à l'italien et à l'anglais. Les emprunts faits à l'arabe illustrent bien les variations que peut subir au cours de l'histoire le jugement porté sur une langue. Les emprunts de date ancienne reflètent le statut prestigieux de la civilisation arabe médiévale : les mots empruntés relèvent du secteur des sciences : mathématiques, *(algorithme, algèbre, chiffre, zéro,* ces deux derniers étant des doublets représentant l'arabe *sifr* « vide », *hasard),* astronomie *(azimut, nadir, zénith),* chimie *(alambic, alchimie,* puis *chimie, élixir, alcali, alcool* — remarquer l'intégration dans le mot de l'élément *al-* ou *el-,* originellement article — *camphre, goudron, soude,* etc.). D'autres emprunts anciens appartiennent au lexique militaire *(amiral),* au vocabulaire des situations sociales *(laquais,* celui-ci passé par l'espagnol*)* et du commerce *(bazar, café, coton, douane* — passé par l'italien —, *épinard, magasin, orange, safran, sucre, tarif,* etc.*).* Quant aux emprunts récents, ils reflètent le caractère des relations entre la France et les pays du Maghreb aux XIXe et au XXe siècles : bon nombre des mots empruntés à cette époque ont pris une valeur plus ou moins péjorative *(casbah, fatma, gourbi, guitoune, moukère, nouba, ramdam,* altération de *ramadan,* etc.*),* voire nettement argotique *(barda, bézef, bled, chouïa, flouss* francisé en *flouze, clebs* suffixé en *clébard, fissa, maboul, toubib,* etc.*)* ou insultante : *crouillat,* abrégé en *crouille,* et *sidi* sont de bons exemples de dévalorisation des mots de la langue d'origine : *khouya* signifie « frère » et *sidi* « monsieur »; *fellaga,* pluriel de *fellag,* « coupeur de route » a été tronqué et suffixé en -*ouze* pour fournir l'insultant *fellouze,* cf. *barbouze, partouze, tantouze,* etc.).

enchaînement

Ce phénomène phonétique est lié aux particularités de l'oral : alors que les mots graphiques sont séparés par des blancs, l'oral se présente comme une chaîne de sons qui, en français, se rapproche d'un schéma canonique consonne-voyelle-consonne-voyelle. À condition qu'ils fassent partie du même groupe accentuel (voir PROSODIE), quand un mot se termine par une consonne et que le mot suivant commence par une voyelle, la consonne finale tend à prendre appui sur la voyelle du mot suivant. Le découpage en syllabes ne correspond alors ni au découpage en mots ni aux syllabes graphiques. Par exemple, *j'ai mal à la main* se prononce selon les syllabes orales : [ʒe-ma-la-la-mɛ̃]. On dit qu'il y a *enchaînement.*

Contrairement à ce qui peut se produire dans la liaison*, une consonne ne change jamais de nature dans l'enchaînement : comparez l'enchaînement *grande amie* [gʁãdami], et la liaison *grand ami* [gʁãtami]. La seule exception à cette règle est constituée par le *f* de *neuf,* qui se prononce [v] dans *neuf heures* et *neuf ans,* à la fois enchaînement et liaison.

Dans les terminaisons en -*rs,* -*rt* et -*rd,* on ne fait pas la liaison, mais l'enchaînement (*je dors encore,* [ʒədɔʁãkɔʁ], *il part à pied,* [ilpaʁapje]). Cependant, les pronoms personnels postposés au verbe exigent la liaison plutôt que l'enchaînement (*dort-il?* [dɔʁtil], et non *[dɔʁil]); par ailleurs, *fort* et *toujours* permettent l'un ou l'autre, selon le registre : *il est toujours aimable,* [tuʒuʁemabl], enchaînement, ou [tuʒuʁzemabl], liaison.

L'enchaînement, comme la liaison, a pour effet de renforcer la cohérence d'un groupe phonétique, car il ne peut intervenir d'un groupe à l'autre.

enchâssement

En grammaire générative, procédé de formation d'une phrase complexe, qui consiste à introduire une phrase simple à l'intérieur d'une autre phrase simple, dans une position apte à la recevoir. L'*enchâssement* décrit la phase formelle du procédé de subordination*, et s'oppose à l'autre procédé de formation des phrases complexes qu'est l'attachement (ou coordination*).

enclitique

Voir PROSODIE.

encodage

Voir CODE, COMMUNICATION et LANGAGE.

énoncé

Dans un sens banal, toute manifestation linguistique, orale ou écrite, peut être qualifiée d'*énoncé*. Il s'agit donc là d'un terme extrêmement polysémique*, que l'on essaiera de cerner par le réseau des termes auxquels il s'oppose.

1. Énoncé s'oppose à phrase

Ce sens comporte lui-même deux usages différents :

— un énoncé est tout segment linguistique égal ou supérieur à la dimension de la phrase (inférieur dans des conditions particulières);

— tout segment de la chaîne parlée ou écrite qui, compris entre deux interruptions, n'a pas encore été identifié comme phrase est un énoncé. La différence renvoie donc à l'opposition compétence*(domaine de la phrase) et performance* (domaine de l'énoncé), ou encore type/token*. Sur le plan sémantico-logique, la phrase est le lieu des conditions de vérité, et l'énoncé le lieu du vrai ou du faux.

2. Énoncé s'oppose à message

Il s'agit là d'un sens propre à la phonétique*. L'énoncé désigne les éléments segmentaux, alors que le message y ajoute les éléments suprasegmentaux. L'énoncé est ici un squelette de message.

3. Énoncé s'oppose à discours

Ces deux termes sont fréquemment utilisés comme synonymes. Si la distinction est faite, l'énoncé se transforme en discours à partir du moment où il est pris en compte par le sujet parlant.

4. Énoncé s'oppose à énonciation

L'énoncé est le produit de l'acte d'énonciation, pris comme résultat et non comme processus. (Voir ÉNONCIATION.)

5. Énoncé minimal

On désigne ainsi, dans l'analyse en constituants immédiats*, ce qui ne peut plus être réduit tout en continuant à constituer une phrase (syntagme nominal + syntagme verbal).

énonciation

On peut définir l'*énonciation* comme l'acte individuel de création par lequel un locuteur met en fonctionnement la langue : un échange linguistique met en jeu des individus (locuteur et allocutaire), dans une situation particulière. Pour individuel et particulier que soit cet acte, il n'en obéit pas moins à certains schémas inscrits dans le système de la langue. Il faut donc distinguer entre le matériel linguistique abstrait (ou énoncé type), et les multiples réalisations que sont les actes de discours (ou énoncés-occurrences) : c'est à ce deuxième niveau que s'inscrit la problématique de l'énonciation.

L'étude de l'énonciation se présente donc comme une problématique des « traces » dans l'énoncé de l'acte de production; si elle intéresse le grammairien, c'est dans la mesure où il s'avère qu'un certain nombre de faits grammaticaux ne peuvent être correctement décrits en dehors de cette référence et que les agencements de formes ne se réduisent pas à une combinatoire formelle.

1. *La réflexivité du langage*

Il s'agit là d'une propriété remarquable du langage : il comporte en lui-même les conditions de sa propre réflexivité; en tant que code, il comporte des éléments renvoyant au fonctionnement même de ce code. Cette particularité oblige donc à traiter la langue comme une entité pluridimensionnelle, où tout ne répond pas au même principe explicatif.

S'il peut se faire qu'un énoncé (par exemple scientifique) soit interprétable indépendamment des circonstances de son énonciation, la plupart comportent au moins quelques éléments qui réfléchissent l'acte d'énonciation, et qui n'ont de sens que compte tenu des protagonistes et de la situation.

Ces éléments, dits embrayeurs*, sont avant tout les pronoms personnels* de 1re et 2e personnes, *je* et *tu* et leurs variantes, dont la signification est : pour *je*, celui qui parle, et pour *tu*, celui à qui *je* s'adresse. *Nous* et *vous* constituent, plutôt que des pluriels, l'extension ambiguë de ces personnes, *nous* pouvant représenter *je + tu* ou *je + il*, et *vous* pouvant représenter *tu + tu* ou *tu + il*. Les possessifs*, déterminants et pronoms, de 1re et 2e personnes, ne s'interprètent également qu'en fonction de la situation d'énonciation (*mon livre* = le livre de moi).

À part l'expression de la personne, d'autres éléments ancrent le discours dans la situation, en référence à l'espace *(ici)* et au temps *(maintenant)*. La marque temporelle de présent* ne peut également s'interpréter que comme référence au moment de l'énonciation.

Par rapport à ces trois données, que l'on schématise comme *moi-ici-maintenant,* s'organise l'ensemble des phénomènes de repérage.

Le *il* est ce qui n'est ni *je* ni *tu* (d'où le terme employé par Benveniste de « non-personne »). Tout un système spatio-temporel d'adverbes *(là-bas, hier, en haut, demain...)*, d'adjectifs *(actuel, prochain, proche...)* et de prépositions *(depuis, devant)* s'instaure par opposition à *ici* et *maintenant,* le système de temporalisation étant plus riche que le système de spatialisation.

Les affixes verbaux donnent aux verbes une actualisation qui a pour repère le moment de l'énonciation, par rapport auquel s'établissent le passé* et le futur*; l'aspect* marque la manière dont est envisagé le déroulement du procès. Par ailleurs, la distinction entre les temps se fait aussi par leurs emplois dans l'un ou l'autre des deux systèmes d'énonciation, tels qu'ils sont définis par Benveniste : le « discours* », rapporté à l'instance d'énonciation (comportant des embrayeurs, et organisé autour du présent, du passé composé, du futur et de l'imparfait), et l'« histoire » (ou récit), coupée de l'instance d'énonciation (sans embrayeurs, organisée autour du passé simple et de l'imparfait). (Voir DISCOURS et PASSÉ (TEMPS DU).)

Certaines autres catégories d'éléments appartiennent également aux embrayeurs : les déictiques*, dont la référence est aussi liée à l'instance d'énonciation, mais sous l'angle de la monstration. Dans *je veux cette voiture,* le déictique *cette* désigne un objet que je montre; il est à opposer à l'anaphorique qui désignerait, sous l'angle de la reprise, un objet dont je viens de parler. Les déictiques sont des démonstratifs*, déterminants *(ce)* ou pronoms *(cela, celui-ci),* et des présentatifs* *(voici).*

On peut encore rapprocher des embrayeurs les termes relationnels, termes lexicaux liés au sujet d'énonciation : *venir* ou *aller* (*de* ou *vers* le locuteur), *sembler (il semble que* = « il semble au locuteur »), *ami* ou *voisin* (à moins d'indication contraire, ceux du locuteur : *Pierre est un ami* signifie « un ami à moi »). *Papa* n'est un terme relationnel que s'il est employé sans déterminant.

L'ensemble du système des embrayeurs (que l'on appelle parfois la déixis ou le caractère indiciel du langage) ne constitue pas une liste d'unités isolées. Il s'agit d'un véritable système qui organise un énoncé, qui lui donne son ancrage, et en ce sens ce serait sous-évaluer sa portée que de le concevoir comme surajouté à l'énoncé.

2. La relation de l'énonciateur à l'énoncé

Il existe toute une série de phénomènes, à différents niveaux linguistiques, qui reflètent le fait que la langue, autant qu'un instrument de communication, est une activité à travers laquelle l'énonciateur se situe par rapport à l'allocutaire, à sa propre énonciation, au monde.

Benveniste, en inaugurant ce type d'étude, était très sensible au fait qu'au-delà de l'inventaire formel de quelques phénomènes, risquait de s'ouvrir le gouffre de l'omniprésence du sujet parlant dans l'énoncé. C'est donc avec prudence qu'on donnera quelques exemples, en tentant d'aller des phénomènes les plus linguistiquement marqués aux plus interprétatifs :

a) la thématisation*, syntaxique ou intonative, permet de mettre en valeur l'un ou l'autre segment de la phrase. Ainsi, *Pierre prend un bain* peut se dire sous les formes : *Pierre, il prend un bain; il y a Pierre qui prend un bain; Pierre qui prend un bain!; c'est Pierre qui prend un bain; c'est un bain que prend Pierre; il en prend un, de bain, Pierre...* Ces différentes formes apparaissent comme des réponses à des questions elles aussi différentes : *qu'est-ce qui se passe? que fait Pierre? qui prend un bain? Pierre prend quoi?...*

b) ce que l'on peut affecter au registre des modalités*, dont l'étude, à travers la rhétorique et les rapports à la logique, remonte fort loin dans le passé. Les unes sont les modalités d'énonciation, comportant l'assertion (relevant du domaine du vrai-faux) et l'interrogation, l'ordre et l'exclamation (relevant de la relation à l'allocutaire). On distingue par ailleurs les modalités d'énoncé, logiques ou appréciatives, qui exposent la manière dont le locuteur situe l'énoncé par rapport à la vérité, la probabilité, la certitude, le vraisemblable, mais aussi l'heureux, l'utile... Ces catégories peuvent s'exprimer par des phénomènes linguistiques très divers, comme des adverbes *(peut-être, sûrement),* des adjectifs *(il est possible que..., la venue possible/probable/inévitable de Jean),* des verbes *(il se peut que/il faut que Jean vienne),* des procédés morphologiques *(Jean viendrait),* une double négation *(il n'est pas possible/il ne se peut pas que Jean ne vienne pas)...*

c) la construction du verbe *savoir* marque syntaxiquement le savoir ou l'ignorance du sujet d'énonciation par la différence de conjonctions : *il sait que Pierre vient* dit, à travers *que,* que l'énonciateur le sait aussi; *il sait si Pierre vient* révèle, à travers *si,* l'ignorance dans laquelle se trouve l'énonciateur. Ce qui permet de comprendre, au présent et à la première personne, l'étrangeté de la phrase *je ne sais pas que Pierre vient,* qui impliquerait à la fois ignorance et savoir de la part du sujet d'énonciation;

d) l'emploi de certains connecteurs*, conjonctions ou adverbes, souligne l'organisation d'une argumentation : *certes,* par exemple, signale l'usage d'un argument qui tend vers une conclusion que l'on pourrait tirer de l'énoncé, mais qui néanmoins ne va pas dans le sens de l'argumentation globale *(certes X, mais Y);*

e) on peut opposer, aux verbes dits d'attitude propositionnelle *(je pense que, je crois que...)*, des verbes, dits « performatifs* », qui ont la particularité d'accomplir, par leur énonciation à la première personne du présent, l'acte qu'ils énoncent : dire *je te promets que...* constitue l'acte même de « promettre », à condition du moins que l'énonciateur soit en position sociale de faire promesse ;

f) tout énoncé est parsemé d'éléments évaluatifs et modalisants. Lexicalement, la subjectivité peut atteindre toutes les parties du discours comportant une liste ouverte. Pour les noms, on notera la différence entre *ingénieur* (objectif) et *imbécile* (subjectif). Les verbes mettent en jeu deux axes d'évaluation, celle en bon/mauvais *(espérer, redouter, perpétrer)* et celle de vrai/faux/incertain *(estimer, prétendre, s'imaginer)*. Pour les adjectifs, on distinguera ceux qui sont intrinsèquement évaluatifs *(poignant, infantile)*, et ceux qui le sont par leur fonctionnement syntaxique : soit l'antéposition *(un grand homme,* par opposition à *un homme grand)*, soit des tours construisant un sous-entendu *(il est intelligent pour un Français; il est grand, mais intelligent)*. Quant aux adverbes, ils sont fréquemment évaluatifs, surtout en tête de phrase, où ils peuvent renvoyer à l'acte d'énonciation *(franchement, justement, décidément)*. Une subordonnée peut jouer le même rôle : dans *puisque tu insistes, je suis malade,* la subordonnée ne peut dépendre que de l'acte d'énonciation, et pas de *je suis malade;*

g) un énoncé exprime souvent plus de choses que ce qu'il comporte littéralement : on parlera alors de sous-entendus (par exemple, *Jean n'est pas encore à l'hôpital* comme réponse à la question *Paul est-il gentil avec Jean?,* laissant entendre que Paul brutalise Jean). L'ironie* et l'antiphrase* relèvent de ce fonctionnement.

Par ailleurs, l'étude de l'énonciation permet de prendre en compte des phénomènes liés au dialogue : exclamations, constructions expressives sans verbe ou phrases incomplètes *(la barbe avec cette histoire; une bière ou je m'écroule!)*, interrogations instaurant une dissymétrie entre les deux interlocuteurs parce qu'induisant une réponse déterminée.

3. L'autre dans le discours : discours rapporté et polyphonie

Tout discours peut être compris comme hétérogène : il est traversé par du déjà-dit, des références plus ou moins explicites à des énoncés antérieurs, qu'il intègre sous diverses modalités linguistiquement appréhendables :

a) le discours rapporté, où le locuteur reproduit les paroles d'un autre, entre la répétition et l'interprétation. Les deux formes du discours direct et du discours indirect instaurent des rapports différents entre discours citant et discours cité. (Voir DISCOURS.)

b) des formes explicites de distance par rapport à une forme : les guillemets* (fondamentalement ambigus, à la fois citation et marque de distance), et leur traduction intonative à l'oral ; l'usage des caractères italiques* ; certains usages du conditionnel* *(Jean aurait gagné)* ; différents types de commentaires portant sur l'usage d'un mot ou d'une forme *(en quelque sorte, si l'on peut dire, si j'ose dire, pour parler grossièrement, si vous me passez l'expression...)*, visant à exposer des réserves, des hésitations ou des autocorrections *(X, j'aurais dû dire Y)*.

c) des prises de distance sans marque univoque : le discours indirect libre*, l'antiphrase*, l'imitation, l'ironie*, l'allusion, le deuxième degré..., toutes formes qui, étant davantage suggérées que dites explicitement, peuvent toujours être senties comme ambiguës, voire mal interprétées.

On a parlé de « polyphonie » pour désigner les phénomènes de présence du discours de l'autre qui ne relèvent pas du discours rapporté : ce terme illustre l'idée que, dans le déroulement d'un énoncé, se fait entendre une pluralité de voix, et qu'il faudrait donc, pour comprendre la portée d'un énoncé, faire une distinction entre sujet parlant (être physique), locuteur (celui qui dit *je*) et énonciateur (celui à qui est attribuée la responsabilité d'un acte de parole). On peut alors dire que l'être parlant se constitue de la parole d'autrui, que la prise de distance qu'effectue un sujet vis-à-vis d'une partie de son discours lui permet de s'affirmer comme source du reste.

On peut opposer, d'un point de vue théorique, deux grands courants ayant pris le domaine de l'énonciation en considération :

— Le courant énonciatif au sens strict, plutôt caractéristique de la linguistique française à la suite de Benveniste, et dont la tendance est de partir du repérage de marques linguistiques et de procéder par élargissement pour caractériser la langue comme activité énonciative, du double point de vue de la production et de la reconnaissance, comme activité double mais non symétrique (par exemple, des phénomènes indiciels à la référence* et à la détermination*). C'est dans ce cadre qu'a été élaborée la notion de « catégories énonciatives », catégories présumées universelles, comme la personne, l'aspect, la détermination, et correspondant à des opérations de prise en charge de la langue par le sujet parlant.

— Le courant pragmatique*, essentiellement anglo-saxon, partant de catégories notionnelles dont on cherche à retrouver les marques linguistiques, et de ce fait plutôt mis en œuvre par des philosophes, sociologues et psychologues que par des linguistes.

L'une des grandes difficultés apportées par l'introduction du concept d'énonciation est d'étudier les traces du procès d'énonciation sans être tenté d'établir le sujet de l'énonciation comme entité libre et maîtresse d'elle-même (le sujet est tout autant pris dans sa langue qu'il en fait usage).

entrée

Voir ADRESSE.

épenthèse

L'*épenthèse* consiste à introduire, sous certaines conditions, un phonème entre deux éléments d'une séquence. À ce titre, le - *t*-euphonique* des structures telles que *viendra-t-il?* constitue une épenthèse.

épicène

Les noms (et pronoms) *épicènes* sont, dans la classe des animés*, ceux qui, aptes à s'utiliser sans différence de forme aux deux genres*, peuvent désigner des personnes des deux sexes : *élève, enfant* sont des noms épicènes, *je* et *tu* des pronoms épicènes. (Voir GENRE.)

épithète

C'est généralement l'adjectif* qui exerce la fonction *d'épithète*. Dans certains cas pourtant, le nom*, adjectivé, peut fonctionner comme épithète : *le Parlement croupion, une femme médecin.* Ces emplois du nom sont le plus souvent désignés par le terme *apposition*.

équatif

Ce terme est parfois utilisé comme équivalent de *comparatif d'égalité.* (Voir DEGRÉS.)

espace

Dans la manifestation graphique de la langue, l'*espace* a pour fonction de délimiter les mots. De ce point de vue, l'écriture se distingue fortement de la manifestation orale qui, pour le français, ne comporte pas de marque constante de délimitation entre les mots. (Voir ENCHAÎNEMENT, LIAISON, ORTHOGRAPHE et PHONÉTIQUE.)

espagnol (mots empruntés à l')

Voir DOUBLET et EMPRUNT.

éthique (datif)

Voir PERSONNELS (PRONOMS).

étymologie

Le mot *étymologie* signifie originellement (étymologiquement) « sens véritable ». Les grammairiens latins l'ont traduit littéralement par *veriloquium* (« discours vrai »). Cette conception ancienne de l'étymologie est liée étroitement à l'une des théories les plus anciennes du langage : les mots seraient conformes à la nature des choses, et l'identification de leur forme originelle permettrait de lire leur sens véritable et véridique.

La linguistique moderne dans son ensemble — dans la suite d'une autre tradition ancienne de la réflexion sur le langage — a abandonné cette conception d'une relation nécessaire entre les deux faces du signe* linguistique. L'étymologie a de ce fait perdu son sens étymologique. Elle se définit comme l'étude des relations des mots avec les éléments plus anciens — les étymons* — qui en sont l'origine. Cette étude a fréquemment un aspect strictement diachronique* : étudier l'étymologie du mot *eau* ou du mot *philosophie*, c'est identifier ces mots comme le résultat des transformations successives (importantes pour le premier, faibles pour le second) subies par les étymons *aquam* et *philosophia*, l'un et l'autre sortis de l'usage. Mais étudier l'étymologie de *événementiel*, c'est d'abord l'identifier comme dérivé à l'aide du suffixe -*(i)el* de *événement*, qui, bien plus ancien (il date du XVIe siècle), côtoie, dans le même état de langue, son dérivé récent (*événementiel* est attesté en 1959). L'étymologie a donc dans ce cas un aspect synchronique. Elle ne reprend un aspect diachronique que lorsqu'elle poursuit sa recherche dans la voie de l'étymologie du mot-base *événement*.

La connaissance des lois de l'évolution phonétique est nécessairement indispensable à l'étymologie au sens diachronique : c'est le développement de la phonétique historique qui a permis d'établir sûrement l'étymologie des mots d'origine latine (souvent entrevue à date beaucoup plus ancienne), puis des mots empruntés aux parlers celtiques et germaniques. Cependant, l'objet même et la méthode de la phonétique historique ont pour implication de privilégier le signifiant phonique du mot au détriment du signifié. C'est ainsi qu'un étymologiste célèbre pouvait — de façon indiscutable — rattacher le français *cuisse* à son étymon latin *coxam* (« hanche », sens encore présent dans le composé savant *coxalgie*) sans poser le problème du changement sémantique intervenu entre les deux langues.

Par les définitions qu'elle se donne des concepts de langue* et de signe*, la linguistique structurale prend en compte non seulement les deux faces (signifiant* et signifié*) des unités qu'elle soumet à l'analyse étymologique, mais encore les rapports qui les unissent aux autres unités avec lesquelles elles entrent en relation. Ainsi s'expliquent, par exemple, les phénomènes d'étymologie populaire et d'étymologie seconde, qui ont pour effet de modifier le signifiant et/ou le signifié d'unités lexicales en raison de rapprochements formels et/ou sémantiques justifiés en synchronie, mais non en diachronie. Ainsi, l'orthographe qui s'est imposée pour le mot *forcené* manifeste la relation saisie par les sujets parlants entre *forcené* et *force*, alors que historiquement *forcené* est issu de la préfixation de *sené*, « pourvu de sens », à l'aide de *for*, « en dehors de ». *Péage* est généralement mis en rapport synchronique avec *payer*, alors qu'il est diachroniquement le représentant de **pedaticum* « droit de mettre le pied ». L'orthographe et la prononciation de *legs* manifestent la relation établie avec *léguer*, alors que le mot, originellement orthographié *lais*, est un déverbal* de *laisser*. Quel que soit le nombre — important — des exemples qu'on pourrait citer, l'étymologie populaire reste cependant un phénomène limité aux cas où des relations de synonymie* sont compatibles avec des phénomènes d'homonymie* ou de paronymie*. D'une façon plus extensive, l'étymologie structurale s'intéresse à l'évolution non des unités isolées mais des systèmes qu'elles constituent. Ainsi l'étymologie de *entendre* tient compte non seulement de son étymon latin *intendere*, mais aussi de ses relations avec *ouïr* et *écouter*. (Sur le problème spécifique des ONOMATOPÉES, voir ce mot.)

étymon

L'*étymon* est la forme, attestée ou restituée, que la recherche étymologique identifie comme étant à l'origine d'un mot. Cités dans l'article ÉTYMOLOGIE, *aquam*, *philosophia* et *événement* sont respectivement les étymons de *eau, philosophie* et *événementiel.* La forme prélatine **cala*, non attestée mais très vraisemblablement restituée (et marquée de l'astérisque antéposé), est l'étymon de *chalet* ainsi que de nombreux toponymes* de forme *Challes, Chelles,* etc.

euphémisme

L'*euphémisme* consiste à éviter la désignation littérale d'une notion ou d'un objet jugés déplaisants en lui substituant une expression atténuée. *Mourir* a ainsi un certain nombre de substituts *euphémisants : passer, trépasser, décéder, partir, avoir vécu,* etc. Le *diable* était autrefois désigné par différents euphémismes : *le Malin, l'Autre,* et, régionalement, *Très-Joli, Petit-Chouchou, Saute-Buisson, Jolibois,* etc. L'euphémisme a eu un effet non négligeable sur l'évolution du sens de certains mots. (Voir DIACHRONIE.)

euphonie

La manifestation orale d'une langue est dite *euphonique* quand elle est jugée agréable à entendre. La recherche de l'euphonie — opposée à la *cacophonie** — détermine parfois certains phénomènes phonétiques ou grammaticaux. (Voir EUPHONIQUE.)

euphonique

L'insertion d'un [t] dit *euphonique* a pour fonction d'éviter l'hiatus entre deux voyelles dans les groupements tels que *viendra-t-il ?* On remarquera toutefois que dans les groupements tels que *aime-t-il,* la séquence évitée *(*aim'il ?)* ne comporterait pas d'hiatus.

exception

1. Nom donné aux formes ou aux phénomènes qui ne respectent pas une règle. Les *exceptions* recouvrent deux types de phénomènes : les exceptions intrinsèques (quelle que soit la façon dont on formule la règle du pluriel des noms, il faudra en venir à dire qu'il est des noms pour ne pas la respecter); et les exceptions qui ne sont telles que par la forme provisoire donnée à une règle, par exemple à cause d'une généralité non encore découverte ou parce que la forme se soumet à une autre règle plus générale. (Voir RÈGLE, GRAMMAIRE.)

2. L'exception a pour marques des éléments tels que *seul, seulement, ne... que, sauf, excepté,* etc. Remarquer l'équivalence entre *il ne travaille que le dimanche; il ne travaille pas, sauf le dimanche,* et *il* *travaille seulement le dimanche. Ne...* que peut se combiner avec la négation* : *il ne travaille pas que le dimanche* (= *il ne travaille pas seulement le dimanche*).

exclamatifs (mots)

Les *mots exclamatifs* entretiennent avec l'exclamation* les mêmes relations que les interrogatifs* avec l'interrogation* : présents dans les phrases exclamatives du premier type (voir EXCLAMATION), ils sont exclus des exclamatives du second type : comparer *quel imbécile!, comme il est bête !* et *l'imbécile ! il a encore oublié son parapluie dans le métro !*

Du point de vue morphologique, les mots exclamatifs utilisent le même matériau signifiant que les interrogatifs (et, du même coup, les relatifs*). Ils ne se confondent toutefois pas entièrement avec eux. On les répartit en deux classes :

1. Les déterminants exclamatifs : ils se confondent morphologiquement avec les déterminants interrogatifs. La différence de sens entre les deux interprétations de *quel homme (!* ou *?)* tient à ce que, dans l'interrogation, on ignore jusqu'à l'identité de l'homme, alors que dans l'exclamation, on connaît jusqu'à ses qualités : ce sont elles qui déterminent l'exclamation.

2. Les adverbes exclamatifs : ils ne correspondent que partiellement aux adverbes interrogatifs :

a) certains adverbes interrogatifs *(où, pourquoi, quand)* sont inaptes à fonctionner comme exclamatifs;

b) combien et *que,* souvent préfixé par *ce* [s(ə)k(ə)] ont, dans les exclamatives, un fonctionnement voisin : ils portent sur des qualités *(combien/(ce) que ce livre est beau !)* ou, accompagnés de *de,* sur des quantités *(combien/que d'occasions perdues !).* L'adverbe *que* est strictement exclamatif. *Combien* est également interrogatif, mais uniquement pour les quantités *(combien d'occasions perdues ?,* mais **combien ce livre est-il beau ?* est exclu);

c) comme est exclusivement exclamatif, et ne porte que sur les qualités : *comme il est difficile d'écrire!*

On constate que les pronoms *qui* (et *que*) ainsi que *lequel* sont inaptes à fonctionner comme exclamatifs. *Quoi!* fonctionne fréquemment comme interjection* : l'exclamation a alors pour support référentiel l'ensemble de la situation visée par l'acte d'énonciation.

263

exclamation

Contrairement aux notions d'assertion*, d'interrogation*, etc., l'*exclamation* ne bénéficie pas d'une délimitation rigoureuse, appuyée sur des critères morphosyntaxiques qui en dégageraient clairement la spécificité. Sont en effet interprétées comme exclamatives — et, dans la graphie, caractérisées comme telles par le /!/ — des phrases de structures fort différentes. Toutefois il est possible de faire apparaître des relations syntaxiques précises entre l'exclamation et l'interrogation. Du point de vue sémantique, l'exclamation marque la réaction affective du locuteur à l'égard du référent* visé.

Sur le modèle de la répartition des interrogatives en deux classes (voir INTERROGATION) on peut distinguer deux types d'exclamatives :

1. Les exclamatives qui comportent un mot exclamatif*

Elles sont proches des interrogatives partielles, qui comportent un mot interrogatif : *quel homme (!* ou *?)* est interprétée comme exclamative ou comme interrogative selon des critères liés au contexte, au référent, aux circonstances de l'énonciation. Le schéma intonatif n'est pas le même (voir PROSODIE). Toutefois, il existe des différences de structure entre les deux types de phrases : l'emploi des mots en *qu-* n'obéit pas aux mêmes règles dans les exclamatives et dans les interrogatives (voir EXCLAMATIFS); l'inversion du sujet n'intervient pas dans les mêmes conditions : elle est toujours facultative dans l'exclamative, alors qu'elle est obligatoire, à certaines exceptions près (voir INTERROGATION), dans l'interrogation : comparer *combien de livres avez-vous lus?* (inversion obligatoire)/ *combien de livres vous avez lus!* (inversion possible, mais rare). Les cas où l'inversion semble s'imposer s'expliquent par l'intervention de facteurs rythmiques : comparer *quel génial auteur tu es!* et *quel génial auteur est Jean-Paul Sartre!*

2. Les exclamatives qui ne comportent pas de mot interrogatif

Elles sont proches des interrogatives totales : *est-elle jolie (!* ou *?)* relève selon le cas de l'exclamation ou de l'interrogation. Toutefois il n'existe pas de parallélisme absolu entre les deux types de phrases : l'ordre des mots n'y obéit pas aux mêmes règles *(elle est jolie!* reste une exclamative malgré l'antéposition du sujet, en principe exclue — à niveau de langue constant — dans l'interrogation); l'exclamation utilise des marques spécifiques, assez diverses : interjections*, formes intensives particulières *(elle est d'un chic!)*, infinitif exclamatif *(travailler le dimanche!)*. On remarquera notamment la spécialisation de *(et)* *dire que* comme introducteur d'une exclamation : *et dire que j'ai manqué le prix Goncourt à une voix près!*

Les exclamatives se rapprochent encore des interrogatives par le trait suivant : elles peuvent donner lieu, dans des conditions à vrai dire plus limitatives que les interrogatives, à des exclamations subordonnées, qualifiées — dans les rares grammaires qui les signalent — d'exclamatives indirectes. Elles relèvent le plus souvent du premier type : *tu sais comme il est gentil,* qui suppose d'emblée la gentillesse extrême de la personne visée, ne peut de ce fait être qu'une exclamation. En outre, *comme* est inapte à fonctionner comme interrogatif. On observe aussi des exclamatives indirectes du second type, introduites, comme les interrogatives, par *si,* mais distinctes d'elles par le fait que la qualité visée, supposée connue des deux interlocuteurs, est donnée comme fortement marquée : *tu penses s'il est bête!*

Du point de vue sémantique, les exclamations des deux types ont pour trait commun — comme l'ont montré les exemples cités — d'avoir pour support référentiel un degré élevé de la quantité *(que d'eau! comme il pleut!)* ou de la qualité *(il est d'un bête! comme elle est intelligente!).*

exclusifs

Voir PERSONNELS (PRONOMS).

exemple

Donner un *exemple,* c'est manifester par un fait unique, mais jugé représentatif, une classe de faits analogues. La pratique de l'exemple est donc constante dans les ouvrages de linguistique (par exemple dans celui-ci...), car elle évite des énumérations exhaustives difficiles ou impossibles.

Toutefois, la fonction de l'exemple se différencie non seulement selon la discipline envisagée (l'exemple n'a pas le même statut dans un dictionnaire et dans une grammaire), mais encore selon les choix théoriques et méthodologiques. En s'en tenant à la grammaire, on observera les faits suivants :

1. Les grammaires normatives donnent aux exemples le statut de modèles à imiter. Les exemples sont choisis parmi les textes des « grands » écrivains. Quand ils sont forgés par le grammairien, ils le sont en tenant compte de la façon la plus étroite des règles de la grammaire normative. Des considérations morales ou idéologiques peuvent en outre se glisser dans les exemples.

2. Dans les grammaires dites structurales, l'exemple fonctionne comme représentant des phénomènes présents dans le corpus*. Dans les cas (en principe rares, en réalité nombreux) où l'analyse ne s'est pas donné un corpus de référence, les exemples sont forgés de façon à être aussi représentatifs que possible de l'état de langue étudié.

3. Les grammaires génératives utilisent les exemples comme éléments de base d'un raisonnement : en comparant les exemples jugés grammaticaux* et les contre-exemples*, fréquemment agrammaticaux (et dans ce cas marqués par l'astérisque antéposé), il s'agit d'énoncer la règle qui permet de générer les exemples en évitant de générer les contre-exemples.

(Sur le parti qui a été retenu dans cet ouvrage à l'égard des exemples, voir l'avant-propos.)

expansion

On donne parfois le nom d'*expansion* aux éléments qui s'ajoutent à un syntagme sans modifier la fonction de ce syntagme par rapport aux autres éléments de la phrase. Dans *le gros chien noir de la concierge, gros, noir* et *de la concierge* sont des expansions du syntagme nominal *le chien*.

expériencer

Terme anglais (parfois traduit ou adapté en français par les mots : expérienceur, ressenteur, personne affectée) qui désigne, dans la grammaire de cas, l'entité animée qui se trouve être le siège d'une manifestation psychologique décrite par un verbe ou un adjectif. (Voir CAS (PROFONDS).)

explétif (*ne* explétif)

Voir NÉGATION.

explicative

Voir RELATIVE.

expression

1. D'une façon assez peu rigoureuse, la grammaire traditionnelle vise par le mot *expression* toute séquence linguistique pourvue de sens, du mot à la phrase en passant par le mot composé et la locution.

2. À la suite de Hjelmslev, le mot *expression* est fréquemment utilisé avec le sens de *signifiant**. Il s'oppose à *contenu*, lui-même équivalent de *signifié**.

extensif

Voir ASPECT.

extension

Concept d'origine logique utilisé dans la description sémantique pour désigner l'ensemble des entités qui constituent la *dénotation** d'un terme (nom ou expression nominale) au niveau de la langue, ou bien l'ensemble auquel *réfère* un terme dans un univers de discours donné au niveau de l'énoncé (il équivaut alors à *référence;* voir ce mot). *Extension* s'oppose à *intension* ou *compréhension* (voir NOM, NOM PROPRE et HYPONYMIE).

extraposition

Voir IMPERSONNELS et ORDRE DES MOTS.

F

factitif

1. En grammaire de cas, rôle sémantique de l'objet ou de l'être qui résultent de l'action décrite par le verbe. On parle parfois de résultatif ou de but.

2. Le *factitif,* parfois classé, de façon très contestable, parmi les aspects* du verbe, se rapproche en réalité de la voix* : les constructions factitives présentent en effet le sujet comme exerçant sa volonté sur un autre sujet ainsi amené à effectuer le procès* : *les professeurs font travailler leurs élèves.* Le verbe *faire* fonctionne comme auxiliaire* de la construction factitive.

faute

Conséquence de la non-conformité à ce qui est standard ou correct, la notion de *faute* embrasse des faits différents selon que le standard est d'ordre normatif ou descriptif. En termes normatifs, elle qualifiera des usages non standard (voir SOCIOLINGUISTIQUE, REGISTRE et NORME); c'est en ce sens qu'il faut entendre « faute d'orthographe ». En termes descriptifs, la faute qualifie la non-adéquation aux règles ou aux schémas de la langue (voir GRAMMATICALITÉ et RÈGLE).

féminin

L'un des deux termes en français, de la catégorie du genre* pour les noms*, les adjectifs* et les déterminants*. L'autre terme est le masculin*. Pour les pronoms* nominaux, il existe aussi un troisième terme, le neutre*.

fermée (voyelle et syllabe)

Voir PHONÉTIQUE/PHONOLOGIE.

figure

Selon les théoriciens classiques de la rhétorique*, la *figure* consiste à manifester un signifié par une expression autre que le terme « propre » qui lui est normalement attaché : c'est s'exprimer de façon figurée que de nommer *voile* un vaisseau (métonymie), de traiter d'*âne* un imbécile (métaphore) ou de dire que son voisin a *passé* pour signifier qu'il est mort (euphémisme). La notion de figure suppose donc un écart entre l'usage normal (le mot « propre », au sens « littéral ») et l'usage figuré. Quand cet écart n'existe pas, c'est-à-dire quand il n'y a pas de choix possible entre deux expressions, il n'y a pas figure, mais *trope :* le *pied* d'une table ou une *feuille* de papier ne sont pas censés être des expressions propres aux objets qu'ils désignent. Ce ne sont pourtant pas des figures, mais des tropes, car leur emploi ne donne pas lieu à un choix ni, de ce fait, à un écart.

Certaines figures se laissent décrire comme phénomènes de connotation* : le sens propre est dénoté, le sens figuré connoté.

Comme il est dit à RHÉTORIQUE, un grand nombre des figures utilisées par la rhétorique ont été empruntées par la terminologie grammaticale pour désigner des phénomènes synchroniques* et diachroniques*.

figuré (sens)

Voir DIACHRONIE, FIGURE, LITTÉRAL, MÉTAPHORE, MÉTONYMIE, SENS.

flexion

La *flexion* est l'ensemble des formes distinctes (c'est-à-dire le paradigme*) qui, pour un mot appartenant à une classe* donnée, manifestent, par leurs oppositions réciproques, les catégories* qui caractérisent la classe. En français la flexion de l'adjectif est constituée par l'opposition du masculin au féminin et du singulier au pluriel, c'est-à-dire le paradigme du genre* et du nombre*. Pour le verbe, la flexion est la conjugaison*.

focalisation

Voir EMPHASE et ORDRE DES MOTS.

focus

Équivalent approximatif de *rhème* ou de *commentaire,* s'oppose à *présupposition*, thème* et *topique.*

fonction

1. Fonctions du langage. Voir LANGAGE.

2. Fonction syntaxique. La fonction syntaxique est la relation que les constituants d'une structure entretiennent entre eux au sein de cette structure. Les diverses fonctions syntaxiques sont étudiées ici sous leurs noms traditionnels : attribut, épithète, objet, etc.

forme

La notion de *forme* donne lieu en linguistique à trois types d'emploi :

1. En opposition à *matière** ou à *substance**, la forme est définie par l'ensemble des relations qui constituent l'identité et garantissent la permanence des éléments linguistiques et sémiotiques. En ce sens, *forme* est voisin de *structure*. La forme affecte le niveau du signifiant*et celui du signifié*.

2. Par un phénomène de glissement sémantique, *forme* en vient à fonctionner comme équivalent approximatif de *signifiant* ou d'*expression*. *Forme* s'oppose alors à *fond* (dans l'usage commun) et à *sens* (en linguistique). Inévitable, compte tenu de sa généralisation, cet emploi du mot *forme* détermine parfois des confusions avec le sens 1.

3. Enfin, *forme* est utilisé pour désigner les unités linguistiques. On parle ainsi de la forme *mangerai* ou de la forme *bonheur*.

français

Le *français* est l'une des langues romanes (voir LATIN). Le français est actuellement parlé, à titre de langue maternelle ou de langue seconde utilisée quotidiennement, par près de 80 millions de personnes. Compte tenu de la difficulté de ce type de dénombrement, le français se situe à peu près au dixième rang des langues parlées dans le monde, après le mandarin, l'anglais, l'espagnol, le portugais, le russe, le japonais, l'allemand, à peu près à égalité avec l'arabe, le bengali, l'hindi et l'italien.

Le français a longtemps eu le statut de langue internationale. Il l'a progressivement perdu au profit de l'anglais depuis le début du XXe siècle.

En France, le français est pratiqué par la quasi-totalité des habitants, à la réserve des immigrés récents. Cependant, il existe sur le territoire national un certain nombre de parlers pratiqués par un nombre non négligeable d'usagers, dont la grande majorité ont par ailleurs une bonne connaissance du français. Il convient, parmi eux, de distinguer les parlers non romans et les parlers romans.

1. Parlers non romans

a) l'alsacien : dialecte germanique proche des parlers de la Suisse alémanique, l'alsacien est pratiqué, parfois exclusivement, par plus d'un million de personnes;

b) le breton : langue celtique diversifiée en quatre dialectes, le breton est pratiqué — très rarement à titre exclusif — par près d'un million de sujets;

c) le flamand : sensiblement différent des formes de la langue parlée en Hollande et en Belgique, le flamand est utilisé par environ 150 000 personnes;

d) le basque : langue non indo-européenne qui s'étend également de l'autre côté de la frontière espagnole, le basque est parlé en France par moins de 100 000 personnes.

2. Parlers romans

Il convient de les répartir dans les classes suivantes :

a) parlers d'oïl : *oïl* est l'ancienne forme du mot *oui,* commune aux états anciens de ces parlers. Depuis le début du XXe siècle, ces parlers, autrefois nettement distincts du français standard, sont, à des degrés divers, en voie de disparition. Il est cependant encore possible, même dans la zone centrale, d'en repérer les traces et d'établir, pour chaque région, un *Atlas linguistique et ethnographique.*

b) parlers d'oc : *oc* est l'équivalent de *oui* dans ces parlers, séparés des dialectes d'oïl par la ligne figurée sur la carte de la page 272. Également recensés par les *Atlas linguistiques,* ces parlers sont, notamment par leur système phonologique, plus éloignés du français standard que ne le sont les parlers d'oïl. Ils résistent mieux que ceux-ci à la francisation, et l'on évalue généralement à 7 ou 8 millions le nombre des personnes qui les pratiquent, activement ou passivement, mais presque jamais à titre exclusif.

c) le catalan : langue romane également pratiquée en Espagne, le catalan est utilisé en France par environ 150 000 personnes.

d) le corse : assez nettement diversifié en dialectes, le corse est utilisé, rarement à titre exclusif, par près de 200 000 personnes. Les parlers corses sont proches des dialectes italiens de Toscane.

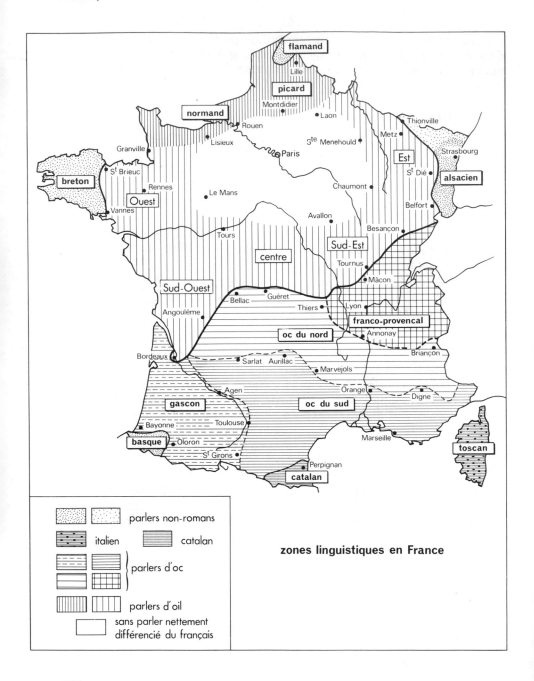

zones linguistiques en France

Légende :

parlers non-romans

italien · catalan

parlers d'oc

parlers d'oïl

sans parler nettement
différencié du français

Labels on map: flamand, picard, normand, breton, Ouest, centre, Est, alsacien, Sud-Est, Sud-Ouest, franco-provencal, oc du nord, oc du sud, gascon, basque, catalan, toscan

Cities: Lille, Montdidier, Laon, Thionville, Metz, Strasbourg, Rouen, Ste Menehould, St Dié, Granville, Lisieux, Paris, Chaumont, Belfort, St Brieuc, Rennes, Le Mans, Avallon, Besançon, Vannes, Tours, Sud-Est, Tournus, Mâcon, Bellac, Guéret, Thiers, Lyon, Angoulême, Annonay, Bordeaux, Sarlat, Aurillac, Marvejols, Briançon, Agen, Orange, Digne, Bayonne, Toulouse, Oloron, Marseille, St Girons, Perpignan

En dehors des frontières nationales, le français est parlé dans les pays suivants :

— Le français est, avec l'allemand, l'italien et le romanche, l'une des quatre langues nationales de la Confédération helvétique. Il y est parlé par environ 2 millions de personnes;

— En Belgique, le français est la langue maternelle d'environ 4 millions de sujets parlants. Une bonne partie des 370 000 Luxembourgeois ont une connaissance au moins passive du français;

— Le Canada est une nation bilingue. Le français y est la langue maternelle de plus de 6 millions de Canadiens;

— De façon plus ou moins résiduelle, le français est parlé dans le Val d'Aoste, dans les îles Anglo-Normandes et en Louisiane;

— Le français est la langue officielle de la république d'Haïti, dont la plupart des 5 millions d'habitants ont le créole pour langue maternelle. À l'île Maurice, le français est en concurrence non seulement avec le créole local, mais aussi avec l'anglais;

— En Martinique, Guadeloupe, Guyane, Polynésie française, à la Réunion et en Nouvelle-Calédonie, le français, langue de l'administration et de l'enseignement, n'élimine pas la pratique quotidienne des créoles locaux ou des langues locales;

— Le français est la langue officielle d'un certain nombre d'États africains, anciennes colonies françaises. Mais la pratique quotidienne du français y est très variable, et souvent réduite;

— Enfin, dans la plupart des pays étrangers, le français, autrefois appris comme langue seconde de préférence à toute autre, a laissé progressivement la place à l'anglais à peu près partout, à l'espagnol dans les pays anglophones (notamment aux U.S.A.), parfois à l'allemand, au russe et au japonais (notamment en Chine). (Voir DIALECTE, LANGUE, PATOIS, RÉGIONAL (FRANÇAIS), RÉGIONALISME, REGISTRES DE LANGUE et SOCIOLINGUISTIQUE.)

fréquence

Pour déterminer la *fréquence* d'un élément linguistique, on dénombre, dans un corpus* jugé représentatif, le nombre de ses occurrences* (fréquence absolue) et on établit la proportion entre ce nombre et le nombre total des occurrences observées dans le corpus (fréquence relative). Plus le corpus est étendu, plus les fréquences observées pour chacun des éléments sont significatives de sa fréquence dans la langue. Pour le lexique, le dépouillement le plus complet a établi la fréquence de 71 415 entrées représentant environ 71 millions d'occurrences.

En classant les éléments par ordre de fréquence décroissante, on affecte à chacun d'eux un rang. On observe que le produit de la fréquence par le rang est plus ou moins constant (loi de Zipf).

La fréquence d'un mot est intéressante à connaître en vue de l'enseignement de la langue. On doit toutefois corriger les indications fournies par les listes de fréquence en prenant en considération les phénomènes de disponibilité*.

On peut également apprécier la fréquence des phonèmes, des lettres (et des graphèmes*), des morphèmes (voir le tableau des marques de genre de L'ADJECTIF) et des types de construction syntaxique. Par exemple, l'antéposition de l'adjectif est moins fréquente que sa postposition.

fréquentatif

Voir ASPECT, ACCORD et SUFFIXE.

futur (temps du)

Les *temps* (tiroirs*) *du futur* (futur simple et futur antérieur, formes simple et composée du conditionnel* dans ses emplois temporels, périphrases verbales) permettent de situer dans l'avenir la réalisation du procès. Le choix entre les formes dépend de différentes variables : les formes composées permettent de situer l'un par rapport à l'autre deux procès ultérieurs; les formes dites de conditionnel envisagent le procès futur à partir d'un point de visée passé; les périphrases verbales marquent la proximité de la réalisation du procès.

Du point de vue morphologique, les formes de futur se répartissent entre les trois séries suivantes :

1. Une série de formes constituées à l'aide de l'élément -r- auquel s'ajoutent des marques flexionnelles de présent : *-ai, -as, -a, -ons-, -ez, -ont*. On remarque l'homonymie de quatre de ces six marques flexionnelles avec les formes de présent du verbe *avoir*. On retrouve par là l'étymologie du futur, originellement périphrase verbale constituée par l'infinitif du verbe et le présent du verbe *habere* (« avoir »).

2. Une série de formes constituées à l'aide de l'élément -r- auquel s'ajoutent des marques flexionnelles d'imparfait : *-ais, -ait, -ions, -iez, -aient*. Ce sont les formes traditionnellement dites de conditionnel.

Remarques. — 1. L'argument qui pousse à intégrer ces formes au futur est double : *a)* l'analyse morphologique qu'on vient d'en donner marque leur évidente parenté avec le futur ; *b)* dans des emplois tels que *je te disais qu'il viendrait,* la forme en *-rait* n'a pas de valeur conditionnelle, mais sert à présenter le procès qu'elle affecte comme futur par rapport au procès visé par le verbe à l'imparfait.

2. Pour ne pas heurter une tradition ancienne, on a conservé l'appellation *conditionnel,* et on lui a consacré un article où sont étudiées les valeurs modales de la forme. Mais ses valeurs temporelles ne pouvaient raisonnablement être décrites qu'à l'article FUTUR.

Les deux séries de formes en *-r-* sont traversées par l'opposition des formes simples, composées et, plus rares mais non moins disponibles, surcomposées :

— en face du futur simple *je travaillerai,* on trouve la forme composée *j'aurai travaillé* (dite futur antérieur) et, sporadiquement, la forme surcomposée *j'aurai eu travaillé* (futur antérieur surcomposé) ;

— en face du conditionnel simple *je travaillerais,* on trouve la forme composée *j'aurais travaillé* (dite conditionnel passé) et, sporadiquement, la forme surcomposée *j'aurais eu travaillé* (conditionnel passé surcomposé).

3. Une série de périphrases verbales, plus abondantes que pour le présent et le passé. À côté de *je vais travailler,* on trouve en effet, *je suis sur le point* (ou *en passe) de travailler* et *je dois travailler.* Les auxiliaires de ces périphrases sont eux-mêmes compatibles avec certaines des formes temporelles du verbe (voir plus bas).

A. Les formes en -R-AI

Le caractère ultérieur du procès visé par ces formes est apprécié par rapport au présent*, c'est-à-dire au moment de l'énonciation* : *je finirai cet article demain ; dans une semaine j'aurai terminé l'étude des temps.* Les formes, simples et composées, en *-r-ai* relèvent donc du registre du discours* (voir aussi PASSÉ et PRÉSENT). Leur présence dans l'histoire* (voir aussi PASSÉ) est exceptionnelle, et s'explique par des conditions spécifiques (voir plus bas).

1. La forme en -R-AI simple (futur simple)

Elle situe le procès à un moment non précisé du futur, c'est-à-dire de l'ultérieur par rapport à l'acte d'énonciation. Les précisions chronologiques sont éventuellement fournies par des adverbes* ou des compléments circonstanciels* de temps : *je travaillerai demain/ dimanche prochain/dès qu'il fera mauvais.* Surtout quand la réalisation du procès est conçue comme proche ou inéluctable, le futur est concurrencé par le présent* et les périphrases verbales (voir plus bas).

Du point de vue de l'aspect*, le futur a les mêmes valeurs que le présent (et l'imparfait). De ce fait, une série enchaînée de verbes au futur peut, selon le contexte et le contenu lexical des verbes, désigner des procès successifs (le futur est donc son propre ultérieur) ou non successifs : *ils se marieront et auront beaucoup d'enfants; pendant dix jours, nous prendrons du bon temps : nous mangerons, nous boirons, nous fumerons, nous danserons, nous ferons du sport.* Les différents procès sont ordonnés dans la première phrase, non ordonnés dans la seconde.

La valeur fondamentale du futur lui permet de prendre différentes valeurs secondaires :

— injonction : *vous imaginerez l'état de l'univers en l'an 2165.* (consigne donnée à des élèves).

— présentation atténuée d'un acte de langage : *je ne vous cacherai pas que je suis très mécontent; je vous demanderai quelques minutes d'attention.*

— expression de la probabilité, surtout avec le verbe *être : le glas est en train de sonner : ce sera pour cette pauvre Madame Hons.*

Les emplois du futur qu'on observe dans l'histoire sont l'exact pendant du présent historique : *Ubu prend le pouvoir en Pologne en 1889. Il régnera soixante-dix ans.*

2. La forme en -R-AI composée (futur antérieur)

Comme les autres formes composées, le futur antérieur insiste tantôt sur la valeur aspectuelle d'accompli dans le futur *(j'aurai bien vite terminé ce chapitre),* tantôt sur la valeur temporelle d'antériorité par rapport à un autre procès également ultérieur : *quand tu auras abattu le hêtre, tu attaqueras le charme.* C'est cette valeur qui lui permet de marquer la vraisemblance d'une hypothèse formulée par avance sur un procès dont on ne sait pourtant encore rien de certain : *il aura encore oublié son passeport* (comprendre : « il s'avérera dans l'avenir qu'il a oublié son passeport. »)

Enfin, le futur antérieur surcomposé, d'emploi rare, est au futur antérieur ce que celui-ci est au futur simple : *j'aurai eu vite terminé mon travail.*

B. Les formes en -R-AIS

Le caractère ultérieur du procès visé par ces formes est apprécié par rapport à un repère passé : *je pensais que je finirais cet article demain et que dans une semaine j'aurais terminé l'étude des temps.* Le procès visé est ultérieur non au moment de l'énonciation — auquel il peut être antérieur : qu'on remplace *demain* par *hier !* —, mais par rapport au procès, passé, visé par le verbe à l'imparfait *je pensais.*

276

C'est ce qui explique l'emploi de la forme en -r-ais comme substitut du futur dans le discours indirect dès que le verbe est à un temps quelconque du passé et, en cas d'absence du verbe subordonnant, dans le discours indirect libre.

Du fait de la répartition des temps du passé entre l'histoire et le discours, les formes en -r-ais apparaissent dans les deux types d'énoncés, et se distinguent par là des formes en -r-ai, exclusivement liées au discours.

L'opposition des formes en -r-ais simples, composées et surcomposées se fait sur le même modèle que pour les formes en -r-ai.

C. Les périphrases verbales du futur

Plus nombreuses que pour les autres temps, elles sont toutes spécialisées dans la marque du futur proche :

— *aller* + infinitif : c'est la plus fréquente. Le verbe *aller* peut s'auxilier lui-même *(il va aller à Paris)*. Il est compatible avec l'imparfait *(j'allais dîner quand tu es arrivé)*. Avec les autres tiroirs* du verbe, *aller* perd son statut d'auxiliaire et reprend son sens lexical : *il est allé (il ira) travailler* comportent l'idée de déplacement.

— *être sur le point de* ou *en passe de* sont d'emploi plus rare, mais ont l'avantage d'être compatibles avec toutes les formes verbales : *j'ai été sur le point de finir mon travail hier.*

— *devoir* + infinitif fonctionne surtout comme périphrase verbale du futur à l'imparfait, et concurrence alors, dans le discours indirect (libre ou non), la forme en -r-ais simple : *le condamné serait exécuté* (ou : *devait être exécuté*) *le lendemain.* Au présent, *devoir* + infinitif tient lieu de futur après un *si* conditionnel : *je m'en irai si votre mauvaise humeur doit se prolonger (*se prolongera* est exlu, *se prolonge*, ambigu).

D. Le futur en dehors de l'indicatif

Morphologiquement, le futur n'a pas de forme spécifique en dehors de l'indicatif. L'impératif*, simple ou composé, situe nécessairement le procès dans l'avenir : *travaillez ! ayez terminé pour demain !* Pour le subjonctif* et l'infinitif*, c'est le contexte qui fait apparaître l'éventuelle valeur d'ultérieur des formes simples ou composées : *je souhaite que vous travailliez : je voudrais avoir terminé la semaine prochaine.* Cependant, la périphrase *devoir* + infinitif fournit parfois à l'infinitif un futur explicite là où la forme simple serait ambiguë : *sa volonté de travail a l'air de devoir persister (persister* limiterait le constat au présent, *devoir persister* l'étend à l'avenir*).*

G

gallicisme

On qualifie de *gallicismes* les expressions qui sont censées n'exister, sous leur aspect spécifique, que dans la langue française. Ainsi, le présentatif* *c'est* est généralement présenté comme un gallicisme. Le gallicisme (distinct du latinisme, de l'anglicisme, du germanisme, etc.) est la réalisation française de *l'idiotisme*.

gaulois (mots empruntés au gaulois)

Voir EMPRUNT.

gémination

La *gémination* d'une consonne a nécessairement deux aspects différents selon qu'on envisage la manifestation orale ou la manifestation écrite de la langue :

1. Pour la manifestation orale, la gémination consiste à prolonger et à intensifier l'articulation de la consonne géminée. On observe assez rarement, en français, la gémination orale à l'intérieur des mots. Elle caractérise un usage affecté ou affectif : *grammaire* [gʁammɛʁ], *hallucinant,* [allysinɑ̃]. La gémination orale apparaît parfois, à des fins expressives, sur des mots qui comportent une consonne graphique simple : *élaborer, abominable* donnent souvent lieu à des prononciations [ellabɔʁe], [abbɔminabl]. (Voir PHONÉTIQUE, notamment pour les problèmes de gémination entre mots.)

2. Au niveau de la manifestation écrite, la gémination consiste à redoubler la consonne : *accabler, bonne, abbé, cotte, honneur,* etc. La gémination écrite a diverses fonctions dont les plus pertinentes sont décrites à ORTHOGRAPHE. Il convient d'ajouter que la gémination intervient fréquemment avec une simple fonction de caractérisation du mot concerné, sans nécessité de distinction avec d'autres mots. Des raisons historiques variées, complexes, parfois contradictoires rendent compte du choix entre consonne simple et consonne géminée. Cette alternance est source de graves difficultés dans l'apprentissage de l'orthographe. On se contentera de donner quelques indications générales, en distinguant les phénomènes selon qu'ils affectent les préfixes, les radicaux et les suffixes. (Sur la gémination dans la conjugaison des verbes, voir CONJUGAISON).

a) Préfixes

En principe, la consonne finale d'un préfixe se conserve (éventuellement assimilée) devant la consonne initiale de l'élément préfixé :

— préfixe *ad-*. Il ne se conserve sous la forme *ad-* devant *-d*... que dans des formations qui ne sont plus senties synchroniquement comme dérivées : *addition, adduction,* etc. Devant les autres consonnes le *-d* de *ad-* s'assimile : *accourir, affaiblir, allocation,* etc. Mais dans plusieurs cas on trouve la consonne simple : *agrandir, amener,* etc.

— préfixe *com-*. La consonne est géminée dans des formations telles que *commander, commission, commutation, collatéral, corrélatif.* On observe la différence entre le [ɔ] devant consonne double et le [o] devant consonne simple autre que [ʁ].

— préfixe *in-/en-* à valeur locative et préfixe *in-* à valeur négative : la consonne est toujours double quand elle s'assimile à la consonne initiale de l'élément préfixé : *enneigé, emmener, illocutoire, inné* pour le premier ; *illégal, immoral, innommable, irréfléchi* pour le second.

b) Radicaux

Dans un certain nombre de familles de mots, on observe une alternance entre consonne simple et consonne géminée. Les alternances de ce type s'expliquent fréquemment par l'histoire : les mots à consonne double sont des mots hérités (ou dérivés de mots hérités); les mots à consonne simple sont des emprunts plus ou moins récents au latin (voir EMPRUNT). Ainsi s'expliquent les oppositions entre *honneur, honnête* et *honorer, honorable; nommer, renommé* et *nominal, nomination; ordonner, ordonnance* et *ordinal, ordinaire, ordinateur; sonner, sonneur, consonne* et *consonance, assonance,* etc. Mais cette règle n'est pas d'application constante : *patronage* n'a qu'un *n* à côté de *patronner,* bien que les deux mots aient été formés, à date ancienne, sur le mot hérité *patron.* D'autres familles de mots donnent des exemples de répartition aléatoire entre consonne simple et consonne géminée : comparer *battage, battue, batterie, combattre* à *bataille, combatif; chatte, chatterie* à *chaton, chatoyer; chariot* est isolé parmi *charrue, charrier, charroi, charrette,* etc.

c) Suffixes

— *onner.* Toujours avec *-nn- : chantonner, mâchonner.* Les quelques verbes en *-oner* sont formés sur des noms en *-on : s'époumoner.*

— *oter.* Le plus souvent avec *-t-* simple : *tapoter, vivoter.* Quelques exceptions : *frisotter.* La plupart des autres verbes en *-otter* ne sont pas des suffixés : *flotter, trotter,* etc.

3. On parle parfois de *gémination* pour le procédé qui consiste à redoubler la syllabe initiale (ou unique) d'un mot, le plus souvent avec une valeur hypocoristique* : *fifille, chienchien, Cricri* (diminutif*de *Christiane*) etc. La gémination a donné lieu à quelques formations lexicales fixées avec un sens différent de l'élément originel : *bonbon, chouchou, fifi,* etc. *Maman* (souvent prononcé [mãmã]) et *papa* résultent de la gémination d'une syllabe non attestée isolément avec le même sens. Toutefois, *papa* et *maman* sont parfois abrégés en [ppa] et [mmã]. Synonymes : *redoublement, réduplication.*

4. Enfin, une dernière forme de *gémination,* souvent décrite sous le nom de *réduplication,* est étudiée à COORDINATION.

géminée

Voir PHONÉTIQUE/PHONOLOGIE.

générique

Voir ARTICLE.

genre

La catégorie morphologique du *genre* comporte en français deux termes : le masculin et le féminin. Elle affecte les noms et les éléments qui s'accordent avec lui. Les pronoms sont également affectés par le genre, dans des conditions variables selon qu'ils sont représentants*ou nominaux*. Certains nominaux connaissent un troisième genre, le neutre*.

Du point de vue du signifié*, le genre, catégorie linguistique, entretient avec la catégorie naturelle du sexe des relations complexes.

Le genre permet de distinguer entre eux un nombre non négligeable d'homonymes* (voir le tableau II de la page 293).

Le phénomène de l'accord en genre (presque toujours doublé par celui de l'accord en nombre) signale, souvent de façon redondante*, certaines relations sémantico-syntaxiques. (Voir ACCORD.)

Le genre est, avec le nombre*, l'une des deux catégories morpho-logiques qui affectent le nom et les éléments qui s'accordent avec lui : déterminants*, adjectifs*, pronoms représentants* et, sous certaines conditions (voir ACCORD), le participe* des formes verbales compo-sées.

Remarque. — Le fonctionnement des deux catégories du genre et du nombre est fondamentalement différent. Sauf exceptions (voir plus bas), le nom est toujours du même genre : *tableau* est constamment masculin, *table* constamment féminin. En revanche, il a (toujours sauf exceptions, voir NOMBRE) la possibilité, selon les besoins momentanés de l'énonciation, d'être soit au singulier, soit au pluriel : *un tableau, des tableaux; la table, les tables.* Indice de cette différence de statut entre les deux catégories : les dictionnaires indiquent toujours le genre, *fixe*, des noms, mais jamais leur nombre, *mobile.* (Sur la façon dont le genre et le nombre affectent l'adjectif, voir ACCORD et ADJECTIF.)

En français, la catégorie du genre comporte deux termes, le *mascu-lin* et le *féminin.* Il existe à peu près autant de noms masculins que de noms féminins. Cette bipartition de la catégorie est fréquente dans les langues : on la trouve notamment en italien, en espagnol, en hébreu, en hindī, etc. Mais elle n'a rien d'universel. Beaucoup de langues connaissent pour les noms trois genres : au masculin et au féminin s'ajoute le neutre* qui, conformément à l'étymologie de son nom, se définit négativement comme « ni masculin, ni féminin ». On trouve un neutre pour les noms en grec ancien, en latin, en allemand, en russe, etc. Le neutre existe en français pour certains pronoms nominaux*, mais non pour les pronoms représentants*, qui, unis à un nom par une relation anaphorique* (ou cataphorique*), s'accordent avec lui en genre : *rien* est neutre, mais *aucun* ne peut être que masculin ou féminin : *rien de nouveau; de ces études sur le genre, aucune n'est intéressante.* Au-delà de trois termes, on parle générale-ment non plus de genres, mais de classes (jusqu'à une quarantaine), distinguées selon des critères variés : de nombreuses langues africai-nes et asiatiques présentent de telles classes. À l'opposé, certaines langues ne comportent pas de genre : c'est le cas du chinois, du turc, du japonais, et, en Europe, des langues finno-ougriennes : finnois et hongrois. Beaucoup de linguistes estiment que c'est aussi le cas de l'anglais, où les variations des pronoms *he* (« masculin »)/*she* (« fémi-nin »)/*it* (« neutre ») correspondent immédiatement (malgré des exceptions) à des oppositions de sexe : « mâle » ou « femelle » pour les animés, « non sexué » pour les inanimés ou réputés tels. Ces variations n'atteignent pas les noms, pour lesquels les dictionnaires n'indiquent pas de genre.

On considère généralement que le masculin est le cas non marqué de la catégorie. Morphologiquement, la remarque n'est justifiée que dans les cas où le féminin est formé à partir du masculin par l'adjonction d'une marque spécifique (voir plus bas). Mais syntaxiquement elle est justifiée de façon constante : un adjectif s'accorde au masculin avec plusieurs noms pour peu que l'un d'entre eux soit masculin : *les étudiants et les étudiantes sont travailleurs.* Toutefois l'opposition des traits non marqué/marqué n'efface pas l'opposition masculin/féminin, comme le pensent certains linguistes insuffisamment attentifs à l'investissement sémantique de la catégorie.

A. Le genre du point de vue du signifié

En français comme dans les autres langues indo-européennes, la catégorie linguistique du genre est en relation avec la catégorie naturelle du sexe. Mais cette relation est complexe. On observe en effet les phénomènes suivants :

*1. **Pour les êtres animés,*** les individus de sexe masculin sont généralement désignés par des noms masculins, les individus féminins par des noms féminins : *un homme, une femme; un père, une mère; un coq, une poule; un cheval, une jument,* etc. Du point de vue morphologique, les possibilités sont les suivantes :

— opposition de deux noms différents : type *gendre, bru* et les exemples qui viennent d'être cités.

— utilisation du même signifiant comme nom des deux genres : type *un enfant, une enfant; un élève, une élève.* Ce sont les noms épicènes*.

— opposition de la forme de féminin à celle de masculin par des procédés semblables à ceux qui sont utilisés pour l'adjectif : type *lion, lionne; ami, amie.* (Voir ADJECTIF, notamment le tableau I.)

— présence d'un suffixe* pour le nom féminin : type *héros, héroïne; maître, maîtresse.*

— opposition de deux formes différentes d'un même suffixe : type *acteur, actrice.*

(On trouvera à la fin de l'article, dans le tableau I, des listes de noms de chacune de ces catégories).

Remarque. — Le lecteur attentif aura sans doute remarqué que les quatre dernières catégories identifiées semblent contredire le fait que les noms ont un genre fixe, et se distinguent en cela des adjectifs, pour lesquels le genre est mobile. Les linguistes envisagent ce problème de différentes façons : les uns prétendent qu'il s'agit d'adjectifs nominalisés, d'autres considèrent les deux formes comme deux noms différents, à la fois paronymes* (homonymes pour *élève* et les autres épicènes) et parasynonymes (de signifiés* identiques à la réserve du trait « sexe »). Le plus simple est sans doute d'admettre l'existence, parmi les noms animés, d'une sous-classe de noms variables en genre : phénomène d'exception* bien connu dans les langues.

L'homologie entre les deux classifications du sexe et du genre n'a rien de constant :

a) Pour les humains, il existe un nombre non négligeable de noms masculins désignant des femmes : *un mannequin.* Il s'agit parfois de termes péjoratifs tels que *trottin, bas-bleu,* et une série de suffixés en *-on : laideron, louchon, souillon, tendron,* etc. Inversement, un certain nombre de noms féminins s'appliquent à des hommes. Il s'agit de noms désignant des fonctions, souvent militaires : *estafette, ordonnance, recrue, sentinelle, vedette, vigie,* etc. Il existe également un certain nombre de noms péjoratifs, fonctionnant souvent comme insultes : *canaille, crapule, fripouille, ganache, gouape,* etc.; et, pour des raisons sexuelles évidentes, certaines désignations — très vulgaires — des homosexuels : *folle, tante, tapette,* etc.

Le problème le plus intéressant posé par les relations entre le sexe et le genre est celui des fonctions ou professions originellement réservées aux hommes, mais auxquelles les femmes, sporadiquement depuis la fin du XIXe siècle, systématiquement depuis le milieu du XXe, ont progressivement accès. Doit-on continuer à utiliser les périphrases coûteuses du type *un professeur femme ?* Et persister à utiliser les formules bizarres telles que *Madame le Juge, Mademoiselle le Docteur ?* Ou les accords étranges (ou problématiques) tels que *Madame le Ministre des Droits de la femme, délégué(e ?) auprès du Premier ministre ?* Doit-on au contraire former, quand ils n'existent pas, des signifiants spéciaux, munis de la marque du féminin? La langue du XIXe siècle disposait de *préfète, mairesse, générale, colonelle,* etc., mais exclusivement pour désigner les épouses des titulaires masculins de ces fonctions. Ici les problèmes idéologiques interfèrent de façon confuse avec les données morphologiques. Il paraît plus facile d'affecter un déterminant féminin à un nom terminé par *-e* muet *(Madame la Ministre, une juge d'instruction)* ou de former un féminin exclusivement graphique tel que *professeure,* ou *ingénieure* (sur le modèle de *prieure* ou *supérieure)* que de faire apparaître une marque orale du féminin là où le masculin a longtemps été exclusif : *écrivaine* est mal accepté (malgré *romancière),* *autrice* et *sculptrice* continuent à faire difficulté (malgré l'analogie des très nombreux mots en *-trice).* On remarquera que ce sont surtout les noms de professions ou d'activités artistiques qui font apparaître des problèmes d'acceptabilité. Seul cas inverse : celui des hommes exerçant la profession autrefois exclusivement réservée aux *sages-femmes.* Entre plusieurs possibilités (dont le maintien de *sage-femme, sage-homme, assistant-accoucheur,* etc.), c'est le pédantesque et héllénisant *maïeuticien* qui a été proposé par une commission terminologique. Le succès de ce nom dépendra, entre autres, de l'extension de la profession chez les hommes.

Sur ce problème des relations entre le sexe et le genre, qui échauffe périodiquement les esprits — jusqu'à l'Académie française — on remarquera seulement deux faits : l'expérience de nombreuses autres langues montre qu'une intervention consciente et explicite d'une volonté humaine peut avoir un effet sur l'évolution de la langue; d'autre part, la généralisation de la formule d'apostrophe « Françaises, Français », qui s'est substituée dans les discours politiques au plus simple « Français » des années 50, semble indiquer que le statut de cas non marqué du masculin n'est pas intangible, puisque la seule forme du masculin ne paraît plus suffisante pour désigner l'ensemble du public visé.

b) Pour les animaux, il n'existe d'opposition morphologiquement marquée entre le masculin et le féminin que pour un nombre limité d'espèces : *chien, chienne; lion, lionne; lièvre, hase; sanglier, laie; tigre, tigresse,* etc. (on remarque dans le tableau I que les procédés d'opposition entre les deux formes ne sont pas quantitativement représentés de la même façon pour les animaux et pour les humains). L'opposition se complique parfois de la présence d'un 3e terme pour le mâle non reproducteur : *vache, taureau, bœuf; brebis, bélier, mouton; poule, coq, chapon,* etc. Pour les autres espèces, il n'existe qu'une forme, indifférenciée, masculine ou féminine pour l'un et l'autre sexe; on observe fréquemment qu'entre espèces voisines, le nom masculin s'applique à l'espèce de plus grande taille : *crapaud, grenouille; rat, souris; frelon, guêpe; putois, belette; corbeau, corneille,* etc. Échappent à cette opposition, entre quantité d'autres : *la girafe, la panthère; le tapir, le tamanoir; la libellule, le papillon* (mais *la chenille,* qui n'est pas la femelle, mais la larve du papillon), *la mouche* (mais *l'asticot*), etc. Les formes telles que **la crapaude, *le girafe* sont, dans les conditions normales, exclues et remplacées, quand il est nécessaire de préciser le sexe, par *crapaud femelle, girafe mâle,* etc. (*maman crapaud, papa girafe* dans l'usage enfantin).

2. Pour les non animés, l'opposition des genres ne saurait évidemment correspondre à une différence sexuelle. La répartition des noms entre les deux genres paraît aléatoire. Elle est déterminée essentiellement par l'étymologie : *soleil* est masculin parce que son étymon *(soliculum,* diminutif de *sol)* est masculin, *lune* féminin parce que son étymon *(luna)* est féminin. Resterait alors à expliquer pourquoi l'étymon de *soleil* était masculin et celui de *lune* féminin : il n'y a là aucune nécessité, puisque dans d'autres langues (par exemple l'allemand) le soleil est gratifié d'un nom féminin et la lune d'un nom masculin. La spécificité de chaque langue comme univers sémantique fondant ses répartitions sur des critères qui lui sont propres atteint ici un degré plus élevé que pour d'autres catégories, par exemple le nombre, qui articule de façon moins variable le champ notionnel de la quantité, et affecte les noms de façon moins imprévisible. D'où les difficultés particulières de l'apprentissage de la répartition des noms entre les genres : les étrangers qui connaissent le mieux le français laissent parfois échapper des erreurs sur le genre, alors qu'ils maîtrisent parfaitement le nombre. Les francophones natifs hésitent également sur le genre de certains noms, notamment ceux pour lesquels l'initiale vocalique entraîne la neutralisation des déterminants : *l'*, *mon*, [sɛt] ne permettent pas de fixer par une marque le genre d'*alvéole*, d'*après-midi*, d'*élytre*, ni même, plus bizarrement, d'*autoroute*, qui, malgré la féminité assurée de *route*, est fréquemment utilisé comme masculin. Il en va de même pour plusieurs des noms qui ne s'utilisent qu'au pluriel : *les*, *mes*, *ces* sont indistincts. On trouvera page 295, dans le tableau III, une liste de noms donnant lieu à hésitation, avec l'indication de leur genre officiel.

Dépourvu de toute relation avec un référent sexuel inexistant, le genre des non animés n'en fonctionne pas moins comme catégorie sémantique, de façon métaphorique, au niveau de la connotation*. Comme l'ont remarqué Damourette et Pichon, le genre (qu'ils baptisent joliment *sexuisemblance*) est un sexe fictif attribué aux objets non animés. De ce point de vue, il est possible non de spéculer sur les raisons — inaccessibles — qui ont originellement (quand?) conféré tel genre à tel nom, mais de repérer les relations qu'entretient le signifié du nom avec son genre grammatical : la *terre*, passive et nourricière, la *mer*, de surcroît homophone de la *mère*, sont l'une et l'autre féminines, la seconde en dépit de son étymologie : son étymon latin *mare* est neutre. Le nom de l'*arbre* et les noms des arbres, féminins en latin, sont passés au masculin en français : indice massif d'une différence radicale de conceptualisation de l'objet. L'*automobile* était au début du siècle masculine et ne s'est définitivement fixée au féminin que lors des débuts de sa généralisation. Le *camion*, masculin, ne se féminise qu'en rapetissant en *camionnette*. D'une façon générale, le français, contrairement aux autres langues romanes, oppose fréquemment (mais non constamment) de grands objets masculins à de petits objets féminins; qu'ils soient morphologiquement apparentés *(bassin, bassine)* ou que leur relation ne se situe qu'au niveau sémantique : *plat, assiette; fauteuil, chaise*, etc. Et le suffixe diminutif *-et, -ette* est beaucoup plus fréquent sous sa forme féminine : *amourette, balayette, fourgonnette,* etc., ont, comme *camionnette,* l'effet de féminiser le nom auquel ils s'ajoutent. L'inverse *(îlot* sur *île)* est très rare.

B. Le genre du point de vue du signifiant

Le problème se pose de la façon suivante : indépendamment des cas pour lesquels la même racine fournit deux noms, l'un masculin, l'autre féminin sans autre différence de sens que celle du sexe (voir tableau I, à la réserve de la 1re rubrique), existe-t-il une relation entre la catégorie du genre et le signifiant terminal des noms? De nombreuses études ont été publiées sur ce problème. Elles montrent qu'un grand nombre de terminaisons orales ou écrites sont liées de façon à peu près constante à l'un des deux genres. Ainsi, 91 % des noms terminés par /jɔ̃/ et 99,8 % des noms terminés par /zjɔ̃/ sont féminins. 100 % des noms terminés par /œ̃/, /ro/ et /sm/ sont masculins. 100 % des noms terminés par /øz/ sont féminins, de même que 98 % des noms en /ʒi/ et 92 % des noms en /te/ et en /iz/. En revanche, sur le plan de l'orthographe, le *-e* muet final affecte presque autant de noms masculins (47 %) que de féminins. Il ne peut donc être considéré comme lié ni à l'un ni à l'autre genre. On sait qu'il en va différemment pour les noms à deux genres et les adjectifs. (Voir ADJECTIF et ORTHOGRAPHE.)

C. Particularités de la répartition des noms entre les genres

1. Variation du genre avec le nombre

Ce phénomène étrange s'observe pour trois noms : *amour,* qui a longtemps hésité entre les deux genres, a été au XVIe siècle fixé au masculin quand il est au singulier, au féminin quand il est au pluriel. Malgré l'expression *la belle amour,* le masculin tend à se généraliser. *Délices,* le plus souvent utilisé au pluriel, est alors féminin. Les rares emplois qu'on en fait au singulier font apparaître le masculin : *c'est un vrai délice. Orgue,* masculin, devient féminin au pluriel quand il désigne de façon emphatique un seul instrument : *les grandes orgues de Saint-Bénigne de Dijon.*

Gens, qui est étymologiquement le pluriel du nom féminin *gent* (race) confère le genre masculin aux adjectifs qui le suivent, mais le genre féminin à ceux qui le précèdent, à condition que celui qui le précède immédiatement marque formellement l'opposition des genres : *toutes ces bonnes gens sont bien portants/tous ces braves gens.* Archaïsme rendu facultatif par l'arrêté du 28.12.1976.

2. Genre des noms propres

Pour les animés, les patronymes sont, en français, invariables. Mais les prénoms sont dans une situation comparable à celle des noms communs : beaucoup sont exclusivement réservés à l'un ou l'autre sexe : *Alain, Bruno, Christophe, Grégoire, Olivier, Thierry*, etc., sont exclusivement masculins; *Brigitte, Céline, Edwige, Hélène, Isabelle, Monique, Véronique, Virginie*, etc., exclusivement féminins. De nombreux autres ont deux formes : *Denis, Denise; Jacques, Jacqueline; Michel, Michelle* (et *Micheline*); *Marcel, Marcelle*, etc. Dans plusieurs cas, c'est le diminutif *-ette* qui forme le féminin : *Henri, Henriette; Georges, Georgette; Antoine, Antoinette*, etc. *Claude* (toutefois, il existe aussi les formes spécifiques féminines *Claudie, Claudine* et *Claudette), Camille* et *Dominique* (ainsi que, régionalement, *Marie*), épicènes*, s'emploient pour les deux sexes.

Pour les non-animés, les noms de pays et de cours d'eau sont le plus souvent affectés à un genre manifesté par l'article : *le Tibet, la Roumanie* (mais *Cuba? Israël? Monaco?); le Rhône, la Saône*. Les noms de villes hésitent entre les deux genres : *le Tout-Paris, Alger la Blanche*. Les noms de bateaux sont officiellement du même genre que le nom propre qui a servi à les nommer : la *« Normandie »*. Toutefois le masculin (par référence au nom *bateau*) tend à se généraliser. Les avions n'ont pas de nom propre individuel, mais des noms de types, généralement masculins : un *Airbus*, le *Concorde*. Pour les lettres de l'alphabet, l'usage ancien opposait des noms masculins *(un a, un o, un b, un k*, etc.*)* à des noms féminins (ceux des consonnes dont la désignation a une initiale vocalique : *une f, une s, une m*, etc.). L'usage contemporain renonce à cette distinction peu utile et peu fondée, et confère le genre masculin à tous les noms de lettres.

3. Genre des noms composés

Les composés constitués par un nom déterminé sont en principe du genre de ce nom; *un arc-en-ciel, le vif-argent, une grand-mère, une chauve-souris*. Mais il y a des exceptions : *autoroute* est fréquemment masculin; les noms d'oiseaux en *-gorge, -queue, -aile* sont masculins : *un rouge-gorge, un blanche-queue*. Les noms composés d'un verbe et d'un nom complément sont généralement masculins : *un abat-jour, le couvre-feu, un monte-charge*, etc.

TABLEAU I

MARQUES DE L'OPPOSITION
DES GENRES DES NOMS
(CLASSE DES ANIMÉS)

1. *Opposition des deux noms différents*

1.1. Humains

confrère, consœur
frère, sœur
garçon, fille [1]
gendre, bru [2]
homme, femme
mari, femme
monsieur, madame
oncle, tante
papa, maman
parrain, marraine
père, mère [3]
roi, reine

1.2. Animaux

bélier, (mouton), brebis [4]
bouc, chèvre
cerf, biche
coq, (chapon), poule
cheval, jument [4]
jars, oie [4]
lièvre, hase
sanglier, laie
singe, guenon
taureau, (bœuf), vache [4]
verrat, (cochon, porc), truie

---

(1) *Garçonne* (et *garce*) sont, dans des registres différents, l'un et l'autre péjoratifs.

(2) *Bru* est fortement concurrencé par *belle-fille*.

(3) Pour *parrain, marraine; père, mère* et les archaïsants *parâtre* et *marâtre*, on remarque l'opposition par l'initiale *(p/m)* de deux formes par ailleurs identiques (au *-e* muet de *marraine* près).

(4) On observe des différences de fonctionnement entre chacun des microsystèmes constitués par ces groupes de noms : le nom du mâle non reproducteur (qui n'existe que pour les animaux domestiques) sert souvent de terme générique : *un troupeau de moutons.* C'est parfois le nom féminin qui a ce rôle : *une troupe d'oies, un troupeau de vaches. Cheval* fonctionne à la fois comme nom de l'espèce et comme nom du mâle, reproducteur (spécifié par *étalon*) ou non *(hongre).* Pour les animaux sauvages, c'est toujours le masculin qui fonctionne comme terme générique. *Yak* (ou *yack*) fonctionne comme nom de l'espèce mais, dans la langue savante, on peut opposer, comme en tibétain d'où viennent ces noms, *drong* (mâle reproducteur), *yak* (mâle non reproducteur) et *drimo* (femelle).

2. Marque zéro de l'opposition des genres (noms épicènes)

2.1. Humains

adversaire
aide
ancêtre
artiste
camarade
collègue
complice
concierge
cycliste
élève
enfant
esclave
garde
libraire
locataire
partenaire
pensionnaire
philosophe
pianiste (et autres dérivés en *-iste*)
propriétaire
pupille
secrétaire
soprano
touriste

2.2.

Classe vide : il n'existe pas de noms d'animaux susceptibles d'être utilisés sans différence de signifiant comme masculin et comme féminin.

Remarque. — À la réserve de *enfant* et de *soprano* (d'ailleurs souvent prononcé [sɔpʁan]), tous ces noms sont terminés par *-e* muet.

3. *Opposition de deux noms sur le modèle de l'opposition des genres de l'adjectif* (voir le tableau des pages 39 et suiv.)

3.1. Humains   3.2. Animaux

● exclusivement au niveau de la manifestation écrite

ami, amie, etc.   *ours, ourse,* etc.

● au niveau de la manifestation écrite et de la manifestation orale, féminin marqué par la présence d'une consonne finale :

— voyelle finale identique entre les deux noms

bourgeois, bourgeoise   *chat, chatte*
époux, épouse   *rat, rate*
marchand, marchande   *renard, renarde,* etc.
marquis, marquise, etc.

— voyelle finale différente entre les deux noms

berger, bergère   *chameau, chamelle*
boulanger, boulangère   *daim, daine*
sultan, sultane,   *lion, lionne,* etc.
paysan, paysanne
voisin, voisine, etc.

— consonne finale différente entre les deux noms :

juif, juive
veuf, veuve, etc.

Remarque. — La plupart de ces noms, surtout ceux de la sous-classe des humains, sont aptes à s'utiliser également comme adjectifs : *elle est très bourgeoise, une jeune fille juive, un homme veuf, la maison voisine,* etc. Sans se référer à l'histoire, il est impossible de dire s'il s'agit de noms adjectivés ou d'adjectifs nominalisés. Il est également impossible de dire si leur variation en genre est la cause ou l'effet de leur emploi adjectival. Même les noms d'animaux de cette classe semblent particulièrement aptes à l'emploi adjectival (nécessairement figuré) : *il est peu ours,* ou : *très rat; elle est très chatte* ou *un peu chamelle.*

4. *Présence d'un suffixe pour le nom féminin*

4.1. Humains

4.2. Animaux

• suffixe *-ine*

héros, héroïne
speaker, speakerine
tzar, tzarine
(voir aussi quelques prénoms :
Jacques, Jacqueline, Michel,
Micheline)

Aucun nom d'animal ne présente
le suffixe *-ine*

• suffixe *-esse*

abbé, abbesse
chanoine, chanoinesse
comte, comtesse
diable, diablesse
duc, duchesse
gonze, gonzesse (fam.)
hôte, hôtesse
maître, maîtresse
nègre, négresse
ogre, ogresse
pape, papesse
poète, poétesse
prêtre, prêtresse
prince, princesse
traître, traîtresse
type, typesse (fam.)

âne, ânesse
singe, singesse (arch.)
tigre, tigresse

Dans quelques cas, c'est le nom masculin qui comporte un
suffixe :

compagnon, compagne

canard, cane
cochon, coche (arch.)
dindon, dinde
mulet, mule

5. *Opposition de la forme masculine et de la forme féminine du même suffixe*

Il n'existe aucun nom d'animal dans cette classe.

5.1. Suffixe *-eur*

5.1.1. *-eur/-euse : buveur, buveuse; danseur, danseuse; menteur, menteuse,* etc.

5.1.2. *-eur/-eresse :* formation archaïque conservée dans *enchanteur, enchanteresse* et dans les termes du vocabulaire juridique *défendeur, défenderesse, demandeur, demanderesse* et *vendeur, venderesse* *(demandeuse* et *vendeuse* existent dans l'usage ordinaire). Variante *-eur/-oresse* dans *docteur, doctoresse.*

5.1.3. *-eur/-eure : mineur, mineure; supérieur, supérieure,* etc. On a vu plus haut que cette formation — originellement réservée à des comparatifs nominalisés — donne un modèle de formation à des noms de fonctions féminines telles que *ingénieure, professeure* ou *docteure,* qui se substituerait avantageusement à *doctoresse,* vieilli et limité au sens de « femme médecin ».

5.2. Suffixe *-teur/-trice*

C'est de loin l'opposition la plus représentée. On ne citera que quelques exemples sur la centaine de couples usuels, et on remarquera que l'inventaire des formes féminines en *-trice* marque une tendance à l'élargissement : *administratrice, auditrice, collaboratrice, conductrice, conservatrice, exportatrice, inspectrice, productrice, promotrice, sculptrice, sectatrice,* etc. La variante *-(s)seur* du suffixe fait particulièrement problème : *possesseur* et *successeur* ne peuvent guère avoir pour féminin que *possesseure* et *successeure.*

| TABLEAU II |

LISTE D'HOMONYMES DISTINGUÉS PAR LE GENRE

L'opposition des deux genres permet de distinguer, par l'accord* des déterminants et éventuellement des adjectifs, un certain nombre d'homonymes. On en distingue deux classes :

1. Les homonymes distingués par le genre sont absolument différents d'étymologie* et de sens :

— *aune* m. : arbre (parfois orthographié *aulne*); f. : ancienne mesure de longueur

— *barbe* m. : cheval de Barbarie; f. : ensemble des poils du menton et des joues

— *barde* m. : poète celtique; f. : tranche de lard dont on entoure certaines viandes pour les faire rôtir

— *carpe* m. : partie du membre antérieur; f. : poisson

— *coche* m. : *a)* voiture; *b)* bateau; f. : *a)* entaille; *b)* truie

— *livre* m. : réunion de plusieurs feuillets; f. : poids, monnaie

— *moule* m. : modèle creux communiquant sa forme à une matière fondue; f. : mollusque

— *mousse* m. : jeune matelot; f. : *a)* plante; *b)* écume

— *ombre* m. : poisson; f. : absence de lumière

— *page* m. : jeune noble; f. : côté d'un feuillet

— *platine* m. : métal précieux; f. : pièce plate

— *poêle* m. : *a)* fourneau; *b)* étoffe noire couvrant un cercueil; f. : ustensile de cuisine

— *satyre* m. : personnage mythologique; f. (l'orthographe est alors *satire*): pièce de vers

— *somme* m. : sommeil; f. : total

— *souris* m. (archaïque) : sourire; f. : petit rongeur

— *tour* m. : *a)* mouvement circulaire; *b)* machine à tourner; f. : construction élevée

— *vague* m. : (adjectif substantivé) indéfini; f. : masse d'eau en mouvement

— *vase* m. : ustensile destiné à contenir les liquides; f. : boue déposée au fond de l'eau

2. Les homonymes ont même étymon* et ont une relation sémantique. Pour *aide, critique, garde, manœuvre, statuaire,* le masculin désigne le personnage qui exécute l'activité signifiée par le nom au féminin. Les autres cas offrent une diversité peu propice au classement :

— *aigle* m. : oiseau; f. : *a)* figure de blason; *b)* motif d'étendard

— *cartouche* m. : ornement d'architecture; f. : charge d'une arme à feu

— *cornette* m. : porte-étendard; f. : étendard. (Il existe des oppositions parallèles pour les noms *enseigne* et *trompette*)

— *couple* m. : groupe de deux animés unis par un lien; f. : groupe de deux inanimés accidentellement unis

— *crêpe* m. : étoffe; f. : pâtisserie

— *espace* m. : étendue; f. : pièce métallique qui sert aux typographes à marquer les espaces (m.) entre les mots d'un texte

— *foudre* m. : *a)* attribut de Jupiter; *b)* homme puissant et redoutable; f. : phénomène naturel (le substantif masculin *foudre*, d'origine totalement différente, désigne un gros tonneau)

— *guide* m. : celui qui guide; f. : lanière de cuir utilisée pour guider les chevaux attelés

— *hymne* m. : chant; f. : chant d'église

— *manche* m. : partie d'un instrument ménagée de façon à être tenue dans la main; f. : partie d'un vêtement qui couvre l'épaule et le bras

— *mémoire* m. : exposé écrit; f. : faculté du souvenir

— *mode* m. : modification (utilisations diverses dans de nombreux vocabulaires techniques, notamment en grammaire); f. : manière de s'habiller; modification passagère du comportement social

— *œuvre* m. : *a)* ensemble des travaux de construction d'un bâtiment; *b)* ensemble des œuvres d'un artiste; *c)* recherche alchimique; f. : travail

— *office* m. : fonction; f. : petite pièce où l'on range la vaisselle

— *orge* m. : orge en grain; f. : orge sur pied

— *parallèle* m. : comparaison suivie; f. : droite parallèle

— *pendule* m. : balancier; f. : horloge

— *poste* m. : lieu assigné à quelqu'un pour assumer une fonction; f. : organisation du transport des lettres

— *relâche* m. : interruption, détente; f. : lieu d'arrêt d'un navire

— *solde* m. : partie d'un compte qui reste à payer; f. : paye d'un soldat

— *vapeur* m. : bateau à vapeur; f. : gaz

— *voile* m. : fragment d'étoffe dissimulant un objet; f. : toile offerte au vent pour propulser un navire

TABLEAU III

NOMS SUR LESQUELS S'OBSERVENT
DES HÉSITATIONS DE GENRE

● Sont catalogués comme **masculins** par les dictionnaires :

abaque
abîme
acabit
acrostiche
adage
agrume
alvéole
amalgame
ambre
amiante
anathème
antidote
antipode
antre
aphte
apogée
arcanes
armistice
arpège
astérisque
augure
auspice(s)
cerne
corollaire
effluves
ellébore
élytre
emblème
en-tête
entracte
épiderme
épilogue

épisode
équinoxe
esclandre
exode
fastes
girofle
haltère
harmonique
hémisphère
hémistiche
hiéroglyphe
holocauste
horoscope
imposte
interstice
midi
minuit
narcisse
obélisque
opprobre
ouvrage
ovale
planisphère
platine (métal)
poulpe
quinconce
rail
socque
tentacule
vestige
viscère
vivres

● Sont catalogués comme **féminins** par les dictionnaires :

abside	éphémérides
absinthe	épigramme
acné	épitaphe
affres	épithète
amnistie	équivoque
anagramme	estafette
anicroche	extase
antichambre	glaire
arabesque	hécatombe
arrhes	immondice
atmosphère	obsèques
autoroute	omoplate
azalée	orbite
besicles	oriflamme
chausse-trape	patère
conteste	prémices
dartre	prémisses
disparate	réglisse
ébène	scolopendre
écritoire	ténèbres

● Donnent lieu à des variations entre dictionnaires ou à l'indication des deux genres :

après-midi (masculin pour l'Académie, indécis dans l'usage)

automne (parfois féminin dans l'usage littéraire)

entrecôte (longtemps masculin, aujourd'hui presque toujours féminin)

interview (se rencontre parfois comme masculin)

ordonnance (souvent masculin dans l'usage)

palabre (surtout au pluriel, des deux genres, malgré l'étymologie féminine)

pamplemousse (masculin dans l'usage, malgré l'Académie)

perce-neige (féminin selon les dictionnaires, souvent masculin dans l'usage)

germaniques (mots empruntés aux dialectes germaniques)

Voir EMPRUNT.

gérondif

Le *gérondif* est l'un des modes impersonnels du verbe. Du point de vue syntaxique, le gérondif est le résultat de l'adverbialisation du verbe, de même que l'infinitif est le résultat de sa nominalisation et le participe de son adjectivation. Dans *c'est en forgeant qu'on devient forgeron, en forgeant,* gérondif du verbe *forger,* fonctionne comme un adverbe (ou un complément circonstanciel) par rapport à la proposition *on devient forgeron* (comparer : *c'est progressivement/à force de travail qu'on devient forgeron*). Le verbe au gérondif (comme à l'infinitif ou au participe) conserve la possibilité d'avoir des compléments *(c'est en faisant de la linguistique qu'on devient linguiste)* ou un attribut *(en devenant ministre il a acquis de l'autorité).*

Remarque. — Le gérondif n'est pas le seul moyen de conférer au verbe une fonction adverbiale : l'infinitif, à condition d'être introduit par une préposition, peut avoir une fonction de ce type : *sans forger, on ne peut devenir forgeron.* Toutefois l'infinitif, compatible avec de nombreuses prépositions *(à, de, pour, sans, après,* etc.), ne l'est pas avec *en* (dans *il faut en sortir, en* n'est pas la préposition, mais le pronom adverbial, voir PERSONNELS). Compte tenu de cette complémentarité entre l'infinitif et le gérondif, on a parfois considéré le second comme une variante combinatoire du premier.

Du point de vue morphologique, le gérondif est constitué à l'aide du participe présent introduit par la préposition *en,* parfois elle-même précédée de *tout.* L'usage classique — et, parfois, ses imitations archaïsantes — peuvent supprimer la préposition *en,* ce qui entraîne des risques de confusion avec le participe présent. Il subsiste de cet usage ancien des locutions telles que *chemin faisant, argent comptant* et, peut-être, *tambour battant* (qui peut cependant être également décrit comme une proposition participiale où *tambour* serait le sujet).

Le sujet non manifeste du verbe au gérondif est, dans l'usage contemporain, nécessairement coréférentiel* au sujet du verbe à un mode personnel dont dépend le gérondif : dans *j'ai rencontré mon ami en sortant de chez lui,* le sujet de *en sortant* ne peut être que *je,* à l'exclusion de *mon ami.* Les expressions figées *l'appétit vient en mangeant, la fortune vient en dormant,* enfreignent la règle de coréférentialité. Les verbes impersonnels*, qui n'ont pas de sujet du point de vue sémantique, sont de ce fait inaptes à recevoir une détermination adverbiale à l'aide d'un gérondif : *il pleut en inondant les champs* est exclu. Toutefois, *il pleut en tonnant* est possible, car les deux verbes sont impersonnels.

Conformément au sens temporel de la préposition *en,* le gérondif a fondamentalement la valeur d'un complément circonstanciel de temps. Les relations temporelles entre le verbe au gérondif et le verbe principal dépendent du temps de ce dernier : comparer *il marchait en lisant son journal* (les deux procès sont simultanés) et *en cherchant des châtaignes, j'ai trouvé un champignon* (le procès du verbe principal *j'ai trouvé* est inclus dans celui du verbe au gérondif). Le gérondif peut en outre se charger secondairement d'autres valeurs circonstancielles : manière (voir l'exemple du forgeron), moyen, condition, cause, opposition, notamment, pour cette dernière nuance, quand le gérondif est introduit par *tout en : tout en travaillant, il ne réussit pas.*

Remarque. — On rencontre sporadiquement une forme composée du gérondif, qui marque l'aspect accompli du procès : *tout en ayant travaillé, il n'a pas été reçu à son examen.*

grammaire (grammaire et linguistique)

1. La grammaire et les grammaires

L'une des principales difficultés que pose le terme même de *grammaire* est qu'il se prête à une importante polysémie*; bien que les considérations historiques jouent à ce propos un grand rôle, on prendra ici le parti, pour des raisons de simplicité, d'envisager ce terme de manière essentiellement synchronique (avec les latitudes relatives qu'autorise normalement ce point de vue). Dans l'acception la plus générale, on peut, en un premier temps, opposer schématiquement la *grammaire* au *dictionnaire.* Alors que le dictionnaire est censé livrer la liste des mots de la langue (accompagnés de leur sens), la grammaire se charge, en principe, de décrire les moyens dont dispose la langue pour combiner ces unités afin d'obtenir des segments d'ordre supérieur, à savoir les *phrases,* et ce, en rendant compte des variations que les mots en question sont amenés à subir au cours de ce processus de combinaison : on aura reconnu là la distinction classique entre les deux parties de la grammaire que sont la *syntaxe* et la *morphologie* — domaines traditionnellement abordés dans l'ordre inverse. Cette image théorique de la grammaire, avec divers aménagements, reformulations, remaniements terminologiques, garde une bonne part de sa pertinence dans la plupart des travaux qui se recommandent aujourd'hui de cette discipline.

Toutefois, sans quitter ce niveau purement introductif, une autre distinction fondamentale reste à faire qui se manifeste dans l'opposition singulier/pluriel : il y a, en effet, *grammaire* et *grammaires.*

Alors qu'on vient d'évoquer brièvement l'objet de *la* grammaire, on ne saurait oublier que celle-ci s'offre sous la forme d'objets concrets (manuels, recueils, essais) dont la quantité et la diversité ne sont certainement pas fortuites. En fait, cette variété — souvent déconcertante — des grammaires peut s'articuler en deux niveaux. Tout d'abord, comme tout produit culturel, la grammaire ne saurait se présenter sous la forme d'un modèle unique : elle fait l'objet d'approches, de conceptions, de points de vue nécessairement variés, qui se manifestent et se regroupent sous la forme de tendances, d'écoles, voire de théories. Ensuite, ces tendances elles-mêmes donnent lieu à une multiplicité de discours à intention didactique qui occupent le terrain de l'exploitation pédagogique : les « livres (ou manuels) de grammaire » (dans ce cas, le terme de *grammaire* est parfois assorti d'adjectifs qui évoquent des courants de la pensée linguistique : grammaire fonctionnelle, grammaire structurale, etc.).

Enfin, il est un sens du mot *grammaire* sans lequel aucune des acceptions précédentes n'aurait sa raison d'être et que l'on peut reconstruire de manière hypothétique : tout locuteur, quel que soit son niveau de culture, met en œuvre dans ses échanges langagiers, un savoir qui ne peut se concevoir que comme la connaissance implicite de mécanismes très généraux (processus ou règles) que l'on caractérise aujourd'hui par la notion de *compétence linguistique,* souvent interprétée dans le sens de « grammaire intériorisée ». Ainsi, l'objet de *la* grammaire (et *a fortiori* de toute grammaire) devrait, dans cette perspective, correspondre à une entreprise visant à décrire, systématiser, codifier l'ensemble des mécanismes constitutifs de ce savoir intériorisé et idéalisé.

2. La grammaire dite « traditionnelle »

On a coutume de désigner par *grammaire traditionnelle* tout un corps de doctrine (conception de la description de la langue, règles, terminologie, conception de l'apprentissage) hérité de la pratique pédagogique en vigueur pendant la seconde moitié du XIXᵉ siècle et globalement entériné par le modèle culturel qui a dominé la première moitié de ce siècle, avec quelques remises à jour périodiques qui n'ont guère affecté que des points de détail. Parallèlement, et en rupture avec ce type de savoir, se développait une véritable discipline autonome, attentive à la définition de son objet, soucieuse de promouvoir un appareil conceptuel, des principes méthodologiques et des procédures d'analyse avec les exigences de rigueur et de cohérence qui sont familières à la plupart des sciences modernes : la *linguistique.*

Remarque. — Il serait abusif de voir dans le début de ce siècle le point de départ d'une réflexion systématique sur la langue : l'Antiquité, le Moyen Âge, l'époque classique, entre autres, ont connu des courants de pensée dont les exigences sont parfois comparables à celles des théories modernes, bien qu'en général tributaires de contextes philosophiques particuliers ; ces travaux gardant toute leur pertinence dans le domaine de la recherche fondamentale, il est parfois utile de désigner la linguistique du XXᵉ siècle sous le nom de *linguistique moderne.*

La plupart des critiques (souvent hétérogènes) adressées à la grammaire traditionnelle émanent, bien entendu, de considérations empruntées au courant linguistique.

De nombreux linguistes lui reprochent notamment son attitude *normative,* qui vise à prescrire un usage privilégié de la langue, à savoir celui qui est considéré comme l'apanage du groupe social dominant, où se mêlent des considérations socioculturelles, des jugements de valeur d'ordre comportemental ou esthétique, etc. L'objet d'étude se réduit à la seule langue écrite et le modèle de référence est celui des grands écrivains (sans égard à l'état de langue dont ils témoignent — le XVIIᵉ étant souvent considéré comme une période privilégiée). Le cas extrême — et caricatural — est illustré par des ouvrages scindés en deux rubriques du type : « Ne dites pas... Mais dites... ».

Mais, outre que la grammaire traditionnelle ignore l'aspect oral de la langue, les variations liées aux situations (on dirait aujourd'hui les conditions d'énonciation*), les variations régionales, sociales, etc., on estime que, même dans le domaine qu'elle est censée aborder, son traitement manque de rigueur et d'homogénéité. En particulier, ses catégories et ses concepts, souvent hérités des méthodes de description issues de l'étude et de l'enseignement des langues anciennes, reçoivent des définitions hétéroclites dans lesquelles dominent les critères relatifs au sens, nécessairement vagues et subjectifs, voire contradictoires, avec ici et là, quelques observations formelles superficielles difficiles à systématiser.

En outre, elle tend à donner une image de la langue qui confond deux aspects fondamentaux de son fonctionnement : sont placées sur le même plan, et abordées dans les mêmes termes, l'étude des marques — accords, flexions — qui représentent de pures contraintes, systématiquement conditionnées, et l'étude des fonctions qui, elles, représentent un univers de possibles, c'est-à-dire l'un des aspects essentiels du pouvoir créatif de la langue.

Remarque. — Cette image, un peu trop schématique, résulte, en fait, d'une attitude critique qui s'est souvent manifestée de manière systématique ; il existe, en réalité, quelques tentatives émanant de la démarche traditionnelle qui, sans puiser directement leur réflexion dans le courant de la linguistique moderne, sont néanmoins parvenues à éviter certains des défauts énumérés ci-dessus.

3. Les grammaires d'inspiration linguistique

Depuis quelques décennies, de très nombreux ouvrages à vocation pédagogique (les grammaires « scolaires » de tous niveaux) ont tenté d'intégrer une part plus ou moins importante des méthodes et principes illustrés dans le développement de la linguistique moderne. Encore convient-il d'éviter, ici, certaines confusions : les ouvrages en question ne sont pas pour autant — et c'est heureux — devenus des traités de linguistique.

De leur côté, les théories linguistiques, de par la perspective scientifique dans laquelle elles s'inscrivent, n'ont pas, en soi, d'intention pédagogique (au sens de méthode d'enseignement de la langue); c'est, en partie l'une des raisons pour lesquelles le terme même de *grammaire* y est, en général, évité (l'exception que représente la *grammaire générative* sera examinée à part (voir plus bas), dans la mesure où le terme de *grammaire* prend alors un sens différent).

Par ailleurs, les développements les plus significatifs de la linguistique post-saussurienne portent sur des domaines restreints : c'est le cas en particulier de la *phonologie* qui, à elle seule, constitue l'essentiel des travaux de la phase inaugurale du structuralisme (étape parfois désignée par le terme de *fonctionnalisme*); des observations semblables peuvent être faites à propos du structuralisme américain dont les acquis les plus représentatifs concernent l'analyse des énoncés en hiérarchies de constituants*; il en est de même, tant en Europe qu'outre-Atlantique, pour certaines recherches ultérieures essentiellement axées sur l'analyse sémantique du lexique.

Si on a voulu parfois voir dans cette diversité un éclatement de théories concurrentielles (les polémiques qui accompagnent tout développement scientifique ayant pu contribuer à entretenir cette idée), il est permis d'admettre aujourd'hui que les domaines privilégiés par tel ou tel stade du développement de la pensée linguistique peuvent souvent être considérés comme divers niveaux d'analyse de la langue dont les articulations avaient déjà été entrevues par ceux-là mêmes qui ont contribué à les cerner. Si bien que les notions mêmes de *rupture* ou de *continuité* doivent être, à cet égard, manipulées avec prudence.

Aussi n'y a-t-il rien d'étonnant à ce que les travaux qui ont été considérés comme des œuvres de pionniers aient pu servir de modèles dans des entreprises visant à prendre en charge d'autres niveaux que ceux auxquels ils étaient initialement consacrés : c'est ainsi que diverses tentatives ont été menées pour élargir les points de vue du fonctionnalisme aux domaines de la morphologie et de la syntaxe; et il en a été de même pour le structuralisme américain dont les procédures de découverte ou méthodes dites « distributionnelles » ont été appliquées à tous les niveaux de l'analyse linguistique (phonologie, morphologie, syntaxe, lexique).

Il n'est donc pas abusif, dans ce contexte, de parler de grammaire *structurale, fonctionnelle* ou *distributionnelle* pour désigner des essais de synthèse qui se sont manifestés tant au niveau de la recherche qu'à celui de la didactique universitaire.

Le problème se pose de manière un peu différente sur le plan de la conception des manuels scolaires, dans la mesure où leur vocation pédagogique leur interdit les développements théoriques et les modes de raisonnement (atteignant souvent un haut niveau d'abstraction) que l'on rencontre dans les travaux linguistiques.

Ces difficultés apparaissent par exemple à propos de la terminologie, qui n'est pas directement transposable : elle peut être purement et simplement ignorée, ou bien partiellement adaptée en fonction des objectifs et du public visé par les pédagogues.

La pénétration des points de vue, concepts, méthodes et procédures de la linguistique dans le domaine des manuels et de la pédagogie de la langue en général, pour n'être pas systématique, est néanmoins nettement repérable et peut être sommairement décrite selon quelques axes essentiels :

a) une distinction rigoureuse entre les notions de sens et de forme a notamment permis que l'attention se porte sur un aspect jusqu'alors négligé, le *signifiant**, en particulier sous sa forme sonore (phonétique*), autorisant ainsi une mise en rapport avec sa manifestation graphique et par là même une démarche plus rationnelle dans l'apprentissage de l'orthographe*;

b) la langue est envisagée, avant tout, comme un moyen de communication*, ce qui permet de repérer et de classer ses éléments constitutifs en fonction du type d'information qu'ils véhiculent;

c) les procédures de segmentation appliquées à divers niveaux de l'analyse des énoncés, par un jeu de substitutions* (héritage de la notion structuraliste de *commutation**), permettent de faire le départ entre les phénomènes purement conditionnés (accords, flexions) et les formes qui résultent d'un choix du locuteur (morphèmes lexicaux, relations entre constituants);

d) l'unité « mot », élément de base de la grammaire traditionnelle, se trouve subordonnée à celle de groupes de mots (constituants ou syntagmes) dont la structure et la combinatoire ne sont plus envisagées comme un simple enchaînement linéaire; du même coup, la variation morphologique des unités est mise en relation avec les mécanismes syntaxiques et la morphologie laisse progressivement la place à une morphosyntaxe;

e) la notion de *norme**, sans être systématiquement écartée, est néanmoins relativisée, dans la mesure où elle prend place dans une typologie des formes et des discours, en relation avec les situations d'échange et les conditions d'énonciation.

Remarque. — Enfin, il faut préciser que dans le domaine des produits pédagogiques, les qualificatifs techniques qui apparaissent avec le terme *grammaire* (structurale, fonctionnelle — le second ayant connu un grand succès) peuvent difficilement être considérés comme renvoyant à l'orthodoxie d'une théorie linguistique particulière : de fait, on ne connaît pas, à ce niveau, de grammaire « distributionnelle », alors que les principes et procédures du distributionnalisme jouent un très grand rôle dans la plupart des ouvrages actuels.

grammaire générative

La théorie de la *grammaire générative* occupe une place originale dans le développement de la linguistique moderne, dans la mesure où c'est le seul système qui se propose, de manière explicite, de rendre compte de ce savoir intériorisé (ensemble de dispositions et d'aptitudes dont une partie au moins est considérée comme innée) que constitue la *compétence linguistique* : tout locuteur maîtrisant sa langue est, en effet, capable de produire et de comprendre un ensemble infini de phrases de cette langue. Or, cette capacité émane d'un organisme fini; c'est pourquoi, à partir d'un nombre fini d'unités et de catégories, le rôle de la grammaire consiste à postuler le mécanisme approprié (un ensemble de règles en nombre également fini) qui soit apte à en donner une image adéquate. Il s'agit, comme on le voit, d'un modèle de *simulation* — ce terme devant être entendu dans son acception scientifique contemporaine : il ne s'agit nullement, comme on a pu le croire parfois, de décrire ou d'« imiter » les mécanismes psychiques réellement mis en œuvre par le cerveau humain.

Ainsi, à la différence des conceptions antérieures, la théorie doit, ici, non seulement offrir des descriptions adéquates des énoncés observés mais elle doit aussi être capable de *prévoir*, c'est-à-dire d'énumérer et de décrire toutes les phrases possibles de la langue (on dit qu'elle *engendre* un ensemble infini de phrases).

Dans cette perspective, le modèle de la grammaire est conçu comme un automate abstrait soumis à un fonctionnement de type algorithmique, c'est-à-dire appliquant une série d'instructions (les règles de la grammaire) qui indiquent les opérations successives que doivent subir des symboles (dont certains appartiennent à un vocabulaire universel) ou des suites de symboles, pour aboutir aux phrases de la langue.

Cette série de règles n'est pas autre chose qu'un ensemble d'hypothèses très générales sur la structure de la langue, hypothèses dont la validité ne peut être empiriquement éprouvée que par la confrontation des faits qu'elles prédisent avec l'intuition du locuteur. Autrement dit, toute phrase engendrée par la grammaire, qui serait considérée comme mal formée par un locuteur, invalide tout ou partie des hypothèses constitutives de la grammaire, et il en est de même pour toute phrase bien formée que la grammaire serait incapable d'engendrer, d'où la nécessité de modifier, d'amender, voire de refondre le modèle. Ainsi, la démarche du linguiste, dans ce cadre, est de nature *hypothético-déductive* : elle consiste en un va-et-vient entre l'élaboration d'hypothèses et la confrontation empirique; elle s'oppose, en cela, à la démarche essentiellement inductive du structuralisme traditionnel, dont les résultats sont obtenus à partir de l'observation d'énoncés concrets (le corpus) grâce à l'application de procédures formelles permettant une identification et un classement des données, à partir desquelles on considère comme possible l'accession — par extrapolation — à la structure immanente du système linguistique dans son ensemble. En ce sens, l'attitude inductive ne saurait être soumise à une quelconque épreuve de validation dès lors que les procédures ont été correctement appliquées; seules des considérations relatives à la collecte et à la nature des données (extension, homogénéité, représentativité du corpus étudié) sont susceptibles de jouer un rôle dans l'évaluation de la description proposée. À l'opposé, l'objet d'une démarche hypothético-déductive consiste à élaborer une théorie — avec le sens que l'épistémologie moderne accorde à ce terme —, c'est-à-dire un modèle dont il est logiquement impossible de prouver qu'il est « vrai » mais qu'il est toujours possible d'invalider (on dit aussi *falsifier*) en fonction de son pouvoir de prévisibilité.

Organisation et fonctionnement de la grammaire

Si l'on tient compte de l'ensemble des principes précédemment évoqués, on admettra aisément que les travaux qui s'inscrivent dans cette conception théorique n'apparaissent pas sous la forme d'un modèle figé : il existe, en effet, divers « états » de la théorie qu'il est souvent commode de présenter sous la forme d'étapes successives jalonnant un processus d'évolution constant. On évitera ici cet exposé historique pour ne conserver que les propriétés les plus caractéristiques et les plus constantes de la théorie, en faisant essentiellement référence au modèle qui est souvent considéré comme représentant un point d'équilibre et qui, de plus, a connu la diffusion la plus large : la *théorie standard* — sans s'interdire d'évoquer quelques-unes des remises en cause dont elle a pu faire l'objet.

Selon cette conception, une grammaire est articulée en trois composantes : une composante *syntaxique,* une composante *phonologique* et une composante *sémantique.* La composante syntaxique (qui représente la partie « générative » de la grammaire, les deux autres étant de nature interprétative) doit être considérée comme centrale. Elle s'articule, elle-même, en une composante *syntagmatique* et une composante *transformationnelle.* La composante syntagmatique est un ensemble de règles de réécriture destinées à engendrer les structures profondes. Ces règles sont du type : P (phrase) → SN (syntagme nominal) + SV (syntagme verbal); SN → Dét + N (déterminant + nom), etc., (ce qui signifie que le symbole qui est à gauche de la flèche doit être remplacé par les symboles qui sont à sa droite). À côté de ces éléments, qui doivent être obligatoirement réécrits, ces règles peuvent comporter des éléments optionnels : ainsi, le SN peut accueillir un modificateur du type Adj (adjectif qualificatif), un SP (syntagme prépositionnel) ou un autre symbole P (phrase), dont la réécriture obéira aux mêmes règles que précédemment, pour subir ensuite des transformations qui en feront une proposition relative (la réintroduction du symbole qui constitue l'axiome de départ étant à même de rendre compte du phénomène de récursivité* que l'on observe dans les langues).

Les structures obtenues à cette étape se présentent sous la forme d'une hiérarchie de symboles représentable par un diagramme en arbre (voir CONSTITUANTS IMMÉDIATS). Interviennent ensuite les règles d'insertion lexicale, qui sont chargées de mettre en correspondance des morphèmes avec les symboles de la suite terminale de la structure ainsi obtenue : autrement dit, à la différence de la conception traditionnelle, le lexique fait, ici, partie intégrante de la grammaire. Ces règles sont en outre chargées de décider de la compatibilité des unités entre elles : on ne saurait, par exemple, insérer un verbe marqué comme [− transitif] sous un symbole V suivi par un symbole N; de même, il est exclu de faire figurer un nom de type [− animé] sous un symbole N qui précède un V du type *parler, manger, courir,* etc. Le niveau atteint à cette étape constitue la *structure profonde.* Celle-ci est ensuite prise en charge par la composante transformationnelle. Les transformations sont des opérations pouvant déplacer, effacer ou ajouter des éléments : ce sont elles qui règlent notamment les problèmes d'accord (répartition des affixes); en outre, elles sont chargées de donner à la phrase la structure qui correspond à sa modalité* et qui dépend d'un choix déjà opéré au niveau de la base : une phrase peut être simplement déclarative, ou bien déclarative et passive, ou bien interrogative, etc. Après l'application de toutes les

305

transformations, on obtient une *structure de surface.* La suite terminale de cette structure est ensuite soumise aux règles de la composante phonologique (ou morphophonologique) qui associe à la phrase
ainsi engendrée une représentation phonétique.

L'une des propriétés les plus représentatives du modèle réside dans
la distinction entre structure profonde et structure de surface.
Celle-ci permet notamment de régler certaines ambiguïtés : ainsi, une
phrase comme *il regarde les pigeons du clocher* pourra (selon le sens
qu'on lui accorde) être issue de l'une des deux structures profondes
suivantes : ou bien le syntagme prépositionnel *du clocher* modifie le
N *pigeons,* ou bien il modifie la phrase entière *il regarde les pigeons*
(il est alors déplaçable : *du clocher, il regarde les pigeons).*

C'est pourquoi la structure profonde peut être considérée comme
le niveau auquel doivent s'appliquer les règles de la composante
sémantique; leur rôle consiste à interpréter cette structure afin
d'associer à la phrase une représentation sémantique (voir SENS). Ce
mode de fonctionnement est, bien entendu, soumis à l'hypothèse
(très forte) selon laquelle les transformations n'affectent pas le sens
des structures auxquelles elles s'appliquent.

Les critiques les plus importantes adressées à ce modèle concernent essentiellement la relation entre syntaxe et sémantique. Il est
apparu, en particulier, que le fait de considérer la structure profonde
comme le niveau charnière entre les règles de la syntaxe (composante
syntagmatique + transformations) et les règles d'interprétation
sémantique était quelque peu arbitraire. On peut admettre, en effet,
qu'une unité lexicale comme *tuer* ne doit pas être insérée directement
à ce niveau dans la mesure où elle résulte déjà d'une série de
transformations : *tuer*(x, y) est issu de *faire*(x) [*mourir*(y)], à son tour,
mourir(y) est issu de *devenir* [*mort*(y)] et *mort*(y) vient de *non* [*vivant*
(y)], d'où l'idée de postuler une structure « très profonde », beaucoup
plus abstraite, exprimable à l'aide de relations primitives et de
symboles empruntés au formalisme de la logique.

De même, pour conserver l'hypothèse selon laquelle les transformations ne changent pas le sens des structures sous-jacentes, il est
devenu nécessaire d'établir des contraintes mettant en relation des
étapes très éloignées à l'intérieur du processus transformationnel, ceci
afin de tenir compte des propriétés des opérateurs logiques (quantificateurs et négation; voir NÉGATION). Dans cette perspective, le sens
n'est plus issu d'une interprétation, il se confond avec la structure
sous-jacente, d'où le nom de *sémantique générative* accordé à cette
version de la théorie (les tenants actuels de cette conception lui
préfèrent parfois l'expression *syntaxe sémantique).* Parallèlement, la

théorie standard s'est efforcée de régler ce type de problèmes tout en restant attachée à la notion de « syntaxe autonome », ce qui l'a conduite à affiner les règles d'interprétation sémantique et à abandonner l'hypothèse de la préservation du sens lors des processus transformationnels; du même coup, il est devenu nécessaire de faire intervenir la composante sémantique, simultanément, à plusieurs niveaux de la dérivation : structure profonde et structure de surface. Cette version de la théorie est connue sous le nom de *théorie standard étendue.*

Toutefois, mis à part ces remises en cause — que l'on peut considérer comme internes au mouvement — il existe des critiques beaucoup plus générales adressées à la grammaire générative dans son ensemble. Ces critiques sont les suivantes :

1. Si l'on a pu reprocher à la méthode inductive de s'appuyer sur un corpus (nécessairement accidentel, fragmentaire et incomplet), la confrontation empirique dans le cadre générativiste est souvent apparue comme également sujette à caution; l'intuition des locuteurs (en général, celle des linguistes eux-mêmes) étant relativement aléatoire, les désaccords sont fréquents quant aux jugements de grammaticalité* que les sujets parlants portent sur les phrases de leur langue; en particulier, l'abstraction du contexte et des circonstances de l'énonciation (condition préalable à l'étude de la compétence — à l'exclusion de tout ce qui ressortit à la performance) oblige à se prononcer sur des phrases « en isolation » qui sont, en fait, des produits artificiels.

2. On reproche également à la grammaire générative d'avoir intégré, sans examen, les concepts et les catégories des analyses antérieures, et de fonder une grande partie de ses hypothèses sur un ensemble de données insuffisant. De nombreux linguistes, sans récuser, en principe, la démarche hypothético-déductive, estiment en effet que sa mise en œuvre est encore prématurée, dans la mesure où l'on ne dispose que d'observations extrêmement fragmentaires à propos d'un très grand nombre de langues.

3. Certains estiment, en outre, que les mécanismes sollicités dans le fonctionnement de la grammaire sont d'une puissance beaucoup trop grande, en ce sens qu'ils autorisent des opérations de tous ordres, ainsi que l'introduction anarchique de nouveaux symboles, uniquement destinés à prendre en charge quelques faits récalcitrants : un même phénomène pouvant souvent donner lieu à divers types de traitements qui échappent à tout contrôle empirique. C'est pourquoi quelques linguistes générativistes — surtout dans le cadre de la théorie standard étendue — se sont efforcés de proposer des contraintes sévères sur la forme même des règles utilisées, exigence sans laquelle l'entreprise visant à rendre compte de cette aptitude très générale que constitue la faculté de langage serait, en grande partie, illusoire.

grammaticalité

Juger de la *grammaticalité* d'un énoncé quelconque, c'est dire s'il est, ou non, conforme aux règles de la grammaire de la langue — ce qui ne signifie pas que ces règles soient parfaitement connues ni clairement énonçables; il s'agit avant tout d'une appréciation intuitive que tout locuteur est capable de formuler, en vertu d'un savoir intériorisé (capacités, dispositions, aptitudes) qu'il partage avec les autres locuteurs de sa langue, à savoir la *compétence linguistique*. Les jugements de grammaticalité répondent, dans la pratique, à des questions comme : « cet énoncé appartient-il à la langue ? », « est-il bien formé ? », etc.

C'est pourquoi on se gardera de confondre *grammaticalité* et *correction,* ce dernier terme étant souvent sollicité pour exprimer des jugements normatifs; ainsi, même si les phrases : *tu as fini de bouffer ? où qu'il est ton père ?* appartiennent à un registre de langue que l'on peut vouloir proscrire, elles doivent être considérées comme tout aussi grammaticales que : *as-tu fini de manger ? où ton père est-il ?* En revanche, **de manger fini as-tu ? il où père est ton ?* sont agrammaticales (on l'indique par l'astérisque* antéposé).

La grammaticalité ne doit pas non plus se ramener à la notion *d'interprétabilité;* bien qu'exigeant des stratégies interprétatives plus ou moins complexes et variables d'un locuteur à l'autre, la phrase : *le plafond dénonce la mémoire* est parfaitement grammaticale, à l'opposé de : **lui, pas être content* qui, pourtant, est porteuse d'une signification identifiable sans la moindre équivoque.

On distingue encore la *grammaticalité* de l'*acceptabilité.* La phrase : *la maison que mon ami que tu connais a achetée est grande* répond à une construction parfaitement conforme aux règles de formation des propositions relatives, elle est grammaticale; on dira cependant qu'elle est peu acceptable du fait que sa structure est difficilement accessible dans les conditions normales d'échange; l'*acceptabilité* dépend ainsi de divers facteurs (comme l'attention, les limitations de la mémoire, etc.) qui ressortissent à la *performance :* mise en œuvre effective des règles appartenant à la compétence.

Les jugements de grammaticalité constituent le seul contrôle empirique dont dispose le linguiste pour valider le modèle de règles qu'il postule; comme tels, ils jouent un rôle essentiel dans l'argumentation linguistique et dans la mise à l'épreuve des théories. Toutefois, comme on l'a vu, la notion de grammaticalité n'est pertinente qu'au strict niveau de la combinaison des morphèmes pour former des phrases. *Grammaire* équivaut ici à *syntaxe;* mais, dès que l'on envisage la théorie linguistique comme un système qui est censé rendre compte des relations entre *forme* et *sens* (acception large du terme de *grammaire*), il convient également — sans les confondre — de porter des jugements relatifs à la bonne formation des énoncés sur le plan sémantique; on fera alors appel aux notions *d'anomalie sémantique,* de phrase *sémantiquement mal formée* ou *asémantique.* (VOIR ANOMALIE, SENS.)

graphème

Le *graphème* est au niveau de la manifestation écrite de la langue ce qu'est le phonème au niveau de la manifestation orale. Cependant, la définition du graphème et, par suite, l'énumération limitative des graphèmes d'une langue, dépend de la solution qui est donnée, préalablement, aux problèmes des relations entre les deux manifestations. Ces problèmes sont étudiés à ORTHOGRAPHE. (Voir aussi DIGRAMME, LETTRE, LOGOGRAMME, MORPHOGRAMME, PHONOGRAMME et TRIGRAMME.)

grasseyé (r)

Voir PHONÉTIQUE/PHONOLOGIE.

grave (accent)

L'*accent grave* affecte exclusivement les voyelles *à, è* et *ù.* Pour *à,* l'opposition *a/à* est exclusivement logographique : elle ne note aucune différence phonique, mais distingue dans l'orthographe *a* (de avoir) de *à* (préposition), *la* (article et pronom) de *là* (adverbe), *ça* (pronom) de *çà* (adverbe).

Le graphème *è* note souvent /ɛ/, opposé à /e/ souvent noté par *é.* (Sur les exceptions, voir AIGU). Dans *des* (article contracté) /*dès* (préposition), l'accent grave a une fonction logographique.

L'accent grave n'apparaît sur *ù* que dans l'adverbe relatif-interrogatif *où,* ainsi distingué de la conjonction *ou.*

grec (éléments empruntés au)

Voir EMPRUNT, ÉTYMOLOGIE et INTERFIXATION.

guillemets

Voir PONCTUATION. Voir aussi AUTONYMIE, DISCOURS et MÉTALAN-GAGE.

H

haplologie

L'*haplologie* consiste à effacer une syllabe en raison de son identité avec la syllabe voisine. L'haplologie intervient assez fréquemment dans les lexiques technique : *tragi-comique* vient de *tragico-comique, minéralogie* de * *minéralologie; morphophonologie* est concurrencé par *morphonologie*, etc. L'haplologie intervient également dans la formation de nombreux mots-valises*.

harmonie vocalique

Voir PHONÉTIQUE/PHONOLOGIE.

hauteur

Voir PROSODIE.

hiatus

Voir ÉLISION et PHONÉTIQUE/PHONOLOGIE.

histoire

1. Voir DIACHRONIE.

2. Opposée à *discours.* Voir DISCOURS, ÉNONCIATION et PASSÉ (TEMPS DU).

historique

1. On utilise parfois l'expression *linguistique historique* avec un sens voisin de *linguistique diachronique**. Toutefois, la linguistique historique ne s'interdit pas d'étudier *synchroniquement* (voir SYNCHRONIE) les états anciens de la langue.

2. Présent historique. Voir PRÉSENT.

homographie

Définie de façon extensive, l'*homographie* est l'identité de signifiant*, au niveau de la manifestation écrite, entre plusieurs éléments linguistiques. Il est donc légitime de dire que le syntagme *la critique de Chomsky* correspond à deux structures de surface homographes (et en outre homophones; voir AMBIGUÏTÉ et NOM (COMPLÉMENT DE). Cependant, on limite le plus souvent la notion d'homographie au cas des mots. Les mots homographes ne sont pas toujours homophones : ainsi *fier*, [fjɛʁ], adjectif, est distinct de *fier*, [fje], verbe, et *os*, [ɔs], au singulier est distinct de *os*, [o], au pluriel. Inversement, les homophones sont fréquemment distingués par l'orthographe (voir listes du tableau II à ORTHOGRAPHE). Il existe cependant un nombre important de couples de mots à la fois homophones et homographes. Ce cumul des deux indistinctions constitue l'*homonymie* (on trouvera une liste d'homonymes distingués par le genre dans le tableau II des pages 293 et 294).

homonymie

L'*homonymie* est l'identité de signifiant*, au niveau de la manifestation orale et écrite, entre plusieurs éléments linguistiques, le plus souvent des mots. *Mousse* (m. « jeune matelot », f. « écume » et « végétal ») est le signifiant commun à trois signes différents.

L'homonymie se laisse difficilement distinguer de la polysémie*. Le problème, à vrai dire, concerne presque exclusivement les auteurs de dictionnaires*, qui doivent décider s'ils consacrent à un signifiant deux articles (cas de l'homonymie) ou un seul (cas de la polysémie). Le problème reçoit nécessairement des solutions variables selon les critères utilisés. Le recours à l'étymologie n'est pas toujours décisif. Il aurait en outre pour conséquence de faire traiter les doublets* — qui ont en commun leur étymon* — comme des homonymes, ce que précisément ils ne sont pas. Quand une analyse du signifié ne fait pas apparaître de trait commun entre les termes concernés, on peut parler d'homonymie : c'est certainement le cas pour le *mousse* masculin, ainsi distingué de ses deux homonymes féminins. Mais entre ces deux derniers n'est-il pas possible de trouver un trait sémique commun ? (Voir SÈME). Selon la réponse qu'ils donnent à cette question, les lexicographes ouvrent une seule entrée lexicale (considérant qu'il y a polysémie d'une unité) ou deux entrées (considérant qu'il y a deux unités homonymes). La lexicographie contemporaine tend à privilégier le traitement homonymique plutôt que polysémique des problèmes de ce genre.

homophonie

Définie de façon extensive, l'*homophonie* est l'identité de signifiant*, au niveau de la manifestation orale, entre plusieurs éléments linguistiques. L'homophonie a nécessairement un statut différent selon qu'elle affecte les unités distinctives (phonèmes ou groupes de phonèmes) ou les unités significatives (morphèmes, mots ou syntagmes). Au niveau syntaxique, on parle d'ambiguïté*.

1. Dans le cas des unités distinctives, tout phonème est par définition toujours homophone à lui-même — compte tenu, cependant, de ses variantes, libres ou combinatoires. En raison de leur petit nombre (36 en français), les phonèmes sont fréquemment répétés dans le discours (comptez le nombre de /n/ depuis le début de cet article : sauf erreur 20 !), sans que ces phénomènes de répétition d'éléments homophones soient repérés comme tels. Cependant, certains phénomènes de répétition de phonèmes obéissent à des règles spécifiques et ont donc un statut linguistique :

a) l'allitération est généralement définie comme l'homophonie du (ou des) phonème(s) initia(l/ux) de plusieurs éléments consécutifs : syllabes dans des mots tels que *chuchoter, froufrou, zigzag, bric-à-brac, de bric et de broc,* mots dans un énoncé tel que *pour qui sont ces serpents qui sifflent sur vos têtes ?*

b) l'assonance est généralement définie comme l'homophonie de la dernière voyelle accentuée de plusieurs mots qui se suivent (médiatement ou immédiatement) : il y a une assonance en [ɛ] dans l'énoncé poétique suivant : *sous le ciel grand ouvert la mer ferme ses ailes.*

c) la rime ajoute à l'assonance la contrainte supplémentaire de l'homophonie de tous les phonèmes qui suivent la dernière voyelle accentuée : *ferme* ne fait qu'assoner avec *mer* ou *ailes,* mais rime avec *derme, germe, terme,* etc.

Allitération, rime et assonance sont des éléments caractéristiques de la fonction poétique du langage (voir LANGAGE), ce qui ne signifie naturellement pas qu'ils n'apparaissent qu'en poésie.

2. Dans le cas des unités significatives, l'homophonie affecte des morphèmes ou des mots, des syntagmes ou des phrases :

a) morphèmes ou mots : l'homophonie se définit alors comme l'identité de signifiant oral de plusieurs éléments distincts par leur signifié. Les morphèmes [jɔ̃] et [je] des 1re et 2e personnes du pluriel de l'imparfait de l'indicatif d'une part, du présent du subjonctif d'autre part, sont homophones. Des mots tels que *pois* et *poids* sont homophones. Compte tenu de la relative brièveté moyenne des mots français, les phénomènes d'homophonie entre mots sont fréquents. On en trouvera de nombreux exemples dans le tableau des pages 462 à 466, où sont classés un grand nombre d'homophones distingués par l'orthographe. Ce type d'homophonie peut donner lieu à des jeux de mots* : dans *ils mangeaient le sucre sans que nous le* [sysjɔ̃], le dernier mot est-il à interpréter comme *sucions* ou *sussions* ? L'homophonie peut également être doublée par l'homographie*. Dans les dimensions du mot, le cumul de l'homophonie et de l'homographie reçoit le nom d'homonymie*. On trouvera des listes d'homonymes distingués par le genre dans le tableau des pages 293-294.

Remarque. — L'homophonie a eu des effets importants sur l'évolution du lexique : disparition d'un des mots homophones (*moudre*, « traire », a disparu laissant le champ libre à *moudre*, « écraser »); différenciation opérée au niveau de l'orthographe (bon nombre des couples distingués dans le tableau des pages 462 à 466 l'ont été à date relativement récente : souvent le XVᵉ ou le XVIᵉ siècle) ou de la prononciation : *lys* (« fleur ») et *Christ* ont ainsi été distingués de leurs homophones *lis* (de *lire*) et *cri;* confusion de deux homophones : il y a étymologiquement deux verbes *errer*, l'un issu de *errare*, l'autre de *iterare*, depuis longtemps confondus, sauf pour les historiens de la langue.

b) syntagmes et phrases. Il faut ici distinguer deux types de réalisation de l'homophonie :

— dans des cas tels que *la critique de Chomsky* (Chomsky sujet ou objet de la critique ?) ou *j'ai reçu un vase de Chine* (vase chinois ou vase envoyé de Chine ?), les limites des éléments sont respectées, l'homophonie est doublée par l'homographie. On se trouve alors ramené aux problèmes étudiés à AMBIGUÏTÉ.

— mais il arrive aussi que l'homophonie bouscule toute délimitation morphosyntaxique et donne une réalisation orale identique à des suites linguistiques qui n'ont, par ailleurs, strictement aucun rapport. C'est ici le lieu de la fonction ludique du langage : rébus, vers holorimes, pratiques littéraires rousseliennes, etc. Un exemple : les deux vers holorimes.

> *Dans ces meubles laqués, rideaux et dais moroses,*
> *Danse, aime, bleu laquais, ris d'oser des mots roses.*

Futilités ? Pas seulement. Car l'homophonie prise en ce dernier sens est aussi l'un des traits qui rendent compte du lapsus* et, par là, permettent d'avoir accès à la problématique du langage dans ses rapports avec l'inconscient.

hypercorrection

Ce terme a deux sens différents selon qu'on se situe dans la tradition grammaticale française, ou dans les travaux américains de dialectologie sociale (issus des écrits de Labov et désormais développés en France).

Dans le sens français d'origine, il indique une réalisation grammaticale « fautive » due à l'application déplacée d'une règle imparfaitement maîtrisée. Ainsi, *Paul, dont je suis sans nouvelles de lui...* (ou *sans de ses nouvelles*) est une hypercorrection, fautive aussi bien par rapport au système standard *(dont je suis sans nouvelles)* que par rapport au système populaire *(que je suis sans nouvelles de lui)*. La caricature *dont auquel (l'homme dont auquel je pense)* est une forme d'hypercorrection, bien qu'excessive.

La dialectologie sociale donne au terme un sens qui ne suppose pas nécessairement la faute. L'hypercorrection apparaît sur des formes pour lesquelles deux usages s'affrontent dans la communauté, avec des valeurs sociales différentes, l'une étant stigmatisée et l'autre valorisée. Difficilement définissables en termes linguistiques, puisque c'est l'attitude sociale qui fait la cohérence entre les phénomènes, les hypercorrections désignent les cas d'insécurité linguistique où un locuteur (et plus généralement une classe sociale) manifeste à la fois un emploi incorrect en usage familier, un emploi corrigé en usage soutenu, et un jugement de stigmatisation sur sa propre réalisation familière. On pourrait donc résumer l'hypercorrection comme la tendance à « en rajouter » des groupes sociaux dont l'identité linguistique est problématique. Par exemple, on note une tendance phonétique à ce qu'il y ait chute des [ʁ] et des [l] après consonne en finale de mot *(ensemble, quatre)*. Si l'on constate que le taux de chute est, en situation familière, plus fort pour la petite-bourgeoisie que pour les classes supérieures, et que la différence s'atténue en situation surveillée, on dira qu'il y a hypercorrection de la part de la petite-bourgeoisie.

Les deux sens se rejoignent quand l'attitude hypercorrective conduit jusqu'à la faute, par autosurveillance sociale.

hyperonymie

Voir HYPONYMIE.

315

hypocoristique

Les formes *hypocoristiques,* souvent de caractère diminutif* *(frérot, fifille, fiston, chien-chien,* etc.*),* caractérisent le discours chargé d'intentions affectueuses (étymologiquement : « caressantes »). (Voir aussi GÉMINATION, sens 3.) Il existe également des emplois hypocoristiques, par exemple l'imparfait, quand on s'adresse aux enfants ou aux animaux. (Voir PASSÉ, (TEMPS DU).)

hyponymie

L'*hyponymie* est la relation qu'entretient un terme sous-ordonné (ou *hyponyme)* avec un ou plusieurs autres termes superordonnés (ou *hyperonymes).* Ainsi, *canari* est hyponyme de *oiseau* (et de *animal).* Cette relation repose sur la notion d'implication logique : si X est un canari, alors X est un oiseau; on peut la soumettre à la contraposition : si X n'est pas un oiseau, alors ce ne peut être un canari; autrement dit, n'importe quel canari est un oiseau, mais n'importe quel oiseau n'est pas nécessairement un canari.

L'hyponyme a une extension* plus réduite que celle de son hyperonyme (les canaris constituent un sous-ensemble des oiseaux); mais son intension* est plus grande puisqu'elle comporte également l'ensemble des traits qui distinguent les canaris des autres oiseaux : « de petite taille, généralement jaune, au chant mélodieux, domestique », etc.

hypotaxe

L'*hypotaxe,* qui s'oppose à la parataxe*, est la notion rhétorique correspondant à la subordination* grammaticale. Parallèlement à la distinction entre coordination et juxtaposition pour la parataxe, on distinguera l'hypotaxe marquée par un mot de liaison *(je me demande si Pierre est venu),* et l'hypotaxe asyndétique *(je me demande qui est venu,* où le *qui,* mot interrogatif, n'est pas propre au lien hypotaxique).

hypothèse, hypothétique

L'*hypothèse* a notamment pour support linguistique les propositions hypothétiques, qui sont étudiées à CIRCONSTANCIELLES, CONDITIONNEL, IRRÉEL, IMPÉRATIF, JUXTAPOSITION, POTENTIEL, SUBJONCTIF.

I

idéogramme

Voir ORTHOGRAPHE. On utilise parfois le synonyme *morphémo-gramme*.

idiolecte

On entend par *idiolecte* l'ensemble des particularités de l'usage linguistique d'un individu. La notion est surtout utilisée en socio-linguistique et en dialectologie. On dira ainsi que certains idiolectes comportent telle ou telle variante.

idiotisme

Voir GALLICISME.

illocutoire

On parle de force ou de valeur *illocutoire* (ou illocutionnaire) pour désigner l'acte de parole accompli au moyen d'un énoncé. (Voir PERFORMATIF et PRAGMATIQUE.)

immanent

1. Voir ASPECT.

2. La linguistique structurale, dans certains de ses développe-ments (notamment Hjelmslev), est qualifiée d'*immanente* dans la mesure où elle exclut tout recours aux faits extralinguistiques, jugés transcendants.

imparfait

Voir PASSÉ (TEMPS DU).

impératif

En grammaire traditionnelle comme en grammaire structurale, l'*impératif* est considéré comme l'un des modes* du verbe. En grammaire générative, il donne lieu à l'une ou l'autre des deux analyses suivantes :

a) l'impératif (en abrégé souvent *imp.*) est décrit comme un constituant de la structure profonde de la phrase. Sa présence déclenche la transformation impérative, qui fait apparaître en structure de surface un verbe à l'impératif;

b) les phrases impératives sont décrites comme résultant d'une transformation d'effacement portant sur une phrase de base comportant un verbe tel que *vouloir, exiger,* etc. Ainsi, *travaille !* supposerait en structure profonde *je veux que tu travailles.*

Les phénomènes dont rendent compte ces diverses analyses ne sont pas toujours les mêmes. On ne s'interdira pas de faire appel, selon les besoins, à l'une ou à l'autre.

L'impératif présente des traits spécifiques du double point de vue de la morphologie et de la syntaxe :

1. Sa conjugaison est lacunaire au niveau du temps et de la personne (liée au nombre) :

a) l'impératif ne connaît que deux tiroirs* : une forme simple *(reviens à quatre heures !)* et une forme composée *(sois revenue à quatre heures !)*. Compte tenu de la valeur « modale » de l'impératif, ces deux temps sont nécessairement des futurs : un ordre ne peut être exécuté qu'après qu'il a été formulé. L'opposition forme simple/forme composée fixe l'opposition aspectuelle (voir ASPECT) de l'inaccompli et de l'accompli.

Remarque. — L'impératif s'emploie également au passif : *sois respecté,* forme concurrencée par la périphrase *fais-toi respecter.* Les formes composées d'impératif passif ne se rencontrent, d'ailleurs fort rarement, que pour les perfectifs* : *ayez été libérés de votre travail pour le 15 septembre.*

b) l'impératif ne connaît que deux personnes : la 1re exclusivement au pluriel *(marchons !)*, la seconde aux deux nombres *(marche ! marchez !)*. L'absence de formes de 3e personne caractérise l'impératif comme relevant du discours* : la non-personne, réservée à l'histoire*, en est exclue. Le subjonctif tient lieu, ici, de substitut à l'impératif absent : *qu'ils viennent !* Certaines langues toutefois — par exemple le grec ancien — connaissent un impératif à la 3e personne. L'absence de forme d'impératif à la 1re personne du singulier est plus troublante. Rien n'empêche de se donner un ordre à soi-même. C'est d'ailleurs l'impératif (plutôt que le subjonctif, possible mais rare) qu'on emploie quand on a à le faire : la 2e personne du singulier ou la 1re personne du pluriel pallient l'absence de la 1re personne du singulier : *marche ou crève ! Allons, travaillons !* Cette lacune apparemment mal justifiée du système des personnes s'explique si on considère l'impératif comme issu d'une complétive dépendant d'un verbe de volonté : une telle structure doit comporter deux sujets différents, ce qui éclaire l'agrammaticalité de **je veux que je marche,* donc l'impossibilité d'un **marche* impératif de 1re personne.

2. Contrairement aux autres « modes » personnels du verbe, l'impératif exclut la présence d'un syntagme nominal sujet. Dans *toi, marche* ou *Paul, travaille* ou encore *venez, les enfants,* le syntagme nominal, qui peut se déplacer par rapport au verbe, est en apostrophe*. L'absence de sujet explicite rend compte de certaines particularités du fonctionnement, à l'impératif, des catégories de la personne et du nombre : elles affectent immédiatement le verbe, indépendamment de tout phénomène d'accord*, et visent directement la (ou les) personnes à qui s'adresse l'acte d'énonciation impérative : le choix qui s'opère entre *viens, venons* et *venez* permet de sélectionner au moins quantitativement les personnes invitées à venir (voir aussi ACCORD).

3. Comme il est indiqué à CONJUGAISON, l'impératif a le plus souvent des formes homonymes de celles de l'indicatif présent. (Pour les exceptions, voir les détails à CONJUGAISON.)

4. Les phrases impératives sont caractérisées par un schéma intonatif spécifique, fortement descendant. Ce trait suprasegmental a pour correspondant graphique le /!/.

Remarque. — L'intonation spécifique du commandement n'est évidemment pas liée exclusivement à l'impératif comme forme grammaticale : on la trouve également quand la modalité impérative a pour signifiant un indicatif *(vous venez avec moi !),* un adverbe *(en avant !),* un nom *(attention !),* etc.

5. *Donc* apparaît fréquemment dans les phrases impératives : *viens donc ! décidez-vous donc à vous marier !* Toujours postposé au verbe, *donc* apparaît, dans ce type de phrase, indépendamment de tout phénomène de coordination*. Il ne se confond pas avec son homonyme *donc,* conjonction de coordination.

6. Le verbe à l'impératif fait apparaître les pronoms personnels

319

compléments à sa droite, à la différence du verbe de la phrase assertive : comparer :

tu le manges	et	*mange-le*
tu le lui donnes	et	*donne-le-lui*
vous m'en donnez	et	*donnez-m'en*
tu lui en donnes	et	*donne-lui-en*
tu me le donnes	et	*donne-le-moi*, etc.

Il suffit toutefois que l'impératif apparaisse dans une phrase négative — il est alors interprété comme une interdiction — pour qu'on retrouve le même ordre des pronoms compléments que dans la phrase assertive : *ne le mange pas, ne le lui donne pas, ne m'en donne pas, ne lui en donne pas, ne me le donne pas,* etc.

7. Dans une structure coordinative, l'impératif est apte, au même titre que le subjonctif, à marquer une condition : *frappez et on vous ouvrira; fais un pas, et je t'assomme.*

imperfectif

Voir ASPECT et PASSÉ (TEMPS DU).

impersonnels (verbes et modes)

Le sens de l'adjectif *impersonnel* est transparent : il signifie « dépourvu de marque de personne ». Indépendamment de ses emplois dans l'usage quotidien *(un décor impersonnel, un style impersonnel,* etc.*)*, il s'applique, en linguistique, à deux séries distinctes de phénomènes qui ont toutefois pour trait commun de concerner l'une et l'autre la classe grammaticale du verbe :

A. Certains verbes et certains types de constructions verbales sont dits impersonnels parce qu'ils ne comportent pas de variation de personne*. L'invariabilité en personne est liée à l'invariabilité en nombre*. Ces verbes s'utilisent donc exclusivement à la 3e personne du singulier, obligatoirement manifestée, en français moderne, par le pronom *il,* dont on sait (voir PERSONNELS) qu'il est en réalité la marque de la non-personne : *il pleut; il ne fera pas beau; il faut lire tout Jean-Paul Sartre* (voir toutefois la remarque 3).

Remarques. — 1. En ancien français, le pronom *il* n'apparaissait pas : on disait *pluet (sic,* « il pleut ») sur le modèle du latin *pluit.* Il subsiste de cet usage ancien quelques expressions : *peu importe, n'importe, n'empêche, mieux vaut, peu s'en faut, peu m'en chaut* (du vieux verbe *chaloir), reste, suffit,* etc., ainsi que des locutions proverbiales telles que *advienne que pourra,* etc.
2. L'invariabilité en personne entraîne certaines limitations dans l'emploi des

impersonnels : l'impératif (limité aux 1re et 2e personnes) leur est nécessairement interdit, ainsi que le participe présent et le gérondif, qui sont en relation avec un syntagme nominal comportant une marque de personne (et de nombre). D'où l'exclusion de formes telles que **pleus* ou **les dieux marquent leur courroux en neigeant (en faisant neiger* est parfaitement grammatical). (Voir une exception à GÉRONDIF.)

3. Comme support pronominal de l'impersonnel, *il* est parfois remplacé par *ce* (notamment dans le présentatif* *c'est*), et, dans l'usage familier, par *ça : ça tonne;* très familier : *ça craint* (« la situation est mauvaise »).

4. Certains linguistes préfèrent à *impersonnel*, dans ce premier emploi, l'adjectif *unipersonnel*, qui, morphologiquement indiscutable, a cependant l'inconvénient de laisser entendre que la 3e personne est à mettre sur le même plan que les deux premières, ce qui est contestable.

Parmi les constructions impersonnelles on distinguera les deux types suivants :

1. Certains verbes ne peuvent, dans les conditions d'usage normales, s'employer que de façon impersonnelle. Il s'agit des verbes météorologiques *(il pleut, il neige, il grêle, il tonne,* arch. *il verglace,* etc.) et du verbe *falloir : il va falloir travailler.* Les verbes météorologiques s'utilisent le plus souvent sans expansion nominale. Il arrive cependant qu'ils soient suivis d'un syntagme nominal dont les traits syntaxiques sont voisins de ceux du complément d'objet des verbes transitifs : *il pleut des hallebardes* (dans un registre sémantique différent : *des vérités premières*); *il a grêlé des œufs de pigeon; on vit neiger des plumes,* etc. Ce syntagme nominal est, nécessairement, inapte à devenir, par transformation, sujet du verbe impersonnel (voir toutefois la remarque). Du point de vue sémantique, il peut être décrit comme fournissant une précision au contenu du procès signifié par le verbe. Ce type de relation se rencontre également dans le cas du complément d'objet interne (voir OBJET).

Le verbe *falloir,* inversement, est toujours suivi d'une expansion nominale qui prend, suivant le cas, la forme d'un syntagme nominal *(il faut de l'argent, il me faut Paul),* d'un infinitif *(il faut manger pour vivre et non pas vivre pour manger),* d'une proposition complétive *(il faudra bien que tu te décides à travailler).* Ces éléments ont pour trait commun de marquer l'objet de la nécessité signifiée par l'impersonnel.

Remarque — Il arrive parfois que, par figure, les verbes météorologiques soient utilisés de façon personnelle. Ils prennent alors pour sujet soit l'instance supposée être à l'origine du procès *(Zeus tonne, pleut et neige),* soit le résultat du procès *(des pétales de fleurs neigeaient sur la fête).* En revanche, l'emploi personnel de *falloir* (étymologiquement doublet de *faillir*), possible en ancien français, ne l'est plus en français moderne. (Voir aussi le tableau des verbes défectifs, à la fin de CONJUGAISON).

2. Un grand nombre de verbes personnels *(être* et *avoir, faire,* et de nombreux autres verbes éventuellement passifs ou pronominaux)* peuvent apparaître dans la construction impersonnelle. Ils sont alors suivis d'une expansion de caractère nominal : nom déterminé (fréquemment par l'article indéfini ou partitif) ou nom propre, pronom, infinitif, proposition complétive : *il nous est arrivé une fâcheuse aventure; il a été procédé à une réforme monétaire; il s'avère que la situation s'améliore,* etc. Dans les cas de ce type, il est le plus souvent possible de faire réapparaître, par transformation, la construction personnelle : *une fâcheuse aventure nous est arrivée.* La tournure impersonnelle a l'avantage stylistique de souligner l'élément nominal, en lui conférant le statut de propos* de l'énoncé.

Remarque. — En grammaire générative, on donne le nom d'*extraposition** à la transformation qui fait passer de *une fâcheuse aventure nous est arrivée* à *il nous est arrivé une fâcheuse aventure.*

On notera particulièrement les cas suivants :

a) *il fait* peut être suivi d'un adjectif *(il fait beau, clair)* ou d'un syntagme nominal *(il fait du vent).* L'ensemble ainsi constitué peut être décrit comme un verbe impersonnel composé, le plus souvent de sens météorologique. Remarquer cependant les expressions telles que *il fait bon vivre en province;*

b) *il y a, c'est* et *il est,* les deux premiers particulièrement fréquents, fonctionnent comme présentatifs, et sont étudiés à cet article.

c) *il n'est que de,* dans l'usage écrit surveillé, et *il n'y a qu'à,* dans l'usage quotidien, servent à introduire une condition à la fois nécessaire et suffisante : *pour réussir, il n'est que de* (ou *il n'y a qu'à*) *travailler;*

d) *il s'agit,* suivi d'un élément nominal introduit par *de,* sert à repérer l'objet visé par l'énoncé : *il s'agit d'une grave affaire;* avec un infinitif, *il s'agit de* marque une obligation, de façon moins impérative que *il faut : il s'agit de ne plus s'amuser.*

B. Trois des modes* du verbe, l'infinitif*, le participe* et le gérondif* sont également dits impersonnels pour la raison qu'ils ne comportent pas, en français, de variation de personne. On se reportera pour le détail à chacun des trois articles concernés.

impropre (dérivation)
Voir DÉRIVATION.

inaccompli
Synonyme de *non accompli.* Voir ASPECT.

inanimé

Synonyme de *non animé.*

inchoatif

Voir ASPECT.

incise

L'*incise* est un élément — du mot à la proposition — qui s'insère à l'intérieur d'une phrase sans qu'il y ait ni terme de liaison (d'ordre subordinatif ou coordinatif), ni nécessairement lien grammatical. L'incise (ou incise parenthétique) apparaît dans une position où elle rompt une construction, et elle est obligatoirement soulignée à l'oral par des pauses intonatives (et par des virgules ou des tirets à l'écrit). *Jean, pour trois fois rien d'ailleurs, a vendu sa maison; Pierre — il travaille à Nanterre — met une heure pour rentrer chez lui.* L'incise la plus fréquente est du type *dit-il, ajouta-t-il, ricana-t-il,* etc. Elle permet de rapporter un dialogue. On remarquera l'inversion du sujet. Quand l'incise est une proposition, on peut aussi parler d'*incidente.*

inclusif

Voir PERSONNELS (PRONOMS).

indéfini

1. Voir ARTICLE.

2. Déterminants et pronoms indéfinis : voir INDÉFINIS.

3. Passé indéfini est une désignation ancienne du *passé composé.* (Voir PASSÉ (TEMPS DU).)

indéfinis

On donne traditionnellement ce nom à une classe de déterminants* et de pronoms* — auxquels s'ajoutent parfois certains adjectifs* — qui n'ont guère en commun que le trait négatif de ne pouvoir être affectés à aucune autre classe. Une description plus fine des indéfinis permet d'abord de mettre à part des éléments très proches des adjectifs* tels que *autre, même, quelconque.* Les autres indéfinis apparaissent alors comme des *quantificateurs**, à la seule réserve de l'élément *tel*.

Telle qu'elle apparaît dans les grammaires traditionnelles, la classe des indéfinis semble n'avoir été mise en place que pour regrouper en un fourre-tout assez hétéroclite des déterminants*, des adjectifs* et des pronoms* qui ne se rattachent clairement à aucune autre classe. Les éléments qu'on trouve dans la liste des indéfinis présentent de ce fait des aspects différents, du double point de vue de la classe grammaticale* et du contenu sémantique* :

1. Classe grammaticale

A côté de déterminants* (comme *aucun, chaque, quelque(s)*, etc.) et de pronoms* (comme *aucun, chacun, quelqu'un, quelques-uns*, etc.), on trouve parmi les indéfinis les éléments *même* et *autre*, qui ne sont pas pleinement des déterminants*, et ne peuvent fonctionner comme pronoms que s'ils sont nominalisés* par un article*. Le mot *quelconque*, qui apparaît aussi dans les inventaires traditionnels des indéfinis, est tout proche des adjectifs qualificatifs. Certaines grammaires donnent même comme indéfini le mot *on*, qui est en réalité un pronom personnel*, en tout point comparable à *je, tu, il*.

2. Contenu sémantique

Un grand nombre d'indéfinis sont des quantificateurs* *(aucun, quelque, tout*, etc.)*. La détermination quantitative qu'ils fournissent est parfois imprécise (dans *quelques élèves, plusieurs élèves, certains élèves*, on ne peut préciser la quantité des élèves visés) : c'est sans doute cet aspect qui justifie — partiellement — le terme *indéfini*. Mais, dans *aucun élève* ou *tout élève*, la détermination quantitative est, au contraire, tout à fait précise : ces éléments ne méritent donc nullement la dénomination d'*indéfinis*. *Même* et *autre*, déjà originaux du point de vue syntaxique, le sont également du point de vue sémantique, puisqu'ils signifient les notions d'identité et de non-identité. Enfin, le mot *tel* marque de façon spécifique une nuance particulière de détermination fictive. Dans des conditions syntaxiquement différentes, il fonctionne comme pro-adjectif*.

À des fins didactiques, on s'est résolu à retenir ici l'inventaire traditionnel des indéfinis, à la seule réserve de *on* (étudié comme pronom personnel), de *quelconque* (adjectif), et de *quiconque* (pronom relatif* sans antécédent). On a donc intégré au tableau suivant les éléments *même, autre* et *tel*, ce qui a pour conséquence une opposition entre les quantificateurs et les non-quantificateurs.

LES INDÉFINIS

		QUANTIFICATEURS					NON QUANTIFICATEURS		
		Ensemble vide	Q = 1	Q non inférieur à 2	totalité	distributifs	identificatifs identité	non-identité	compa- ratifs
d é t e r m i n a n t s	type 1	aucun(e) nul(le) pas un(e)	quelque n'importe quel	plusieurs certains(nes) maint(s)(e[s])	tout(e)	chaque	Ø	Ø	tel(le, s, les)
	type 2	Ø	certain(e)	quelques divers (es) différents (es)	Ø	Ø	même(s)	autre(s)	tel(le, s, les)
p r o n o m s	nominaux*	personne, nul rien	quelqu'un, n'importe qui quelque chose	quelques-uns(es) certains(es)	tout le monde tout	chacun	Ø	autrui autre chose	tel(le, s, les)
	représentants*	aucun(e) nul(le) pas un(e)	(l')un(e) n'importe lequel	quelques-uns(es) les uns(es) certains(es) plusieurs	tous (toutes)	chacun(e)	le même	l'autre	Ø

Remarques. — 1. Les déterminants du type 1 sont ceux qui ont uniquement la possibilité de se construire comme l'article défini (ou le possessif et le démonstratif). Les déterminants du type 2 ont en outre la possibilité d'apparaître entre l'article (ou un autre déterminant) et le nom. Ainsi, *aucun* relève du type 1, car il ne peut apparaître que dans un syntagme tel que *aucun livre* (à l'exclusion de **l'aucun livre*, **cet aucun livre*, etc.). Inversement, *quelques* relève du type 2, car il peut apparaître dans des syntagmes de forme *quelques livres* et *les quelques livres, mes quelques livres*, etc.

2. On rappelle que c'est exclusivement à des fins didactiques qu'on inclut ici dans l'inventaire des indéfinis les éléments *même* et *autre* qui, en français moderne, sont inaptes à apparaître dans des syntagmes tels que **même livre*, **autre élève* (sauf cas particuliers, voir plus bas l'étude spécifique de ces éléments), ce qui suffit à les exclure et du type 1 (pour lequel cette distribution est la seule possible) et du type 2 (pour lequel elle est l'une des deux possibilités). L'argument pertinent pour justifier cette inclusion anormale est double : *a)* le contenu de *même* et *autre* est de caractère déterminatif ; *b)* les syntagmes *autre chose* et *autre part* donnent un exemple (« figé », il est vrai) du fonctionnement de *autre* comme déterminant.

3. Comme il est dit à l'article *nominal,* les nominaux sont ceux des pronoms* qui renvoient directement à un référent* : dans *j'ai tout vu, tout* renvoie sans intermédiaire à la réalité extralinguistique. Les représentants* sont ceux des pronoms qui représentent, le plus souvent par anaphore*, le contenu notionnel d'un syntagme nominal du contexte. C'est le cas de *aucun* dans *ces livres sont mauvais : je n'en ai lu aucun* ou même dans *je n'ai lu aucun de ces livres* (où la relation prend, exceptionnellement, la forme de la cataphore*). On remarque que l'opposition nominal/représentant correspond dans certains cas à une opposition morphologique *(personne* est exclusivement nominal, *aucun* exclusivement représentant). Dans d'autres cas, le même élément fonctionne indifféremment comme nominal ou comme représentant (par exemple *chacun*). Mais les nominaux et les représentants ne réagissent pas de la même façon à la catégorie du genre et — quoique dans des

conditions différentes — à celle du nombre. En règle générale, les nominaux s'emploient *surtout* au masculin. L'emploi féminin, parfois impossible (voir plus bas la description de *tout*), implique que la population visée (le plus souvent humaine) est exclusivement féminine : si je dis *personne n'est venue,* c'est que je présuppose* que les seuls individus qui auraient pu venir sont de sexe féminin. (Pour le nombre, voir plus bas les remarques sur chacun des indéfinis.)

4. On observe que certains éléments du tableau ont un statut différent pour leur forme de singulier et leur forme de pluriel. C'est le cas de *quelque(s)* (type 1 au singulier, type 2 au pluriel) et de *certain(s)* (type 1 au pluriel, type 2 au singulier).

5. Parmi les pronoms, seuls les nominaux sont susceptibles d'être affectés morphologiquement par l'opposition animé*/non animé*. En effet les représentants, qui renvoient nécessairement à un syntagme nominal du contexte, ne portent que les marques de ce syntagme, c'est-à-dire le genre et — dans des conditions différentes — le nombre. Pour les nominaux, l'opposition animé/non animé est marquée par l'opposition de deux formes simples, (ex. *personne* [animé, et plus spécifiquement humain]/ *rien*) ou composées (*quelqu'un/quelque chose; tout le monde/tout*). (Pour le détail, voir plus bas).

Les quantificateurs de l'ensemble vide

Ils ont tous pour trait commun de marquer l'absence du référent visé par le syntagme nominal qu'ils constituent. Dans *personne n'est là,* on déclare l'absence de tout être humain; dans *rien n'est là,* de tout être non animé; dans *aucun enfant n'est là,* de tout être susceptible d'être qualifié d'enfant, etc. Les êtres affectés par les indéfinis de cette classe constituent, au moment de l'énonciation*, un ensemble vide.

Du point de vue syntaxique, ces quantificateurs fonctionnent sur un modèle comparable à celui des éléments négatifs tels que *pas, jamais,* etc. : dans un syntagme verbal, ils sont accompagnés de l'élément *ne,* qui, selon le cas, précède ou suit le quantificateur : *personne ne travaille; je n'ai rien vu* (mais : *je n'ai vu personne).* L'absence de *ne (personne travaille, j'ai rien vu),* facilitée par certains types de construction, caractérise l'usage oral dans les mêmes conditions que dans les autres phrases négatives. (Voir NÉGATION.)

En l'absence d'un syntagme verbal, par exemple dans le cas d'une réponse négative, le quantificateur exclut l'emploi de *ne : qui as-tu vu ? — Personne.* Enfin, dans certains types d'environnement (phrases interrogatives, verbe ou adjectif de sens négatif, préposition *sans,* etc.), les quantificateurs de l'ensemble vide peuvent être remplacés par des éléments de sens positif : *sans voir personne* et *sans voir quelqu'un* peuvent s'utiliser pour décrire la même situation.

Les déterminants relèvent tous du type 1. *Pas un* (qui n'est autre que la négation de l'article *un*) et *aucun* s'emploient de façon peu différenciée. *Nul* caractérise souvent des discours spécifiques (littéraire, juridique, etc.), sauf dans l'expression *nulle part* (*aucune part* n'est pas attesté avec le sens local dans la langue moderne). *Nul* présente encore la particularité de pouvoir être adjectivé, avec le sens de « de valeur nulle » : *un devoir, un élève nul*.

Compte tenu de leur sens, ces déterminants ne s'emploient qu'au singulier, sauf dans le cas où le nom qu'ils déterminent s'utilise exclusivement au pluriel : *je ne veux faire aucuns frais*.

Parmi les pronoms, l'opposition des nominaux et des représentants est fortement marquée. Seul *nul* connaît les deux types d'emploi (nominal dans *nul n'est censé ignorer la loi*, représentant dans l'usage littéraire).

Personne, réservé aux humains, et *rien,* réservé aux non animés, laissent une case vide pour les animés non humains : *je n'ai vu personne* et *je n'ai rien vu* ne peuvent viser des animaux.

Les adjectifs construits dans le syntagme de *personne* et *rien* sont précédés de la préposition *de*. Ils sont toujours au masculin singulier : *je n'ai rien fait d'intéressant; je n'ai rencontré personne d'intelligent*.

Les quantificateurs de la singularité

Les déterminants de cette classe *(quelque* et *certain),* reservés à l'usage écrit, comportent la même quantification que l'article indéfini *un : j'ai lu cette opinion dans un livre, quelque livre, certain livre, un certain livre, n'importe quel livre. Quelque* et, plus encore, *n'importe quel* accentuent l'indétermination du syntagme : dans les exemples cités, on ne saurait préciser l'identité du livre allégué. *Quelque* est en outre compatible avec les noms non comptables* : *ce livre présente quelque intérêt. Certain* et *un certain* laissent entendre qu'on pourrait préciser, mais qu'on ne le fait pas. D'où l'aspect ironique d'expressions telles que *un certain Blaise Pascal* (Prévert).

Remarque. — *Quelque* fonctionne parfois comme adverbe, avec le sens de « à peu près » : *j'ai écrit mon article en quelque trois semaines* (remarquer l'invariabilité). Devant un adjectif, *quelque,* toujours invariable, énonce, dans une subordonnée concessive, une qualité dont le degré, pourtant élevé, n'est pas suffisant pour déterminer l'actualisation de la principale : *quelque travailleurs que vous soyez, vous ne serez pas reçus à l'examen. Quelque* a pour concurrents dans cet emploi *si* et *tout* (voir plus bas).

Parmi les pronoms, l'opposition nominaux/représentants est forte. *Quelqu'un* et *n'importe qui* ne fonctionnent — sauf cas très rare d'archaïsme — que comme nominaux. De même que *quelque chose,* ils présentent à l'égard des adjectifs les mêmes particularités que *personne* et *rien : quelqu'un de beau, quelque chose de cher*. Inversement, *un* et *n'importe lequel* ne fonctionnent — sauf cas d'archaïsme — que comme représentants. On remarque que *un*, nécessairement singulier, représente le contenu notionnel d'un syntagme au pluriel : *parmi ces élèves, je n'en vois qu'un (une) qui travaille. Un (une)* est parfois précédé de l'article défini, marque redondante de nominalisation. *L'un (l'une)* s'utilise surtout au début d'une phrase et dans les cas où il est déterminé par un complément partitif : *l'un de mes amis. L'un(e)* s'oppose fréquemment à *l'autre* : *l'un travaille, l'autre ne fait rien.*

Les quantificateurs de la pluralité

En Français, la catégorie du nombre* ne comporte que deux termes, le singulier* et le pluriel*. Rien n'empêche donc d'utiliser les quantificateurs de cette classe pour des groupements de deux unités. Mais on préfère dans ce cas soit préciser le nombre, soit utiliser le pluriel de l'article indéfini. *Quelques, certains, plusieurs* et leurs substituts pronominaux s'utilisent donc normalement pour une quantité présentée comme petite. Quand il est opposé à *quelques*, *plusieurs* (peut-être en raison de son étymologie) vise une quantité plus importante : *il a bu quelques verres. — Dis plutôt qu'il en a bu plusieurs.* Les quantités visées par *quelques* et *plusieurs* peuvent être prélevées sur des ensembles déjà déterminés par *quelques* et *plusieurs* : *quelques (plusieurs) amis sont venus; quelques-uns (plusieurs) sont partis tôt; parmi ceux qui restaient, plusieurs (quelques-uns) étaient ivres : il a fallu en évacuer quelques-uns (plusieurs),* etc.

L'emploi de *plusieurs* comme déterminant de type 2 est très fortement archaïque et affecté : *les plusieurs maîtres* (Jarry). En revanche, l'emploi de *quelques* est très fréquent : *ces quelques livres.*

Le déterminant *maint*, archaïque et littéraire, présente deux particularités remarquables : il s'emploie indifféremment (et avec le même sens) au singulier et au pluriel : *mainte(s) occasion(s);* il peut se coordonner à lui-même, surtout dans l'expression *mainte(s) et mainte(s) fois.*

Divers et *différents* ajoutent à la quantification la notion de variété des objets désignés.

Les pronoms correspondants sont *quelques-uns, plusieurs, certains, les uns.* L'emploi pronominal de *maint (maint et maint)* est exceptionnel, celui de *divers* et *différents* impossible. Dans cette classe, l'opposition des nominaux et des représentants est beaucoup plus souple que dans les précédentes : *plusieurs, certains* et *quelques-uns* fonctionnent à peu près indifféremment dans les deux emplois. Seul *les uns* est spécialisé comme représentant, sauf quand il s'oppose à *les autres* : *les uns et les autres.*

Le quantificateur de la totalité : *tout*

Dans ses emplois de déterminant, *tout* présente une particularité unique : il peut être antéposé à un syntagme nominal comportant un article, un possessif ou un démonstratif. C'est pourquoi certains linguistes lui donnent le nom de prédéterminant* (ou de préarticle*). Dans ces emplois, la quantification marquée par *tout* affecte les aspects suivants :

a) au singulier : *tout* marque la notion de totalité dans l'unité : *toute l'année, toute cette classe, tout mon temps.* Le contexte fait cependant apparaître parfois des effets de sens dérivés : *c'est toute une affaire; c'est tout le portrait de son père.*

b) au pluriel : *tout* marque la notion de totalité dans le nombre : *tous les élèves.* Dans les expressions du type *tous les trois jours, tous les dix mètres, tous les* contribue à l'expression de la périodicité et de l'itérativité, aspects particuliers de la distributivité.

Tout peut également être utilisé à la manière d'un article : *tout condamné à mort aura la tête tranchée* [1]; *la défense tous azimuts* :

a) au singulier : *tout* envisage à la fois l'identité de chacun des objets visés et l'ensemble qu'ils constituent. Dans cet emploi, *tout* a une valeur très voisine de *chaque* (voir plus bas). Il s'en distingue en ce qu'il n'exige pas l'existence réelle des éléments visés : je peux continuer à dire *tout condamné à mort aura la tête tranchée* (pour peu que la peine de mort soit instituée) même s'il n'y a pas actuellement un seul condamné à mort. Si je dis *chaque condamné,* je laisse entendre qu'il existe effectivement au moins un *condamné* [2]. C'est ce qu'on appelle la *présupposition* d'existence.*

b) au pluriel : emploi rare, limité à quelques expressions figées, dans lesquelles *tous (toutes)* a tantôt le même sens que *tout* (avec les noms qui ne s'emploient qu'au pluriel *(tous frais compris = toute dépense comprise),* tantôt le même sens que *tous les : en tous lieux = en tous les lieux.*

Dans les cas où *tous* précède un pronom *(tous ceux-ci, tous ceux qui...,* ou même *tous deux,* où *deux* est le numéral* pronominalisé), le

---

(1) N. d. É. — Autre exemple : *tout être humain a droit à la vie, à la liberté et à la sûreté de sa personne.*

(2) N. d. É. — Autre exemple : je peux dire *toute renonciation inconditionnelle aux armes nucléaires sera la bienvenue* même s'il n'y a pas actuellement un seul pays qui, possédant de telles armes, y renonce inconditionnellement ou ait l'intention de le faire. Si je dis *chaque renonciation inconditionnelle,* je laisse entendre qu'il existe effectivement au moins une telle renonciation ou une telle intention.

déterminant est impliqué par le pronom. Dans le cas du numéral il arrive qu'il soit explicité : *tous les deux.*

Les emplois de *tout* pronom se répartissent entre le nominal et le représentant selon les règles suivantes :

a) au singulier, *tout* ne s'emploie qu'au masculin : c'est le nominal de la classe non animée. Pour les animés, on utilise le composé *tout le monde.* Malgré les apparences morphologiques, *toute* dans *toute petite* est adverbe* (voir plus bas).

b) au pluriel, *tous* s'utilise au masculin [tus] et au féminin *toutes.* Il fonctionne alors comme représentant, sauf dans quelques expressions figées du type *Dieu pour tous* (= *tout le monde*).

Enfin, *tout* est fréquemment utilisé comme *adverbe*, devant un adjectif ou un adverbe. Il indique que la qualité affecte la totalité de l'être visé : *une robe toute blanche* n'est pas nécessairement *très blanche.* (Voir aussi DEGRÉS.)

Remarque. — Au même titre que *si* et *quelque* (voir plus haut), *tout que* introduit une concessive, dont le verbe est, dans les conditions normales, à l'indicatif : *tout travailleurs que vous êtes, vous ne serez pas reçus à l'examen.*

Morphologie de tout

Le mot *tout* présente deux particularités :

a) comme déterminant et comme pronom, *tout* a un système d'oppositions plus riche au niveau de l'usage oral qu'à celui de l'usage écrit. La forme de masculin pluriel *tous* correspond suivant le cas à [tu] *(tous frais compris),* [tuz] *(tous azimuts)* ou à [tus] *(ils sont tous venus).* L'opposition [tu]/[tus] permet de lever certaines ambiguïtés : *ils ont tous les cheveux frisés.*

b) comme « adverbe », *tout* présente des phénomènes d'accord* complexes. Il reste invariable devant un adjectif masculin et devant un adjectif féminin commençant par une voyelle (ou un *h* muet) : *tout petits, tout entière, tout heureuses.* Mais il varie en genre et en nombre pour peu que l'adjectif féminin commence par une consonne (ou un *h* « aspiré »). De ce fait une phrase telle que *elles sont toutes honteuses* est ambiguë (« elles sont pleines de honte » ou « elles toutes sont honteuses »).

Les distributifs

Ils marquent une quantification comparable à celle de *tout* (voir plus haut).

Le déterminant *chaque,* qui relève exclusivement du type 1, est invariable en genre et ne s'emploie qu'au singulier.

Comme pronom, *chacun* est selon le cas représentant ou nominal. Dans ce dernier emploi, il est toujours au masculin *(chacun pour soi)*, sauf dans le cas — exceptionnel — où la population visée est exclusivement féminine. L'emploi de *chaque* comme représentant *(ces parapluies valent cinquante francs chaque)* est condamné par les puristes. *Un chacun, tout chacun, tout un chacun* sont archaïques ou régionaux.

Les identificatifs

• La notion signifiée par *même* est l'identité. Mais cette notion affecte le nom de deux façons différentes selon la place de *même* :

a) quand *même* est placé entre le déterminant et le nom, il indique l'identité (ou, par extension, la ressemblance) de plusieurs objets préalablement susceptibles d'être considérés comme distincts : dire *j'ai le même livre que toi*, c'est constater l'identité de deux objets préalablement conçus comme différents.

b) quand *même* est placé après le nom (ou le pronom), il souligne l'identité de l'objet désigné : *il est venu le jour même.*

Cette opposition de sens, réalisée en français par un phénomène d'ordre des mots, est marquée dans d'autres langues par deux mots différents : latin *idem/ipse*, allemand *derselbe/selbst*, etc.

Dans l'un et l'autre de ces emplois, *même* s'accorde en genre et en nombre avec le nom. C'est ce qui permet de distinguer l'indéfini *même* de l'adverbe *même* dans des phrases telles que *les généraux même(s) furent tués.*

Même peut être nominalisé par l'article défini. Il fonctionne alors comme un pronom, représentant le plus souvent *(ton livre et le mien, c'est le même)*, parfois nominal : *ce sont toujours les mêmes qui gagnent; on prend les mêmes et on recommence.* Comme nominal non animé, on utilise le composé *la même chose* ou, dans certaines expressions figées, *le même : c'est du pareil au même, cela revient au même.*

• *Autre* est, quant au sens, le contradictoire de *même*. Mais il n'a pas tout à fait le même comportement syntaxique. Il n'apparaît normalement que devant le nom, sauf s'il reçoit lui-même un complément : *un autre livre, un livre autre que mien.*

Autres s'ajoute aux personnels *nous, vous, eux* et *elles* pour opposer nettement le groupe constitué au reste de la population : *nous autres les professeurs* (voir PERSONNELS).

Autre peut être nominalisé non seulement par l'article défini mais (à la différence de *même*) par l'indéfini, le possessif, le démonstratif et... *quelques autres*. Les syntagmes ainsi constitués fonctionnent comme représentants.

331

Pour l'emploi nominal, la langue dispose de deux formes spécifiques :

— pour les animés, le mot *autrui*, qui conserve de son statut étymologique (c'est un ancien cas régime* issu d'un datif* latin) l'impossibilité (parfois enfreinte) de fonctionner comme sujet;

— pour les non animés, l'expression *autre chose*, qui a tous les caractères des pronoms tels que *rien, quelque chose*, etc., notamment à l'égard des adjectifs : *autre chose d'intéressant* (et non **autre chose intéressante*, qui, possible, a un autre statut).

● L'indéfini **tel** a un fonctionnement particulièrement complexe, et du point de vue syntaxique et du point de vue sémantique.

Comme déterminant, *tel* peut fonctionner à la manière d'un article : *j'ai lu cette opinion dans tel journal. Tel* peut être coordonné à lui-même par la conjonction *ou*, sans différence de sens appréciable avec son emploi simple : *tel journal, tel ou tel journal.* Cette particularité, exclue pour tout autre déterminant *(*le ou le, *ce ou ce*, etc., sont impossibles), manifeste la nuance particulière de la détermination marquée par *tel :* il indique la détermination fictive, indifférente à l'identité spécifique de l'objet désigné.

Tel peut également fonctionner à la manière d'un adjectif qualificatif, comme épithète* (antéposée ou postposée) ou attribut*. Dans ces emplois, il fonctionne à l'égard de la classe de l'adjectif comme le pronom à l'égard de la classe du nom : il tient lieu d'adjectif, en sorte qu'on pourrait le désigner comme *pro-adjectif*. Dans certains cas, *tel* est anaphorique par rapport à un (des) adjectif(s) présent(s) dans le contexte : *cet élève est courageux et obstiné : un tel élève sera forcément reçu à ses examens.* Dans d'autres cas, *tel* tient lieu de support à une comparaison *(ils courent tels des bolides)* ou à une subordonnée consécutive *(il est d'un tel acharnement qu'il réussira forcément).*

Comme pronom, *tel* est dans certains cas l'équivalent d'un nom déterminé par *tel : tel rit, tel pleure.* Mais son emploi le plus fréquent dans la langue moderne en fait un équivalent indéterminé de *celui* comme antécédent d'une relative : *tel qui rit vendredi dimanche pleurera* (le locuteur est complètement ignorant et indifférent à l'égard de l'identité de la personne qui rit).

Enfin, *tel*, nominalisé par l'article indéfini, tient lieu de substitut à un nom propre inconnu ou tenu secret : *j'ai rencontré un tel hier* (on observe même des fantaisies graphiques du genre : *Untel, Monsieur Huntel*, etc.).

Problème d'accord. — *Tel* utilisé comme comparatif pose un problème d'accord : doit-on écrire : *il court tel* — ou : *telle* — *une fusée?* Ce petit problème strictement graphique est généralement résolu au profit de l'accord avec le second terme (le féminin dans l'exemple choisi). Mais l'usage contemporain fournit des exemples d'accord avec le premier terme (ce qui ferait apparaître le masculin dans l'exemple). Le problème ne se pose pas quand *tel*, suivi de *que*, ne peut renvoyer qu'au syntagme nominal auquel il se rapporte et avec lequel il s'accorde : *il court tel qu'une fusée* (archaïque ou affecté).

indépendante (proposition)

Une proposition* *indépendante* constitue à elle seule une phrase* : elle n'est pas subordonnée* à une autre proposition et ne comporte pas elle-même de subordonnée.

indicatif

L'*indicatif* est celui des modes personnels du verbe* qui comporte le système le plus complexe d'oppositions temporelles. Ces oppositions sont décrites à CONDITIONNEL, FUTUR, PASSÉ et PRÉSENT.

Les valeurs modales de l'indicatif se définissent négativement par opposition à celles des deux autres modes personnels : l'impératif* et le subjonctif*. (On se reportera également à ASPECT, CONJUGAISON, MODE, PASSIF, TEMPS, TIROIR, VERBE et VOIX.)

indirect

1. Discours *indirect.* Voir DISCOURS et INTERROGATION.

2. Complément *indirect.* Voir OBJET et PRÉPOSITION.

3. Actes de langage *indirects.* Voir cet article.

indo-européennes (langues)

Les *langues indo-européennes* ont pour trait commun d'être le résultat de l'évolution diachronique*, différente selon les régions, d'une langue originellement unique, qui n'a pas laissé de trace écrite mais qui peut, dans ses grandes lignes, être restituée par la comparaison des langues les plus anciennes qui en sont issues (notamment le sanscrit, le grec, le latin, le gotique, le hittite, etc.). Cette langue, traditionnellement appelée indo-européen, était vraisemblablement parlée dès le IVe millénaire avant Jésus-Christ, dans un vaste territoire qu'on situe généralement au centre de l'Union soviétique actuelle : le bassin du Dniepr, la basse vallée de la Volga, les steppes du Kazakhstan.

Certaines langues indo-européennes ne sont plus parlées. Parmi elles, quelques-unes ont subi de nouveau un processus d'évolution diversifiée selon les régions : c'est notamment le cas du latin*, dont les formes différentes sont devenues les langues romanes*.

On trouvera p. 335 un tableau synoptique des principales langues indo-européennes.

Remarques sur le tableau des langues indo-européennes. — 1. Les langues dont le nom apparaît à l'intérieur du dessin ne sont pas attestées, mais restituées par la comparaison des langues qui en sont issues.

2. À l'extérieur du dessin, les noms des langues qui sont actuellement parlées ne sont pas encadrés. Ceux des langues mortes, mais connues par des documents écrits, sont encadrés en traits pleins. Le cornique et le dalmate sont encadrés en traits pointillés pour indiquer que leur extinction est récente : XVIIIᵉ siècle pour le cornique, XIXᵉ pour le dalmate. Sur les tentatives de revitalisation du cornique, voir LANGUE.

3. Le tableau n'est pas exhaustif : il existe plusieurs autres langues indo-européennes, vivantes ou mortes.

4. En Europe, seules les langues finno-ougriennes (finnois, carélien, lapon, hongrois) ainsi que la langue basque ne sont pas indo-européennes. Le basque est parlé en France par près de 100 000 personnes.

infinitif

L'*infinitif* est une forme du verbe ayant la particularité de ne connaître de marques ni de personne, ni de nombre, ni de temps. Il comporte une forme simple dite présent *(travailler)*, et une forme composée dite passé *(avoir travaillé)*, appellations qui ne recouvrent que rarement une valeur temporelle. L'infinitif présent est la forme donnée comme base pour la conjugaison des verbes.

Dans son fonctionnement, l'infinitif peut être relié à la fois au verbe et au nom. Il partage ainsi la caractéristique de « participer » de deux catégories à la fois, avec le participe* (verbe et adjectif), et avec le gérondif* (verbe et adverbe). Pour cette raison, on lui donne parfois l'appellation de forme nominale du verbe.

1. L'infinitif comme forme verbale

Certaines caractéristiques morphologiques de l'infinitif font de lui une forme verbale : c'est la forme d'entrée que l'on donne au verbe dans tout dictionnaire et, pour les verbes des deux premiers groupes

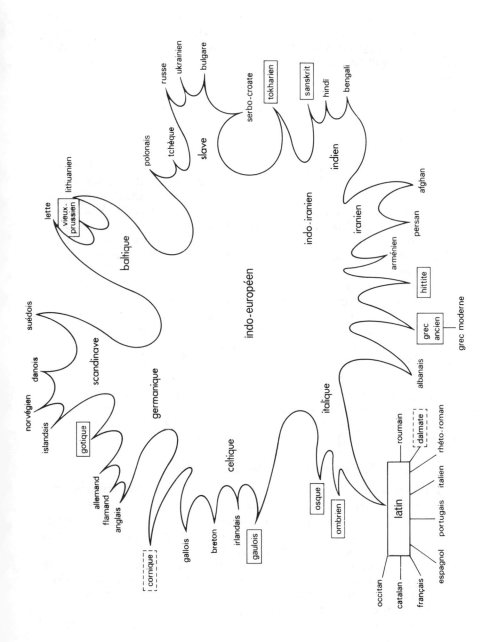

335

du moins, il permet de déduire les différents temps par des règles simples (*chanter : chante, chantait, chantera, a chanté...* Voir CONJU-GAISON). L'opposition entre forme simple et forme composée, parallèle sur le plan formel à une opposition comme celle du présent au passé composé, de l'imparfait au plus-que-parfait... (voir PASSÉ), n'est cependant pas d'ordre temporel : la forme simple exprime l'aspect* non accompli et la forme composée l'aspect accompli. L'infinitif connaît aussi une forme passive (*être aimé, avoir été aimé* — *par quelqu'un).*

D'autres propriétés, syntaxiques, confirment cette appartenance : un infinitif peut connaître tous les emplois distributionnels d'une forme conjuguée. L'infinitif d'un verbe transitif peut être suivi d'un objet, celui d'un verbe attributif* d'un adjectif. L'infinitif admet tous les adverbes et circonstanciels qu'admet le même verbe à la forme conjuguée, et il admet la négation avec la particularité que ses deux éléments précèdent le verbe au lieu de l'entourer (*ne pas vouloir,* à côté de *je ne veux pas; ne vouloir pas* est de nos jours senti comme un archaïsme*).

C'est cependant sur le plan de l'expression du temps que l'infinitif échappe le plus aux caractères d'un verbe. En effet, forme simple et forme composée peuvent exprimer n'importe quelle relation temporelle (de l'ordre du passé, du présent ou du futur), en fonction de la valeur temporelle propre du verbe dont il dépend (*travailler était hier une nécessité, se reposer sera demain un devoir; après avoir travaillé, il partira en vacances).*

D'autres langues connaissent, pour l'infinitif, d'autres formes que celles qui apparaissent en français : en latin, par exemple, l'infinitif connaît une forme future (*capturum esse),* sensible au genre et au nombre.

2. L'infinitif comme forme nominale

Parallèlement, d'autres caractéristiques, plus syntaxiques que morphologiques, font de l'infinitif une forme nominale.

Sur le plan morphologique, il a surtout certaines des caractéristiques négatives du nom : ne pas varier en personne, et ne pas actualiser le procès temporel. Dans certains cas, il peut cependant être affecté d'un déterminant (*le rire différencie l'homme du singe; on peut apporter son manger),* surtout dans un style philosophique (*l'être et le non-être) :* son passage à la catégorie du nom est alors complet. Il ne peut plus avoir de complément.

Du point de vue syntaxique, l'infinitif est susceptible d'assumer toutes les fonctions du nom :

— sujet *(rire est le propre de l'homme);*
— attribut *(partir n'est pas mourir; partir, c'est mourir un peu);*
— apposition *(ses seules exigences : boire, rire et faire l'amour* [1]*);*
— complément déterminatif, avec les prépositions *à, de* et *pour :* *une machine à laver* (avec une relation sujet/verbe, qui admet la paraphrase *la machine lave), du linge à laver* (avec une relation verbe/objet, qui admet la paraphrase *on lave le linge), la peur de mourir, le mot pour rire;*
— complément d'adjectif *(prêt à partir, fier de réussir);*
— complément circonstanciel *(sans savoir, avant de partir, après être parti, pour avoir volé...).*
Mais sa fonction la plus courante est néanmoins celle de complément d'objet, direct *(il va, daigne, fait, sait... voler),* ou indirect *(il s'acharne à, pousse à, ... il s'abstient de, essaye de voler);* on le trouve aussi après des expressions impersonnelles *(il faut, il reste à, il suffit de... voler).*
Les verbes les plus couramment suivis d'un infinitif sont les modaux et les aspectuels *(devoir, pouvoir, aller, être sur le point de, commencer à...),* qui ont la particularité de n'imposer aucune contrainte à leur sujet *(Jean commence à manger; la pluie commence à tomber; que tu sois parti commence à me troubler)* : ils laissent intacte la relation entre sujet et verbe plein. L'infinitif est également courant après les verbes de mouvement, *(aller, venir, descendre, partir...).* On distinguera parmi eux les intransitifs, après lesquels l'infinitif instaure un rapport avec le sujet *(Jean part voir Paul :* c'est *Jean* qui est le sujet de *voir),* et les transitifs, après lesquels l'infinitif instaure un rapport avec l'objet *(Jean envoie Paul ouvrir :* c'est *Paul* qui est sujet de *ouvrir).*
D'autres verbes, dans un schéma de construction où ils sont suivis d'un infinitif, connaissent un infinitif que l'on peut relier à une complétive*, en distinguant ceux, comme *penser,* pour lesquels l'infinitif est substitutif d'une forme complétive *(je pense partir, je pense que je partirai),* et ceux, comme *vouloir,* pour lesquels l'infinitif est le complémentaire de la complétive dans les cas où les deux sujets sont co-référentiels* *(je veux que tu partes, je veux partir, *je veux que je parte).*
L'emploi de l'infinitif, apprécié dans ce type de construction pour ses qualités stylistiques (brièveté, absence de répétition), présente la caractéristique d'introduire fréquemment des ambiguïtés (dans *Jean demande à Paul de partir,* le sujet que l'on restitue sous *partir* peut être *Jean, Paul,* ou *Jean et Paul,* selon les spécificités de la situation).

(1) N. d. É. — Autre exemple : *ses seuls souhaits : aimer, prier, rendre heureux.*

On trouve également des infinitives en interrogative indirecte *(je me demande où aller).*

La préposition introductrice de l'infinitif n'est pas toujours la même que celle qui introduit le complément nominal correspondant *(compter partir,* mais *compter sur quelqu'un; demander à partir,* ou *demander à quelqu'un de partir,* mais *demander son chemin; craindre de partir,* mais *craindre quelqu'un...).* Le cas le plus général est cependant la correspondance (elle vaut pour *vouloir, espérer, penser, avoir peur de, s'habituer à...).*

3. Valeurs particulières de l'infinitif

L'infinitif est aussi parfois appelé « mode impersonnel ». Cette appellation vise à évoquer les valeurs modales de l'infinitif, qu'il reçoit de son contexte. On distinguera ainsi, dans des constructions indépendantes :

— l'infinitif de narration, littéraire et un peu vieilli : il permet d'exposer, dans un récit, la conséquence d'un fait antérieur *(il constata qu'il n'y avait rien à manger. Et d'injurier sa femme* [1]*).*

— l'infinitif délibératif, dans de fausses interrogations *(que faire? où aller, à qui se fier?).*

— l'infinitif d'exclamation, destiné à traduire un sentiment fort d'admiration, de colère, d'étonnement... *(me parler ainsi!)*

— un infinitif équivalent d'un impératif dans l'expression de l'ordre*, exposant une consigne ou une interdiction *(faire revenir à feu doux; ne pas se pencher au dehors).*

4. La proposition infinitive

La tradition grammaticale analyse la présence d'une proposition infinitive uniquement derrière les verbes qui laissent apparaître un sujet propre de l'infinitif : *j'entends les oiseaux chanter* ou *j'entends chanter les oiseaux,* où *les oiseaux,* sujet de l'infinitif, comme le montre la possibilité de paraphraser par *les oiseaux qui chantent,* est nécessairement différent du sujet du verbe principal. La liste des verbes susceptibles d'entrer dans cette construction est très restreinte : ce sont des verbes comme *laisser, empêcher, envoyer, mener,* et les verbes dits de perception *(voir, entendre, apercevoir, écouter, sentir).* Tous admettent l'inversion du sujet de l'infinitif et de l'infinitif lui-même, quand il n'y a pas de complément d'objet *(je vois Pierre venir, je vois*

---

(1) N. d. É. — Autre exemple : *elle constata qu'ils étaient très sous-alimentés. Et de distribuer vivres et médicaments.*

venir Pierre), et les verbes de perception admettent deux paraphases, la complétive *(j'entends que les oiseaux chantent)*, et la relative *(j'entends les oiseaux qui chantent)*. De *laisser,* on peut rapprocher le verbe *faire,* mais il impose l'inversion du sujet et de l'infinitif *(je fais venir Pierre,* et non **je fais Pierre venir)*.

La grammaire générative propose de donner à la notion de proposition infinitive une extension plus large : elle analyse comme proposition infinitive tous les cas où l'infinitif peut être mis en rapport avec une complétive. On peut alors parler de complétive infinitive. (Voir COMPLÉTIVE.)

infinitive (proposition)

Voir INFINITIF.

infixe

L'*infixe* est un affixe* qui s'insère à l'intérieur du radical*. En latin, l'infixe -n- disjoint en deux éléments le radical *jug-* (cf. *jugum,* étymon* du français *joug)* pour constituer le verbe *ju-n-g-ere* (étymon du français *joindre)*. En français, certains linguistes désignent comme un infixe le morphème -r- du futur. Mais cet élément apparaît en réalité après le radical, et il n'est lui-même suivi que par d'autres morphèmes. Ce n'est donc pas un infixe au sens strict du terme.

information

Voir COMMUNICATION.

instable

Voir CADUC. Voir aussi PHONÉTIQUE/PHONOLOGIE.

instance

Voir OCCURRENCE.

instrument (ou instrumental)

En grammaire de cas, rôle sémantique assumé par une entité non animée (ou « force ») qui se trouve à l'origine de l'action ou de l'état décrit par le verbe. (Voir CAS (PROFONDS).)

intensif

Les préfixes et suffixes *intensifs* sont ceux qui marquent l'intensité. (Voir DEGRÉS.)

intension

Concept emprunté à la logique équivalant à celui de *compréhension*. L'*intension* désigne l'ensemble des propriétés sémantiquement pertinentes (ou traits distinctifs) d'une unité lexicale, qui permettent de la distinguer de l'ensemble des autres unités appartenant à la même catégorie syntaxique. *Intension* s'oppose à *extension*. (Voir NOM, NOM PROPRE et HYPONYMIE.)

intensité

1. Accent d'*intensité*. Voir PHONÉTIQUE et PROSODIE.

2. Degrés d'*intensité*. Voir DEGRÉS.

interfixation

Le processus de création d'unités lexicales qui reçoit ici le nom d'*interfixation* s'oppose à la fois à la composition* et à la dérivation* par le fait qu'aucun des éléments qui interviennent dans les formations de ce type — on leur donne le nom d'*interfixes* — n'est apte à être utilisé de façon autonome dans l'énoncé : *omni-* et *-vore*, *brachy-* et *-céphale* n'apparaissent que dans des formations du type *omnivore* et *brachycéphale*.

Remarque. — Des phénomènes d'autonomisation secondaire de l'un des interfixes peuvent intervenir : *algie*, extrait de *névralgie*, *céphalalgie*, etc, s'emploie de façon autonome dans le vocabulaire médical. Des phénomènes comparables s'observent pour les préfixes (*du super, il est extra*, etc.), et, de façon plus marginale, pour les suffixes (*les ases, des ismes*, etc.). D'autre part, des interfixes peuvent dans certains cas apparaître avec des éléments aptes à l'emploi autonome : *arboriculture* (à côté de *arboricole*), *mégalomanie* (à côté de *mégalomane*). De leur côté, certains préfixes peuvent intervenir devant des éléments non autonomes : *télé-*, préfixe dans *télévision* ou *télésiège*, fonctionne comme interfixe dans *télescope* ou *téléphérique*. *Télé-* peut en outre s'autonomiser sous la forme d'un nom masculin *(le télé = le téléviseur* ou *le télésiège)* ou féminin *(la télé = la télévision)*. L'ensemble de ces phénomènes met en évidence des plages de recouvrement entre interfixation, dérivation* et composition*.

Les interfixes sont des emprunts au latin et au grec. L'interfixation obéit, en gros, aux règles de la composition latine et grecque. Ainsi l'élément intercalaire *-i-* caractérise les formations latines, l'élément *-o-* les formations grecques. Il arrive même que la déclinaison soit respectée : dans *gynécologie*, *gynéco-* est le génitif du grec γυνή, qu'on retrouve dans *gynogenèse* ou *androgyne*. L'ordre des éléments fait le plus souvent apparaître le déterminant en première position : *igni-fuge, héliothérapie*. Mais certains interfixes ne peuvent être que déterminés, quelle que soit leur place : *philologie, bibliophilie*.

En règle générale, les formations interfixales sont étymologiquement homogènes : *calorifuge* et *carbonifère* sont entièrement latins, *orthographe* et *ophtalmologie* entièrement grecs. Il arrive même qu'il existe deux formations interfixales de même sens, l'une latine, l'autre grecque : *soliloque* et *monologue, plurilingue* et *polyglotte, uni-* (et *pluri-*) *-voque, mono-* (et *poly-*) *-sémique*. Parfois une différence de sens sépare l'élément latin de l'élément grec : le *bilinguisme** ne se confond pas entièrement avec la *diglossie**. Toutefois les formations en *-vore* et en *-phage* se répartissent le champ des objets alimentaires, sans recouvrement : *pantophage*, attesté, mais très rare, laisse la place à *omnivore*; il n'existe pas d'**hominivore* pour concurrencer *anthropophage*.

Cependant, la règle de l'homogénéité étymologique est fréquemment enfreinte : *sociologie, génocide, audiométrie, psycholinguistique*, etc., sont mixtes. Enfin les formations telles que *footing* (mot qui n'existe pas avec le sens de « marche sportive » en anglais) reproduisent, avec des éléments anglais, le processus de l'interfixation.

interfixes

Les interfixes, tels qu'ils ont été définis à INTERFIXATION, se répartissent en trois sous-classes selon la place qu'ils prennent dans la formation interfixale :

a) certains s'utilisent exclusivement à l'initiale de la formation : *cruci-* (*crucifère, cruciverbiste*, etc.), *caco-* (*cacochyme, cacologie, cacophonie*, etc.).

b) d'autres apparaissent exclusivement en position finale : *-cide* (*infanticide*), *-mancie* (*cartomancie, chiromancie*, etc.).

c) d'autres enfin sont aptes à apparaître, au prix de certaines modifications morphologiques, alternativement en position initiale ou finale; les éléments d'origine latine sont rares à présenter ce caractère : *pédicure, quadrupède*. Les éléments grecs, au contraire, en sont très fréquemment affectés : *arithmologie* et *logarithme, anthropopithèque* et *pithécanthrope* sont des couples d'interfixés constitués avec les mêmes termes dans un ordre différent (avec différence de sens dans le premier couple); *céphalalgie, dolichocéphale; mégalocyte, acromégalie; phonographe* et *téléphone*, etc.

À la différence des préfixes et des suffixes qui, quoique nombreux, constituent des inventaires clos, les interfixes — qui sont des emprunts aux lexèmes du latin et du grec — constituent un inventaire ouvert. On a pu leur consacrer un dictionnaire. Il n'était donc ni possible ni utile d'en donner ici une liste, qui n'aurait nécessairement pu être que très lacunaire.

interjection

L'*interjection* est l'une des neuf « parties du discours » traditionnelles. Elle ne donne cependant pas lieu à des définitions aussi rigoureuses que les autres classes : les listes des « principales interjections » énumérées par les grammaires sont assez déconcertantes par leurs discordances.

On peut tenter de repérer l'éventuelle unité de la classe des interjections en faisant intervenir les critères suivants :

1. Du point de vue morphologique, les interjections sont invariables (comme les adverbes, les prépositions et les conjonctions) : *eh ! euh ! hein ! ouf ! chut ! pst ! vrout ! zut !* etc. (On remarquera le caractère phonologiquement insolite de certaines de ces formes, souvent d'origine onomatopéique*.) Cette invariabilité apparaît notamment dans le fait que les mots empruntés à d'autres classes sont fixés comme interjections dans une forme unique : noms *(attention ! flûte ! merde ! par exemple !)*, adjectifs *(bon ! bravo ! tout doux !)*, pronoms *(ça ! quoi !)*, verbes *(allons ! dis donc !)*.

Remarque. — On aura repéré parmi les exemples cités quelques interjections composées (les « locutions interjectives » de la grammaire traditionnelle). Elles se caractérisent également par l'invariabilité de leurs éléments : *mille tonnerres, mon œil, tu parles,* etc. Il convient de faire une place à part aux jurements*, qui se caractérisent par la mention du nom de Dieu. Les jurements ont longtemps été considérés comme blasphématoires — précisément en raison de l'emploi autonymique* du nom de Dieu — et sévèrement punis. D'où la prolifération de formes d'atténuation : aux sacrilèges *nom de Dieu, jarnidieu* (= je renie Dieu), *par Dieu,* on substituait (et on continue parfois à substituer) *nom d'une pipe, nom de dla* et *nom de nom,* qui substitue adroitement le mot *nom* au mot *Dieu, jarnibleu, jarnicoton, parbleu, pardi; scrongneugneu* n'est autre que la notation d'une prononciation indistincte de *sacré nom de Dieu,* etc.

Toutefois, l'invariabilité des interjections n'est constante qu'au niveau segmental. Au niveau suprasegmental, elles donnent lieu à des variations plus importantes que les autres classes, conséquence de leur statut spécifique : le même *ah !* donnera lieu à des interprétations variées (surprise, satisfaction, confirmation, indifférence, etc.) selon les spécificités de l'intonation. Ces différences en viennent parfois à se manifester dans la graphie : *bof* (voir le composé *bofgénération*) est la notation d'une réalisation relâchée du traditionnel *bah.*

2. Du point de vue syntaxique, l'interjection (étymologiquement : « terme jeté entre deux éléments du discours ») constitue une unité de l'ordre de la phrase. Les exemple cités plus haut confirment ce statut d'autonomie syntaxique de l'interjection. Les contre-exemples qu'on peut relever s'expliquent par des phénomènes de citation implicite : *zut pour toi* s'explique par *je dis pour toi : « zut !* »; *où diable ai-je mis mes lunettes* par *où (je dis : « diable !») ai-je mis mes lunettes ?* etc. De ce point de vue, l'interjection est analogue à l'apostrophe*, à laquelle elle est parfois associée dans le discours : *Eh ! Paul ! Viens donc !* On remarquera également que les mots *oui* (et sa variante *si*) et *non* devraient, de ce strict point de vue syntaxique, être tenus pour des interjections.

3. Du point de vue sémantique, les interjections bénéficieraient d'une autonomie analogue à celle qui les caractérise du point de vue syntaxique. Il en résulterait nécessairement une identité constante entre le sens de l'interjection hors contexte et son sens dans le discours. On observe effectivement cette particularité pour certaines interjections, notamment celles qui sont voisines de l'onomatopée* : *pouah !* ne peut guère, en contexte ou hors contexte, manifester que le dégoût, *chut !* est une demande de silence, *aïe !* — également onomatopéique, en dépit de certaines étymologies secondes — marque constamment la douleur, etc. Mais d'autres interjections ont un sens variable selon le contexte. On a vu les différentes valeurs dont peut s'accommoder *ah !* Des éléments tels que *allô ! hein ! n'est-ce pas ?* ont une fonction phatique* évidente et ne s'interprètent donc que par rapport à leur contexte. *Eh bien !* est apte à prendre, selon le contexte, des valeurs argumentatives très variables.

Il y a lieu de s'interroger sur l'unité de la classe de l'interjection : mal isolée du point de vue morphosyntaxique, puisque les traits qu'elle présente ne lui sont pas spécifiques, elle est fortement hétérogène du point de vue sémantique, et notamment du point de vue du fonctionnement discursif.

interjective (locution)

Voir COMPOSITION, INTERJECTION et LOCUTION.

interne

Voir OBJET (COMPLÉMENT).

interprétabilité

Voir GRAMMATICALITÉ.

interrogatifs (mots)

Les *mots interrogatifs* apparaissent dans les interrogatives partielles (voir INTERROGATION), généralement en tête de la phrase. Ils tiennent lieu, dans l'attente de la réponse appelée par l'interrogation, du terme sur lequel porte la question. Ils sont généralement construits sur le radical *qu-*, qu'ils ont en commun avec les relatifs*. Selon la classe du terme sur lequel porte l'interrogation, on distingue des déterminants, des pronoms et des adverbes interrogatifs. Le groupement *que* + le verbe *faire* tient lieu de verbe interrogatif (pro-verbe*).

Certains mots interrogatifs fonctionnent aussi comme exclamatifs*.

À la différence de l'interrogation totale, l'interrogation partielle porte sur l'un des termes de la phrase :

— dans *quel cours as-tu écouté aujourd'hui ?*, l'interrogation porte sur l'identité du référent visé par le nom *cours*. L'interrogatif prend la forme du déterminant interrogatif.

— dans *qu'as-tu écouté aujourd'hui ?*, l'interrogation porte sur la nature du référent objet de l'action d'*écouter*. La réponse attendue comportera normalement un nom *(un cours, un concert, des sornettes)* ou un pronom *(quelque chose, rien d'intéressant)*. L'interrogatif prend la forme du pronom interrogatif.

— dans *quand travailles-tu ?*, l'interrogation porte sur une circonstance (dans ce cas temporelle) de l'action. La réponse attendue explicitera cette circonstance, sous la forme d'un adverbe *(toujours, jamais)* ou d'un complément circonstanciel *(le dimanche)*. L'interrogatif prend la forme d'un adverbe interrogatif.

— la phrase *que fais-tu ?* peut appeler deux types de réponse. Si je réponds *mon devoir de grammaire* (ou *du tennis, de la poterie*), l'interrogation a été reçue comme portant sur l'objet du verbe *faire*. Mais si je réponds *je travaille* (ou *je suis adjudant de carrière*), c'est que l'interrogation a été interprétée comme portant sur le contenu notionnel du verbe.

A. Le déterminant interrogatif

Il affecte les formes suivantes :

	M	F
Sing.	*quel* [kɛl]	*quelle* [kɛl]
Plur.	*quels* [kɛl]	*quelles* [kɛl]

L'opposition des genres et des nombres n'est constamment marquée qu'à l'écrit. À l'oral, l'opposition des genres n'apparaît pas.

Celle des nombres n'est manifestée, par la liaison*, que devant une voyelle : *quels livres ?* [kɛl]/ *quels ouvrages ?* [kɛlz].

Quel peut aussi fonctionner comme attribut. Quand le sujet est humain, *quel* alterne avec le pronom *qui : quelle est cette dame ? qui est cette dame ?*, sans différence de sens appréciable. Quand le sujet est non humain, *qui* est exclu (voir plus bas) : *quel est cet animal ? quel est ce livre ?*

> **Remarque.** —1. Malgré cet emploi comme attribut, *quel* ne peut être considéré comme adjectif, car il n'apparaît jamais comme épithète dans un syntagme de forme **un (ce, mon,* etc.) *quel livre ?* Mais on ne peut pas non plus le décrire comme un pronom, en raison de l'existence d'une forme pronominale spécifique, *lequel* (voir plus bas). La possibilité pour un déterminant d'être utilisé comme attribut n'est d'ailleurs pas limitée à l'interrogatif (voir NUMÉRAUX).
>
> 2. Le mot *quel* apparaît en outre dans deux emplois non interrogatifs :
>
> *a)* l'expression *quel que* + verbe attributif au subjonctif marque l'indétermination concessive : *quelle que soit votre opinion, je n'en tiendrai pas compte.*
>
> *b)* l'expression *tel quel* marque une comparaison fictive d'un objet avec lui-même : *il m'a rendu mes livres tels quels.*

B. Les pronoms interrogatifs

Il en existe deux séries de formes, les unes simples, les autres composées. Elles utilisent le même matériel morphologique que les pronoms relatifs, mais en exploitent les oppositions de façon différente.

1. Formes simples

	NON ANIMÉ	ANIMÉ
sujet	ø	
compl. d'objet direct et attribut	*que, quoi*	*qui*
compl. prépositionnel	*quoi*	

L'opposition des formes *qui/que/quoi* est utilisée de la même façon que pour les relatifs sans antécédent, ce qui s'explique par le fait que l'interrogatif et le relatif sans antécédent ont pour trait commun d'être des nominaux*. En revanche, le représentant* qu'est nécessairement le relatif muni d'un antécédent exploite différemment l'opposition des trois formes.

Le tableau fait apparaître les faits suivants :

a) Lors de l'interrogation marquée par *qui* et ses variantes, la nature de l'objet sur lequel elle porte est inconnue de l'énonciateur : le nombre et le genre n'ont donc pas à être marqués.

345

b) Les formes de non animé sont extensives par rapport à la forme d'animé : à la question *qu'as-tu vu ?*, je peux m'entendre répondre *des gens*. En revanche, la question *qui as-tu vu ?* exclut une réponse telle que *une voiture, une vache,* etc.

c) La forme *qui* est commune à toutes les fonctions : *qui travaille ? qui es-tu ? à qui penses-tu ?* (Sur les problèmes d'ambiguïté entraînés par cette homonymie, voir INTERROGATION.)

d) L'absence de forme pour le non animé sujet est palliée par l'emploi de la forme renforcée *qu'est-ce qui : qu'est-ce qui pollue l'atmosphère ?* — *Les gaz d'échappement des voitures.*

e) La forme *quoi* est normalement utilisée comme complément prépositionnel : *à quoi penses-tu ?* Mais on la trouve aussi comme complément d'objet ou attribut, sous la condition qu'elle apparaisse après le verbe : d'où une opposition *que fais-tu ?, que deviens-tu ?* (usage soutenu)/*tu fais quoi ?, tu deviens quoi ?* (usage familier). Cependant, l'antéposition de *quoi* est possible avec un verbe à l'infinitif : *quoi faire ?,* en alternance avec *que faire ?* Cette opposition *que/quoi* présente, morphologiquement et syntaxiquement, des aspects comparables (quoique non identiques) à ceux de l'opposition des personnels* *me/moi.*

Les formes simples de l'interrogatif ont donné lieu à la formation de formes renforcées à l'aide de l'élément interrogatif *est-ce.* Ces formes renforcées permettent de manifester simultanément l'opposition des fonctions et l'opposition animé/non animé, selon le tableau suivant :

	NON ANIMÉ	ANIMÉ
sujet	*qu'est-ce qui*	*qui est-ce qui*
compl. d'obj. dir. et attribut	*qu'est-ce que*	*qui est-ce que*
complément prépositionnel	*(à) quoi est-ce que*	

2. Formes composées

Elles se confondent morphologiquement avec les formes composées du relatif (voir cet article). Leur emploi comme interrogatifs suppose que l'énonciateur ignore l'identité de l'objet dont il parle, mais en connaît la nature : *de ces trois livres, lequel préfères-tu ?* De ce fait, ces formes s'utilisent à peu près exclusivement comme représentants*.

Les déterminants et pronoms interrogatifs se combinent avec des expressions telles que *je ne sais, on ne sait, Dieu sait, n'importe,* pour constituer des déterminants et des pronoms indéfinis*.

C. Les adverbes interrogatifs

Il sont utilisés quand l'interrogation porte sur les circonstances du procès. On les classe donc de la même façon que les compléments circonstanciels*. Plusieurs adverbes interrogatifs ont d'autres emplois : *où* a, comme les mots en *qu-* auxquels il est diachroniquement apparenté, la possibilité de s'employer comme relatif*. Comme interrogatif, il a exclusivement le sens local : comparer *où vas-tu ?* à *le moment où je parle. Quand* peut introduire une circonstancielle de temps. *Comment* permet d'interroger non seulement sur la manière ou le moyen, mais également sur la qualité : *comment me trouves-tu ?* D'où des phénomènes d'ambiguïté : la phrase citée peut avoir pour réponse *en cherchant* ou *complètement idiot. Combien,* en raison de ses emplois comme déterminant* dans les expressions telles que *combien de fautes ?* permet d'interroger sur le nombre. *Le combien,* parfois adjectivé en *le combientième,* permet, dans l'usage populaire, d'éviter le pédant *le quantième* pour interroger sur la date : *on est le combien ?* Enfin, *pourquoi* se distingue de *pour quoi* en ce qu'il interroge sur la cause (et non sur le but). *Pourquoi* permet dans certains cas de poser une question relative aux présupposés de l'énoncé : *je finis mon bouquin demain. — Pourquoi ? Tu es en train d'écrire un bouquin ?* (Voir aussi EXCLAMATIFS.)

D. Le syntagme verbal interrogatif *que faire ?*

Faute d'un véritable verbe interrogatif, on utilise pour interroger sur le contenu notionnel du procès le pro-verbe* (verbe vicaire) *faire* avec *que* (ou *quoi*) comme complément. L'opposition *que/quoi* est parfois utilisée pour lever l'ambiguïté signalée plus haut : à *tu fais quoi ?,* je répondrai plus volontiers *une tarte au citron* ou *de la grammaire* que *je me prélasse;* et inversement pour *que fais-tu ?*

interrogation

Forme de phrase qui s'oppose à l'assertion, à l'ordre, et à l'exclamation, l'*interrogation* est généralement une demande d'information, ce qui permet de la définir comme première partie d'un couple question-réponse *(vient-il ? oui).* C'est l'une des formes de la langue française qui présente les plus nombreuses variations.

On distingue généralement l'*interrogation totale* (ou générale, globale ou entière), qui porte sur l'ensemble de la phrase *(est-ce que Pierre vient ?)* et appelle une réponse en *oui* ou *non,* éventuellement avec reprise de la phrase *(oui, il vient; non, il ne vient pas);* et *l'interrogation partielle* (ou particulière), qui porte sur l'un des syntagmes nominaux ou prépositionnels qu'elle appelle comme réponse *(qui vient dîner ? Pierre).* On dit aussi que la question totale est déterminée : qu'elle porte sur l'ensemble de la phrase *(est-ce que Pierre vient ?)* ou sur un élément seulement *(êtes-vous né à Paris ?* ne demande pas si vous êtes né, mais bien si cela s'est passé à Paris), il n'y a pas d'information nouvelle, sauf confirmation ou infirmation. La question partielle, par contre, est indéterminée : elle appelle une information qu'elle ne contient pas, et qui est apportée par la réponse, sous la forme d'un syntagme ou d'une reprise *(qui vient dîner ? Pierre* ou *Pierre vient dîner* ou *c'est Pierre qui vient dîner);* elle comporte un morphème d'indétermination *(qui, quand, à qui, comment...).* Les deux types ont en commun, à la différence de l'assertion, de ne pas être susceptibles, sans la réponse, d'un jugement de validité : de *qui vient dîner ?* on ne peut dire ni que ce soit vrai, ni que ce soit faux. Seul l'ensemble question-réponse retrouve la possibilité d'un tel jugement.

On distingue également entre l'*interrogation directe* et l'*interrogation indirecte* (chacune des deux pouvant être totale ou partielle). L'interrogation directe apparaît dans une phrase indépendante, qui présente à elle seule le fait et son interrogation *(tu viens ? quand part-il ?),* alors que l'interrogation indirecte est introduite par un verbe qui précise la nature de la relation *(je me demande si Pierre vient);* elle subit les contraintes du discours* indirect. Si l'interrogation se trouve en discours indirect libre, elle adopte, de la forme indirecte les transpositions de temps et de personnes, et de la forme directe les autres caractéristiques *(est-ce que cette tristesse durerait longtemps ? finirait-il par s'en sortir ?)*

La réponse en *oui (si,* si la phrase est négative*),* ou *non* n'est adaptée qu'à l'interrogation directe.

A. L'interrogation directe

Le système actuel est très complexe : il comporte plusieurs types différents. Néanmoins, la tendance de l'évolution fait apparaître des constantes : recherche de l'ordre sujet-verbe et renforcement des marques interrogatives.

1. *Interrogation par intonation*

C'est l'interrogation minimale. Il s'agit là d'un usage oral, qui ne peut être écrit que comme transcription d'un dialogue. L'interrogative se distingue de l'assertive correspondante par une intonation ascendante jusqu'à la dernière syllabe (et, à l'écrit, la présence d'un point d'interrogation) : *il pleut ? tu as des parents dans le Midi ?*

Ce type d'interrogation s'applique à la phrase dans son ensemble. On peut néanmoins former une interrogation ne portant que sur un élément, en l'appliquant à un énoncé présentatif : *c'est Pierre que tu as rencontré ?*

Toutes les autres interrogations font apparaître au moins une marque grammaticale du changement de forme.

2. Interrogation par inversion

Ce mode d'interrogation reprend les moyens prosodiques du premier type : elle manifeste presque toujours une montée intonative. Elle se caractérise par la postposition du pronom conjoint, immédiatement après la partie conjuguée du verbe *(viens-tu ? allons-nous reparler de tout cela ?)*. Il faut ici distinguer deux cas, selon la nature du sujet :

a) le sujet est l'un des pronoms conjoints *je, tu, il, elle, on, ce* (après le verbe *être*), *nous, vous, ils, elles.* L'inversion se fait alors selon ce qu'on appelle l'*inversion simple :* le pronom est déplacé de sa place initiale à la position postposée au verbe. Cette opération peut faire intervenir deux légères modifications phonétiques : *a)* l'insertion d'un *-t-* « euphonique » entre le verbe (s'il ne se termine pas déjà par un *-t* graphique) et les pronoms commençant par une voyelle : *chante-t-il ? va-t-on en parler ? b)* la prononciation [e] du *e* final d'une première personne du singulier d'un verbe en *-er* (et un accent aigu à l'écrit) : *souffré-je ?* [sufʁeʒ]. En fait, cette possibilité reste théorique, car l'usage de cette interrogation en première personne du singulier paraît affecté et peu souhaitable, voire source de plaisanteries *(cours-je ?)*. Elle ne s'emploie guère qu'aux formes : *suis-je ? ai-je ? que vois-je ? dois-je ? puis-je ?* Avec le futur : *irai-je ? saurai-je ?* ou le conditionnel : *pourrais-je parler à Pierre ?*

b) le sujet est soit un nom, soit un pronom différent de ceux apparaissant dans la liste ci-dessus. L'interrogation se fait alors selon *l'inversion complexe :* le sujet reste à sa place, et est repris après le verbe par *il, elle, ils* ou *elles,* selon le genre et le nombre du nominal *(Pierre vient-il ?)*.

Ce pronom postposé doit ici être simplement analysé comme un morphème de conjugaison indiquant la personne : il n'a aucune autonomie par rapport au verbe (aucun élément ne peut apparaître entre le verbe et lui, contrairement à ce qui se produit pour un vrai pronom). Seul le découpage en mots graphiques peut laisser l'illusion d'une certaine autonomie.

Le fait que la postposition du pronom puisse être sentie comme une marque grammaticale d'interrogation est confirmé par un usage du français populaire : de *mange-t-il ?* à [imãʒti], le morphème [ti] acquiert une véritable autonomie, manifeste dans [tyvøti], [tyvøtipa] ou [setitwa]. La transcription orthographique de ce morphème typiquement oral présente une difficulté : *ti* ou *t'y* (sans raison) : *tu viens-ti ?* ou *tu viens-t'y ?*

Ce type d'interrogation se combine sans difficulté avec un tour négatif ou présentatif : *Pierre ne vient-il pas ?* et *est-ce Pierre qui vient ?* La combinaison du tour présentatif avec cette interrogation permet de l'appliquer à un élément seulement de l'énoncé, alors qu'elle concerne des interrogations totales (mais l'interrogation est déterminée).

3. Interrogation par est-ce que ?

Il s'agit là d'un fait idiosyncrasique du français. C'est un type d'interrogation particulièrement facile à appliquer, car elle ne modifie pas l'ordre des mots de la phrase assertive *(Pierre vient → est-ce que Pierre vient ?)*. Dans la mesure où la marque grammaticale est forte, cette interrogation peut, à l'oral, se passer d'intonation particulière. Quand il y en a une, c'est une montée sur le *est-ce que*, la fin de la phrase pouvant aussi bien être ascendante que descendante.

Si l'on rapproche la forme d'interrogation en *est-ce que* du présentatif *c'est... que*, on retrouve le type d'interrogation précédent, *ce* étant, comme on l'a vu, un pronom déplaçable selon l'inversion simple. Il y a effectivement des arguments pour une telle analyse :

— le groupe *est-ce que* peut être scindé par un adverbe : *est-ce vraiment que tu veux y aller ? est-ce demain que tu pars ?*

— le verbe *être* a ici les caractéristiques d'un vrai verbe : en langue soutenue, son temps peut varier *(serait-ce qu'il aurait eu peur ?)* et il peut recevoir sa propre négation *(n'est-ce pas qu'il aurait eu peur ?,* qui peut exprimer une nuance par rapport à *est-ce qu'il n'aurait pas eu peur ?*. On peut d'ailleurs avoir les deux négations : *n'est-ce pas qu'il n'aurait pas eu peur ?)*.

Les formes d'interrogations en *est-ce... qui ?* et *est-ce... que ?*, interrogations totales portant sur un seul élément de l'énoncé *(est-ce Pierre qui vient ? est-ce à Paris que Pierre est né ?)* viennent aussi conforter cette analyse. Le rapport évident qu'elles entretiennent avec les phrases présentatives *c'est Pierre qui vient* et *c'est à Paris que Pierre est né* suggère de les analyser comme ayant subi d'abord la transformation présentative, puis l'interrogative par inversion simple. En français populaire, ces formes apparaissent sans inversion, soit avec une simple intonation *(c'est Pierre qui vient ?)*, soit avec la présence du morphème *ti (c'est-ti Pierre qui vient ?, c'est-ti à Paris qu'il est né, Pierre ?)*.

4. Interrogation partielle

L'interrogation partielle, qui porte sur l'un des groupes nominaux de la phrase, se caractérise toujours par la présence d'un morphème interrogatif*. Une partie d'entre eux correspond à des relatifs : *qui, que, à quoi, où, lequel (lequel en a parlé ?; lequel d'entre eux a su le faire ?)* et d'autres sont des adverbes *(comment, pourquoi, quand...)*. Toutes les fonctions qu'un syntagme nominal est susceptible d'occuper peuvent donner lieu à une interrogation partielle.

En français standard, le morphème interrogatif occupe la position en tête de phrase *(à qui penses-tu ? que veux-tu ?)*, quelle que soit la fonction du syntagme nominal sur lequel porte la question. Cependant, à l'oral, on peut ne pas déplacer le syntagme : *tu l'as dit à qui ? il est né quand ?* Ces formes, condamnées par la norme, ont l'avantage de reproduire l'ordre des mots de la phrase assertive.

Quelle que soit la place du mot interrogatif, c'est lui qui marque le sommet de montée de la voix dans la courbe intonative. Ceci permet de ne pas mettre en question le reste du thème* de la phrase : *vous viendrez quand nous voir ?;* la chute de la voix sur *nous voir* montre que la visite elle-même n'est pas en question : la question porte sur *quand*.

Outre la présence obligatoire du morphème interrogatif, les interrogations partielles peuvent suivre chacun des schémas de l'interrogation totale. On peut donc trouver :

— *morphème interrogatif + intonation*, ne comportant pas de déplacement et reproduisant l'ordre des mots de la phrase assertive. Il faut ici distinguer deux cas, selon qu'il s'agit ou non d'une interrogation portant sur le sujet. En effet, le sujet se trouvant avant le verbe, une interrogation ordinaire respectera l'ordre des mots de la phrase assertive *(qui vient ? lequel est venu ? quel employé vous a servi ?)*. Pour les autres fonctions, il n'y a que dans le cas de *combien* suivi d'un substantif que la forme sans inversion soit standard *(combien de personnes ont été mises au courant ?)*. Pour les autres fonctions, cette interrogation produit une forme qui impose une accentuation du morphème interrogatif, éventuellement suivi d'une pause *(quand Pierre vient ?)*. Cette forme est plus courante quand le sujet est un pronom : *comment tu vas ? où il va en vacances ?*

— *morphème interrogatif + inversion*. Sauf pour le sujet, c'est une interrogation très courante. On retrouve, comme pour l'interrogation totale, l'inversion simple *(qui a-t-il rencontré ?)* et l'inversion complexe *(à qui Pierre en a-t-il parlé ?)*. Apparaît aussi un autre type d'inversion, qu'on appellera stylistique, qui a la forme de l'inversion simple, mais concerne les éléments relevant de l'inversion complexe. Obligatoire avec *que (que fait Pierre* et non **que Pierre fait-il),* et après *qui, quel* et *lequel* attributs, elle est facultative dans les autres cas : *quand viendra ton père ?* (ou *quand ton père viendra-t-il ?*); *de quoi parlent ces gens ?* (ou *de quoi ces gens parlent-ils ?*). Elle est cependant impossible avec *pourquoi (*pourquoi part ton frère ?),* qui impose l'inversion complexe *(pourquoi ton frère part-il ?).* Elle est également impossible pour le sujet, et quand le verbe est accompagné d'un attribut ou d'un objet qui n'est pas visé par l'interrogation *(à qui l'électeur donnera-t-il sa voix ?,* et jamais **à qui donnera l'électeur sa voix ?)*

— *morphème interrogatif* + *est-ce que ?* C'est également un type d'interrogation fréquent : *qui est-ce qui vient ? quand est-ce qu'il est parti ? lequel est-ce que tu as vu ?* Comme l'interrogation totale du même type, elle a l'avantage de reproduire l'ordre des mots de la phrase assertive, une fois effectué le déplacement du syntagme sur lequel porte l'interrogation. On peut, elle aussi, l'analyser comme une interrogation par inversion du *ce,* portant sur une forme présentative. Une telle analyse présente l'avantage d'expliquer pourquoi cette forme ne peut être cumulée avec l'inversion simple ou complexe (puisqu'elle aurait déjà été appliquée) : **quand est-ce que vient-il ? *quand est-ce que ton père vient-il ?* alors qu'elle peut être cumulée avec l'inversion stylistique *(quand est-ce que vient ton père ?* et non **quand est-ce que ton père vient-il ?).* On nomme ici l'interrogatif « forme renforcée », ce qui souligne le parallèle avec le présentatif. C'est d'ailleurs le présentatif, sans inversion mais avec intonation, qui peut apparaître dans le registre familier, soit avec l'ordre canonique de la phrase simple *(c'est qui qui est venu ? c'est lequel que tu as vu ? c'est quand qu'il part ?),* soit avec l'interrogatif en tête de phrase *(qui c'est qui est venu ? quand c'est qu'il en a parlé ?).* Les autres formes d'interrogation sur ce modèle sont nettement populaires, remplaçant *c'est que* par *que c'est que, est-ce que c'est que* ou *que* tout seul : *quand que c'est qu'il est venu ? quand est-ce que c'est qu'il est venu ? où qu'elle va en vacances ? qui qui veut venir ?* Ces formes peuvent aussi se combiner avec le morphème *ti : quand*que c'est-ti qu'i vient ?*

La proximité des formes invite à comparer l'interrogation partielle avec la relative, puisqu'il s'agit d'un processus semblable : un syntagme nominal est transformé en pronom formé sur la base *qu-;* dans le cas de la relative, il est relié à un antécédent, et dans celui de l'interrogation, il devient la tête d'une interrogative. Cependant, il existe certaines différences de propriétés entre pronom interrogatif et pronom relatif. Ainsi, pour ce qui concerne *qui :*

— contrairement au pronom d'une relative adjectivale, mais en conformité avec celui d'une nominale, *qui* interrogatif est exclusivement animé *(qui vient ?)*. La conséquence est un trou dans le système : il n'y a pas d'interrogation simple portant sur un sujet non animé : **que tombe ? *quoi tombe ?* On est ici obligé d'utiliser l'interrogation en *est-ce que : qu'est-ce qui tombe ?*

— contrairement au relatif, qui est toujours sujet, l'interrogatif *qui* peut aussi être objet *(qui as-tu vu ?)*. D'où l'ambiguïté potentielle de *qui voit Pierre ?* où et *qui* et *Pierre* peuvent être et sujet et objet. Cette ambiguïté est cependant toujours levée dans l'usage : *qui voit Pierre ?* sera réservé au cas où *qui* est sujet, et *qui* objet subira l'inversion complexe *(qui Pierre voit-il ?)* ou la forme renforcée *(qui est-ce que Pierre voit ?)*. D'où aussi l'impossibilité de déplacer le sujet : *Pierre voit qui ?* serait immédiatement interprété comme comportant *qui* objet. C'est ici la position qui indique la structure.

— *qui* interrogatif ne peut être que singulier *(qui vient ? mais *qui viennent ?)*, sauf en attribut *(qui est cet homme ? qui sont ces gens ?)*.

De même, *que* modifie certaines de ces caractéristiques : il ne désigne que le non animé et se comporte comme un pronom conjoint* ne pouvant être séparé du verbe que par un autre pronom conjoint ou par la particule négative *ne (que ne lui dit-il pas ? mais *qu'aujourd'hui dit-il ?)*. Par contre, l'animé objet donne lieu à une question en *qui (qui vois-tu ?)*. L'emploi disjoint de *que* est *quoi : que vois-tu ?* et *tu vois quoi ?*

En conséquence, dans les formes renforcées comportant deux segments en *qu-*, on peut distinguer la fonction de chacun : dans *qui est-ce qui aime Pierre ?; qui est-ce que Pierre aime ?* et *qu'est-ce que Pierre aime ?*, le premier *qu-*, en tant qu'interrogatif, marque le caractère animé ou inanimé (par sa forme *qui* ou *que*) du syntagme pronominalisé; et le second, en tant que relatif, marque par sa forme *qui* ou *que* la fonction sujet ou objet du nom qu'il remplace. Dans tous les cas où il peut y avoir ambiguïté sur la fonction de sujet ou d'objet (avec *qui, quel, lequel* ou *combien : quels Français lisent les Américains ?)*, c'est toujours la position qui est déterminante. L'interrogatif en tête de phrase est interprété comme sujet, et l'on consacre à l'objet soit une forme disjointe *(ton frère a appelé qui ?)*, soit une forme avec inversion complexe *(qui ton frère a-t-il appelé ?)*, soit une forme en *est-ce que (qui est-ce que ton frère a appelé ?)*.

En principe, on ne peut interroger qu'un seul syntagme à la fois. Les interrogations portant sur plusieurs syntagmes sont rares, et d'un emploi particulier : *qui dit quoi à qui ?* Elles imposent que les syntagmes interrogés restent à la place qu'ils occupent dans la phrase assertive.

Le système français est tellement complexe et tellement disparate qu'on ne doit pas s'étonner d'y trouver un certain flottement : dans une forme comme *est-ce que le schmilblick est-il vert ?*, on peut supposer que l'inversion n'est plus sentie comme marque suffisante pour manifester l'interrogation, et qu'il devient nécessaire de la redoubler en *est-ce que ?* Les arguments pour la généralisation du tour en *est-ce que* sont puissants : ridicule fréquent des inversions ou ambiguïté, et conservation de l'ordre des mots dans la phrase en *est-ce que*. Néanmoins, les formes simples ne sont pas en cours de disparition : *qui* est plus fréquent que *qui est-ce qui*, même si *qu'est-ce que* est plus fréquent que *que*. Avec un sujet pronom personnel, l'inversion simple est plus fréquente que le tour en *est-ce que (comment vas-tu ?*, plutôt que *comment est-ce que tu vas ?)*. Enfin, *est-ce que* est senti (et indiqué) comme lourd : il est donc évité à l'écrit, et chaque fois qu'il y a recherche stylistique.

B. L'interrogation indirecte

L'interrogation indirecte se caractérise par l'intégration de l'interrogation dans une phrase introductrice, avec un verbe comme *dire, demander, se demander, savoir, regarder, voir, comprendre...* Elle perd les caractéristiques de l'interrogative (pas d'intonation montante, pas de point d'interrogation, pas de modification de l'ordre des mots), pour prendre celles de la complétive*.

Elle a les marques du discours indirect : absence de pause, transposition des repérages de personnes, de temps et d'espace; la concordance* des temps s'y applique donc *(je me demandais s'il savait le latin)*. L'intonation y est celle de la phrase introductrice.

Le seul type d'interrogation totale possible est la transposition de *est-ce que* en *si : je te demande si tu viens,* avec ordre des mots inchangé par rapport à l'assertion *tu viens*. Les interrogations partielles ont les mêmes interrogatifs qu'à la forme directe *(je me demande qui va venir; dis-moi quand tu viendras)*, sans modification d'ordre des mots. L'inversion, simple ou complexe, est ici considérée comme une faute, bien qu'elle apparaisse assez fréquemment *(*je me demande quand viendra-t-il)*. Par contre, l'inversion stylistique est possible *(je me demande quand Pierre viendra/quand viendra Pierre)*. Elle est obligatoire si l'interrogatif est *qui* ou *quel* attribut : *je me demande qui est cet homme, dis-moi quel est ton âge.*

En langue orale et familière, l'interrogation partielle peut conserver le *est-ce que* ou le *c'est que* qui apparaissent à l'interrogation directe : *il ne m'a pas dit quand est-ce qu'il viendra* ou *quand c'est qu'il viendra.*

Des emprunts au système du relatif permettent de combler les trous du système : en face de l'absence, en interrogation directe, de

pronom interrogatif inanimé, l'interrogation indirecte offre *ce qui :
dis-moi ce qui te ferait plaisir (dis-moi qu'est-ce qui te ferait plaisir* est
considéré comme familier*).* Parallèlement, *qu'est-ce que* objet ou
attribut, est remplacé par *ce que : dis-moi ce que tu veux; je me
demande ce que c'est.* Et sur le même modèle, on peut former *ce dont*
et *ce à quoi (dis-moi ce dont tu as besoin, ce à quoi tu penses),* bien que
de quoi et *à quoi* existent.

Comme la complétive, l'interrogation indirecte est le plus généralement objet. Elle suit le verbe et, si elle le précède, elle exige un
rappel : *ce qu'il veut, je me le demande.*

La forme de l'interrogation indirecte est fréquemment semblable
à celle de la relative, qui s'en distingue par l'existence d'un antécédent. Quand la relative n'a pas d'antécédent (est nominale : *aime qui
t'aime),* ou quand l'antécédent est *ce* devant *qui* ou *que,* la ressemblance formelle est totale, et la distinction ne se fonde plus que sur
le sens du verbe *(dis-moi ce que tu veux :* interrogation indirecte ;
donne-moi ce que tu veux : relative).

C. Interprétation des interrogatives

Le mode normal de l'interrogation est l'indicatif, mais on peut
trouver l'infinitif dans les interrogations qu'on appelle délibératives,
toujours marquées dans l'intonation : *que faire ?* ou *quoi faire ? où
aller ?* Il peut également apparaître en interrogation indirecte : *je ne
sais pas où aller.*

Étant donné le nombre de formes concurrentes, surtout pour les
questions totales, on peut se demander quels sont les usages réservés
à chacune : en dehors des différences sociales et situationnelles (entre
style soutenu et familier), et des préférences de rythme ou de
prosodie, peut-on considérer que les différents types d'interrogation
soient paraphrastiques ?

On constate un usage légèrement différent des formes : on ne dit
pas indifféremment *viens-tu ?* et *tu viens ?,* l'interrogation par intonation supposant un rapport plus immédiat, du moins s'il n'y a pas de
complément.

Les interrogations diffèrent également quant à la réponse qu'elles
supposent, en particulier grâce au jeu sur la négation. Ainsi, *il pleut ?*
et *il ne pleut pas ?* ne sont pas équivalents, pour des raisons liées à
l'attente produite par la négation. Si *il pleut ?* laisse les possibilités
égales pour une réponse en *oui* ou en *non, il ne pleut pas ?* révèle
qu'on s'attendait à ce qu'il pleuve : soit *il ne pleut pas, sans doute ?*
(évidemment, il pleut, et c'était prévisible !), soit *comment, il ne pleut
pas ?* (c'est étonnant !). Les *interro-négatives* ont ainsi un statut
particulier : on les appelle *questions rhétoriques* ou dirigées, et on dit

qu'elles sont argumentativement orientées. La même valeur peut apparaître dans l'interrogation indirecte *(je me demande si Pierre ne viendra pas* = « je pense qu'il viendra »*)*. Ici aussi, il semble que les différents types d'interrogations ne sont pas strictement équivalents : alors que l'inversion *n'es-tu pas de mon avis ?* impose la réponse *si, bien sûr,* l'interrogation par intonation *tu n'es pas de mon avis ?* laisse davantage la réponse ouverte.

Certaines langues marquent dans la forme même de la question le type de réponse attendue : ainsi, en latin, *nonne* appelle réponse positive, *num* réponse négative, et *-ne* réponse ouverte. Le français n'est pas aussi grammaticalement exclusif, mais il offre aussi le moyen d'orienter la réponse. *As-tu faim ?* est neutre, mais *n'as-tu pas faim ?* suppose réponse positive ; jusqu'à sa limite, qui n'est déjà plus une question : *tu as faim, n'est-ce pas,* ou *dis ?* ou *pas ?* ou *non ? (si ?* après phrase négative*),* familiers, et [spa], oral : on parle ici de *questions insistantes.* On peut au contraire appeler une réponse négative (ou indiquer que c'est elle qu'on attend) avec un condition- nel ou des adverbes comme *par hasard, des fois, par extraordinaire... : est-ce que par hasard tu serais libre ce soir ?* Des variations d'intona- tion permettent également d'induire une réponse : *vous venez ?,* avec forte montée de la voix (= « bien sûr ») ou avec intonation en accent circonflexe et descente brutale (étonnement).

On a vu que l'interrogation était une recherche d'information. Mais il faut ajouter de nombreuses fonctions qui ne sont pas interro- gatives, soit qu'elles n'appellent pas de réponse, soit qu'elles appellent un acte et non une phrase. Ainsi : demande de confirmation, mise en doute, refus, hypothèse *(si tu partais ?),* demande *(peux-tu me passer le sel ?* n'interroge pas sur des capacités, mais équivaut à un ordre ; une réponse *oui, je peux,* non suivie d'un acte, serait mal venue), question polarisée *(a-t-on jamais eu le moindre reproche à me faire ?),* offre *(voulez-vous, avez-vous besoin, aimeriez-vous, permettriez-vous que je vous raccompagne ?),* ordre *(voulez-vous balayer la cour ?)* excuse *(puis-je espérer me faire pardonner ?),* conseil *(ne devriez-vous pas vous adresser ailleurs ?),* menace *(savez-vous que je ne suis pas patient ?)...* De nombreuses autres nuances pourraient s'ajouter à cette liste.

interrogation (point d')

1. Voir PONCTUATION.

2. Antéposé à un exemple, le *point d'interrogation* indique que la grammaticalité en est douteuse : *? il n'est pas grand, mais costaud* est accepté par certains locuteurs, mais refusé par d'autres (voir COORDI- NATION). Le point d'interrogation s'oppose dans cet emploi à l'asté- risque*.

interro-négative (phrase)

Les phrases *interro-négatives* sont celles qui combinent les modalités de l'interrogation* et de la négation* : *n'as-tu pas lu ce livre ? je lui ai demandé s'il n'avait pas oublié notre rendez-vous*. En français, la réponse positive à une interro-négative se fait par l'élément *si*. Cette distinction entre *oui* (réponse positive à l'interrogation portant sur une affirmation) et *si* n'existe pas dans toutes les langues.

intonation

Voir PROSODIE.

intransitif

Dans la description des constructions du verbe, *intransitif* est l'antonyme* de *transitif*. On étend parfois la notion d'intransitivité à d'autres classes grammaticales : on dit par exemple que de nombreux adverbes* sont intransitifs. (Sur les exceptions, voir ADVERBE (COMPLÉMENT DE L').)

intransitivation

Processus qui consiste à rendre intransitif* un verbe transitif*. (Voir notamment PRONOMINAUX (VERBES).)

intransitivité

Voir INTRANSITIF.

inverse (dérivation)

Voir DÉVERBAL et SUFFIXATION.

inversion

Voir ORDRE DES MOTS.

ironie

L'*ironie* — étymologiquement liée à l'interrogation — se définit par l'association d'un phénomène rhétorique* (généralement l'antiphrase*, l'euphémisme*, la litote*) avec une intention polémique. À un élève paresseux on posera ironiquement la question antiphrastique : *eh bien, Dupont ! toujours aussi travailleur ?* (voir ÉNONCIATION.)

irréel

Voir CIRCONSTANCIELLES, CONDITIONNEL, POTENTIEL, PASSÉ (TEMPS DU) et SUBJONCTIF.

irrégulier

1. Non conforme à la règle*. Voir aussi EXCEPTION.

2. Sur les verbes irréguliers, voir CONJUGAISON.

isomorphisme

L'hypothèse de l'*isomorphisme* consiste à postuler que deux plans — par exemple le *signifiant* (expression)* et le *signifié* (contenu)* — sont structurés sur le même modèle. (Voir SENS.)

isotopie

Dans un syntagme, une phrase ou une suite de phrases, l'*isotopie* est assurée par la présence d'éléments sémantiques communs aux mots différents qui constituent le texte. Par exemple, une recette de cuisine comporte un certain nombre de termes différents, qui ont cependant en commun le trait sémantique (le sème*) culinaire. L'isotopie assure l'homogénéité du texte, et en permet la lecture*. Certains textes, notamment littéraires, comportent plusieurs isotopies : d'où la possibilité de lectures « plurielles ».

italien (éléments empruntés à l')

Voir DEGRÉS et EMPRUNT.

italiques (caractères)

Les caractères *italiques* s'opposent aux caractères romains. Ils sont fréquemment utilisés, en concurrence avec les guillemets, pour caractériser les éléments du discours employés de façon autonymique*. (Voir PONCTUATION.)

item

Voir DICTIONNAIRE.

itératif

Voir ASPECT.

J

javanais

Le *javanais* est une pratique cryptonymique* qui consiste à intercaler un infixe* (généralement *-av-* ou *-ag-*) entre la consonne et la voyelle de chaque syllabe du mot concerné : *beau* donne *baveau*, *parler* donne *pavarlaver*, etc. Contrairement au verlan*, le javanais n'a fourni à la langue aucun terme lexicalisé, à la seule réserve de l'adjectif *gravos*, féminin *gravosse*, forme javanaise de *gros*.

jeu de mots

Le *jeu de mots* est l'une des manifestations de la fonction ludique du langage*. Il consiste à utiliser intentionnellement certaines particularités de la langue (homonymie*, homophonie*, paronymie*, polysémie*, synonymie*, etc.) pour produire un énoncé susceptible de produire un effet comique et, par là, de donner du plaisir. Compte tenu des spécificités de chaque langue, les jeux de mots sont fréquemment intraduisibles, notamment quand ils affectent en priorité le plan du signifiant* (oral et/ou écrit). La contrepèterie, par exemple, consiste à produire un énoncé qui se chargera d'un sens différent si on en permute deux phonèmes (ou deux syllabes) : *une femme folle à la messe*. La contrepèterie peut être non intentionnelle ; elle relève alors du lapsus*. Autre forme de jeu de mots, le calembour joue fréquemment sur le signifié* : *as-tu pris un bain ? — Pourquoi ? Est-ce qu'il en manquerait un ?* Mais d'autres calembours jouent sur la relation de deux séquences homonymes (ou paronymes) : *c'est la Vénus de Capoue. — Qui dites-vous qui a des poux ?*

jointure

Voir PHONÉTIQUE et PROSODIE.

jonction, joncture

Voir PHONÉTIQUE et PROSODIE.

jurements

Les *jurements* constituent une sous-classe spécifique de l'interjection*. Ils se caractérisent par le fait qu'ils font intervenir la mention du nom de Dieu. La profération des jurements a longtemps été punie par des peines très graves. De ce fait, les jurements ont fréquemment subi des modifications de leur signifiant, de façon à effacer le mot tabou : *par Dieu* est atténué en *pardi, parbleu; nom de Dieu* (particulièrement pourchassé en raison de l'emploi autonymique du mot *Dieu*) donne *nom de dla, nom de nom* et quantité d'autres variantes.

juxtaposition

La *juxtaposition* est un procédé de mise en relation de phrases ou de constituants, qui consiste à ne pas énoncer explicitement la nature de la relation (contrairement à ce qui se produit dans la coordination*et la subordination*). *Il travaille, il réussit; il a acheté des pommes, des carottes, des choux* comportent des juxtapositions : aucun des segments juxtaposés n'implique logiquement le ou les autre(s).

La différence formelle avec la coordination, et l'invitation faite par la nomenclature officielle à distinguer entre les deux, ne doivent cependant pas dissimuler la proximité de ces deux procédés, que certains grammairiens traitent ensemble sous « coordination ». Elles ont en commun l'appartenance de l'unité totale à la même classe formelle que chacune des unités juxtaposées ou coordonnées.

Pour la juxtaposition de mots ou groupes de mots, on voit en effet qu'il n'y a pas de différence avec la coordination : *Pierre, Paul et Marie achètent, transforment et revendent des bibelots, des vieux vêtements et des bijoux.* La conjonction* *et* intervient pour marquer le caractère achevé de l'énumération; mais la relation entre premier et deuxième élément d'une part, deuxième et troisième de l'autre, n'est pas de nature différente. Généralement peu contrainte et possible pour de nombreuses catégories (on peut ainsi juxtaposer prédicats, attributs, sujets, épithètes...), la juxtaposition connaît néanmoins des limitations. Ainsi, la juxtaposition de noms ne doit pas être confondue avec l'apposition*. Parmi les termes juxtaposés à un nom, il arrive que la coordination soit impossible *(*un homme d'ici et charmant)* et la juxtaposition du même coup obligatoire *(un homme d'ici, charmant),* alors que dans d'autres cas, on a le choix *(une jupe verte à plis plats* ou *une jupe verte et à plis plats).*

Dans la juxtaposition d'énoncés, c'est le récepteur qui se voit chargé d'introduire le lien logique qui n'est pas exprimé : la signification repose sur les marques temporelles et modales, la signification lexicale des termes, le contexte, la situation, les habitudes de pensée... Ainsi de la différence de sens entre : *il pleut, il fait froid* (simple concomitance), *il choisit, fait peser, paye, quitte le magasin,* (successivité des procès), *il pleut, Pierre ne viendra pas* (conséquence), *Pierre ne viendra pas, il pleut* (causalité). Une juxtaposition formelle peut donc être, sur le plan sémantique, l'équivalent d'une coordination ou d'une subordination.

Les seules marques formelles du lien introduit dans une juxtaposition sont le temps* et le mode*. On peut ainsi opposer, dans une juxtaposition à deux membres, toutes les combinaisons d'actuel (indicatif) et de virtuel (subjonctif, impératif, interrogatif et énoncé nominal). On aura ainsi :

a) *juxtaposition actuel/actuel :* une variation de temps peut souligner les relations : *il a travaillé, il a réussi, (il réussit, il réussira),* de même que la possibilité de mettre les deux segments au conditionnel *(il ferait froid, je mettrais ma veste),* phénomène tellement proche de la subordination qu'on l'appelle « subordination inverse » (voir CIRCONSTANCIELLE);

b) *juxtaposition virtuel/actuel :* elle instaure une idée de supposition : *qu'il travaille, il réussira* (hypothèse) ou *qu'il travaille! il réussira* (ordre); *travaille, tu réussiras; il travaille? il réussit!.* La juxtaposition d'une proposition participe à une phrase *(le chat parti, les souris dansent,* causalité, mais aussi *le chat présent, les souris dansent,* concession) peut être rapprochée de ce cas (voir CIRCONSTANCIELLE). L'effet sémantique peut éventuellement être souligné par des termes comme *donc* et *quand même;*

c) *juxtaposition actuel/virtuel :* elle introduit un effet illocutoire : *il travaille, qu'il réussisse!;*

d) *juxtaposition virtuel/virtuel :* l'élimination de l'opposition modale fait apparaître un cas similaire au premier, sans la variété des oppositions temporelles.

Sur le plan lexical, il existe un certain nombre de formes, comme *avoir beau (il a beau travailler, il ne réussit pas* — notons que *avoir beau* impose la juxtaposition, car le premier membre seul ferait une phrase incomplète), *pouvoir (il peut travailler, il n'y arrive pas)* et des adverbes comme *toujours (il peut toujours essayer, il n'y arrive pas),* qui soulignent la relation.

La fréquence des juxtapositions à l'oral, où l'intonation peut suppléer à l'absence de lien explicite, invite à en faire une caractéristique de l'oral par rapport à l'écrit.

L

labiodentale

Voir PHONÉTIQUE/PHONOLOGIE.

langage

Langage et *langue* sont historiquement, formellement et sémantiquement apparentés. Ils sont souvent utilisés de façon — apparemment ou réellement — équivalente. Mais d'autre part il n'est pas rare
de repérer entre eux une opposition. Opposition qui elle-même varie
selon les contextes théoriques. Il n'en est que plus indispensable de
repérer avec attention aussi bien les phénomènes de différenciation
que ceux de neutralisation.

Le français est l'une des langues qui disposent de deux signes*
— *langage* et *langue* — pour couvrir le champ auquel correspond,
dans d'autres systèmes linguistiques, un terme unique : *Sprache* en
allemand, *language* en anglais, *jazyk* en russe, *jezyk* en polonais, etc.
Langage et *langue* ont longtemps été utilisés de façon à peu près
indifférenciée. Ils fixent aujourd'hui, au moins dans l'usage qu'en
font les linguistes, un certain nombre d'oppositions sémantiques. On
peut reconnaître, selon les points de vue où l'on se place, quatre
oppositions différentes :

1. Langage et *langue* sont l'un et l'autre utilisés pour désigner des
ensembles signifiants utilisés notamment à des fins communicatives.
Ils se distinguent par leur extension : une langue est nécessairement
un langage, alors qu'un langage n'est pas nécessairement une langue.
On parle ainsi des langages des animaux, des langages artificiels (par
exemple les langages logiques, documentaires, informatiques, etc.),
du langage pictural ou musical, etc. : tous objets qui sont des langages
sans être des langues. En ce premier sens de l'opposition, seules les
langues sont l'objet de la linguistique*. Les autres langages sont
l'objet d'autres sciences : la zoosémiotique* pour les langages ani-

maux, la logique elle-même pour les langages logiques, les diverses branches de la sémiotique pour les langages picturaux ou musicaux, etc.

2. Le terme *langage* désigne parfois l'ensemble des caractères communs aux diverses *langues.* C'est en ce sens qu'on parle de la stratification du langage ou de la double articulation du langage, ou qu'on étudie les fonctions du langage (voir plus bas) : on entend alors par langage l'ensemble des langues connues, qui présentent effectivement le caractère d'être stratifiées et doublement articulées (voir LANGUE) et d'avoir en commun un certain nombre de fonctions. De ce point de vue, la linguistique a indissolublement pour objet les langues et le langage.

3. Dans l'optique saussurienne (pour l'essentiel adoptée par Benveniste), le langage est défini comme l'ensemble constitué par la *langue** et le *discours** (*parole* dans le *Cours de linguistique générale*). À condition d'intégrer les structures syntaxiques au domaine de la langue (et non au discours, comme semble tenté de le faire Saussure), cette opposition permet de repérer clairement les oppositions entre les deux concepts. Elle est en outre transposable aux ensembles signifiants secondaires que sont les métalangages* et langages de connotation*, analysables respectivement en métalangue et métadiscours, langue de connotation et discours de connotation. Dans cette troisième interprétation de l'opposition, la linguistique a pour objet le langage, la langue et le discours.

4. Enfin, le langage est souvent défini par l'ensemble des spécificités de l'espèce humaine qui lui permettent d'utiliser, notamment à des fins de communication, les objets spécifiques que sont les langues naturelles. Dans cette dernière acception, l'objet de la linguistique est constitué par les langues et par l'ensemble des problèmes que pose le langage, par exemple les relations entre le sujet et le langage (d'une part psycholinguistique, d'autre part rencontre avec la problématique lacanienne de « l'inconscient structuré comme un langage »), et les relations entre le langage et la société (sociolinguistique*).

Chacun des sens de l'opposition entre langue et langage qui viennent d'être décrits a son utilité. Il n'est pas rare de les trouver concurremment dans le même ouvrage de linguistique, le contexte permettant le plus souvent d'éliminer tout risque d'ambiguïté. On ne s'est pas interdit, dans cet ouvrage, de procéder de cette façon, en veillant soigneusement à ce que le contexte soit dans chaque cas suffisamment éclairant, et parfois en spécifiant explicitement le sens.

Les langues qui ne disposent pas d'un couple de termes opposés pour fixer ces oppositions les manifestent au niveau du discours. Il n'est cependant pas impossible que l'existence même du couple de termes ait infléchi de façon spécifique la réflexion linguistique des chercheurs de langue française : on pense notamment à l'exemple de Ferdinand de Saussure.

Les fonctions du langage

Comme il a été dit plus haut, *langage* est utilisé dans l'expression *fonctions du langage* avec le sens qui a été défini en 2. On prendra pour base de départ l'analyse, devenue traditionnelle, de Jakobson, sans s'interdire de la préciser ni de la compléter.

L'analyse s'établit à partir du schéma de la communication. Elle utilise donc les termes de *code**et de *message**avec les sens respectifs de *langue* (rubrique 10 de l'article) et de *discours**. Quant au terme *contexte* il a, en gros, le sens qui a été affecté ici à *référent**(pour plus de détails, voir les deux articles concernés).

	Contexte	
Destinateur ————————	Message ————————	Destinataire
	Contact	
	Code	

À chacun des termes de ce schéma de la communication correspond une fonction du langage :

— centrée sur le destinateur, la fonction *émotive* (ou *expressive*) vise à une expression directe de l'attitude du sujet à l'égard de ce dont il parle. Elle se manifeste notamment par l'exclamation*, l'interjection*, et, dans des conditions plus complexes, par les modalisations*.

— centrée sur le destinataire, la fonction *conative* vise à obtenir de la personne à qui on s'adresse un comportement conforme à ce qu'on lui dit. Elle se manifeste notamment par l'impératif* et l'apostrophe*.

— centrée sur le contexte (au sens de *référent*), la fonction *référentielle* est celle qui permet de parler des objets du monde, quelle que soit d'ailleurs la nature de ces objets : perceptibles, imaginaires, conceptuels.

— centrée sur le message, la fonction *poétique* se manifeste notamment par des phénomènes d'équivalence entre éléments du message. La rime* en est, au niveau du signifiant, l'exemple le plus clair.

— centrée sur le contact entre le destinateur et le destinataire, la fonction *phatique* établit, maintient, interrompt ce contact par des éléments tels que *allô, n'est-ce pas, hein,* ou, dans la graphie, le point /./, susceptible d'être verbalisé dans la formule de clôture *point final.*

— enfin, centrée sur le code, la fonction *métalinguistique* permet de donner ou de demander des informations sur certains des éléments du code utilisé (voir AUTONYMIE et MÉTALANGAGE).

Les six fonctions ainsi distinguées interviennent rarement de façon isolée. Ainsi, les fonctions phatique et métalinguistique sont souvent liées de façon intime, au moins dans l'usage quotidien : l'emploi d'un mot inconnu du destinataire détermine nécessairement une interruption de la communication. Elle est rétablie par un commentaire métalinguistigue qui se charge, par surcroît, de la fonction phatique, susceptible d'ailleurs d'être manifestée spécifiquement : *langage ? disons que ça a ici un sens voisin de langue.* Dans le slogan électoral *Mitterrand, président !* utilisé lors des élections présidentielles de 1974 et de 1981, on peut repérer l'intervention de cinq des six fonctions : référentielle (il est bien question des référents nommés *Mitterrand* et *président*); émotive (le destinateur attache du prix au message qu'il profère) et conative (il s'agit de faire agir de telle façon le destinataire), ces deux fonctions étant manifestées de façon syncrétique par le rythme, l'accent et l'intonation, marqués grossièrement dans la graphie par le /!/; poétique (par le phénomène d'isosyllabie et de rime entre les deux termes du message); enfin, la fonction métalinguistique, non manifestée, est pourtant supposée par le fait que les signifiants *Mitterrand* et *président* ont été soumis à une analyse linguistique. Seule la fonction phatique semble absente, sinon peut-être par le signe de clôture que constitue aussi le /!/.

Pourtant, les six fonctions de Jakobson restent réductrices à l'égard du phénomène du langage. Elles occultent en effet celles des fonctions du langage qui ne sont pas, directement ou indirectement, liées à la communication. Notamment :

— la fonction ludique : on peut jouer avec les mots, envisagés comme signifiants* (répétitions, refrains, formulettes, comptines, etc.) ou comme signes* (jeux de mots*, calembours, ambiguïtés* calculées, etc.);

— la fonction sémiotique, qui ne se confond pas avec la fonction référentielle : par les découpages arbitraires auxquels elle procède (voir SIGNE et VALEUR), la langue analyse (au sens étymologique du terme : elle segmente) un champ notionnel qui, indépendamment de sa formalisation linguistique, resterait ineffable et impensable (voir des exemples à SIGNE : comment « penser » les couleurs du spectre lumineux sans les divisions, variées et arbitraires, auxquelles le soumettent les langues ?);

— il faut enfin rappeler la fonction assignée au langage (à prendre toujours dans le sens 2) par ceux des psychanalystes qui, à la suite de Lacan, décrivent l'inconscient comme « structuré comme un langage ». L'une des instances de l'inconscient — le symbolique, en gros assimilable au *surmoi* de la seconde topique freudienne — obéit à des règles analogues à celles qui gouvernent la langue, au sens saussurien du terme (voir la rubrique 10 de LANGUE). Cette réflexion trouve son origine dans certains aspects des théories de Freud lui-même, par exemple l'analyse de l'opposition *Fort/Da (là-bas/ici)*.

langage-objet

Le *langage-objet* est le langage (ou la langue) quand il fonctionne comme plan d'expression du métalangage*.

langue

La notion de *langue* est saisie intuitivement de façon généralement satisfaisante. Pour avoir entendu parler une langue étrangère (ou une variante de leur propre langue), les sujets parlants prennent confusément conscience de la spécificité de leur système linguistique, même s'il leur reste la vague idée qu'il y a quelque scandale dans les différences qu'ils observent : pourquoi donner le nom étrange de *Brot* à ce qui est si raisonnablement appelé *pain* ? Pourquoi prononcer ridiculement [ʃɔzə] ce qui sonne si agréablement (si « normalement ») sous la forme [ʃoːz] ? D'où les appellations péjoratives souvent données aux langues étrangères : les Grecs confondaient tous les étrangers sous le nom infamant de *Barbares*, « ceux qui ne savent que répéter ces deux syllabes » (voir BARBARISME), et les Russes disent encore des Allemands qu'ils parlent « la langue des muets », *panimitski*. D'où la constance des moqueries sur les accents* régionaux, qui ont parfois constitué des handicaps pour l'accès à certaines professions. D'où, enfin, l'extrême acuité des querelles linguistiques (par exemple en Belgique).

Conscients de la spécificité de leur langue, les sujets parlants savent nécessairement comment une langue se manifeste : par la voix et par l'écriture. Ils savent aussi à quoi servent les langues : surtout à communiquer, avec les autres, et éventuellement, avec soi-même.

En gros plutôt exactes, ces intuitions ne correspondent pas terme à terme avec une définition scientifique de la notion de langue, définition d'ailleurs difficile à établir. En compréhension, il est malaisé de réunir les traits qui distinguent indiscutablement les langues des autres systèmes signifiants. En extension, il est impossible de procéder à un dénombrement exact des langues parlées par les sociétés humaines.

Dans les lexiques qui, comme celui du français, opposent les deux termes *langue* et *langage**, on donne le nom de *langue* à un certain nombre de systèmes de signification utilisés notamment à des fins de communication : le français, l'anglais, le tlingit parlé en Alaska, le mbum du Cameroun, le grec ancien, etc. Pour les raisons qui seront indiquées à la fin de l'article, il est malaisé de compter les langues, même en se limitant à celles qui sont actuellement parlées. Les linguistes qui se hasardent à une évaluation avancent généralement un nombre de l'ordre de 4 000. Encore faut-il préciser qu'un nombre non négligeable de ces langues sont peu, voire pas du tout, connues des linguistes, en sorte qu'en toute rigueur il n'est pas possible d'utiliser l'expression *toutes les langues* sans la limiter par le participe *connues*.

La spécificité des langues parmi les systèmes de signification, quoique généralement saisie de façon intuitive, n'est pas aisée à circonscrire de façon absolument décisive. Les traits le plus souvent affectés aux langues sont les suivants :

1. La stratification des langues

Les langues sont biplanes, c'est-à-dire qu'elles comportent deux niveaux : un niveau manifeste et un niveau non manifeste, définis par leur relation réciproque. Les sons (ou les lettres) qui constituent les mots signifient (« renvoient à », « veulent dire ») quelque chose qui ne se confond pas avec eux : leur « sens ». Ces deux niveaux reconnus depuis les origines de la réflexion sur le langage (au sens 2 de LANGAGE), sont fixés par plusieurs couples de termes : autrefois *lettre* et *esprit, forme* et *fond*, aujourd'hui *forme* et *sens, signifiant* et *signifié, expression* et *contenu*, etc. C'est ce qu'on appelle la *stratification** du langage. Aucune linguistique ne peut éluder ce trait constitutif de l'objet qu'elle se donne : même les disciplines linguistiques qui se situent exclusivement sur l'un des deux plans (phonétique, sémantique) mènent leur recherche en tenant compte de l'autre plan.

La stratification des langues en deux plans permet de les distinguer clairement des systèmes qui ne comportent qu'un plan (ou dont les deux plans sont exactement conformes), comme les jeux ou l'algèbre : dans le jeu d'échecs par exemple, il n'est pas possible quand on décrit le fonctionnement d'une pièce de le faire en distinguant deux plans, et le *fou* est exhaustivement défini par la formule unique « pièce qui se déplace sans limite sur les diagonales ». Mais la stratification est commune aux langues et à d'autres langages (voir sens 1 de LAN-GAGE) : pour prendre l'exemple des langages animaux, les sifflements des dauphins (« signifiants ») renvoient à quelque chose d'autre qu'eux-mêmes (leurs « signifiés »). C'est que leur langage est également clivé en deux plans.

2. La double articulation des langues

Les langues sont doublement articulées. *Articulé* a, ici, le sens de « divisé en parties ». La double articulation des langues apparaît quand on entreprend de diviser en éléments plus petits ce qui est d'abord donné sous la forme d'un flux plus ou moins continu de sons ou de lettres. On est alors amené à identifier successivement deux types d'unités :

a) des unités à double face, comportant à la fois une forme audible ou visible et un sens : dans la suite *ceci est un livre* [səsiɛtœ̃livʁ], on reconnaît quatre de ces unités : *ceci, est, un* et *livre.* Ce sont les unités de première articulation, souvent appelées *morphèmes** (et distinctes des mots*);

b) des unités à face unique, strictement formelles et dépourvues de sens : les lettres telles que *c, e, i,* etc., les sons tels que /s/, /ə/, /i/, etc. Ces unités de seconde articulation ont une fonction distinctive : par elles-mêmes dépourvues de signification (quel sens donner à *s* ou à *e* ?), elles permettent de distinguer entre elles les unités significatives de première articulation. Par exemple le *l*(/l/) initial distingue *livre* de *givre* et *vivre.* Dans leur fonction linguistique de distinction des unités de première articulation, les unités de seconde articulation reçoivent le nom de *phonème** (pour la manifestation orale) ou de *graphème** (pour la manifestation écrite).

Comme le sait intuitivement tout sujet parlant, il est pratiquement impossible (quoique théoriquement envisageable), de faire l'inventaire exhaustif des mots et des morphèmes d'une langue : les dictionnaires les plus étendus sont toujours dépassés par l'événement, qui peut créer, à tout moment, une unité significative nouvelle. Il suffit pour s'en convaincre de lire une publication technique, ou de feuilleter les pages publicitaires des revues. Inversement, il est facile de constater, à la vue des 26 lettres de l'alphabet latin (celui qu'utilise le français), que les unités de seconde articulation sont en nombre limité. Il est vrai que les lettres de l'alphabet ne correspondent, pour le français, ni aux phonèmes (on en identifie 36 dans le système complet) ni même aux graphèmes (pour lesquels on peut hésiter entre deux définitions et, par suite, deux inventaires, voir ORTHOGRAPHE). Quoi qu'il en soit de ces difficultés, l'ensemble des langues connues présentent ce caractère commun d'avoir un inventaire d'unités de seconde articulation limité : pour les phonèmes, entre une quinzaine (15 pour le iatmul de Nouvelle-Guinée ?) et une centaine (116 pour le khung d'Afrique du Sud ?). Plus fréquemment, entre une vingtaine et une cinquantaine.

On constate une implication immédiate de la double articulation : à l'aide d'unités de seconde articulation en nombre limité, les langues ont la possibilité de construire un nombre illimité d'unités significatives de première articulation, et, par là, de répondre de façon économique à tout nouveau besoin de signification.

La double articulation est un trait spécifique des langues. Elles sont, par là, distinguées des systèmes qui, tout en étant comme elles stratifiés, ne comportent qu'une articulation, analogue à la première (par exemple les panneaux du code de la route) ou à la seconde (par exemple les sonneries utilisées à titre de signaux). Tels qu'ils sont actuellement connus, les langages animaux semblent ne comporter que la première articulation.

Remarque. — La seconde articulation affecte toujours la manifestation orale des langues. La manifestation écrite — qui peut être absente — comporte la double articulation dans le cas des écritures alphabétiques et syllabiques. Mais elle ne comporte que la première articulation dans le cas des systèmes idéographiques. (Voir ORTHOGRAPHE.)

3. L'élasticité du discours

Les dimensions des discours* que produisent les usagers des langues ne sont soumises à aucune limitation, sinon celle, accidentelle, que peuvent apporter les circonstances matérielles : manque de temps, fatigue, etc. N'importe quel discours, quelle qu'en soit la longueur, peut toujours être allongé par un *je dis que*, qui a en outre pour effet de mettre à plat, selon la linéarité du signifiant* (voir également SIGNE), des éléments qui relèvent de deux niveaux hiérarchiquement différents : la formule introductrice et le discours cité. Cette « élasticité » du discours apparaît de façon évidente dans le fait que des unités discursives de dimensions différentes peuvent viser le même référent. Ainsi, je peux parler du même personnage non seulement en le désignant par l'un ou l'autre de ses noms propres, différemment connotés* *(Napoléon, Bonaparte, Buonaparte),* par une périphrase qualificative *(le vainqueur d'Austerlitz, le vaincu de Waterloo*, etc.), par la coordination de ces deux expressions ou par un très long discours qualificatif.

4. La créativité syntaxique

Toute langue offre aux locuteurs la possibilité de produire et d'interpréter un nombre infini de phrases. Alors qu'il est facile (relativement...) d'établir l'inventaire des phonèmes d'une langue, et envisageable (quoique malaisé...) d'en énumérer les morphèmes, il est par définition impossible de songer à répertorier toutes les phrases possibles d'une langue. (Voir COMPÉTENCE, CRÉATIVITÉ, GRAMMAIRE GÉNÉRATIVE et SYNTAXE.)

5. L'embrayage et le débrayage

Par la procédure de *l'embrayage** et l'emploi des embrayeurs*, l'usager de la langue — qui, par le fait même qu'il prend la parole, accède au statut de sujet de l'énonciation* — peut être présent dans son propre discours : *je* est le nom propre qu'il se donne pour le moment provisoire où il parle. (Voir ÉNONCIATION et PERSONNELS.) Mais il peut également, par la procédure inverse du *débrayage**, installer dans le discours un sujet distinct de lui, nécessairement distant par rapport à l'instance de l'énonciation : il emploie alors des noms, des noms propres, des pronoms de la 3e personne, mais renonce (provisoirement) au *je* (et du même coup au *tu*). Les langues permettent la production de discours utilisant alternativement les deux procédures opposées de l'embrayage et du débrayage : je peux commencer par dire *j'aime bien le ski de fond* (procédure d'embrayage) et passer instantanément à *cependant le ski de piste est plus excitant* (procédure de débrayage).

6. Les langues à tout faire

Compte tenu des cinq caractères qui viennent d'être décrits, les langues permettent à leurs usagers de parler de tout — dans les seules limites de ce qui accède à la conscience. On a même proposé de les appeler *langues à tout faire*. Elles sont notamment aptes à parler des autres systèmes de signification, l'inverse n'étant pas vrai : il est possible de décrire à l'aide de la langue le fonctionnement du système du code de la route ou du langage pictural; mais ces systèmes ne permettent pas de parler d'eux-mêmes ni de la langue. Parmi l'ensemble des objets possibles pour le discours des langues, on trouve les langues elles-mêmes, qu'on peut, en toute langue, décrire : ce type d'emploi réflexif de la langue constitue ce qu'on appelle le métalangage*, et est la condition *sine qua non* de la linguistique.

7. Les langues naturelles

Comme le spécifie explicitement l'un des adjectifs qu'on emploie couramment pour les distinguer, les langues sont *naturelles*. L'adjectif s'oppose, ici, non à *culturel*, mais à *artificiel*. On entend par là que tout sujet trouve toujours la langue déjà faite, qu'elle soit sa langue maternelle* ou une langue seconde. Les initiatives qu'il peut prendre à son égard pour la modifier dans ses structures sont nulles ou très limitées (voir cependant la remarque 2). Détail caractéristique : il n'est jamais possible de dater l'institution d'une langue naturelle, c'est-à-dire de lui assigner une origine. Quand on remonte dans le passé, on trouve aux origines de la langue une autre langue, puis une autre langue, et ainsi de suite jusqu'au moment où la recherche, faute de documents (ou de documents interprétables), s'interrompt. Inversement, les langages artificiels sont datés ou datables. Ils ont pour origine un acte fondateur intentionnel et explicite : ainsi pour des systèmes aussi divers que le code de la route, les langages de programmation et de documentation, la logique formelle, etc. Certains traits des langues naturelles — les phénomènes d'homophonie* et d'ambiguïté* — ne se retrouvent en principe pas dans les langages artificiels.

Remarques. — L'opposition entre langues naturelles et langages artificiels doit toutefois être nuancée dans plusieurs directions : 1. L'écriture des langues naturelles est parfois tenue pour un élément artificiel dans un ensemble naturel (ou un langage artificiel subrogé à une langue naturelle). C'est un fait qu'il est souvent possible de dater, précisément ou approximativement, l'institution de l'écriture pour telle ou telle langue naturelle (le IXe siècle pour l'ancien français, le XVIe siècle pour le lithuanien, la fin du XIXe pour la langue indienne des Winnebago, etc.). Cependant, si, en raison de la persistance des documents, il est possible de dater — très approximativement : d'environ 50 000 ans — le phénomène général de l'écriture, il est impossible de répondre avec certitude à la question de savoir si la manifestation orale des langues a été antérieure ou postérieure à leur manifestation écrite. Le fait qu'il existe actuellement des langues qui se parlent sans s'écrire (et, apparemment, non l'inverse, car les langues mortes, effectivement écrites sans être parlées, ont selon toute vraisemblance été parlées autrefois) n'est pas un indice absolument déterminant. Du point de vue synchronique, on rencontre là le problème des relations, hiérarchiques ou non, entre l'oral et l'écrit. (Voir ORTHOGRAPHE.)

2. L'intervention intentionnelle d'une volonté humaine peut avoir sur les langues naturelles des effets non négligeables. On a déjà vu qu'il est toujours possible d'accroître le stock des unités de première articulation (au moins pour certaines classes). Le législateur peut modifier l'orthographe de la langue (voir ORTHOGRAPHE) ou même modifier (faiblement) le fonctionnement d'une règle syntaxique (voir à ACCORD l'historique de la règle d'accord du participe passé). Les interventions des grammairiens, des puristes et, surtout, des lexicographes peuvent infléchir (faiblement) l'évolution de la langue, par exemple en faisant porter un jugement, positif ou négatif, sur certaines pratiques linguistiques, notamment l'emprunt*. Si une action délibérée peut avoir pour effet, en peu de temps, de réduire certains parlers à l'état de patois* (voir plus bas), ou de les faire complètement disparaître, il est, inversement, possible (quoique beaucoup plus rare) de faire reparler une langue morte. C'est ce qui s'est passé pour l'hébreu, devenue langue nationale de l'État d'Israël, et, à une moindre échelle, pour le cornique, langue celtique parlée en Cornouaille jusqu'au XVIIIe siècle, reparlée aujourd'hui par plusieurs centaines de personnes. Enfin, l'*esperanto*, créé en 1887 par le docteur Zamenhof (et les très nombreuses autres langues créées de toute pièce : volapück (créé en 1880), interlingua, etc.)

donnent l'exemple, à première vue paradoxal, de langues à la fois artificielles (elles ont été créées intentionnellement) et naturelles (car elles imitent la structure des autres langues et leur empruntent des éléments matériels). Sans porter aucun jugement de valeur sur ces langues, on remarquera que la seule d'entre elles qui ne soit pas presque immédiatement tombée dans l'oubli ne réussit pas à dépasser une diffusion modeste, et ne peut de ce fait prétendre au statut visé de langue internationale. En revanche, certaines langues naturelles peuvent accéder, de façon plus ou moins complète et précaire, à ce statut : ce fut le cas du grec, puis du latin dans l'Antiquité, du français entre le XVIIᵉ siècle et le début du XXᵉ; c'est aujourd'hui le cas de l'anglais.

8. La mutabilité des langues

Les langues sont sujettes au changement. Perceptibles même dans un état de langue observé en synchronie* (voir des exemples à EMPRUNT et SYNCHRONIE), les éléments qui déterminent l'évolution entraînent, sous l'effet du temps, des modifications considérables : le français* représente l'une des formes conférées au latin* par l'évolution diachronique*.

Remarque. — Les problèmes posés par l'évolution diachronique des langues artificielles citées à la rubrique précédente sont mal connus, faute d'éléments d'observation suffisants. L'esperanto semble ne pas connaître d'autres changements que ceux qui sont liés à l'introduction d'unités lexicales nouvelles.

9. Les aspects sociolinguistiques

Aux difficultés que viennent de faire apparaître les caractères jusqu'à présent énumérés s'en ajoute une autre qui les recouvre toutes : certains systèmes qui présentent l'ensemble des caractères des langues ne reçoivent pourtant pas le nom de *langue,* mais sont désignés, de façon plus ou moins dépréciative, par des termes tels que *dialecte*, patois** ou *parler.* Ces différences de dénomination et de statut s'expliquent par l'intervention de critères historiques et politiques, d'ailleurs assez variables. Ici, l'accès à la dignité de langue est lié au statut de langue nationale : ainsi, le romanche est, malgré un très petit nombre de locuteurs, l'une des quatre langues nationales de la Confédération helvétique (depuis 1938, en principe sur le même plan que l'allemand, le français et l'italien). Des systèmes linguistiques très voisins peuvent, de part et d'autre d'une frontière d'État, accéder au statut de langue ou rester à celui de dialecte : le néerlandais est langue nationale en Hollande, dialecte en Allemagne; le flamand est l'une des deux langues nationales belges (avec le français); ses variantes parlées en France sont généralement qualifiées de dialectes. Quand un dialecte, notamment pour des raisons politiques, s'installe comme langue nationale, il réduit fréquemment ses anciens concurrents à l'état de patois : ainsi pour le francien devenu le français. Dans d'autres cas, on parle de langue quand il y a écriture et, éventuellement, littérature : c'est par exemple le cas du breton, qui, parlé par environ un million de sujets dans trois départements, n'a pas, contrairement au romanche en Suisse, le statut de langue nationale, mais est néanmoins unanimement qualifié de langue en raison, notamment, de sa tradition écrite et littéraire. C'est, parfois, un texte littéraire prestigieux qui impose un dialecte comme langue écrite, puis comme langue nationale : tel est le cas du toscan devenu l'italien grâce à *la Divine Comédie* de Dante.

Dans les conditions qui viennent d'être décrites, on comprend pourquoi il est difficile (comme il a été dit plus haut) de parvenir à un inventaire tout à fait précis des langues : doit-on tenir compte uniquement des critères descriptifs qui ont été énumérés dans les 8 premiers paragraphes ? Ou doit-on faire intervenir les critères sociolinguistiques qui font l'objet du 9e ? Et de quelle façon ? Dans l'état actuel des recherches linguistiques, le mieux est de surseoir, provisoirement, à un tel dénombrement, et de considérer la classification entre *langues, dialectes, patois, parlers*, etc., comme non scientifique, relevant des connotations* sociales internes au fonctionnement de chaque système linguistique.

10. La langue et la parole

Enfin, surtout chez les linguistes francophones, la notion de langue est fréquemment utilisée, à la suite de Saussure, dans un sens qui, quoique spécifique — lié qu'il est à l'opposition *langue/langage** —, n'entre pas en contradiction avec les diverses acceptions alléguées plus haut. En ce dernier sens, saussurien et post-saussurien, la *langue,* institution sociale, bien commun de tous les sujets qui la parlent, s'oppose à la *parole,* réalisation individuelle. Les linguistes contemporains ont généralement renoncé au terme de *parole,* et le remplacent par le terme de *discours**, dont le statut de réalisation individuelle est d'ailleurs à préciser. L'ensemble de la *langue* et du *discours* constitue le *langage** (voir la rubrique 3). La langue, non actualisée par l'acte de discours, est décrite comme un système de signes*, où les éléments se définissent, de façon différentielle, par leurs oppositions réciproques (voir des exemples à SIGNE). Le réseau ainsi constitué par les délimitations qui séparent les signes a pour effet de structurer le champ notionnel, d'une façon qui doit être clairement distinguée de ce que serait une nomenclature : liste de termes affectés à des objets préalablement donnés. Le mode de fonctionnement de la langue est entièrement différent : signifiant* et signifié* y sont donnés de façon contemporaine. Les signes qu'ils constituent tirent leur « sens* » non d'une référence* — acte de discours — à un objet du monde, mais de l'effet produit par leur délimitation réciproque. (Autres articles à consulter : CODE, CONNOTATION, DIACHRONIE, DIALECTE, LANGAGE, MÉTALANGAGE, PATOIS, SIGNE, SIGNIFIANT, SIGNIFIÉ, SIGNIFICATION et VALEUR).

lapsus

Le *lapsus* est la réalisation d'une forme linguistique non conforme aux intentions conscientes du sujet parlant : *vibisilité* pour *visibilité, la grève tombe en poste* pour *la poste tombe en grève*. Le lapsus est largement conditionné par les structures linguistiques. Il affecte des formes différentes selon qu'il se manifeste à l'oral *(lapsus linguae)* ou à l'écrit *(lapsus calami)*. (Voir aussi HOMOPHONIE et JEU DE MOTS.)

largonji

Le *largonji* est un procédé cryptonymique qui consiste à remplacer la consonne (ou le groupe consonantique) initiale du mot par /l/. La consonne éliminée réapparaît à la fin du mot, généralement sous la forme qu'elle prend quand on épelle les mots. *Largonji* est lui-même le résultat de la transformation de *jargon*. Des suffixations diverses peuvent apparaître à la fin du mot. Le *loucherbem*, forme spécifique de *largonji* utilisée par les bouchers parisiens, recourt fréquemment à une suffixation en -*em*. Largement pratiqué au XIXᵉ siècle, le largonji l'est encore, épisodiquement, dans certains milieux. Il a donné lieu à une dizaine de formations lexicales plus ou moins fixes, dont l'origine « largonjique » est parfois oubliée : *à loilpé* (de *à poil,* parfois *à oilpé*, interprété comme forme de verlan*); *louf* et son suffixé *loufoque*, largonji de *fou; lopaille* et son abrégé *lope*, lui même suffixé en *lopette*, largonji de *copaille*, désignation argotique ancienne des homosexuels; *lardeuss* (pardessus); *latronpem* (patron), etc.

latérale

Voir PHONÉTIQUE/PHONOLOGIE.

latin

Langue indo-européenne* italique, le *latin* était originellement l'une des langues parlées en Italie centrale au milieu du 1ᵉʳ millénaire avant Jésus-Christ. Le latin a connu une extension considérable lors des conquêtes de Rome. Répandu dans une grande partie de l'Europe méridionale, il a subi des évolutions diversifiées selon les régions où il était parlé. Les formes distinctes ainsi données au latin par l'évolution diachronique* ont fini par prendre le statut de langues différentes, les langues romanes. Les principales d'entre elles sont le français, l'occitan, le catalan, l'italien, l'espagnol, le portugais, le roumain, le dalmate, les parlers rhéto-romans. (Voir aussi EMPRUNT.)

lecture

La *lecture* est l'opération de décodage d'un texte manifesté par l'écriture*. Elle peut prendre deux aspects :

1. La lecture orale, à voix haute ou chuchotée, met en relation la manifestation écrite et la manifestation orale.

2. La lecture muette ne cherche pas à restituer le signifiant oral ; elle met directement en rapport le signifiant écrit avec le signifié qu'il manifeste. La lecture muette est beaucoup plus rapide que la lecture orale.

On retrouve dans cette opposition des deux types de lecture les deux façons de concevoir les relations linguistiques entre l'écrit et l'oral. (Voir ÉCRITURE, ORTHOGRAPHE et PHONÉTIQUE/PHONOLOGIE.)

Enfin, on donne communément à *lecture* le sens d'« interprétation ». (Voir ISOTOPIE.)

lettre

Les *lettres* sont les unités des alphabets*. Seules, ou groupées en digrammes* ou en trigrammes*, elles constituent les graphèmes*. Elles sont sujettes à de nombreuses variations de réalisation, les unes pourvues de fonctions (l'opposition des minuscules* aux majuscules*), les autres non fonctionnelles : lettres manuscrites, dactylographiées, imprimées, inscrites sur un écran, etc. (Voir ORTHOGRAPHE.)

lexème

On donne souvent ce nom aux morphèmes* lexicaux. Le *lexème* est alors une unité de l'ordre de la manifestation. Parfois aussi le lexème est envisagé exclusivement au niveau du plan du contenu.

lexicalisation

Processus ayant pour effet de transformer une suite de morphèmes en une unité lexicale autonome.

Les morphèmes ainsi amalgamés perdent, le plus souvent, tout ou partie de leur sens courant : il serait bien difficile — et pour le moins artificiel — de restituer le sens habituel de *chemin* et de *fer* dans *chemin de fer;* dans *sortie de bain* et *feuille d'impôts,* seuls *bain* et *impôts* contribuent clairement à la signification globale. En fait, le processus de lexicalisation (ou de *codification*) est lié à l'évolution de l'usage, il est donc susceptible de varier en degré : *robe de chambre* est plus fortement lexicalisé que *robe d'été.*

On constate, en outre, que les expressions lexicalisées sont parfois remplaçables par un terme unique de la langue elle-même : *un homme comme il faut = un homme bien, distingué,* ou peuvent être traduites dans d'autres langues par un terme unique : *pomme de terre* = angl. *potato;* all. *Kartoffel.*

Enfin, les expressions ainsi obtenues sont de dimension variable : *avoir la tête près du bonnet, mettre la charrue avant les bœufs* sont de véritables syntagmes verbaux; on parle, dans ce cas, d'*expressions figées.* (Voir COMPOSITION.)

lexicographie

Technique mise en œuvre dans l'élaboration et la rédaction des dictionnaires*. Par extension, branche de la linguistique ayant pour objet l'étude des méthodes utilisées par cette technique. (Voir DICTIONNAIRE.)

lexicologie

Dans un sens restreint, la *lexicologie* est considérée comme une branche de la sémantique qui a pour objet l'étude du sens* des unités lexicales (elle se confond alors, en grande partie, avec la sémantique structurale). Elle consiste notamment à structurer le lexique en microsystèmes (champs sémantiques ou lexicaux) sur la base des relations paradigmatiques qu'entretiennent certaines unités; celles-ci sont alors décrites à l'aide d'une suite de traits distinctifs (ou sèmes) qui représente leur formule componentielle.

Toutefois, on inclut également à la lexicologie l'étude systématique des filiations étymologiques, des phénomènes de composition*, de dérivation*, de néologie* ainsi que les études de statistique lexicale. (Voir LEXIQUE.)

lexique

Le terme de *lexique* recouvre diverses notions qui dépendent de la variété des points de vue et des critères adoptés dans la description linguistique.

1. La conception la plus couramment admise du lexique est issue de l'opposition que celui-ci est censé entretenir avec la grammaire : alors que la grammaire fournit les règles permettant de combiner les mots et les groupes de mots pour obtenir des phrases, le lexique représente l'ensemble des unités qui constituent son matériau de base, à savoir l'ensemble des mots de la langue.

Toutefois, cette distinction n'est pas toujours aussi aisée qu'elle peut le paraître. Lexique et grammaire entretiennent en effet des relations complexes et toute décision visant à délimiter leur domaine respectif dépend de choix théoriques et méthodologiques. On constate, d'une part que les grammaires comportent des listes de mots (les prépositions, les pronoms, par exemple) dont elles s'attachent à décrire le fonctionnement; il ne s'agit pas là d'un empiétement mais de la reconnaissance du fait qu'il existe des « mots grammaticaux ». D'autre part, si la notion de *mot* coïncide avec celle d'unité graphique, on admettra que dans des mots comme *verte, maisons, travaillez,* une partie au moins appartient au domaine de la grammaire (les marques de l'accord*); de même, dans des mots comme *étrangement* et *diminution,* la grammaire reconnaîtra un segment final qui est à l'origine d'un changement de catégorie (respectivement adjectif → adverbe, et verbe → nom). C'est pourquoi, sur le plan linguistique, on préfère parler d'unités minimales porteuses d'une forme et d'un sens : les *morphèmes.* Au sein de cet ensemble, on isole les unités dont la description relève essentiellement de la grammaire : les *morphèmes grammaticaux,* les autres appartenant à la catégorie des *morphèmes lexicaux.* Ces deux types d'unités se distinguent par le fait que les premières sont en nombre restreint (leur liste ne saurait varier dans un état donné de la langue : on dit qu'il s'agit d'une liste *fermée*), alors que les secondes sont extrêmement nombreuses (leur liste accueille régulièrement de nouvelles unités : elle est *ouverte*). Dès lors, on peut, pour des raisons théoriques, concevoir le lexique soit comme l'ensemble des morphèmes lexicaux, soit comme l'ensemble de tous les morphèmes (dans cette seconde perspective, on fait toutefois l'économie des marques de l'accord, en choisissant les formes non marquées : noms au singulier, adjectifs au masculin singulier, verbes à l'infinitif); soit comme un compromis entre ces deux solutions : c'est la conception traditionnelle qui sert notamment de base à l'établissement des nomenclatures des dictionnaires. Elle retient les unités qui manifestent le plus grand degré d'autonomie et que l'on a coutume d'identifier aux mots : elle inclut des morphèmes grammaticaux comme *de, à, il, le,* etc., des morphèmes lexicaux comme *eau, chien, blanc, marcher,* etc., ainsi que des termes dérivés comme *satisfaction, gaspillage, redéploiement,* etc., mais aussi des amalgames (mots composés) comme *arc-en-ciel, fer à repasser, pomme de terre, chemin de fer,* etc.

2. Ainsi conçu, le lexique d'une langue doit être considéré, avant tout, comme une entité théorique; toute tentative visant à en donner une représentation concrète doit tenir compte d'un certain nombre de paramètres liés aux réalités de la communication. Tout d'abord, sa saisie exhaustive est illusoire : il est impossible de dénombrer tous les mots d'une langue; ensuite, serait-elle possible qu'elle n'aurait guère de pertinence : un très grand nombre de mots ne fonctionnent qu'au sein de certains groupes de locuteurs extrêmement restreints — c'est le cas des termes scientifiques et techniques, de ceux qui appartiennent aux argots professionnels, des mots régionaux, etc.; sans compter les disparités d'ordre socioculturel qui affectent de manière sensible la connaissance du lexique, tant sur le plan qualitatif que quantitatif. D'où la nécessité de postuler, d'une part, un lexique commun (assez pauvre en l'occurrence) et, d'autre part, des lexiques spécialisés. Quant aux dictionnaires*, dont la vocation est essentiellement didactique et culturelle, leur taille varie en fonction du degré d'enrichissement du lexique commun qu'ils cherchent à atteindre.

C'est sur cette hétérogénéité des usages que repose la notion de lexique individuel qui permet, notamment, de tenter d'estimer la compétence* lexicale d'un locuteur. Mais la prise en compte de ses productions langagières (performances* enregistrées dans un corpus) permettra, tout au plus, d'obtenir un *vocabulaire,* à partir duquel la notion de lexique est difficilement inférable. On considère, en effet, qu'un locuteur n'utilise qu'une partie des mots qu'il est capable de comprendre, d'où la distinction entre un *vocabulaire actif* et un *vocabulaire passif* aux limites extrêmement floues. La notion de *vocabulaire* est également exploitée en statistique lexicale : elle permet d'estimer la fréquence relative des termes utilisés par un auteur, un groupe social, etc.

3. En grammaire générative, le lexique fait partie de la composante de base du modèle : c'est un ensemble d'items munis de traits phonologiques, syntaxiques et sémantiques qui sont insérés dans la structure engendrée par les règles syntagmatiques. Selon les tendances, un sous-ensemble plus ou moins important du lexique peut être obtenu de manière transformationnelle; c'est le cas de nombreuses nominalisations* (*diminu-(er)* → *diminution, mont-(er)* → *montage,* etc.) mais cette démarche peut être étendue à des termes non analysables en surface (*faire-devenir-non-vivant* → *tuer*). (Voir DICTIONNAIRE et GRAMMAIRE GÉNÉRATIVE.)

378

liaison

Phénomène d'enchaînement phonologique qui entraîne, quand le mot suivant commence par une voyelle, la prononciation d'une consonne graphique finale, oralement muette dans les autres cas. On dira ainsi [pətitɑ̃fɑ̃], mais [pətigaʁsɔ̃]. Contrairement à l'écrit où les mots sont séparés par des blancs, l'oral se présente comme un enchaînement sans coupure, pouvant chevaucher les mots : la liaison est donc un cas particulier de l'enchaînement* : *par hasard* est syllabé en [pa-ʁa-zaʁ], comme *petit enfant* en [pə-ti-tɑ̃-fɑ̃]. Il n'y a pas de marque graphique de la liaison.

Les consonnes pouvant intervenir dans la liaison sont [t] [k] [z] [v] [n] [p] et [ʁ]. Il arrive que la prononciation de la consonne de liaison diffère de sa forme graphique :

— *s* et *x* se prononcent [z] : *les enfants* [lezɑ̃fɑ̃], *dix amis* ([dizami]) ;

— *d* se prononce [t] : *grand ami* [gʁɑ̃tami] ;

— *f* se prononce [v] : dans les groupes *neuf ans* et *neuf heures*, et [f] le reste du temps *(neuf enfants*, [nœfɑ̃fɑ̃]) ;

— dans un groupe écrit *-ein, -in, -en* et *-on*, la liaison entraîne la dénasalisation de la voyelle *(moyen* [mwajɛ̃], mais *Moyen Âge*, [mwajɛnaʒ]) ; de même, *un bon ami* [œ̃bɔnami]), alors que *on, mon, ton,* et *son* ne subissent pas cette contrainte *(mon ami*, [mɔ̃nami] ;

— la liaison de *p* n'apparaît qu'après *trop* et *beaucoup* (plutôt en style soutenu), celle de *r* après *premier* et *dernier*, et après les infinitifs dans la diction en vers *(me venger ainsi)*.

Une initiale semi-vocalique permet également la liaison *(petit oiseau* [pətitwazo]), sauf si le mot est d'origine étrangère *(water* ou *yaourt)*. Le *h* empêche la liaison quand il est aspiré *(haine, hideux, héros...)*, et la permet quand il est muet.

On parle abusivement de *liaison vocalique* pour désigner la rencontre de deux voyelles dans une chaîne *(j'ai été malade)*. Cet emploi n'est pas conforme au sens de « liaison », dans la mesure où n'apparaît aucun élément nouveau. Cet usage obligerait à parler de « liaison consonantique » pour désigner la liaison proprement dite.

On répartit traditionnellement les liaisons en trois types : les liaisons obligatoires (ou invariantes), facultatives (ou variables), et impossibles (ou erratiques), ce qui tient compte des deux facteurs qui gouvernent leur fonctionnement : d'une part le système (certaines liaisons ont des appuis phonétiques, morphologiques ou syntaxiques), et d'autre part la variation sociale et stylistique (on ne trouve ni locuteur qui fasse toutes les liaisons, ni locuteur qui n'en fasse aucune (voir REGISTRES). Ainsi, dans *des* [1] *hommes* [2] *importants* [3] *ont* [4] *attendu,* toutes les jointures de mots remplissent les conditions pour une liaison, mais seule la liaison 1 est obligatoire. Les liaisons 2 et 4 sont facultatives, la 4 étant plus fréquemment réalisée que la 2. Et la liaison 3, en frontière de groupe, est interdite dans tous les styles.

La tendance syntaxique peut s'énoncer : plus les rapports syntaxiques sont étroits, plus on fait de liaisons :

— les liaisons sont donc en principe obligatoires à l'intérieur du groupe nominal *(les anciens amis),* ce qui permettra de faire la distinction entre *un marchand de draps anglais* et *un marchand de draps/anglais.* Au singulier, on notera cependant la différence entre *un savant Anglais* (ordre adjectif-nom, avec liaison) et *un savant/anglais* (ordre nom-adjectif, sans liaison), distinction qui s'efface au pluriel. Certaines prépositions sont toujours prononcées avec liaison *(dans, en, sans),* d'autres parfois *(après, avant),* d'autres jamais *(selon);*

— à l'intérieur du groupe adjectival, la liaison est obligatoire entre adverbe et adjectif *(très important, plus ouvert, tout entier),* mais elle est sentie comme affectée après *fort;*

— à l'intérieur du groupe verbal, la liaison est obligatoire entre sujet pronominal, clitique* et verbe *(vous en avez),* entre verbe et pronom postposé *(vient - il ?).* Entre verbe *être* et attribut ou complément *(c'est impossible; ils sont habitués),* entre auxiliaire et verbe *(ont aimé),* la liaison est fréquente, mais pas obligatoire;

— dans les locutions ou les unités sémantiques, la liaison est obligatoire *(États - Unis, pot - au-feu, avant - hier,* mais *les états /unis par un même but, mettre le pot /au feu...);*

— la liaison sera impossible d'un groupe à un autre *(souvent / il part à la campagne),* sauf dans certains exemples de style soutenu *(il réfléchit avec sérieux);*

— la conjonction *et* n'est jamais liée, alors que d'autres peuvent l'être, par exemple *mais.*

Les facteurs phonétiques jouent également un rôle pouvant conforter ou combattre les tendances induites par les facteurs syntaxiques : un monosyllabe se lie plus facilement qu'un polysyllabe *(il est très adroit; il est incontestablement adroit),* un mot inaccentué se lie plus facilement qu'un mot accentué *(je sais quand il vient; quand/arrive-t-il ?),* la liaison est plus fréquente après voyelle qu'après consonne *(nous partons ensemble; ils reviennent ensemble),* et plus fréquente après une seule consonne qu'après deux *(ils vivent encore; ils dorment encore).* On évite les liaisons peu euphoniques *(vous êtes aux eaux).*

Un facteur morphologique joue par ailleurs un rôle extrêmement important : le [z] de liaison tend à devenir marque orale de pluriel, aussi bien dans le groupe nominal [lœʁami] et [lœʁzami] que dans le lien du sujet au verbe ([ilavɛ] et [ilzavɛ] qui est souvent prononcé familièrement [izavɛ], où, selon la tendance à éviter la succession de deux consonnes (voir PHONÉTIQUE), c'est le [z] de liaison qui l'emporte sur le [l] de *il*). Dans le groupe nominal, il arrive fréquemment que le [z] n'apparaisse que comme marque de pluriel, alors même que la liaison pourrait en droit être réalisée dans les deux cas *(un prix/élevé,* et *des prix élevés).* Cette tendance peut aller jusqu'à une autonomie totale du [z], dans des formes populaires, dialectales ou archaïques *(entre quat'z yeux,* qui donne naissance au verbe de français populaire *zieuter; les quat'z arts).*

Un fait qui peut également faciliter l'apparition de la liaison est la fonction différenciatrice qu'elle joue dans les couples : *les auteurs, les / hauteurs; un être, un / hêtre...*

La liaison peut, pour certains mots, faire cohabiter jusqu'à trois formes : ainsi de *six,* qui se prononce [si] devant consonne, [sis] à la finale et [siz] devant voyelle. Il en est de même pour *dix, plus* et *tous.*

Par ailleurs, on ne peut négliger, dans l'étude des liaisons facultatives, le rôle de la variation sociale : milieu social, région, âge, et plus ou moins grande formalité de la situation ; la diction des vers réguliers les conserve là où elles permettent de former une syllabe. Les liaisons facultatives restent un enjeu de bon usage : de plus en plus rares en style parlé, plus rares qu'au XIXᵉ siècle en style soutenu, elles augmentent pour tous les locuteurs avec la formalité d'une situation.

Les fautes de liaison (ou « pataquès ») reçoivent le nom de « cuir » quand elles font entendre un [t] inapproprié *(ça m'est bien t'égal)* et de « velours » avec un [z] *(moi z'aussi).*

Malgré le coulé de la chaîne parlée française, la liaison peut se présenter phonétiquement selon deux schémas : la liaison avec enchaînement ([aksɑ̃tɛ̃vɛ̃sibl]), et la liaison sans enchaînement [aksɑ̃ tɛ̃vɛ̃sibl]. La liaison type du français comporte en principe l'enchaînement, mais l'autre s'entend beaucoup, particulièrement dans les formes d'insistance.

La grammaire générative a proposé de donner comme forme de base d'un mot susceptible d'être lié la forme avec consonne ([pətit] plutôt que [pəti]) : l'avantage est que la non-liaison et l'élision* relèveraient d'un même phénomène de troncation. La liaison serait alors analysée comme maintien plutôt que comme restauration d'une consonne devant voyelle.

liaison (relatifs de)

Voir COORDINATION, RELATIFS et RELATIVES.

libre

1. Variante libre. Voir PHONÉTIQUE.

2. Discours indirect libre. Voir DISCOURS.

lieu

1. Voir CIRCONSTANCIEL (COMPLÉMENT).

2. En grammaire de cas, rôle sémantique d'un syntagme permettant l'identification d'un repère spatial. On dit aussi *locatif.* (Voir CAS (PROFONDS), OBJET (COMPLÉMENT D') et SUJET.)

limitatif

Voir ASPECT.

linéaire

Voir SIGNE et SIGNIFIANT.

linguistique

La *linguistique* est l'étude scientifique du langage* et des langues*. Selon les distinctions de sens établies entre ces deux termes, le champ de la linguistique, qui a toujours à peu près la même extension, est découpé de façons différentes.

Selon les niveaux* identifiés par l'analyse, la linguistique se subdivise en plusieurs disciplines : phonétique* et phonologie*, orthographe*, grammaire* — à son tour répartie entre morphologie* et syntaxe* — lexicologie* et sémantique*. (Sur le statut de la sociolinguistique*, voir l'article consacré à cette discipline).

Au cours d'une très longue histoire, les concepts et les méthodes de la linguistique ont nécessairement connu de considérables mutations, qui n'empêchent cependant pas les linguistiques contemporaines d'utiliser encore avec profit des notions dégagées dès l'Antiquité gréco-latine (voir DISCOURS (PARTIES DU)). Dans la mesure où ces mutations ont affecté la constitution de la linguistique française, elles sont alléguées dans les articles de cet ouvrage, et spécifiquement dans GRAMMAIRE et GRAMMAIRE GÉNÉRATIVE.

litote

La *litote* est une figure de rhétorique* qui consiste à dire le moins pour faire entendre le plus. La litote — qui, nécessairement, ne s'interprète exactement que grâce au contexte — est fréquemment utilisée pour marquer les degrés* élevés de la qualité : *il n'est pas mal, ce bouquin* fonctionne fréquemment comme équivalent de *il est très bien.*

littéral (sens)

L'expression traditionnelle de *sens littéral* (« qui tient à la lettre, c'est-à-dire au signifiant ») s'emploie encore fréquemment, même chez les linguistes, pour désigner le sens d'un élément quand il n'a pas subi de glissement sous l'effet d'une figure* ou d'un trope*. *Littéral*, qui s'opposait autrefois à *spirituel* (c'était l'opposition du corps et de l'âme), se confond aujourd'hui avec *propre*, et s'oppose à *figuré*. *Voile* est censé être pris dans son sens littéral quand il désigne la surface de toile qui permet la progression d'un navire; il est pris figurément quand, sous l'effet d'une métonymie*, il désigne le navire lui-même.

locatif

Voir LIEU.

locuteur

Le *locuteur* est celui des partenaires de l'acte d'énonciation* qui produit les énoncés.

locution

1. Les *locutions* de la grammaire traditionnelle sont les mots composés dont le statut d'unité lexicale n'est pas marqué dans la graphie : on parle ainsi de locutions verbales, adverbiales, prépositives, conjonctives, etc. (Voir les articles concernés, ainsi que COMPOSITION et LEXICALISATION.)

2. La notion de verbe délocutif* repose sur un emploi spécial du terme *locution* pour désigner les interjections* telles que *peste! bis! salut!*

logogramme

Les *logogrammes* sont ceux des graphèmes qui ont pour fonction (exclusive ou non) de distinguer, au niveau de l'écriture, des unités homophones* : *-gt* dans *vingt* ou dans *doigt* est un logogramme, car il distingue ces deux mots de leurs homophones *vin* et *dois.* (Voir ORTHOGRAPHE.)

longue (voyelle)

Voir PHONÉTIQUE/PHONOLOGIE.

loucherbem

Voir LARGONJI.

ludique (fonction)

Voir CALEMBOUR, CONTREPÈTERIE, HOMOPHONIE, LANGAGE et SIGNIFIANT.

M

majuscules

Opposées aux minuscules par un dessin différent (*A* est matériellement différent de *a*) et une taille plus grande (conformément à l'étymologie du mot), les *majuscules* ont essentiellement deux fonctions : elles marquent le début d'une phrase; elles caractérisent les noms propres* par opposition aux autres classes. (Voir ORTHOGRAPHE.)

manière

Terme utilisé dans la description sémantique de certains compléments circonstanciels. (Voir CIRCONSTANCIEL (COMPLÉMENT), ADVERBE et aussi NOM (COMPLÉMENT DE).)

marque

1. Voir PHONÉTIQUE/PHONOLOGIE.

2. Marque est utilisé fréquemment avec le sens de « morphème grammatical ». On dit par exemple que la marque du féminin de l'adjectif est, à l'écrit, *-e*.

masculin

L'un des deux termes, en français, de la catégorie du genre* pour les noms*, les adjectifs* et les déterminants*. L'autre terme est le féminin. Pour les pronoms* nominaux*, il existe un 3e terme, le neutre*.

maternelle (langue)

La *langue maternelle* est celle que l'enfant acquiert au contact du milieu familial où il est élevé. En France, c'est presque toujours le français (mais il y a des exceptions, voir FRANÇAIS). L'apprentissage, qui commence très tôt dans la vie de l'enfant, se fait, de façon intuitive, par un lent processus d'imprégnation, d'imitation et de construction à partir de ce qui est entendu. L'apprentissage de la langue écrite (sous le double aspect de la lecture* et de l'écriture*) se fait plus tard, et donne lieu à un enseignement explicite.

Langue maternelle s'oppose à la fois à *langue étrangère* et à *langue seconde* — langue acquise plus tardivement, à la suite d'un enseignement.

Remarque. — Le syntagme *langue maternelle* est ambigu. Il peut s'interpréter comme langue de la mère patrie (voire langue elle-même mère) ou comme langue transmise à l'enfant par sa mère.

matière

1. Matière est généralement utilisé comme synonyme de *substance** et s'oppose donc à *forme** (au sens 1).

2. Certains compléments de nom* indiquent la matière : *une pipe en terre, une culotte de peau.*

mélioratif

Antonyme* de péjoratif*, ce terme désigne les éléments qui présentent de façon favorable le signifié d'un mot. Il n'existe pas en français de suffixe de sens nettement *mélioratif.* Toutefois, certains diminutifs, par leur valeur hypocoristique*, peuvent produire un effet mélioratif. Il en va de même pour certains préfixes* intensifs (*du supercarburant;* voir DEGRÉS).

mélodie

Voir PROSODIE.

message

Voir COMMUNICATION et LANGAGE.

métadiscours

Voir LANGAGE et MÉTALANGAGE.

métalangage

Le *métalangage* permet de parler de la langue et de ses différents éléments constitutifs : dans *le nom chapeau est du genre masculin,* il n'est pas question de l'objet désigné par le mot *chapeau,* mais de ce mot lui-même, utilisé de façon autonymique (voir AUTONYMIE). La phrase contient, en plus de l'autonyme *chapeau,* des mots du lexique ordinaire (l'article *le,* le verbe *être*) et des mots spécifiques, dits *métalinguistiques,* utilisés exclusivement pour désigner des concepts linguistiques : c'est ici le cas du mot *nom. Genre* et *masculin,* utilisés ici avec leur sens métalinguistique, peuvent aussi être utilisés de façon *mondaine* — c'est-à-dire pour désigner des éléments de l'univers extralinguistique : si je dis d'une femme qu'elle a *un genre un peu masculin,* je ne pratique pas le métalangage.

La possibilité même de la linguistique (et de ses différentes sous-disciplines : grammaire, lexicologie, etc.) est conditionnée par l'existence du métalangage. Mais le métalangage n'est pas exclusivement lié au discours scientifique. Il apparaît dans les conversations les plus quotidiennes, chaque fois par exemple qu'on interroge ou qu'on donne des explications sur le sens (ou la forme) d'un mot jugé insolite : « Il est un peu barjo. — *Barjo?* Qu'est-ce que c'est que ce mot-là ? — Ah! tu ne connais pas ? C'est *jobard* en verlan*, et ça veut dire "naïf, crédule" ».

Dans certaines théories, psychanalytiques notamment, s'articule la proposition « il n'y a pas de métalangage » (Lacan). Il s'agit en réalité de contester non pas la possibilité de parler de la langue, mais l'existence d'un système métalinguistique autonome, séparé et distinct de la langue qu'il aurait comme objet.

Équivalence terminologique : *métalangage* est parfois remplacé par *métasémiotique.*

métalinguistique (fonction)

Voir AUTONYMIE, LANGAGE et MÉTALANGAGE.

métaphore

Longtemps l'apanage du seul domaine de la rhétorique*, la *métaphore,* en tant que figure, est habituellement définie comme fondée sur une relation d'équivalence ou d'analogie entre deux termes, lorsque l'un d'eux est intentionnellement choisi pour figurer à la place de l'autre, l'exemple le plus courant étant représenté par la substitution d'un terme abstrait par un terme concret : *un cœur de pierre* pour *un caractère insensible; je le vomis,* pour *je le hais, je l'exècre; un alibi en béton,* pour *un alibi inattaquable,* etc. Mais l'analogie peut également concerner deux termes concrets : *le phare de la nuit,* pour *la lune; la petite lucarne,* pour *la télévision,* etc. Ce type de figure ayant tendance à se figer, les mots ou expressions ainsi utilisés finissent parfois par devenir de véritables unités codées. À la limite, la notion même de figure n'est plus sentie et le terme métaphorique acquiert un sens autonome; il s'agit là d'un processus largement sollicité dans la néologie* lexicale : d'origine ancienne *les ailes d'un moulin, les pieds d'une table,* d'origine plus récente *les ailes d'une voiture, le nez et la queue d'un avion, le chariot d'une machine à écrire,* etc. Selon le point de vue de la linguistique moderne, la métaphore appartient à la fonction poétique du langage*; son fonctionnement repose sur la mise en valeur ou la sélection d'un ensemble de traits communs à deux termes qui sont, par ailleurs, sémantiquement disjoints : bien qu'appartenant à la même catégorie syntaxique, ils comportent des traits sémantiques qui s'excluent mutuellement : ce phénomène est le plus souvent repérable au niveau de l'enchaînement syntagmatique d'unités dont les traits ne sont pas, normalement, compatibles. Ainsi, dans *cet homme est un livre* (« c'est un savant, un érudit »), un attribut [– animé] est affecté à un sujet [+ animé]; dans *le bavardage des cigales* (« échange sonore nourri et confus produit par ces insectes »), une propriété normalement affectée à des noms [+ humains] est en relation avec un nom [– humain]. C'est pourquoi, sur le plan linguistique, ce phénomène est souvent décrit comme trouvant son origine dans une « tension », un « écart », une « déviance », une « impropriété », une « discordance », voire une « anomalie ».

La singularité ou l'originalité de la métaphore peut alors être mesurée en fonction de l'importance de l'écart qu'elle instaure et, du même coup, des stratégies d'interprétation qu'elle requiert ou de la subtilité des associations qu'elle suggère (que l'on pense aux *bleus angélus* de S. Mallarmé ou à *la fenêtre sourde* de T. Tzara). À la limite, le processus métaphorique peut mettre en relation deux termes parfaitement antonymiques, on parle alors d'*oxymore* : c'est le cas dans ce vers de Pierre Corneille : *cette obscure clarté qui tombe des étoiles.*

On notera enfin que (à la différence des comparaisons : *il se bat comme un lion),* les métaphores ne sont pas susceptibles d'une estimation fondée sur les valeurs logiques du vrai ou du faux; seule la déviance ou l'impropriété qu'elles comportent permettent de retrouver secondairement le vrai. (Voir aussi DIACHRONIE, ainsi que COMPOSITION.)

métasémiotique

Ce terme est parfois utilisé comme synonyme de *métalangage**.

météorologiques (verbes)

Les *verbes météorologiques* sont ceux qui désignent les différents phénomènes météorologiques. Il s'agit exclusivement de verbes impersonnels* : *il pleut, il tonne, il neige,* etc. Le verbe *faire* permet la construction de locutions météorologiques : *il fait beau, il fait du tonnerre,* etc.

métonymie

Procédé par lequel un terme est substitué à un autre terme avec lequel il entretient une relation de contiguïté. Ce type de relation peut être relativement varié, ses formes les plus courantes sont : la désignation du contenu par le contenant : *il a terminé son assiette;* de la création par le nom du créateur : *il joue du Chopin;* de l'effet (ou du résultat) par la cause qui l'a produit : *une nouvelle sélection jouera dimanche contre l'Italie;* du produit par le lieu où il est produit : *ils ont bu un bourgogne;* de l'objet par la matière dont il est fait : *il collectionne les étains;* de l'objet par une de ses parties (cas particulier de la *synecdoque*) : *un comédien se juge sur les planches.* (Voir les articles COMPOSITION et DIACHRONIE.)

minuscules

Voir LETTRE, MAJUSCULES, ORTHOGRAPHE et PONCTUATION.

modal

Les verbes *modaux* et les locutions *modales* sont les éléments linguistiques qui signifient la modalité* au sens logique du mot (voir MODALITÉ, 1). Les verbes modaux sont donc *devoir* et *pouvoir,* et les locutions modales qui sont leurs équivalents *(il faut que, il est nécessaire que, il est possible que,* etc.). Dans certaines conceptions plus extensives de la notion de modalité, on ajoute *vouloir, savoir* et, parfois, *croire* à l'inventaire des verbes modaux.

modalisation

La *modalisation* est le processus par lequel le sujet de l'énonciation* manifeste son attitude à l'égard de son énoncé. (Voir ÉNONCIATION.)

modalisateurs

Les *modalisateurs* sont les éléments de la manifestation linguistique qui marquent les différents aspects de la modalisation*. Des adverbes tels que *peut-être, sans doute,* etc., des incises telles que *à mon avis,* l'emploi des guillemets de connotation autonymique (voir AUTONYMIE et CONNOTATION), etc., sont des modalisateurs. (Voir aussi CIRCONSTANCIELS (COMPLÉMENTS).)

modalité

1. Sur le plan strictement logique (logique modale), la *modalité* est symbolisée par un système comportant deux valeurs : la *nécessité* et la *possibilité : il est nécessaire que P* implique que *P est vraie dans tous les mondes possibles; il est possible que P* implique que *P est vraie dans au moins un monde possible.* Ces deux valeurs entretiennent des relations d'équivalence moyennant l'intervention de l'opérateur de négation* : par exemple, *il est nécessaire que P* est équivalent à *il n'est pas possible que non-P (il doit venir = il ne peut pas ne pas venir).*

Il convient, en outre, de faire une distinction entre les modalités d'ordre *épistémique* et les modalités d'ordre *déontique,* comme en témoigne l'ambiguïté même des outils privilégiés de l'expression de la modalité (parfois appelés auxiliaires modaux) : les verbes *devoir* et *pouvoir,* respectivement nécessité/obligation et possibilité/permission.

2. La *modalité* définit le statut de la phrase*, en tenant compte de l'attitude du sujet parlant à l'égard de son énoncé et du destinataire. On distingue généralement les modalités de l'assertion* (elle-même répartie entre affirmation* et négation*), de l'interrogation*, de l'exclamation* et de l'ordre*. Les modalités peuvent se combiner : une phrase peut être à la fois interrogative et négative (interro-négative), impérative et exclamative. Mais toutes les combinaisons ne sont pas possibles : il y a nécessairement exclusion entre l'affirmation et la négation.

mode

Le *mode* est l'une des catégories* qui affectent la classe* du verbe*. On distingue les modes personnels, qui comportent la catégorie de la personne*; et les modes impersonnels, qui ne la comportent pas. Les modes impersonnels sont, en français, l'infinitif*, le participe* et le gérondif*. Ils peuvent être décrits comme ayant pour effet de transformer (partiellement, voir les articles concernés) le verbe respectivement en nom, en adjectif et en adverbe.

Les modes personnels sont, en français, l'indicatif*, le subjonctif* et l'impératif*. Le conditionnel*, autrefois considéré comme un mode, est généralement intégré aujourd'hui à l'indicatif, pour des raisons morphosyntaxiques et sémantiques.

Les modes personnels permettent de marquer les différents degrés d'actualisation du procès signifié par le verbe. On observera que certains temps, par exemple l'imparfait (voir PASSÉ (TEMPS DU)), ont dans quelques-uns de leurs emplois des valeurs modales.

monosémie

Voir POLYSÉMIE et DIACHRONIE.

morphème

Dans l'analyse linguistique des énoncés, le *morphème* est considéré comme le plus petit segment qui soit porteur d'une signification, toute tentative de segmentation ultérieure ne pouvant que conduire à un niveau d'analyse d'un autre ordre, celui de la phonologie* ou celui de la sémantique* : *femme* ou [fam] est un morphème, il est segmentable en phonèmes /f/-/a/-/m/, unités qui, de par leur combinaison, contribuent à la signification mais ne sont pas, en elles-mêmes, porteuses d'un sens; sur le plan du signifié*, il s'analyse en [+ humain], [_ mâle], [+ adulte], étiquettes qui, bien que faisant appel à des mots de la langue, sont, en réalité, les désignations métalinguistiques de traits distinctifs n'ayant pas de correspondant formel au niveau de l'analyse du signifiant* *femme* ou [fam].

L'intérêt de la notion de *morphème* est surtout manifeste lorsqu'elle est confrontée avec celle, intuitivement fondamentale — mais infiniment vague — de *mot*. Ainsi, un mot comme *femme* constitue, à lui seul, un morphème, mais un mot comme *empoisonnement* s'analyse (grâce à des procédures de commutation*) en trois morphèmes : [ã]-[pwazɔn]-[mã], de même, *chanterons* dans *nous chanterons*, s'analyse en [ʃãt]-[ʁ]-[ɔ̃], chacun des segments ainsi dégagés étant porteur d'un sens. Ce type d'analyse permet, en outre, de diviser les morphèmes en deux classes : a) les *morphèmes lexicaux*, comme [pwazɔ̃] ou [ʃãt] : ils sont extrêmement nombreux et leur liste est ouverte (elle s'accroît constamment); et b) les *morphèmes grammaticaux* comme [ã-], [-mã], [-ʁ-], [-ɔ̃] : ils sont beaucoup moins nombreux et leur liste est fermée. Parmi ces derniers, on distingue encore les morphèmes liés ([-mã] ou [-ʁ-] par exemple), qui ne peuvent apparaître que dans le cadre de l'unité-mot, et les morphèmes non liés comme [lə] (article ou pronom), [il] (pronom de 3e personne), etc., auxquels on accorde habituellement le statut de mot.

L'analyse morphématique atteint ses limites lorsqu'un même segment cumule plusieurs significations; ainsi, [-ɔ̃] dans *chantons, chantions*, etc., indique, à la fois, la première personne et le pluriel; de même, *au* dans *il va au cinéma* devrait normalement s'analyser en *à* + *le,* unités qui ne sont pas formellement repérables mais néanmoins décelables grâce à des comparaisons comme : *au cinéma/à la fête.* On parle alors d'*amalgame*.*

Enfin, il peut se trouver que deux ou plusieurs segments, formellement distincts, aient exactement la même signification. Ainsi, les suffixes [-ibl] et [-abl] ont tous deux le sens de « possibilité » dans *lisible* et *mangeable*; le morphème lexical qui est la base du verbe *savoir* devient [sɛ], [sav], [sɔ], [saʃ], selon la variation en temps et en mode et selon les catégories de nombre et de personne. On a tenté de résoudre ce genre de problème en considérant ces diverses formes comme les variantes contextuelles (ou *allomorphes**) d'un même morphème; dès lors, la notion de *morphème* acquiert un statut beaucoup plus abstrait, comparable à de nombreux égards, à celui qu'on accorde au *phonème* en phonologie. (Voir LEXIQUE, COMPOSITION, DICTIONNAIRE, LANGUE, LEXICALISATION et MORPHOLOGIE.)

morphémogramme

Le terme *morphémogramme* (« manifestation graphique d'un morphème ») ne doit pas être confondu avec le terme *morphogramme**. Il est parfois utilisé comme équivalent du traditionnel *idéogramme* pour désigner les unités graphiques dans les systèmes qui affectent un signe spécifique à chaque morphème. (Voir ORTHOGRAPHE.)

morphogramme

Les *morphogrammes* sont ceux des graphèmes* qui manifestent dans l'orthographe une catégorie non marquée au niveau du code oral : le -*s* et le -*x* du pluriel des noms, le -*(e)nt* de la 3e personne du pluriel des verbes sont des morphogrammes. (Voir ORTHOGRAPHE, ainsi que LOGOGRAMME, MORPHÉMOGRAMME et PHONOGRAMME.)

morphologie

Définie traditionnellement comme l'étude de la forme des mots, la *morphologie* englobe l'ensemble des manifestations qui ressortissent à la flexion* : variation des mots selon les catégories du genre*, du nombre*, de la personne*, du cas*, etc., aussi bien que les divers modes de formation des mots : processus de dérivation* et de composition*. En ce sens, la morphologie demeure une entreprise de description et de classement et se distingue ainsi de la *syntaxe* — même si la plupart des phénomènes qu'elle aborde sont tributaires des règles dégagées par la syntaxe.

morphophonologie

1. Étude systématique des moyens *phonologiques* mis en œuvre dans les variations morphologiques telles que la flexion.

2. En grammaire générative*, les règles phonologiques — destinées à interpréter les suites terminales des structures de surface pour obtenir des représentations phonétiques — sont aussi appelées morphophonologiques dans la mesure où elles prennent également en charge des symboles dérivés de catégories syntaxiques : ainsi, [ʃəval] + *pluriel* donnera [ʃəvo].

morphosyntaxe

Étude des variations formelles qui affectent les morphèmes*, en relation avec les processus syntaxiques qui les conditionnent. Dans cette perspective, les marques de la flexion, par exemple, sont abordées dans le cadre des phénomènes de l'*accord*, accessibles seulement au niveau de la *structure* et de la *fonction* des constituants dans la phrase, c'est-à-dire au niveau pris en charge par la syntaxe*.

mot

La notion traditionnelle de *mot* est l'une de celles qui ont sollicité le plus constamment l'attention des linguistes. Dans une langue telle que le français, il n'est possible de donner une définition à la fois simple et rigoureuse du mot qu'au niveau de la manifestation graphique, où le mot est le segment de discours compris entre deux espaces blancs. À la fois utile (par exemple dans les opérations de traitement de texte) et, à son niveau, indiscutable, cette définition est peu utilisable à d'autres niveaux. Dans la langue* envisagée comme système (c'est-à-dire dans le sens 10 de l'article LANGUE), le mot est évacué au profit du morphème*, dont les limites ne se confondent pas nécessairement avec celles du mot. Toutefois, la notion de mot recouvre une certaine pertinence dans l'analyse du discours*. (Voir COMPOSITION, DICTIONNAIRE, LEXICOLOGIE, LEXIQUE et NÉOLOGIE.)

motivation

Voir SIGNE, SIGNIFIANT, SIGNIFIÉ et SYMBOLE.

mot-valise

Le terme *mot-valise* est la traduction — assez peu heureuse — de l'anglais *portmanteau word,* par lequel Lewis Caroll désignait des formations néologiques composées qui repliaient l'un sur l'autre les mots utilisés, comme s'ils étaient rangés dans l'une de ces grosses malles de voyage *(les porte-manteaux)* où les vêtements, préalablement empilés, étaient ensuite pliés. L'exemple devenu traditionnel du mot-valise est le lapsus* *famillionnaire,* qui replie l'un sur l'autre *familier* et *millionnaire,* autour de l'élément phonique [mil] qu'ils ont en commun.

La formation de mots-valises est donc une forme particulière de composition qui abrège chacun des éléments constitutifs. On la rencontre dans de très nombreux textes littéraires : *instintestin* est formé de *instinct* et *intestin* (Jarry). Certains lexiques techniques recourent aussi à la formation de mots-valises : *cybernation (cybernétique + automation), transistor (transfer + resistor), technétronique (technologie + électronique), franglais (français + anglais).* Dans certains de ces mots, les composants n'apparaissent pas clairement : *bit* est le mot-valise peu transparent de *bi*nary dig*it.*

moyen

1. Complément circonstanciel de moyen. Voir CIRCONSTANCIELS.

2. Voix moyenne. Certaines langues, par exemple le grec ancien, comportent trois positions pour la catégorie de la voix* : en plus de l'actif et du passif, il existe une voix *moyenne,* qui se caractérise par le fait que le sujet est à la fois agent et bénéficiaire de l'action. Des phénomènes du même ordre s'observent en français dans les verbes pronominaux*.

3. Voyelles moyennes. Voir PHONÉTIQUE/PHONOLOGIE.

muet

Certains éléments de la manifestation écrite de la langue — lettres ou groupements de lettres — ne correspondant à aucun élément de la chaîne orale. On leur donne le nom de lettres *muettes*. Il s'agit, notamment, mais non exclusivement, de l'*h* et du *e*. (Voir ORTHOGRA-PHE et PHONÉTIQUE/PHONOLOGIE, ainsi que CADUC et INSTABLE.)

multiplicatif

1. Numéraux multiplicatifs. Voir NUMÉRAUX.

2. Aspect multiplicatif. Voir ASPECT.

N

narration

1. Présent de narration. Synonyme de *présent* historique.*

2. Infinitif de narration. Voir INFINITIF.

nasal

Voir PHONÉTIQUE/PHONOLOGIE.

national, nationale (français, langue)

Voir FRANÇAIS, MATERNELLE (LANGUE) et SOCIOLINGUISTIQUE.

naturelle (langue)

Voir LANGUE.

négatif

1. Phrase négative. Voir MODALITÉ, NÉGATION et PHRASE.

2. Mots négatifs. Voir ADVERBE, INDÉFINIS et NÉGATION.

3. Préfixes négatifs. Voir PRÉFIXATION et PRÉFIXES.

négation

Dans le contexte de l'étude de la langue naturelle, le terme de *négation* est, le plus souvent, utilisé pour décrire un phénomène sémantique qui tire ses propriétés de la logique : négation équivaut à « inversion de la valeur de vérité » (passage du vrai au faux), alors que sur le plan grammatical, le terme de *négation* désigne, en général, de manière métonymique, les mots mêmes qui sont utilisés pour

obtenir cette valeur sémantique : d'importants chapitres sont consacrés aux *adverbes de négation* dans les grammaires traditionnelles. Ces
deux points de vue sont naturellement indissociables ; toutefois,
comme le contenu sémantique de la négation (son signifié) constitue
une donnée relativement stable de l'intuition linguistique, il paraît
préférable de subordonner le second point de vue au premier.

A. Incidence du signifié négatif

1. Telle qu'elle est définie en logique propositionnelle, la négation
porte sur la proposition entière : si P est vraie, alors, non-P est fausse.
Cette interprétation est fréquente dans la langue naturelle (exemple :
Paul est venu/Paul n'est pas venu), mais elle n'est pas exclusive : bien
que sa représentation formelle recoure au morphème disjoint *ne... pas*
qui encadre le verbe, la négation peut porter sur divers constituants
de la phrase. Ainsi, la proposition exprimée par la phrase *les élèves
n'ont pas cassé les vitres* autorise la première interprétation *(il est faux
que...)* mais elle demeure vraie si les élèves ont cassé autre chose que
les vitres (par exemple : *les craies :* la négation porte sur le complément) ou s'ils n'ont fait que *salir* les vitres (la négation porte sur le
verbe) ou enfin si ceux qui ont cassé les vitres ne sont pas les élèves
(la négation porte sur le sujet).

Bien entendu, au niveau de l'énoncé, les constituants niés seront,
le plus souvent, soumis à un phénomène d'accentuation contrastive
ou à des transformations de focalisation (en particulier pour ce qui
concerne le sujet) : *ce ne sont pas les élèves qui...* De même, pour éviter
toute ambiguïté, le locuteur peut recourir à un préfixe privatif : *il a
choisi un exemple non littéraire ; il prône la non-violence* ou à des
morphèmes liés comme dans *imprévisible, irréversible, improbable,*
etc.

2. L'effet de la négation sur un constituant peut consister en une
simple exclusion du référent, laissant ouverte une interprétation
compatible avec l'existence d'un autre référent jouant le même rôle.
Ce phénomène peut être implicite : *il n'a pas vu Paul* (il a pu voir
d'autres individus) ou explicite : *il n'a pas vu Paul mais Albert.* Ou
bien le constituant peut être réduit à un ensemble vide (dans la
langue, la notion d'ensemble vide est toujours restreinte à un domaine
donné) : *personne* pour les humains : *il n'a vu personne ; rien* pour les
non animés : *il n'a rien vu ; nulle part* pour un syntagme locatif : *il
ne se sent bien nulle part ; jamais* pour un syntagme à valeur temporelle : *il n'est jamais venu.* La forme *ne... aucun* (ou *aucun... ne*)
connaît le même type d'utilisation tout en permettant diverses

spécifications de l'ensemble annulé : *aucun chat noir n'est méchant.* *Ne... plus* implique une interruption dans la continuité temporelle : *il ne va plus au cinéma; ne... guère*, dont les restrictions sont moins sévères, signifie l'exclusion partielle : *il ne va guère au cinéma; il n'y avait guère d'élèves.*

3. *Ne... que.* Au lieu de porter sur l'ensemble auquel réfère le constituant, la négation peut porter sur son complémentaire, autrement dit, seul l'ensemble représenté par le constituant présent permet d'accorder à la proposition la valeur *vrai*. Cette opération s'obtient au moyen de la forme *ne... que,* qui fonctionne donc comme signe de *l'exception* (rubrique 2 de l'article) : *il ne lit que des romans* (toute autre forme de lecture est exclue); ce phénomène peut affecter n'importe quel constituant de la proposition : *il n'écrit qu'à Marie; il ne part que demain; il ne pense qu'à s'amuser; il ne fait que rêver; il n'y a que Jeanne qui me connaisse bien* (l'adjectif *seul* et les adverbes *seulement, uniquement* peuvent jouer un rôle équivalent). Ce processus peut, lui-même, être inversé par une autre négation : *il ne lit pas que des romans; il n'y a pas que Madeleine qui soit jalouse* (ce type de construction, de plus en plus répandu, est, en général, condamné par les puristes).

B. Négation linguistique et négation logique

Bien que distincte à de nombreux égards de la négation logique (et d'un fonctionnement singulièrement plus complexe), la négation en langue naturelle n'en demeure pas moins un opérateur dont les propriétés s'apparentent souvent à celles des opérateurs logiques. (Les relations entre négation logique et négation linguistique constituent un champ privilégié de la recherche en sémantique.)

Ainsi, la présence de quantificateurs oblige — tout comme en logique des prédicats — à prendre en compte la *portée* ou *champ* (anglais *scope*) de la négation. Cette relation s'exprime normalement par l'ordre relatif des opérateurs concernés : les deux phrases *l'ensemble des coureurs n'a pas franchi la ligne* et *la ligne n'a pas été franchie par l'ensemble des coureurs,* qui illustrent la correspondance actif/ passif diffèrent dans leur interprétation selon que la négation a une portée étroite = « aucun coureur n'a franchi la ligne » ou une portée large, qui inclut le quantificateur universel = « certains coureurs n'ont pas franchi la ligne » (pour de nombreux locuteurs, la première phrase admet les deux interprétations).

Toutefois, l'ordre en surface ne correspond pas toujours à la hiérarchie des opérateurs logiques; dans la formule « pour tout x (x ∈ enfants), il est faux qu'ils soient venus » la négation a une portée étroite, ce qui devrait donner : *tous les enfants ne sont pas venus*. Or, cette phrase ne correspond pas à l'interprétation attendue, elle équivaut à : « il est faux que pour tout x (x ∈ enfants), ils sont venus »; la seule manière de lui redonner son sens est de faire appel à la forme : *aucun enfant n'est venu*. Quant à la deuxième formule, où la négation a une portée large, elle ne peut pas donner en français **pas tous les enfants sont venus* (ce type de construction est possible dans de nombreuses langues, l'anglais et l'espagnol par exemple). Le respect de l'ordre négation-quantificateur s'obtient grâce à la construction : *les enfants ne sont* pas tous *venus* (on comprend que ces phénomènes ont pour effet d'accroître de manière importante les règles d'interprétation sémantique).

On notera également l'ambiguïté d'une phrase comme : *je n'ai pas vu dix élèves aujourd'hui* = « il y a dix élèves que je n'ai pas vus » (portée étroite de la négation) ou bien = « le nombre des élèves que j'ai vus n'est pas égal à dix » (portée large); c'est, en fait, une loi de discours qui impose l'interprétation : « j'ai vu moins de dix élèves ».

L'incidence logique de la négation est encore manifeste lorsque celle-ci est en interaction avec des opérateurs modaux; la portée de la négation correspond, ici, à l'ordre des opérateurs; possibilité : *je ne peux pas venir/je peux ne pas venir;* nécessité : *il n'est pas nécessaire que je vienne/il est nécessaire que je ne vienne pas* (la première et la quatrième phrase, ainsi que la deuxième et la troisième sont équivalentes sur le plan logique); permission : *il ne m'est pas permis de venir/il m'est permis de ne pas venir ;* obligation : *je ne suis pas obligé de venir/je suis obligé de ne pas venir* (les relations d'équivalence sont les mêmes que dans le cas précédent).

C. Négation et énonciation

Si toute proposition négative s'oppose, par définition, à la proposition affirmative correspondante, il n'en est pas nécessairement de même sur le plan énonciatif. Dire non-P peut se réduire simplement à l'attribution d'une propriété négative; ainsi dans *la sauce n'est pas grasse, vous pouvez en reprendre*, la négation du prédicat apporte seulement une précision d'ordre descriptif. En revanche, la phrase négative peut permettre au locuteur de s'*opposer* à une affirmation de son interlocuteur (que celle-ci soit explicite ou qu'il la lui prête de manière implicite) : il s'agit alors d'un acte de parole qui équivaut à *il est faux que P* (que l'on retrouve sous la forme elliptique : *ce n'est pas vrai!*); on parle, dans ce cas, de *négation polémique* ou de *réfutation*. Ce type d'énoncé négatif peut avoir pour effet de nier les présuppositions* contenues dans l'affirmation : à l'accusation *votre fils a fait une bêtise*, l'interlocuteur — qui n'a pas de fils — peut répondre : *mais mon fils n'a pas fait de bêtise!*, indiquant ainsi non seulement que la phrase est fausse, mais aussi qu'elle est inappropriée.

D. Formes de la négation

1. C'est une particularité du français que de posséder un morphème négatif qui se présente sous une double forme : la première partie, *ne*, précède nécessairement le verbe ou l'auxiliaire (seules les formes inaccentuées des pronoms, *le, lui, en,* etc., peuvent s'intercaler entre *ne* et le verbe); la deuxième partie : *pas, point, plus, jamais, personne, rien,* etc., se place après le verbe ou l'auxiliaire.

Remarques. — 1. Lorsque *personne, rien, aucun, nul* sont en position sujet, *ne* est placé immédiatement après : *rien ne me plaît; nul ne le sait.*
2. Devant un verbe à l'infinitif, il n'y a plus disjonction des deux parties : *ne rien voir; ne pas fumer.*

2. Ne peut s'employer seul avec certains verbes, témoignant d'un usage quelque peu affecté : *je n'ose; je ne peux; on ne saurait mieux dire; je ne cesse d'y penser.*

On le trouve également seul dans certains tours figés : *n'aie crainte; qu'à cela ne tienne; ne vous en déplaise;* après un *si* hypothétique : *si vous ne le saviez...* ou dans certaines questions : *qui ne s'accroche à la vie?*

Il perd sa valeur négative (on le dit *explétif*) et son emploi est facultatif :

— dans les subordonnées introduites par *à moins que, avant que, sans que : je serai revenu avant que tu ne partes;*

— dans les subordonnées comparatives d'inégalité : *il est moins déçu que je ne le pensais;*

— dans les subordonnées complétives objet, compléments d'une principale comportant des verbes tels que *craindre, avoir peur, éviter, empêcher, prendre garde : je crains qu'il ne m'en veuille; on a toujours évité qu'il ne s'en rende compte; prends garde qu'il ne te voie!*

3. Absence de *ne*.

Si la langue familière fait souvent l'économie de *ne* pour ne laisser subsister que le *pas* corrélatif *(c'est pas vrai; il est pas content,* etc.), *ne* est régulièrement exclu dans certaines constructions faisant appel à *personne, rien, jamais :*

— formes interrogatives avec une comparaison implicite : *connaissez-vous personne de plus compétent?; avez-vous rien vu d'aussi beau?* (ces pronoms alternent avec les formes positives *quelqu'un, quelque chose*, voir INDÉFINIS);

— formes hypothétiques : *si jamais je vous y reprends!;*

— formes comparatives et superlatives : *je le sais mieux que personne; elle est plus belle que jamais.*

4. Ni

Ni a pour fonction de coordonner des constituants négatifs, syntagmes ou propositions : *il n'aime ni les chats ni les chiens; il ne craint ni Dieu ni diable; il ne sort jamais ni ne parle à personne.* (Voir CONJONCTION et COORDINATION.)

5. Non

À lui seul, *non* représente la négation d'une proposition entière : *peut-il?* — *Non;* on parle dans ce cas, comme pour *oui*, de mot-phrase (*point* est archaïque ou régional); *je vous dis que non; on ne sait s'il viendra ou non.* Il peut être utilisé pour opposer deux constituants : *c'est un homme, non un enfant; je prendrai le métro et non l'autobus (non* peut alterner avec *pas* ou *non pas)* ou pour faire porter la négation sur un seul constituant de la proposition : *je suis entouré de gens non coopératifs* (le remplacement par *pas* est considéré comme très relâché).

néologie

Le concept de *néologie* est susceptible de recevoir deux acceptions assez nettement différentes selon le point de vue envisagé.

1. Envisagée d'un point de vue à la fois synchronique et diachronique, la néologie se définit comme l'ensemble des dispositifs formels et sémantiques qui, synchroniquement présents dans un état de langue donné (par exemple le français contemporain), permettent la création, nécessairement diachronique, d'unités lexicales nouvelles, les néologismes*. Compte tenu de l'existence dans la langue du nom *événement* et du suffixe adjectival *-(i)el* (phénomènes de caractère synchronique), la création, puis la diffusion de l'adjectif *événementiel* (repéré en 1959, mais vraisemblablement antérieur) est de caractère diachronique. De ce point de vue, la néologie est étudiée dans cet ouvrage à ABRÉVIATION, ACRONYME, COMPOSITION, DÉRIVATION, DIACHRONIE, EMPRUNT, INTERFIXATION, MOT-VALISE, PRÉFIXATION, SIGLAISON et SUFFIXATION.

2. Envisagée d'un point de vue exclusivement synchronique, la néologie se définit comme l'ensemble des néologismes présents dans un état de langue donné. Étudier, en ce second sens, la néologie, c'est faire l'inventaire des néologismes, repérer les raisons — sociologiques, historiques, etc. — qui en ont déterminé la création, enfin décrire la façon dont ils sont acceptés par les différentes couches de sujets parlants. On se contentera ici de remarquer que, du strict point de vue de la synchronie, le néologisme se confond avec l'archaïsme* : c'est ainsi que le mot *nuisance,* qui existait en ancien français, mais était sorti de l'usage, a été réintroduit à date récente par emprunt de son homonyme anglais *nuisance* (lui-même emprunté à l'ancien français), et passe aux yeux des locuteurs pour un néologisme. D'autres phénomènes de ce type sont étudiés à EMPRUNT.

néologisme

Unité lexicale nouvelle créée, dans un état de langue donné, selon les différents processus de néologie.

neutralisation

Originellement définie en phonologie (voir PHONÉTIQUE/PHONO-LOGIE), la notion de *neutralisation* trouve également son application en morphologie. Ainsi, certains déterminants (l'article, le possessif et le démonstratif) neutralisent, au pluriel, l'opposition des genres marquée au singulier : *le* et *la* sont distincts, *les* est commun aux deux genres.

neutre

1. On donnait autrefois le nom de verbes *neutres* aux verbes intransitifs*. Dans le *Dictionnaire* de Littré, l'abréviation *n.* affecte les verbes *neutres,* c'est-à-dire intransitifs.

2. Les verbes diathétiquement *neutres* (voir DIATHÈSE) sont ceux qui passent de l'actif au passif* sans modification morphologique : *le soleil jaunit le papier; le papier jaunit au soleil.* On les appelle parfois verbes symétriques.

3. Le *neutre* — étymologiquement « ni de l'un, ni de l'autre (genre) » — est l'un des termes de la catégorie morphologique du genre*. Dans de nombreuses langues, il affecte les noms, qui se trouvent ainsi répartis en trois sous-classes. En français, il n'existe que pour certains pronoms*, et exclut le pluriel*.

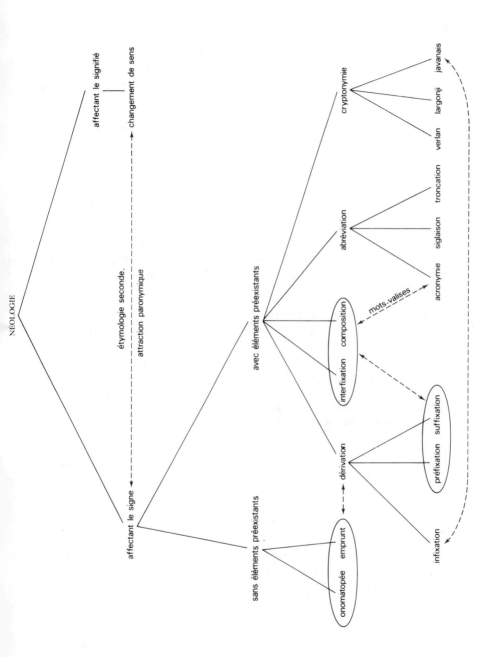

niveau

1. La notion de *niveau* désigne les différents plans identifiés par l'analyse linguistique. (On se reportera essentiellement à GRAMMAIRE, GRAMMAIRE GÉNÉRATIVE, LANGUE, MORPHÈME, PHONÈME, PHRASE et STRATIFICATION.)

2. En sociolinguistique*, la notion de *niveau* désigne les différents types d'usage distincts selon le milieu socioculturel des locuteurs. En ce sens, *niveau* est en concurrence avec *registre*.

(Sur les deux sens du mot *niveau*, on se reportera également à STRATIFICATION.)

nom

Le *nom* est l'unité de base du syntagme nominal; il est nécessairement déterminé, il est éventuellement modifié ou complété; c'est la seule partie du discours qui a le pouvoir de désigner les entités sur lesquelles peuvent porter les prédications.

A. Définition traditionnelle

Les grammaires traditionnelles se sont souvent contentées de la définition intuitive selon laquelle les noms désignent les êtres et les choses *(chien, table)*, laissant ainsi de côté de nombreux mots, comme *crime, courage, inflation, solidité*, auxquels le lexique et la syntaxe accordent le statut de noms. C'est pourquoi certaines d'entre elles ont jugé bon d'enrichir cette définition en ajoutant aux êtres et aux choses, les actions, les sentiments, les qualités, les phénomènes, etc., enrichissement sans doute plus conforme à la réalité des faits, mais dont le défaut est de provoquer des chevauchements avec d'autres parties du discours : ainsi, la notion d'*action* entre également dans la définition du verbe*; quant à la notion de *qualité*, elle joue un rôle essentiel dans la définition de l'adjectif*.

B. À la recherche de critères formels

Divers critères formels ont été sollicités pour pallier ce défaut. Le plus ancien — fondé sur une description morphologique — n'a, en fait, qu'une pertinence relative. On constate, certes, une variation des noms en genre et en nombre, alors que les verbes varient en temps, nombre et personne. Mais comme les adjectifs varient également en genre et en nombre, ce critère de distinction entre verbe et nom devient un critère de rapprochement entre nom et adjectif. De fait, telle a été la conception d'une longue tradition qui, sur le modèle du latin (où nom et adjectif varient en cas) s'est trouvé fondée à faire des noms une classe qui englobe celle des adjectifs, leurs différences étant alors d'ordre sémantique : les premiers sont aptes à exprimer la *substance* (d'où le terme de *noms substantifs*, devenu, par la suite, *substantifs*) et les seconds, l'*accident (noms adjectifs)*. En réalité, cette affinité morphologique est beaucoup moins systématique qu'elle peut le paraître et elle est, en outre, contrariée par quelques critères syntaxiques élémentaires : *a)* la variation en genre, qui affecte pratiquement tous les adjectifs, ne concerne qu'un sous-ensemble restreint de noms; *b)* les noms sont régulièrement précédés d'un déterminant, alors qu'il s'agit d'un phénomène particulier pour l'adjectif (voir plus bas); certains adjectifs, par ailleurs, l'excluent totalement (*présidentiel, carcéral, monétaire*, etc.); *c)* à la différence des noms, les adjectifs sont susceptibles de varier en degré*.

Seule la mise en œuvre de procédures distributionnelles est à même de conférer au nom son statut formel et son autonomie. Partant de l'hypothèse que toute phrase se décompose en un SN (= Syntagme Nominal) et un SV (= Syntagme Verbal), l'analyse en constituants* immédiats du SN révèle que le nom en constitue l'élément principal. Ainsi, l'effacement progressif des constituants facultatifs permet d'aboutir à un noyau irréductible qui se présente sous la forme : déterminant + nom, ou tout simplement : nom (ces manipulations permettent, en outre, de fonder la distinction entre noms propres et noms communs sur des critères formels); *le monsieur qui apporte le courrier le matin* se laisse réduire progressivement en : *le monsieur qui apporte le courrier, le monsieur du courrier, le facteur* (Dét + N commun) ou encore *Albert* (N propre). À quoi on ajoute souvent la propriété formelle suivante : les noms (qui appartiennent à une liste ouverte) sont en corrélation systématique avec une liste fermée de morphèmes, les pronoms*; propriété recevable à la seule condition de considérer le nom comme le sommet de la hiérarchie des constituants du SN, car la pronominalisation affecte le SN dans son ensemble.

Le fait d'inscrire le nom dans une structure de dépendance issue d'une analyse de la phrase en ses divers constituants permet, dès lors, de dissiper les quelques confusions qui pouvaient naître d'une description morphologique fondée sur la simple notion de variation. Il est en fait préférable, au niveau du système relationnel, de parler d'*accord**, auquel cas on pourra dire que le nom est le seul élément à tirer les catégories de genre* et de nombre* de lui-même (le genre lui est inhérent et le nombre résulte d'un choix), si bien qu'à l'intérieur du SN, déterminants et adjectifs s'accordent avec lui, alors que l'accord du verbe résulte de la relation SN-SV.

On admettra également que les diverses fonctions traditionnellement attribuées au nom (sujet*, objet*, complément circonstanciel*) sont, en fait, celles des syntagmes nominaux dont le nom n'est que le repère, en tant qu'il constitue l'élément de base de ces SN (le cas de l'attribut* doit être mis à part puisque le nom (déterminé ou non) appartient alors à un syntagme à valeur adjectivale).

C. Approche logico-sémantique

La tradition logicienne, qui divise la proposition en deux éléments : le sujet (ce dont on dit quelque chose) et le prédicat (ce qu'on en dit), voit dans le nom la seule classe de mots susceptibles d'occuper la place du sujet, support de la prédication; ce qui a pour effet de regrouper verbe et adjectif dans la catégorie du prédicat. Pour de nombreux linguistes contemporains, cette conception vient s'articuler sur l'analyse formelle de la phrase au niveau de l'interprétation sémantique; elle constitue alors une justification *a posteriori* des catégories de base. La logique moderne, tout en conservant la notion de prédicat*, préfère voir dans le nom l'entité qui vient saturer la place d'une variable. Il ne s'agira d'un sujet (au sens grammatical) que lorsque la proposition ne comporte qu'une seule variable : $P(x)$, courir (Jean) → *Jean court;* mais le nom peut entretenir d'autres relations avec le prédicat : $P(x,y)$, apercevoir (Jean, Marie) → *Jean aperçoit Marie.*

L'approche logique présente un intérêt certain lorsqu'il s'agit de décrire le sémantisme des noms, dans la mesure où elle offre un cadre formel suffisamment abstrait pour prétendre à une relative généralité.

La difficulté vient, en fait, de ce que le réalisme naïf (les noms désignent des êtres et des choses) s'accorde mal avec la diversité des mots que la pratique langagière — confirmée par l'analyse grammaticale — oblige à considérer comme des noms. Certes, une très forte proportion de noms peuvent être mis en correspondance avec des segments discrets de la réalité (spatialement circonscrits), observation qui vient étayer la notion de « substance » ou d'« entité qui subsiste par elle-même », par opposition, d'une part à l'« accident » (adjectif) et, d'autre part au signifié verbal. On a pu voir là une mise en correspondance partielle avec les deux axes qui organisent la perception humaine : la spatialité et la temporalité (tout au moins en ce qui concerne la distinction nom-verbe). Reste, bien entendu, le problème des noms dits de « sens abstrait ». Encore cette catégorie n'est-elle pas homogène, d'où l'établissement de hiérarchies à base ontologique comme celle-ci : êtres et choses sont considérés comme des entités du premier ordre *(chat, fille, maison, valise);* les événements, processus, situations, qui gardent une inscription spatio-temporelle, constituent des entités du second ordre *(construction, évolution, rigidité, massage);* quant aux entités du troisième ordre, elles relèvent du domaine de la vérité et échappent aux repères du temps et de l'espace, ce sont les croyances et les jugements *(certitude, angoisse, doute, espoir).*

En outre, c'est sur le modèle des noms concrets que s'est établie la distinction entre *intension* ou *compréhension* (traits distinctifs minimaux capables d'opposer les noms entre eux) et *extension* (ensemble ou collection d'éléments identifiables); dans cette perspective, les noms de sens abstrait ont une intension mais pas d'extension.

Quelle que soit l'échappatoire choisie, on conviendra, sur des bases logiques et grammaticales, de considérer les noms comme correspondant à des « objets de pensée » susceptibles de supporter une prédication. Or la notion d'« objet de pensée » ne requiert pas de statut ontologique particulier, comme en témoigne le fait grammatical selon lequel un grand nombre de verbes et d'adjectifs peuvent être transformés en noms, phénomène confirmé par l'existence d'une série fermée de suffixes* permettant une transformation syntaxique dite de *nominalisation* :* ainsi, le verbe *bavarder* donne *bavardage; construire, construction; trembler, tremblement,* etc.; ou avec suffixe zéro : *constater, constat; arriver, arrivée;* de même, l'adjectif *clair* donne *clarté; délicat, délicatesse; abject, abjection; étourdi, étourderie,* etc.

D. Transfert de catégorie

De nombreuses grammaires mentionnent le fait que la plupart des adjectifs peuvent être utilisés comme noms. Il peut s'agir, en fait, de deux phénomènes distincts : ou bien l'adjectif a acquis historiquement le statut de nom au niveau du lexique, c'est le cas de *automobile* qui était adjectif dans *voiture automobile,* de *apéritif* qui en est venu à cumuler le statut d'adjectif *(vin apéritif)* et celui de nom *(un apéritif);* ou bien l'adjectif garde sa valeur tout en occupant la place du nom dans le SN, comme on le voit dans : *prenez les pommes rouges, laissez les vertes;* on hésitera toutefois à dire, dans ce cas, que l'adjectif est devenu un nom dans la mesure où *les vertes* résulte, en réalité, de l'effacement du nom *pommes;* il garde la trace de ce nom en conservant ses marques de genre et de nombre. Sans cette distinction, on ne saurait rendre compte du fait qu'un même mot peut être soumis aux deux types d'emplois : *rond* est adjectif dans *un chapeau rond* aussi bien que dans *je n'aime pas les couteaux pointus, je préfère les ronds,* alors qu'il a le statut lexical d'un nom dans *le verre a laissé un rond sur la table.* À l'inverse, le nom peut acquérir le statut sémantique de l'adjectif dans des expressions comme : *un col officier, une femme soldat, une cité dortoir.*

Enfin, on identifie, dans le paradigme du verbe, une forme qui se prête à l'emploi nominal (moyennant la présence d'un déterminant). Il s'agit de l'infinitif*, *le paraître, le devenir, le faire et le dire,* etc.

E. Sous-catégorisation des noms communs

L'ensemble des noms communs se laisse diviser en un certain nombre de sous-catégories que l'on exprime en termes de traits distinctifs. Ces traits (appelés parfois traits inhérents) jouent un rôle essentiel dans les restrictions combinatoires des unités au sein de la phrase; c'est pourquoi on les situe, en général, à la frontière entre syntaxe et sémantique.

1. Comptable/non comptable

Les noms qui désignent des éléments discontinus *(chaise, fauteuil, maison)* ont pour propriété de pouvoir être déterminés par l'adjectif numéral cardinal et les déterminants de la pluralité *(trois maisons, plusieurs maisons)* et de refuser l'article partitif *(*du fauteuil* — sauf cas d'emphase : *ça c'est de la voiture!)* : ils sont dits *comptables.* Inversement, les noms qui désignent des substances continues acceptent le partitif *(de la farine, du sable)* et refusent le numéral cardinal et les déterminants de la pluralité *(*trois farines, *deux sables)* : ils sont dits *non comptables;* ils peuvent redevenir comptables (le plus souvent en présence d'un modificateur) et désignent alors des sous-espèces : *du vin/des vins fins* [1].

2. Animé/non animé

Bien que cette distinction ait pour origine une intuition sémantique, elles est largement confirmée par de nombreux critères formels.

a) L'interrogation
Seuls les noms animés peuvent répondre à des questions comme : *qui est là? (le facteur); qui appelles-tu? (mon fils); à qui penses-tu? (à Marie);* les non animés répondent à : *qu'y a-t-il là? (un caillou); que regardes-tu? (les nuages); à quoi penses-tu? (à la conjoncture).*

b) La pronominalisation négative
L'ensemble vide des noms animés (spécifiquement humains) est représenté par *personne,* celui des non animés, par *rien.*

---

(1) N. d. É. — Autre exemple : *de ces deux farines, l'une complète, l'autre blanche, la première est la meilleure.*

c) La pronominalisation des compléments

La distinction animé/non animé est en corrélation avec un sous-ensemble de pronoms qui sont en distribution complémentaire : *il connaît la solution de Paul* → *il connaît sa solution* (animé); *il connaît la solution du problème* → *il en connaît la solution* (non animé) [*sa/en*]; *Paul est derrière le rideau, je vois ses pieds/je lui vois les pieds; la maison est derrière les arbres, j'en vois la cheminée* [*ses, lui/en*]; *Marie est partie, je pense à elle; il faut penser à l'avenir* → *pensez-y/ pensez à cela* [*à elle/y, à cela*] (*y* est parfois utilisé, dans la langue parlée, pour remplacer des animés).

d) L'opposition en genre (voir GENRE).

3. Abstrait/concret

Les difficultés rencontrées sur le plan sémantique pour justifier de la distinction entre les noms de sens concret et les noms de sens abstrait ne sont malheureusement pas compensées par des propriétés formelles clairement établies. On notera toutefois que de très nombreux noms abstraits sont dérivés de verbes ou d'adjectifs par suffixation* : *disparition, diminution, assemblage, surdité, finesse*, etc. mais on trouve aussi : *courage, meurtre, vertu*, etc. En outre, ils sont généralement non comptables : *Jean a toujours fait preuve de décision;* employés comme comptables, ils retrouvent un sens concret : *Jean a pris trois décisions cet après-midi.*

TABLEAU I

LISTE ANALYTIQUE DE NOMS
QUI S'UTILISENT EXCLUSIVEMENT AU PLURIEL

Certains linguistes décrivent les *pluralia tantum* comme comportant le nombre grammatical pluriel, mais le « nombre naturel » (c'est-à-dire la quantité du référent*) singulier. Ils seraient donc à l'égard du nombre l'équivalent de ce que sont à l'égard du genre* les noms tels que *estafette* (féminin désignant un homme) ou *mannequin* (masculin désignant une femme). Cette analyse, exacte à l'égard du référent, estompe cependant certaines particularités du signifié des *pluralia tantum* : il est généralement possible d'y repérer la présence de plusieurs éléments plus ou moins distincts. On parle parfois de *pluriel interne*. De ce point de vue, on peut répartir beaucoup de ces noms entre un petit nombre de sous-classes lexicales nettement circonscrites :

— noms de cérémonies comportant plusieurs phases successives : *accordailles, épousailles, fiançailles, funérailles, obsèques, relevailles,* etc. (remarquer le suffixe *-ailles*). *Noces* appartient à la même série, mais coexiste avec le singulier *noce,* qui a des latitudes d'emploi plus importantes.

— noms de processus complexes : *agissements, directives, errements, pourparlers, représailles,* etc. *Poursuites* se spécialise dans le sens judiciaire, et se distingue ainsi de *poursuite.*

— noms de sommes d'argent : *appointements, arrérages, arrhes, dépens, émoluments, frais, honoraires,* etc. *Gages* se spécialise dans le sens de « traitement d'un domestique », et se distingue ainsi de *gage.* Les noms de ces deux dernières catégories ont parfois pour effet de pluraliser les quantitatifs tels que *aucun : il n'y aura aucunes poursuites ni aucuns frais.*

— noms de jeux comportant un ensemble de pièces : *dames, échecs, jonchets,* etc.

— noms désignant un ensemble de lieux proches : *les alentours, les confins, les environs, les êtres, les parages* (au singulier, *parage,* archaïque, a deux homonymes).

Les noms qui ne se rattachent clairement à aucune de ces sous-classes n'en laissent pas moins apparaître la pluralité interne : *agrès, annales, appas* (distinct du singulier *appât*), *archives, décombres, hardes, mœurs, pierreries, prémices, prémisses, vivres,* etc. Certains noms s'emploient exclusivement dans des expressions figées du type *marcher sur les brisées de quelqu'un.* D'autres s'emploient parfois au singulier : *les* et *la ténèbre(s), les* et *la semaille(s)* etc.

Il faut enfin faire une place particulière à un petit nombre de noms qui désignent des objets constitués de deux parties symétriques. Il en existe deux séries. Dans la première, le nom au pluriel coexiste avec son homonyme au singulier, qui désigne un objet simple présentant un trait commun (ou un point de contact) avec l'objet complexe : *ciseau* (de menuisier)/*ciseaux* (de couturière); *fer* (à cheval, de chaussure, etc.)/*fers* (« entraves » et « forceps »); *lunette* (astronomique)/*lunettes* (correctives); *menotte* (« petite main »)/*menottes* (« entraves »). Dans la seconde série, le singulier et le pluriel coexistent avec une valeur voisine. L'usage contemporain privilégie selon le cas le singulier (*caleçon, culotte, lorgnon, moustache, pantalon,* etc.) ou le pluriel (*cisailles, jumelles, pincettes, tenailles,* etc.).

TABLEAU II

LES MARQUES DU PLURIEL DES NOMS

Pour décrire clairement le système d'opposition entre le singulier et le pluriel des noms, il convient de procéder à deux distinctions croisées : le pluriel du nom dans son syntagme sera distingué du pluriel du nom isolé de son syntagme; la manifestation écrite du pluriel sera distinguée de sa manifestation orale.

1. Pluriel du nom dans son syntagme

Quand le nom est précédé d'un déterminant, le pluriel est toujours marqué au niveau du code écrit et presque toujours au niveau du code oral :

a) les déterminants opposent à l'oral (et, nécessairement, à l'écrit) la forme du pluriel à celle du singulier : *le, la/les*, etc.

Exceptions. — Les interrogatifs *quel(s), quelle(s)* et certains indéfinis *quelque(s), certain(s)* ne présentent pas d'opposition orale. — Tous les numéraux autres que *un* sont nécessairement du pluriel, bien qu'ils n'en portent pas tous la marque (*deux, trois, six, dix*, mais *quatre, cinq, sept, huit*, etc.).

b) le déterminant (ou l'adjectif antéposé) fait apparaître une liaison en [z] à l'initiale vocalique du nom qui le suit : *des enfants* ([dezɑ̃fɑ̃]); *de gentils élèves* ([dəʒɑ̃tizelɛv]).

c) le nom présente lui-même les phénomènes qui seront détaillés en 2.

d) le nom fait apparaître une liaison en [z] à l'initiale vocalique de l'adjectif qui le suit : *des devis importants* ([dedəvizɛ̃pɔʀtɑ̃]).

Dans les cas — rares — où le nom n'est pas précédé d'un déterminant, on se trouve ramené au cas décrit en 2.

2. Pluriel du nom isolé de son syntagme

La règle générale est que le pluriel est opposé au singulier par un -*s* final. Cet -*s* final n'étant pas prononcé, la marque du pluriel est exclusivement écrite : *sac, sacs; gond, gonds; charrue, charrues; charme, charmes.*

L'opposition reste strictement graphique dans les cas où l'-*x* se substitue a l'-*s* comme marque du pluriel. On observe ce phénomène dans les cas suivants :

— les noms en -*au*, -*eau*, -*œu* et -*eu* : *tuyaux, tableaux, vœux, cheveux.*

Exceptions. — Quelques noms, d'introduction relativement récente, prennent l'*s* : *landaus, pneus, émeus*, etc.; de même l'adjectif nominalisé *bleus.*

— sept noms en *ou* : *bijoux, cailloux, choux, genoux, hiboux, joujoux* et *poux*. Les autres noms en *-ou* prennent l'*-s* : *clous*. Cependant, le néologisme *ripou* (*pourri* en verlan*) reçoit pour pluriel *ripoux*.

À ce caractère strictement graphique de la marque du pluriel pour le nom isolé de son syntagme, il faut signaler deux exceptions de sens inverse :

a) un certain nombre de noms ne marquent même pas l'opposition des nombres dans l'écriture : il s'agit des noms terminés dès le singulier par un *-s*, un *-x* ou un *-z* : *poids, flux, nez, gaz,* etc. (voir plus bas le cas de *os*).

Remarques. — 1. Il s'ensuit inévitablement certains phénomènes d'ambiguïté quand les noms de ce type sont utilisés isolément : une affiche qui comporte en titre la mention *Avis* ne dit pas si elle contient un ou plusieurs avis.

2. Les mots grammaticaux nominalisés restent invariables : *les oui et les non.*

b) un certain nombre de noms marquent l'opposition des nombres à l'écrit et à l'oral. On observe ce phénomène dans les cas suivants :

— une trentaine de noms en *-al* ont un pluriel en *-aux*. Il s'agit toujours de noms anciens dans la langue et, souvent, de mots fréquents (*mal, maux; journal, journaux,* etc.). Les autres noms en *-al* ont un pluriel régulier en *-als* : *bals, carnavals, chacals,* etc. On observe des hésitations pour quelques mots : *étals* ou *étaux? idéals* ou *idéaux? pals* ou *paux?*

— une petite dizaine de noms en *-ail* (certains à peu près inusités) ont également un pluriel en *-aux* : *bail, corail, émail, soupirail, travail, vantail, vitrail,* ainsi que quelques archaïsmes; les autres noms en *-ail* ont un pluriel régulier en *-ails* : *éventails, gouvernails,* etc.; *émails* s'emploie dans la technologie de la peinture.

— *œuf* ([œf]) et *bœuf* ([bœf]) ont pour pluriel dans l'usage standard *œufs* ([ø]) et *bœufs* ([bø]). Mais l'invariabilité a tendance à se répandre.

— *œil* [œj]) a pour pluriel *yeux* ([jø]). Mais *œils* se trouve dans une série de mots composés (type *œils-de-bœuf)* ainsi que dans certains emplois techniques *(les œils d'une voile).*

— *os* ([ɔs]) donne au pluriel *os* ([o]) : seul exemple de pluriel marqué à l'oral sans l'être à l'écrit. Mais on entend de plus en plus le pluriel [ɔs].

412

— *ciel* donne *cieux* ([sjɛl], [sjø]), concurrencé par *ciels; aïeul* ([ajœl]) donne *aïeux* (« ancêtres ») et *aïeuls* (« grands-parents »).

$$\boxed{\text{TABLEAU III}}$$

LE PLURIEL DES NOMS COMPOSÉS

1. Les noms composés dont les éléments sont soudés dans l'orthographe sont soumis aux règles des noms simples : *des gendarmes, des portemanteaux, des vinaigres.*

Remarque. — La langue laisse subsister quelques variations à l'intérieur de certains noms composés : *monsieur, madame* et *mademoiselle* font varier le déterminant : *messieurs, mesdames, mesdemoiselles. Bonhomme* et *gentilhomme* font varier l'adjectif : *bonshommes, gentilshommes* [bɔ̃zɔm, ʒɑ̃tizɔm]. On entend aussi [bɔnɔm].

2. Pour les noms composés non soudés dans l'orthographe, la règle générale est que les éléments autres que les noms et adjectifs restent toujours invariables : *des va-et-vient, des laissez-passer, les on-dit, les qu'en-dira-t-on,* etc.

3. Les noms et adjectifs posent un problème spécifique, en principe réglé au coup par coup par l'analyse des relations grammaticales et sémantiques entretenues à l'intérieur du composé par les deux termes : *un canapé-lit* (à la fois *canapé* et *lit*) donne *des canapés-lits, un faux-fuyant* donne *des faux-fuyants*. Mais *une pause-café* donne *des pauses-café*. *Des chasse-neige* et *des coupe-papier* s'opposent à *des couvre-lits* et *des garde-fous*. Parfois le second terme, censé viser une pluralité, comporte un -*s* au singulier : *un cure-dents*. Il arrive en outre que le premier terme lui-même soit ambigu : verbe ou nom? Il peut alors prendre aussi la marque du pluriel : *des garde(s)-malades*. Il est seul à varier dans *des soutiens-gorge*.

Ces distinctions sont fréquemment arbitraires et litigieuses. Elles donnent lieu à des hésitations et à des fautes, parfois encore sanctionnées, car l'arrêté du 28-12-1976 ne comporte pas de tolérance à cet égard. Il serait souhaitable de traiter les noms composés de forme verbe + nom commun complément d'objet direct (et non précédé d'un article) comme le sont leurs homologues soudés dans l'orthographe. On aurait donc systématiquement *un chasse-neige, des chasse-neiges, un cure-dent, des cure-dents; un garde-malade, des garde-malades,* etc., mais *des prie-Dieu, des trompe-la-mort, des trompe-l'œil.*

$$\boxed{\text{TABLEAU IV}}$$

LE PLURIEL DES NOMS EMPRUNTÉS

Comme il est indiqué à EMPRUNT, la francisation des marques du nombre est, pour les mots empruntés, l'un des éléments de leur intégration dans les structures formelles de la langue : les xénismes* véhiculent avec eux les morphèmes de leur langue d'origine.

On distingue donc deux types de traitement pour les noms empruntés :

1. Beaucoup d'entre eux, fréquemment empruntés à date relativement ancienne, ne se distinguent en rien, à l'égard des marques du nombre, des noms du fonds le plus ancien (voir des exemples à EMPRUNT).

2. Certains noms résistent à l'intégration morphologique, pour des raisons diverses : caractère récent de l'emprunt, emploi exclusif dans un lexique technique, facteurs sociolinguistiques divers (mode, volonté d'afficher la connaissance de la langue étrangère, etc.). Pour certains mots ou groupes de mots, on peut observer le conflit entre la tendance à l'intégration et la conservation des marques originelles. Ainsi *maximum* et *minimum,* empruntés au latin au XVIIIᵉ siècle, ont longtemps donné lieu aux pluriels *maxima* et *minima. Maximums* et *minimums* tendent à les supplanter. *Médium* est rarement utilisé comme singulier de *média,* qui, lui-même employé au singulier, a pour pluriel *médias* (cf. *des erratas).* On n'a jamais utilisé le pluriel italien de *pizza (*pizze),* mais on trouve encore pour *scénario* l'alternance entre *scénarios* et *scenarii.* Certains noms anglais, notamment des composés en *-man (jazzman,* etc.*)* conservent le pluriel en *-men.* Cet usage — ainsi que d'autres du même genre — donne parfois lieu à des erreurs qui maltraitent les structures des deux langues : ainsi quand on parle d'un *lieder* (pluriel allemand de *Lied,* « chant »). L'arrêté du 28-12-1976 tolère dans tous les cas la formation du pluriel selon la règle générale du français. Les deux exemples cités sont *maximums* (au lieu de *maxima*) et *sandwichs* (au lieu de *sandwiches*).

nom (complément de)

Tout comme il existe des compléments de verbe, la fonction qu'ils assument étant définie par rapport à un verbe, il existe des compléments dont la fonction se définit par rapport à un nom. Pour la grammaire traditionnelle, ces compléments sont, eux-mêmes, des noms introduits par une préposition.

En premier lieu, cette analogie, tout au plus suggestive à un niveau très général, dissimule en fait quelques propriétés essentielles qui ne sont accessibles que si l'on prend en compte l'économie de la phrase dans son ensemble. En effet, la plupart des compléments du verbe sont caractérisés par le fait que ce sont des constituants obligatoires du syntagme verbal; leur effacement ne peut que porter atteinte à la grammaticalité de la phrase : *il rencontre, *il prend, *il va*. En revanche, les compléments du nom sont des constituants du groupe nominal et leur présence est facultative — tout au moins pour ce qui concerne la grammaticalité : *le chat (de la voisine) miaule; j'ai acheté un livre (de grammaire)*. En second lieu, il y a quelque arbitraire à faire du nom le représentant privilégié de cette fonction (il est d'ailleurs plus juste de parler d'un syntagme prépositionnel) : quelques manipulations de substitution montrent, en effet, que l'adjectif épithète et la proposition relative sont susceptibles d'occuper la même place et de jouer un rôle équivalent : *le chat de la voisine / le chat noir / le chat qui rôde dans l'immeuble*. C'est pourquoi certains grammairiens l'appellent *épithète prépositionnelle* afin de marquer son affinité avec l'adjectif épithète et la relative à valeur d'épithète (les grammaires à visée formelle parlent, dans tous ces cas, de *modificateurs*).

1. *Interprétation sémantique*

Cette équivalence structurelle peut même, dans certains cas, conduire à une véritable synonymie : *la voiture présidentielle / du président / qui est celle du président*. En fait, ces trois types de constituants fonctionnent, sur le plan sémantique, comme des réducteurs d'extension, c'est-à-dire qu'ils sélectionnent un sous-ensemble de l'ensemble des entités auxquelles réfère le nom principal du SN : dans *la porte de la rue*, le SP (syntagme prépositionnel) *de la rue* isole un singleton et permet d'exclure toutes les autres portes qui appartiennent à l'univers de discours. À noter que cette propriété peut être récursive, un SP peut dépendre d'un autre SP qui, lui-même, dépend d'un SN : *le destin du héros de ce roman;* mais la dépendance peut s'instaurer à divers niveaux, d'où l'existence d'ambiguïtés : *un stylo à plume en or* peut s'analyser en : *(un stylo (à plume en or))* ou en *(un stylo à plume (en or))*. En cas de coordination, la relation équivaut à la réunion de deux ensembles : *les enfants du voisin et du concierge;* lorsque le SP est coordonné avec un adjectif épithète, il peut s'agir d'une intersection : *les chats noirs* (et) *à poils longs*.

Si la réduction d'extension constitue la propriété essentielle de ces

415

compléments, rien n'interdit de recourir à l'analyse des notions sémantiques mises en jeu. Il faut toutefois mettre à part les relations *sujet* et *objet* que l'on rencontre dans les exemples célèbres du type *la crainte des ennemis : les ennemis craignent (quelqu'un) / (quelqu'un) craint les ennemis,* dans la mesure où ces structures résultent d'une transformation de nominalisation* : *craindre* → *la crainte, aimer* → *l'amour, critiquer* → *la critique,* etc., avec effacement d'un constituant.

Pour la majorité des cas, les grammaires traditionnelles recourent à l'éventail notionnel qui caractérise les compléments circonstanciels : lieu : *un tour en ville;* provenance, origine : *une lettre d'Amérique;* temps : *un cours d'une heure;* manière : *un arbre en espalier;* moyen : *un moteur à essence;* but : *un couteau à dessert;* cause : *un sourire de contentement,* etc. On ajoute aussi la matière : *un bureau en métal* et l'appartenance : *la maison de mon père.* De manière générale, les prépositions* utilisées (surtout *à* et *de*) ne jouent pas de rôle sémantique spécifique; seule la mise en relation des noms est pertinente, à quoi peuvent se mêler divers savoirs d'ordre extralinguistique : une *culotte de cheval* sert à monter à cheval mais ce n'est pas le cas d'une *culotte de daim,* faite avec la peau du daim (on note toutefois des cas particuliers du genre *une cuillère à soupe, une cuillère de soupe*); *en, pour, avec* (moins fréquents) ont des emplois plus spécialisés (matière, but, destination, accompagnement, etc.).

2. *Absence de préposition*

La langue parlée use très librement de syntagmes nominaux construits à l'aide de deux noms juxtaposés : *sac plastique, stylo feutre, placard débarras, balcon terrasse,* etc. Ce procédé est à l'origine des noms composés, associés ou non par le trait d'union (l'usage reste hésitant dans de nombreux cas) : *jupe culotte, micro-cravate, café-concert, porte-fenêtre, photo-robot,* etc. Les grammaires accordent un statut particulier aux groupes comportant un nom propre : *le boulevard Barbès, la région Rhône-Alpes, le président Loubet* considérant (tout au moins dans le dernier cas) qu'il s'agit d'une relation appositive (il en serait de même pour *la ville de Paris,* voir APPOSITION); en fait, ces assemblages ne partagent avec l'apposition que la seule relation d'identité référentielle entre les deux termes, si bien que cette appellation peut paraître quelque peu abusive.

nom propre

Alors que les noms communs sont pourvus d'une *extension* (ensemble d'entités auxquelles ils permettent de référer) et d'une *inten-*

sion (ensemble de traits sémantiques distinctifs), les noms propres ont bien une extension, mais pas d'intension : ils n'ont pas, à proprement parler, de sens ; seul demeure le lien qui les attache à un référent unique. (Même si certains noms ont pu être dérivés de sobriquets et portent parfois la trace d'une motivation, celle-ci ne joue aucun rôle dans le processus référentiel : *Legrand* désigne un individu et non une propriété).

Les logiciens contemporains voient dans le nom propre un *désignateur rigide*, c'est-à-dire un terme qui désigne le même individu dans tous les mondes possibles. Cette propriété est identifiable par le fait que l'accès à un monde possible au moyen d'une proposition contrefactuelle (une conditionnelle en *si*) permet d'imaginer qu'un individu aurait pu ne pas posséder certaines des caractéristiques qu'on lui prête : on peut dire ainsi, *si Platon n'avait pas été le disciple de Socrate...*, mais il n'y a pas de sens à dire *si Platon n'avait pas été Platon;* autrement dit, il est impossible de mettre en cause l'identité d'un individu par le biais de son nom propre : Platon aurait pu ne pas être le disciple de Socrate, mais il n'aurait pas pu ne pas être Platon.

1. Syntaxe des noms propres

Au sein de la phrase, les noms propres doivent être considérés comme de véritables syntagmes nominaux. Ils se distinguent des SN formés à partir de noms communs par le fait qu'ils ne sont pas déterminés ; en outre, ils ne sauraient, par définition, être soumis à la variation en genre et en nombre ; enfin, la langue écrite leur impose un trait discriminatoire intangible qui est celui de la majuscule à l'initiale. Certaines de ces règles connaissent toutefois des exceptions.

2. Présence de l'article

L'article accompagne régulièrement les noms géographiques autres que ceux qui désignent des villes : *la France, l'Europe, le Danube, l'Australie* (mais : *Israël, Cuba, Haïti*)/ *Paris, Londres, Milan.*

Il apparaît également à l'occasion de certains emplois :

a) l'individu désigné est affecté d'un modificateur qui sélectionne certaines de ses propriétés : *le grand Baudelaire, le Baudelaire des* Fleurs du Mal, ou qui sert à dissiper une homonymie : *le Dupont que je connais;*

b) dans l'usage familier — encore vivace dans de nombreux parlers régionaux : *la Sophie, le Duchemin;*

c) le nom propre est en relation métonymique avec un objet : *un Picasso* (un tableau de), *il joue du Bach* (des œuvres de), *Il a sculpté un Apollon* (une représentation d'). À la limite, le nom propre retrouve le statut d'un nom commun : *du bordeaux, de l'alsace* (du vin de), *du limoges* (de la porcelaine de);

d) le syntagme nominal désigne les membres d'une famille : *les Thibault* ou un ensemble quelconque d'individus portant le même nom : *tous les Martin de l'annuaire;*

e) le nom propre est utilisé pour désigner un type ou une espèce d'individu : *cet homme est un Don Juan, un Tartuffe, un Al Capone.*

3. Accord

En dehors de la plupart des emplois enregistrés en *a)* et *b),* la détermination est susceptible de conférer au nom propre une variation en nombre. La règle la plus communément admise exclut qu'un nom propre puisse être porteur de la marque graphique du pluriel sauf dans le cas où il désigne les membres d'une famille considérée comme illustre : *les Bourbons.* Les grammairiens les plus attentifs notent toutefois que l'usage est, en cette matière, fort indécis; il est notamment admis que dans les cas *c)* et *e)* les noms propres doivent normalement s'accorder : *les Picassos du musée; les Don Juans du samedi.*

nombre

La catégorie morphologique du nombre comporte en français deux termes : le *singulier* et le *pluriel.* Elle affecte le nom et les éléments qui s'accordent avec lui. Les pronoms sont également affectés par le nombre, dans des conditions qui diffèrent selon qu'ils sont représentants* ou nominaux*.

Du point de vue du signifié*, le nombre grammatical est l'un des éléments linguistiques qui contribuent à articuler le champ notionnel de la quantité.

Fondamentalement distincts dans la façon dont ils affectent les noms, le nombre et le genre sont voisins dans les phénomènes d'accord* : l'accord en nombre, dont l'extension est toutefois légèrement moindre que l'accord en genre (voir ACCORD), signale comme lui, de façon souvent redondante, certaines relations sémantico-syntaxiques.

Le parallélisme souvent affirmé (ou sous-entendu) entre les catégories morphologiques du genre et du nombre est trompeur : elles affectent le nom de façon fondamentalement différente, le genre de façon inhérente, le nombre à la suite d'un choix. On trouvera l'analyse détaillée de cette différence à GENRE et à NOM. Encore faut-il préciser que le nombre n'intervient pas de la même façon dans la morphologie de tous les noms :

1. Seuls les noms *comptables* (voir NOM) sont, dans les conditions normales, susceptibles de prendre en alternance, selon les besoins momentanés de l'énonciation, la forme du singulier et celle du pluriel : *une maison, des maisons,* mais *de l'eau, de la bière, de la bonté.* Les noms non comptables portent la marque du singulier — qui fonctionne ici comme cas non marqué — de la même façon que le masculin est, *mutatis mutandis,* le cas non marqué de la catégorie du genre (voir GENRE).

Remarque. — Même dans les cas apparemment les plus rétifs, il est toujours possible de recatégoriser un nom comptable comme non comptable, et inversement : on entend dire, dans le discours publicitaire, *ça c'est de la maison.* Inversement, il peut être utile de distinguer plusieurs espèces ou qualités différentes d'*eau* ou de *bière (les bières allemandes sont plus fortes que les bières françaises)* ou de désigner les manifestations concrètes d'une qualité : *avoir des bontés pour quelqu'un.* Ces phénomènes de recatégorisation ne font que consolider l'opposition des deux catégories.

2. Parmi les noms comptables, on observe deux types d'exceptions à la variation en nombre :

a) certains noms s'emploient dans les conditions normales exclusivement au singulier : *le soleil, le nord, l'odorat,* etc. Mais il s'agit d'un trait lié à l'unicité du référent. Il suffit de le pluraliser (imaginairement, métaphoriquement, conceptuellement, etc.) pour pluraliser du même coup le nom qui le désigne : *plus clair que mille soleils; y a-t-il plusieurs nords sur le cadran d'une boussole ?; on peut distinguer plusieurs odorats.*

b) inversement, il existe une série — limitée, mais relativement nombreuse — de noms qui ne s'utilisent qu'au pluriel. On leur donne souvent le nom traditionnel latin de *pluralia tantum* (« pluriels seulement »). On en trouvera une liste analytique dans le tableau I, pages 409-410. Le signifié de ces noms peut le plus souvent être décrit comme comportant un ensemble d'éléments plus ou moins distincts.

La bipartition caractérise en français la catégorie du nombre, de même que la catégorie du genre. Ce parallélisme de structure est l'une des origines de la confusion souvent entretenue entre le fonctionnement des deux catégories.

Le nom est singulier quand le référent qu'il désigne au moment de l'acte d'énonciation constitue une unité unique : *la table, une licorne, un concept* (sur le sens « générique » de l'article au singulier, voir ARTICLE). Il est au pluriel quand le référent constitue au moins deux unités : *les gants, des chaises, des idées.*

Remarques. — 1. Comme celui de nombreuses langues européennes modernes, le pluriel français commence avec la dualité. Il n'en va pas de même dans toutes les langues : certaines connaissent un *duel,* qui affecte les noms et les pronoms quand leur référent constitue deux unités. C'est le cas du grec ancien (à titre résiduel), du slovène, des langues sémitiques. Il subsiste des traces du duel en anglais *(both)* et en allemand *(beide).* D'autres langues intercalent entre le duel et le pluriel un triel, voire un quatriel (Mélanésie, Nouvelle-Guinée). D'autres encore opposent le pluriel au paucal (référents en petite quantité) ou le limité à l'illimité, etc. (Sur les problèmes théoriques posés par ces découpages différents opérés par les langues, voir LANGUE, SIGNE, SIGNIFIÉ, VALEUR.)

2. Les quantités fractionnaires comprises entre 1 et 2 restent nécessairement au singulier : *un million et demi.* Les expressions telles que *les un franc cinquante que ça m'a coûté* s'expliquent non par le caractère fractionnaire de la quantité, mais par la généralisation du pluriel à l'expression de toute somme d'argent.

3. Du fait de l'intégration de la dualité au pluriel, tout déterminant au pluriel peut normalement s'appliquer à un ensemble de deux référents. Mais on hésite généralement à le faire pour *quelques* et *plusieurs.* D'où l'expression courante *deux ou plusieurs,* qui peut sans doute être interprétée comme l'ultime survivance en français du duel, plutôt que les *pluralia tantum* du type *les lunettes, les tenailles,* etc., où on a parfois été tenté de reconnaître un duel.

3. L'opposition qu'on vient de décrire entre les signifiés du singulier et du pluriel est rigoureuse. Elle laisse cependant subsister quelques zones de flou qui donnent lieu, selon qu'on émet ou reçoit le message, à des hésitations ou à des ambiguïtés. Sans viser une impossible exhaustivité, on a relevé les cas les plus fréquents :

a) Comme il a été dit plus haut, certains noms peuvent être, selon le cas, catégorisés comme comptables ou non comptables. Quand, dépendant d'un autre nom, ils sont dépourvus de déterminant, ils peuvent être indifféremment tenus pour non comptables, et employés au singulier, ou comme comptables, et employés au pluriel : *un mur de brique(s), de la gelée de groseille(s), un pommier en fleur(s).* Sur ce point, l'arrêté du 28-12-1976 tolère les deux orthographes.

b) Toute quantité inférieure à l'unité donne évidemment lieu à l'emploi du singulier. C'est spécialement le cas de la quantité nulle : les quantitatifs de l'ensemble vide (voir INDÉFINIS) n'ont pas de pluriel : *aucune faute, zéro franc* (sauf dans le cas de quelques *pluralia tantum,* voir le tableau des pp. 409-410. Il arrive cependant qu'on affecte le pluriel à un nom désignant un ensemble référentiel vide : *il n'y a plus de feuilles sur les arbres* (quand il y en avait, elles étaient en grand nombre); *il n'y a pas de faute(s) dans cette dictée* (on pouvait s'attendre à en trouver plusieurs).

c) L'emploi du pluriel des noms dépendant d'un syntagme lui-même au pluriel détermine selon le cas hésitation ou ambiguïté :

— hésitation à propos de *ils ont ôté leur(s) chapeau(x).* Il n'y a pas ambiguïté, car le port de plusieurs chapeaux par tête est peu vraisemblable. Mais on hésite légitimement entre les deux nombres, qui sont d'ailleurs tolérés l'un et l'autre par l'arrêté du 28-12-1976;

— ambiguïté à propos de phrases telles que *les athlètes admirent leurs médailles*. Ont-ils chacun une ou plusieurs médailles ? Le pluriel, déjà déterminé par la pluralité des athlètes, ne le dit pas. L'ambiguïté ne fait que se déplacer avec l'emploi du singulier *leur médaille*, car les athlètes peuvent avoir gagné en équipe une unique médaille. L'insertion de *chacun* permet de lever l'ambiguïté.

4. Les marques du pluriel des noms

La forme du pluriel des noms est généralement opposée à celle du singulier par la présence, à l'écrit, d'un *-s* à la fin du mot : *un sac, des sacs; un jonc, des joncs; une poire, des poires*, etc. Sauf dans les phénomènes de liaison, cet *-s* ne se prononce pas. Cet état de fait a pour conséquence que l'opposition des nombres est surtout manifestée par les déterminants, qui comportent presque tous une différence oralement marquée entre les formes du singulier (souvent différenciées selon le genre) et la forme (unique) de pluriel : *le, la/les; un, une/des; ce, cette/ces; mon, ma/mes; notre* (commun aux deux genres) */nos*. L'interrogatif *quel, quelle, quels, quelles* reste, aux liaisons près, homophone dans ses quatre formes. Quand le nom a une initiale vocalique, la liaison avec l'*-s* du déterminant se fait, ce qui a pour effet de répartir les noms entre deux classes :

— ceux qui ont une initiale consonantique : l'opposition des nombres n'y est pas marquée oralement (pour les exceptions, voir le tableau, pages 411 à 413);

— ceux qui ont une initiale vocalique : l'opposition des nombres y est marquée par l'antéposition d'un [z] au pluriel : *les enfants* [lezɑ̃fɑ̃].
(Voir LIAISON.)

Remarque. — Cette situation entraîne souvent la généralisation du [z] initial même quand le déterminant ne comporte pas d'*-s* final : d'où les liaisons fautives du type *quat'zélèves* [katzelɛv], ou, avec un adjectif, les liaisons à distance du type *les chemins de fer algériens* [zalʒeʁjẽ]. Les créoles ont généralisé cette formation du pluriel par antéposition de [z].

Un certain nombre de noms présentent des particularités pour les marques du pluriel : invariabilité *(un avis, des avis);* pluriel marqué par *-x (un chapeau, des chapeaux);* pluriel marqué oralement *(un cheval, des chevaux).* On trouvera un classement de ces phénomènes dans le tableau, pages 411 à 413. Quant aux noms composés et aux noms empruntés, ils posent des problèmes particuliers qui sont étudiés dans les tableaux III et IV de l'article NOM. Les noms propres sont affectés de façon absolument spécifique par la catégorie du nombre, tant du point de vue du signifié que du signifiant. Ces problèmes sont traités à NOM PROPRE. Enfin, les problèmes de marque du pluriel pour les différents pronoms, pour les déterminants, l'adjectif et le verbe sont traités dans les articles qui concernent ces différentes classes.

nominal

Nominal est l'adjectif dérivé du nom *nom*. Il apparaît notamment dans les deux expressions *syntagme nominal* et *phrase nominale*.

1. Le syntagme *nominal* (souvent abrégé en SN) est le syntagme qui a pour noyau ou tête un nom ou l'équivalent d'un nom. (Voir CONSTITUANT, NOM, NOM PROPRE, PRONOM.)

2. La phrase *nominale* comporte obligatoirement, en l'absence de tout syntagme verbal manifeste, un syntagme nominal. Il peut s'y ajouter un autre syntagme nominal, un syntagme adjectival ou un syntagme adverbial : *le facteur !; le boulanger, quel phénomène !; bien difficile à lire, ce roman !; au diable la philosophie !* Comme l'indiquent les exemples cités, la phrase nominale est particulièrement fréquente dans l'exclamation*. (Voir aussi EFFACEMENT et ELLIPSE.)

3. L'adjectif *nominal* est lui-même apte à être nominalisé ; on parle alors des *nominaux*, avec les deux sens suivants :

a) En grammaire générative, on appelle parfois *nominaux* les noms issus d'une nominalisation* *(la construction)*.

b) Parmi les pronoms, les *nominaux* se distinguent des *représentants* en ce qu'ils visent par eux-mêmes un référent en l'absence de tout phénomène de représentation anaphorique (ou cataphorique) d'un élément du contexte. Dans *j'ai vu quelqu'un, quelqu'un* est nominal. Dans *il y a des loirs dans le grenier : j'en ai vu un, un* est représentant anaphorique. L'opposition entre les nominaux et les représentants a parfois — c'est le cas dans l'exemple cité — un support morphologique : *quelqu'un* ne peut (sauf archaïsme*) être que nominal, *un* ne peut être que représentant. Mais d'autres pronoms comportent l'utilisation alternative de la même forme pour le nominal et le représentant : *chacun travaille* (nominal); *chacun de ces élèves travaille* (représentant cataphorique). Le détail de ces problèmes est étudié dans les articles concernant chaque sous-classe de pronoms*.

nominalisation

La *nominalisation* est le processus de transformation d'un élément linguistique en nom. On distingue deux formes de nominalisation :

1. La nominalisation qui a pour effet la création d'une unité lexicale nouvelle de la classe du nom : *le bleu, le moi, la construction, le laisser aller, le qu'en dira-t-on,* etc. (Voir DÉRIVATION et SUFFIXATION.)

2. La nominalisation qui a pour effet de conférer à un élément linguistique les fonctions syntaxiques d'un nom sans lui en donner les marques morphologiques. À ce titre, l'infinitif* peut être décrit comme la nominalisation d'un verbe, la complétive* comme la nominalisation d'une proposition.

non accompli

Synonyme de *inaccompli.* Voir ASPECT.

non animé

Synonyme de *inanimé.* Voir ANIMÉ, GENRE, INDÉFINIS, INTERROGATIFS, NEUTRE, NOM et PRONOM.

non comptable

Voir NOM et NOMBRE.

non conclusif

Voir ASPECT.

non limitatif

Voir ASPECT.

non sécant

Voir ASPECT.

non verbal

Voir VERBAL.

norme

Parmi les raisons qui poussent les hommes à décrire les langues en réalisant des grammaires, le désir de fixer une forme considérée comme la plus correcte joue un rôle important. La *norme* est donc un phénomène social qui s'appuie sur un jugement d'inégalité entre productions linguistiques, une façon d'isoler l'usage correct de ce qui est jugé relâché, incorrect, impur, fautif ou vulgaire : plus une attitude qu'une réalité linguistique.

La norme fonctionne comme un système d'instructions définissant les formes à choisir pour modèles, et celles dont l'usage est prohibé. À travers un fonctionnement en « ne dites pas..., dites... » (exemple : ne dites pas *pallier à un inconvénient,* mais *pallier un inconvénient*), elle donne corps à la grammaire normative. La sanction du non-respect de la norme est la faute*, marquée par l'opprobre social. Les rapports sont donc complexes entre norme et usage : une grammaire normative rejette des constructions qu'elle considère comme incorrectes, tout en admettant qu'elles sont dans l'usage.

Les arguments donnés pour justifier la norme sont de plusieurs ordres : le sentiment de la langue (qui n'est reconnu qu'à certains), la clarté, la logique du rapport pensée-expression, l'histoire de la langue, l'esthétique... Et quand manquent les arguments, les grammaires normatives se contentent de rejets sans justification (« on ne dit pas... », « il est incorrect de dire... », « ... n'est pas français »...).

Ces arguments n'ont de fait jamais aucun fondement linguistique. En effet, une forme ne peut être considérée comme esthétique ou claire que parce qu'elle est employée par un groupe socialement valorisé. L'évolution n'est pas seulement le produit logique de l'histoire de la langue, mais l'interaction complexe de facteurs d'ordres divers, dont certains sociaux. Elle a souvent pour origine un usage populaire (par exemple *se rappeler de quelque chose,* de plus en plus répandu, était senti comme tout à fait fautif au début du siècle), d'où le terme de « français avancé » qui a pu être donné au français populaire — encore qu'il ne soit pas la seule source du changement. Par ailleurs, pour les arguments logiques, les innovations sont souvent le produit d'une analogie*. Mais ce processus linguistique fondamental donne aussi bien jour à des formes qui s'imposeront dans la langue (qui deviendront donc norme à leur tour) qu'à des formes qui restent des fautes (par exemple, *il faut que je prende,* sur le modèle *que je rende,* dans la bouche d'un enfant).

Il est nécessaire de distinguer deux aspects de la norme : l'essentiel est le fonctionnement de la norme dans une société, que nous venons de décrire mais pas d'expliquer. Liée à l'écrit, et spécialement aux œuvres littéraires (mais plus comme caution que comme source), elle a une origine historique à chercher dans des facteurs externes à la langue. En France, l'idée s'en fixe à partir du XVIIᵉ siècle, en rapport avec des événements politique (unification nationale, centralisation monarchique, constitution de la bourgeoisie, qui prendra le pouvoir politique lors de la Révolution française, avec pour conséquence linguistique l'imposition définitive de la langue nationale). Ceci impose la valorisation de l'usage de la classe dominante, à travers des institutions comme l'Académie française, relayée au niveau quotidien par les dictionnaires, les grammaires, l'enseignement. Ce sont donc avant tout des raisons politiques et sociales qui imposent la norme. Ceci permet de comprendre à la fois l'arbitraire linguistique de la norme (pourquoi plutôt *je vais chez le boucher* que *je vais au boucher*, sinon « parce que c'est comme ça » ?), et son partage par tous les membres de la communauté, même ceux qui ne l'utilisent pas mais qui la reconnaissent pour ce qu'elle est (voir SOCIOLINGUISTIQUE). C'est donc l'existence de la norme qui unifie la communauté, qui constitue sa structure sociolinguistique, sous les deux formes que l'on peut appeler « norme objective » de la stratification sociale et stylistique, et « norme évaluative », tôt acquise par l'enfant (de façon active par la correction, puis par intériorisation). En ce sens, *norme* tend à prendre le sens de « normal », largement partagé par les membres de la communauté.

Le deuxième aspect dérive du premier, comme attitude normative dans la description de la langue, qui se maintient en partie dans la pratique pédagogique française, quand l'étude de la langue est liée à l'acquisition de règles culturelles, sociales, voire de conduite. Le risque de confusion entre nécessité de fixation de la langue commune et ce qui est de l'ordre du « beau parler », voire du purisme, invite à faire une distinction supplémentaire entre ce que certains ont appelé *surnorme* et *norme*. La surnorme désignerait le système second, non impliqué par la contrainte garantissant le fonctionnement du système que serait la simple norme. Ainsi, « *après que* doit être suivi de l'indicatif » serait de l'ordre de la surnorme de même que la condamnation de la forme *se suicider*, qui manquerait de logique en redoublant la référence à *soi*. Ces deux « fautes » sont fort répandues : la deuxième est très habituelle, et l'usage du subjonctif* après *après que* est en passe de le devenir, avec de bonnes raisons structurelles. Si la norme est attestée dans toutes les sociétés, la surnorme ne l'est que dans certaines.

L'activité du grammairien risque toujours d'être un équilibre difficile entre deux plans : il dit ce qu'est la langue, en décrit le fonctionnement, mais l'usage n'est pas seulement un objet physique observable et analysable, étranger à tout jugement. En privilégiant certains usages sur d'autres (ne serait-ce que par la sélection de la description), il court toujours le risque d'énoncer ce que la langue doit être. (Sur la notion de *norme* dans le lexique, voir DICTIONNAIRE.)

noyau

Voir PHRASE.

numéraux

On groupe généralement sous ce terme des éléments appartenant à trois séries distinctes :

— une série de déterminants numéraux (les *cardinaux* de la grammaire traditionnelle) : *un, deux, cent, mille,* etc. Comme les autres déterminants*, ces éléments peuvent être pronominalisés. Ils peuvent aussi, dans des conditions qui leur sont spécifiques, être nominalisés et adjectivalisés.

— une série d'adjectifs de sens numéral (les *ordinaux* de la grammaire traditionnelle) : *premier, deuxième, centième, millième,* etc.

— une série de noms, d'adjectifs et d'adverbes indiquant différents aspects de la notion de quantité.

A. Les cardinaux

Au même titre que les articles* et la plupart des indéfinis*, ils indiquent la détermination quantitative du nom. Leur spécificité parmi les quantificateurs est de marquer la quantité de façon arithmétiquement précise : *j'ai lu des (quelques, plusieurs) livres/j'ai lu trois (dix-sept, cent) livres.*

Remarque. — Il arrive, notamment dans des expressions figées, que certains cardinaux soient utilisés pour désigner de façon approximative une quantité, souvent élevée. C'est notamment le cas de *deux, quatre, dix, vingt, trente-six, cent, cent un, cent sept, cent dix-neuf, quatre cents, mille, mille (et) un,* etc. Ces emplois rapprochent les cardinaux des indéfinis.

Les cardinaux apparaissent dans le syntagme nominal dans les conditions suivantes :

a) dans *trois (vingt-neuf, cent) livres,* le numéral est le seul déterminant du nom;

b) dans *les (mes, ces, quels) trois (vingt-neuf, cent) livres,* le cardinal s'ajoute à l'article défini ou à l'un de ses équivalents. Les cardinaux sont incompatibles non seulement entre eux *(*trois cinq livres)* mais encore avec l'article indéfini *(*des trois livres* n'est grammatical que si *des* est l'article défini contracté avec *de)* et avec les indéfinis quantitatifs (dans *quelque dix livres, quelque,* au singulier, est adverbe et marque l'approximation). Ces incompatibilités marquent la parenté qui existe entre les cardinaux, l'article indéfini et les indéfinis quantitatifs.

1. Morphologie des cardinaux

Il y a nécessairement autant de noms de nombres que de nombres : il est possible de lire par un cardinal un nombre tel que 3 758 492 728. En revanche, le nombre des éléments qui servent à former ces mots est limité : *un, une* (on remarque l'homonymie avec l'article indéfini : nouvel indice de la parenté entre les deux classes), *deux* (à partir de *deux,* l'opposition des genres n'est plus marquée), *trois, quatre, cinq, six, sept, huit, neuf, dix, onze, douze, treize, quatorze, quinze, seize,* puis : *vingt, trente, quarante, cinquante, soixante,* puis : *cent, mille.*

Les cardinaux non représentés par des formes simples sont formés, par composition*, à l'aide des éléments de cette liste. La *postposition* du plus petit nombre fonctionne comme marque de l'addition (*dix-sept* = 10 + 7), son *antéposition* comme marque de multiplication (*quatre-vingts* = 4 × 20, *trois cents* = 3 × 100).

2. Remarques morphologiques, orthographiques et historiques

a) *un million, un milliard* sont des noms. Le syntagme nominal qu'ils déterminent comporte la préposition *de* (voir plus bas la remarque sur l'apparition de *en* lors de la pronominalisation d'un cardinal). Il en est de même de *un billion, un trillion, un quadrillion, un quintillion, un sextillion, un septillion, un octillion, un nonillion,* plus rarement employés.

b) les formes simples *septante* (pour 70), *nonante* (pour 90) et, plus rarement *octante* (parfois *huitante*) pour 80 sont utilisées en Belgique, en Suisse romande et dans certains points du Sud-Est français. Les formes du français standard *(soixante-dix, quatre-vingts, quatre-vingt-dix)* constituent les séquelles d'un système de numération vicésimale (de 20 en 20) qui était plus étendu dans la langue ancienne : *six-vingts* pour 120, *quinze-vingts* pour 300.

c) dans les formes composées marquant l'addition, *un* est coordonné au nom de la dizaine (sauf dans *quatre-vingt-un*) et juxtaposé au nom de la centaine : *trente et un* (comparer avec *trente-deux*), *cent un.* Les autres cardinaux sont toujours juxtaposés à la seule réserve de *onze* dans *soixante et onze* (mais *quatre-vingt-onze*).

d) de 1 000 à 1 900, on a le choix entre deux lectures du même nombre : *onze cents* ou *mille cent*. La lecture par multiples de *cent* s'étendait en ancien français au-delà de 2 000.

e) *six* et *dix* présentent un phénomène de variation de prononciation analogue à celui qui affecte *plus* et *tous*. Les conditions en sont les suivantes : [si] et [di] devant consonne (sauf dans *dix-neuf*), [siz] et [diz] devant voyelle, [sis] et [dis] devant une pause. *Huit* perd son /t/ final devant consonne, *sept* le conserve sauf dans certaines expressions figées *(le livre scellé de sept* ([sɛ]) *sceaux)*. Le /k/ final de *cinq* est, devant consonne, tantôt conservé, tantôt supprimé. Le /t/ final de *vingt* se conserve devant voyelle et, devant consonne, dans les nombres composés tels que *vingt-quatre*. En revanche, *cent* perd son /t/ final, devant voyelle, dans *cent un* et *cent onze*.

f) *vingt, cent*, ainsi que les noms *million, milliard*, etc., prennent l's du pluriel quand ils sont multipliés. Toutefois, l'orthographe traditionnelle efface l's de *vingt* et *cent* quand ils sont suivis d'un autre nombre : *quatre-vingt-quatorze, deux cent trois*.

g) *mille* ne prend jamais la marque du pluriel, et se distingue ainsi de son homonyme *mille* (« unité de mesure »). *Mille* est, étymologiquement, le pluriel d'une forme *mil*, qui subsiste dans la graphie archaïsante des dates : *l'an mil* (mais : *l'an deux mille*).

h) *zéro* s'emploie comme déterminant dans certains usages : scolaire *(zéro faute)*, commercial *(zéro franc)*, technique *(zéro heure)*. Dans les autres cas, on lui substitue *aucun* ou *pas un*. Mais *zéro* est comme les autres cardinaux apte à la pronominalisation et à la nominalisation.

3. Pronominalisation des cardinaux

Au même titre que les autres déterminants, les cardinaux peuvent s'utiliser comme pronoms : *dix élèves seront reçus* donne, par effacement du nom, *dix seront reçus*, sur le même modèle que *chaque élève sera reçu* donne *chacun sera reçu*. On remarque que le cardinal pronominalisé est nécessairement accompagné de l'élément *en*, sauf dans le cas où il est sujet : *j'ai lu cinq livres* donne *j'en ai lu cinq*, et non **j'ai lu cinq*. Ce trait est l'indice de la présence d'un *de* non manifeste dans les expressions quantitatives (qu'elles comportent un article indéfini, un numéral ou un quantitatif tel que *quelques, plusieurs*, etc).

Les cardinaux sont encore pronoms dans des phrases telles que *nous étions dix (mille,* etc.*)*, comme le montre la substitution au cardinal d'une forme morphologiquement caractérisée comme pronominale *(nous étions quelques-uns)*.

4. Nominalisation des cardinaux

Notamment dans les opérations arithmétiques, les cardinaux sont utilisés comme noms propres des nombres : *deux et deux font quatre*. Rien n'empêcherait d'ailleurs de considérer ces emplois comme des pronoms nominaux.

5. Adjectivalisation des cardinaux (voir plus bas).

B. Les ordinaux

Les ordinaux sont formés sur les cardinaux. Mais cette parenté morphologique ne doit pas masquer le fait que leur comportement syntaxique est tout à fait différent. Les ordinaux sont en effet de véritables adjectifs qualificatifs : ils en ont tous les emplois. Utilisés comme épithètes, ils sont toujours antéposés, (sauf *premier* dans *François (Léon) Premier*). Ils ne peuvent toutefois pas recevoir les marques de degré (trait que présentent d'ailleurs de nombreux autres adjectifs).

C'est le suffixe *-ième* qui permet de former les ordinaux à partir des cardinaux : *vingt, vingtième; quarante-six, quarante-sixième; million, millionième*, etc. Cependant :

— *unième* n'apparaît que dans les formes composées *(vingt et unième)*. L'ordinal correspondant à *un* est *premier*.

— *second* est en concurrence avec *deuxième* comme ordinal de *deux*.

— les formes archaïsantes *tiers* et *quart* subsistent dans le nom des fractions : *le quart*, c'est la *quatrième* partie d'un tout. *Tiers* et *quart*, ainsi que *quint*, subsistent encore dans quelques expressions figées : le *tiers-état, la fièvre quarte, Charles-Quint*, etc.

Les ordinaux indiquent le *rang* occupé dans une série d'éléments par le terme qu'ils qualifient : *la vingt-cinquième heure, je suis troisième en thème latin*. On remarque la parenté entre les ordinaux et les adjectifs du type *dernier, avant-dernier, ultime, pénultième*, qui marquent également le rang.

Dans certains cas, on substitue — de façon obligatoire ou facultative — le cardinal à l'ordinal attendu. Ce phénonème constitue donc l'adjectivalisation des cardinaux. On le trouve :

— dans l'énumération des souverains et des papes : *Jean XXIII* se lit *Jean vingt-trois* (mais : *François Premier*);

— pour l'année, le quantième du mois et l'heure : *le sept juin* (mais : *le premier décembre*).

— pour les divisions des ouvrages : *chapitre II,* lu : *deux* ou *deuxième.*

C. Autres mots numéraux

Il existe quelques séries, brèves et lacunaires, de noms, d'adjectifs et d'adverbes désignant différents aspects de la quantité, en particulier :

a) adjectifs ordinaux en *-aire : primaire, secondaire, tertiaire, quaternaire;*

b) adjectifs en *-aire* indiquant l'âge par référence aux dizaines d'années : *trentenaire* (pour un événement), *quadragénaire, quinquagénaire* (et *cinquantenaire* pour un événement), etc., *centenaire* (à la fois pour une personne et pour un événement), *bicentenaire* (pour un événement), *tricentenaire, millénaire, bimillénaire;*

c) adjectifs multiplicatifs : *simple, double, triple, quadruple, centuple,* etc. ;

d) adjectifs en *-ennal* indiquant une durée ou une périodicité en années : *biennal, triennal, quadriennal* (ou *quatriennal*), *quinquennal, sexennal, septennal, décennal, vicennal, tricennal,* etc. ;

e) adjectifs en *-imal* (ou en *-naire*) indiquant, le plus souvent, la base d'un système de numération : *binaire, ternaire, décimal, undécimal, duodécimal, octodécimal, vicésimal, quadragésimal, sexagésimal,* etc. ;

f) noms désignant des ensembles de x objets ou personnes : *couple, paire, duo, trio, triade, ennéade, dizaine, douzaine, centaine* (approximatif), etc.; dans le domaine de la musique, *triolet, quatuor, quintette, sextuor, septuor, octuor,* etc. ;

g) noms en *-ain* précisant le nombre de vers d'un poème : *quatrain, huitain, dizain,* etc. ;

h) noms en *-ennat* indiquant un espace de x années ou l'exercice d'une charge pendant x années : *triennat, quinquennat, septennat,* etc. ;

i) adverbes en *-ment* formés sur les ordinaux : *premièrement, deuxièmement,* etc., *centièmement,* etc. Ils sont parfois remplacés par leurs correspondants latins *primo, secundo* (on évitera le familier *deuxio*), *tertio, quarto, quinto, sexto, septimo, octavo, nono, decimo, undecimo, duodecimo,* etc., *octogesimo,* etc., *octingentesimo,* etc. ;

j) adverbes latins indiquant un nombre de fois, quelquefois employés en français : *semel, bis, ter, quater, quinquies, sexies, septies, octies,* etc.

430

O

objet (ou objectif)

En grammaire de cas, le rôle sémantique de l'*objet* est considéré comme le plus neutre sur le plan sémantique, son contenu est fondamentalement lié à l'interprétation du verbe dont il dépend. (Voir OBJET (COMPLÉMENT D'), SUJET.)

objet (complément d'objet)

Les grammaires traditionnelles définissent le *complément d'objet* comme étant la *personne* ou la *chose* sur laquelle *passe l'action du sujet;* à cette approche intuitive, elles ajoutent un critère d'identification : il répond aux questions *qui* ou *quoi* lorsque ces pronoms sont placés après le verbe. Elles distinguent les compléments d'objet *directs* (ils suivent directement le verbe) des compléments d'objets *indirects* (ils sont introduits par une préposition).

A. Caractérisation formelle

1. Il est dit à l'article SUJET que tout verbe exige la présence d'un sujet qui le précède normalement. On peut admettre, dans un premier temps, que ce caractère de présence obligatoire convient également au complément d'objet qui suit le verbe, à condition d'en limiter la portée à un sous-ensemble de verbes* : les phrases : **Paul rencontre, *Jean accueille, *la voiture trompe, *il bénéficie (de), *elle parvient (à)* sont agrammaticales; les verbes *rencontrer, accueillir, tromper* sont dits *transitifs directs* et les verbes *bénéficier, parvenir, transitifs indirects.* Cette partition n'a pas, toutefois, le caractère absolu qu'on pourrait lui prêter : s'il existe une authentique série de verbes qui ne peuvent s'employer sans complément d'objet, il existe également un nombre important de verbes qui peuvent s'employer *avec* ou *sans* complément d'objet. Trois cas sont à envisager.

a) le complément est absent mais la phrase ne saurait être comprise sans une référence au contexte (le complément est implicitement restitué) : *il a longtemps cherché avant de trouver; nous savons !; les élèves rédigent; je distribue* (dans une partie de cartes).

b) le complément est facultatif, sa présence éventuelle est la marque d'une spécification du procès : *elle chante/elle chante une romance : il mange/il mange un gâteau.*

c) la présence ou l'absence de complément confèrent au verbe des sens différents : *on a percé le mur/ce chanteur a rapidement percé; il a pris un bonbon/le ciment a pris; il se défend de mentir/il se défend.*

2. Le complément fait partie du syntagme verbal : c'est un complément de verbe, il se place après le verbe et n'est pas, normalement, déplaçable; ce qui permet de le distinguer des compléments de phrase (voir CIRCONSTANCIELS) comme *le soir* dans *il lit le soir → le soir, il lit* qu'il faut opposer à *le journal* dans *il lit le journal → *le journal, il lit.*

3. C'est un syntagme à valeur nominale : il ne saurait — comme l'attribut, qui fait également partie du syntagme verbal — être remplacé par un adjectif. En outre, le nom complément d'objet est obligatoirement déterminé, alors que le nom attribut apparaît souvent sans déterminant. (Dans les locutions verbales comme *prendre peur, faire mouche, donner tort,* etc., le nom n'assume pas de fonction propre.)

4. Il n'y a pas, en français, de marque casuelle du complément d'objet comme en latin ou en allemand où il est porteur du cas accusatif* (lorsqu'il est direct); on retrouve toutefois la trace d'un équivalent casuel lorsqu'il est pronominal : le français oppose, en effet, les pronoms sujets *je, tu, il, ils...* aux pronoms objets directs et indirects : *me, te, se, le, lui, leur...* Ce qui permet encore de distinguer *il lit le journal → il le lit* et *il lit le soir → *il le lit.*

Quand l'interrogation porte sur le complément d'objet, le pronom interrogatif* est *que* ou *qui;* il se place en tête de la phrase : *que lis-tu ? — le journal/*le soir* (en position postverbale, les pronoms interrogatifs sont *qui* ou *quoi*). le critère d'identification à l'aide de ce genre de question doit toutefois être relativisé car celles-ci sont compatibles avec de nombreuses constructions attributives : *il est quoi ? — Directeur ; le meilleur est qui ? — Pierre.* Les pronoms interrogatifs indirects sont précédés de prépositions (*à qui, à quoi, de qui, de quoi*). Le pronom relatif* complément d'objet direct est *que : l'homme que je vois; auquel, à qui, duquel,* etc., sont des relatifs compléments d'objet indirects.

5. Les constructions transitives directes peuvent subir la transformation passive (voir PASSIF) : le complément d'objet devient sujet et le sujet, complément d'agent* : *le brouillard cache la maison* → *la maison est cachée par le brouillard;* ce qui les distingue radicalement des constructions transitives indirectes.

Cette propriété permet également d'opposer les compléments d'objets directs à d'autres compléments de verbe : bien qu'appartenant au syntagme verbal et construits de manière directe, les compléments de *peser, mesurer, valoir, coûter* ne sauraient devenir les sujets d'une phrase passive, c'est pourquoi certains grammairiens ont voulu y voir des compléments circonstanciels (voir cet article). On fera ainsi la différence entre : *l'infirmière a pesé le bébé* → *le bébé a été pesé par l'infirmière* et *le bébé pèse trois kilos* → **trois kilos sont pesés par le bébé.*

6. Sur le plan syntaxique, il est difficile de distinguer les compléments d'objet indirects de certains compléments traditionnellement considérés comme circonstanciels : un syntagme prépositionnel comme *à la campagne* dans *nous résidons à la campagne* fait partie du syntagme verbal, c'est un complément de verbe au même titre que *à la question* dans *il répond à la question;* sa présence est exigée par le verbe, il n'est ni déplaçable, ni effaçable, il connaît la même reprise pronominale : *nous y résidons, nous y répondons,* seules les questions *où... ? à quoi... ?* ainsi que la substitution par un équivalent adverbial *(nous résidons là/*nous répondons là)* permettent de faire la différence.

B. Les constructions à double objet

Certains verbes admettent deux compléments d'objet dans la même construction, l'un direct, l'autre indirect (le plus souvent dans cet ordre); c'est le cas de *donner* et de tous les verbes qui impliquent un transfert : *offrir, accorder, prêter, céder, dire, transmettre, communiquer,* etc. On a longtemps appelé ce second complément « complément d'attribution »; cette étiquette présente deux inconvénients : le contenu sémantique qu'elle véhicule suggère, d'une part, un rapprochement avec les compléments circonstanciels et d'autre part, ne recouvre pas l'ensemble des significations de ce type de complément; il n'y a pas la moindre idée d'attribution dans *j'ai confisqué un jouet à mon fils; il a caché la nouvelle à son frère; l'État refuse son aide aux non-résidents.* Sa seule justification pourrait être liée à l'identification des compléments qui reçoivent l'affixe du datif* dans les langues à flexion (ils ont le trait [+ animé] et sont toujours introduits par *à* en français).

C. L'objet interne

Certains verbes intransitifs (en nombre restreint) peuvent se construire avec un complément d'objet direct; celui-ci est considéré comme « interne » dans la mesure où il explicite, détermine, quantifie les notions déjà exprimées par le verbe en question. Cette redondance sémantique s'observe surtout dans des tours plus ou moins figés comme : *vivre sa vie, aller son chemin, jouer gros jeu,* mais on peut l'étendre à des constructions comme *courir une course folle, rêver tous les rêves, dormir un vrai sommeil,* etc.

D. L'interprétation sémantique

On pourrait s'étonner que l'arsenal notionnel auquel recourt habituellement la grammaire traditionnelle pour définir les fonctions se trouve, ici, extrêmement appauvri : « l'action du sujet, exprimée par le verbe, passe sur le complément d'objet » (on peut se reporter, à ce propos, aux définitions des fonctions *sujet** ou *complément circonstanciel** par exemple).

Cet appauvrissement peut s'exprimer de manière relativement simple : il ne signifie aucunement que la fonction complément d'objet est dépourvue de sens; bien au contraire, il se justifie précisément par le fait que cette fonction offre à l'intuition un éventail tellement vaste de notions qu'il serait impossible de les faire figurer dans une définition quelconque. On peut ainsi repérer quelques-unes des principales notions qui apparaissent dans le classement des compléments circonstanciels : lieu : *il occupe un bureau;* destination : *nous avons gagné le large;* but : *il souhaite le succès;* moyen : *j'utilise une règle;* conséquence : *il a provoqué une catastrophe;* opposition : *il combat le régime;* à quoi il faudrait ajouter la perception : *il ressent une douleur,* la création : *il construit une maison,* mais il serait alors nécessaire de parler aussi de destruction (avec *démolir*), de transformation (avec *transformer*), etc.

En fait, ce qui ressort de cette tentative de description sémantique, c'est que ces notions ne s'obtiennent que par l'analyse du sens même du verbe concerné, si bien que l'entreprise se ramènerait très vite à une description lexicale.

En ce sens, la définition proposée est encore trop riche pour rendre compte de ce phénomène : elle maintient que le sujet est à l'origine d'une action, ce qui est peu vraisemblable au regard de phrases comme : *il a subi un revers de fortune; j'éprouve des difficultés,* etc. Du même coup, la notion de « passage » — qui aurait pu évoquer la simple idée d'une relation — se trouve élargie d'un excès de signification.

Ce problème ne s'est pas posé dans le cadre de la logique classique puisque la proposition y était définie comme le siège d'une relation entre deux termes, le sujet et le prédicat, seule configuration pouvant se prêter à l'interprétation ; ainsi, la présence éventuelle d'un objet ne pouvait qu'échapper à l'interprétation dans la mesure où celui-ci était nécessairement absorbé par le prédicat et donc intimement associé au verbe.

La logique moderne, qui en est venue à dissocier divers arguments dans la relation prédicative, considère, en général, l'objet comme l'entité qui vient saturer la deuxième variable dans des formules du type : $P(x,y)$, la première étant conventionnellement réservée au sujet.

Cette dépendance sémantique du complément d'objet vis-à-vis du verbe a amené la grammaire de cas* — qui postule l'existence d'un ensemble universel de cas sémantiques profonds *a priori* indépendants des fonctions syntaxiques — à poser l'existence d'un cas objet; en fait, celui-ci se trouve coïncider très souvent (dans de nombreuses langues) avec la fonction complément d'objet : il est défini comme étant le plus neutre dans la mesure où il tire sa signification du verbe. Mais il n'en est pas toujours ainsi : dans de nombreuses constructions intransitives, le cas objet est représenté par le sujet : *la porte s'ouvre, les corps tombent, la voiture glisse*, etc.

À l'inverse, si *le chocolat* est objet dans *Pierre aime le chocolat*, *Marie* est datif dans *Pierre aime Marie*. De même, si le complément dit d'« attribution » peut être considéré comme la réalisation du cas datif, ce cas peut très bien être représenté, en surface, par le sujet, comme dans : *Paul a reçu un cadeau* (c'est pourquoi on se gardera de confondre les cas profonds avec les affixes casuels des langues à flexion).

E. Les formes du complément d'objet

La forme de base du complément d'objet est un syntagme nominal (déterminant + nom) : *je vois le bateau* ou un syntagme prépositionnel (préposition + SN) : *il pense à ses enfants;* tous deux connaissent des substituts pronominaux : *je le vois; le bateau que je vois; il pense à eux*, etc. Il peut s'agir d'un infinitif : *Paul souhaite réussir, nous aimons chanter;* d'une proposition complétive : *je pense qu'il fera beau, je tiens à ce qu'il le sache;* d'une proposition infinitive : *j'ai vu Paul s'en aller, j'ai convaincu Marie de rester;* d'une relative sans antécédent : *choisissez qui vous plaira;* d'une interrogative indirecte : *je te demande comment tu as fait.* (Sur les questions concernant l'attribut du complément d'objet, voir ATTRIBUT.)

435

occlusive

Voir PHONÉTIQUE/PHONOLOGIE.

occurrence

De manière générale, on désigne par *occurrence* l'apparition ou la manifestation d'un élément linguistique dans un énoncé ou un discours. Ainsi, *le chat aime le lait* comporte une occurrence du mot *chat*, deux occurrences du mot *le*, etc., et [ləʃaɛmləlɛ] comporte une occurrence du son [a], deux occurrences du son [ɛ], etc.

De manière plus stricte, le terme d'*occurrence* (on dit aussi *instance*) est souvent utilisé comme l'équivalent français du mot anglais *token*, qui s'oppose à *type*. Ainsi, dans la forme graphique *assassin*, il n'y a qu'un seul type de graphème consonantique *(s)* qui est « instancié » quatre fois; d'où la contradiction apparente entre des énoncés comme « *assassin comporte huit lettres* » et « *assassin comporte quatre lettres* ».

Dans le contexte grammatical, les formes étudiées (phrases, constituants, mots, etc.) doivent être considérées comme des types, leurs instanciations *(tokens)* relèvent de l'étude du discours.

onomatopée

Étymologiquement, *l'onomatopée* (en grec « création de mots », comme *pharmacopée*, « création de médicaments ») embrasse tous les phénomènes de créativité lexicale. Toutefois, le mot s'est d'emblée spécialisé dans le sens de « création de mots imitant des bruits » : *atchoum* (éternuement), *badaboum* (chute), *bang* (explosion, voir la théorie dite du *big bang* sur l'origine de l'univers), *bè* (bêlement), *bip bip* (signal radiodiffusé), *cocorico* (chant du coq), *flic flac floc* (bruit de gouttes d'eau, remarquer l'alternance des voyelles), *miaou* (miaulement), *vrout(t)* (bruit d'ailes d'un oiseau qui s'envole), etc., sont des onomatopées à l'état brut; l'imitation du bruit est perçue comme relativement fidèle par les usagers de la langue, même si l'intégration dans le système phonologique entraîne des différences entre les langues. Ces mots ont le statut syntaxique de l'interjection*. Mais des mots d'autres classes peuvent, dans leur totalité ou par la présence d'un de leurs éléments, avoir le statut d'onomatopée : le nom *coucou*, onomatopéique, désigne l'oiseau qui produit le bruit imité (en allemand *Kuckuck*, [kukuk]); *ping-pong* est devenu la désignation courante du *tennis de table* et a fourni le dérivé *pongiste*. Des verbes tels que *miauler* (dérivé de *miaou* avec un *-l-* intercalaire absent dans

436

l'allemand *miauen*, [miauən]), ou *cocoriquer* (non enregistré par les dictionnaires, mais parfaitement interprétable) sont onomatopéiques.

L'évolution phonétique peut faire perdre ou, inversement, faire acquérir un aspect onomatopéique à certains mots : *pigeon* n'évoque plus guère les sons produits par l'oiseau, à la différence de son étymon* *pipionem*. *Fouet* et *siffler* sont au contraire plus évocateurs que *fagum* et *sibilare*.

En raison notamment de la limitation du champ sémantique du bruit, les onomatopées ne mettent que très marginalement en cause le principe de l'arbitraire du signe*. On a pu cependant étendre la notion d'onomatopée et reconnaître l'existence, notamment en français, de matrices onomatopéiques qui, non directement créatrices de formes, retiennent des mots étymologiquement divers et les organisent en microsystèmes morphosémantiques. Ainsi la racine trilittère *t* + voyelle + *k* fournit au français non seulement les onomatopées imitatives *tic tac toc*, mais encore des mots tels que *taque, taquet, taquin, taquoir, tiquer, toquer, toquade*, et, avec un *-r-* intercalaire *trique*, voire *trac*, tous mots où se reconnaît (plus ou moins nettement) le signifié « choc », qui lui-même comporte une structure signifiante partiellement commune.

opposition

1. L'*opposition* est le mode d'existence des unités linguistiques, qui se distinguent les unes des autres et se délimitent réciproquement au sein des paradigmes* qu'elles constituent. (Voir LANGUE, PHONÉTIQUE/PHONOLOGIE et VALEUR.)

2. L'opposition s'exprime notamment par des phénomènes de coordination*, de juxtaposition* et de subordination*. (Voir à CIRCONSTANCIELLE la rubrique *concession*, et voir INDÉFINIS.)

oral

Voir PHONÉTIQUE/PHONOLOGIE.

ordinal

Voir NUMÉRAUX.

ordre

Caractérisant des formes de phrases qui s'opposent à la fois à l'assertion et à l'interrogation*, l'*ordre* est l'expression d'une intimation : il s'agit donc d'une catégorie sémantique dont les formes sont variées.

L'ordre est essentiellement exprimé par la forme impérative* *(viens! allons! allez!)*. Aux formes où l'impératif fait défaut (car il n'existe qu'à la 2e personne du singulier, aux 1re et 2e personnes du pluriel), il peut être remplacé par le subjonctif *(qu'il entre! qu'ils s'en aillent)*. Pour la 1re personne du singulier, son expression n'est pas du tout naturelle : on fait appel à la première personne du pluriel *(allons, courons, je dois y aller!)*.

Forme typiquement orale (ou orale transcrite) puisqu'elle s'adresse à un interlocuteur, l'ordre se caractérise toujours par une intonation descendante sur l'ensemble de la séquence (voir PROSODIE). Ainsi *qu'il entre!* aura les niveaux de 3 à 1, *apportez-moi une carafe d'eau,* de 4 à 1. Ce trait prosodique est signalé sur le plan graphique par un point d'exclamation final. Il en est de même dans les formes d'ordre dit « de politesse » : *veuillez vous retirer!* Si l'ordre est suivi de *s'il vous plaît*, ce segment échappe à l'intonation spécifique, et suit le schéma des incises (niveau bas et ton monotone).

Cette intonation spécifique est le seul trait qui fasse l'unité de la catégorie, car on la retrouve dans les formes d'ordre qui ne comportent pas l'impératif : c'est le cas de l'indicatif à la 2e personne, soit présent *(tu viens à cinq heures)*, soit futur *(vous balaierez la cour; tu ne tueras point)*, formes qui ne peuvent être des ordres que si le verbe est un verbe d'action *(vous aurez du mal à comprendre* ne peut être un ordre*)*. On la trouve aussi présente quand l'ordre est donné par un seul mot, adverbe *(doucement! en avant!)* ou nom *(halte! attention!)* de même que dans une obligation exprimée avec *devoir (on doit respecter ses parents)*. Un ordre exprimé par une question (voir INTERROGATION) peut également comporter cette intonation : une phrase comme *pouvez-vous me passer le sel ?* exprimera une nuance différente selon qu'elle aura une intonation de 3 à 1, ordre impérieux, ou de 2 à 3, avec le schéma caractéristique d'une interrogation. De même pour des formes qui sont à la fois fausse interrogation et hypothèse : *si vous fermiez la porte ?* Les interrogations sont ici des actes de langage indirects* pour des suggestions, formes de l'ordre.

L'usage de l'infinitif fournit une forme d'ordre spécifiquement écrite, qui permet de ne pas s'adresser à un interlocuteur en particulier : on l'emploie quand celui-ci est indéterminé *(entrer sans frapper; ne pas se pencher au dehors)*. C'est la forme que l'on trouvera dans une recette de cuisine *(ajouter les oignons et les faire revenir)*, dans l'énoncé d'un problème mathématique *(extraire la racine carrée)* ou dans un mode d'emploi *(secouer avant l'usage)*. On pourra aussi, avec les mêmes caractéristiques, trouver un nom suivi d'un infinitif *(prière de ne pas déranger, défense de fumer)*, ou une forme impersonnelle *(il est interdit de se pencher au dehors)*.

On voit par les derniers exemples qu'il n'y a pas de différence entre les formes de l'ordre et celles de la défense, qui est simplement une négation ajoutée à un ordre *(ne viens pas! tu ne tueras point! ne pas laisser à portée des enfants!)*

L'ordre est souvent renforcé par la présence d'interjections* : *va, donc, hein... (viens donc ce soir; prends-le, va!)*. Dans cet emploi, *donc* apparaît indépendamment de tout phénomène de coordination et est d'ailleurs susceptible, en langue familière, d'avoir une prononciation différente [vjɛ̃dɔ̃].

Quand on veut désigner un sujet à l'impératif, on met celui-ci en apostrophe* : *Paul, dis-moi ce qui se passe!*

Quand il apparaît dans des structures juxtaposées ou coordonnées, l'impératif garde sa valeur s'il est associé à d'autres impératifs *(va, cours, vole!)*. Mais, associé à des phrases assertives, il marque une condition ou éventuellement une concession *(viens, et je te casse la figure)*. (Voir IMPÉRATIF.)

Bien que certains grammairiens fassent de l'expression de l'ordre un performatif*, il semble plus intéressant de l'en distinguer : visant à intimer à l'auditeur un comportement, l'ordre pourrait être remplacé par n'importe quel autre signal éventuellement non linguistique (geste, coup de sifflet...), mais il ne réalise pas, comme le performatif, l'acte en lui-même.

ordre des mots

A. Le canon

La problématique de l'*ordre des mots* constitue un des aspects fondamentaux de toute investigation grammaticale. En effet, la caractérisation même des fonctions (que l'on peut considérer, à un niveau plus abstrait, comme des relations) ne saurait échapper à un repérage fondé sur les positions relatives des éléments concernés, telles qu'elles se manifestent dans la langue parlée ou écrite. Par exemple, dire qu'en français le sujet* précède le verbe*, c'est fournir le moyen d'un repérage fondé sur une conception de l'entité « phrase* », elle-même tributaire d'une organisation dans laquelle la notion de succession d'éléments joue un rôle essentiel. (D'où un risque inévitable de circularité partielle lorsqu'on se borne à définir les fonctions par la place qu'elles occupent dans la phrase, et la phrase comme un arrangement ordonné des diverses fonctions qui s'y manifestent.)

Cette approche est naturellement entretenue par les comparaisons qu'on a pu faire entre des langues comme le français et l'anglais par exemple, dont les constituants ne portent pas de manifestation morphématique apte à indiquer leur fonction syntaxique (à l'exception de quelques pronoms), vis-à-vis des langues à flexion (le latin en particulier), où les suffixes casuels affectés aux constituants nominaux contribuent, de manière essentielle, à l'identification de leur rôle syntaxique, les dispensant ainsi des principales contraintes relatives à leur position dans la phrase.

D'où les notions de *canon*, de *phrase canonique*, d'*ordre canonique*, que la description grammaticale considère, non seulement comme l'un des repères pouvant conduire à la définition des catégories et des fonctions, mais aussi comme le cadre permettant d'identifier, de décrire et d'interpréter toutes les modifications qu'il peut être amené à subir.

À l'origine purement intuitif, l'établissement de ce canon a été largement confirmé par d'importantes données statistiques. Sa formule, en français, est la suivante : sujet - verbe - attribut/complément d'objet - (complément circonstanciel) - (complément circonstanciel)...

Remarque. — On notera qu'un tel arrangement de fonctions ne concerne pas, à proprement parler des mots, mais plutôt des constituants*, qui sont eux-mêmes, le plus souvent, des assemblages de mots. Ainsi, dans *le petit chat est mort*, le sujet est *le petit chat*, dire qu'il s'agit du mot *chat*, c'est sélectionner son élément principal, à savoir son constituant nominal.

Par ailleurs, lorsqu'on parle de modification de l'ordre des mots, on ne songe guère aux unités qui sont à l'origine de la formation de ces constituants. Par exemple, dans un syntagme nominal, on ne saurait trouver le déterminant ailleurs que devant le nom; seuls certains adjectifs peuvent se trouver antéposés ou postposés au nom, ce qui entraîne parfois des variations dans l'interprétation sémantique (voir ADJECTIF).

B. Les modifications

On distingue généralement les modifications qui sont conditionnées par des phénomènes grammaticaux (celles, par exemple, qui affectent la modalité* de la phrase : exclamative, interrogative, etc.) des modifications qui ne portent pas atteinte au statut syntaxico-sémantique de la phrase et que l'on a coutume d'appeler *stylistiques* — bien que ce terme ait le défaut de suggérer qu'il ne s'agit que de phénomènes ressortissant à la langue écrite, voire littéraire.

1. Les premières sont abordées dans les articles consacrés aux phénomènes grammaticaux pour lesquels le changement dans l'ordre des mots est régulier et pertinent. Ainsi en est-il de l'inversion du sujet (simple ou complexe) traitée dans l'article INTERROGATION, de l'anté-position du syntagme exclamatif (voir EXCLAMATION), de la position préverbale des pronoms compléments dits « atones », conjoints ou clitiques (voir PRONOMINAUX et PERSONNELS), de la relative liberté de placement de l'interjection*.

On complétera rapidement cette liste par quelques observations :

a) l'inversion du sujet est régulière dans les propositions dites « incises », constructions qui viennent s'insérer dans le discours* direct. C'est le cas de *déclara-t-il ; répondit-il ; rétorqua Pierre, avec énergie,* etc. Ces propositions ont leur équivalent dans le discours indirect sous la forme de principales : *il déclara que... ; il répondit que...*

b) avec certains verbes, l'utilisation du sujet impersonnel* *il* entraîne l'inversion du sujet dit « réel » (voir SUJET) : *un accident est arrivé → il est arrivé un accident.* Ce type d'emploi constitue un phénomène relativement régulier, en français, lorsque le sujet est représenté par une complétive* introduite par *que : que Paul ait menti n'est pas certain → il n'est pas certain que Paul ait menti* (tranformation que les grammairiens générativistes appellent *extraposition*).

c) on constate également des cas d'inversion du sujet destinés à marquer la subordination pour certaines propositions concessives dans des tours littéraires qui pourraient paraître affectés à l'oral : *fût-il le pape, je ne lui confierais pas mon argent.*

d) certaines formes figées (tours lexicalisés, voir LEXICALISATION) sont caractérisées par une modification de l'ordre canonique ainsi que par l'effacement de divers morphèmes : *peu importe ; à Dieu vat ; toujours est-il ; m'est avis que* (familier), etc.

2. Les modifications de type stylistique ressortissent à divers facteurs à propos desquels les grammairiens sont bien souvent hésitants : on parle de recherches esthétiques (dans le cadre de l'étude des textes littéraires), de dérogation à l'ordre logique, pour des raisons tenant à l'expressivité (insistance ou emphase), pouvant conduire, en langue parlée, à des constructions formellement exclues par les puristes.

Parmi les paramètres les plus fréquemment évoqués, on retiendra la relative mobilité des compléments circonstanciels (voir cet article) par rapport aux autres constituants : *il se sent bien chez lui/chez lui, il se sent bien.* À noter que l'antéposition d'un complément circonstanciel peut entraîner, dans le discours littéraire, l'inversion du sujet :

au fond de l'horizon, perçait un soleil timide. Diverses observations prennent également en compte la longueur relative des constituants, les locuteurs ayant tendance à placer les plus courts avant les plus longs. Ainsi, l'ordre COD - COI peut être inversé pour des raisons purement rythmiques : *on a offert à Marie un splendide bouquet de fleurs* (COI - COD).

Toutefois, les analyses les plus argumentées font appel à la notion d'« ordre logique », la phrase étant conçue (selon le modèle de la logique classique) comme réalisant une *prédication* (énonçant un *propos*) sur un *support* (un thème*) (voir THÈME, PRÉDICAT), lequel figure, normalement, en position initiale (c'est le cas dans la construction minimale sujet - verbe : *Paul rêve*).

On observe, en effet, une tendance régulière à faire figurer les éléments appartenant au propos en fin de phrase. Que l'on compare : *j'ai retrouvé mon stylo sous l'armoire/j'ai retrouvé sous l'armoire mon stylo.* A l'inverse, on trouvera souvent, en position frontale, les éléments thématiques, quelle que soit leur fonction. C'est là une des caractéristiques de la langue parlée contemporaine. Toutefois, l'ordre canonique ne s'en trouve que partiellement affecté dans la mesure où le constituant déplacé fait normalement l'objet d'une reprise pronominale (les linguistes parlent, dans ce cas, de *détachement* où de *dislocation*) : *Marie, je veux la voir; Paul, on lui a donné des conseils avisés.* Lorsque c'est le sujet qui est détaché, il n'y a plus, à proprement parler, de modification de l'ordre des mots, seule demeure la rupture d'intonation et la reprise pronominale : *Marcel, il m'embête.* À la limite, le déplacement peut affecter plusieurs constituants, au risque d'entraîner des constructions qui sont ressenties comme très relâchées, voire incorrectes : *Albert, sa rédaction, il y a l'introduction qui manque.*

Enfin, la mise en valeur du propos (on dit aussi *focalisation*, de l'anglais *focus* « foyer ») peut, dans certains cas, aller à l'encontre de cette tendance générale, dans la mesure où celui-ci se trouve occuper la position initiale dans la phrase. Toutefois, ce phénomène est systématiquement signalé par une tournure spécifique, l'élément focalisé se trouvant introduit par la forme *c'est...,* puis repris par un pronom relatif : *c'est à vous que je pensais; c'est vous que je venais voir.* Mais rien n'empêche que l'élément focalisé au moyen de *c'est* occupe la position finale; dans ce cas, il se trouve annoncé par une forme pronominale d'anticipation : *celui qui m'embête, c'est Marcel; ce qui me gêne, c'est le bruit.*

origine

Terme utilisé dans la description sémantique de certains compléments de nom. (Voir NOM (COMPLÉMENT DE).

orthoépie

Le vieux mot d'*orthoépie* désigne une discipline linguistique qui est au plan de la manifestation orale de la langue ce que l'orthographe est à la manifestation écrite. L'orthoépie énonce donc une norme en matière de prononciation : c'est faire de l'orthoépie de dire que le mot *gageure* se prononce [gaʒyʁ] et non [gaʒœʁ]. Les dictionnaires de prononciation sont orthoépiques quand ils ne se contentent pas d'enregistrer les différentes prononciations observées, mais en recommandent une.

orthographe

L'orthographe est la manière de manifester par écrit une langue conformément aux règles en vigueur à l'époque considérée. Cette notion de *règle actuellement en vigueur* distingue l'orthographe de la graphie : dans le mot *orthographe*, l'élément *ortho-* signifie « correct », comme dans le vieux mot *orthoépie**, pendant de l'orthographe au niveau du discours oral. Pour un mot, par exemple *vêtir*, il existe, sauf exception rarissime (type *bleuet, bluet; clé, clef*), une seule orthographe, mais plusieurs graphies possibles : archaïques, c'est-à-dire conformes aux règles d'une époque révolue *(vestir);* fautives *(*vaitir, *vétire,* etc.); conformes aux règles, non orthographiques, d'un système de notation phonétique ou phonologique ([vetiʁ] et /vetir/selon l'A.P.I.), etc. La forme des langues telle que la manifestent leurs orthographes traditionnelles est rarement en tout point conforme à leur forme orale. En français, la distance entre les deux formes est particulièrement importante. D'où la difficulté de l'orthographe française, et le poids qu'elle a acquis non seulement dans l'appareil scolaire — où l'exercice de la dictée conserve une place déterminante — mais également comme mode de sélection sociale.

Une langue se manifeste essentiellement sous deux aspects : l'aspect sonore (oral) et l'aspect graphique (écrit). Soit la phrase : *le colibri est un petit oiseau des îles.* Elle peut être manifestée par un enchaînement de sons articulés par une voix humaine (voir PHONÉTIQUE). Mais elle peut également apparaître sous l'aspect d'une suite de dessins, les lettres, traces laissées sur une surface (papier, tableau, écran, etc.) par une substance (encre, poudre de craie, rayonnement, etc.) qui y est mise en forme à l'aide d'un instrument (plume, caractères typographiques, bâton de craie, etc.). Il existe des traits communs entre ces deux façons de manifester le discours : dans l'un et l'autre cas, un effort musculaire (celui des organes phonateurs ou des muscles du bras et de la main) ou mécanique met en mouvement une substance (l'air, l'encre, etc.). Les éléments de la chaîne orale et ceux de la chaîne écrite ont les uns et les autres une fonction distinctive, pour une part indépendante des particularités de leur réalisation : tout comme le phonème /r/ a la même fonction, qu'il soit réalisé comme « roulé », « spirant » ou « grasseyé », la lettre *r* a la même fonction, qu'elle soit manuscrite, dactylographiée, imprimée, etc. Mais il y a d'importantes différences entre l'oral et l'écrit. La plus évidente est que la manifestation orale est fugitive (sauf si on l'« enregistre » sur un disque, une cassette, etc.) alors que la manifestation écrite est, sauf cas particulier, plus ou moins durable. On observe également que l'écriture fait apparaître des délimitations qui ne sont pas perceptibles au niveau du discours oral : la phrase orale citée ne comporte pas de pause, alors que la phrase écrite présente des plages blanches entre les unités que constituent les mots.

Les relations entre les deux aspects de la manifestation de la langue peuvent être décrites de deux façons différentes :

1. La conception la plus courante consiste à décrire la manifestation écrite comme une représentation (plus ou moins fidèle) de la manifestation orale. L'écriture est alors seconde par rapport à la voix, dont elle n'est en quelque sorte que le vêtement, voire le déguisement.

2. Mais il est également possible de soutenir que chacune des deux manifestations constitue une forme spécifique de la langue, susceptible d'être étudiée de façon indépendante. Ainsi on a pu dire, à propos du français ou de l'anglais, qu'il est tout aussi légitime de remarquer le peu d'adéquation du système oral au système écrit que de faire la constatation inverse, plus conforme à la tradition. Dans une telle optique, on n'institue pas la relation hiérarchique de secondarité (et de subordination) de l'écrit par rapport à l'oral.

Inévitablement, ces deux conceptions opposées entraînent des définitions différentes de l'unité minimale du système graphique, le *graphème,* distinct de la *lettre* comme le *phonème* l'est, *mutatis mutandis,* du *son.* Compte tenu de la visée spécifique de cet ouvrage, on s'en tiendra, pour l'essentiel, à la première conception, bien que l'appareil notionnel qu'elle met en place, notamment la définition du graphème, soit sans doute moins rigoureux que celui de la seconde conception.

Il existe plusieurs systèmes de manifestation écrite des langues. Certains systèmes notent, sans les analyser en éléments plus petits, les unités signifiantes que sont les mots ou les morphèmes. Les unités des écritures de ce type reçoivent le nom traditionnel d'*idéogrammes* (on a proposé la désignation plus exacte de *morphémogrammes*). Quoique non homogènes — ils comportent l'un et l'autre des éléments phonographiques — le système *hiéroglyphique* de l'égyptien ancien et le système de *caractères* du chinois donnent des exemples d'*idéogrammes*. D'autres systèmes notent les syllabes : les unités en sont les *syllabogrammes*. Les autres enfin comportent un inventaire d'éléments, les lettres de l'alphabet*, qui correspondent, de façon plus ou moins précise, aux phonèmes de la manifestation orale. Ce sont les systèmes *alphabétiques*. Les langues européennes contemporaines utilisent de tels systèmes. L'alphabet latin est le plus répandu. Il est concurrencé, en Europe, par l'alphabet cyrillique (pour le russe) et l'alphabet grec. Le français utilise l'alphabet latin. Toutefois il existe au sein de ce système alphabétique certains éléments qui relèvent d'un système idéographique : le signe †, utilisé devant un nom propre pour marquer que la personne qui le porte est morte; les signes tels que § (« paragraphe ») et & (« et »), les sigles de certaines monnaies ($ pour « dollar », £ pour « livre sterling », etc.), et surtout les chiffres et autres signes arithmétiques, qui se lisent de façon différente selon la langue du texte où ils apparaissent : 7 est lu *sept* par un français, *sieben* par un allemand, *sette* par un italien, etc. Ce fait indique que 7 représente non pas les signifiants *sept, sieben, sette* mais le signifié arithmétique, censé unique, auquel de leur côté renvoient les signifiants. L'usage des idéogrammes semble se développer dans certains secteurs de l'usage contemporain : la publicité utilise communément le dessin d'un cœur (en outre souvent de couleur rose) (♡) comme idéogramme du verbe aimer : *j'♡ la grammaire, j'achète la grammaire d'aujourd'hui!* Les catégories grammaticales elles-mêmes ont, épisodiquement, une manifestation idéographique; le redoublement des abréviations *MM.* (pour *Messieurs*), *pp.* (pour *pages*), §§ (pour *paragraphes*) marque le pluriel, sans le limiter à deux unités. Enfin, certains signes de ponctuation* ont un fonctionnement idéographique.

Mis à part ces éléments qui restent marginaux, le système est alphabétique. Mais on constate immédiatement que la correspondance entre les deux manifestations écrite et orale est loin d'être parfaite. Dans la phrase citée au début de l'article, le mot *colibri* présente un exemple de coïncidence terme à terme (biunivoque) entre les 7 phonèmes et les 7 lettres qui le constituent :

k	ɔ	l	i	b	ʁ	i
c	o	l	i	b	r	i

Mais il n'en va pas de même pour le mot *oiseau*, qui comporte quatre phonèmes /w/, /a/, /z/, /o/, et six lettres. Le digramme* *oi* correspond au groupe de deux phonèmes /wa/, sans qu'il soit possible d'affecter *o* à /w/ ni *i* à /a/. La lettre *s* note ici le phonème /z/, alors que dans d'autres cas elle note le phonème /s/ : *sot*. Enfin le trigramme* *eau* note le phonème /o/. Dans le mot *petit*, le *t* final correspond effectivement au phonème /t/. Mais celui-ci ne se manifeste oralement que parce qu'il apparaît devant l'initiale semi-vocalique /wa/ de *oiseau* (voir LIAISON). Il n'apparaîtrait pas devant l'initiale /v/ de *volatile*. Il en va de même pour le *s* de *des*, qui n'a de correspondant oral, sous la forme /z/, que parce qu'il est situé devant une voyelle. Enfin, le mot *îles* présente plusieurs phénomènes intéressants : le /i/, pourtant phonologiquement identique aux deux /i/ de *colibri*, y est noté, de façon différente, par *î*; le *e* et le *s* ne correspondent à aucun élément de la chaîne orale. Ils n'ont toutefois pas le même statut : le *e* apparaît constamment dans la graphie du mot *île*, alors que le *s* n'est présent que lorsque le mot est au pluriel. La lettre *s* constitue donc la marque de la catégorie morphologique du pluriel qui, apparente au niveau du code écrit, ne l'est pas au niveau du code oral.

Ces phénomènes, variés, complexes et, pour certains, apparemment étranges, s'expliquent par la structure spécifique de l'orthographe française. On peut en décrire les grandes lignes de la façon suivante.

Les lettres de l'alphabet sont, selon le cas, chargées de trois fonctions différentes :

A. Elles peuvent correspondre aux phonèmes du code oral. Elles ont alors une **fonction phonographique**, d'où leur nom de *phonogrammes*. Mais cette correspondance obéit elle-même à des règles complexes, comme le montre le tableau synoptique de correspondance. On y constate en effet les deux ordres de faits suivants :

1. La correspondance quantitative entre *un* phonème et *une* lettre, observée dans de nombreux cas (voir l'exemple de *colibri*) n'est pas généralisée :

a) Il est fréquent qu'un phonème unique soit marqué par un groupe de deux lettres (digramme) ou de trois lettres (trigramme). Exemples :

— voyelles : la voyelle /o/est notée selon le cas par une lettre *(o* ou *ô)*, par un digramme *(au)* ou par un trigramme *(eau);* les voyelles nasales ne sont jamais marquées que par des digrammes ou des trigrammes comportant une consonne graphique *n* ou *m* marquant la nasalité : /ɑ̃/est noté par les digrammes *an, am, en* et *em* et par les trigrammes *aon (paon, faon)* et *aen (Caen)*.

— semi-voyelles : elles sont notées selon le cas par une lettre, un digramme ou un trigramme. Ainsi /j/ est noté par *i (diable), y* (yeux), par le digramme *il (rail)* ou le trigramme *ill (feuillage)*.

— consonnes : une seule consonne, /v/, n'est jamais marquée que par une lettre *(v, w, f* dans les cas de liaison du type *neuf heures)*. Les consonnes /ʃ/, /ɲ/ et /ŋ/ ne sont jamais marquées que par des digrammes ou trigrammes (respectivement *ch/sch, gn* et *ng*). Les autres consonnes sont marquées selon le cas par une lettre, un digramme, parfois un trigramme : ainsi /k/ a alternativement pour marques les lettres *c, k* et *q*, les digrammes *cc, qu, ck, ch (chœur), cq (Lacq)* et les trigrammes *cqu (acquitter)* et *cch (saccharine)*.

b) Inversement, il existe une lettre, *x*, qui correspond à un groupement de deux phonèmes, /ks/ dans *axe*, /gz/dans *examen*. Seuls font exception à cet usage *dix*([dis]) et *six*([sis]), ainsi que quelques noms propres : *Bruxelles, Auxerre, Auxonne*, etc., qui ont pour prononciation traditionnelle [brysɛl], [osɛr], [osɔn], où *x* correspond au phonème /s/. En liaison, ainsi que dans *sixième* et *dixième*, *x* correspond à /z/.

c) La lettre *h* ne correspond jamais à aucun phonème (en dehors du digramme *ch* où elle contribue selon le cas à la marque de /ʃ/ ou de /k/) :

— à l'initiale d'un mot, elle est selon le cas dite « aspirée », et a alors pour effet de bloquer tout phénomène d'élision* et de liaison* *(le harnais, les harnais*, [ləaʁnɛ], [lɛaʁnɛ]) ou dite « muette » (*l'huile, les huiles*, [lɥil], [lɛzɥil]). Sa fonction linguistique, très résiduelle, se situe alors exclusivement au niveau de l'identification des mots (voir plus bas);

— à l'intérieur d'un mot entre deux voyelles, elle marque, en alternance avec l'absence de toute lettre, l'hiatus* : *cahot/chaos*.

d) La lettre *e* correspond dans certains de ses emplois au *e* dit « muet » ou « caduc », qui selon le cas se prononce [ə] ou ne se prononce pas (voir PHONÉTIQUE). Aux renseignements fournis à cet article on ajoutera ici le traitement de l'*e* caduc au voisinage d'une voyelle : *e* n'est jamais prononcé : *asseoir* [aswaʁ], *nettoiement* [netwamɑ̃]. En fin de mot, *e* fonctionne fréquemment comme marque, exclusivement graphique, du féminin : *polie, barbue* (voir plus bas, ainsi que GENRE et ADJECTIF).

2. La correspondance qualitative entre les phonèmes et les lettres n'est pas généralisée. Le tableau synoptique donne des exemples des deux types de faits suivants :

a) à un phonème correspond toujours (sauf pour le phonème /ŋ/ d'introduction récente) plus d'une marque graphique. Pour prendre l'un des exemples les plus simples, le phonème /v/ est noté par *v* (dans *vide*), par *w* (dans *wagon*) et par *f* (dans *neuf heures*).

b) à une marque graphique correspond presque toujours plus d'un phonème. Ainsi le *w* marque, dans *wagon*, le phonème /v/. Mais il marque aussi, dans *water*, le phonème /w/.

Compte tenu des descriptions qui viennent d'être faites des correspondances entre l'écrit et l'oral, on voit en quoi le système orthographique français s'éloigne de la biunivocité d'un système tel que l'API. Dans ce système, les relations entre les unités des deux plans sont notées de la façon suivante :

écrit
(notation de l'A.P.I.)   /f/   /v/   /w/

oral
(phonème réalisé)   /f/   /v/   /w/

Dans le système de l'orthographe, les relations sont notées d'une façon infiniment plus complexe (encore l'exemple choisi est-il des plus simples) :

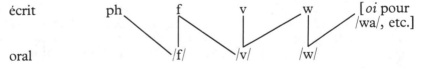

écrit   ph   f   v   w   [*oi* pour /wa/, etc.]

oral   /f/   /v/   /w/

Ces phénomènes sont encore compliqués par l'intervention des deux autres fonctions des lettres.

B. Comme on l'a aperçu lors de la description du mot *îles* ou des mots *polie* et *barbue*, certaines lettres (ou groupes de lettres), privées de manifestation orale, ont une **fonction morphologique** : elles indiquent, exclusivement dans la graphie, les catégories morphologiques qui affectent les mots. Si on compare les réalisations écrite et orale de : *leurs livres restaient ouverts* ([lœʁlivʁɛstɛtuvɛʁ]), on constate que la marque du pluriel est manifestée à quatre reprises (3 fois par -*s*, une fois par -*ent*) dans la phrase écrite, alors qu'elle ne l'est pas du tout dans la phrase orale, qui est exactement homophone* de la phrase correspondante au singulier. On dit que les éléments qui marquent dans l'écriture les catégories morphologiques sont des *morphogrammes.*

Les morphogrammes interviennent dans la grammaire et dans le lexique.

Dans la grammaire, ils apparaissent au niveau du syntagme nominal dans la flexion du nom et de l'adjectif, accessoirement dans celle des déterminants et des pronoms. Dans le syntagme verbal, ils jouent une fonction importante dans la flexion du verbe. On se contentera ici de donner quelques exemples simples de faits qui sont étudiés avec plus de détails à ADJECTIF, CONJUGAISON, GENRE, INDÉFINIS, INTERROGATIFS, NOMBRE, PERSONNELS et POSSESSIFS.

1. Genre du nom et de l'adjectif : *ami, amie; bancal, bancale.* Parmi les déterminants, seuls les interrogatifs-exclamatifs et l'indéfini *nul* présentent une opposition de ce type, exclusivement graphique : *quel, quelle; nul, nulle* (on remarquera la gémination* du *l* au féminin). À ce titre, on peut dire que -*e* est le morphogramme du féminin, même s'il apparaît également à la finale de nombreux mots masculins (*agile, frêle, obèse,* etc.).

2. Nombre du nom et de l'adjectif : c'est ici l'-*s*, parfois suppléé par l'-*x* qui fonctionne comme morphogramme du pluriel : *pomme, pommes; joli, jolis; tableau, tableaux; nouveau, nouveaux.* Parmi les déterminants, de nouveau les interrogatifs-exclamatifs : *quel, quels,* les indéfinis *certain(s)* et *quelque(s),* les possessifs de 3e personne *leur, leurs,* dont la particularité est de marquer graphiquement le nombre sans marquer le genre. Parmi les pronoms, les formes *il, ils* et *elle, elles* (ces dernières fonctionnant et comme formes conjointes et comme formes disjointes : *elles, elles travaillent*), *celle* et *celles.*

Les morphogrammes -*e* du féminin et -*s* du pluriel peuvent s'enchaîner : *ami, amie, amies; bancal, bancale, bancales; quel, quelle, quelles* (mais *leur, leurs,* sans formes *leure ni *leures).

Dans le système verbal, les morphogrammes interviennent comme marque de la personne *(j'aime, tu aimes; je (tu) fais, il (elle) fait),* comme marque du nombre *(il travaille, ils travaillent),* de façon plus limitée comme marque du mode *(j'ai, (que) j'aie).*

Dans le lexique, les morphogrammes interviennent pour signaler la relation entre les formes fléchies d'un mot : le -*t* final de *petit* marque la relation avec la forme de féminin *petite*. Ils indiquent également la relation entre une forme simple et une forme dérivée : le -*d* de *marchand* ou le -*ct* de *respect* indiquent la relation entre les formes simples et leurs formes dérivées telles que *marchander, marchandise* ou *respecter, respectable.*

> **Remarque.** — Dans cette description des morphogrammes, on n'a retenu que des éléments qui n'ont pas de manifestation orale. Il ne serait théoriquement pas impossible de considérer comme morphogrammes les marques flexionnelles qui ont en outre une manifestation orale : dans l'opposition *je marche, nous marchons*, il est incontestable que -*e* est différent de -*ons* dans l'écriture, même si cette différence a son pendant dans la prononciation (où elle prend la forme zéro vs [ɔ̃]). Un tel point de vue, quoique théoriquement légitime, aurait l'inconvénient d'occulter un caractère frappant du français : la distance qui existe entre les manifestations orale et écrite des catégories morphologiques. Il faut toutefois rappeler que plusieurs morphogrammes (par exemple -*s*, -*x*, -*t*) ont une manifestation orale dans les cas de liaison* : trait qui manifeste l'extrême complexité des relations entre l'oral et l'écrit.

C. L'orthographe a fréquemment pour **fonction de distinguer entre eux des éléments homophones***. La forme [vɛʁ] de l'oral peut correspondre aux cinq orthographes *ver, vers, verre, vert* et *vair*, qui ont pour fonction de distinguer cinq mots différents (encore *vers* reste-t-il équivoque, puisqu'il correspond à trois homonymes*). Les lettres utilisées dans ces mots continuent à avoir la fonction de phonogrammes : le tableau de la page 463 laisse prévoir la manifestation de [vɛʁ] par *ver, vers, verre, vert* et *vair*. Mais elles ont en outre une fonction distinctive à l'égard des unités signifiantes que sont les mots. De ce point de vue, elles se rapprochent des idéogrammes dont il a été question plus haut : les graphies *verre* et *vert* opposent les unités « verre » et « vert » sans référence à la réalisation orale [vɛʁ], même si cette manifestation se trouve de surcroît notée. On donne souvent à ces réalisations graphiques le nom de *logogrammes.* On trouvera p. 462 et suiv. un tableau des principales distinctions opérées par les logogrammes. Ce tableau fait apparaître les faits suivants :

a) les formes distinguées entre elles sont le plus souvent des mots. Mais il peut également s'agir de groupements de mots : *lent* est ainsi distingué de *l'an*, où l'on reconnaît l'article défini *l'* et le nom *an*.

b) les formes distinguées entre elles sont le plus souvent de peu de syllabes. On remarque notamment la prédominance des formes monosyllabiques. C'est là un aspect important de la structure formelle du français : les monosyllabes (et d'une façon générale les formes ayant peu de syllabes) y sont nombreux. Or les combinaisons de phonèmes dans un monosyllabe — en outre limitées par les règles de compatibilité phonologique — ne sont pas en nombre infini. Il est donc inévitable qu'il y ait, au niveau de l'oral, des collisions homony-miques manifestées par l'homophonie de plusieurs unités. En revan-che, l'orthographe rend possible la distinction graphique d'un grand nombre d'homophones, tout en laissant subsister un certain nombre d'homonymes absolus, à la fois homographes et homophones (*louche, louer, faux, coupe, vol, vers*, etc.).

c) pour constituer les logogrammes, l'orthographe utilise les diffé-rentes possibilités de représentation phonographique énumérées dans le tableau de correspondance. Mais elle fait également appel aux lettres étymologiques, qui rappellent la forme de l'étymon* du mot concerné. Ainsi *-gt* dans *doigt* (distinct de *dois, doit*) et dans *vingt* (distinct de *vins, vain, vaint, vainc*, etc.) rappelle les étymons latins des deux mots, *digitum* et *viginti*. Il arrive d'ailleurs que l'étymologie ainsi signalée soit historiquement inexacte : ainsi le *-d-* de *poids* (distinct de *pois* et de *poix*) rappelle le latin *pondus*, alors que l'étymon réel de poids est *pensum*.

D'une façon plus générale, certaines lettres ont une fonction logogrammatique même lorsqu'il n'existe pas de phénomène d'ho-mophonie. Elles contribuent alors à caractériser graphiquement le mot concerné. Ainsi, on peut dire que le *h-* de *homme* (étymologique : latin *hominem*) et de *huit* (non étymologique : latin *octo)* est un logogramme, bien qu'il n'existe pas d'homophone [ɔm] (*ohm*, en physique, se prononce [om]) ni [ɥit]. Beaucoup de consonnes doubles (voir GÉMINATION) ou de groupements de consonnes contribuent ainsi simultanément à rappeler l'étymon du mot et à le caractériser graphiquement : *appeler* (susceptible d'être distingué de *à peler*), *descendre* (susceptible d'être distingué de *des cendres*), *science*, etc. Le plus souvent muettes, les lettres étymologiques en sont venues dans plusieurs cas à se prononcer : phénomène d'influence de l'orthogra-phe sur la prononciation, observé dans des mots tels que *objet* (com-parer avec *sujet*, qui s'est longtemps orthographié *subject*), *flegme* (qui a pour doublet* *flemme*), *présomptueux, exact, verdict*, etc., ou les consonnes doublées dans la prononciation de *collègue, grammaire*, etc. Dans *dompter* et *legs*, les consonnes *-p-* et *-g-*, parfois prononcées, sont faussement étymologiques : *dompter* a pour étymon *domitare*, et *legs* est un déverbal* de *laisser*.

Comme on a pu le constater, on s'est pour l'essentiel tenu, dans la description de l'orthographe française qui vient d'être donnée, à la première des deux conceptions possibles de la manifestation écrite (voir p. 444) : on a présenté l'orthographe *dans ses relations* avec la manifestation orale de la langue. Simultanément, on a constaté que la notion de *graphème*, alléguée page 444 comme pendant de la notion de *phonème*, n'a pas eu à être employée : on a pu se contenter de la notion de lettre (et de groupement de lettres : digrammes et trigrammes). Il n'est toutefois pas impossible, même dans l'optique choisie ici, de donner une définition du graphème. Cette définition sera faite par référence à la triple fonction des unités de la chaîne écrite :

— comme phonogramme, le graphème sera défini comme la plus petite unité graphique (lettre, digramme ou trigramme) correspondant à un phonème. Ainsi la lettre *o*, le digramme *au*, le trigramme *eau* sont des graphèmes. Une exception est à prévoir pour *x*, graphème correspondant le plus souvent (voir p. 447) à un groupement de deux phonèmes ;

— comme morphogramme, le graphème sera défini par référence à la catégorie linguistique dont il constitue la marque écrite. Le *-e* du féminin, l'*-s* ou l'*-x* du pluriel des noms et des adjectifs, le *-(e)nt* de la 3e personne du pluriel des verbes sont à ce titre des graphèmes ;

— comme logogramme, le graphème sera défini par référence à sa fonction distinctive. Ainsi, le digramme *-gt* de *doigt* ou de *vingt* est un graphème, dans la mesure où il identifie le mot qu'il affecte par opposition à ses homophones.

Toutefois, l'inventaire des graphèmes que font apparaître ces définitions est très chargé : plus de 130 pour les seuls phonogrammes, beaucoup plus si on y ajoute morphogrammes et logogrammes, ces derniers d'ailleurs difficiles à énumérer de façon limitative.

Sans entrer dans des débats théoriques compliqués, on se contentera ici de signaler que la seconde conception de la graphie, autonome par rapport à l'oral, peut se donner d'emblée une définition plus simple du graphème comme unité minimale distinctive de la chaîne graphique, définition exactement analogue, *mutatis mutandis*, à celle du phonème. L'inventaire des graphèmes dans une telle conception se ramène à celui des lettres de l'alphabet* munies de leurs signes diacritiques : accents*, tréma*, cédille*, soit :

a, à, â, b, c, ç, d, e, é, è, ê, ë, f, g, h, i, î, ï, j, k, l, m, n, o, ô, p, q, r, s, t, u, ù, û, ü, v, w, x, y, z, soit 39 graphèmes, inventaire à comparer à celui des 36 phonèmes (toutefois, les lettres liées *æ* et *œ* font problème).

Comme le sait par expérience tout sujet parlant et écrivant le français comme langue maternelle ou comme langue étrangère, l'orthographe française est particulièrement difficile à acquérir : seule sans doute l'orthographe anglaise peut à cet égard rivaliser avec elle. Cet aspect du français a des conséquences indéniablement fâcheuses tant du point de vue de la diffusion du français comme seconde langue (il est vrai que l'anglais ne semble pas gêné par son orthographe...) que du point de vue pédagogique de l'apprentissage de l'orthographe. Aussi est-il, depuis le xvIe siècle, périodiquement question de réformer l'orthographe. Certaines initiatives limitées de simplification ont abouti, ainsi lors de l'édition de 1740 du *Dictionnaire de l'Académie française,* qui, par exemple, remplaça *y* par *i* dans *ceci, moi, gai,* supprima de nombreuses consonnes étymologiques (dans *a(d)vocat*) ou pseudo-étymologique (dans *s(ç)avoir*), substitua l'accent circonflexe à l'*s* dans de nombreux mots (*maître, même,* etc.). D'autres éditions apportèrent des innovations limitées, par exemple celle de 1835, qui entérina l'orthographe en *-nts* (au lieu de *-ns*) des noms et adjectifs en *-ent* et *-ant*. Mais — indice de la résistance à l'innovation — la *Revue DES deux MONDES* persista jusqu'en plein xxe siècle à écrire *des enfans* et *des dens*! Malgré les efforts de nombreux grammairiens (parmi lesquels Ferdinand Brunot, Gaston Paris et surtout Léon Clédat, qui alla jusqu'à publier sa revue en « ortografe simplifiée »), la France de la fin du xIxe et du xxe siècle n'a pas su se donner la réforme de l'orthographe qu'ont réalisée de nombreux autres pays : l'Allemagne, le Portugal, la Norvège, la Russie, sans parler de la Turquie qui, en 1928, substitua l'alphabet latin à l'alphabet arabe! À l'époque contemporaine, aucun des projets diversement ambitieux n'a encore (1985) abouti. Seuls progrès dans la voie de la simplification : les décisions de l'Académie française en 1975, relatives notamment au tréma* et au trait d'union*et l'arrêté ministériel du 28-12-1976, qui admet certaines tolérances orthographiques, essentiellement pour les phénomènes d'accord*. Sans poser dans toute son ampleur le problème complexe des raisons de cette résistance obstinée à la réforme de l'orthographe, on se contentera de remarquer que la complexité de la graphie joue *à la fois* comme cause et comme effet du conservatisme : comme cause, dans la mesure où l'immensité du travail de réforme et, surtout, de ses conséquences pratiques, effraie les réformateurs et, surtout, les responsables (notamment économiques) de l'application d'une éventuelle réforme; comme effet, dans la mesure où l'évolution de la langue — continue, quoique, en synchronie*, peu perceptible — persiste à creuser l'écart entre sa manifestation orale et sa manifestation écrite.

TABLEAU DE CORRESPONDANCE ENTRE LES PHONÈMES ET LES GRAPHÈMES

On a donné ici à la notion de graphème le sens qui a été défini plus haut, en en limitant toutefois l'extension aux seuls phonogrammes. L'intégration des morphogrammes et des logogrammes aurait eu pour effet de faire apparaître des correspondances telles que *eaux* ou *aulx* pour /o/, *ingt* pour /ɛ̃/, voire *lsh* pour /z/(comme dans *gentilshommes*).

PHONÈMES	GRAPHÈMES FRÉQUENTS		GRAPHÈMES RARES	
VOYELLES				
A[(1)]	*a* *à*[(2)] *â*[(3)]	*pape* *à* (prép.), *là* *pâte, aimâmes*	*em* *en* *aon* *aen*	*prudemment*[(4)] *solennel* *paonne* *Caennais*
e	*e* (devant consonne muette), *é*[(6)] *ai*[(7)] *a(y)*	*les, mes*[(5)] *épée* *je mangerai* *pays, paysage*	*œ* *æ*	*fœtus* *et cætera*
ɛ	*e* (devant consonne articulée ou *t* final) *è*[(6)] *ai* *ê*[(9)] *ei* *ë*[(10)]	*bec, cadet* *règle* *chair* *bêler* *reine* *Noël*	*aî*[(8)] *eî* *ea* *é*[(6)]	*paître* *reître* *break* *événement*
i	*i* *y* *ï*[(10)] *î*[(8)]	*oui, vite* *y, type* *ouï, héroïne* *île*	*hi* *ee*	*envahi* *feed-back*
o	*o* *au* *eau* *ô*[(11)]	*sot, fosse* *au, fausse* *château* *rôti*	*ho* *oh* *aô*	*cahot* *oh, kohl* *Saône*
ɔ	*o* (devant consonne articulée) *au* (devant *r*) *u(m)*[(12)]	*sotte,* *os* *Laure* *minimum*	*oo* *ü(m)*[(10)]	*alcool* *capharnaüm*
y	*u* *û*[(8)]	*vu, lutte* *mûr*	*hu* *ü*[(10)] *eu* *eût*	*hutte, cahute* *Saül* *(j'ai) eu* *(qu'il) eût*

PHONÈMES	GRAPHÈMES FRÉQUENTS		GRAPHÈMES RARES	
u	ou où[13] oû[8]	loup où goût	aou aoû oo	saoul août footing
ø	eu œu	peu, heureuse bœufs	eû[14] on	jeûne Monsieur[15]
œ	eu œu œ	jeune œuvre œil	ue ai u	cueillir faisons club
ə	e[16]	prestement		
ã	an, am[17] en, em[17]	enfant, ample- ment, empan	aon aen	faon, paon, Laon, Caen
ɛ̃	in, im[17] en ain ein	indécent, im- possible chien bain sein, ceint	în[8] ïn aim yn, ym[17]	(nous) vînmes coïncidence faim synthèse, symbiose
œ̃ [18]	un	un, brun	um[19] eun	parfum à jeun
ɔ̃	on, om[17]	songe, sombre	un	punch
SEMI-VOYELLES				
j	i[20] ï y il(l)[22]	diable aïeul payer, pays [21] rail, raille	hi hy j	hier hyène jodler, fjord

PHONÈMES	GRAPHÈMES FRÉQUENTS		GRAPHÈMES RARES	
w • w en combinaison exclusive avec A : wA	*oi* *oy*	*oiseau* *noyer*	*oî* [8] *oe* *oê*	*croît* *moelle* *poêle*
• w en combinaison exclusive avec ɛ̃: wɛ̃	*oin*	*foin*	*ooing*	*shampooing*
• w dans les autres cas [23]	*ou*	*louer, ouate, marsouin*	*w* *wh* *u*	*watt* *whisky* *jaguar*
ɥ	*u*	*cuir, linguiste, sueur* [24]		
CONSONNES				
p	*p* [25]	*pape*	*pp* [26]	*nappe*
b	*b* [25]	*bombe, bébé, robe*	*bb* [26]	*abbé*
t	*t* [25] *d*	*tonte* en liaison : *prend-il?*	*tt* [27] *th*	*attente* *théâtre*
d	*d* [25]	*demain*	*dd* [28]	*adduction*
k	*c* [29] *qu* *k*	*cal, sac* *quel, quelque* *kilo*	*cc* *q* *cq* *cqu* *ck* *kh* *ch* *cch* *g* [30]	*accorder* *cinq, coq* *Lacq* *acquitter* *ticket* *kolkhoze* *technique* *saccharine* en liaison : *sang impur*
g	*g* [31] *gu* [31]	*gare, gouge* *guerre, gueule*	*gg* *c* *gh*	*aggraver* *second* *ghetto*

PHONÈMES	GRAPHÈMES FRÉQUENTS		GRAPHÈMES RARES	
f	$f^{(32)}$ *ph*	*feu, fief* *philosophie*	*ff*	*affaire*
v	*v*	*veuve*	*w* *f* en liaison :	*wagon* *neuf heures*[33]
s	$s^{(34)}$ $ss^{(35)}$ *c, ç*[36] $t^{(37)}$	*son, as* *moisson* *race, rançon* *nation*	*sc* *sth* *x* *w*	*science* *asthme* *Auxerre, six* *Law*
z	*s* *z*	*raison* *zéro, bazar, gaz*	*x* *zz*	*dixième* *mezzanine*
ʃ	*ch*	*cherchons*	*sc* $sch^{(38)}$ *sh*	*fascisme* *schisme* *short*
ʒ	*j* *g, ge*[39]	*jeu, déjeuner* *girouette, Georges*	*gg*	*suggestion* (souvent [sygʒɛstjɔ̃])
l	$l^{(40)}$	*lit, vil*	*ll*	*ville*
r	$r^{(41)}$ *rr*	*rare, cher* *guerre*	*rh* *rrh*	*rhum, rhume* *arrhes*
m	$m^{(42)}$ *mm*	*maman, harem* *pomme*		
n	$n^{(43)}$ $nn^{(44)}$	*nord, âne* *bonne*	*mn*	*damner*
ɲ	*gn*	*régner, compagne*	*ign*	*oignon*[45]
ŋ [46]	*ng*	*parking*		
k + s	$x^{(47)}$ *cc* *xc*	*axe, taxi* *succès* *excès*		
g + z	$x^{(47)}$	*examen*		

457

Notes relatives au tableau de correspondance entre phonèmes et graphèmes

---

(1) On a pris le parti de neutraliser, sous la notation A, les différentes réalisations ([a], [ɑ] et [æ]) de la voyelle. On fera cependant allusion (voir note 3) aux cas où une différence graphique renvoie à une opposition phonologiquement pertinente.

(2) Le graphème *à* n'apparaît qu'à la finale absolue d'un petit nombre de mots grammaticaux, où il a une fonction distinctive : *a* (verbe) / *à* (préposition); *la* (article, pronom) / *là* (adverbe); *ça* (pronom) / *çà* (adverbe). Dans *déjà, deçà, delà,* -*à* n'a qu'une fonction résiduelle de caractérisation du morphème. En aucun cas l'accent grave sur *a* ne correspond à une opposition orale.

(3) Le graphème *â* est pour l'essentiel spécialisé dans la notation de [ɑ]. Mais même chez les sujets pour qui l'opposition /a/ vs /ɑ/ est phonologiquement pertinente, le graphème *a* (sans accent circonflexe) correspond souvent à /ɑ/ : *phrase, bah, bas, glas,* etc. *â* ne correspond régulièrement à /a/ que dans les formes — rares — de passé simple aux deux premières personnes du pluriel : *vous travaillâtes* [vutʀavajat].

(4) Le -*e*- a ici la fonction morphographique d'indiquer la relation avec l'adjectif *prudent.*

(5) Dans l'usage contemporain, on trouve pour les déterminants *les, ces, des,* etc., les deux prononciations [e] et [ɛ] en concurrence. Il semble que, au moins dans la région parisienne, [e] soit légèrement plus fréquent.

(6) L'accent aigu, opposé à l'absence d'accent et aux accents grave et circonflexe, a, pour le graphème *e*, une fonction phonographique : il oppose /e/ à /ə/ (absence d'accent) et /ɛ/ (accents grave et circonflexe). Mais le tableau fait apparaître les exceptions :

— *e* sans accent devant consonne note /e/ ou /ə/ sous certaines conditions (voir pages 447 et 518 la description de l'*e* muet);

— *é*, avec accent aigu, note /ɛ/ dans les mots tels que *événement,* où la graphie *évènement* est tolérée par l'arrêté du 28-12-1976;

— *ê* n'a parfois qu'une fonction logographique de distinction : *forêt/foret.*

(7) Dans la prononciation traditionnelle des formes de 1re personne du singulier du futur et du passé simple, opposées aux formes en /ɛ/ *(ais)* de conditionnel et d'imparfait. Mais cette opposition ne se perpétue guère que dans l'usage des enseignants faisant faire des dictées.

(8) Dans les oppositions *ai/aî, i/î, u/û, ou/oû, in/în, oi/oî,* l'accent circonflexe n'oppose pas deux réalisations orales différentes. Il

a une fonction distinctive, tantôt au niveau de la grammaire *(vint/vînt)* tantôt au niveau du lexique *(mur/mûr).*

(9) Le graphème *ê* opposé à *è* a dans certains cas une fonction distinctive : *(il) pèche/(la) pêche.*

(10) Le tréma (¨) a pour fonction de marquer, pour la voyelle qu'il affecte, une syllabation indépendante de la voyelle précédente; il évite donc la constitution d'un digramme :

— sur *e (ë)*, il marque la prononciation [ɛ], en excluant la prononciation [wa] qu'on trouve dans *moelle;*

— sur *i (ï)* et *in (ïn)* dans *héroïne* et *coïncidence*, il marque les prononciations [i] et [ɛ̃], en excluant les prononciations [wa] et [wɛ̃];

— sur *u (ü)* dans *capharnaüm*, il indique la prononciation [ɔ], en évitant la prononciation [o] du digramme *au;* dans *Saül*, il a le même effet négatif (exclusion de [o]), mais indique une prononciation [y].

(11) Le graphème *ô* a une fonction phonographique, dans la mesure où il est en principe spécialisé dans la notation de /o/ : *côte* (distinct de *cote*). Mais *o* (ainsi que *au* et *eau*) peuvent aussi marquer /o/. L'accent circonflexe sur *o* a donc une fonction comparable à celle qu'il a sur *a*, et distincte de celles qu'il a sur les autres voyelles.

(12) Cette correspondance *um*-/ɔm/ se trouve essentiellement dans des mots empruntés tels quels au latin, ainsi que dans quelques autres mots : *rhum, bégum,* etc.

(13) L'accent grave affectant le graphème *u* n'apparaît que dans le mot *où* (pronom et adverbe relatif, voir RELATIFS) ainsi distingué de *ou* (conjonction de coordination).

(14) La présence de l'accent circonflexe sur le *u* du digramme *eu* dans le couple *jeûne/jeune* a donc une double fonction : marque de l'opposition phonologique /ø/ vs /œ/; distinction graphique des deux mots.

(15) *Monsieur* cumule deux phénomènes insolites : la notation de /ø/ par *on;* la non-prononciation du -*r* final.

(16) Voir p. 447 et 518 la description du fonctionnement de l'-*e* muet.

(17) *an* et *am, en* et *em, in* et *im, yn* et *ym, on* et *om, un* et *um* sont en distribution complémentaire* : le *m* se substitue au *n* devant *p, b* et *m : ampoule, emmancher, imbriqué, symptôme, ombrage, humble,* etc. On notera cependant, devant *m*, la différence de prononciation entre *immangeable* (avec /ɛ̃/) et *immobile* (avec /im/), *emmener* (avec /ɑ̃/) et *emmenthal* (avec /e/), etc. Devant *m, om* note toujours /ɔm/ : *pomme, homme,* etc.

(18) Par lui-même relativement rare, le phonème /œ̃/ tend à se confondre avec /ɛ̃/.

(19) Indépendamment de l'opposition signalée à la note 17, *um*

apparaît à la finale de *parfum* avec une fonction de rappel du dérivé *parfumer.*

(20) Après un groupement consonne + *l* ou *r, i* devant voyelle marque la suite de sons [ij] : *sanglier, ouvrier.* Dans les autres cas, la diérèse*, en principe réglée par des lois complexes, est souvent possible, notamment à des fins expressives : *je te dis que je l'ai vu hier* ([ijɛʁ]).

(21) La règle traditionnelle selon laquelle « *y* équivaut à deux *i* » après *a, o, u* connaît certaines exceptions : *cobaye, mayonnaise, fayot.* Pour *tuyau,* on entend les deux prononciations [tyjo] et [tчijo].

(22) *-il (l)* marque [ij] quand il suit une consonne : *piller* [pije].

(23) C'est-à-dire avec les autres voyelles et avec /a/ et /ɛ̃/ en dehors des graphèmes tels que *oi* et *oin.* Au contraire de *oi, oua* se prête à la diérèse : *rouage* se prononce [ʁuaʒ] ou [ʁwaʒ] (parfois [ʁuwaʒ]).

(24) Là encore possibilité de diérèse : [sчœʁ] ou [syœʁ].

(25) À la finale absolue, les consonnes *p, b, t, d* ne sont générale-ment pas prononcées : *galop, plomb, petit, grand.* Mais il y a des exceptions : *cap, snob, brut, sud,* etc. Le *-t* final notamment a ten-dance à étendre l'inventaire des mots où il est prononcé : on l'entend fréquemment dans *soit, but, fait,* etc.

(26) *p,* assez fréquemment, et *b,* plus rarement, sont doublés sans conséquence sur la prononciation (une exception : le nom de la lettre grecque *kappa*).

(27) *tt* est fréquent. La gémination n'a pas d'effet sur la pronon-ciation.

(28) *dd,* assez rare, n'a généralement pas d'effet sur la prononcia-tion.

(29) *c* final est fréquemment prononcé : *sac, vrac, bloc,* etc. Mais il y a des exceptions nombreuses : *tronc* (cf. *tronquer*), *broc* (remarquer l'homographie des deux mots [bʁo] et [bʁɔk]), etc.

(30) *g* final ne se prononce généralement pas : *sang, long, poing,* etc. (voir *sanguin, longue, poignée*). Mais il y a des exceptions : *gag, grog, iceberg,* etc.

(31) *g* et *gu* sont en distribution complémentaire pour la graphie de /g/ : *g* devant *a, o, u, gu* devant *e, i, y.*

(32) *f* final a un statut complexe. Il n'est pas prononcé dans *clef* (d'ailleurs concurrencé par *clé*), *nerf, cerf* (ainsi distingué de *serf,* où il est prononcé). On le prononce dans *chef* et son composé *chef-lieu,* mais non dans *chef-d'œuvre.*

(33) Ce phénomène de sonorisation de [f] s'observe dans *neuf heures* et *neuf ans,* mais non ailleurs : *neuf enfants, vif-argent,* etc.

(34) *s* final ne se prononce pas quand il fonctionne comme morphogramme (marque du pluriel des noms et des adjectifs,

marque de 2ᵉ personne du singulier des verbes). Dans les autres cas, il arrive qu'il se prononce : *cassis* (« fruit », ainsi distingué de son homographe *cassis*, [kasi], « rigole »), *as* ([ɑs]), *iris*, ([iʁis]), etc.

(35) *ss* marque /s/ entre deux voyelles, par opposition à *s* qui, dans cette position, marque /z/ : *poisson, poison*. Cependant *s* simple s'observe entre deux voyelles comme notation de /s/ dans certains préfixés : *asocial, polysyllabique*, etc. On observe cependant une tendance à généraliser le graphème *-ss-* : *bissexué* plutôt que *bisexué*.

(36) *c* et *ç* comme graphies de /s/ sont en distribution complémentaire : *c* devant *e, i* et *y; ç* devant *a, o* et *u*.

(37) *t* note /s/ devant *i* suivi d'une voyelle : *nation, initié*. Mais il y a deux exceptions :

— *s* devant *t + i +* voyelle se prononce [st] : *question* (on entend cependant la prononciation en [ɛsjɔ̃] de *gestion* et *suggestion);*

— les finales verbales en *-tions* se prononcent [tjɔ̃]. D'où par exemple l'homographie de *portions* [nupɔʁtjɔ̃], [depɔʁsjɔ̃].

(38) *sch* note /sk/ dans plusieurs mots : *schizophrène, scherzo*, etc.

(39) *g* et *ge* comme graphies de /ʒ/ sont en distribution complémentaire : *g* devant *e, i* et *y, ge* devant *a, o* et *u*. Dans *gageure*, le digramme est *ge*, devant l'*u* du suffixe *ure* (d'où la prononciation [gaʒyʁ]), et non le *eu*, qui ferait apparaître la prononciation fautive [gaʒœʁ].

(40) *l* final est généralement prononcé *(final, nul)*, sauf dans certaines finales en *-il (gentil)* et dans *cul* ([ky]).

(41) *r* final est généralement prononcé, sauf dans les infinitifs en *-er*, le suffixe *-(i)er* et quelques autres mots. La consonne *r* est même de loin (environ 50 % des cas) la plus fréquente de celles qui se prononcent quand elles apparaissent à la finale graphique du mot.

(42) *m* final ne se prononce que dans un petit nombre de mots d'emprunt : *hammam, harem*.

(43) *n* final ne se prononce que dans un petit nombre de mots d'emprunt : *amen, iman* (parfois cependant prononcé [imã]).

(44) *nn* est particulièrement fréquent dans la formation du féminin des mots en *-on, -onne (bon, bonne)* et *-en, -enne (ancien, ancienne)* (beaucoup moins pour *-an, -anne, paysan, paysanne*, mais *partisan, partisane). nn* ne se trouve pas après *i* et *u*. D'autre part, l'opposition *n/nn* caractérise, dans des conditions complexes, l'opposition des mots savants et des mots populaires : *donation/donner; monétaire/ monnaie*. Enfin, la gémination de *n* n'a une manifestation orale (non constante) que dans quelques préfixés : *annotation, connotation, innommable*, etc.

(45) *Oignon* se prononce [ɔɲɔ̃], [ɔnjɔ̃] ou [waɲɔ̃].

(46) Ce phonème emprunté à l'anglais n'apparaît guère avec une valeur distinctive que dans le suffixe *-ing (shopping/chopine)*.

(47) *x* note [ks] en toute position, sauf après *(h)e* à l'initiale devant voyelle : *hexamètre, existence. x* final, souvent morphogramme du pluriel *(genoux, nouveaux,* etc.*),* ne se prononce pas, sauf dans quelques mots *(six, dix)* où il note [s] en fin de phrase, [z] en liaison, alors qu'il reste muet devant consonne.

D. Les graphèmes dans leur fonction distinctive : les logogrammes

Comme il a été dit, un certain nombre de graphèmes dépourvus de réalisation sonore ont pour fonction exclusive (ou principale, dans le cas des lettres étymologiques) de distinguer, dans l'écriture, des formes (mots et parfois groupes de mots) qui sont confondues dans leur manifestation orale. On voit que se pose ici le problème de l'homophonie*. Quand elle affecte les mots, elle prend la forme de l'homonymie*, qui, à son tour, présente deux aspects :

— l'identité du signifiant peut atteindre les deux formes, écrite et orale, de la manifestation du mot. C'est le cas de *vase* (« récipient » et « boue ») ou de *mousse* (« jeune matelot » et « végétal » + « écume »). Cette situation est décrite à HOMONYMIE.

— l'identité peut n'atteindre que la manifestation orale, les signifiants restant distincts dans l'écriture. Le français (comme l'anglais, mais à la différence, entre autres langues, de l'allemand, de l'espagnol, de l'italien, du finnois, etc.) présente un grand nombre de signifiants de ce type. Sans chercher à en donner une liste exhaustive (il existe des dictionnaires d'homonymes, de dimensions parfois proches de celles de ce livre!), on a relevé, dans le tableau qui suit, les plus intéressants et les plus fréquents d'entre eux. On les a classés selon le procédé de distinction utilisé : emploi des différents phonogrammes, en mettant à part les phénomènes d'accentuation graphique et de gémination de consonnes; emploi des lettres muettes : l'*-e* muet final, l'*h* initial, les consonnes muettes, finales ou internes, qui sont, selon le cas, étymologiques (ou pseudo-étymologiques) et/ou morphographiques; délimitation différente des unités.

Pour ne pas alourdir à l'excès ce tableau, on a procédé à deux simplifications :

— quand le même couple de signifiants comporte plus d'une distinction graphique (par exemple, *haleine/alêne*) : h- + opposition *ei/ê*), on ne l'a fait généralement apparaître qu'une fois.

— quand il existe plus de deux homophones distingués par l'orthographe (par exemple *vin, vingt, vain, vainc,* etc.), on n'a généralement tenu compte que de l'un des procédés utilisés, en énumérant à la suite, entre parenthèses, les signifiants distingués des premiers par d'autres procédés.

Remarque. — On notera ici, pour mémoire, qu'existe aussi la situation inverse de signifiants qui, distincts au niveau de l'oral, sont confondus au niveau de l'écrit. C'est par exemple le cas de *fier* ([fjɛʁ], adjectif et [fje], verbe ou de *fils* [fil] (« brins ») et [fis] (« enfant mâle »). Cette situation, plus rare que la précédente, est décrite à HOMOGRAPHIE.

1. Utilisation des différents phonogrammes

1.1. Cas général

ancre, encre; arrhes, art (hart); ça, sa (ça, sas); ce, se; ces, ses, sais (sait, saie, c'est, s'est); camp, khan (quand, quant, qu'en); cahot, chaos; car, quart; cet, sept (cette); cens, sens; cent, sent (sang, sans, c'en); chœur, cœur; coke, coq (coque); cygne, signe; dessein, dessin (des seins, des saints, etc.); écho, écot; et, est (à vrai dire souvent réalisé en [ɛ]); *faim, fin; héros, héraut; hôtel, autel; lire, lyre; mes, mais (mets, met, m'est); mètre, maître (mettre); meurt, mœurs* (toutefois l'*-s* final est souvent prononcé); *mot, maux; non, nom (n'ont); ouate, watt; pain, pin; paire, père (pair, pers, perd); palais, palet; pan, paon; panne, paonne; panneau, paonneau; panse, pense; pansée, pensée; pause, pose; peine, penne; pic, pique; poil, poêle* (souvent réalisé [pwɑl]; *prémices, prémisses; raisiné, résiné; raisonner, résonner; repaire, repère; sain, sein, ceint (seing, saint, cinq* devant consonne); *satire, satyre (ça tire, sa tire, s'attire(nt)); saut, seau, sceau, sot, Sceaux; selle, scelle, celle; si, ci, (six* devant consonne); *tan, tant, taon, temps (t'en); tain, teint, thym; té, thé; tante, tente; ton, thon; vain, vin, vainc, vint, (vingt, vins, vînt); vanter, venter; ver, vair (vers, verre); voie, voua (voix).*

1.2. Cas où l'opposition est exclusivement assurée par un accent dépourvu de manifestation orale

a (verbe), *à* (prép.); *ça* (pronom), *çà* (adverbe); *croit* (du verbe *croire*), *croît* (du verbe *croître*); *cru* (de *croire* et adject.), *crû* (de *croître*); *des* (art.), *dés* (pl. de *dé*), *dès* (prép.); *du* (art.), *dû* (de *devoir*); *foret, forêt; la* (art.), *là* (adv.); *mur, mûr; ou* (conj.), *où* (adv.); *pécher* (et *pécheur*), *pêcher* (et *pêcheur*); *il pèche* (de *pécher*), *pêche* (de *pêcher* et « fruit »); *prés* (de *pré*), *près* (prép., souvent réalisé [pʁɛ]; *sur* (prép. et « acide »), *sûr* (« certain »).

On notera dans cette rubrique l'abondance et l'importance des oppositions entre morphèmes grammaticaux.

1.3. Cas des consonnes doubles
balai, ballet; cane, canne; cote, cotte; date, datte; dégoûtant, dégouttant; détoner, détonner; ère, erre; tête, tette; tome, tomme.

2. *Utilisation des lettres muettes*

2.1. -*e* muet final
cru (adjectif), *crue* (nom); *dur, dure* (de *durer*); *fait* (souvent prononcé [fɛt]), *faîte; foi, foie; lai, laie* (remarquer que *foi* et *laie* sont féminins, *foie* et *lai* masculins); *heur, heure; ni* (conj.), *nie* (de *nier*); *pair, paire; par, pare* (de *parer*); *soi, soie; tu* (pron.), *tue* (de *tuer*); *voir, voire* (adv.).

On remarque que le -*e* muet final est assez peu utilisé avec la fonction de distinction de morphèmes lexicaux : c'est la contrepartie de son utilisation extensive comme morphogramme (voir plus haut).

2.2. *h-* initial
hache, ache (« plante »); *haie, aie* (d'*avoir*); *haine, aine; haire, aire; haleine, alêne; hallier, allier; halo, allô; haltère, altère* (d'*altérer*); *hanche, anche; hanse, anse; haras, aras* (« perroquets »); *hart* (« corde »), *art; hauteur, auteur; hé, eh* (interjections); *hère, ère; hêtre, être; ho, oh, ô* (interjections); *hors, ors, or; hospice, auspices; hôte, ôte* (de *ôter*); *hune, une.*

La fonction distinctive de l'*h-* initial — encore relativement importante — l'était plus encore avant l'introduction, à la fin du XVIᵉ siècle, des « lettres hollandaises » *j* et *v*, jusqu'alors notées respectivement par *i* et *u*. L'*h* initial fut en effet utilisé pour distinguer par exemple *huile* de *vil(l)e* noté par *uile* ou *huit* de *vit* noté par *uit*. Cet *h-* initial, bien que non étymologique, a subsisté non seulement dans les deux mots cités, mais encore dans plusieurs autres mots *(huis, huître)* quoique l'introduction du *v* lui ait fait perdre sa fonction distinctive : même sans *h-*, *uit resterait distinct de *vit*.

2.3. Consonnes muettes

2.3.1. Consonnes muettes finales
ban, banc; bas, bât; bon, bond; champ, chant; chat, chas; coin, coing; cor, corps; cou, coup, coût; cour, cours, court; crois, croix, (croît); do, dos; donc (-*c* non prononcé après impérat. ou dans une phrase négat.), *dont, don; fait, faix; fier, fiert* (de *férir*); *foi,*

464

fois; fond, fonds, font, fonts; heur, heurt; houe, houx; lai, laid, lais, legs, les; lie (de *lier*), *lit* (de *lire* et « meuble »); *mas, mât; moi, mois; mors, mords, mord, mort; mou, moût; on* (pronom), *ont* (d'*avoir*); *pare, part; peu* (adv.), *peut* (de *pouvoir*), *(peuh!); plan, plant; point, poing; poids, pois, poix, (pouah!); porc, port, (pore); pou, pouls; prêt, près; puits, puis; rat, raz; sein, seing; si, six (s'y); son* (déterm. et nom), *sont; tord, tort; vingt, vint; ver, vers, vert.*

2.3.2. Consonnes muettes internes

comte, compte, (conte); conter, compter; comté, compté (conté); seller, sceller; scène, cène; scie, si; scieur, sieur.

Une analyse détaillée de l'ensemble de ces cas montrerait que les lettres muettes étymologiques ont le plus souvent, en plus de leur fonction distinctive (logographique), une fonction morphographique, soit au niveau de la grammaire (le *-t* de *court* — du lat. *curtum* — marque la relation avec le féminin *courte*), soit au niveau du lexique (le *-p* de champ — du lat. *campum* — marque la relation avec le dérivé *champêtre*). Il n'est pas jusqu'au *-d-* de *poids* qui, bien que non étymologique (latin *pensum*, et non *pondus*), n'ait une fonction morphographique en marquant la relation, synchroniquement pertinente, avec *pondéral, pondéré,* etc.

3. *Délimitation différente des unités*

On atteint ici le domaine où l'homophonie concerne non plus des unités, mais des groupements d'unités. On ne citera évidemment, parmi l'infinité des réalisations possibles, qu'un nombre très réduit d'exemples spécialement fréquents et importants du point de vue grammatical :

autour de, au tour de; aussitôt, aussi tôt (oh! si tôt!); bientôt, bien tôt; plutôt, plus tôt; sans, c'en, s'en; davantage, d'avantage; laid (et ses homophones, voir plus haut), *l'est, l'aie, l'ait, l'ai, l'es,* etc.; *la, l'a, l'as; ma, m'a, m'as; mes, m'est, m'ait,* etc.; *ni, n'y; quand* (et ses homophones), *qu'en; quelque, quel(s) que, quelle(s) que; quoique, quoi que; ta, t'a; tes, t'est* (fam. *t'es* pour *tu es*), etc.; *tous* (avec *-s* prononcé, voir INDÉFINIS), *tout ce;* etc.

Compte tenu de l'aspect spécifique que lui confère son orthographe dans ses relations avec sa prononciation, le français est réputé pour l'une des langues qui se prêtent le mieux à certains types de jeux de mots fondés sur l'identité des signifiants oraux, mais bloqués dès qu'apparaît la manifestation écrite. Certains de ces jeux de mots ont été rendus célèbres par un texte littéraire. Ainsi l'anecdote du jeune

Rousseau décryptant la devise *tel fiert qui ne tue pas* en distinguant *fiert,* forme du vieux verbe *férir* (« frapper », cf. *sans coup férir*) de l'adjectif *fier;* ou le débat autour de *ou/où* dans *le mariage de Figaro.* D'une façon générale, l'homophonie semble particulièrement fréquente en français. D'où la facilité de pratiques ludiques telles que le rébus — par exemple la représentation figurée d'un *cygne* pour *signe* — et l'exploitation littéraire de ces pratiques chez de nombreux écrivains de la modernité (Jarry, Mallarmé, Roussel, Desnos, Prévert, etc.) et chez ceux des psychanalystes pour qui « l'inconscient est structuré comme un langage » (Lacan).

orthophonie

Voir PHONÉTIQUE/PHONOLOGIE.

ouvert (voyelle et syllabe)

Voir PHONÉTIQUE/PHONOLOGIE.

oxymore

Voir MÉTAPHORE.

oxyton

Voir PROSODIE.

P

palatale

Voir PHONÉTIQUE/PHONOLOGIE.

panchronie

Voir SYNCHRONIE.

paradigme

Ensemble d'unités virtuellement substituables dans un contexte donné — ce contexte pouvant être un morphème, un syntagme ou une phrase. Ainsi, dans le contexte [- ɑ], les phonèmes /p/, /b/, /g /, /l/ sont en relation paradigmatique *(pas, bas, gars, las)*. Il en est de même pour les morphèmes *le, ce, mon, un*, etc., dans le contexte : *je vous prête — livre*. Les relations paradigmatiques existent entre des termes qui ne sont pas présents dans l'énoncé. On les appelle parfois relations *in absentia* (en latin : « en absence »). Elles s'opposent par là aux relations syntagmatiques (voir SYNTAGME.)

Dans un sens plus restreint, on utilise également le terme de *paradigme* pour désigner la liste des formes fléchies d'un mot : il en est ainsi des *conjugaisons** pour les verbes* et des *déclinaisons** pour les noms, adjectifs ou pronoms dans les langues à flexion.

paragraphe

Le *paragraphe* est une unité de discours délimitée, au niveau de la manifestation graphique, par l'alinéa*. La division du discours (au sens, ici, de texte*) en paragraphes donne des indications sur la structure sémantique de l'énoncé.

paraphrase

On dit couramment qu'une phrase est la *paraphrase* d'une autre quand, à l'intérieur d'une même langue, elle reformule la première, tout en gardant le sens à peu près intact. Par exemple, *il est facile de contenter Jean; Jean est facile à contenter* et *contenter Jean est facile* sont trois paraphrases, ou trois énoncés paraphrastiques.

La paraphrase est donc une relation entre phrases, comme la synonymie* est une relation entre mots ou expressions (par exemple *carré* et *rectangle équilatéral* sont des synonymes).

Au-delà du jugement immédiat sur le sens (« les deux phrases ont le même sens » ou « les deux phrases n'ont pas le même sens »), on se heurte au problème de savoir si on peut déterminer des critères objectifs de mise en relation. La notion de *paraphrase* est en effet, quoique fréquemment utilisée par les grammairiens, encore moins théorisée que celle de synonymie lexicale : tout au plus trouve-t-on dans les grammaires des considérations sémantiques (par exemple : « le passif est une paraphrase de l'actif »), ou peut-on les déduire de l'existence d'exercices scolaires de transposition (par exemple : « passer une phrase du discours direct au discours indirect », « passer d'une relative appositive à une circonstancielle »...). Or, du point de vue de la conservation du sens, ces relations ne sont pas toujours évidentes (voir PASSIF et DISCOURS pour quelques contre-exemples), et, dans les cas où le sens est conservé, se pose le problème de la différence de statut grammatical, par exemple, entre une nominalisation et la phrase dont elle est issue : *la construction du pont* et *on a construit un pont.*

La problématique des grammaires transformationnelles, permettant une étude systématique des relations entre phrases, a beaucoup contribué à faire de la paraphrase une question théorique actuelle (en particulier, les travaux de Harris). Explicitement ou non, elle est à la base aussi bien de l'intention de faire ressortir des relations qui passent inaperçues au niveau superficiel, que de celle de « transformations stylistiques », ne modifiant pas les relations de combinaison-sélection entre morphèmes, conservant donc un invariant propositionnel. Dans cette optique, on peut dire que la syntaxe est une théorie de la paraphrase.

Le phénomène de paraphrase met en jeu une contradiction fondamentale entre « le même » et « l'autre » (les deux phrases ne sont l'une à l'autre ni tout à fait la même ni tout à fait une autre). Phénomène pleinement langagier, qui n'est réductible ni au système de la langue ni aux faits de discours, elle fait intervenir une activité métalinguistique* de jugement de la part du sujet parlant, véritable articulation entre la langue et l'usage de la langue (voir COMPÉTENCE).

Comme pour la synonymie, il importe de dire qu'il n'y a pas de paraphrase absolue : la langue ne dit jamais absolument la même chose, et toute reformulation fait intervenir une différence de sens, si minime soit-elle.

parasynthèse

La *parasynthèse* est une forme spécifique de dérivation*, qui associe un phénomène de préfixation* à un phénomène de transfert de classe grammaticale, susceptible d'être accompagné par un phénomène de suffixation*. Dans *embourgeoiser*, la préfixation de *bourgeois* par *em-* est associée au transfert du nom dans la classe du verbe, sans suffixation. Dans *imbattable*, la préfixation par *im-* est accompagnée de la suffixation par *-able*, elle-même marque de l'adjectivation de la base verbale *batt-*. Au sens strict du terme, on ne parle de parasynthèse que dans les cas où les formes obtenues soit par la préfixation seule, soit par le transfert de classe seul ne sont pas attestées : c'est le cas de *embourgeoiser (*embourgeois* et *bourgeoiser* sont exclus)* et de *imbattable (*imbattre* et *battable* sont exclus)*. Mais *enrager* ou *impérissable* ne sont pas des parasynthétiques : *rager* et *périssable* ont donné lieu à *enrager* et *impérissable* par préfixation.

La parasynthèse est notamment utilisée pour former des verbes sur des adjectifs ou des noms : *amollir, émincer, encanailler, envenimer, désioniser*, etc., ainsi que des adjectifs sur des bases verbales : *immanquable, inébranlable*, etc.

parataxe

Terme de rhétorique, caractérisant ce que sur le plan grammatical on appelle la juxtaposition* ou la coordination*, par opposition à l'hypotaxe* ou subordination*. La *parataxe* peut comporter un mot de liaison (*il pleure car il a faim* : c'est une coordination), ou ne pas en comporter (*il pleure, il a faim* : on parle alors d'asyndète), le lien logique n'en est pas moins présent. La parataxe est caractéristique de l'oral, où, soulignée et explicitée par l'intonation, elle est plus fréquente qu'à l'écrit. Certains auteurs opposent abusivement la parataxe à la syntaxe, ce qui a l'inconvénient de laisser entendre que la parataxe ne relèverait pas de la syntaxe.

parenthèse

1. La *parenthèse* est un fragment discursif inséré entre deux éléments d'une phrase : *Saussure (Ferdinand, bien sûr, et non*

Raymond) a été attentivement lu par Lacan. Les dimensions de la parenthèse sont très variables : d'un mot à un long fragment de discours. Le statut de la parenthèse par rapport à la phrase dans laquelle elle s'insère est également très variable : apposition* explicative, commentaire métalinguistique*, incise*, digression, etc.

2. Au niveau de la manifestation écrite, la *parenthèse* — ouvrante : /(/ et fermante : /)/ — est l'un des éléments qui permettent de signaler le statut de *parenthèse* au sens 1 d'un élément du discours. La parenthèse est en concurrence avec le tiret* et la virgule* (voir PONCTUATION). Une parenthèse au second degré (parenthèse dans une parenthèse) est signalée par les crochets*, au troisième degré par les accolades*.

parenthétisation

La *parenthétisation* est l'un des procédés qui sont utilisés pour représenter graphiquement les résultats de l'analyse en constituants immédiats. (Voir cet article.)

parole

1. Dans ses emplois non techniques, *parole* est utilisé avec un sens voisin de *langage*.

2. En phonétique, la *parole* est le phénomène physique qui permet la manifestation orale de la langue sous la forme d'un enchaînement de sons. C'est en ce sens qu'on parle de synthèse de la parole.

3. Chez Saussure, *parole* s'articule avec *langue* et *langage* selon des modalités spécifiques, décrites aux deux articles concernés. En ce sens, *parole* est voisin de certaines des acceptions de *discours** en linguistique contemporaine.

paronymie

La *paronymie* est une homonymie* incomplète : au lieu d'être exactement identiques, les paronymes restent distincts par une partie limitée de leurs signifiants respectifs. On distingue les deux cas suivants :

— entre *collusion* et *collision*, *chasse* et *châsse*, *recouvrer* et *recouvrir*, etc., les signifiants, largement communs, restent cependant distincts dans la prononciation et dans l'orthographe;

— *censé* et *sensé*, *chaos* et *cahot*, *s'égailler* et *s'égayer*, *pose* et *pause*, etc., totalement confondus à l'oral, restent distincts dans l'écriture.

La paronymie rend compte de nombreux phénomènes : lapsus*, jeux de mots*, fautes d'orthographe*, phénomènes d'attraction* paronymique et d'étymologie* seconde ou populaire.

paroxyton

Voir PROSODIE.

participe

Le *participe* est l'un des modes impersonnels du verbe. Du point de vue syntaxique, le participe est le résultat de l'adjectivation du verbe : dans *un livre publié hier* ou dans *on cherche une secrétaire connaissant l'italien*, les participes *publié* et *connaissant* ont le fonctionnement d'un adjectif épithète par rapport aux noms *livre* et *secrétaire*. On remarque toutefois que ces deux participes conservent la possibilité d'avoir des compléments (un adverbe dans le premier cas, un complément d'objet dans le second). Un verbe attributif employé au participe conserve la possibilité d'avoir un attribut : *étant fonctionnaires, nous bénéficions de la garantie de l'emploi*. Cette double nature du participe (adjectif par rapport au nom dont il dépend, verbe par rapport à ses propres compléments) explique le nom que lui a donné une très ancienne terminologie grammaticale : il « participe » à la fois de la classe de l'adjectif et de celle du verbe.

Remarque — L'infinitif* — à la fois nom et verbe — et le gérondif* — à la fois adverbe et verbe — présentent la même particularité de relever simultanément de deux classes grammaticales.

Le participe a trois formes :
— le participe présent : *travaillant, finissant, voulant*
— le participe passé de forme simple : *travaillé, fini, voulu*
— le participe passé de forme composée : *ayant travaillé, ayant fini, ayant voulu,* où l'auxiliaire est au participe présent et l'auxilié au participe passé.

Ces trois types de participes sont également aptes à apparaître comme verbe d'une proposition participiale munie ou non d'un sujet explicite. L'ensemble ainsi constitué fonctionne comme circonstanciel* d'un autre verbe : *mon travail fini, je prendrai des vacances; lassé, il décida de partir.* Ce type d'emploi est le seul qui soit commun aux trois formes du participe. On remarquera qu'il n'échappe pas à la règle qui fait du participe un adjectif : quand il est manifeste, le sujet du verbe n'est autre que le nom dont le participe est épithète.

A. Le participe présent

Il est formé à l'aide de l'élément *-ant* ajouté à la base verbale dans des conditions décrites à CONJUGAISON. Cet élément *-ant* ne présente de variations de genre et de nombre que lorsque le participe est entièrement passé dans la classe de l'adjectif (voir plus bas).

Le participe présent fonctionne généralement comme épithète *(j'ai rencontré le directeur sortant de chez le ministre)* ou comme apposition *(connaissant le finnois, il a été invité à l'Université d'Helsinki)*. Son emploi comme attribut est exclu.

Le participe présent a la valeur aspectuelle du présent. Les relations temporelles entre le procès du verbe principal et le procès du participe varient assez largement : comparer *il se prend pour Hercule tuant le lion de Némée* et *m'imagines-tu dans vingt ans vendant notre maison?*

Quand le participe présent perd la possibilité d'avoir, à la manière d'un verbe, des compléments, il passe entièrement dans la classe de l'adjectif*, et prend le nom d'*adjectif verbal**. Il adopte alors tous les traits morphosyntaxiques de l'adjectif : marques du genre et du nombre* par accord* avec le nom*, degrés* d'intensité et de comparaison, aptitude à la fonction d'attribut. On opposera ainsi *une maison accueillant les voyageurs de passage* (participe) à *cette maison est très accueillante* (adjectif verbal).

De nombreux participes présents sont impropres à cette adjectivation absolue : c'est le cas notamment des auxiliaires *être* et *avoir* (mais *aller* donne *elle est très allante*), de *devoir*, *savoir* et *pouvoir* (mais *puissant* et *savant* sont d'anciens participes présents), etc. Pour certains de ceux qui présentent l'adjectivation, on observe une différenciation orthographique entre le participe présent et l'adjectif verbal :

1. À un participe en *-quant* ou *-guant* correspond souvent un adjectif verbal en *-cant* ou en *-gant* : c'est le cas pour les verbes *communiquer, convaincre, extravaguer, fatiguer, intriguer, naviguer, provoquer, suffoquer, vaquer, zigzaguer.* On distinguera ainsi *une femme provoquant des catastrophes* d'*une femme provocante.*

2. D'autres verbes opposent le participe présent, orthographié en *-ant*, à l'adjectif verbal, orthographié en *-ent.* C'est le cas pour *adhérer, affluer, coïncider, converger, déférer, déterger, différer, diverger, émerger, équivaloir, exceller, expédier, influer, négliger, précéder, somnoler.*

472

On distinguera ainsi *une femme influant fortement sur la vie politique* d'*une femme très influente.*

Remarques. — 1. La structure morphologique du verbe ne détermine pas de façon constante ces oppositions orthographiques : *piquant* donne *des remarques très piquantes* (et non **picantes*); *exiger* et *affliger* utilisent *exigeant* et *affligeant* comme participes et comme adjectifs verbaux.
2. On observe parfois des différences de sens importantes entre le participe présent et l'adjectif verbal. Elles aboutissent dans certains cas à une séparation sémantique complète des deux formes : *violent* n'a avec *violant* que de lointaines relations diachroniques.

Le participe présent a toujours une valeur active. Dans le cas des verbes transitifs, il est possible de construire un participe présent passif à l'aide du participe présent du verbe *être,* auxiliant le participe passé de forme simple : *le travail étant terminé, nous partons en vacances.*

L'adjectif verbal a fréquemment la valeur active. Il arrive cependant qu'il ait une valeur passive (*une couleur voyante, une place payante,* etc.) ou factitive (*une odeur suffocante, un revêtement glissant; un revêtement antidérapant* évite de *faire déraper,* etc.). Dans quelques cas, l'adjectif verbal s'applique au lieu ou au moment où se déroule le procès : *une rue passante, une soirée dansante,* etc. Enfin l'adjectif verbal a parfois le sens du verbe employé pronominalement : *un homme bien portant* est *un homme qui se porte bien.*

B. Le participe passé de forme simple

Du point de vue morphologique, il est en général caractérisé par l'une des voyelles *-é, -i* ou *-u* (voir les détails à CONJUGAISON).

La fonction principale du participe passé de forme simple est de fournir à l'ensemble des verbes leurs formes composées (*j'ai aimé, je suis venu, j'ai été,* etc.) et, pour les verbes transitifs, les formes de passif (*je suis aimé*), elles-mêmes aptes à donner lieu à des formes composées (*j'ai été aimé*).

Toutefois, le participe passé de forme simple peut en outre s'utiliser sans auxiliaire, avec la valeur adjectivale qui a été décrite au début de l'article. Il convient alors de distinguer entre les verbes intransitifs et transitifs :

1. Dans le cas des verbes intransitifs, le participe passé de forme simple ne s'emploie normalement que pour les verbes dont l'auxiliaire est le verbe *être* : *un écrivain né en 1873; un incident récemment survenu.* Les syntagmes de ce type représentent le résultat de la nominalisation* de phrases telles que *un écrivain est né en 1873,* par effacement de l'auxiliaire.

Cet effacement se fait rarement pour les verbes intransitifs qui utilisent l'auxiliaire *avoir : une théorie vieillie, les civilisations disparues* (mais **un voyage marché* est exclu).

> **Remarque.** — L'emploi comme attributs des participes de cette classe peut être décrit comme une forme composée avec l'auxiliaire *être : ces civilisations sont disparues* est ambigu (participe attribut? emploi de *disparaître* avec l'auxiliaire *être?*).

Les participes de ce type, en raison de leur caractère intransitif, échappent à l'opposition actif/passif. Ils présentent le procès sous l'aspect accompli*.

2. *Dans le cas des verbes transitifs,* le participe passé de forme simple a la valeur passive. Il présente sous l'aspect accompli le procès des verbes perfectifs* : *un travail terminé.* Pour les verbes imperfectifs*, il présente le procès sous l'aspect non accompli : comparer *le résultat cherché* (imperfectif, non accompli) et le *résultat atteint* (perfectif, accompli).

C. Le participe passé de forme composée

Il est formé à l'aide du participe présent de l'auxiliaire *(ayant* ou *étant)* et du participe passé de forme simple de l'auxilié. Il est au participe présent ce que le passé composé est à l'indicatif présent : comparer *étant parti, partant* à *je suis parti, je pars.*

Le participe passé de forme composée a toujours une valeur active. Pour les verbes transitifs, il existe la possibilité de la transformation passive. On a alors une forme doublement composée du type *ayant été aimé.* (Voir aussi ACCORD.)

participiale (proposition)

Voir PARTICIPE, ainsi que CIRCONSTANCIELLES (PROPOSITIONS).

partie(s) du discours

Voir DISCOURS (PARTIES DU).

partitif

1. Voir ARTICLE.

2. Le complément *partitif* indique la partie prélevée sur un tout : *ceux des élèves qui travaillent...* Dans certaines langues, il existe un cas* particulier pour le complément partitif.

partielle

Voir INTERROGATION.

passé (temps du)

On distingue cinq formes de temps* (cinq tiroirs*) du passé de l'indicatif : deux formes simples (le *passé* précisément dit *simple*, autrefois *passé défini*, parfois dit *aoriste**, et l'*imparfait*); trois formes composées (auxiliées*) : le *passé composé* (autrefois *passé indéfini*), le *passé antérieur*, le *plus-que-parfait*. Il faut y ajouter les formes *surcomposées** ainsi que la périphrase verbale construite avec *venir de* + infinitif. Aux autres modes*, le système des temps se simplifie considérablement. Les valeurs de ces formes temporelles s'opposent à celles du *présent** et du *futur**. Elles s'opposent d'autre part entre elles, de façon particulièrement complexe, selon les variables du temps*, de l'aspect* et des modalités de l'énonciation*.

L'énumération des temps du passé tels que les distinguent morphologiquement les tableaux de conjugaison (voir cet article) ne permet pas de saisir clairement l'opposition de leurs valeurs. On constate en effet les deux phénomènes suivants :
— la simple opposition du passé, comme antérieur à l'acte d'énonciation, et du présent, qui en est contemporain, ne permet évidemment pas de repérer les différences de valeur entre les temps du passé. On peut en effet utiliser plusieurs formes temporelles distinctes pour situer dans le passé un événement, même quand il n'est pas nécessaire de le mettre en relation avec un autre procès : *il écrivit sa lettre; il a écrit sa lettre; il écrivait sa lettre.* Les deux premières formes peuvent, sous certaines conditions (voir plus bas) être considérées comme équivalentes, au niveau de langue près. La troisième ne se distingue d'elles que par une différence d'aspect*, et non de temps*;
— la simple opposition des formes simples aux formes composées, morphologiquement très nette, ne correspond pas terme à terme aux oppositions de valeur, apparemment confuses. On vient de voir que *il a écrit*, forme composée, est dans certains cas substituable à *il écrivit*, forme simple du passé. Mais dans d'autres cas, *il a écrit* est en relation avec le présent, auquel il fournit sa forme aspectuelle d'accompli.

Dans l'esprit de Benveniste — dont on suit ici les orientations, en nuançant certaines de ses conclusions — on posera deux séries de distinctions qui permettent de repérer de quelle façon les oppositions de valeurs s'articulent avec les oppositions morphologiques.

1. La première distinction est relative aux modalités de l'énonciation :

a) Le récit des événements passés constitue l'histoire*. L'énoncé historique (parfois dit récit*) se caractérise par le fait que le procès d'énonciation qui l'a produit n'y laisse aucune trace : « Les événements, pour citer Benveniste, semblent se raconter d'eux-mêmes. » Les éléments appartenant à la classe des embrayeurs* sont en principe exclus de ce type d'énoncé : les personnels* et possessifs* des deux premières personnes, le présent, les adverbes tels que *ici* et *aujourd'hui,* etc.

Parmi les temps du passé, l'histoire privilégie le passé simple. Mais elle admet aussi l'imparfait, pour des raisons et dans des conditions qui seront explicitées plus bas. Parmi les formes composées, elle exclut, dans les conditions normales, le passé composé, mais accepte le passé antérieur et le plus-que-parfait.

> **Remarque.** — Le présent peut apparaître dans l'histoire, mais exclusivement avec la valeur du présent de vérité générale (qui, par définition, vaut aussi pour le passé) ou du présent historique, qui résulte d'un déplacement fictif dans le passé de l'instance d'énonciation : le narrateur fait comme si les événements qu'il raconte étaient contemporains du moment où il les énonce (voir PRÉSENT).

b) Le discours* se caractérise de façon inverse. À côté de la 3e personne du verbe, des personnels et des possessifs, les deux premières y sont admises, ainsi que les autres embrayeurs, à commencer par le présent. Ces éléments linguistiques sont les traces dans l'énoncé du procès d'énonciation. Mais on trouve également dans le discours toutes les formes du passé, à la réserve du passé simple et du passé antérieur.

> **Remarques.** — 1. Le passé simple apparaît cependant parfois dans le discours, dans des conditions qui ne mettent pas en cause la distinction des deux types d'énoncé (voir plus bas).
> 2. Le discours peut évidemment être cité dans le récit historique : *le Premier ministre prit la parole et dit* (histoire) : *« La situation économique est inquiétante. »* (discours). (Voir DISCOURS.)

2. La seconde distinction vise les relations entre les formes simples et les formes composées.

Du point de vue morphologique, on observe qu'à chaque forme simple du verbe correspond une forme composée, constituée à l'aide du participe passé de l'auxilié* et de l'auxiliaire* *(avoir* ou *être)* affecté du temps de la forme simple :

> à *j'écris* correspond *j'ai écrit*
> à *j'écrivais* correspond *j'avais écrit*
> à *j'écrivis* correspond *j'eus écrit*

Remarque. — Chacune des formes composées donne lieu à son tour, selon le même processus, à une forme surcomposée* : *j'ai eu écrit, j'avais eu écrit (j'eus eu écrit est d'emploi exceptionnel).*

Les formes composées sont susceptibles de deux types d'emplois :

a) En emploi libre, les formes composées marquent l'accompli* par rapport à la forme simple correspondante : *j'ai écrit* est l'accompli du présent *j'écris, j'avais écrit* l'accompli de l'imparfait *j'écrivais, j'eus écrit* l'accompli du passé simple *j'écrivis.* Cette relation entre forme simple et forme composée apparaît plus clairement encore au passif* ; dans la phrase : *la maison est construite,* le présent simple passif (où l'auxiliaire n'est que la marque du passif) est interprété, quand il n'a pas de complément d'agent*, comme forme d'accompli. La forme d'actif lui correspondant est le passé composé *on a construit la maison,* qui fonctionne donc bien comme accompli du présent.

Remarques. — 1. Pour donner une forme de non accompli au présent passif, on recourt, dans le cas des verbes perfectifs*, au pronominal à valeur passive : *la maison se construit* (voir aussi PASSIF et PRÉSENT).

2. La valeur d'accompli des formes composées s'observe de façon particulièrement évidente avec les verbes perfectifs : *j'ai dit* (= « actuellement je n'ai plus rien à dire »); *il est mort* (« situation actuellement acquise »).

b) Il suffit toutefois que la forme composée soit mise en relation, dans l'énoncé, avec la forme simple correspondante pour que la valeur aspectuelle d'accompli, qui subsiste nécessairement, soit interprétée comme valeur temporelle d'antériorité : *quand j'ai écrit une lettre, je l'envoie.* L'antérieur étant, par rapport au présent, inévitablement du passé, le passé composé se charge d'une valeur temporelle, au point d'en venir à être, dans le discours, l'équivalent de ce qu'est le passé simple dans l'histoire.

Remarques. — 1. La référence au moment de l'énonciation peut se faire par un adverbe, un complément circonstanciel, voire de façon implicite : *il y a une semaine, j'ai eu un accident de voiture.*

2. Les analyses qui viennent d'être faites à propos du passé composé sont transposables, *mutatis mutandis,* aux autres formes composées.

Les deux séries de distinctions qui viennent d'être mises en place ne se confondent pas, mais se croisent : formes simples et formes composées, formes d'accompli et formes d'antérieur apparaissent les unes dans l'histoire, d'autres dans le discours, certaines dans les deux registres.

Compte tenu de ces observations générales, il est désormais possible de décrire :

477

A. Le système des oppositions de valeurs entre les différentes formes.

B. Les spécificités d'emploi de chacune d'elles.

A. Le système des oppositions

On ne peut en aborder la description qu'en la centrant autour de l'imparfait, seule forme (avec le temps composé qui lui correspond : le plus-que-parfait) apte à se manifester dans l'histoire et dans le discours. Cette situation spécifique de l'imparfait à l'égard des deux types d'énoncés s'explique de la façon suivante :

a) De même que le présent marque la contemporanéité entre le procès désigné et l'acte d'énonciation, l'imparfait marque la contemporanéité entre le procès et un repère temporel situé dans le passé. C'est ce parallélisme qui lui permet de fonctionner, dans le discours, comme passé par rapport au présent : *autrefois je fumais. Maintenant je mâche du chewing-gum.*

b) Du fait même qu'il se réfère au passé, l'imparfait cesse de fonctionner comme embrayeur. Indice déterminant : les verbes performatifs* cessent de l'être à l'imparfait (*je jurais* = je disais : « je le jure »). C'est ce trait qui lui permet d'apparaître, dans l'histoire, en opposition avec le passé simple : *les élèves chahutaient abominablement au moment où le proviseur entra.*

1. Imparfait/passé simple

Ils ne peuvent nécessairement s'opposer que du point de vue de l'aspect*.

Équivalent du présent à l'égard de l'aspect, l'imparfait n'envisage pas les limites temporelles du procès visé : il le présente dans son déroulement, que ce déroulement soit long *(la guerre faisait rage depuis trente ans)* ou bref, voire proche de l'instantanéité (*à 10 heures la voiture s'écrasait contre un arbre :* si bref qu'il ait été, le procès n'en a pas moins eu une durée; voir plus bas l'analyse de cet emploi). On dit souvent que l'imparfait est non limitatif (ou sécant).

Inversement, le passé simple cerne le procès en en envisageant les limites temporelles. Le procès peut indifféremment être de durée brève *(à 10 heures la voiture s'écrasa contre un arbre)* ou longue *(la guerre dura trente ans).* Le passé simple est limitatif (ou non sécant; sur ces termes, voir ASPECT).

L'exemple cité plus haut des élèves chahuteurs indique les valeurs que prennent l'imparfait et le passé simple quand leur opposition se manifeste dans l'énoncé : le passé simple prend en considération les deux limites temporelles du procès d'entrée du proviseur, qui est, ici, censé être plutôt bref, mais qui pourrait aussi être long *(le proviseur entra péniblement en escaladant un amoncellement de chaises).* Quant au chahut des élèves, il est envisagé dans son déroulement. Rien n'indique qu'il a eu un commencement. Et rien n'est signifié de son éventuel achèvement, l'entrée du proviseur — à vrai dire non déterminante — se situant à un niveau qui n'est plus celui des structures linguistiques...

2. Imparfait/passé composé

Il faut ici distinguer selon que le passé composé a la valeur d'un accompli de présent ou d'un temps du passé :

— dans l'accompli, le passé composé est, à l'égard de l'imparfait, l'équivalent de ce qu'est le présent dans le non accompli : *autrefois je fumais; maintenant j'y ai renoncé* (comparer à l'exemple parallèle cité plus haut);

— quand le passé composé a une valeur temporelle, on trouve une opposition identique à celle de l'imparfait et du passé simple. Le passé composé a en effet la même valeur aspectuelle que le passé simple : *nous étions en train de chahuter abominablement quand le proviseur est entré.*

3. Imparfait/plus-que-parfait

Le plus-que-parfait est à l'imparfait ce que le passé composé est au présent. Il lui tient donc lieu, selon le contexte, d'accompli *(à vingt-cinq ans il avait déjà publié trois romans)* ou d'antérieur *(dès qu'il avait terminé un roman, il le confiait à son éditeur).*

4. Passé simple/passé antérieur

On retrouve une situation analogue : le passé antérieur est, selon le cas, l'accompli du passé simple *(il eut écrit son roman en moins de six semaines)* ou son antérieur : *dès qu'il eut terminé son roman, il l'apporta à son éditeur.*

5. Formes composées/formes surcomposées

Les formes surcomposées — où l'auxiliaire auxilie une forme déjà auxiliée — sont nées de la nécessité de fournir un accompli ou un antérieur aux formes composées : *dès que j'ai eu terminé mon roman, je l'ai entièrement déchiqueté* (passé surcomposé à valeur d'antérieur). *Il avait eu terminé son roman en moins de deux mois* (plus-que-parfait surcomposé à valeur d'accompli).

6. Passé simple/passé composé

Si l'opposition de l'histoire et du discours était absolue, ce paragraphe se réduirait nécessairement à l'affectation du passé simple à la première et du passé composé au second. Les faits ne sont pas d'une telle simplicité. Un indice est à cet égard déterminant : les deux premières personnes étant liées au discours, et le passé simple à l'histoire, il devrait en résulter l'agrammaticalité* de formes telles que *je fus* et *vous fûtes*. On observe bien, au moins dans l'usage contemporain, que les formes de pluriel en *-âmes, -îmes, -ûmes* et *-âtes, -îtes, -ûtes* sont systématiquement évitées, ou ne sont utilisées que par plaisanterie, par exemple chez les auteurs comiques : Courteline en fait un usage abondant. La 2e personne du singulier est à peine moins exceptionnelle. Mais la 1re personne, statistiquement beaucoup plus rare que la 3e, se rencontre sporadiquement, non seulement dans la fiction littéraire, mais jusque dans l'usage oral quand le narrateur considère son propre passé comme entièrement coupé de son présent. On a entendu à la télévision un ancien résistant énoncer au passé simple tout un récit autobiographique : « *Je fus arrêté en janvier 1943. Je réussis à m'évader dès février...* » Phénomène exceptionnel, mais significatif, de séparation complète entre le *je* de l'énoncé et le *je* de l'énonciation.

Beaucoup plus important est le phénomène inverse : la concurrence de plus en plus forte exercée par le passé composé sur le passé simple dans l'énoncé historique. À la seule réserve du type de cas qui vient d'être signalé — sans doute conditionné par les spécificités de la communication télévisuelle —, le passé simple a entièrement disparu de l'usage oral du français standard. Ses survivances dans certains français régionaux (surtout méridionaux) sont vivement menacées. Contrairement à leurs homologues du siècle dernier et du début du siècle, les journaux ne l'utilisent plus guère, si ce n'est dans la rubrique sportive, où la nécessité de raconter des séries successives d'événements le fait réapparaître. Il ne subsiste de façon à peu près exclusive que dans les récits des historiens, où le passé composé produirait un effet étrange : celui de la présence du sujet de l'énonciation. Quant aux romans contemporains, ils illustrent diverses possibilités, de l'utilisation exclusive du passé simple (chaque fois qu'il est aspectuellement possible) à son remplacement par le passé composé, le présent historique ou l'imparfait « pittoresque » (voir plus bas). Mais il est exceptionnel qu'il soit complètement absent : même dans *L'Étranger* d'Albert Camus, construit de propos délibéré sur le projet d'un récit exclusivement rédigé au passé composé, il s'en est glissé quatre ou cinq occurrences. Trace non discutable d'une poussée

— reconnue explicitement par d'autres romanciers — du passé simple dès que le récit a à s'objectiver.

Remarques. — 1. Cette concurrence des deux passés n'est pas récente. Dès le XVIIᵉ siècle, on essaya de la régler, par la fameuse loi des vingt-quatre heures, qui affectait le passé composé aux événements récents, le passé simple aux événements éloignés, la frontière étant constituée par la dernière nuit écoulée avant l'acte d'énonciation. Tout étrange qu'elle paraît, cette règle n'en fut pas moins observée avec scrupule par la plupart des écrivains du XVIIᵉ siècle : Racine, qui ne l'enfreint jamais dans ses tragédies, ne lui apporte quelque tempérament que dans sa correspondance. D'application délicate (qu'on songe par exemple aux récits d'événements récents sur lesquels s'achèvent de nombreuses tragédies), elle fut remplacée au XVIIIᵉ siècle par la règle de la « période entièrement écoulée ». Malgré la naïveté et l'arbitraire de la première, ces deux règles n'en témoignent pas moins de la saisie approximative, par leurs énonciateurs, de l'opposition entre l'histoire, coupée de l'instance de son énonciation, et le discours, qui la manifeste.

2. On aura remarqué que l'ensemble de ces analyses ne met nullement en cause l'opposition de l'histoire et du discours. La validité de la distinction — pourtant critiquée par certains linguistes — est encore confirmée par le fait suivant : quand on a à situer deux procès l'un par rapport à l'autre, il est impossible (ou extrêmement difficile) de faire appel pour l'un à une forme liée à l'histoire, pour l'autre à une forme liée au discours. C'est ce qui explique par exemple, l'extrême bizarrerie de **quand il eut terminé son roman* (du côté de l'histoire), *il l'a envoyé chez l'éditeur* (du côté du discours) — bien que la phrase soit chronologiquement irréprochable. Les exceptions apparentes s'expliquent par des emplois spécifiques des formes temporelles : imparfait « pittoresque » ou présent historique. De façon apparemment paradoxale, *quand il eut terminé son roman, il l'envoie incontinent chez l'éditeur* (présent historique) ou *il l'envoyait sans plus attendre...* sont moins insolites que la phrase précédemment citée.

B. Les spécificités d'emploi des temps du passé

1. L'imparfait

Il convient ici de distinguer entre les valeurs temporelles et les valeurs modales de ce temps.

a) *Valeurs temporelles*

L'imparfait étant, comme on a vu plus haut, l'équivalent dans le passé du présent, il en a les valeurs aspectuelles, notamment les suivantes :

— l'imparfait désigne un procès dont le déroulement s'étend sans limitation explicite de part et d'autre du repère temporel envisagé : *en ce temps-là les bêtes parlaient.* De ce fait, une série de verbes à l'imparfait présente les procès comme simultanés (ou intermittents et enchevêtrés dans leur répétition) : *les bêtes parlaient, buvaient et fumaient comme les humains;*

— la non-limitation du procès explique la compatibilité de l'imparfait avec *déjà* (qui suppose le procès commencé : *à 15 ans il travaillait déjà*) et *encore* (qui le suppose non achevé : *à 75 ans, il travaillait encore);*

— imparfait d'habitude : *il écrivait un roman tous les ans;*

— imparfait « pittoresque », parfois appelé, par souci de parallélisme avec le présent, imparfait historique. Le plus souvent accompagné d'une indication temporelle précise, l'imparfait vise ici un procès plus ou moins instantané : *à 10 heures la voiture s'écrasait contre un arbre; le 10 décembre l'armée turque entrait dans Samarkande.* Conformément à la valeur aspectuelle du temps (voir plus haut), les deux limites temporelles du procès visé (pourtant très proches l'une de l'autre dans le réel) ne sont pas prises en compte : le procès, quoique bref, est présenté dans son déroulement. L'effet produit est, *mutatis mutandis,* analogue à ce qu'est au cinéma le ralenti. Effet qui disparaît nécessairement si, comme il est par ailleurs toujours possible, on remplace dans les exemples l'imparfait par le passé simple;

— toujours comme le présent, l'imparfait est apte à marquer, mais par rapport à un repère temporel passé, le futur proche ou inéluctable, de même que le passé tout juste révolu : *j'ai réussi de justesse à rencontrer Paul : il partait une heure après pour Lyon; Jacques revenait à peine de Lille quand je l'ai atteint au téléphone;*

— dans le discours indirect* et le discours indirect libre*, l'imparfait transpose, par référence à un passé explicite ou implicite, le présent du discours direct. Ce dernier peut toutefois subsister si l'on veut insister sur la permanence du procès visé : *Galilée a maintenu que la Terre tournait/tourne autour du Soleil.*

Enfin l'imparfait hypocoristique* (parfois distingué de l'imparfait préludique), qu'on utilise pour parler aux jeunes enfants (voire aux animaux), ne se laisse pas décrire par référence immédiate au présent : *il faisait de grosses misères à sa maman, le vilain garçon* (hypocoristique); *alors j'étais le roi, et toi tu étais la reine* (préludique, emploi régional). Le décalage, ici fictif, dans le passé, a une fonction analogue à celle que prend le passage du *tu* au *il* (ou au *on,* voir PERSONNELS), qui s'observe fréquemment en liaison avec l'imparfait hypocoristique.

b) *Valeurs modales*

L'imparfait prend une valeur « modale » dans les deux cas suivants :

— il marque l'irréel du passé dans une phrase dont la réalisation effective n'a plus à être envisagée : *(si j'étais arrivé) cinq minutes plus tard, je manquais mon avion; (tu me téléphonais) cinq minutes après, tu ne me trouvais pas.* La condition qui, faute d'être remplie, a rendu

impossible la réalisation du procès est marquée soit par une conditionnelle* au plus-que-parfait en *si*, soit par une autre phrase juxtapo-
sée, mais également à l'imparfait, soit enfin par un simple complément circonstanciel.

Remarques. — 1. On ne confondra pas ce type d'emploi avec les phrases telles
que *s'il buvait, c'était du vin,* où le *si*, temporel, n'entraîne pas la non-réalisation de
la principale.
2. Lorsque la condition est réduite à un complément circonstanciel, la phrase peut
être ambiguë : la personne qui dit *deux minutes après, Paul se tuait devant moi* peut
ou non avoir été témoin de l'accident selon que le circonstanciel a une valeur
temporelle ou conditionnelle : comme le conditionnel passé, l'imparfait signifie alors
que le procès n'a pas eu lieu.
3. Ce type d'emploi de l'imparfait correspond lui aussi à un emploi du présent :
un pas de plus, tu tombes (voir PRÉSENT).

— l'imparfait marque le potentiel* ou l'irréel* du présent dans la
subordonnée introduite par *si* d'un système conditionnel : *si je
gagnais au loto, je prendrais ma retraite; si j'avais des loisirs, je
terminerais mon roman.* Le choix entre le potentiel et l'irréel du
présent est déterminé par le contexte (notamment les adverbes : *un
jour* sélectionne le potentiel, *maintenant* l'irréel) et par le sens même
du verbe : les perfectifs* sont exlusivement compatibles avec le
potentiel, les imperfectifs* s'accommodent bien de l'irréel. Mais
certaines phrases restent définitivement ambiguës.

Quand la principale manque, le verbe à l'imparfait précédé de *si*
prend, selon le contexte, différentes valeurs : souhait *(si je réussissais
à avoir le bac !);* regret *(si j'avais vingt ans de moins !);* injonction ou
suggestion *(si on allait au cinéma !),* etc.

Pourvu à la fois de valeurs temporelles et de valeurs modales,
l'imparfait constitue-t-il une forme unique ? Et est-il possible de
repérer un trait commun entre ses valeurs temporelles et ses valeurs
modales ? On se contentera ici de signaler le problème, et d'indiquer
l'une des solutions le plus fréquemment données : l'imparfait mar-
querait *dans tous les cas* que le procès est hors du champ d'observation de l'énonciateur, qu'il se situe dans le champ passé (d'où ses
valeurs temporelles) ou dans un champ imaginaire non passé (d'où
ses valeurs modales).

2. Le passé simple

On a vu, plus haut, que sa spécificité aspectuelle est de prendre en
compte — au contraire de l'imparfait — les limites temporelles du
procès visé. Cette prise en compte affecte constamment les deux
limites (le début et la fin) dans le cas des verbes perfectifs : *il mourut*

le 26 juin (comparer avec l'imparfait *il mourait :* compte tenu de l'effacement des limites — ici déterminantes — du procès, celui qui *mourait le 26 juin* peut être en pleine santé le 27; pas celui qui *mourut !).* Dans le cas des verbes imperfectifs, le passé simple peut indiquer les deux limites du procès *(il marcha vingt jours).* Mais il peut également ne faire allusion qu'au début du procès *(dès huit heures il marcha)* ou à sa fin *(il marcha jusqu'à midi).*

Quand les passés simples apparaissent en série, ils visent des procès successifs : *il dîna, fuma une pipe, lut quelques pages du dictionnaire puis alla se coucher.* Toutefois, le passé simple n'est pas inapte, accompagné de précisions lexicales, à marquer la répétition : *trois soirs de suite il alla au restaurant.*

3. *Le passé composé*

On a vu qu'il a, comme les autres formes composées, une valeur d'accompli et une valeur d'antérieur :

— comme accompli, le passé composé s'oppose au présent, non accompli : *quand on est seul, on a bien vite mangé/on mange bien vite* (remarquer l'impossibilité du passé simple **on mangea bien vite* dans un contexte de ce type). À ce titre, le passé composé peut prendre, pour l'accompli, certaines des valeurs que le présent a pour le non accompli : vérité générale *(un malheur est vite arrivé),* futur proche ou inéluctable *(j'ai fini dans cinq minutes; dans six mois j'ai pris ma retraite).*

La valeur d'accompli s'accompagne fréquemment d'une valeur annexe de résultat actuel du procès accompli : *j'ai pris ma retraite : je passe tout mon temps à lire les œuvres de Jean-Paul Sartre.*

— comme antérieur, le passé composé a, ainsi qu'il a été dit plus haut, les valeurs aspectuelles du passé simple : qui *est mort* le 26 juin ne peut être sur pied le 27 !

4. *Le plus-que-parfait*

— comme accompli, il marque, par rapport à un repère temporel passé, l'état d'achèvement d'un procès : *le 20 octobre il avait terminé son roman.* On remarque que cette phrase accepte des adverbes temporels tels que *déjà, depuis lontemps,* etc. : le début de la période inaugurée par l'achèvement du roman n'est pas fixé.

— le plus-que-parfait tient lieu d'antérieur non seulement à l'imparfait, mais également aux autres temps du passé y compris à lui-même, quoique en concurrence avec sa forme surcomposée : *il finissait (a fini,* et même : *finit,* passé simple, *eut fini, avait fini)* en *1985 le livre qu'il avait commencé en 1980* (sur le passé simple, voir plus bas).

Dans le discours indirect, le plus-que-parfait transpose dans le passé l'imparfait et le passé composé.

— au même titre que l'imparfait, le plus-que-parfait a une valeur modale : il marque l'irréel du passé dans la subordonnée introduite par *si* d'un système conditionnel : *si j'avais travaillé davantage, j'aurais déjà terminé mon livre.* Cependant, l'irréel peut aussi affecter la période actuelle ou ultérieure : *si j'avais terminé mon roman pour le 15 juin, il pourrait encore paraître en septembre.*

5. *Le passé antérieur*

— comme accompli, il marque, comme le plus-que-parfait, l'état d'achèvement d'un procès par rapport à un repère temporel passé : *le 20 octobre, il eut terminé son roman.* On observe toutefois que cette phrase n'accepte pas *déjà* ni *depuis longtemps :* c'est que le début de la période inaugurée par l'achèvement du roman a précisément coïncidé avec le repère temporel.

— dans sa valeur d'antériorité, le passé antérieur n'est normalement compatible qu'avec le passé simple. Encore observe-t-on des limitations : le passé antérieur n'apparaît que dans les subordonnées temporelles introduites par *quand, dès que, après que,* etc. : *il n'arrêta sa tronçonneuse que quand il eut abattu tous les arbres.* Dans les autres cas, on emploie le plus-que-parfait.

6. *La périphrase verbale* venir de + *infinitif*

Pour l'expression du passé depuis peu révolu (passé récent ou immédiat), on utilise fréquemment l'infinitif du verbe précédé de *venir de : il vient de terminer son travail. Venir* fonctionne ici comme auxiliaire, et peut s'auxilier lui-même : *il vient de venir. Venir de* peut également être affecté par l'imparfait *(il venait de partir quand tu es arrivé)* et par le futur *(téléphone à cinq heures : il viendra de donner sa réponse)* ou le conditionnel *(selon les milieux généralement bien informés, une révolution viendrait d'avoir lieu en Tasmanie).* Les autres temps, notamment composés, sont exclus.

C. Les temps du passé en dehors de l'indicatif

1. *Les temps du passé au subjonctif*

Alors que l'indicatif dispose pour le passé de deux formes simples et de trois formes composées, le subjonctif ne connaît qu'une forme simple (l'imparfait) et deux formes composées (le « passé » et le plus-que-parfait). Encore l'imparfait et le plus-que-parfait sont-ils pratiquement exclus de l'usage oral, qui ne recourt donc qu'au subjonctif passé.

Au même titre que son équivalent morphologique de l'indicatif, le subjonctif passé fonctionne comme accompli *(il est regrettable que tu aies parlé)* et comme antérieur. L'antériorité peut être appréciée par rapport au temps du verbe principal *(il est fâcheux que nous n'ayons pas travaillé hier),* temps qui peut, dans l'usage oral, être passé : *Paul était ennuyé que Jean lui ait emprunté sa voiture.* Mais l'antériorité peut également être relative à un repère ultérieur : *il est impératif que tu aies terminé ton travail pour le mois de septembre/avant le retour de Paul.*

Remarque. — Dans cet exemple, le passé du subjonctif est l'équivalent, du point de vue temporel, du futur antérieur de l'indicatif : *tu auras terminé ton travail avant le retour de Paul.* Compte tenu de l'absence de forme de futur du subjonctif, l'auxiliaire ne peut affecter que la forme du présent, ce qui fait apparaître le passé du subjonctif.

Dans l'usage écrit surveillé, l'imparfait et le plus-que-parfait du subjonctif se substituent respectivement au présent et au passé quand le repère temporel est passé : *Paul regrettait que sa femme fût forcée de travailler* (contemporanéité par rapport à un fait passé : l'obligation où se trouve sa femme est contemporaine des regrets de Paul); *Alfred s'indignait qu'on lui eût volé sa voiture* (antériorité par rapport à un fait passé : le vol de la voiture est antérieur à l'indignation d'Alfred)[1].

Remarque. — De nombreux auteurs contemporains renoncent à cet emploi de l'imparfait et du plus-que-parfait du subjonctif, qui est d'ailleurs rendu facultatif par l'arrêté du 28-12-1976.

Toujours dans l'usage écrit surveillé, le plus-que-parfait et, accessoirement, l'imparfait du subjonctif ont également des valeurs modales :

— le plus-que-parfait apparaît dans les deux propositions (parfois seulement dans l'une d'elles) d'un système conditionnel de l'irréel du passé : *s'il eût travaillé davantage, il eût terminé son livre à temps.* Il se substitue donc dans la subordonnée au plus-que-parfait de l'indicatif (voir plus haut), dans la principale au conditionnel passé : d'où le nom de *conditionnel passé deuxième forme* que lui donnait autrefois la terminologie grammaticale;

---

(1) N. d. É. — Autres exemples : *Paul s'indignait que de telles injustices fussent encore perpétrées* (contemporanéité); *Alfred se réjouissait que chacun eût tenu parole* (antériorité).

— l'imparfait du subjonctif marque le potentiel ou l'irréel du présent dans certaines expressions plus ou moins figées : *personne, fût-ce le pape, ne me ferait renoncer; dussions-nous y passer les vacances, nous terminerons ce travail à temps;*

Remarque — La relative vitalité de cet emploi est attestée, par exemple dans l'usage des journaux, par des formes hypercorrigées de 3e personne du singulier du type *fusse* (refait sur *fussent* ou *fût-ce* mal segmenté) ou *dusse*.

— enfin l'imparfait du subjonctif apparaît comme substitut du conditionnel dans une phrase où le subjonctif est déterminé par le verbe de la principale : les deux traits de : *on a tout lieu de craindre qu'il ne soit assassiné* et de : *sans sa police, il serait assassiné*, sont cumulés dans : *on a tout lieu de craindre que, sans sa police, il ne fût assassiné* [1].

C'est également cette valeur de l'imparfait du subjonctif qui rend compte de son emploi dans une subordonnée dépendant d'un verbe au conditionnel : *il serait souhaitable qu'il fût assassiné* [2].

2. L'impératif passé

L'impératif passé est une forme composée qui présente le procès qui fait l'objet de l'injonction sous l'aspect de l'accompli dans le futur : *sois revenu pour deux heures.*

3. L'infinitif passé

Formé à l'aide de l'auxiliaire (*être* ou *avoir*) à l'infinitif et du verbe au participe passé, l'infinitif passé fonctionne, comme les autres formes composées, avec une valeur d'accompli ou d'antérieur : *il est utile d'avoir amassé quelques économies; après être allé en Chine, il partira en Mélanésie.*

4. Les participes passés

Il en existe deux formes, l'une simple, l'autre composée :

a) la forme simple marque l'état résultant du procès : *les enfants nés en 1990; une maison récemment construite.* C'est cette valeur du participe qui rend compte de la valeur d'accompli prise par les verbes perfectifs au présent passif : *la maison est construite* (voir aussi PASSIF et PRÉSENT);

---

(1) N. d. É. — Autres exemples : *on a tout lieu d'espérer qu'elle réussisse; grâce à sa bonté, elle réussirait; on a tout lieu d'espérer que, grâce à bonté, elle réussit.*

(2) N. d. É. — Autre exemple : *il serait souhaitable qu'elle réussît.*

b) la forme composée marque, comme ses homologues des autres modes, l'accompli ou l'antérieur : *ayant parlé, il s'assit; ayant été élu au Parlement, il n'a pas repris son service de professeur.*

Remarque. — Le gérondif* passé n'est guère qu'une curiosité de grammairien : introduit par la préposition *en,* il ne saurait marquer l'antériorité. Les quelques exemples qu'on en trouve font apparaître une valeur d'accompli : *tout en ayant beaucoup lu, il est resté inculte.*

passif

Forme de phrase définie par opposition à l'actif*, le *passif* s'y oppose par trois modifications : l'interversion du sujet et de l'objet, une modification sur le verbe désormais conjugué avec l'auxiliaire* *être,* et la présence d'une préposition devant ce qui devient le complément, dit complément d'agent* (introduit par *par* ou *de*); *Pierre aime Marie* a pour passif : *Marie est aimée de* (ou *par*) *Pierre.* Le complément d'agent est très souvent supprimé.

1. Le passif en grammaire traditionnelle

Dans la grammaire traditionnelle, on définit le passif comme une forme du verbe : la « voix passive » est un élément de classification du verbe. On y associe une opposition sémantique, l'actif étant le « faire » (activité), et le passif étant le « subir » (passivité). Les deux aspects de cette définition peuvent également être critiqués.

Sur le plan formel, en effet, la modification subie par le verbe ne va jamais sans les autres modifications formelles; il est donc nécessaire d'y voir un phénomène concernant l'ensemble de la phrase. Quant à la modification verbale, elle est la simple adjonction de l'auxiliaire *être* devant le verbe qui passe au participe passé, sans modification de temps ni de mode. Le français est ici différent d'une langue comme le latin, où il existe des désinences passives différentes des désinences actives (*amabam,* j'aimais; *amabar,* j'étais aimé). On peut dire qu'en français, la conjugaison passive est totalement prévisible à partir de la forme active.

Sur le plan sémantique, la distinction du « faire » et du « subir » est insuffisante, ainsi que le montre l'existence de phrases actives comme *le malade a subi une opération,* où le sujet d'une forme active est sémantiquement passif.

Ces deux réflexions, auxquelles on peut ajouter la remarque d'un rapport paraphrastique* entre forme active et forme passive (voir plus bas pour des restrictions), ont conduit les grammairiens transformationalistes à préférer définir formellement le passif comme une transformation*, qui lie les deux schémas de phrase : $SN_1 + V + SN_2$ et SN_2 *est Vé par SN_1.*

2. *Arguments pour une transformation passive*

L'idée d'un lien grammatical entre phrase active et phrase passive s'appuie sur la congruence des restrictions de sélection dans les deux formes : *Pierre a mangé un gâteau* instaure entre *Pierre, manger* et *un gâteau* une relation qui rend également possible la phrase passive : *un gâteau a été mangé par Pierre.* Par contre, l'inverse actif : **un gâteau a mangé Pierre,* bizarre à l'actif, l'est tout autant au passif : **Pierre a été mangé par un gâteau.*

On peut ajouter un autre argument, valable, il est vrai, pour un nombre limité de formes. En phrase simple, l'article ne peut être omis devant le nom que dans certains cas particuliers, toujours en position objet : *le roi a rendu justice.* Or il existe quelques phrases qui permettent d'omettre l'article en sujet, et ce sont des passives correspondant à ces actives *(justice a été rendue par le roi).*

3. *Les verbes susceptibles d'être mis au passif*

Pour qu'une phrase puisse être mise au passif, il faut au verbe certaines caractéristiques, que possèdent :

— de façon générale, les transitifs directs : *aimer, regarder, critiquer, rencontrer...* Ce sont eux qui fournissent la plupart des formes passives ;

— de rares transitifs indirects : *obéir* (ou *désobéir*) *à, pardonner à : il est obéi de ses enfants,* légèrement vieilli ;

— dans une construction passive impersonnelle sans complément d'agent, des transitifs indirects *(il a été beaucoup parlé de toi),* ou même des intransitifs *(il a été dormi dans ce lit).*

Cependant, un certain nombre de transitifs directs ne peuvent jamais être mis au passif : *avoir, pouvoir* au sens modal, *posséder, comporter, coûter* (exception familière pour *avoir : il a été eu [par ses débiteurs]).* D'autres ne le peuvent que dans l'un de leurs sens, et jamais dans l'autre. C'est le cas de *courir (*un kilomètre a été couru; mais des risques inutiles ont été courus par ces jeunes gens), peser (*trente kilos sont pesés par cet enfant; mais un kilo de pommes de terre a été pesé par le marchand), valoir (*dix francs sont valus par cet article; mais 10 % de pénalité sont valus par tout retard dans la réponse), vivre, (*cinquante ans ont été vécus par Pierre à la campagne; mais de bons moments ont été vécus par sa femme près de lui), mesurer (*un mètre cinquante est mesuré par cet enfant; mais deux mètres de tissu ont été mesurés par le marchand).*

Dans la détermination des cas où le passif s'applique à un verbe transitif, il faut ajouter que le groupe $V + SN_2$ doit constituer un groupe unique, le syntagme verbal. Ce qui revient à dire que SN_2 doit avoir fonction d'objet*. Si l'on compare *Jean enseigne le latin* et *Jean enseigne le matin*, seule la première phrase peut être mise au passif, car, dans la seconde, *le matin* est complément de phrase.

4. Passif et état

Quand le complément d'agent est supprimé, le passif peut être confondu avec un état.

On distinguera ici le cas des verbes perfectifs* et celui des verbes imperfectifs*. Quand un perfectif n'est pas suivi d'un complément, il exprime l'état faisant suite à un procès achevé. La forme correspond alors strictement à une séquence *être + adjectif*, et ne peut légitimement être rapportée à une forme active *(la porte est fermée*, comme *la porte est verte)*. (Voir aussi PARTICIPE.)

Par contre, pour les perfectifs suivis d'un complément et pour les imperfectifs, la forme passive exprime un procès ayant un correspondant actif (perfectif avec complément : *la porte est fermée par le gardien* — soit actuellement, soit habituellement; imperfectif : *j'étais observé par les spectateurs*).

5. Le passif, paraphrase de l'actif

Si l'on récuse l'opposition entre le « faire » et le « subir » pour caractériser le passif par rapport à l'actif, il faut se demander où est la nuance de sens entre les deux formes, si l'on admet qu'il n'y a jamais équivalence totale dans une paraphrase*.

L'effet essentiel du passif est de modifier le thème de la phrase : *Pierre a battu Jean* a pour thème *Pierre*, et sera adapté pour désigner l'auteur d'un pugilat, alors que *Jean a été battu par Pierre* a pour thème *Jean*, et insiste plutôt sur ce qui est arrivé à Jean, par exemple pour dire la nécessité de le soigner. C'est donc un phénomène discursif, supposant des contextes différents, et il n'y a qu'une nuance dans la différence de sens.

Cependant, certaines mises au passif peuvent avoir pour effet de modifier radicalement le sens. C'est le cas de phrases comportant des opérations logiques (quantificateurs, négations), comme : *une seule flèche n'a pas atteint la cible* (toutes l'ont atteinte, sauf une), dont le sens est très différent de la passive : *la cible n'a pas été atteinte par une seule flèche* (aucune ne l'a atteinte). Il est donc nécessaire d'atténuer, au moins pour les phrases comportant des opérateurs logiques, l'idée d'une transformation passive conservatrice du sens.

6. Les usages du passif dans le discours

En dehors de ce cas particulier, le passif a donc essentiellement un rôle discursif. Dans la mesure où il est formellement plus lourd que l'actif, le passif implique une recherche, qui permet au locuteur :

— de ne pas exprimer l'identité du responsable du procès, grâce à la possibilité de supprimer le complément d'agent; ceci par ignorance ou par délicatesse *(Pierre a été violemment critiqué)*, mais aussi par souci d'économie, lorsque le responsable du procès est évident, faisant partie du savoir partagé *(le prévenu a été condamné (par le tribunal))*. Remarquons que l'équivalence entre le passif sans agent et un tour actif avec *on (on a condamné le prévenu)* n'est pas parfaite, car *on* ne correspond qu'à un sujet animé humain, ce que ne fait pas le passif sans agent *(la branche a été cassée — par le vent* ou *par un gamin)*;

— de faire porter l'attention sur l'information qui paraît primordiale au locuteur : *Jean a été battu,* jouant sur la capacité de thématisation que permet le passif. L'intervention, dans des formulations de ce genre, du complément d'agent s'interprète : *par Pierre, et par personne d'autre;*

— de faciliter la liaison avec une autre phrase : *l'orateur entra dans la salle et fut applaudi par la foule,* plutôt que... *et la foule l'applaudit;*

— de faciliter les ellipses, très appréciées dans certains styles, par exemple journalistique : *le discours, jugé dur, a été très applaudi,* où *jugé dur* est une ellipse passive de *on a jugé le discours dur,* d'où provient la relative *que l'on a jugé dur,* qui permet l'ellipse;

— de rétablir un ordre préférentiel sujet animé/complément inanimé *(un passant a été renversé par un autobus,* plutôt que *un autobus a renversé un passant)*. Par contre, quand le sujet actif est animé (quelle que soit la nature de l'objet), on a tendance à le conserver dans cette position. Le passif produira donc un effet spécial, par exemple d'opposition *(la cuisine est faite par Marie, et la lessive par son mari);*

— de restituer un ordre préférentiel sujet bref/complément long, quand le sujet actif est un tour long, alors que l'objet est plutôt bref : *le pharmacien qui se désolait depuis si longtemps de la perte de son chat a adopté un enfant,* en face de *un enfant a été adopté par le pharmacien qui se désolait depuis si longtemps de la perte de son chat.*

Mais il faut bien voir qu'il s'agit, dans tous ces cas, de tendances plutôt que de règles absolues.

Inversement, le passif a moins de chances d'être réalisé quand il viendrait troubler un équilibre préférentiel : on rejettera généralement un complément d'agent pronominal, surtout à la première personne *(*la pendule a été remontée par moi* sauf contraste — *et non par toi, qui t'étais engagé à le faire).*

7. Autres formes passives

Un certain nombre de formes peuvent être comparées au passif, dont elles ont certains traits :

— les formes pronominales* dites « de sens passif » présentent certaines analogies avec le passif *(ce médicament doit se prendre à jeun; un tel médicament, ça se prend à jeun)* : elles paraphrasent une forme active où le sujet du verbe pronominal apparaît en objet *(on doit prendre ce médicament à jeun)*, et elles peuvent aussi être paraphrasées par un passif *(ce médicament doit être pris à jeun).*

— de même, certains verbes permettent l'intervention du sujet et de l'objet, mais sans autre modification formelle : *le soleil a jauni les papiers; les papiers ont jauni au soleil,* autant que *les papiers ont été jaunis par le soleil.* Les verbes concernés par cette construction sont les verbes dérivés d'adjectifs de couleur *(rougir, noircir, blanchir...),* et les verbes indiquant un changement d'état *(cuire, pourrir, bronzer...).* Ces verbes sont parfois dits *neutres** ou *symétriques*.*

— les infinitifs introduits par *se faire, se laisser, se voir, s'entendre (il s'est vu reprocher son inertie),* ou les expressions comme *être la cible de, l'objet de, la proie de, la victime de...,* constituent des équivalents sémantiques. (Voir AUXILIAIRE, PÉRIPHRASE VERBALE et PRONOMINAUX.)

— les adjectifs en *-ble* peuvent être paraphrasés au moyen de tours passifs : *comestible* = « qui peut être mangé » (par les humains).

On peut également rapprocher du passif les nominalisations* comme *la construction du pont,* à cause du rapport que ce groupe entretient avec les deux phrases *on construit (*ou *on a construit,* ou *on construira) un pont,* et *un pont est construit (a été construit, sera construit).* Le fait qu'il s'agisse bien là d'un passif est confirmé par la possibilité de rétablir un complément d'agent : *la construction du pont par le génie,* correspondant à *le génie a construit un pont.*

pataquès

Voir LIAISON.

patient

Dans l'analyse des relations sémantiques manifestées par la phrase, le *patient* est l'être qui subit le procès signifié par le verbe. Le patient correspond fréquemment au complément d'objet* du verbe actif ou au sujet* du verbe passif. Mais il peut également prendre la forme du sujet d'un verbe actif : *l'âne a reçu des coups de bâton; Paul a subi une opération.* (Voir PASSIF.)

patois

Parfois utilisé comme exact équivalent de *dialecte* régional,* le terme *patois* comporte plus fréquemment une connotation assez nettement péjorative : il désigne alors les dialectes lorsqu'ils sont réduits à un petit nombre de traits (essentiellement phonétiques et lexicaux) et utilisés sur une aire réduite, dans une communauté déterminée, le plus souvent rurale, dans des circonstances limitées : conversations familiales ou professionnelles (rurales).

patronyme

Voir ANTHROPONYME et NOM PROPRE.

pause

Voir PROSODIE.

péjoratif

Certains suffixes*, dits *péjoratifs,* présentent de façon défavorable le signifié de l'élément auquel ils s'ajoutent : *vinasse, verdâtre, richard,* etc.

perfectif

Voir ASPECT.

performance

Mise en œuvre effective des aptitudes linguistiques constitutives de la *compétence** lors de l'utilisation de la langue par les sujets parlants.

performatif

Le nom de *performatif* a été donné à une classe de verbes par le linguiste Émile Benveniste, qui reprend et adapte des travaux de philosophie du langage anglo-saxonne (d'où le nom même de *performatif,* de l'anglais *to perform,* « accomplir »). Ces verbes ont la particularité d'accomplir, par le fait de leur énonciation à la 1re personne du singulier du présent, l'acte qu'ils énoncent. Dire *je te promets que* (ou *de*)... constitue l'acte même de « promettre », du moins si l'énonciateur est dans la position sociale d'énoncer un tel acte : *je déclare la séance ouverte* n'ouvre effectivement une séance que si l'énonciateur est celui qui la préside.

L'observation du fonctionnement performatif est à la source de la théorie des actes* de langage indirects, mais c'est uniquement dans la mesure où ils sont formellement bien cernés qu'ils intéressent le grammairien : on notera ainsi qu'un performatif perd ses qualités dès lors qu'il n'est plus au présent*, ou qu'il n'est plus à la première personne du singulier. Pour Benveniste, il n'y a performatif que lorsqu'il y a, dans la forme même du verbe, la désignation de l'acte : *je t'ordonne de fermer la fenêtre* est donc un performatif, mais *fermez la fenêtre!* n'en est pas un.

Dans un usage moins strict, *performatif* est entendu de façon extensive, sans exigence de marque grammaticale. Il recoupe alors l'idée de force illocutionnaire (par exemple : *il partira*, dit d'un ton menaçant).

périphrase

Notion empruntée à la rhétorique*, la *périphrase* consiste à utiliser une expression composée de plusieurs éléments là où l'emploi d'un terme unique serait également possible : *quadrilatère à angles droits dont les quatre côtés sont égaux* pour *carré*. Dans ce cas, la périphrase est une définition substituée à la dénomination. La périphrase est donc un cas particulier de la paraphrase*.

périphrase verbale

On a fréquemment donné ce nom aux groupements constitués par l'auxiliaire *aller*, les aspectuels*, les modaux* et les semi-auxiliaires diathétiques (voir DIATHÈSE) avec le verbe à l'infinitif auquel ils sont liés : *je vais travailler, il est en train de dormir, il doit venir, il se fait attendre.* Les temps composés sont originellement des périphrases verbales. Il en va de même, en remontant plus loin dans le passé, pour le futur (infinitif + *avoir*). (Voir AUXILIAIRE.)

personne

La catégorie de la personne grammaticale permet de spécifier la relation entre l'instance de l'énonciation* et l'énoncé*. La personne affecte la classe du verbe*, celle des pronoms précisément dits personnels*, et la sous-classe de déterminants qui est en relation avec les personnels : les possessifs*. Les noms et les pronoms autres que personnels ne comportent pas de variation de personne. Ils confèrent au verbe la forme de la 3ᵉ personne, souvent dite non-personne. (Voir PERSONNELS.)

personnels (modes)

Voir INDICATIF, IMPÉRATIF, MODES et SUBJONCTIF.

personnels (pronoms)

La classe des pronoms personnels présente une réelle homogénéité du point de vue morphosyntaxique : *je, tu, il, elle; me, te, le, la; moi, toi, lui,* etc., présentent des distributions comparables et des mécanismes flexionnels voisins. Cependant des différences apparaissent dès le niveau de la morphologie : ainsi l'opposition des genres *(il/elle; le/la)* n'affecte, d'ailleurs partiellement (*lui* est commun au masculin et au féminin), que la 3ᵉ personne. Mais c'est surtout du point de vue sémantique que s'opère la différenciation : à cet égard, il convient de séparer les personnels des deux premières personnes de ceux de la 3ᵉ. Ainsi s'éclaire notamment le fait que, parmi les personnels, seuls ceux de la 3ᵉ personne ont une classe correspondante parmi les déterminants : il s'agit de l'article* défini, dont les personnels sont, pour certaines formes, les homonymes : *le, la, les* tiennent lieu de signifiants à l'article et à l'un des cas des personnels de la 3ᵉ personne.

La morphologie des pronoms personnels est particulièrement complexe. Elle fait en effet apparaître des variations selon les cinq catégories suivantes :

1. La catégorie traditionnellement dite de la personne grammaticale.

Elle comporte trois positions :

a) *la première personne.* C'est la personne qui parle : *je* (comme ses variantes morphologiques *me* et *moi*) désigne la personne qui dit *je* au moment où elle énonce un discours contenant *je*.

b) *la deuxième personne.* C'est la personne à qui l'on parle : *tu* (et ses variantes morphologiques *te* et *toi*) désigne la personne à qui je dis *tu* au moment où je lui dis *tu*.

Je et *tu* appartiennent à la classe des embrayeurs* : l'être qu'ils visent ne peut être identifié que par référence à l'instance de l'énonciation* et à ses coordonnées spatio-temporelles. *Je* et *tu* fonctionnent comme des noms propres provisoires et interchangeables qu'on acquiert dans et par l'acte même de l'énonciation : la personne qui dit *je* pour se désigner elle-même en tant qu'énonçant un discours sera appelée *tu* dès que son interlocuteur prendra la parole pour s'adresser à elle. Dans ces conditions, tout processus de représentation par anaphore* ou cataphore* est exclu : les personnels des deux premières personnes sont, par définition, des nominaux*.

c) *la troisième personne.* C'est la personne dont on parle. Même si elle peut être physiquement présente, elle ne participe pas à l'instance de l'énonciation, elle en est absente : d'où le terme de *non-personne* qui, pour ceux des linguistes qui ont proposé ce nom apparemment paradoxal, ne vise rien d'autre que la mise à l'écart de l'acte d'énonciation.

À la différence de *je* et *tu, il* (comme ses variantes morphologiques) n'est pas un embrayeur. L'énoncé seul permet d'en repérer le référent : dans *Pierre travaille : il sera reçu à l'examen,* c'est la représentation anaphorique de *Pierre* par *il* qui identifie le référent de *il.*

Remarques. — 1. On peut utiliser les pronoms de la 3e personne comme nominaux : en présence de Pierre, je peux dire *il sera reçu* sans avoir précédemment cité son nom. Mais on voit que même dans ce cas, *il* n'est pas un embrayeur : il faut en effet un élément supplémentaire de désignation (le plus souvent gestuel) pour indiquer que je parle de Pierre.

2. Les verbes dits impersonnels* sont morphologiquement affectés par la 3e personne : *il pleut; il y a du monde.*

2. La catégorie du nombre

Chacune des trois personnes est affectée par la catégorie du nombre*. Mais ce parallélisme apparent masque des différences de comportement entre l'ensemble des deux premières personnes et la troisième :

— du point de vue morphologique, *nous* et *vous* sont totalement distincts de *je* et *tu.* Au contraire, *ils, elles* et *les* sont les pluriels, réguliers pour les éléments nominaux (cf. *certain(s), quelque(s),* etc.), de *il, elle, le.*

— du point de vue sémantique, *je* est par définition un être unique et provisoire admis à l'existence linguistique par les circonstances mêmes de l'énonciation. Il ne peut donc être pluralisé, et *nous* n'est pas le pluriel de *je,* mais un ensemble constitué par *je* et d'autres personnes : un (ou plusieurs) *tu* et/ou un ou plusieurs *il.* Il existe cependant une langue (le boshiman) qui forme son *nous* par réduplication de son *je;* d'autres (sumérien, eskimo) forment le leur par la pluralisation de *je* (ce que serait en français **jes*). *Vous* de son côté peut englober plusieurs *tu,* ou leur adjoindre un ou plusieurs *il.* En revanche, la 3ᵉ personne se comporte à l'égard du nombre exactement comme les noms : *ils (elles)* est le pluriel de *il (elle)* comme *élèves* est le pluriel d'*élève*.

Remarques. — 1. Il existe dans certaines langues une opposition morphologique entre un *nous* inclusif (*je* + *tu* ou *vous*) et un *nous* exclusif (*je* + *il* ou *ils*) : ainsi le pidgin anglo-mélanésien distingue *you-mi* (« toi et moi », « nous inclusif ») de *mi-fela* (« moi et mon compagnon », « nous exclusif »). Le *nous autres* du français fonctionne sporadiquement comme *nous* exclusif (« nous mais pas vous »). *Vous autres* insiste de façon redondante sur l'exclusion du *je* ou du *nous*. Certaines des langues qui comportent un duel dédoublent également sa 1ʳᵉ personne en duel inclusif (« toi et moi »), et exclusif (« moi et lui »).

2. *Nous* s'utilise parfois de façon emphatique pour *je*, qu'il présente de façon expansive : *nous, préfet de Haute-Corse, décrétons...* Inversement, *nous* peut estomper les contours tranchés de la personne : c'est l'emploi de modestie du *nous* d'auteur : *nous suivons sur ce point l'opinion de Benveniste.*

3. *Vous* s'utilise comme « forme de politesse » : la pluralisation métaphorique de *tu* estompe ce que le *tu* impliquerait de relation trop immédiate. L'usage du *vous* opposé au *tu* varie selon le milieu social et le type de relation qui existe entre les partenaires de l'acte d'énonciation.

La forme de pronom personnel *(l')on* neutralise les oppositions de personne et de nombre. *(L')on* peut donc s'utiliser comme substitut des pronoms des trois personnes, à chacun des deux nombres, mais exclusivement cn fonction de sujet : 1ʳᵉ du singulier, c'est le *on* de modestie : *en publiant ce livre, on voudrait faire œuvre utile.* 2ᵉ du singulier, le *on* hypocoristique* du parler enfantin : *on voudrait bien des bonbons, n'est-ce pas?* 3ᵉ personne du singulier, l'emploi de *on* évite la désignation trop précise du sujet : *on m'a volé ma chanson.* 1ʳᵉ du pluriel, *on* peut se coordonner à *nous : nous, on travaille.* 2ᵉ du pluriel, *on* est l'équivalent de *vous*, sans toutefois pouvoir se juxtaposer à lui : **vous, on travaille* est exclu, mais *on travaille bien* pour « vous travaillez bien » est fréquent. 3ᵉ du pluriel, même effet que pour la 3ᵉ du singulier : *c'est Mozart qu'on assassine.* Quand *on* vise un pluriel, le verbe reste au singulier, mais l'adjectif prend parfois la marque du pluriel : *on est intelligent(s).*

3. La catégorie du genre

On observe là encore une coupure entre l'ensemble 1ʳᵉ et 2ᵉ personnes et la 3ᵉ :

— les êtres visés par *je* et *tu* sont nécessairement des êtres parlants (réellement ou fictivement), donc humains (ou humanisés) et sexués. Une mention explicite du sexe sous la forme linguistique du genre serait donc inutile. Elle existe cependant dans certaines langues, par exemple le khasi (en Inde), le thaï, etc. L'espagnol pratique cette distinction au pluriel : *nosotros/nosotras*. Le biloxi, langue sioux éteinte, allait jusqu'à opposer par des formes différentes les sujets selon leur âge. Malgré leur invariabilité, les pronoms personnels de la 1re et de la 2e personnes confèrent les marques du genre aux adjectifs qui les qualifient par référence au sexe de l'individu désigné : *je suis paresseux, tu es intelligente.*

— les personnels de la 3e personne marquent l'opposition des genres par référence à l'élément nominal qu'ils représentent : *le mur est solide : il ne s'écroulera pas*. Avec *on*, l'accord se fait le plus souvent au masculin, car la population visée est généralement mixte. Mais il suffit que la population (éventuellement la personne) visée soit féminine pour que le féminin apparaisse : *on est bien fière, aujourd'hui.*

4. La catégorie de la fonction

Avec les pronoms de radical *qu-* dans leur emploi comme relatifs*, les personnels sont les seuls éléments de la morphologie française à présenter une déclinaison* : *je travaille, il me voit.* On distingue un cas sujet, un cas complément d'objet direct (parfois dit cas régime* ou accusatif*), qui sert aussi, sous certaines conditions, pour l'attribut, un cas complément d'objet secondaire parfois dit datif*. Après une préposition, on emploie exclusivement les formes dites disjointes, (voir plus bas), qui, de ce point de vue, entrent dans le système d'opposition des fonctions.

5. L'opposition des formes conjointes et disjointes

Les formes conjointes sont liées au verbe de façon étroite : elles ne peuvent en être séparées que par une autre forme conjointe, les éléments *en* et *y* (assimilables aux formes conjointes, voir plus bas), enfin l'élément *ne* dans le cas des formes de cas sujet : *je ne l'y vois pas; donne-la-lui.*

Inversement les formes disjointes sont séparées du verbe par une pause ou une préposition. Elles sont toujours susceptibles d'être remplacées par un nom propre : *lui (Pierre), il travaille; ils se moquent de lui (Pierre)*, etc. Toutefois, *moi* et *toi* ne peuvent, compte tenu de leur statut spécifique (voir plus haut), être remplacés par un nom propre. En revanche, ils admettent l'apposition d'un nom propre : *moi (toi), Pierre.*

Les 5 types d'oppositions qui viennent d'être énumérées apparaissent dans le tableau suivant :

NOMBRE	PERSONNE		FORMES CONJOINTES			FORMES DISJOINTES
		cas sujet	cas obj. dir.	cas obj. sec.		
Sing.	1re	*je*	*me, moi*			*moi*
	2e	*tu*	*te, toi*			*toi*
	3e masc. fém.	*il* *elle*	*le* *la*	*lui* *lui*		*lui* *elle*
Plur.	1re	*nous*	*nous*			*nous*
	2e	*vous*	*vous*			*vous*
	3e masc. fém.	*ils* *elles*	*les* *les*	*leur* *leur*		*eux* *elles*
	3e réfléchie	ø	*se*			*soi*
Neutra-lisation	indéfinie	*on*	*se*			*soi*

Remarques. — 1. *Je* prend la forme *j'* ([ʒ]) devant voyelle ou *h*-« muet » : *j'enrage, j'hésite* (mais *je harcèle*). Dans l'usage familier, *tu* prend la forme *t'* ([t]) dans les mêmes conditions : *t'enrages, t'hésites* (mais *tu harcèles*). *Me, te* et *se* prennent les formes *m', t', s'* devant voyelle : *on m' (t') envie, ils s'embrassent. Il* et *ils* sont couramment prononcés [i] devant consonne : *il(s) démarre(nt),* [idemaʁ]. La réduction de *elle(s)* comme forme conjointe à [ɛ] est familière : *elle(s) démarre(nt)* [ɛdemaʁ]. *Ils* et *elles* font apparaître une liaison en [z] devant initiale vocalique. *Le* et *la* prennent la forme *l'* [l] (qui neutralise le genre, comme l'article défini) devant voyelle : *je l'embrasse (le* ou *la ?)* De son étymologie nominale, *on* a conservé la possibilité, dans l'usage surveillé, d'être précédé de l'article défini, qui permet d'éviter l'hiatus avec une voyelle antécédente : *si l'on procède de cette façon.* Une liaison en [n] apparaît devant initiale vocalique : *on est trop bon pour les femmes,* [ɔ̃nɛtʁobɔ̃] [1].

2. Comme il a été dit plus haut, les formes de cas complément d'objet direct conviennent aussi pour l'attribut, sous les deux réserves suivantes :

a) aux 1re et 2e personnes, ce sont les formes *moi* et *toi* qui sont exclusivement utilisées : **je (tu) me (te) reste(s)* est exclu au profit de *je (tu) reste(s) moi (toi).*

b) à la 3e personne, *le* est seul possible comme forme conjointe, et neutralise donc les oppositions de genre et de nombre : *intelligentes, elles le sont apparemment.* Ce phénomène s'explique par le fait que l'élément représenté dans de tels cas par *le* n'est pas un syntagme nominal, mais le contenu notionnel d'une qualité.

---

(1) N. d. É. — Autre exemple : *on est heureux ensemble* [ɔ̃nɛtøʁøɑ̃sɑ̃bl].

3. Quand il y a devant un verbe plus d'un complément de forme conjointe, les personnels de la 1re et de la 2e personnes ne peuvent être interprétés que comme compléments d'objet secondaires : *je me le donne (vends, offre, confie*, etc.). D'où l'impossibilité de **je me lui vends (donne, confie*, etc.*)*, suppléées par *je me confie (donne*, etc.*) à lui*. En revanche *je le lui confie* est régulier (voir plus bas le tableau relatif à l'ordre de plusieurs compléments).

4. Les anciennes grammaires désignaient les formes conjointes comme atones, les formes disjointes comme toniques. En français moderne, les formes conjointes peuvent être toniques : *donne-le* ([*lø*]) *leur*. Par archaïsme, *je* est tonique (et disjoint) dans la formule traditionnelle *je soussigné(e)*.

5. Sur l'opposition d'emploi des formes conjointes et disjointes se greffent des oppositions stylistiques qui ont parfois été décrites comme fondamentales : d'où, par exemple, la distinction de la *personne ténue* et de la *personne étoffée*. Cette distinction n'est pleinement valide que pour l'opposition *il (elle, ils, elles) travaille(nt); lui (elle, eux, elles) travaille(nt)*. On notera toutefois l'homonymie, au féminin, des formes conjointes (ténues) et disjointes (étoffées). Aux deux premières personnes, **moi (toi) travaille(s)* sont exclus au profit de *moi (toi), je (tu) travaille(s)*.

6. *Je* et *tu* désignent une personne nécessairement unique. Quand ils sont présents (sous leurs différentes variantes morphologiques) plus d'une fois dans la même phrase, ils sont coréférentiels*, c'est-à-dire réfléchis : dans *je me lave pour moi, je, me* et *moi* ne peuvent que désigner la même personne. Il n'en va évidemment pas de même à la 3e personne : dans *il le lui donne, il, le* et *lui* désignent trois personnes différentes. Mais il arrive aussi qu'il y ait coréférence entre le personnel de 3e personne sujet et un autre personnel (éventuellement deux). On emploie alors les formes spécifiques *se* et *soi*, invariables en genre et en nombre : *elle(s) se lave(nt)* (il y a coréférence entre *elle(s)* et *se*). On constate cependant que dans une telle phrase on n'emploie pas *soi* comme complément prépositionnel, mais *elle*, éventuellement souligné par *même : elle se lave pour elle-même*. En revanche, l'emploi de *soi* (lui aussi susceptible d'être précisé par *même*) est le seul possible quand le sujet est général. On constate notamment que *soi* est, comme forme disjointe, le seul réfléchi renvoyant à *on : on travaille pour soi* (*on travaille pour lui* aurait un autre sens, et *on travaille pour nous* n'est pas nécessairement coréférentiel). Enfin, *soi* est réservé à la classe des humains, sauf dans les expressions *en soi (la chose en soi), soi-disant* et *ça va de soi*.

7. Les personnels des deux premières personnes s'utilisent parfois, au cas de l'objet indirect, pour marquer l'intérêt qu'on est censé prendre à l'action présentée sous la forme exclamative. C'est ce qu'on appelle traditionnellement le datif éthique* : *je te lui ai écrit une de ces lettres d'insultes!*, et même, par cumul du singulier et du pluriel, *je te vous lui ai écrit une de ces lettres!* (dans l'usage familier). Cet emploi est à rapprocher de *alors, je (tu, on) me (te, se) la mange(s), cette pizza?*, surtout observé dans l'usage méridional.

Les pronoms adverbiaux *en* et *y*

En et *y* sont aux personnels ce que les formes *dont* et *où* sont aux pronoms de radical *qu-* (voir RELATIFS). Ils se comportent comme les formes conjointes (voir, plus bas, le tableau de la place des personnels). Ils tiennent lieu de cas prépositionnels : *en* pour *de* + un personnel, *y* pour *à* + un personnel : *je n'aime pas les mathématiques; je m'en moque complètement, je ne m'y ferai jamais.*

En et *y* sont surtout spécialisés dans la représentation anaphorique des non animés. On les trouve cependant parfois pour les animés : *je me méfie de Paul* donne, par pronominalisation*, *je m'en méfie* en alternance avec *je me méfie de lui; je me fie à Pierre* accepte *je m'y fie*, mais *je me fie à lui* est préféré. Toutefois, dans le cas du complément partitif, seul *en* est accepté, à l'exclusion de **d'eux*, pour les non animés comme pour les animés : *de mes anciens camarades de classe, je n'en ai revu que trois.* Inversement, *de lui (elle, eux, elles)* et *à lui (elle, eux, elles)* sont seuls possibles avec *ne... que* : *j'aime bien le Littré : je ne recours qu'à lui, je ne me sers que de lui* (cf. avec *je m'en sers, j'y recours*).

Enfin, *en* et *y* peuvent fonctionner comme compléments de lieu : *je vais à Lyon, j'en reviens demain, j'y retourne après-demain.* Ils sont alors appelés adverbes, comme *où.*

La place des pronoms personnels

1. Les formes disjointes

Elles se comportent exactement de la même façon que les noms propres ou les SN constitués d'un déterminant et d'un nom. Seule exception : *moi (toi), je (tu) travaille(s)* (mais : *lui travaille*, comme *Pierre travaille*).

2. Les formes conjointes

a) Sujet

Elles sont antéposées au verbe, sauf dans l'interrogation. *Travaillé-je ?* est évité, de même que les verbes monosyllabiques : **cours-je ? *tue-je ?* Mais *suis-je* et *ai-je*, notamment comme auxiliaires*, sont fréquents. On trouve aussi *dis-je* et *puis-je.*

b) Complément

— quand il y a un seul personnel complément, il se place entre le sujet et le verbe à un mode autre que l'impératif positif : *je le vois, je lui donne des fleurs, tu t'offres une escapade, j'y vais, tu en viens, ne me dis plus « tu »,* etc. Quand le verbe est à l'impératif positif, le pronom complément est placé après le verbe : *regarde-moi, garde-le, donne-lui (-leur) de l'argent, reviens-en,* etc. Avec *en* et *y* ainsi postposés, la liaison en /z/ fait apparaître dans la graphie un *-s* pour les verbes qui n'en comportent généralement pas à l'impératif : *vas-y, donnes-en,* etc. (mais : *ose en parler*, car *en* dépend de *parler* et non de *ose*).

— quand il y a plus d'un personnel complément, il convient de nouveau de distinguer selon la forme du verbe :

• pour toute forme autre que l'impératif positif, on observe la disposition suivante :

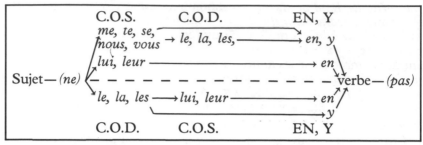

On constate que de part et d'autre de la ligne en pointillés, l'ordre respectif du C.O.D. et du C.O.S. s'inverse : *il me la donne, il nous les vend*, mais *il le lui donne, il les leur vend*. Ce système révèle l'alternance de deux principes : c'est tantôt la personne, tantôt la fonction qui détermine l'ordre. *Lui* peut précéder *en (il lui en donne)*, mais non *y (*il lui y vend)*.

• pour l'impératif positif, la disposition des personnels est la suivante :

$$\text{Verbe} \begin{cases} \text{-le-, -la-, -les-,} \longrightarrow \textit{moi, toi, lui} \\ \qquad\qquad\qquad\qquad\quad \textit{nous, vous, leur} \\ \text{-m', -t', -lui, -leur} \longrightarrow \textit{en} \\ \text{-nous-, -vous-, -les-} \longrightarrow \textit{en, y} \end{cases}$$

Remarques. — 1. L'usage familier présente l'ordre inverse de celui qui est indiqué dans le tableau pour *donne-moi-le, rends-nous-les.*

2. Les groupements *conduis-m'y, réfugie-t'y*, acceptés par certains grammairiens, sont évités et remplacés par *conduis-y-moi, réfugies-y-toi*, eux-mêmes assez peu fréquents.

pertinent

Voir PHONÉTIQUE/PHONOLOGIE.

phatique (fonction)

Voir LANGAGE.

phonème

Voir PHONÉTIQUE/PHONOLOGIE.

phonétique/phonologie

Les langues utilisent des sons pour transmettre du sens. La *phoné-*

tique est la discipline qui étudie les sons sous l'angle de leur émission, propagation et réception (avec l'écriture, le seul aspect matériellement concret des langues). La même étude dans la perspective de l'utilisation linguistique qui en est faite est la *phonologie*.

Le français ayant un système de transcription dit phonétique ou phonographique, un alphabet* qui transcrit les sons, il devrait idéalement y avoir correspondance entre lettre et son. Or, ce n'est pas du tout le cas en français moderne, où l'orthographe* reflète à peu près la prononciation du XIIᵉ siècle : on ne trouve aucun cas de correspondance biunivoque (où un son corresponde à une seule lettre, et inversement). Comme la situation est la même pour toutes les langues à graphie phonétique (quoique le français soit un extrême de ce point de vue; voir ORTHOGRAPHE), les phonéticiens ont mis au point un système de transcription dit « Alphabet phonétique international » (A.P.I. ou APhI), susceptible de décrire la prononciation de toutes les langues du monde. Le tableau I reproduit la partie de l'A.P.I. nécessaire à la description du français : les transcriptions sont conventionnellement placées entre crochets.

TABLEAU I

Voyelles

i	[li]	lit	y	[by]	bu
e	[ʁe]	ré	ø	[fø]	feu
ɛ	[ʁɛ]	raie	œ	[bœf]	bœuf
a	[pat]	patte	ə	[dəɔʁ]	dehors
ɑ	[pɑt]	pâte	ɛ̃	[mɛ̃]	main
ɔ	[bɔʁ]	bord	ɑ̃	[bɑ̃]	banc
o	[bo]	beau	ɔ̃	[bɔ̃]	bon
u	[bu]	boue	œ̃	[œ̃]	un

Consonnes

p	[po]	peau	z	[zeby]	zébu
b	[bo]	beau	ʃ	[ʃɑ̃]	champ
t	[ty]	tu	ʒ	[ʒɔ̃]	jonc
d	[do]	dos	m	[ma]	ma
k	[kaʁ]	car	n	[ny]	nu
g	[gu]	goût	ɲ	[mɔ̃taɲ]	montagne
f	[fu]	fou	ŋ	[ʁiŋ]	ring
v	[vu]	vous	l	[ly]	lu
s	[su]	sous	r	[ra]	rat

Semi-voyelles

j	[pje]	pied	ɥ	[ɥit]	huit
w	[watɛʁ]	water			

Pour l'auditeur, une langue se présente comme une suite de sons enchaînés, que le travail du phonéticien découpe en unités. Ce sont les *sons*, ou *phonèmes* (voir plus bas pour la distinction). Mais cette chaîne présente aussi un autre aspect, que l'on appelle prosodique : il n'y a pas d'énoncé oral sans intonation (ou courbe mélodique, qui peut parfois suffire à modifier le sens d'un message, comme par exemple dans le passage d'une assertion à une question), ni sans accent (ou mise en valeur d'une syllabe dans un groupe, pouvant avoir selon les langues ou selon les phénomènes, fonction démarcative, culminative, expressive ou syntaxique). Ces phénomènes, qui concernent des unités plus grandes que la syllabe, sont traités à l'article PROSODIE (on peut aussi les appeler *suprasegmentaux*).

A. Classement des sons du langage

L'aspect physique de la phonétique lui permet d'aborder la production vocale selon trois angles différents :

— la *phonétique auditive* (ou perceptive) étudie la réception des sons par le destinataire. Elle est historiquement à l'origine des travaux de phonétique, mais elle est aujourd'hui à peu près abandonnée, à cause de son caractère subjectif;

— la *phonétique articulatoire* (ou physiologique) travaille du point de vue de la production des sons, à partir d'une étude anatomique des positions des organes de la parole lors de la production des sons (voir tableau II). Outre sur l'auto-observation, elle se fonde sur l'expérimentation (observation d'empreintes, radiographie et photographie);

— la *phonétique acoustique* travaille du point de vue de la transmission : le son est étudié comme un phénomène vibratoire possédant certaines caractéristiques d'amplitude, de durée et de fréquence. Le domaine s'étudie à l'aide d'appareils, selon les lois de l'électroacoustique.

Il y a des correspondances entre les résultats obtenus par ces différents points de vue : le choix sera donc dicté par des considérations théoriques d'ensemble. De façon générale, les linguistes se sont satisfaits jusqu'à ces dernières années de l'étude articulatoire des données, plus aisément exposable et représentable. Il est cependant incontestable que la phonétique acoustique offre la rigueur d'un contrôle expérimental, et constitue la phonétique de l'avenir.

Malgré les réserves que l'on peut faire au classement articulatoire (les positions des organes ne sont qu'une simplification, qui ne tient pas compte du fait qu'un même effet acoustique peut être obtenu de différentes façon, grâce à des compensations), c'est lui qui est présenté ici.

B. Éléments de phonétique articulatoire

Il n'y a pas d'organes spécifiquement dévolus à la parole : lèvres, dents, langue, larynx, poumons, ont avant tout une fonction biologique.

Les organes phonatoires sont de trois types (V. tableau II p. 506) :

— l'appareil respiratoire, qui fournit l'air à partir des poumons;

— le larynx, contenant les cordes vocales, dont le rapprochement ferme la glotte, responsable à la fois du voisement (caractère sourd/ sonore, voir plus loin) et de l'intensité;

— les résonateurs supralaryngés (pharynx, bouche, fosses nasales et cavité labiale), qui donnent leurs caractéristiques aux sons par le jeu des organes mobiles modifiant le volume et la forme de chaque cavité.

On distingue deux sortes de sons : les voyelles et les consonnes. Phonétiquement, la distinction réside dans l'existence, pour les consonnes, d'un obstacle au niveau des résonateurs sur le chemin de l'air provenant des poumons; les voyelles n'en connaissent pas.

1. Les voyelles

Les voyelles se caractérisent par quatre traits articulatoires :

a) la *zone d'articulation*, ou position de la langue, qui peut se masser à l'avant de la bouche (la voyelle est alors antérieure, comme [i]), se masser à l'arrière de la bouche (la voyelle est postérieure, comme [u]), ou rester centrale (comme [ə]);

b) l'*aperture*, ou distance entre le dos de la langue et le palais. Le français connaît quatre degré d'aperture : fermé (comme [i]), semi-fermé (comme [e]), semi-ouvert (comme [ɛ]), et ouvert (comme [a]);

c) la *position des lèvres* qui peuvent être arrondies, comme dans [o], ou rétractées comme dans [i];

d) l'*action du voile du palais* : il peut être relevé, permettant la production de voyelles orales, ou abaissé, permettant à l'air de circuler partiellement par le nez et produisant des voyelles nasales (comme [ɛ̃] ou [ɑ̃]).

Ces quatre traits suffisent à décrire la plupart des voyelles (dont celles du français), mais il existe aussi dans d'autres langues des diphtongues (comme [ɔj], dans l'anglais *boy*), ou des oppositions entre voyelles brèves et voyelles longues (résiduelles en français; en anglais le [i] de *fit* et le [iː] de *feet*). Les deux triangles (ou points) suivant la transcription de la voyelle permettent de noter cette particularité.

TABLEAU II

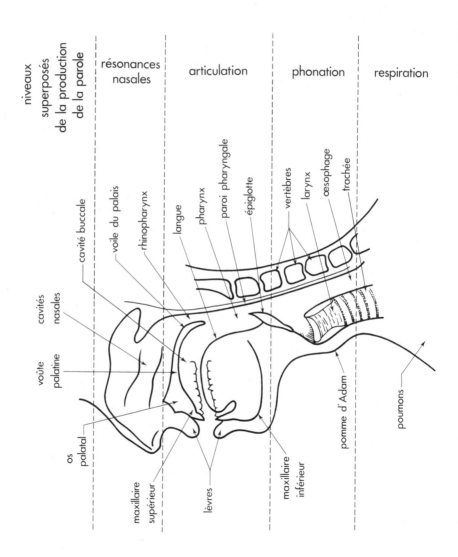

Schéma reproduit de *Linguistique française,* de Chiss, Filliolet et Maingueneau. Hachette Université 1977.

2. Les consonnes

Les consonnes se caractérisent aussi par quatre traits articulatoires :

a) la *nature de l'obstacle* (ou mode d'articulation). On distingue, en fonction du degré croissant d'ouverture :

— les occlusives (comportant une fermeture momentanée totale, suivie d'un relâchement : par exemple, [b] est une occlusive. C'est une catégorie qui existe dans toutes les langues du monde);

— les constrictives (il y a resserrement des organes : par exemple, [f] est une constrictive);

— les latérales et les vibrantes (qui tiennent à la fois des occlusives par la fermeture totale, et des constrictives par le passage de l'air autour de l'obstacle central : le [l] est la seule latérale du français, et le [r] ou [R] la seule vibrante, ajoutant la vibration de l'organe faisant l'occlusion);

— les semi-voyelles, ou semi-consonnes comportent l'obstacle le plus lâche ([j] est une semi-voyelle);

b) le *lieu de l'obstacle* (ou point d'articulation) : selon la nature du point de contact entre organe mobile et partie fixe, on distingue, de l'avant vers l'arrière de la bouche : des bilabiales ([p] et [b]), des labiodentales ([f] et [v]), des apico-dentales ([t] et [d]), des apico-alvéolaires ([t] et [d] en anglais; [s], [z], [ʃ] et [ʒ] en français), des rétroflexes (qui n'existent pas en français; par exemple le [ɳ] du mahrathi; l'extrémité ou le dessous de la langue prend contact avec le palais), des palatales (qui n'existent pas en français; par exemple, le [ç] de l'allemand), des vélaires ([k] et [g]), des uvulaires (le [ʁ]), des pharyngales (qui n'existent pas en français; par exemple, le [ħ] de l'arabe), et des glottales (qui n'existent pas en français; par exemple le [h] initial de l'anglais). On peut suivre ces différents points d'articulation sur le tableau II;

c) l'*action des cordes vocales* : selon qu'elles entrent ou non en vibration, on distingue les sonores (en français : [b], [d], [g], [v], [z], [ʒ]) et les sourdes ([p], [t], [k], [f], [s], [ʃ]). Le trait qui les distingue est le voisement (voisées/non voisées);

d) l'*action du voile du palais* : s'il est tendu et soulevé au point que la luette le ferme, l'air sort totalement par la bouche et la consonne est orale. Sinon, il est relâché et abaissé : l'air circule dès lors à la fois par la bouche et par le nez, et la consonne est nasale ([m], [n], [ɲ] et [ŋ]).

Ces quatre traits suffisent à décrire la plupart des consonnes des langues du monde (en tout cas ils suffisent pour le français). Il existe toutefois des sons plus complexes : les labialisées, palatalisées, vélarisées, glottalisées, aspirées, affriquées, semi-nasales, et les clics.

Aussi bien pour les consonnes que pour les voyelles, cette caractérisation est à prendre comme valeur moyenne, susceptible d'être produite d'une façon légèrement différente grâce à des compensations.

C. Phonétique et phonologie : son et phonème

La phonétique se lie de plus en plus aux sciences expérimentales et physiques, et c'est maintenant par la phonologie que l'étude des sons maintient son lien à la linguistique.

1. Le phonème

Si la phonétique est l'étude matérielle, physique des sons, la phonologie (ou phonémique) est l'étude de ceux-ci du point de vue de leur contribution au sens, donc du point de vue de leur rôle dans le système linguistique. L'unité en est le *phonème,* dont on a pu dire que, bien qu'il soit une unité abstraite, il a plus de réalité que le son, car c'est lui que perçoit le locuteur-auditeur dans la production-compréhension.

La phonétique étudie le son vocal indépendamment de la langue à laquelle il appartient (et l'A.P.I. doit distinguer, pour décrire toutes les langues du monde, quelque cinq cents sons) alors que la phonologie travaille à l'intérieur d'une langue donnée, où elle étudie le rôle de chaque son. Si deux sons remplissent la même fonction, que leur différence n'est jamais utilisée dans le système pour distinguer deux messages, on dit que leur opposition n'est pas distinctive, et les deux sons constituent un même phonème. Si par contre leur opposition est distinctive, que le fait de passer de l'un à l'autre suffit à faire passer d'un message à un autre, alors, ils constituent deux phonèmes différents. Ainsi, pour le français : la différence entre [p] et [b] suffit à distinguer le mot [pã] du mot [bã]; il s'agit donc de deux phonèmes différents, ce que l'on représente en les entourant de barres obliques (/p/ et /b/ sont deux phonèmes du français). Par contre, les trois sons physiquement très différents, [r] (roulé de la pointe de la langue, tel qu'il est prononcé en Bourgogne), [ʁ] (uvulaire; prononciation la plus fréquente) et [ʀ] (dit grasseyé), ne permettent jamais d'opposer des messages : il y a là trois sons, représentés avec des crochets : [r], [ʁ] et [ʀ], mais un seul phonème, que l'on peut représenter par /r/. Il y a autant de phonèmes dans un mot qu'il y a de choix successifs et indépendants.

L'opération qui consiste à évaluer le rôle de la différence entre deux sons s'appelle *commutation**. Soit la paire minimale (couple de mots séparés par la plus petite différence possible) constituée par [pã]/[bã] : de la certitude de la différence de sens (qui ne fait appel au sens que sous l'angle de la différence) introduite par le passage de [p] à [b], on déduira que /p/et /b/ sont deux phonèmes en français. Par contre, de la comparaison de [ri], [ʁi] et [ʀi], qui ont le même sens, on ne peut conclure qu'à la similitude de rôle phonologique pour [r], [ʁ], et [ʀ].

Si les sons sont en nombre élevé, les phonèmes d'une langue sont toujours en nombre limité : toutes les langues du monde comportent entre 10 et 100 phonèmes environ, avec une moyenne vers 33. Le français a 36 phonèmes, le tahitien 14, l'espagnol 32, l'anglais 46, l'oubykh (langue caucasienne) 81 dont 78 consonnes.

Le système phonologique de sa langue maternelle revêt pour le locuteur une importance particulière : c'est lui qui détermine sa perception des sons. Un locuteur adulte perçoit les sons d'une autre langue à travers la grille de sa propre langue, au point qu'on a pu parler de « surdité phonologique » : un Français interprète le [θ] anglais comme un [s], et un Japonais ne fait pas la différence en français entre [ʁ] et [l], qui correspondent dans sa langue à un seul phonème.

2. Les variantes

L'existence d'un certain nombre de faits introduit toutefois une nuance dans ce qui se présente comme opposition — apparemment radicale — entre caractère distinctif ou non distinctif des sons : les phonèmes n'ont pas toujours une valeur stable. Leur qualité phonétique peut changer en fonction de l'entourage phonique, et on a alors affaire à un phénonème de *variation*. Leur qualité phonologique peut s'effacer dans certains contextes, et on a alors affaire à un phénomène de *neutralisation*.

— D'un strict point de vue phonétique, il n'y a jamais similitude totale lors de la répétition d'un son, pour des raisons liées à la labilité des organes vocaux, et à l'influence du contexte : ainsi, par exemple en français, le [k] ne sera pas prononcé exactement de la même façon selon qu'il précède [u] ou [i] ([ku]/[ki]). Le [k] précédant le [i] est beaucoup plus antérieur, comme l'indiquent certaines représentations graphiques du français populaire *(la dame du cintième)*. On dit qu'il s'agit de *variantes combinatoires* ou *allophones*, dans la mesure où il n'est pas possible d'opposer, dans le même contexte, un mot comportant le [k] de [ku], et un mot comportant le [k] de [ki] : ces deux sons sont en distribution complémentaire. Ce n'est donc pas par leur similitude phonétique que les deux [k] seront considérés comme un même phonème, mais pour l'identité des relations qu'ils entretiennent avec le reste du sytème, alors même que, dans d'autres langues, cette différence peut correspondre à deux phonèmes.

— Certaines oppositions n'existent que dans certaines positions, disparaissant dans les autres. C'est le cas par exemple en allemand, où /t/ et /d/ sont des phonèmes, en opposition partout sauf à la finale, où seul [t] peut apparaître : *Rad* et *Rat* se prononcent de la même façon. On dit qu'il y a *neutralisation* de l'opposition, et la production unique remplaçant les deux phonèmes est dite *archiphonème*.

— D'un point de vue sociolinguistique, une communauté ne constitue pas un ensemble homogène. Ainsi, en français, pour l'opposition entre [ɛ̃] et [œ̃] ([bʁɛ̃]/[bʁœ̃]) : il est des locuteurs pour lesquels c'est une opposition pertinente (leur système comporte les deux phonèmes), et d'autres pour qui elle ne l'est pas (ceux-là n'ont qu'un phonème, généralement /ɛ̃/).

On voit donc que ce n'est jamais sur ses caractéristiques phonétiques qu'on assigne une place à une unité, mais sur son rôle dans le système : si deux occurrences d'un même son ne sont matériellement jamais identiques, deux occurrences d'un même phonème ne peuvent, en tant qu'unités abstraites, que l'être, par la place occupée dans le système, et donc par la représentation qu'en a le locuteur. La fonction linguistique est remplie quand, au niveau phonique, un phonème se maintient *différent* de tous les autres, quels que soient, en dehors de ce fait systématique, sa zone de dispersion et ses caractères acoustiques.

3. Les traits distinctifs

Au lieu d'être caractérisé de façon purement négative par le système des oppositions dans lequel il entre, un phonème peut être décrit comme un faisceau de traits distinctifs, chaque trait distinctif étant ce qui maintient un phonème différent de tous les autres du système.

On dira ainsi de /d/ qu'il est apical (ce qui l'oppose à /b/), sonore (ce qui l'oppose à /t/), et occlusif (ce qui l'oppose à /z/); de /i/ qu'il est fermé (~ /ɛ/), antérieur (~ /u/) et rétracté (~ /y/). Seuls /l/ et /r/ ne se définissent que par un seul trait (latéral pour /l/ et vibrant pour /r/), car ce trait suffit à les opposer à tous les autres phonèmes du système. La phonologie, contrairement à la phonétique, élimine les redondances, en ne retenant que les traits strictement pertinents.

La notion de trait distinctif est très importante pour organiser le système d'une langue : elle permet de s'apercevoir que c'est, en français, le même trait distinctif (sonore/sourde) qui oppose /b/ à /p/, /d/ à /t/, /v/ à /f/... On dira qu'il y a corrélation de sonorité en français, et l'on peut représenter /b/ comme comportant le trait [+ sonore], là où /p/ a le trait [− sonore]. La réduction du coût est considérable : un trait unique va rendre compte de six oppositions, et le gain en pouvoir explicatif est aussi très net.

En comparant la phonétique à la phonologie, on voit qu'elles n'ont pas les mêmes buts. Si la réflexion phonologique est indispensable pour l'étude d'une langue comme système, c'est plutôt à la phonétique qu'il faut faire appel pour l'apprentissage d'une langue étrangère, la correction des fautes de prononciation, l'enseignement aux sourds-muets..., cas où l'on a besoin de connaître toutes les caractéristiques d'une prononciation, et non les seules pertinentes. Ainsi, une transcription phonétique pourra faire apparaître la durée des voyelles, l'accent tonique, les intervalles entre groupes accentuels... Passer de la transcription phonétique à la transcription phonologique, c'est déterminer un certain nombre de règles caractéristiques du système étudié : par la généralisation, une transcription phonologique est nécessairement plus simple qu'une transcription phonétique.

4. La phonologie générative

Un grave inconvénient du système de traits tel qu'on vient de le décrire est de laisser entendre que les traits distinctifs s'alignent sur les traits articulatoires, et qu'ils seraient, dans une certaine mesure, accessibles à la conscience du sujet parlant. En fait, il est important de mettre en lumière une différence de nature radicale entre les deux : le domaine du distinctif ne peut être pensé dans les termes du physiologique.

C'est un inconvénient que peut éviter une théorie qui s'appuie sur la phonétique acoustique (dans la mesure où celle-ci ne peut faire appel à l'introspection), et particulièrement la phonologie générative.

Dans la grammaire générative, la phonologie n'est pas en elle-même une partie générative : elle assigne une forme phonique (prononciation) à la structure de surface produite par la partie syntaxique. À partir de la représentation sous-jacente, sont formulées des règles explicatives du fonctionnement phonologique de la langue, et sont exclues les formes impossibles. Les traits distinctifs sont ici purement abstraits, les règles obéissant, comme dans la syntaxe, à des critères de généralité et de simplicité.

D. Caractères généraux du système français

1. La base articulatoire : tension et antériorité

On désigne par « base articulatoire » l'ensemble des caractères articulatoires fondamentaux d'une langue.

a) Les traits les plus typiques de la prononciation française sont le mode croissant et le caractère tendu de son articulation. Voyelles et consonnes se réalisent avec une énergie physiologique qui commence doucement et s'accroît progressivement : on parle d'attaque douce. Le mouvement ouvrant est progressif. De là découlent :

— la syllabation : la consonne se rattache à la voyelle qui suit plutôt qu'à celle qui précède, il y a prédominance d'une syllabation ouverte;

— les caractères des consonnes : l'absence d'affriquées (exception en français canadien), la forte détente des consonnes finales;

— les caractères des voyelles : absence de diphtongaison, absence de neutralisation vocalique (jamais une voyelle, même atone, n'est réduite à un [ə] muet);

— le faible pouvoir assimilateur : quand une assimilation a lieu, elle est plutôt anticipante que progressive;

— la non-nasalisation des voyelles orales suivies de consonnes nasales;

— la prédominance des tons stables dans l'intonation, où apparaissent peu d'inflexions.

b) Un autre caractère fondamental est l'antériorité : le lieu d'articulation est surtout l'avant de la cavité buccale :

— 9 voyelles sur 16, 13 consonnes sur 17 et 2 semi-voyelles sur 3 sont antérieures;

— la fréquence des sons antérieurs est deux fois plus élevée que celle des sons postérieurs;

— toute consonne suivie d'une voyelle labiale est automatiquement labialisée (avec projection et arrondissement des lèvres).

c) Le français se caractérise également par l'égalité rythmique :

— la proéminence accentuelle est moins marquée que dans les autres langues européennes;

— les syllabes sont presque égales, il y a une certaine stabilité intonative dans le groupe accentuel.

Ces traits permettent de voir à quel point une langue comme l'anglais a une base articulatoire différente : articulations reculées, labialisation faible, pas de série antérieure labiale, articulation relâchée et nombreuses diphtongues, accent fort soulignant le contraste entre syllabes accentuées et inaccentuées, syllabes inaccentuées faiblement articulées et neutralisées, pas de voyelles nasales phonologiques, conservation de l'indépendance phonétique du mot. Aussi peut-on comprendre que les Français prononcent généralement mal l'anglais, et les Anglais mal le français.

2. La syllabation

La syllabe dans une langue se définit par trois caractéristiques essentielles : le son qui forme le sommet syllabique, la finale de la syllabe, et les combinaisons de consonnes et de voyelles qui constituent la syllabe-type.

La syllabe française est vocalique : il y a autant de syllabes que de voyelles ([paʁ - tiʁ], [sɛk - tœʁ]). La répartition peut varier légèrement selon les registres, selon le degré de maintien des [ə] muets. La syllabe orale est donc loin de toujours reproduire la syllabe graphique.

On distingue deux types de structures syllabiques : *les syllabes ouvertes*, terminées par une voyelle prononcée ([e - le - fɑ̃], trois syllabes ouvertes), et *les syllabes fermées* terminées par une ou plusieurs consonne(s) prononcée(s) ([sɛk - tœʁ], deux syllabes fermées).

La syllabe-type du français est la syllabe ouverte. Par exemple, dans la phrase : [i - la - bjɛ̃ - vu - ly - ɑ̃ - paʁ - le], on constate qu'il y a sept syllabes ouvertes pour une seule syllabe fermée. La fréquence de l'enchaînement* consonantique augmente le nombre de syllabes ouvertes (ainsi, les deux premières syllabes de notre phrase sont [i -la], et non [il - a] comme le ferait attendre la graphie) : la syllabation ne s'arrête pas à la frontière du mot.

La syllabation se fait selon les principes suivants :

— toute consonne intervocalique forme syllabe avec la voyelle qui la suit, aussi bien à l'intérieur du mot qu'à l'intérieur du groupe ;

— un groupe de deux consonnes se sépare en deux syllabes ([sɛk - tœʁ]), sauf si la seconde est un [ʁ] ou un [l] ([a - plik], [a - pʁɑ̃dʁ]) ou une semi-voyelle ([pɔ̃ - pje]) ;

— un groupe de trois consonnes avec un [s] au milieu subit une coupe syllabique après le [s] : [ɔps - takl] *(obstacle)*.

Deux facteurs contribuent à augmenter le nombre des syllabes fermées : la fréquence des emprunts* *(speaker, spoutnik...)* et l'augmentation des chutes des [ə] muets.

Le français se caractérise par son aspect très lié (surtout au niveau soigné) : les jonctures (ou jointures) sont faiblement marquées, et la différence est mince, du point de vue de la syllabation, entre *les petits trous* et *les petites roues*.

3. Le schéma canonique

La forme syllabique du français est très variée : on trouve des syllabes en V - CV - CCV - CCCV ([stʁa - bism]), VC - VCC - CVC - CCVC - CVCC - CCVCC - CCCVCC ([stʁikt], *strict*). Cependant, la fréquence du type CV est nettement supérieure à celle de tous les autres.

Un certain nombre de phénomènes contribuent à généraliser l'alternance CVCV, au détriment des autres types de syllabes :

— la liaison, l'élision et l'enchaînement (voir ces mots);

— l'apparition de la forme masculine des déterminants possessifs*devant un nom féminin commençant par une voyelle *(mon amie);*

— l'emploi d'une forme masculine spécifique pour certains déterminants et adjectifs devant un nom commençant par une voyelle *(cet individu, un nouvel ami, le vieil homme);*

— la double forme de certains préfixes*, dont l'une est réservée à l'occurrence devant voyelle *(mé-* ou *més- : mésaventure, dé-* ou *dés- : désillusion)*

— la prononciation [ij] de [j] après deux consonnes ([kʁije], [plijã]);

— l'apparition d'un [t] « euphonique » dans des formes comme *a-t-il, va-t-il...;*

— la tendance du français de conversation courante à simplifier les groupes consonantiques complexes ([izɔ̃] pour *ils ont,* [ʒesjɔ̃] pour *gestion*), tendance encore accentuée en français populaire;

Néanmoins, les syllabes de type V ne sont pas totalement éliminées ([aeʁe], [bay], [ʁeysiʁ], [aleosinema]), et l'hiatus n'est pas insupportable : *Papa a à aller à Arles.*

E. Remarques sur le système français : les voyelles

1. Le tableau des voyelles

Le tableau III représente les positions respectives des différentes voyelles françaises :

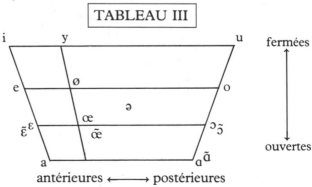

TABLEAU III

Les voyelles postérieures sont toutes arrondies, et les voyelles antérieures présentent les rétractées à gauche, et les arrondies dans la série voisine.

2. Caractères généraux des voyelles

On doit distinguer entre voyelle accentuée et voyelle inaccentuée. C'est toujours la dernière syllabe d'un mot qui est accentuée, mais, dans la chaîne parlée, l'accentuation des mots s'efface devant l'accentuation des groupes rythmiques (voir PROSODIE). La plupart des voyelles sont donc inaccentuées (on dit aussi atones).

L'allongement est un facteur secondaire susceptible d'apparaître sur les syllabes accentuées. Il n'a cependant que rarement valeur distinctive, uniquement pour certains locuteurs, en registre soigné, et seulement pour les deux voyelles [ɛ] et [a]. Pour [ɛ] : [lɛtʁ] *(lettre)*/[lɛːtʁ] *(l'être)*; [mɛtʁ] *(mettre)*/ [mɛːtʁ] *(maître)*. Pour [a] : [mal] *(mal)*/ [mɑːl] *(mâle)*, qui ajoute généralement l'opposition de timbre à l'opposition de longueur. Le caractère distinctif de ce trait est en voie de disparition.

Cependant, d'un strict point de vue phonétique, et toutes choses égales par ailleurs, plus une voyelle est fermée, plus sa durée est brève, et une voyelle accentuée est légèrement plus longue qu'une voyelle atone. Les consonnes qui suivent une voyelle ont aussi un rôle : il existe des consonnes allongeantes, comme le [ʁ] et les constrictives sonores, et des consonnes abrégeantes, comme [p], [t] et [k]. Mais ces phénomènes n'ont pas valeur distinctive, étant complètement soumis à l'entourage phonétique.

3. Les voyelles fermées

Les trois voyelles [i] (antérieure rétractée), [y] (antérieure arrondie) et [u] (postérieure, dont il est redondant de dire qu'elle est arrondie, puisqu'elle ne s'oppose pas à une rétractée de même définition), peuvent apparaître dans toutes les positions du mot.

4. Les voyelles ouvertes

Le français connaît en principe deux voyelles ouvertes : [a] antérieur et [ɑ] postérieur. Toutes deux sont arrondies, ce qui ne constitue pas un trait phonologique.

En position accentuée, on trouve 95 % de [a] pour 5 % de [ɑ]. Le [ɑ] apparaît dans des monosyllabes ouverts *(tas, las, bas...)* et en syllabe fermée par la seule consonne [z] *(rase, gaz, phrase)*. Il y a quelques cas d'oppositions : *patte/pâte, halle/hâle, tache/tâche, bail/baille...* Cependant, cette opposition, peu rentable, tend à disparaître (beaucoup de locuteurs ne la font plus).

En position inaccentuée, la tendance à la disparition de l'opposition est encore plus forte, d'autant plus que les cas d'oppositions sont rares *(matin/mâtin),* et généralement assurés par le contexte.

5. *Les voyelles d'ouverture intermédiaire*

Elles sont six : les antérieures rétractées [e] et [ɛ], les antérieures arrondies [ø] et [œ], et les postérieures [o] et [ɔ]. Du moins en est-il ainsi dans le système du nord de la France, car dans le Midi, l'évolution vers la disparition des oppositions est plus avancée.

Dans le système du Nord, toutes ces voyelles ne sont pas susceptibles d'occuper toutes les positions dans le mot, et la nature du timbre est fonction à la fois de la structure syllabique, de la position dans le mot (syllabe accentuée ou inaccentuée) et de la nature de la consonne qui suit dans le cas d'une syllabe fermée. Comme les rares cas d'opposition ne sont pas semblables pour les trois couples, et que l'attraction vocalique est souvent susceptible de jouer, dans des limites plus ou moins influencées par la morphologie, il n'est pas possible de généraliser davantage, et il est préférable de passer chaque couple en revue :

a) [e] et [ɛ]

En position accentuée, la finale ouverte permet l'opposition, assez répandue, entre [e] et [ɛ] : outre quelques oppositions lexicales *(ré/raie, poignée/poignet...)* de termes qui pourraient difficilement être confondus à cause de leurs caractéristiques morphosyntaxiques, la raison de l'assez bon maintien de l'opposition est son rôle dans la conjugaison ([e] infinitif et participe passé/[ɛ] marque de l'imparfait : *chanter* et *chanté/chantait;* [e] marque du futur/[ɛ] marque du conditionnel à la première personne du singulier : *je parlerai/je parlerais).* Néanmoins, certaines de ces oppositions sont aussi en voie de disparition.

Toujours en position accentuée, et en syllabe fermée, le son réalisé est toujours [ɛ] ([bɛl]).

En position inaccentuée, il n'y a jamais opposition : la règle générale est : syllabe ouverte → voyelle fermée, syllabe fermée → voyelle ouverte. Les rares exceptions sont dues à l'attraction vocalique qui joue en syllabe ouverte. Il y a une tendance à ce que le son, qui devrait être [e], puisse être harmonisé à un [ɛ] final : on dira [ete] *(il a été),* mais on peut dire aussi bien [ɛtɛ] que [etɛ] *(était).*

b) [ø] et [œ]

Les oppositons, rares, ne se rencontrent que dans des monosyllabes fermés : *veûle/veulent, jeûne/jeune,* cas différenciés par la morphosyntaxe. Tous les autres cas répondent à la règle générale vue pour [e] et [ɛ], sauf les syllabes accentuées fermées en [-z] *(menteuse, gazeuse, chanteuse)*, cas très fréquent du féminin d'adjectifs et de noms, et quelques mots isolés *(neutre, meute, Maubeuge...)*.

En syllabe inaccentuée, la règle est généralement respectée, mais il y a une certaine liberté pour les dérivés, qui peuvent ou non conserver le timbre du terme simple *(peureux :* [pøʁø] ou [pœʁø], *peupler :* [pøple] ou [pœple]).

c) [o] et [ɔ]

Cette opposition se rapproche de ø/œ : la seule position d'opposition est celle de monosyllabes fermés, en nombre assez important quoiqu'il ne s'agisse que d'oppositions lexicales *(Beauce/bosse, saule/sol, Aude/ode, nôtre/notre...)*, avec les exceptions de la finale en [-z], où la voyelle est toujours [o] *(cause, rose, pause...)*, et des finales en [-ʁ], [-ɲ] et [-g], où la voyelle est toujours [ɔ] *(or, port, sort* aussi bien que *saur, vogue* ou *rogne)*, ce qui leur fait retrouver le cas général. Pour tous les autres cas, la règle générale est respectée.

Cependant, en syllabe inaccentuée, les dérivés conservent généralement la nature de la voyelle du mot simple, ce qui aboutit à la possibilité d'opposition : [bɔte]/[bote], où le premier, *botté*, provient de *botte*, et le second, *beauté*, provient de *beau*. C'est donc ici la morphologie qui l'emporte sur la règle phonétique.

6. *Les voyelles nasales*

Il existe en français quatre voyelles nasales : [ɛ̃], [œ̃], [ɔ̃] et [ɑ̃], qui correspondent à la graphie *voyelle orale* + *n* ou *m*. La transcription que l'A.P.I. donne de ces voyelles est légèrement déplacée : [ɛ̃] est en fait plus ouvert que [ɛ], [œ̃] plus ouvert que [œ], et [ɑ̃] plus à l'arrière que [ɑ]. Si [ɛ̃], [ɑ̃] et [ɔ̃] sont des voyelles assez fréquentes, permettant de différencier de nombreux mots, [œ̃] est en voie de disparition sur le territoire français, au profit de [ɛ̃]. En effet, l'opposition entre /œ̃/ et /ɛ̃/ ne distingue que fort peu de mots *(brin/brun, empreint/emprunt*, distingués par ailleurs par la morphosyntaxe). De plus, il n'y a pas, comme pour les autres voyelles nasales, de couple [œ̃]/[œn] permettant d'opposer masculin et féminin (comme [ɛ̃]/[ɛn] dans *chien/chienne,* [ɑ̃]/[an] dans *paysan/paysanne,* [ɔ̃]/[ɔn] dans *bon/bonne)*, correspondances qui favorisent le maintien de la voyelle nasale. Les rares correspondances existantes, entre [œ̃] et [yn], s'appuient sur la graphie, non sur la prononciation (par exemple : *chacun/chacune)*.

7. Le [e] *muet*

Phonétiquement, c'est la seule voyelle centrale du français, mais phonologiquement on peut douter qu'il s'agisse là d'un phonème. On ne le trouve qu'en syllabe ouverte.

Les dénominations de « muet », « caduc », « instable » ou « féminin » font référence à sa particularité d'être susceptible de disparaître, selon des règles que, pour la conversation courante, on peut représenter dans le tableau IV, qui donne les conditions de sa réalisation :

TABLEAU IV

	Prononciation facultative	Prononciation réalisée	Prononciation non réalisée
initiale	après une seule consonne : *je veux* *ne viens pas*	● après deux consonnes : prenez ● dans le pronom interrogatif *que* : *que voulez-vous?* ● dans les cas d'oppositions : *dehors/dors* *le hêtre/l'être*	jamais
intérieur de mot et intérieur de groupe rythmique	dépend du style	après deux consonnes prononcées : *il me dit* [ilmədi] *justement* [ʒystəmɑ̃] *une petite* [ynpətit]	après une seule consonne prononcée : *samedi* [samdi] *la petite* [laptit]
finale	jamais	dans les mots *ce, le* et *parce que* accentués : *prends-le* *sur ce*	toujours : *il aime* [ilɛm] *robe rouge* [ʀɔbʀuʒ]

Quand plusieurs [ə] se suivent, les règles qui s'appliquent sont les suivantes : 1) en début de groupe rythmique, on prononce généralement le premier, et on supprime le second : *je le sais* ([ʒəlsɛ], qui peut aussi se prononcer [ʒləsɛ]); 2) certains groupes figés se prononcent toujours de la même façon : *parce que* [paʁskə], *je ne* [ʒən], *je te* [ʃtə], *ce que* [skə]...; 3) à l'intérieur d'un groupe rythmique, la règle qui s'applique est celle du tableau IV, en fonction du nombre de consonnes qui précèdent le [ə].

Classiquement, la possibilité de chute du [ə] était soumise à la « règle des trois consonnes », tendant à éviter l'apparition de trois consonnes successives, forme évitée dans le schéma canonique du français (voir p. 514). Cependant, cette règle, qui se maintient à l'intérieur d'un mot ([ãbaʁkəmã]), [bʁyskəmã]), joue de moins en moins à la frontière des mots ([ynpɔʁtfɛʁme]), sauf quand interviennent des causes rythmiques, comme l'accentuation secondaire (voir PROSODIE). Celle-ci peut faire réapparaître un [ə] muet final dans un groupe de mots ou un mot composé dont le dernier élément est monosyllabique (*garde-fou* se prononce toujours [gaʁdəfu], alors qu'on peut dire [gaʁdbaʁjɛʁ]).

Par ailleurs, un [ə] muet « parasite » peut apparaître à des frontières de mots, pour éviter un groupe de plus de deux consonnes : souvent pour éviter un groupe de trois ([aʁkəbutã]) et très souvent pour éviter un groupe de quatre ([uʁsəblã]).

Pour décider du caractère phonologique ou non du [ə] muet, on cherche à le faire entrer dans des paires minimales : [dəvã] semble s'opposer à [divã] et à [ləvã], cependant, quand il est prononcé [dvã] dans [ladvã], c'est bien du même mot qu'il s'agit. Le [ə] muet ne joue donc un rôle phonologique que lorsqu'il s'oppose à l'absence de phonème : [dəɔʁ]/[dɔʁ]; [ləɛtʁ]/[lɛtʁ]; [ləo]/[lo]. D'un strict point de vue phonologique, il ne faut le considérer comme phonème que dans ces cas, très rares.

8. Les semi-voyelles

On les range ici de manière à les comparer aux voyelles qui leur correspondent; mais il y aurait autant de raisons (sinon plus) pour les ranger parmi les consonnes, étant donné leur rôle dans la syllabation. Le français connaît trois semi-voyelles : [j] (qui correspond à [i]), [w] (qui correspond à [u]), et [ɥ] (qui correspond à [y]). Si les trois semi-voyelles sont comparables du point de vue de la distribution (rares à l'initiale et peu fréquentes à la finale), leurs rôles phonologiques ne sont pas semblables.

[j], désormais /j/, entre en opposition avec la voyelle /i/ dans des finales de mots, rares, mais qui suffisent à lui donner son caractère

distinctif : [abei] *(abbaye)*/ [abɛj] *(abeille)*; [pei] *(pays)*/ [pɛj] *(paye)*, dans lesquels la différence de syllabation suffit à expliquer la différence des voyelles [e]/[ɛ], /i/ étant une voyelle et créant une syllabe supplémentaire, et /j/ jouant le rôle d'une consonne en ce qu'elle ferme la syllabe. Opposition aussi dans /ai/ *(haï)* / /aj/ *(ail)*, sans problème de voyelle.

[ɥ] ne présente aucun cas d'opposition avec la voyelle [y] : ces deux sons sont donc en distribution strictement complémentaire. [y] et [ɥ] sont des variantes d'un seul phonème, voyelle ou consonne, selon la position dans la chaîne. Aussi un mot comme [nɥi] peut-il être prononcé [nyi]. (Voir DIÉRÈSE.)

Le cas de [w] est un peu différent : on peut en effet relever l'existence d'oppositions, bien que la distinction soit de plus en plus rarement faite : [lwa] *(loi)*/ [lua] *(loua)*, [ʁwa] *(roi)*/ [ʁua] *(roua)*, [tʁwa] *(trois)*/ [tʁua] *(troua)*. Étant donné les statuts morphosyntaxiques respectifs, il n'y a guère d'inconvénient à la confusion. La seule paire où la différence se maintienne effectivement est la troisième : *troua* est fréquemment prononcé [tʁuwa], en parallèle avec la prononciation [ij] de /j/ dans [plije].

F. Remarques sur le système français : les consonnes

1. Tableau des consonnes

Le tableau V représente les relations entre les consonnes du français, d'un point de vue qui tient compte des oppositions pertinentes :

TABLEAU V

	bilabiale	labio-dentale	apicale	alvéolaire	prépalatale	palatale	vélaire
sourde	p	f	t	s	ʃ		k
sonore	b	v	d	z	ʒ		g
nasale	m		n			ɲ	ŋ

Marginaux hors système : l et r (s'opposant aux autres consonnes globalement, et non par un seul trait).

Les modes d'articulation ne figurent pas dans ce tableau, dans la mesure où, selon le point de vue adopté, les points d'articulation suffisent à opposer tous les phonèmes.

2. *Remarques sur les consonnes*

Le système des consonnes est beaucoup moins affecté par la variation que ne l'est le système des voyelles. On peut faire sur ce système quelques remarques générales.

L'opposition sourde/sonore peut s'appliquer à toutes les consonnes françaises. Toutefois, pertinent pour opposer les deux séries p, f, t, s, ʃ, k d'une part, et b, v, d, z, ʒ, g de l'autre, le trait [+ sonore] n'est pas distinctif pour les nasales m, n, ɲ et ŋ, ni pour l et r, qui ne s'opposent pas à des sourdes de même point d'articulation.

Les consonnes sont fortes ou douces, ceci du fait de leur nature propre (les sourdes sont plus fortes que les sonores, et les occlusives sont plus fortes que les constrictives), et du fait de leur position dans la chaîne (une consonne à l'attaque de syllabe est plus forte qu'en finale).

Toutes les consonnes sont susceptibles d'apparaître dans toutes les positions (initiale, intérieure et finale). Les seuls groupes fréquents à l'initiale sont $C + l$ et $C + r$. Au *h* graphique ne correspond pas de phonème : ce qu'on appelle « h aspiré » a pour seul rôle d'empêcher la liaison. On lui reconnaîtra néanmoins une réalisation expressive dans un mot comme *halte*.

En règle générale, les consonnes graphiques initiales se prononcent toujours, même dans les groupes *(pneu, psychologie)*, sauf en français populaire qui peut parfois les simplifier; les consonnes graphiques intérieures se prononcent presque toujours, avec quelques exceptions (*aptitude*, [aptityd], mais *compter*, [kɔ̃te]); les consonnes graphiques finales se prononcent rarement (elles ne se prononcent pas dans *chantes, chantent, forêt*, mais se prononcent dans *cap, bob*), sauf -*l* et -*r* qui se prononcent presque toujours, si l'on excepte les infinitifs en -*er*, ainsi que -*c* et -*f* qui se prononcent fréquemment *(sac, nef, piaf...)*. À quoi il faut ajouter le phénomène de liaison*, qui fait apparaître une consonne sous-jacente. Un certain nombre d'autres cas constituent des points de variation sociolinguistique*, surtout en fonction de l'âge du locuteur : par exemple pour *cinq*, on constate que le [k] se prononce toujours à la finale et devant voyelle *(j'en veux cinq)*, mais est facultatif devant consonne : *cinq femmes* ([sɛ̃fam] ou [sɛ̃kfam]), *cinq cents* ([sɛ̃sɑ̃] ou [sɛ̃ksɑ̃]). Ce phénomène s'inscrit dans une tendance générale (qui semble s'accentuer chez les jeunes) à la distinction des homophones brefs, qui favorise par exemple la prononciation [fʁɛt] de *fret*, ainsi opposé à *frais*.

Un cas particulier est constitué par les deux mots *tous* et *plus*, pour lesquels le *-s* final tantôt se prononce, tantôt ne se prononce pas, selon des règles obéissant à des principes à la fois phonétiques et syntaxiques. Pour *tous*, voir INDÉFINIS. Quant à *plus*, ses variations apparaissent dans le tableau VI :

TABLEAU VI

	PLUS négatif	PLUS positif
en finale	[s] jamais prononcé *il n'en veut plus*	[s] facultatif *un peu plus* [ply] ou [plys]
le mot suivant commence par une consonne	[s] jamais prononcé *plus du tout*	[s] jamais prononcé *plus beau*
le mot suivant commence par une voyelle ou un *h* muet	selon le registre, [z] prononcé ou non *il n'en a plus assez* [plyzase] ou [plyase]	[z] prononcé *plus intéressant* [plyzɛteʁesɑ̃]

Enfin, dans la prononciation des groupes *consonne + r* ou *consonne + l* à la finale ou devant consonne, il arrive (avec des variations sociolinguistiques), dans une prononciation familière ou rapide, que le [r] ou le [l] tombe : *j'en prends quatre* ([ʒɑ̃pʁɑ̃kat]); *ouvre la porte* ([uvlapɔʁt]), sinon [uvʁəlapɔʁt] , où le [ə] permet d'éviter le groupe de trois consonnes.

Tous les sons du système consonantique se maintiennent fort bien en français. Il n'y a pas, comme pour les voyelles, remaniement en cours. Un seul cas de disparition possible est à signaler : /ɲ/, phonème assez rare, limité dans ses positions (il n'apparaît à l'initiale que dans des termes argotiques comme *gnon, gnasse*) est en train de se transformer pour beaucoup de locuteurs en [n + j] : [ɔɲɔ̃] est de plus en plus prononcé [ɔnjɔ̃], prononciation plus antérieure.

Par ailleurs, une nasale vélaire [ŋ] est en train de s'implanter dans le système français, à la finale des mots empruntés à l'anglais ([paʁkiŋ], [kɑ̃piŋ]). Elle acquiert statut de phonème, car elle entre dans des oppositions : [ʁim]/[ʁiŋ], et cela d'autant plus naturellement qu'elle trouve place dans le système. (Voir EMPRUNT.)

3. Les géminées

Il s'agit d'une succession de deux consonnes semblables, qui fait généralement l'économie des phases intermédiaires de fin de prononciation de la première et de mise en place de la seconde.

Les géminées ont valeur distinctive dans deux cas :

— pour certains verbes, elles permettent de distinguer l'imparfait du conditionnel ([kuʁɛ]/[kuʁʁɛ], [espeʁɛ]/[espeʁʁɛ], ou le passé simple du futur : [ekleʁa]/[ekleʁʁa]).

— dans un certain nombre d'autres formes, comme [iladi]/[illadi], [tymɑ̃]/[tymmɑ̃], [tytʁuv]/[tyttʁuv], [ladɑ̃]/[laddɑ̃] (respectivement : il a dit/il l'a dit; tu mens/tu me mens; tu trouves/tu te trouves; la dent/là-dedans). Même s'il n'y a pas opposition, la conservation des deux consonnes peut être importante pour la compréhension ([vɛ̃ttʁwa], [nɛtte] (vingt-trois, netteté).

On remarquera que, très souvent, c'est à la suite de la chute d'un [ə] qu'une géminée apparaît, évitant ainsi une homophonie.

La plupart des géminées n'ont pas valeur phonologique : à [villa] ne s'oppose aucun *[vila], et si un locuteur prononce de cette manière, on ne peut que comprendre villa. Elles sont plus importantes au contact de deux morphèmes (un préfixe et un radical), car la prononciation en géminée permet alors de conserver la marque morphologique du préfixe ([immɔʁal], [illegal], [iʁʁɛspɔ̃sabl]). Dans les autres cas, leur conservation, très répandue, passe pour une affectation ([bɛllikø], [allɔkasjɔ̃]...).

En langue familière, on voit apparaître une gémination injustifiée sur je l'ai vu, prononcé [ʒəllevy], marque d'un souci de souligner le pronom, qui peut distinguer [ʒlapʁɑ̃] (je la prends) de [ʒəllapʁɑ̃] (je l'apprends). Cet usage se rapproche du rôle expressif de la gémination (voir PROSODIE).

G. Phonétique combinatoire

Dans les deux parties précédentes, on a considéré les sons comme des unités isolées. Or, la chaîne parlée se présente comme un continuum à l'intérieur duquel les sons agissent les uns sur les autres.

1. Les facilités de prononciation

Elles résultent à la fois d'un principe strictement physiologique (le manque de coordination des mouvements articulatoires), et d'un principe plus général, que le linguiste français Martinet a appelé « économie » : l'antinomie entre les besoins communicatifs de l'homme et sa tendance à réduire au maximum l'effort mental et physique. Ainsi, par exemple, dans [nɛtte], la gémination du [t] se fait au prix d'une prononciation incomplète du premier [t] (qui ne comporte pas d'explosion finale); dans [tɛtdəvo], *(tête de veau)* le point d'articulation étant le même entre [t] et [d], les organes gardent la même position, et les cordes vocales commencent à vibrer dès le milieu du [t]; dans *une maison,* la suite des nasales [n] et [m] permet au passage par le nez de rester ouvert pendant tout le temps de la prononciation; dans *grande nation* la pointe de la langue ne bouge pas entre le [d] et le [n], où on se contente d'abaisser le voile du palais. Chaque fois que la proximité des sons contigus le rend possible, on se dispense d'un travail consistant à faire deux fois de suite un même mouvement.

2. *Les caractères secondaires des consonnes*

Presque toutes les consonnes tendent à modifier légèrement (ou quelquefois beaucoup) leur lieu d'articulation en fonction des voyelles qui les suivent. Ainsi, on a déjà signalé que [k] et [g] avaient un point d'articulation différent selon qu'ils étaient suivis de [i] ou de [u]. La langue et les lèvres prennent, dès le moment de la prononciation de la consonne, la position nécessaire pour la prononciation de la voyelle. Il y a en fait autant de prononciations possibles pour une consonne qu'il y a de voyelles susceptibles de la suivre : ces variantes sont complètement inconscientes pour le locuteur qui ne peut que difficilement les distinguer. Les consonnes peuvent donc être légèrement palatalisées, vélarisées, labialisées, ou labio-vélarisées.

Une autre particularité du français, destinée à faciliter la prononciation, et qui s'accentue encore au registre familier, est la chute de certaines consonnes dans les groupes lourds (par exemple : *quelque chose,* prononcé [kekʃoz] avec chute du [l]; ou bien chute du [ʁ] et du [l] en finale après consonne).

Historiquement, les facilités de prononciation ont joué un rôle important dans l'évolution des formes : c'est ainsi qu'on peut expliquer la présence d'un *d* dans *je viendrai,* produit de la dénasalisation anticipée du [n] devant le [ʁ].

3. *L'assimilation*

Il arrive que les modifications qu'on vient d'évoquer changent de façon plus radicale les caractères d'un son : c'est l'*assimilation,* qui se produit à la rencontre de deux consonnes, soit naturellement quand elles sont contiguës, soit à la suite de la chute d'un [ə] muet. Ainsi, dans *vingt-deux*, la position du [t] est implosive, et celle du [d] explosive : il y a assimilation, et le [t] se sonorise, en partie ou totalement : [vɛ̃ddø].

Étant donné les caractères généraux du phonétisme français, l'assimilation y est la plupart du temps régressive (ou anticipatrice) : c'est la nature du deuxième son qui modifie les caractères du premier. Elle peut porter sur le mode ou sur le point d'articulation : ainsi, on entendra *une heure et demie* prononcé rapidement [ynœʁenmi], où le [d] devient [n] en étant assimilé par le [m] qui le suit et le nasalise.

Elle peut aussi porter sur l'opposition de voisement, et c'est le cas le plus fréquent en français. Quand il y a rencontre entre une consonne sourde et une sonore, la première est assimilée à la seconde quant à la sonorité : [metsɛ̃], [apsɑ̃], [anɛgdɔt]. La même chose se produit au contact de deux mots dans un groupe : [bɛgdəgaz], [kubdəʃɑ̃paɲ] pour *bec de gaz* et *coupe de champagne*. La première consonne change de sonorité sous l'influence de la seconde (bien qu'elle conserve son caractère de forte ou de douce), et on peut dire qu'il y a, pour la première, neutralisation du trait [± sonore]. On peut aussi noter phonétiquement ce phénomène à l'aide d'un signe diacritique : un ₒ souscrit sous une sonore, et un ᵥ souscrit sous une sourde permettent de noter que le caractère de sourde ou de sonore ainsi obtenu n'est pas propre au son. On transcrira : [medsɛ̃], [anɛkdɔt].

Le rare cas d'assimilation progressive s'appliquant à la rencontre d'une sourde et d'une sonore est constitué par la suite [ʃ + v] à l'initiale : au lieu du [ʒv] qu'on attendrait (d'ailleurs prononcé par certains locuteurs), la forme la plus fréquente est [ʃf] (par exemple, [ʃfal] et [ʃfø]). Le français canadien fait cependant ici une assimilation régressive, et *cheval* est prononcé [ʒval], qui a donné naissance à la prononciation [ʒwal] de *joual*, terme caractérisant le dialecte de Montréal.

Dans les finales comportant une consonne sourde suivie d'une consonne dont la sonorité n'est pas phonologique, l'assimilation peut au choix (et selon le registre) être régressive ([kɔmynizm]) ou progressive ([kɔmynism̥], avec apparition d'un [m̥] assourdi, phonologiquement inconnu du français, et donc inaudible pour le locuteur). Ce phénomène touche ainsi /m/, /n/, /l/ et /r/ (les autres sonores sont phonologiques, /ɲ/ et /j/ n'apparaissant pas dans une telle position).

L'assimilation peut donner naissance à des ambiguïtés, éventuellement sources de plaisanteries : [aʃte] est aussi bien *acheter* que *à jeter*. Elle peut porter sur d'autres traits articulatoires, comme l'avancée de la langue, l'aperture, la labialité ou la nasalité : [gʁɑ̃nvil], *(grande ville)*, [mɛ̃m] *(même)*, [ʃkʁ̥wa] *(je crois)*. On parle d'assimilation réciproque quand l'influence joue dans les deux sens : ainsi dans [kɥi], le [ɥ] s'assourdit partiellement, et le [k] se labialise partiellement.

L'assimilation existe également pour les voyelles. Mais elle a lieu à distance, et non en fonction du voisinage immédiat : on parle alors de *dilation ;* la dilation a lieu à l'intérieur du groupe accentuel. C'est par exemple le phénomène qui explique la différence de prononciation entre [e] et [ɛ] dans [ilɛmɛ] et [ilaeme]. Constituant une règle dans certaines langues (par exemple le turc), l'assimilation (ou harmonisation) vocalique n'est aucunement obligatoire en français : elle peut dès lors constituer un critère permettant d'opposer les registres, et elle est sentie comme un relâchement.

Les lapsus* sont souvent linguistiquement analysables en termes d'assimilation et de dilation : par exemple [ʒyʃkə] pour *jusque*, où le [s] se transforme en [ʃ] sous l'influence du [ʒ] initial.

En opposition à l'assimilation qui tend à réduire les différences, la *dissimilation* agit en sens inverse sous l'effet de l'exigence de compréhension. C'est essentiellement en phonétique historique que cette tendance joue un rôle.

H. Phonologie d'un idiolecte ou d'un usage de convergence

Au sein d'une communauté, les pratiques linguistiques sont diverses. Si l'analyse d'un idiolecte unique peut se faire en termes de caractères distinctifs ou non (ce qui signifie qu'un sujet donné traite ou ne traite pas une unité donnée comme un phonème), par contre au niveau de la communauté entière existe ce qu'on peut appeler un « usage de convergence » : alors que le système de production peut être très divergent, il peut y avoir d'une part des zones communes, d'autre part un système de compréhension qui les dépasse très largement.

Certaines oppositions, examinées dans l'étude des consonnes et des voyelles, ne sont pas distinctives dans la totalité des pratiques : [ɛ̃]/[œ̃], [a]/[ɑ], [e]/[ɛ], [o]/[ɔ], [ø]/[œ], [ø]/[ə], [n + j]/[ɲ], [ɑ̃]/[ɑ] (quand *année* est prononcé [ɑ̃ne]). Certains usages font une opposition de longueur sur les voyelles fermées, certains remplacent les voyelles nasales par le groupe *voyelle orale correspondante + consonne nasale*. À quoi il faudrait ajouter de nombreuses variations locales.

Par contre, certaines zones phonétiques échappent toujours à la divergence : l'opposition sourde/sonore semble appartenir à tous les usages, tous les systèmes comportent au moins sept phonèmes vocaliques, et /m/, /n/ et /j/ sont toujours réalisés de la même façon. Il y a donc au moins 22 phonèmes communs, base d'invariants d'une convergence réelle.

Si les différences affectent le nombre des phonèmes, elles touchent aussi leur réalisation phonique : c'est ce qu'on appelle la variation libre, dont l'exemple-type en français est la réalisation du /r/, apical roulé dans certaines régions, et uvulaire à Paris. Ces variantes, qui ne sont pas à la disposition d'un même individu (mais dont tout locuteur a une connaissance au moins passive) donnent lieu à jugement social : dès lors qu'il y a différence dans les pratiques, il y a jugement et système de valeur. L'une des formes est valorisée (ici, le [ʁ] parisien), les autres sont stigmatisées.

À côté de la stratification sociale existe la stratification stylistique, qui dépend des circonstances de la communication (voir SOCIOLIN-GUISTIQUE et REGISTRES). Par exemple, un Méridional qui prononce beaucoup de [ə] muets peut, en parlant avec un Parisien, en diminuer l'usage, et de son côté le Parisien peut rétablir une partie des consonnes qu'il a tendance à ne pas prononcer.

I. Autres problèmes liés à la phonétique

1. La phonétique diachronique

À l'heure actuelle, où la distinction entre synchronie* et diachro-nie* est fermement établie, la phonétique diachronique est devenue une discipline qui réfléchit sur les modalités et les raisons du changement dans les langues.

La notion de système phonologique a permis de fournir un cadre explicatif aux changements phonétiques, en affirmant la primauté du système. L'équilibre entre le maintien et l'instabilité est soumis à la double influence des pressions structurales internes (tendance à la différenciation maximale, à l'équidistance des phonèmes...) et des pressions externes (asymétrie des organes de la parole, besoins communicatifs). Parmi les faits externes, il faut ranger la dynamique des faits sociaux : on pourra distinguer les pressions d'en haut (processus de correction explicite, norme*), et les pressions d'en bas (opérant sur la totalité du système, concernant à la fois les pressions structurales et l'inégalité des pratiques) : le changement est donc à comprendre comme interaction de facteurs objectifs et subjectifs.

En confirmation du système établi synchroniquement, on constate le caractère plus stable des faits centraux (pertinence maximale, meilleure intégration structurale, rendement fonctionnel élevé), et le caractère plus fragile des faits marginaux.

La comparaison de langues apparentées a permis d'établir des lois phonétiques sur l'évolution des langues : ainsi, par exemple, la comparaison des langues anciennes (grec, latin, sanskrit) a permis de restituer leur ancêtre commun non attesté, l'indo-européen*.

2. Les rapports entre phonétique et syntaxe

La phonétique doit aussi s'interroger sur le rapport entre faits phoniques et autres niveaux de l'analyse linguistique, sur leur degré d'autonomie. La plupart des systèmes placent la phonétique au début de la construction grammaticale, pour ne plus y revenir. La grammaire générative, en plaçant le composant phonologique en fin de grammaire, a attiré l'attention sur le caractère tardif de l'interprétation phonétique. Dans une phrase comme *les poules du couvent couvent*, seule la connaissance de la structure syntaxique permet de décider de la bonne association graphème/son : c'est le fait que le premier *couvent* soit un nom qui invitera à le prononcer [kuvã], et le fait que le second soit un verbe qui le fera prononcer [kuv].

3. Les sous-disciplines liées à la phonétique

Liées à la phonétique, existent aussi l'*orthoépie**, discipline normative donnant les règles d'une prononciation correcte, qui a surtout lieu d'exister étant donnée l'incohérence de l'orthographe française ; l'*orthophonie*, discipline correctrice des troubles dans l'apprentissage et la rééducation de la parole, trouvant aussi un vaste champ dans l'enseignement des langues étrangères ; la *phonostylistique*, discipline qui réfléchit, au-delà de l'arbitraire du signe, et aussi bien au plan phonétique qu'au plan prosodique, sur les effets d'évocation et d'expression de tout ce qui n'est pas imposé par le système, et sur l'identification ainsi rendue possible du locuteur.

phonogramme

Les *phonogrammes* sont ceux des graphèmes* qui ont pour fonction, exclusive ou non, de noter les phonèmes de la manifestation orale. Dans *gare* et *guet*, *g-* et *gu-*, notations de /g/, ont une fonction exclusivement phonographique. Dans *beau*, *-eau*, notation du phonème /o/, est à ce titre un phonogramme. Mais il a en outre une fonction logographique, puisqu'il distingue *beau* de ses homophones *bot*, *baux*. (Voir ORTHOGRAPHE et PHONÉTIQUE/PHONOLOGIE).

phonostylistique

Voir PHONÉTIQUE/PHONOLOGIE.

phrase

A. Critères traditionnels d'identification

La tradition pédagogique a coutume de caractériser la *phrase* par une série de critères hétérogènes qu'il est bien difficile d'appliquer de manière rigoureuse sans devoir remettre en cause tout ou partie de leur bien-fondé. Ils sont essentiellement de trois ordres : orthographique, phonétique, sémantique. *(a)* Sur le plan graphique, la phrase est délimitée, à son début, par une majuscule* à l'initiale du premier mot et, à sa fin, par un point. *(b)* Sur le plan phonétique, elle est marquée par une intonation caractéristique (en général, montante puis descendante) et limitée par deux pauses importantes de la voix. *(c)* Sur le plan sémantique, elle se présente comme une « unité de pensée » ou encore comme un assemblage de mots ayant un « sens complet ».

En fait, si *(a)* permet d'isoler correctement certains segments de la chaîne écrite (par exemple les « phrases » d'un texte), son application conjointe avec *(b)* et/ou avec *(c)* devient rapidement problématique. En premier lieu, parce que la correspondance entre *(a)* et *(b)* présuppose un décalque rigoureux entre la ponctuation* et l'intonation, ce qui est loin d'être évident : si les pauses ne se distribuent pas librement, elles peuvent néanmoins apparaître au cours de l'émission d'une phrase *(Paul/le garçon dont je vous ai parlé hier/est reparti)*; quant à l'intonation, elle peut aller jusqu'à s'inverser; c'est le cas lorsque plusieurs phrases sont enchaînées : *il rentre vers sept heures. Il dîne rapidement. Il se couche*. Et que faire du point d'exclamation et des points de suspension, qui peuvent apparaître à l'intérieur d'une phrase ? De même, le point d'interrogation, qui est censé clore une phrase interrogative, n'impose pas toujours une intonation spécifique : *est-ce qu'il est reparti ?* (⟶ , ⟶ ou ⟶). Ensuite, la prise en charge du critère *(c)* est, pour le moins, problématique : que faut-il entendre par « unité de pensée » ou « sens complet » ? Soient les deux phrases consécutives : *Paul sortit. Il pleuvait*. Comment expliquer que ces deux unités de pensée puissent n'en faire qu'une dans *il pleuvait lorsque Paul sortit*, ou encore dans *Paul sortit sous la pluie.* ? Par ailleurs, ce critère sémantique, même assorti des critères graphique et phonétique, laisse échapper un aspect fondamental des unités ainsi repérées, celui de la *grammaticalité**, c'est-à-dire de la conformité aux règles de la grammaire* de la langue* : de nombreux assemblages de mots comme : *lui bientôt partir, y en a briller le soleil,* correctement orthographiés et prononcés, ne peuvent guère prétendre au statut de « phrases de la langue » bien qu'ils soient parfaitement interprétables et porteurs d'un « sens complet ».

B. La phrase comme structure syntagmatique

Écartant délibérément les critères sémantiques, la linguistique moderne (en particulier le distributionnalisme) préfère considérer la phrase comme une unité d'ordre syntagmatique, c'est-à-dire comme correspondant à une structure invariante de constituants*, obtenue par l'application systématique d'une procédure de commutation* (voir CONSTITUANTS IMMÉDIATS (ANALYSE EN)). Ainsi, d'une part, toute phrase (P) correspond à la structure : syntagme nominal (SN) + syntagme verbal (SV), à quoi il faut ajouter, d'autre part, qu'il s'agit d'une forme linguistique qui n'entre dans aucune construction plus vaste. Cette approche permet de rendre compte du caractère éventuellement complexe de la phrase, tout en préservant son unité : c'est ainsi que toute structure apparentée au schéma SN + SV qui appartient elle-même à une structure du même type ne sera considérée que comme une « phrase constituante », car elle ne peut être utilisée telle quelle en dehors de la structure dont elle dépend : *que vous veniez* exige la présence d'une « phrase matrice » du genre *je veux* — où l'espace « — » représente un constituant de type SN qui dépend d'un SV pour former la phrase *je veux que vous veniez*. Lorsque l'analyse ne décèle aucun constituant phrastique secondaire, on parle de « phrase simple » ou de « phrase minimale ».

La phrase apparaît donc, dans cette perspective, comme une structure résultant d'une reconstruction inductive. C'est à partir de ces résultats que certains linguistes ont élaboré un système hypothético-déductif, la *grammaire générative**, qui fait de la phrase un axiome de base. La composante syntagmatique de la grammaire se présente comme une série de règles de réécriture du genre P → SN + SV, SN → Det + N, etc., qui permet de développer chaque symbole en ses constituants majeurs, reproduisant ainsi les relations de dépendance entre constituants. Cette démarche consiste, par le biais de procédures de type algorithmique, à « générer » (engendrer) (après insertion des unités lexicales et application éventuelle de transformations) l'ensemble infini des phrases de la langue.

C. Phrase et proposition

La grammaire traditionnelle, de son côté, moins soucieuse de formalisme, propose une conception dont la comparaison avec la précédente n'est possible qu'à condition de lever les ambiguïtés terminologiques liées à une approche qui mêle plusieurs points de vue. La *phrase* y est en effet envisagée comme pouvant s'analyser en un nombre entier de propositions. En fait, le terme de « proposition » n'a pas de statut proprement syntaxique (c'est-à-dire formel) : il correspond plutôt à un concept de la logique classique (de l'Antiquité à Port-Royal) qui se définit comme l'unité minimale du jugement : la proposition est ainsi constituée d'un *sujet* (ou *thème**) et d'un *prédicat**, le premier représentant « ce dont on dit quelque chose », et le second « ce qu'on en dit ». D'où un dédoublement inévitable de l'analyse qui envisage la « phrase complexe » comme un ensemble de propositions et la « phrase simple » comme correspondant à une seule proposition, ce qui impose le recours à l'expression « proposition indépendante » (si l'on voulait s'en tenir au point de vue strictement logique, il suffirait de parler de « proposition élémentaire » et de « proposition composée »). Ce dédoublement des deux points de vue (logique et syntaxique) réapparaît dès qu'on veut exprimer les relations de dépendance que les propositions entretiennent entre elles : ainsi, une phrase matrice s'appellera « proposition *principale* » et une phrase constituante « proposition *subordonnée* ». En outre, le classement des divers types de subordonnées hésite constamment entre divers critères, selon que l'on veut indiquer la fonction assumée par la proposition ou bien le constituant auquel elle correspond dans une phrase simple, ou encore son mode d'introduction : une proposition qui fait fonction de complément d'objet, comme dans *j'attends qu'il s'en aille,* est appelée « complétive » mais ce terme ne rend pas compte du fait qu'elle peut devenir sujet (*qu'il s'en aille m'étonne*), d'où la nécessité de poser une catégorie comme celle de « proposition substantive »; de même, on appelle « circonstancielles* » les propositions qui ont pour fonction celle d'un complément circonstanciel* (*Nous reviendrons dès que nous pourrons*), mais on parle aussi de propositions « adverbiales »; quant aux propositions « relatives* » (introduites par un pronom relatif : *l'homme qui vous parle...*), elles sont aussi appelées « adjectives » puisque, comme les adjectifs, elles ont pour but de restreindre l'extension du nom; enfin, les deux premiers types envisagés reçoivent également le nom de « propositions conjonctives », compte tenu du fait qu'elles sont introduites par des conjonctions.

D. Types de phrases

On classe également les phrases en divers types : *déclarative, interrogative, exclamative, impérative,* obéissant ainsi à la nécessité de distinguer les divers types d'*actes* qu'elles permettent d'accomplir (assertion* : *Pierre revient;* interrogation* : *est-ce que Pierre revient ?* exclamation* : *Pierre revient !;* ordre* : *Pierre, reviens !*), tout en s'attachant à décrire leurs propriétés formelles ainsi que l'intonation qui les caractérise. On range traditionnellement ces divers types dans la catégorie de la *modalité** (ou *modus*), catégorie qui accompagne nécessairement un contenu propositionnel (ou *dictum*) intuitivement perçu comme invariant : les exemples ci-dessus contiennent tous l'unité sémantique *Pierre/revenir*. Dans la conception générativiste, la modalité fait l'objet d'un choix exclusif au niveau des règles syntagmatiques ; son application au *noyau* entraîne une série de transformations obligatoires, de manière à tenir compte du fait que toute phrase est affectée d'une et d'une seule modalité.

Le terme de *phrase* peut également recevoir diverses qualifications ayant pour but de caractériser certains assemblages qui, tout en jouant le rôle d'une phrase, apparaissent incomplets ou réduits lorsqu'on les compare à la forme canonique : la phrase « nominale », par exemple, peut se réduire au seul groupe nominal, ou même au seul nom *(distribution des prix; conclusion)*. La grammaire traditionnelle parle alors de « proposition elliptique ». L'ellipse* peut, selon les conditions d'énonciation*, affecter divers constituants : *intéressant, ce film !* (le verbe); *intéressant !* (le verbe et son sujet). Ces formes sont obtenues, en grammaire générative, par l'application de transformations d'effacement*.

E. Phrase et énoncé

Qu'elle reçoive une caractérisation syntaxique ou sémantique, la *phrase* est avant tout un fait de structure qui ne devient un objet concret que lorsqu'il résulte d'un *acte d'énonciation* individuel dans une situation particulière. On désigne cet objet par le terme d'*énoncé**. C'est au niveau de l'énoncé que s'instaure la relation de la phrase avec le monde. Ainsi, une même phrase peut donner lieu à une infinité d'énoncés selon l'identité des locuteurs et les coordonnées spatio-temporelles de la situation de son énonciation : *Paul ouvre la fenêtre* possède, en tant que phrase, un contenu propositionnel qui indique que l'action d'« ouvrir » porte sur un objet du type « fenêtre » et est accomplie par un agent identifiable par le nom « Paul », ce que les logiciens considèrent comme l'expression des *conditions* de sa vérité ; la phrase n'est qu'un « possible », elle a pour caractéristique de *pouvoir* être vraie ou fausse, alors que l'énoncé est le lieu même où se décide la vérité : il *est* vrai ou faux. Ce qui implique que *Paul*, par exemple, désigne une personne précise, que *la fenêtre* corresponde à un objet précis et que le moment où prend place l'action d'« ouvrir » coïncide avec le moment de l'énonciation (temps présent*). L'énoncé résulte donc d'un processus d'*actualisation** destiné à fixer la *référence** des termes de la phrase.

pléonasme

On donne le nom de *pléonasme* aux manifestations de la redondance* quand elles prennent la forme, au niveau sémantique, de la répétition du même signifié par deux signifiants différents dans le même syntagme : *descendre en bas, prévoir d'avance* sont des pléonasmes.

pluralia tantum

Emprunté tel quel au latin, ce mot signifie « seulement pluriels ». Il s'applique donc aux noms dont l'emploi au singulier est impossible. (Voir NOM, tableau I, et NOMBRE).

pluriel

Le *pluriel* est en français l'une des deux positions de la catégorie du nombre* grammatical.

pluriel interne

Voir NOM, tableau I.

plus-que-parfait

Voir PASSÉ (TEMPS DU).

poétique (fonction)

Voir ALLITÉRATION, ASSONANCE, HOMOPHONIE, LANGAGE, RIME et SIGNIFIANT.

poids (complément marquant le)

Voir CIRCONSTANCIELS et OBJET.

point

Voir PONCTUATION.

point-virgule

Voir PONCTUATION.

point d'articulation

Voir PHONÉTIQUE-PHONOLOGIE.

polyphonie

Voir ÉNONCIATION.

polysémie

Le terme de *polysémie* est utilisé pour décrire le fait qu'une unité lexicale correspond à plusieurs significations; au niveau du signe*, on dira qu'un seul signifiant* est en relation avec plusieurs signifiés*. C'est là une propriété caractéristique du vocabulaire général, dont les dictionnaires* s'efforcent de rendre compte en faisant la liste des divers « sens » ou « acceptions » d'un même mot.

Dans ce cadre, la *polysémie* s'oppose à la *monosémie* (un seul signifié pour un signifiant), phénomène que l'on ne rencontre guère, de manière systématique, que dans le vocabulaire spécialisé : termes techniques, forgés ou empruntés au vocabulaire général mais ne prenant leur signification que dans un discours scientifique approprié (par exemple la notion de *langue* dans le contexte de la linguistique saussurienne). En revanche, on dira que *(a)* « organe charnu placé dans la bouche » et *(b)* « organe de la parole » appartiennent à la polysémie du mot *langue*.

Parmi les problèmes que pose la notion de polysémie, on notera, d'abord, la difficulté qu'il y a parfois à distinguer plusieurs sens : peut-on par exemple ajouter aux deux sens précédents : *(c)* « organe servant à la déglutition » sans courir le risque d'une prolifération de distinctions difficiles à contrôler ?

À l'inverse, se pose le problème essentiel de la distinction entre *polysémie* et *homonymie*. À côté d'homonymes authentiques (*grève* : « arrêt de travail » et *grève* : « bande de terrain au bord de l'eau ») il se trouve que diverses significations attachées à un même signifiant finissent par manifester des contenus suffisamment distincts pour qu'on puisse se demander s'il convient de le traiter comme un seul et même mot ou s'il est préférable de lui réserver plusieurs entrées homonymes. Les critères étymologiques étant rarement pertinents en synchronie* (les deux homonymes *grève* ont la même origine), la décision du lexicographe s'inspire, en général, d'une analyse (implicite ou explicite) des environnements linguistiques susceptibles de dissocier deux ou plusieurs types d'emplois intuitivement perçus comme distincts. Ainsi, des constructions comme *parler/apprendre/enseigner/connaître/traduire*, etc., *une langue; une langue natio-*

nale/universelle/ancienne/difficile, etc., sont incompatibles avec les sens *(a)* et *(b)* évoqués précédemment. C'est pourquoi la plupart des dictionnaires contemporains consacrent une seconde entrée au mot *langue,* avec le sens : « Système de communication propre à un groupe social ». (Voir DICTIONNAIRE et HOMONYMIE.)

ponctuation

Les signes de ponctuation sont, au même titre que les lettres, des éléments de la manifestation écrite de la langue* : le point /./ et ses variantes : points d'interrogation /?/, d'exclamation /!/, de suspension /.../; la virgule /,/, le point-virgule /;/, les deux points /:/, les guillemets /«»/, les parenthèses /( )/ et les tirets (— —) figurent sur le clavier des machines à écrire sur le même plan que les lettres. Il en va de même pour l'apostrophe /'/ et le trait d'union /-/. Mais ces divers signes se distinguent des lettres en ce que leur fonction, définie négativement, ne consiste pas à distinguer entre eux les morphèmes : un texte dépourvu de toute ponctuation (la poésie moderne en donne de nombreux exemples) reste lisible (selon des modalités spécifiques) alors qu'un texte sans lettres n'est plus un texte au sens habituel du terme. Définie positivement, la fonction des signes de ponctuation est de marquer des délimitations, de donner des indications sémantiques, de signaler des changements de registre d'énonciation*.

Indépendamment des signes de ponctuation au sens strict, certains autres éléments de la manifestation écrite ont des fonctions comparables : l'espace blanc a, entre les mots, la même fonction que le point entre les phrases; la majuscule est — entre autres — indice de début de phrase, comme le point l'est de fin de phrase. Les caractères italiques ont fréquemment une fonction comparable à celle des guillemets, etc. Il convient donc d'ajouter ces diverses marques à l'inventaire traditionnel des signes de ponctuation. On peut conserver à l'ensemble ainsi constitué le nom de *ponctuation,* bien que le signifiant matériel de certains de ces éléments, par exemple les *italiques,* ne soit précisément pas ponctuel.

Comme il est dit notamment aux articles ORTHOGRAPHE, PHONÉTI-QUE et SIGNIFIANT, la manifestation du discours se présente selon le cas sous la forme orale ou sous la forme écrite. Les lettres du texte écrit ont, en gros, les mêmes fonctions que les sons du discours oral. Mais ce dernier ne se réduit pas à un enchaînement de sons : l'énoncé est périodiquement interrompu par des pauses*, de durée et de fonction variables; il existe en outre des phénomènes dits *supraseg-mentaux*recouverts par les termes généraux d'intonation et d'accen-tuation (voir PROSODIE). Ainsi, la réalisation orale des deux phrases

535

notées respectivement par : *Tu viens.* et par *Tu viens ?* est exactement identique du point de vue segmental : les deux phrases comportent les mêmes phonèmes dans le même ordre. Mais elles ne le sont pas du point de vue suprasegmental. Elles s'opposent, en effet, par l'intonation, descendante pour la première, ascendante pour la seconde. Cette différence est, dans ce cas, le seul indice de l'opposition de modalité entre les deux phrases : affirmative pour la première, interrogative pour la seconde. Dans leur manifestation écrite, les deux phrases comportent, après leur dernière lettre, un signe spécifique, le point /./ pour la première, le point d'interrogation /?/ pour la seconde. Ces deux signes de ponctuation ont l'un et l'autre pour fonction commune de marquer la fin de la phrase. Ils correspondent donc à la pause observée par le locuteur entre deux phrases successives. Le /?/a en outre pour fonction de caractériser la phrase comme interrogative. Il a donc, dans l'écriture, la même fonction que l'intonation ascendante dans le discours oral.

À se fier à l'analyse de cet exemple, on peut avancer, en première approche, que les pauses et les éléments suprasegmentaux de la manifestation orale ont pour équivalents dans l'écriture les signes de ponctuation. Toutefois cette remarque doit être précisée, corrigée et nuancée dans plusieurs directions :

1. Il suffit d'écouter n'importe quelle manifestation orale de la langue pour constater que les pauses ne s'y répartissent pas de la même façon que les signes de ponctuation dans la transcription écrite qu'on pourrait en faire : certaines d'entre elles, par exemple respiratoires, n'auraient pas de marque, au moins dans l'usage contemporain (voir, à la fin de l'article, la remarque sur l'évolution de l'usage de la ponctuation). Inversement, on verrait apparaître des signes de ponctuation en des points où l'énoncé oral ne comporte pas de pause.

2. Le point d'interrogation est un segment de la manifestation écrite : il occupe dans la ligne autant d'espace qu'une lettre. Il est en outre séparé de la lettre qu'il suit par un blanc plus étendu que celui qui sépare les lettres les unes des autres. À cet égard, l'écrit se caractérise donc par le fait qu'il donne une manifestation segmentale à ce qui est marqué, à l'oral, par des éléments suprasegmentaux.

3. Pour examiner maintenant le segment initial des deux phrases étudiées, on constate que leur première lettre se présente sous l'aspect particulier de la majuscule, ici indice de début de phrase. La lettre *T* comporte donc simultanément deux fonctions : elle continue à manifester le graphème *t,* distinct des autres graphèmes quelle que soit la

536

réalisation matérielle de la lettre ; mais en outre elle est porteuse du trait /majuscule/ opposé au trait /minuscule/. L'unité de la manifestation écrite est donc, ici, susceptible de porter simultanément deux traits, comme le font, dans d'autres cas et dans des conditions différentes, les unités du code oral. En utilisant la même métaphore pour le code écrit que pour le code oral, on pourrait dire que le trait /majuscule/ est suprasegmental par rapport à la manifestation — segmentale — du graphème *t*.

4. Soit maintenant la manifestation écrite d'une autre phrase interrogative : *comment vas-tu ?*. Comme la phrase précédemment étudiée, elle se termine par un /?/. Pourtant la manifestation orale de la phrase ne se caractérise pas nettement par une intonation spécifique fixe (voir INTERROGATION et PROSODIE). Le /?/ n'a donc pas de correspondant précis au niveau du discours oral. Il marque directement, en court-circuitant l'oral, l'aspect sémantico-syntaxique de la phrase qu'est le trait « interrogation ». À cet égard, il fonctionne donc comme un idéogramme*. C'est ce qui explique qu'on puisse écrire (mais non parler) avec des signes de ponctuation : dans le bref texte suivant : *Paul. — Je vais m'engager dans la Légion étrangère. — Jacques. — ???!!!* les points d'interrogation marquent la perplexité, les points d'exclamation l'étonnement. Ils n'ont pas de manifestation orale, mais correspondent à des mimiques de même signification.

5. Dans la phrase *comment vas-tu ?,* l'interrogation est marquée par la présence du mot interrogatif *comment* en début de phrase et par l'inversion du sujet *tu*. Quoique obligatoire, le /?/, redondant, n'est donc pas indispensable à l'identification du trait / interrogation /. Ce phénomène de redondance* est un trait qui s'observe fréquemment (mais non constamment, voir *Tu viens ?*) dans l'information fournie par les signes de ponctuation. On sait d'ailleurs (voir ACCORD et ORTHOGRAPHE) que la manifestation écrite est, d'une façon générale, beaucoup plus redondante que la manifestation orale.

En gardant en mémoire les observations qui viennent d'être formulées, on étudiera maintenant les signes de ponctuation — au sens large qui a été défini plus haut — successivement au niveau du mot, de la proposition et de la phrase, enfin de l'énoncé. Une série de brefs articles récapitulatifs auront pour fonction, à leur place alphabétique, de rassembler les renseignements pour ceux des signes qui, ici, sont décrits en plusieurs points.

A. La ponctuation au niveau du mot

Dans leur enchaînement syntagmatique, les mots sont séparés les uns des autres par un espace blanc. La présence de cet espace blanc de part et d'autre du mot est le seul élément qui permette de l'identifier comme unité graphique. Définition indiscutable tant qu'on en limite la validité au plan de l'écriture. On sait en effet (voir PHONÉTIQUE/PHONOLOGIE) que le discours oral ne segmente pas l'énoncé de la même façon que les espaces blancs du texte écrit, et que le mot graphique ne correspond pas nécessairement au morphème* : *île-s* comporte deux morphèmes, *pomme de terre* n'en constitue qu'un.

Le mot graphique ainsi identifié donne lieu aux phénomènes suivants :

1. Le point est constant après un mot tronqué à des fins d'économie. Les petites annonces des journaux illustrent ce phénomène : *part. v. stud. 25 m² imm. anc. rénov. Ag. s'abst.* Toutefois le */.* n'apparaît pas quand la troncation laisse subsister la dernière lettre du mot : d'où l'opposition entre *M.* — avec point — et *Mme, Mlle* — sans point. L'usage contemporain tend à effacer le point dans les sigles* abréviatifs, notamment quand ils sont d'une grande notoriété : *l'ONU, la CGT.*

2. Quand le mot est tronqué — le plus souvent après la première lettre — par souci de discrétion ou de pudeur, la partie supprimée du mot est remplacée par les points de suspension : d'où les graphies *f...* et *b...* (pour *foutre* et *bougre*) dans les textes du XVIIIᵉ siècle, ou, en 1946, *la P... respectueuse,* de J.-P. Sartre. Cet usage ne s'observe plus guère aujourd'hui que pour les noms propres qu'on ne veut pas révéler entièrement : *un mineur, le jeune J. D...*, *est interrogé par la police* (remarquer la différence de traitement entre le prénom, suivi d'un point, et le patronyme, suivi de points de suspension).

3. La coupure imposée à l'intérieur d'un mot par la longueur insuffisante de la ligne se marque par le trait d'union */-/* à la fin de la ligne. On ne le répète pas au début de la ligne suivante. (Sur le détail des règles d'emploi du trait d'union dans cette fonction, voir article).

4. Le trait d'union apparaît dans certains mots composés dont il marque l'unité. Mais il n'existe pas de règle qui permette de prévoir la présence ou l'absence du trait d'union : pourquoi *eau-de-vie*, mais *eau de rose*? *quatre-vingts*, mais *quatre cents*? On trouve également le trait d'union dans les formes composées du démonstratif* *(cet homme-ci, celui-là)*, dans les adverbes composés à l'aide de *ci* et *là (ci-contre, là-bas, de-ci, de-là, par-ci, par-là,* mais : *deçà, delà)* ainsi qu'à la jonction du pronom personnel* et de l'indéfini* *même (nous-mêmes,* mais *nous autres,* sans trait d'union*).* L'arrêté du 28-12-1976 tolère l'omission du trait d'union dans les mots composés, sauf dans les cas où il évite une ambiguïté (type *petite-fille / petite fille*).

5. La majuscule caractérise la lettre initiale des noms propres et des mots traités comme tels. (Voir MAJUSCULE et NOM PROPRE.)

Remarque. — Les procédés des rubriques 1, 3, 4 et 5 n'ont pas de manifestation orale : on lit *M.* comme *Monsieur,* on n'interrompt pas sa lecture au milieu d'un mot coupé par la fin de la ligne, on prononce de la même façon *petite-fille* et *petite fille,* et on ne marque pas oralement la majuscule des noms propres ou assimilés. Si on tient à le faire, on est contraint à un commentaire métalinguistique* : *la Femme, avec un f majuscule* ou : *un grand f.* Pour la rubrique 2, on est parfois amené (par discrétion, pudeur ou ignorance) à se contenter de lire, en lui donnant son nom, la seule lettre qui subsiste du mot tronqué : [ləʒœnʒide] pour *le jeune J. D...* Mais la manifestation orale n'est pas calquée sur la manifestation écrite, puiqu'elle ne comporte pas de marque explicite de la troncation. C'est donc pour l'ensemble des cinq rubriques que l'on peut dire que les signes de ponctuation fonctionnent comme des idéogrammes*.

B. La ponctuation au niveau de la proposition et de la phrase

La phrase est délimitée dans l'écriture par la majuscule sur laquelle elle s'ouvre et par le point (/./ et, sous certaines conditions, voir plus bas /?/, /!/, /.../) qui en marque la clôture (sur les problèmes posés par cette délimitation graphique, voir PHRASE).

Le point d'interrogation se substitue au point quand la phrase est interrogative (voir les exemples plus haut). Le point d'exclamation marque la clôture des phrases exclamatives : *comme elle est belle ! il est d'un bête !* Après un verbe à l'impératif, le point d'exclamation marque une intensité particulière de l'injonction : *allez-vous-en ! Vite ! Tout va s'écrouler !* Sur les cas dans lesquels le /?/ et le /!/ ne marquent pas la fin d'une phrase, voir plus bas.

Les points de suspension marquent fréquemment l'achèvement syntaxique de la phrase, tout en insistant de façon emphatique sur ses prolongements sémantiques : *demain se lèvera l'aurore...* Mais ils servent également à indiquer qu'une phrase s'interrompt au cours de son énonciation, quelle que soit la cause, accidentelle ou intention-nelle, de cette interruption : *si je ne me retenais pas, je vous...* (c'est ici la figure de rhétorique appelée *réticence*). Les points de suspension sont parfois utilisés aussi pour marquer des pauses spécialement prolongées, soit entre phrases, soit à l'intérieur d'une phrase : *je vais... vous faire... une ultime... révélation...* Enfin, les points de suspension servent fréquemment à indiquer qu'une énumération n'est pas achevée. Ils ont alors la même valeur que l'expression *et cetera* (abrégée en *etc.;* on évitera de faire suivre *etc.* de points de suspension).

Les limites de la proposition ne sont pas, quant à elles, marquées de façon constante. La proposition peut se confondre avec la phrase. Dans les autres cas, elle est délimitée par certains des procédés étudiés plus bas.

La phrase graphique ainsi identifiée donne lieu aux phénomènes suivants :

1. L'apostrophe /'/ apparaît entre un mot dont la voyelle finale est élidée et la voyelle (parfois l'*h* muet) initiale du mot qui impose l'élision (voir le détail des usages à l'article spécial). L'apostrophe exclut la présence d'un autre signe de ponctuation. C'est ce qui explique la suppression de la première virgule dans une phrase telle que : *je suis sûr qu'en le voyant, j'aurais eu peur.* Si on veut la restituer, on doit renoncer à l'élision : *je suis sûr que, en le voyant, j'aurais eu peur.*

2. Le trait d'union est employé entre le verbe antéposé et les pronoms personnels* conjoints (*je, tu, il, on,* etc.*),* le pronom *ce* ainsi que *en* et *y : dit-il, donnez-lui-en, prenez-le-lui,* etc., s'opposent à *il dit, vous lui en donnez, vous le lui prenez,* sans trait d'union. Le trait d'union apparaît en outre de part et d'autre du *t* euphonique* des constructions telles que *où va-t-il ? peut-être s'égare-t-elle.* Dans ce dernier cas seul, l'arrêté du 28-12-1976 n'en autorise pas l'omission.

3. Le trait d'union apparaît parfois entre les différents termes d'un syntagme complexe auquel il confère provisoirement le statut de mot composé : *l'Homme-qui-rôde-dans-les-garages* (remarquer également la majuscule).

4. En l'absence d'une conjonction de coordination, on emploie la virgule entre deux mots ou deux syntagmes coordonnés. Un usage fréquent, mais non obligatoire, consiste à substituer la conjonction à la virgule entre les deux derniers termes d'une série de coordonnés : *les chauves-souris, les baleines, les cachalots et les lamantins sont des mammifères.* La virgule (qui, ici, correspond nettement à une pause) a la même fonction que la conjonction. Toutefois on observe fréquemment, surtout avec les conjonctions autres que *et, ou* et *ni,* le cumul de la virgule et de la conjonction : *il est intelligent (,) mais paresseux.*

5. Quand les termes coordonnés sont des propositions, on a le choix entre la virgule et le point-virgule. Comme son nom l'indique, ce dernier partage avec la virgule la propriété de ne pas clore la phrase : il n'est jamais suivi d'une majuscule. Mais il partage avec le point la propriété d'interdire les relations d'interdépendance syntaxique entre les éléments des propositions qu'il sépare. Dans la phrase *les élèves travaillent efficacement en semaine; le matin, ils ont l'esprit vif.,* le /;/entre *en semaine* et *le matin* interdit de faire dépendre *le matin* de *en semaine.* Si on déplace le point virgule après *le matin,* c'est la relation entre *le matin* et *ils ont l'esprit vif* qui est interdite : *le matin* ne peut alors porter que sur *en semaine.* Et si la phrase ne comportait que des virgules, il serait impossible de repérer les éléments dont dépendent les deux circonstanciels *en semaine* et *le matin.*

6. La virgule signale parfois l'ellipse* du verbe : *Jean a rédigé le chapitre du nom; Paul(,) celui de l'adjectif.*

7. Virgule et point-virgule ont pour trait commun de ne pas signaler les éventuelles relations sémantiques qui s'établissent entre les termes qu'ils coordonnent. Il n'en va pas de même pour les deux-points /:/. Syntaxiquement, ils ont la même fonction que la virgule et le point-virgule. Mais ils y ajoutent l'indication d'une relation sémantique entre les termes. Cette relation peut être la conséquence *(il a beaucoup travaillé : il a été reçu),* la cause *(il a été reçu : il avait beaucoup travaillé),* l'opposition *(j'aimerais partir en vacances : je ne peux pas).* Dans les cas de ce genre, le fonctionnement des /:/ est bien illustré par le fait qu'on peut leur substituer une /,/ ou un /;/ accompagnés d'une conjonction de coordination (*donc* dans le premier cas, *car* dans le second, *mais* dans le troisième). (Voir JUXTAPOSITION.)

Les /:/ ont en outre pour fonction de marquer l'équivalence entre deux termes ou groupes de termes : *j'ai fait un repas frugal : du pain, du fromage et des fruits.*

Remarque. — On trouve une extension considérable de cet emploi des /:/ dans le discours didactique, dont cet ouvrage donne un exemple. Les /:/ y sont utilisés pour introduire les exemples et les énumérations. Il est préférable de ne pas imiter cet emploi dans l'usage ordinaire.

(Sur les emplois des /:/ comme introducteurs d'un discours rapporté, voir, plus bas, l'étude de la ponctuation au niveau de l'énoncé).

8. Une double virgule, correspondant, dans l'énoncé oral, à une double pause, sert à séparer du reste de la phrase un élément détaché : *Paul, pendant son année sabbatique, a rédigé une grammaire.* La première virgule est souvent dite ouvrante, la seconde fermante. Les spécificités de la disposition matérielle du texte peuvent avoir pour effet d'en effacer l'une ou l'autre. C'est ce qui se passe quand l'élément détaché apparaît au début ou à la fin de la phrase : dans ce dernier cas, la virgule fermante est absorbée par le point final. (Voir aussi, plus haut, l'effet de l'apostrophe sur la virgule ouvrante).

Dans plusieurs types de cas, la présence de la double virgule entraîne des conséquences décisives quant à l'interprétation de la phrase. On observera surtout les cas suivants :

— épithète détachée : elle prend généralement une valeur circonstantielle : *cet élève, vraiment trop paresseux, a été renvoyé du lycée.*

— adverbe de phrase : si on compare *il est mort naturellement* et *il est mort, naturellement* (ou : *il parle simplement* et *il parle, simplement*), on constate que l'adverbe non détaché affecte exclusivement le procès signifié par le verbe (« il est mort de façon naturelle ») tandis que l'adverbe détaché affecte l'ensemble de la phrase (« il est naturel qu'il soit mort »). (Voir ADVERBE.)

— proposition relative : les appositives sont généralement détachées par la double virgule, les déterminatives ne le sont pas. Comparer : *les poids-lourds, qui pèsent plus de 3 tonnes 1/2, ne peuvent pas passer sur ce pont* et *les véhicules qui pèsent plus de 3 tonnes 1/2 ne peuvent pas passer sur ce pont.* (Voir RELATIVE.)

Enfin, l'élément détaché peut être affecté de la modalité interrogative ou exclamative. La virgule fermante est alors remplacée par un point d'interrogation ou d'exclamation qui, ne terminant pas la phrase, ne fait pas apparaître de majuscule après lui : *Paul espère, pour bientôt ? terminer son roman; Jacques prétend achever, en trois semaines ! sa grammaire.*

9. On peut insérer à l'intérieur d'une phrase des éléments de diverse nature : interjection*, mot en apostrophe*, verbe déclaratif constituant une incise*, phrase de commentaire. Selon des critères variés (longueur de l'élément inséré, relation sémantique avec le contexte, habitudes personnelles), on choisit entre la double virgule (les faits sont alors semblables à ceux qui viennent d'être décrits), les parenthèses (dont l'emploi était plus fréquent dans la langue classique), enfin le double tiret, qui semble avoir tendance à se généraliser. En utilisant concurremment deux de ces procédés, on peut hiérarchiser les procédures d'insertion : *Pierre prétend — c'est du moins ce que Paul, peut-être imprudemment, rapporte — publier son livre dans* *moins d'un mois.* Les crochets, parenthèses de second degré, sont d'usage exceptionnel. Mais il existe au moins un texte littéraire — les *Nouvelles impressions d'Afrique,* de Raymond Roussel — qui utilise jusqu'à de quintuples parenthèses : la phrase commencée au premier vers se termine au six centième après que se sont successivement ouvertes et fermées les longues séries de parenthèses hiérarchisées.

C. La ponctuation au niveau de l'énoncé

On envisage ici des phénomènes de ponctuation (au sens large) qui, pour être parfois localisés dans une phrase, n'en trouvent pas moins leur fonction au niveau de l'énoncé transphrastique.

1. Les guillemets /«»/ s'emploient de part et d'autre d'un énoncé cité, c'est-à-dire rapporté, au discours* direct, tel qu'il a été prononcé. Cet énoncé est de longueur variable, de l'interjection monosyllabique *(il a dit : « Ouf ! »)* jusqu'au discours de plusieurs pages. Il peut même être en langue étrangère : *il cria : « Raus ! ».*

En principe, le discours* indirect libre n'est pas signalé par les guillemets. Mais certains écrivains les utilisent tout de même, dans l'intention de reverser sur le discours* indirect libre les particularités du discours direct.

2. Comme l'ont montré les exemples cités, les deux points /:/ sont utilisés comme indice de démarcation entre le discours introducteur et l'énoncé rapporté, qui, dans les conditions normales, commence par une majuscule.

3. La citation autonymique* de mots ou d'expressions ne se distingue du discours rapporté que par le mode de son introduction : verbe déclaratif (ou assimilé) pour le discours rapporté, terme technique métalinguistique* pour la citation autonymique. On ne s'étonnera donc pas que les procédés utilisés soient identiques : *le mot « Paris » a deux syllabes,* tout comme : *il a dit : « Paris ».* On observe toutefois dans l'usage contemporain que les caractères italiques — qui affectent alors la totalité de l'élément cité — tendent à se substituer aux guillemets. Dans le cas où le texte d'introduction est déjà en italiques, on utilise un 3e type de caractères (gras, par exemple), ou bien on revient aux romains : indice déterminant de la fonction strictement différentielle de cette opposition. Comparer : le mot *Paris* et *le mot* Paris.

4. Pour la connotation autonymique (voir AUTONYMIE), on a également le choix entre les italiques et les guillemets. Ce sont ces derniers que l'usage contemporain semble privilégier : *les « terroristes » n'ont pas droit au statut de prisonnier politique* (comprendre : ceux qui reçoivent le nom de *terroristes* sans forcément le mériter).

Remarques annexes. — 1. On pourrait étendre plus loin encore les limites de la notion de ponctuation, en lui faisant embrasser tout ce qui touche à la manifestation matérielle du discours écrit : depuis l'alinéa* (signe de délimitation du paragraphe*) jusqu'à l'agencement général du livre, en passant par les différences de corps des caractères, etc. Encore faudrait-il distinguer entre la manifestation imprimée et la manifestation manuscrite, sans oublier la manifestation dactylographique, qui ne se confond ni avec l'une ni avec l'autre, ni la manifestation informatique. Ce très vaste domaine est particulièrement intéressant : on a pu par exemple montrer l'importance qu'avait la page, dans ses dimensions matérielles, dans le processus de l'écriture littéraire. Aspect qui se trouve nécessairement effacé dès que le texte est imprimé. Mais ce domaine n'est plus celui de la linguistique (encore moins de la grammaire, malgré son étymologie) au sens habituel.

2. Certains discours techniques multiplient les signes annexes pourvus de fonctions idéographiques. C'est spécialement le cas de la logique et des mathématiques (par exemple en hiérarchisant l'usage des parenthèses, des crochets et des accolades). Dans cet ouvrage, on utilise :

— l'astérisque /*/ devant une expression pour indiquer qu'elle n'est pas attestée ou qu'elle est agrammaticale;

— l'astérisque après un mot pour indiquer que ce mot donne lieu à un article dans le *Guide alphabétique.*

Ces deux usages de l'astérisque tendent à se répandre, et à se substituer à l'usage traditionnel, qui fait de l'astérisque un appel de note.

— les italiques sont utilisés comme il vient d'être dit, pour les mots et expressions cités de façon autonymique. Quand on vise exclusivement le signifié d'un élément, on emploie les guillemets : « cheval femelle » désigne spécialement le signifié du mot *jument.*

— les barres obliques / / isolent les transcriptions phonologiques (ainsi que les signes de ponctuation quand ils sont cités comme unités linguistiques), les crochets [ ] isolent les transcriptions phonétiques.

3. Les usages qui viennent d'être décrits sont ceux qui sont observés dans la prose contemporaine : journaux, textes informatifs, romans traditionnels. Ils ont été fixés dans la seconde moitié du XIXᵉ siècle, essentiellement par les imprimeurs et correcteurs d'imprimerie, qui souhaitaient — légitimement — pouvoir appliquer de façon constante des règles à peu près rigoureuses. Auparavant, la ponctuation, plus capricieuse, notait surtout les pauses du discours oral. Certains écrivains — par exemple George Sand en 1871 — se sont élevés contre cette « tyrannie », et ont prôné une ponctuation plus souple. Aujourd'hui, les écrivains qui souhaitent utiliser à leur guise la ponctuation peuvent le faire, à condition de manifester suffisamment d'insistance auprès des correcteurs et des imprimeurs.

ponctuel

Voir ASPECT.

positif (degré)

1. On parle du *degré* positif* de l'adjectif* et de l'adverbe* quand l'élément concerné, susceptible de recevoir une flexion en degré, ne comporte aucune marque explicite d'intensité ou de comparaison : *Paul est paresseux.* Certaines figures* (antiphrase*, euphémisme*, ironie*, litote*, etc.) permettent de suggérer par le positif l'intensité élevée.

2. *Positif* est parfois utilisé avec le sens de *non négatif.*

postarticle

On a parfois donné ce nom aux indéfinis* *autre* et *même,* ainsi qu'à l'élément *tel* dans quelques-uns de ses emplois. En effet, *même* et *autre* apparaissent principalement dans des syntagmes de forme *le même livre, cet autre ouvrage. Tel,* de son côté, est apte à apparaître dans des distributions comme *un tel personnage.* Dans tous ces emplois, le postarticle est situé, dans le syntagme nominal, après l'article ou son substitut.

postdéterminant

Synonyme de POSTARTICLE*.

postérieur

Voir PHONÉTIQUE/PHONOLOGIE.

postposition

Opposée à l'antéposition, la *postposition* est la place d'un élément linguistique après un autre élément linguistique. Dans *un homme grand, grand* est postposé au nom. (Voir notamment ADJECTIF.)

postverbal

Synonyme de *déverbal*.*

possessifs

On groupe sous le terme traditionnel de *possessifs* une série de déterminants* (du type *mon, ton,* etc.), une série — peu usitée — d'adjectifs qualificatifs de sens possessif (du type *mien, tien,* etc.), enfin une série de pronoms, résultant de la nominalisation* de l'adjectif à l'aide de l'article défini (type *le mien, le tien,* etc.). Les mots possessifs permettent l'expression de différentes relations sémantiques, qui ne se rattachent pas toujours très clairement à la notion de possession.

A. Les déterminants possessifs

Par leurs caractères morphosyntaxiques, ils constituent, avec l'article* et les démonstratifs*, une sous-classe particulière de la classe des déterminants* :

— du point de vue syntaxique, ils apparaissent exclusivement dans des syntagmes nominaux de forme *possessif + nom,* avec insertion possible entre le possessif et le nom d'un adjectif qualificatif et/ou d'un déterminant non spécifique : *mes quelques bons élèves.*

— du point de vue morphologique, les possessifs présentent, comme l'article et les démonstratifs, un phénomène de neutralisation de l'opposition des genres au pluriel, phénomène déjà présent, au singulier, devant initiale vocalique :

		ÉCRIT		ORAL	
		M	F	M	F
Sing.	initiale conson.	m‾ t—on s⁄	m‾ t—a s⁄	m‾ t—ɔ̃ s⁄	m‾ t—a s⁄
	initiale vocalique	m‾ t—on s⁄		m‾ t—ɔ̃ s⁄	
Plur.		m‾ t—es s⁄		m‾ t—ɛ s⁄	

Remarque. — Des très anciennes formes élidées *m', t', s'* devant un féminin à initiale vocalique, il ne reste en français moderne que des traces indirectes, dans les mots *mamour(s) (m'amour,* anciennement féminin*)* et *ma mie* (réinterprétation de *m'amie).* (Voir AGGLUTINATION et DÉGLUTINATION). (Pour la morphologie de *notre, votre, leur,* voir le tableau de la page suivante.)

La spécificité des possessifs par rapport aux autres déterminants est de cumuler un phénomène de détermination et un phénomène de représentation. Dans *c'est la mère Michel qui a perdu son chat,* le SN *son chat* est l'équivalent de *le chat de la mère Michel.* Le possessif marque donc une détermination identique à celle de l'article défini. Il y ajoute la représentation d'un SN complément prépositionnel (ici :

de la mère Michel) du nom déterminé (ici : *le chat*). La préposition ne peut être que *de* (ou *à* qui, dans l'usage familier, se substitue parfois à *de*). Le SN ainsi représenté peut relever des 3 personnes grammaticales, à l'un et l'autre nombre : *mon chat* = « le chat de moi », *votre chat* = « le chat de vous ». De ce fait, le possessif comporte un inventaire de formes distinctes selon la personne et le nombre du SN représenté. Du fait que le nom déterminé est nécessairement au singulier ou au pluriel, le possessif est affecté deux fois par la catégorie du nombre, une fois au titre du nom déterminé, une fois au titre du syntagme représenté. En revanche, le possessif français ne marque le genre qu'en accord avec le nom déterminé, contrairement à ses équivalents anglais et allemand, qui ont des formes distinctes selon le genre du SN représenté.

SN REPRÉSENTÉ		NOM DÉTERMINÉ			
		Sing.		Plur.	
		M	F	M	F
Sing.	1	mon	ma	mes	
	2	ton	ta	tes	
	3	son	sa	ses	
Plur.	1	notre		nos	
	2	votre		vos	
	3	leur		leurs	

Ces deux traits du possessif expliquent les phénomènes suivants :

1. La relation avec l'article défini rend compte du fait que le possessif se voit substituer l'article défini dans des cas où il n'y a pas d'ambiguïté possible sur le syntagme représenté, notamment pour les parties du corps, réputées possessions « inaliénables » : *il a baissé la tête; il s'est cassé la jambe.* Cependant, dans des conditions à vrai dire complexes, la présence d'une détermination supplémentaire, par exemple sous la forme d'un adjectif, réintroduit le possessif : *il a baissé sa pauvre tête.*

2. Quand il existe dans le contexte plusieurs SN susceptibles d'être représentés, le possessif est ambigu : *Paul a annoncé à Marie son succès* (le succès de Paul ? ou de Marie ? ou d'un tiers ?). Quand les circonstances ne suffisent pas à lever l'ambiguïté, on recourt à des éléments tels que *à lui, à elle,* ou *son propre.*

Le possessif ne peut en principe représenter un SN non animé que s'il apparaît dans la même proposition que lui : *l'univers et sa gratuité donnent la nausée à Roquentin*. Mais quand la représentation se fait entre deux propositions, le possessif est en concurrence avec le pronom *en : l'univers est répugnant; Roquentin en déteste la gratuité* (mais *sa gratuité*, avec suppression de *en*, est également possible).

3. Les relations susceptibles d'être exprimées par un complément prépositionnel sont nombreuses. Il en va donc de même pour les relations marquées par le possessif, même si certains types de compléments ne sont pas aptes à se laisser représenter par lui. Outre la possession au sens strict *(mon argent, ma voiture, etc.)*, on trouve l'affection, la déférence, l'habitude, l'intérêt, etc. Dans le cas où le nom déterminé exprime un procès, le possessif peut selon le cas représenter le sujet ou le complément de ce procès : *son crime, son assassinat*. Certains noms de ce type peuvent être source d'ambiguïté. Dans la langue classique, des SN tels que *ma haine* ou *mon amour* recevaient, selon le cas, une interprétation objective ou subjective.

B. Les adjectifs possessifs *(possessifs toniques* de la grammaire traditionnelle*)*.

Ce sont les formes *mien, tien, sien (-nne, -ns, -nnes); nôtre(s), vôtre(s), leur (s)*. On remarquera la différence de prononciation ([ɔ/o]) et d'orthographe *(o/ô)* entre les déterminants et les adjectifs des deux premières personnes du pluriel. À la 3e, les formes *leur* et *leurs* sont communes aux deux séries.

L'emploi de ces formes est limité à certains usages recherchés, affectés ou techniques. On les trouve avec les mêmes fonctions que l'adjectif qualificatif : épithète *(un mien cousin)*, attribut du sujet *(ce livre est mien)* ou de l'objet *(je fais mienne cette opinion)*. Dans les deux premiers cas, la langue courante utilise *à moi*.

C. Les pronoms possessifs

Les pronoms possessifs sont en réalité les formes nominalisées par l'article défini des adjectifs possessifs : *le (la, les) mien (-nne, -s, -nnes); le (la, les) nôtre(s)* etc.

Le pronom possessif représente un SN déterminé par un possessif. Il comporte donc un double phénomène de représentation. Dans : *mon livre est plus intéressant que le tien*, *le tien* représente le contenu notionnel du nom *livre* affecté du possessif *ton*, qui lui-même représente le syntagme prépositionnel *de toi*.

Le pronom possessif appartient à la sous-classe des pronoms qui sont aptes à modifier le nombre du nom représenté : *mon livre* (sing.) *est plus intéressant que les tiens* (pluriel).

L'emploi du pronom possessif comme nominal* s'observe dans les cas suivants :

— au singulier, dans des expressions telles que *y mettre du sien, distinguer le mien et le tien, à la bonne vôtre*, etc.

— au pluriel dans *les miens, les nôtres* (« mes, nos parents et/ou alliés »), et dans l'expression *faire des siennes*.

potentiel

1. On qualifie de *potentielles* les séquences linguistiques qui, sans être attestées dans un corpus, sont rendues possibles par les règles de la langue.

2. Sur l'emploi du terme *potentiel* dans les systèmes hypothétiques, voir CONDITIONNEL.

pragmatique

Réflexion marquée par son origine en philosophie du langage, la *pragmatique* désigne à la fois une discipline (étude philosophique des rapports entre langage et action), et un angle d'approche des phénomènes énonciatifs (voir ÉNONCIATION), marqué par un point de départ pris dans des catégories notionnelles plutôt que linguistiques.

Opposée à la syntaxe et à la sémantique, la pragmatique cherche à étudier le langage par l'usage qu'en font des interlocuteurs en interaction de communication.

En soulignant que certains emplois de certains mots ne peuvent être compris en dehors d'un usage, la pragmatique a eu pour effet de mettre à l'honneur la description de « petits mots » (adverbes, prépositions ou conjonctions). Par exemple, dans le dialogue : — *qu'est-ce qu'on fait ? — allons toujours au café, toujours* n'a pas un sens temporel. Il ne peut se comprendre que comme apportant la nuance de sens « je sais que ma proposition n'est pas enthousiasmante, mais elle ne présente pas non plus d'inconvénients, on verra après » : c'est une valeur exclusivement pragmatique.

Par son angle d'attaque à l'opposé de la problématique formelle, la pragmatique entretient des rapports complexes avec le reste de la linguistique. La question qui gouverne ces rapports concerne la limite entre marques formelles et glose interprétative : le linguiste tendra à accueillir la problématique pragmatique tant qu'il peut asseoir une interprétation sur des marques formelles, à quelque niveau qu'elles appartiennent.

préarticle

On a parfois donné ce nom au déterminant *tout*, qui est en effet apte, sous certaines conditions, à apparaître dans le syntagme nominal devant l'article ou son substitut : *toute la classe, tous mes élèves.*

prédéterminant

Synonyme de *préarticle**. On a parfois aussi utilisé le mot *prédéterminant* comme équivalent de *déterminant*.

prédicat

Il existe plusieurs usages de la notion de *prédicat* en linguistique. Le plus ancien résulte de l'analyse de la proposition en *sujet* et *prédicat* selon le modèle de la logique classique, le sujet représentant « ce dont on parle », le prédicat, « ce qu'on dit de ce sujet ». Cette conception, souvent reprise par la grammaire traditionnelle, est à l'origine de nombreuses confusions.

1. Elle peut signifier que l'on identifie l'analyse logique à l'analyse syntaxique de la phrase. Cette assimilation est, en partie, justifiable, dans la mesure où la reconnaissance intuitive du sujet peut conduire à obtenir le prédicat par différence (c'est le reste de la phrase) — démarche qui trouve une confirmation dans l'analyse en constituants immédiats : dans les phrases *Paul dort; Paul est grand; Paul appelle Sophie; Paul parle de son fils à Luc,* les prédicats *est grand, appelle Sophie, parle de son fils à Luc* peuvent être remplacés par *dort :* ce sont des syntagmes verbaux (SV). S'agit-il pour autant de constituants qui « disent quelque chose » à propos du sujet *Paul ?* La réponse est plus délicate car s'il est vrai que les phrases *Paul ne dort pas* ou *Paul n'est pas grand* nient que l'on puisse attribuer les propriétés « dormir » ou « être grand » à Paul, les versions négatives des deux autres phrases n'autorisent pas nécessairement le même type d'interprétation. Ainsi, la phrase *Paul n'appelle pas Sophie* est certainement vraie si Paul lit le journal, mais elle l'est aussi si Paul *regarde* Sophie ou si Paul *appelle* Marie.

Autrement dit, l'unité distributionnelle que constitue le syntagme verbal n'est pas la garantie de son autonomie logique. En fait, l'interprétation logique de la proposition selon les deux termes sujet-prédicat n'est intuitivement acceptable que pour des phrases qui ne comportent qu'une seule expression nominale, le prédicat pouvant alors être assimilé à une propriété ou un attribut que l'on affecte au sujet (pour la grammaire de Port-Royal, *Paul dort* était considéré comme l'équivalent de *Paul est grand* par l'intermédiaire d'une paraphrase du type : « Paul est dormant »).

2. C'est pourquoi les théories linguistiques axiomatiques, qui ont pour objet d'associer à toute phrase une représentation sémantique, préfèrent recourir à la logique moderne qui voit dans le prédicat le siège d'une relation : il s'agit d'un opérateur qui prend sa valeur en présence d'arguments dont les équivalents linguistiques peuvent être assimilés à des syntagmes nominaux. Si bien que le terme de *prédicat* sera, en général, utilisé pour décrire le rôle des verbes et des adjectifs. Des formules telles que P(x) seront réservées aux constructions attributives ou intransitives, alors que P(x,y), P(x,y,z) seront utilisées pour rendre compte des relations complexes que divers syntagmes nominaux peuvent entretenir avec le verbe.

Il convient donc, dans un premier temps, de faire la distinction entre *prédicat grammatical* (équivalent approximatif de SV) et *prédicat logique;* ce dernier étant, lui-même, tributaire d'un système de référence : en logique classique, il équivaut à la notion de propriété, en logique des prédicats, il permet de symboliser une relation.

3. La distinction entre « ce dont on parle » et « ce qu'on en dit » peut également donner lieu à une autre interprétation qui, elle, ne se situe plus au niveau de la phrase mais au niveau de l'énoncé, c'est-à-dire en discours; on parle alors de *thème* et de *propos* (le maintien du terme *prédicat* ne pouvant qu'entretenir l'équivoque, certains linguistes utilisent l'expression *prédicat psychologique*); ce type d'analyse est abordé à THÈME.

préfixation

La *préfixation* est l'un des processus qui contribuent à la néologie*, c'est-à-dire à la création d'unités lexicales nouvelles, les néologismes*, à l'aide d'éléments déjà existants dans la langue (contrairement à l'emprunt* et à l'onomatopée*). Avec la suffixation*, la préfixation constitue la *dérivation*, qui se distingue de la composition* selon des critères expliqués à DÉRIVATION. À l'intérieur de la dérivation, la préfixation se caractérise doublement par le fait que les affixes* qu'elle utilise, les préfixes*, sont toujours antéposés à la base et qu'ils ont très rarement pour effet de modifier la classe grammaticale de celle-ci : *contrefaire*, *défaire* et *refaire* sont des verbes comme la forme de base *faire*. Toutefois le préfixe *anti-* permet de construire des adjectifs à partir de nom : *un missile anti-missile(s)*. (Voir aussi PARA-SYNTHÈSE.)

Bien qu'il y ait exceptionnellement, dans la préfixation, un phénomène de changement de classe, le processus permet cependant de faire apparaître, dans le cadre réduit de l'unité lexicale complexe qu'est le préfixé, des relations susceptibles d'être manifestées dans une unité syntaxique plus étendue : *un individu qui est propriétaire en même temps que d'autres est un copropriétaire; partir de nouveau* c'est *repartir*, etc. De ce fait, il est fréquent qu'un nom préfixé n'ait pas le même référent* que le nom simple sur lequel il est formé : si le *présalaire* est bien une sorte de *salaire*, un *antirévolutionnaire* n'est précisément pas un *révolutionnaire*. Ainsi s'expliquent également les différences de genre* (et, accessoirement, les différences graphiques de nombre*) entre le simple et le préfixé : *un antimite(s)*, nom masculin singulier, mais souvent porteur de l'*-s* du pluriel, est *un produit contre les mites*, nom féminin. De ce point de vue, la préfixation entre donc, avec les autres processus néologiques, dans l'inventaire des éléments qui rendent compte de ce qui est appelé ici l'élasticité du discours. (Voir LANGUE.)

préfixes

L'inventaire des *préfixes* tels qu'ils sont définis à PRÉFIXATION donne lieu, selon les théories, à des listes d'étendue très variée : de 16 unités à plusieurs centaines. Cette diversité s'explique par la pluralité des critères et, surtout, de leurs combinaisons. On a fait apparaître dans la liste qui suit des éléments qui, d'origine diverse (hérités du latin, empruntés au latin et au grec), présentent les deux traits que laisse attendre l'article PRÉFIXATION :

1. Ils apparaissent exclusivement devant un élément apte à l'emploi autonome, et se distinguent par là à la fois des suffixes* (qui apparaissent après un élément de même type) et des interfixes, dont les caractères sont décrits à INTERFIXATION.

2. Ils sont susceptibles de donner lieu à des formations nouvelles. Cette productivité du préfixe, difficile à apprécier, est cependant prévisible (assez grossièrement) d'après le nombre des formations où l'élément préfixé est susceptible d'emploi autonome : le préfixe est fortement disponible quand ce nombre est élevé, il l'est peu quand ce nombre est faible. Il ne l'est pas du tout — et, en synchronie*, perd le statut de préfixe — quand le nombre est nul. C'est ce critère qui permet d'intégrer *pré-* (fortement disponible) et *circon-*, *circum-* qui l'est faiblement (malgré *circonférence* et *circonspect*, mais en raison de *circonlocution* et *circumnavigation*). *For-* (où le seul *forfait* laisse apparaître l'autonomie de *fait*, en face de *forfaiture, fourvoyer, faubourg* et même *forban*) a été éliminé; mais *mé(s)-* a été conservé en raison de *médire, méfait, mésaventure, mécontent, méjuger, méprendre,* etc.

Remarque. — *Cata-* donne l'exemple intéressant, mais insolite, d'un élément non disponible (*catastrophe* n'est pas synchroniquement un préfixé de *strophe*) auquel un phénomème d'étymologie* populaire a redonné une apparente disponibilité : dans l'emprunt au tamoul *catamaran* (« bateau à plusieurs coques, et spécifiquement à deux coques »), l'élément *-maran* a été interprété comme préfixé. D'où la formation de *tri-maran* « bateau à trois coques », et la réinterprétation de *cata-* comme préfixe signifiant « comportant un nombre de coques supérieur à l'unité et différent de trois » (la paronymie *cata/quatre* a pu jouer). On voit que le phénomène reste trop marginal pour permettre une réintroduction de *cata-* dans l'inventaire des préfixes. Un phénomène comparable a permis la construction de *monokini* (« maillot de bain comportant pour unique pièce un slip ») par interprétation seconde de *bikini* (« maillot deux pièces »), en dépit du fait que le *bi-* de *bikini* (nom de l'atoll rendu célèbre par des explosions atomiques expérimentales) n'a rien à voir avec le préfixe grec signifiant « deux ».

Les deux critères mis en place laissent une plage de flou, qui tient au fait que la préfixation présente une zone d'intersection avec l'interfixation. Ainsi, on a retenu ici comme préfixe l'élément *hétéro-*, seul préfixe trisyllabique avec *aéro-* et *paléo- (hétérogreffe, hétérosexuel)* en tenant compte de son opposition à *homo- (homosexuel)* et de son signifié catégoriel. En revanche, on a éliminé *arbori-, api-, conchylli-* etc., bien qu'ils ne présentent pas clairement tous les traits des interfixes, et se rapprochent des préfixes dans les formations telles que *apiculture.* Ces zones de recouvrement entre préfixes et interfixes s'étendent au fur et à mesure de l'évolution diachronique actuelle de la langue : le tableau établi ici sera devenu partiellement incomplet — et, par d'autres aspects, trop complet — dans... quelque temps.

TABLEAU DES PRÉFIXES FRANÇAIS

FORME	CLASSE DU PREFIXÉ	SIGNIFIÉ DU PREFIXE	EXEMPLES
a, an	nom, adjectif	absence	*amoral, anormal, apétale*
ad et var. : *a, ac, af, al, ap*	} verbe	} rapprochement	*amener, adjoindre accourir, apporter*
ab, abs	verbe, nom	éloignement	*abstenir, abréaction*
aéro	nom, adjectif	aérien	*aérotrain, -postal*

FORME	CLASSE DU PREFIXÉ	SIGNIFIÉ DU PREFIXE	EXEMPLES
anté, anti	verbe, nom,	avant	*antidater, antéposition*
anti	adjectif nom, adjectif	contre	*antimatière, -gel antialcoolique*
arch(i)	nom, adjectif, adverbe	intensif	*archange, archibête archivite*
auto	verbe, nom, adjectif	réfléchi	*s'autodétruire, auto- défense, autocollant*
auto	nom, adjectif	relatif aux autos	*autochenille, -rail autojournal*
bi, bis	nom, adjectif	deux	*biréacteur, bimensuel*
circon, circum	verbe, nom, adjectif	autour	*circonvenir, circum- polaire*
co, com, con, col	verbe, nom, adjectif	ensemble	*comporter, coproprié- taire, collatéral*
contre	verbe, nom adjectif	opposition, proximité, substitution	*contresigner, contre- poison, contre-amiral, -révolutionnaire*
dé(s), dis	verbe, nom, adjectif	séparation, cessation différence	*débrancher, -politisé disjoindre, -sem- blable*
di(s)	nom, adjectif	deux	*dialcool, dissyllabique*
dys	nom, adjectif	mal	*dysfonctionnement dyssocial*
en, em en, in et var.	verbe verbe, nom	éloignement à l'intérieur mise en état	*enlever, emporter emprisonner, importer endimancher*
entre, inter	verbe verbe, nom verbe	réciproque entre à demi	*s'entraider entrelarder, interligne interposer entrouvrir*
é, ef	verbe	enlèvement	*écrémer, effeuiller*
ex	verbe	en dehors	*exporter*
ex	nom	ancien	*ex-président, -mari*
extra	nom, adjectif nom, adjectif	intensif en dehors	*extrabrut, -plat extrasystole, -ordinaire*
hémi	nom, adjectif	à demi	*hémicycle, -sphérique*
hétéro	nom, adjectif	différent	*hétérogreffe, -sexuel*
homo	nom, adjectif	semblable	*homogreffe, -sexuel*

554

FORME	CLASSE DU PREFIXÉ	SIGNIFIÉ DU PREFIXE	EXEMPLES
hyper	adjectif, adverbe nom	intensité excessive	*hypersonique, hypervite hypertension*
hypo	adjectif, nom	intensité insuffisante	*hypotendu, hypotension*
in, im, il, ir	adjectif, nom	négatif	*inégal, illégal, inobservance*
infra	adjectif nom, adjectif	comme *hypo* situation au-dessous	*infrasonore, -sensible infrastructure infrarouge*
intra	adjectif	à l'intérieur	*intranucléaire intraveineux*
mal, mau	nom, adjectif, verbe	négatif mauvais, inexact	*malaise, -habile maudire, maldonne malformation*
mé(s)	nom, adjectif, verbe	négatif mauvais	*mécontent mésaventure, médire*
maxi	nom,	grand	*maximanteau*
méta	nom, adjectif	au-delà	*métacentre, -langue*
mini	nom	petit	*minijupe*
mono	nom, adjectif	comportant un élément	*monocoque, -kini, -cinétique*
néo	nom, adjectif	nouveau, récent	*néofrançais, -natal*
non	nom, verbe, adjectif	négation	*non-lieu, -combattant*
paléo	nom, adjectif	ancien, archaïque	*paléoclimat*
par, per	verbe, nom, adjectif	achèvement	*parfaire peroxyde*
para	nom nom, adjectif	protection voisin de	*parachute, -tonnerre paraphrase, -fiscal*
péri	nom, adjectif	autour de	*périnatalité, périscolaire*
poly	nom, adjectif	nombreux	*polycopie, -valent*
post	nom, adjectif verbe	après	*postdater, postverbal, postface*
pré	nom, adjectif, verbe	avant, devant	*prémolaire, préopératoire -disposer*
pro, por, pour	verbe, nom, adjectif	en avant, avant achèvement en faveur de substitution	*projeter, procréation pourchasser, pourtour prochinois, prorecteur*

FORME	CLASSE DU PREFIXÉ	SIGNIFIÉ DU PREFIXE	EXEMPLES
r(e), ré,	verbe, nom, adjectif	répétition inversion répétition de la notion achèvement	redire, revenir retour, réadapter, rentrer recoin « coin dans un coin » recouvrir, repu
rétro	verbe, nom, adjectif	en arrière	rétrocéder, -projecteur, -actif
semi	nom, adjectif	à demi	semi-voyelle, -rigide
sou(s), sub	adjectif, nom verbe	insuffisance au-dessous	sous-développement, subaigu souligner, subdiviser
sur, super	adjectif, nom verbe nom	intensif au-dessus de au-dessus de	superefficace, surdoué, supercarburant surélever, -nager superstructure
supra	nom, adjectif	au-dessus de	supraconduction, supranational
sus	participe	plus haut	susdit, -mentionné
télé	nom, verbe nom, adjectif nom	à distance relatif à la télévision relatif au transport par téléférique	télévision, téléguider -enseignement téléguide, -génique télébenne, -cabine -siège
trans, tra, tré, très	verbe adjectif, adverbe	au-delà intensif	trépasser, transposer (très autrefois joint par un trait d'union, voir DEGRÉS)
tri(s)	nom, adjectif	trois	tricorne, trisaïeul, tridimensionnel
ultra	nom, adjectif	intensif au-dessus de	ultraréactionnaire ultraviolet
uni	nom, adjectif	qui comporte un seul élément	unicellulaire, unilatéral
vi(ce)	nom	substitution	vicomte, vice-président

préludique

Certaines formes verbales utilisées par les enfants dans leurs jeux y prennent une valeur spécifique, dite *préludique.* Il s'agit, en français, du conditionnel* et, régionalement, de l'imparfait. (Voir PASSÉ (TEMPS DU).)

prénom

Voir ANTHROPONYME et NOM PROPRE.

préposition

Mots invariables, les *prépositions* sont généralement présentées comme n'ayant pas, à proprement parler, de fonction : il s'agirait de simples outils de relation, de liens ou de pivots entre deux termes; termes qui, eux seuls, sont porteurs d'une fonction.

On comprend, dans cette perspective, que la plupart des grammaires se soient essentiellement attachées à identifier les classes de mots pouvant être réunies par des prépositions, tout en s'efforçant d'analyser le contenu sémantique des relations ainsi établies.

A. Propriétés syntaxiques

Prise à la lettre, cette approche présente plusieurs inconvénients : tout d'abord, elle dissimule le fait que la préposition et le terme qu'elle introduit (le deuxième terme de la relation) manifestent une certaine solidarité. Des manipulations simples montrent, en effet, qu'en cas d'effacement ou de substitution, c'est le groupe entier qui est affecté : *la fille de la voisine* → *la fille ø* / *la fille brune* / *la fille que je connais.* C'est pourquoi les linguistes considèrent ce groupe comme un constituant qu'ils appellent syntagme prépositionnel (SP). Quant à sa composition, elle ne saurait se réduire à la juxtaposition de la préposition avec un « mot » : d'éventuelles substitutions montrent qu'il s'agit bel et bien d'un véritable syntagme (ou d'un terme équivalent) : *de la voisine* → *de ma plus ancienne voisine* / *de Jeanne* / *de celle-ci;* en outre, si le SN *la voisine* doit être considéré comme dépendant du SP *de la voisine,* ce SP dépend, à son tour, du SN *la fille de la voisine* (équivalant, par substitution, à *la concierge* ou *Monique,* par exemple). Autrement dit, ces divers éléments (ou suites d'éléments) sont dans un rapport d'inclusion hiérarchique qu'on ne saurait réduire à un simple enchaînement calqué sur l'ordre linéaire des termes en surface. En témoigne notamment le phénomène de la *récursivité;* dans : *la fille de la voisine du premier étage,* le dernier SN *(le premier étage)* n'est pas un simple ajout à la chaîne par le biais du pivot *de :* il constitue un SP qui, lui-même, dépend du SN *la voisine* (*du* est obtenu par la contraction de *de* + *le*).

Il est donc plus pertinent de considérer les prépositions comme des outils, qui, à l'aide d'un syntagme quelconque, sont responsables de la construction d'un SP qui tire sa fonction de la relation qu'il entretient avec un autre constituant au sein de la structure dont il dépend. Quant au terme avec lequel le SP est en relation, c'est, le plus souvent, lui-même un syntagme — dire que c'est un « mot » suppose que l'on a sélectionné l'élément principal de ce syntagme. Ainsi, dans l'exemple précédent, le SP *de la voisine* dépend d'un SN (on dit communément qu'il est complément du nom *fille*); dans *elle a rêvé de sa vieille amie,* le SP *de sa vieille amie* dépend d'un syntagme verbal (SV), il est complément du verbe *a rêvé.* C'est le cas de tous les compléments d'objet indirects *(il pense à vous; cela dépend de vous)* et de certains compléments circonstanciels (selon la terminologie traditionnelle) : *il vient de la ville.* En outre, dans *les oiseaux chantent dans le jardin,* le SP dépend directement de la phrase (il jouit d'une certaine autonomie, il est notamment antéposable : *dans le jardin, les oiseaux chantent* (voir CIRCONSTANCIEL). Les SP ainsi construits peuvent également dépendre d'un syntagme adjectival : *il est coupable de trahison* (le SP est complément de l'adjectif *coupable*) ou d'un verbe introduisant un syntagme à valeur adjectivale : *il passe pour un imbécile* (le SP est attribut du sujet *il*); de même dans *on a pris ce monsieur pour le vendeur* (le SP est attribut du complément d'objet *ce monsieur*).

La relation hiérarchique établie par les prépositions est encore confirmée par le fait que certaines d'entre elles se combinent avec la conjonction *que* dont le rôle n'est autre que celui de la *subordination* d'un constituant phrase (P) à la phrase matrice; on obtient ainsi des locutions conjonctives comme *après que, dès que, outre que, pour que, selon que,* (pour n'en citer que quelques-unes).

Enfin, la question de savoir quelles sont les classes de « mots » unies par les prépositions trouve tout naturellement sa solution dans l'étude des constituants qui entretiennent une relation (fonction) résultant d'une construction indirecte; il suffit donc de se reporter à APPOSITION, ATTRIBUT, CIRCONSTANCIEL, NOM (COMPLÉMENT DE), OBJET (COMPLÉMENT D').

B. Interprétation sémantique

L'analyse sémantique des relations établies par les prépositions relève également de l'étude du sens des fonctions assumées par les constituants dans la phrase. On y retrouve l'essentiel de l'appareil notionnel couramment évoqué : temps, lieu, manière, but, cause, moyen, condition, concession, etc., mais aussi origine, matière, destination, etc.

Plus intéressante est la question de savoir quel est l'apport sémantique de la préposition dans l'interprétation globale de la relation, ce qui revient à s'interroger sur le sens même des prépositions.

Certaines d'entre elles ont un sens directement identifiable et relativement stable : *chez, entre, parmi, sans, selon,* etc.; c'est encore plus net avec la plupart des locutions prépositives : *à l'aide de, aux dépens de, en faveur de, en raison de, grâce à,* etc.

Mais, nombreuses sont celles qui autorisent diverses significations, le choix résultant de l'interprétation des constituants mis en relation : *voyager avec un enfant* (accompagnement); *voyager avec une vieille bicyclette* (moyen); *voyager avec curiosité* (manière); *aller vers la gare* (direction); *se rencontrer vers la gare* (approximation spatiale); *arriver vers 10 heures* (approximation temporelle); *aller vers un compromis* (évolution). Enfin, pour certaines prépositions, l'éventail des interprétations est tellement vaste qu'il devient difficile de leur accorder un statut autonome. Certains grammairiens vont jusqu'à dire qu'elles sont « vides » de sens (ce sont les plus fréquentes dans le discours : *de, à, en,* pour les indices de fréquence les plus importants), bien que cela ne signifie nullement qu'elles soient librement substituables. Seule demeure pertinente, dans ce cas, la relation de dépendance des constituants (souvent matérialisée par leur ordre dans le syntagme) et leur contenu sémantique; que l'on compare, par exemple, *pierre de taille* et *taille de la pierre; course de chevaux* et *chevaux de course,* etc.

On s'est pourtant efforcé de proposer quelques régularités (ou tendances) très générales — assorties toutefois d'une quantité telle d'emplois particuliers que ce type d'entreprise risque d'apparaître quelque peu illusoire.

On remarquera cependant que certains emplois cooccurrents de *de* et de *à,* par exemple, ressortissent à un processus relationnel assez stable : *de* permettant d'introduire une origine et *à,* un aboutissement. Ce phénomène est particulièrement net dans le domaine des coordonnées spatio-temporelles. Espace : *j'ai pris le train qui va de St-Lazare à Nanterre;* temps : *ce magasin est ouvert du (de + le) lundi au (à + le) samedi* (pour la contraction entre la préposition et l'article, voir ARTICLE). Mais on peut l'étendre à un changement d'état ou d'action (transformation, évolution) : *sous l'effet du précipité, le liquide a viré du blanc au bleu; il est passé du reproche à l'injure;* ainsi qu'à l'expression d'un intervalle quantitatif : *les pertes sont de deux à trois millions; ce livre s'adresse à des enfants de six à dix ans.*

Quant aux emplois indépendants de *de* et de *à,* certains s'expliquent partiellement (selon la subtilité de l'analyse) à partir des oppositions précédentes ; les autres constituent, le plus souvent, de pures idiosyncrasies dont il serait vain de dresser une liste exhaustive.

On retiendra néanmoins (en insistant sur les cas d'alternance et d'opposition) quelques emplois caractéristiques.

— *de* permet d'identifier un lieu envisagé, le plus souvent, comme une origine *(du vin d'Espagne)* ; mais ce n'est pas systématique puisque l'on rencontre des expressions ambiguës du genre : *l'avion de Madrid* (« il vient de Madrid » ou « il va à Madrid », ou encore, « il fait le trajet entre Madrid et un autre lieu... » implicitement identifié par le locuteur). *De* exprime également la cause dans *Il pleure de joie*. Il participe aussi à des relations diverses de caractérisation ou de quantification. Appartenance : *la chatte de Rémy* ; matière : *une statue de marbre* (l'alternance est possible avec *en*) ; contenu : *une cuiller de soupe* (en opposition avec *à*, qui est réservé à la destination : *une cuiller à soupe*) ; mais *de* introduit aussi la destination dans : *des chaussures de sport ; des matériaux de construction ; des outils de jardinage*, etc. La quantification apparaît en association avec la qualification dans des expressions du genre : *un homme de quarante ans → un homme quadragénaire → un quadragénaire*. On remarquera les emplois partitifs de *de*, non seulement avec l'article, mais aussi avec d'autres déterminants : *une de ces bouteilles, un des mes livres ;* sans déterminant antéposé à *de : où trouve-t-on de ces bouteilles ?* Enfin, *de* alterne avec *par* dans un nombre restreint de constructions passives (voir PASSIF) pour introduire le complément d'agent* : *il est estimé de/par son entourage*.

— *à* permet l'identification d'un lieu ou d'une destination : *Il vit à Paris ; il va à Paris*, ou d'un repère temporel : *à cinq heures ; à la tombée de la nuit*. Comme *de*, *à* participe à divers types de caractérisation ou de qualification : *un blouson à fermeture éclair ; un briquet à gaz ; un couteau à dessert*, etc.

Sur le plan temporel, *à* alterne avec *en* selon l'axe de l'opposition aspectuelle *ponctuel/duratif* (voir ASPECT) : *à ce moment/en ce moment ; à cinq heures/en septembre*, etc. Cette alternance perd toute valeur sémantique dans le repérage des lieux géographiques par des noms propres : masculin singulier : *au Venezuela ;* masculin pluriel : *aux États-Unis ;* féminin pluriel : *aux Antilles ;* féminin singulier : *à la Réunion ; à Maurice* (de : *à l'île Maurice*). Mais on rencontre aussi, pour le féminin singulier : *en France, en Albanie ; en Corse, en Provence* (régulièrement, *en Auvergne, en Agenais*, mais exceptionnellement : *en Arles ; en Avignon*).

— *en* alterne également avec *à* dans l'expression de la manière (en particulier dans l'expression des modes de déplacement) : *en voi-*

ture/à pied; en autobus/à cheval. En alterne aussi avec *de* dans l'expression de la matière : *un bracelet en argent/d'argent* (mais *une montre en or/*d'or*).

Enfin, *en* introduit de nombreux compléments de manière : *en robe longue; en aparté; en douce*, etc.

Cette courte incursion dans la caractérisation sémantique traditionnelle de quelques-unes des prépositions les plus employées ne devrait pas, toutefois, dissimuler que la plupart d'entre elles sont fondamentalement attachées à l'opérateur phrastique le plus important, à savoir le *verbe* (elles constituent l'élément pertinent des constructions dites « indirectes »); dès lors, leur présence ou leur absence, comme leur alternance, devient décisive au niveau lexical dans le classement sémantique de nombreux verbes. Que l'on compare : *changer ø | changer de; gagner ø | gagner à; conduire | conduire à; s'amuser ø | s'amuser de | s'amuser à; convenir ø | convenir à | convenir de; finir ø | finir de | finir par*, etc.

C. Morphologie

Les prépositions simples constituent, en principe, une liste fermée (celle-ci varie légèrement selon que l'on prend, ou non, en compte certains tours littéraires ou quelque peu archaïques). On convient, habituellement, de faire la distinction entre les prépositions dites « héréditaires » (héritées du latin) : *à, de, en, entre, par, pour, sans, sur*, de celles qui ont été formées par composition* *(malgré = mal + gré; parmi :* « par le milieu ») et de celles qui résultent d'un changement de catégorie. Elles peuvent provenir d'adverbes*, par exemple : *depuis, derrière, devant* (ce transfert de catégories s'observe, dans le sens inverse, lors de certaines transformations d'effacement équivalant à des pronominalisations : *je ne l'ai pas revu depuis* (préposition) *lundi → je ne l'ai pas revu depuis* (adverbe); *il est passé devant* (préposition) *les autres → il est passé devant* (adverbe); elles proviennent aussi d'adjectifs* comme *plein, sauf (des nuages plein le ciel, tous sauf lui);* de participes* passés : *excepté, hormis, passé, vu*, etc.; de participes présents : *durant, moyennant, suivant*, etc.

Les locutions prépositives résultent de l'amalgame de noms et de prépositions ou parfois d'adverbes (ou de locutions adverbiales) et de prépositions, autrement dit, de véritables syntagmes auxquels vient s'adjoindre une préposition simple : *à côté de, au milieu de, à cause de, à la faveur de, à l'exception de, grâce à, à côté de, au milieu de, en dessous de, loin de*, etc.

Cette seconde liste doit être considérée comme ouverte, de nombreux assemblages tendant à se lexicaliser : c'est le cas de groupes comme *à concurrence de, à l'instigation de, à la suite de, parallèlement à,* etc., qui n'attendent que la sanction des grammaires et des dictionnaires (certains d'entre eux sont exclus de la langue soutenue : *histoire de, rapport à*).

prépositionnel (syntagme)

Voir CONSTITUANTS IMMÉDIATS, GRAMMAIRE GÉNÉRATIVE et PRÉPO-SITION.

prépositive (locution)

Voir COMPOSITION, LOCUTION et PRÉPOSITION.

présent

Parmi les temps* du verbe*, le *présent* a la spécificité de marquer la *contemporanéité* entre l'acte d'énonciation* du syntagme verbal et le procès* qu'il vise : si je dis *le café bout,* c'est que, au moment où je le dis, le café est en train de bouillir. De ce point de vue, le *présent* est la forme verbale fondamentale de ce mode d'énonciation spécifique qu'est le discours* (voir aussi ÉNONCIATION, PASSÉ). Cependant, cette relation de contemporanéité, toute fondamentale qu'elle est pour la description du présent, est sujette, selon différentes variables, à de nombreuses distensions et distorsions, qui rendent compte des interprétations variées que peut recevoir le présent.

A. Le présent de l'indicatif

Du point de vue morphologique, le présent de l'indicatif est la forme verbale sur laquelle se construisent toutes les autres. Il se réduit en effet au radical* du verbe et aux marques combinées des catégories de la personne* et du nombre* : *je chant-e, nous chant-ons; je cour-s, nous cour-ons.* (Sur les irrégularités et les exceptions, voir VERBE et CONJUGAISON.)

Du point de vue du signifié* des formes grammaticales, le présent de l'indicatif est la forme par rapport à laquelle s'articulent et se définissent les valeurs des autres formes, selon que le procès est rejeté dans le passé (antérieur à l'acte d'énonciation) ou projeté dans le futur (postérieur à l'acte d'énonciation).

Par la contemporanéité qu'il institue entre l'acte d'énonciation et le procès désigné, le présent appartient à la classe des embrayeurs* : la portion de temps attribuée au déroulement du procès n'est repérable que si l'on est informé des circonstances, ici temporelles, de l'acte d'énonciation. Je ne peux repérer le moment où le café bout que si je suis témoin de l'acte d'énonciation — *le café bout* — par lequel on me le signale. On remarque cependant que, même dans cet exemple, la contemporanéité n'est pas nécessairement absolue : le café a pu commencer à bouillir avant qu'on le dise, et continuer à le faire après qu'on l'a dit.

On peut classer les emplois du présent selon les différents aspects que prend la relation de contemporanéité.

1. La contemporanéité est absolue quand l'acte même de l'énonciation constitue le procès désigné : quand je dis *je le jure* (ou *je le promets,* ou *je m'y engage,* etc.), le fait d'énoncer le syntagme verbal est par lui-même constitutif de l'action de « jurer » (« promettre », « s'engager », etc.). On reconnaît ici les verbes performatifs*. On observe toutefois que la négation d'un verbe performatif *(je ne le jure pas)* ou son passage à la 2e ou la 3e personne *(tu le jures, il le jure)* lui fait perdre son caractère performatif et du même coup l'aspect absolu de la contemporanéité : *tu le jures* est l'équivalent de *tu dis : « je le jure »,* et le *tu dis* ainsi restitué n'est pas nécessairement le contemporain exact de l'action visée. On se trouve ainsi amené au 2e cas.

2. C'est le cas de *le café bout* ou de *tu le jures :* il n'y a plus coïncidence exacte entre les limites temporelles de l'acte d'énonciation et celles du procès visé. On peut distinguer les possibilités suivantes :

a) le procès se déroule intégralement à l'intérieur des limites de l'acte énonciatif; cas rare, mais non invraisemblable : quand je dis *le moteur démarre,* l'acte, censé instantané, de démarrage du moteur peut avoir lieu à l'intérieur des limites de l'acte, nécessairement non instantané, d'énonciation de la phrase;

b) les limites temporelles du procès visé englobent celles de l'acte énonciatif. Quand je dis *il pleut depuis dix jours,* le procès est engagé au moment où je le désigne, et se poursuit après que j'ai cessé de parler. En étendant encore les limites temporelles du procès, on obtient le présent de vérité générale : *la Terre tourne autour du Soleil; souvent femme varie : bien fol est qui s'y fie,* etc;

c) le procès visé peut ne pas être continu : je peux dire *le téléphone sonne* même si la sonnerie s'interrompt périodiquement. Quand la répétition de l'acte est habituelle, on a affaire au présent d'habitude : *je vais au cinéma une fois par semaine.*

3. L'acte énonciatif peut être décalé par rapport au procès visé, qui se trouve alors fictivement intégré, par l'une au moins de ses limites temporelles, à l'instance d'énonciation :

a) le procès, quoique non encore engagé, est si proche ou si inéluctable que son déclenchement est considéré comme déjà présent : *je pars à l'instant; dans six mois je m'installe dans le Larzac.* Comparez *vous descendez à la prochaine ?* (« est-il dès maintenant inscrit dans les faits que vous descendiez ? ») et *non, mais je descendrai* (« ce n'était pas programmé, mais je le ferai »);

b) le procès, quoique déjà achevé, est considéré comme encore présent par ses conséquences : *je suis épuisé : je reviens de Caracas;*

c) l'instance de l'énonciation est fictivement rejetée dans le passé ou projetée dans l'avenir. On a dans le premier cas le *présent historique,* qu'on trouve non seulement dans le récit, censé véridique, des événements de l'histoire mais aussi dans la narration, jugée fictionnelle, des événements romanesques : *le 5 mai le roi convoque les États-Généraux.* Dans le second cas, c'est le *présent prophétique,* qu'on trouve notamment dans la tragédie classique. Dans une conditionnelle introduite par *si,* le présent de la subordonnée correspond au futur de la principale : *si j'ai le prix Goncourt, je prendrai* (mais *je prends* est également possible) *ma retraite.*

Remarque. — Certaines périphrases verbales soulignent l'aspect duratif ou progressif du présent. Il s'agit de *être en train de, être à* + infinitif et l'archaïsant *aller* + gérondif (sans *en*).

B. Le présent de l'indicatif au passif

Le présent passif* a les mêmes valeurs que le présent actif pour les verbes imperfectifs* : *Pierre aime passionnément Julie/Julie est passionnément aimée par Pierre.* Mais les verbes perfectifs* prennent au passif la valeur de l'accompli : *on construit la maison de la Culture* (non accompli : la construction est en cours)/*la maison de la Culture est construite* (accompli : la construction est achevée). Le pronominal*à valeur passive supplée ici le passif avec auxiliaire* : *la maison de la Culture se construit.* Il suffit toutefois de faire apparaître le complément d'agent* pour que le verbe reprenne la valeur du non accompli : *la maison de la Culture est construite par une équipe d'ouvriers syndiqués.*

C. Le présent aux modes autres que l'indicatif

1. Impératif*

L'injonction donnée par le verbe à l'impératif ne peut, par définition, qu'être contemporaine de sa propre énonciation : *viens ici; travaillez.* Toutefois l'exécution de l'injonction n'intervient nécessairement qu'après son énonciation. Le présent s'oppose ici comme non accompli à l'impératif « passé » (composé), qui fonctionne comme accompli dans le futur : *finissez votre travail/ayez fini votre travail pour dix heures.*

2. Subjonctif et infinitif

a) En indépendante, le présent du subjonctif et de l'infinitif marquent l'ordre ou le souhait, dans les mêmes conditions que l'impératif : *ne pas fumer; qu'il entre.* (Voir aussi INFINITIF et SUBJONCTIF.)

b) En subordonnée (ou, pour l'infinitif, dans la dépendance d'un autre verbe), la contemporanéité marquée par le présent est relative non à l'acte de l'énonciation, mais au temps du verbe principal. Elle s'étend toutefois à la tranche de temps ultérieure à celle que vise ce dernier : *il veut venir; il souhaite que je vienne.* Cette extension du présent au futur s'explique par l'absence d'une forme spécifique de futur pour l'infinitif et le subjonctif. L'infinitif et le subjonctif passés (composés) marquent l'accompli.

Remarque. — Lorsque la concordance des temps est observée, l'imparfait du subjonctif se substitue au présent : *il souhaitait que je vinsse.* Mais la langue contemporaine orale n'utilise plus cette forme.

3. Participe et gérondif

La contemporanéité est appréciée par rapport au verbe principal : *c'est en forgeant qu'on devient forgeron.*

présentatif

Les *présentatifs* sont des mots ou expressions qui permettent de désigner quelqu'un ou quelque chose en rapport avec une situation : *il y a, il est, c'est, voici, voilà* sont des présentatifs.

Constituant à eux seuls des groupes verbaux ou en jouant le rôle, les présentatifs ont pour fonction d'introduire des noms (ou équivalents) quelle que soit leur fonction, des infinitifs ou des propositions introduites par *que* et ses variantes *(voici Pierre; c'était pendant l'horreur d'une profonde nuit; il y a Pierre qui pleure...).* À part *voici* et *voilà* qui sont figés, les présentatifs manifestent des variations, cependant assez contraintes : ils peuvent varier en temps et en mode, mais pas en nombre. Toutefois, *c'est* donne lieu à des phénomènes d'accord*.

Les présentatifs sont d'un emploi assez fréquent en langue courante, car ils permettent de former des phrases indépendantes de façon simple. (Voir ORDRE DES MOTS.)

⟨ présupposition

1. Il est courant de constater que de nombreux énoncés véhiculent plus d'information que ne le laisserait supposer une simple analyse de leur contenu. Ainsi, un énoncé comme *le fils de Paul est blond* est, certes, destiné *(a)* à attribuer une propriété particulière à une certaine personne ; mais il implique, en outre, *(b)* un état de fait que l'on ne peut ignorer : Paul a un fils. On dira que la relation attributive *(a)* constitue le *posé* alors que l'information *(b)* représente le *présupposé*. En fait, posé et présupposé n'ont pas le même statut au sein de l'énoncé : il est possible de nier le fait énoncé par (a) : *le fils de Paul n'est pas blond*, de même qu'il est possible de s'interroger sur la vérité de ce fait : *est-ce que le fils de Paul est blond ?* Cependant, dans l'un et l'autre cas, il demeure vrai que Paul a un fils. Autrement dit, le présupposé constitue une information qui doit être tenue pour vraie. Dans le cas contraire (Paul n'a pas de fils), l'énoncé *le fils de Paul est blond* ne peut plus recevoir de valeur de vérité (les logiciens disent qu'il n'est ni vrai ni faux) et sur le plan du discours, il doit être considéré comme inapproprié. Cette propriété logique (conservation du présupposé sous la négation) permet notamment d'éviter la confusion entre *présupposé* et *sous-entendu*. Ainsi, dire : *il est grand pour un Breton*, c'est sous-entendre que, de manière générale les Bretons sont petits ; en revanche, dans : *il n'est pas grand pour un Breton*, le sens du sous-entendu est inversé.

2. Les formes responsables des phénomènes présuppositionnels sont relativement variées : outre les déterminants définis, qui présupposent existence et unicité, de nombreux verbes induisent divers types de présuppositions : ainsi, *continuer* ou *cesser* présupposent l'antériorité : *Pierre a cessé de fumer* (Pierre fumait) ; *savoir, se rendre compte, s'apercevoir,* etc., présupposent la vérité de leur complément : *Jean ne sait pas que Marie est partie* (Marie est partie). Certains linguistes parlent même de présuppositions lexicales à propos des substantifs : dire de quelqu'un qu'il est *célibataire*, c'est asserter qu'il n'est pas marié, mais c'est aussi présupposer qu'il est adulte.

3. Enfin, sur le plan discursif, la présupposition est fréquemment sollicitée pour tenter, de manière indirecte, d'imposer certaines idées ou conceptions. Une affirmation comme : *la faiblesse de ce ministre est à l'origine de l'inflation* peut sans doute se voir opposer une forme négative comme : *mais non, la faiblesse de ce ministre n'est pas à l'origine de l'inflation !* Il n'en demeurera pas moins que l'interlocuteur aura été mis dans une position telle qu'il sera contraint d'admettre la vérité du présupposé : « ce ministre est faible. »

principale (proposition)

Une proposition* est qualifiée de *principale* quand, sans être elle-même membre d'une autre phrase, elle comporte au moins une subordonnée. (Voir PHRASE et SUBORDINATION.)

prix (complément marquant le)

Voir CIRCONSTANCIELS et OBJET (COMPLÉMENT D').

pro-adjectif

On donne ici le nom de *pro-adjectif* à l'élément *tel* quand il représente, par anaphore* ou par cataphore*, un adjectif (ou une série d'adjectifs) du contexte : *la crise économique est profonde, générale et durable : une telle crise...* (Voir aussi INDÉFINIS.)

On peut également considérer comme pro-adjectifs le personnel *le* et le relatif *que* quand ils représentent le contenu notionnel d'une qualité : *paresseux que je suis, je ne termine pas mon article.*

procès

1. Le *procès* est le signifié* du verbe. Le procès peut donc, selon le cas, être une action, un état, une relation entre deux termes, etc. Toutefois, certains linguistes réservent le terme de *procès* aux verbes signifiant une action.

2. Voir SYSTÈME.

proclitique

Voir PROSODIE.

profonde (structure profonde)

Voir GRAMMAIRE GÉNÉRATIVE.

progressif

Voir ASPECT et PRÉSENT.

pronom

Les diverses linguistiques modernes utilisent sans difficulté apparente la notion de *pronom*, qui appartient à l'inventaire traditionnel des neuf parties du discours*. Le terme par lui-même est pourtant trompeur. Il laisse en effet entendre que le *pronom* (où *pro-* signifie « à la place de ») remplace un nom. Analyse à la fois ambiguë, par l'un de ses aspects, et franchement inexacte, pour l'autre.

Le pronom s'utilise souvent en dehors de toute relation contextuelle à un nom : dans *je travaille* ou dans *personne ne rit, je* et *personne*, incontestablement pronoms, ne « remplacent » aucun nom. Et il ne serait pas plus exact de dire qu'ils fonctionnent comme des noms : ils ont en réalité le fonctionnement non pas d'un nom, mais d'un syntagme nominal, c'est-à-dire d'un nom déterminé. C'est ce que montre, dans *personne ne rit*, la substitution possible de *aucun homme* (déterminant + nom) à *personne*. Ce phénomène explique les relations morphosyntaxiques étroites qui s'observent entre la classe des déterminants* et celle des pronoms : à chaque sous-classe de déterminants correspond une sous-classe de pronoms, selon le tableau suivant :

article défini	pronom personnel de la 3e pers.
article indéfini	pronom indéfini *un*
dét. démonstratif	pronom démonstratif
dét. possessif	pronom possessif
dét. interrog. et exclam.	pronom interrog. et exclam.
dét. relatif	pronom relatif
dét. indéfinis	pronoms indéfinis autres que *un*
dét. numéraux	pronoms numéraux

La grammaire générative* rend compte de ces relations en décrivant sous le nom de *pronominalisation* la transformation qui fait passer d'une phrase telle que *les élèves lancent la balle* à *les élèves la lancent* (ou, avec double pronominalisation : *ils la lancent*).

Remarque. — Sur les détails de ces relations pour chaque sous-classe, on se reportera aux articles spécifiques, et notamment à RELATIFS (pour le statut spécial du déterminant relatif) et PERSONNELS (pour l'explication du fait que les personnels de 1re et de 2e personnes n'ont pas de déterminants corrélatifs).

Selon leur fonctionnement à l'égard des éléments du contexte, les pronoms se répartissent entre les *représentants* et les *nominaux* :

1. Les représentants sont ceux qui, par anaphore* ou cataphore*, représentent un élément du contexte. Cet élément est fréquemment un nom. Il peut être représenté sans que sa détermination soit modifiée : dans *ces élèves travaillent; ils seront récompensés, ces élèves* et *ils* ont la même détermination; ils sont coréférentiels*. Ce phénomène de coréférence, constant, à quelques exceptions près, pour les personnels de 3e personne et les relatifs, explique l'agrammaticalité de phrases telles que ** le chien est un mammifère carnivore; il* (ou *qui*) *a dévoré notre gigot* (*le chien* est générique, *il* et *qui* spécifiques). D'autres pronoms (les démonstratifs, les possessifs, les indéfinis, les numéraux) peuvent avoir pour effet de modifier la détermination du nom représenté. Dans *tes livres ont eu du succès; le mien n'en a pas eu, le mien*, pronom possessif, représente bien le contenu notionnel du nom *livre;* mais il lui confère une détermination différente de celle qu'il a dans *tes livres : tes livres* et *les miens* ne sont pas coréférentiels. Il en va de même dans la relation cataphorique qui s'observe entre *celui* et *mes livres* dans *celui de mes livres qui a eu du succès n'est pas le meilleur.*

L'élément représenté par le pronom peut appartenir à d'autres classes que le nom : ce peut être un autre pronom (*l'un deux*, avec cataphore* et changement de détermination), un verbe à l'infinitif (*travailler? j'adore ça!*), un adjectif (*paresseux que je suis!*), enfin l'ensemble d'une proposition (*Freud a été nommé professeur, comme il l'espérait* (ou : *ce qu'il espérait*) *depuis longtemps*).

2. Les nominaux sont les pronoms qui désignent immédiatement un référent, sans processus intermédiaire de représentation : *tu travailles; chacun pense à ses soucis.*

Certains pronoms sont utilisés de façon à peu près exclusive comme représentants : ce sont les personnels de la 3e personne et les possessifs (voir les exceptions aux articles spécifiques). D'autres sont exclusivement nominaux : il s'agit des personnels de 1re et 2e personnes ainsi que de certains indéfinis, comme *personne, rien, quelque chose, tout.* Les autres pronoms sont aptes selon le cas à fonctionner comme représentants ou comme nominaux : *chacun* est nominal dans *chacun pour soi* et représentant (par cataphore*) dans *chacun de mes enfants a un métier.*

Les pronoms représentants et nominaux ne sont pas affectés de la même façon par les catégories du genre* et du nombre*. Pour les représentants (quand l'élément représenté est un nom), le détail des règles est donné à ACCORD.

Pour les nominaux (et pour les représentants quand l'élément représenté est autre qu'un nom), il faut distinguer entre les animés et les non animés. Les animés sont au masculin ou au féminin selon le sexe des individus désignés : *vous êtes intelligentes, mesdames!* En cas de population mixte, c'est le masculin qui l'emporte : *vous êtes travailleurs* peut s'adresser à un public mixte. Quant au nombre, les exemples qui viennent d'être cités montrent qu'il est sélectionné par les aspects quantitatifs du référent visé.

Les nominaux non animés sont du neutre, genre qui, en français, n'existe pas pour les noms. Le nominal neutre impose aux adjectifs l'accord au masculin singulier *(tout est fini, rien d'intéressant)*. Seul le comparatif synthétique *pire/pis* comporte une opposition de type masculin + féminin/neutre : d'où la différence entre *qui pis est* et *la situation est pire* (voir aussi ADJECTIF).

Le neutre est également utilisé par les représentants quand l'élément représenté (qualité, infinitif, proposition) n'a pas par lui-même de genre : *si elles sont intelligentes, elles le resteront* donne un exemple de représentation par le neutre *le*, non de l'adjectif au féminin pluriel, mais du contenu notionnel qu'il signifie.

Comme vient de le montrer cet exemple, le neutre français n'a pas de pluriel : il est impossible de pluraliser *ce, cela, tout* quand il est utilisé comme nominal, etc.

Dans les phrases emphatiques, il arrive parfois que le pronom neutre soit utilisé comme représentant d'un (ou de plusieurs) syntagmes nominaux. Il a alors pour effet de le(s) priver de leurs catégories propres, ne retenant que le contenu notionnel : *les professeurs, c'est redoutable.*

Du point de vue sémantique, le pronom se distingue du nom commun en ce qu'il désigne un référent sans faire allusion à ses qualités. Il se rapproche en cela du nom propre*. C'est ce qui explique que la qualification d'un pronom par une épithète* se fait dans des conditions étroitement limitées. (Voir ADJECTIF.)

pronom (complément du)

Certains pronoms peuvent recevoir une complémentation. Cependant, les règles qui conditionnent le phénomène sont beaucoup plus restrictives que pour les noms :

1. Les pronoms ne peuvent en général recevoir une épithète. (Sur les détails et les exceptions voir ADJECTIF, ainsi que DÉMONSTRATIFS, INDÉFINIS et PRONOM.) Pour les numéraux, un syntagme tel que *trois petits* est constitué non d'un pronom avec épithète, mais d'un adjectif nominalisé par le déterminant *trois* (cf. *quelques petits*, de structure identique, où *quelques* — opposé au pronom *quelques-uns* — ne peut être que déterminant).

2. Les pronoms démonstratifs simples sont fréquemment déterminés par un complément prépositionnel (voir DÉMONSTRATIFS). Les personnels, les possessifs et les relatifs sont inaptes à recevoir un complément prépositionnel. Quant aux autres pronoms (interrogatifs, numéraux, indéfinis), ils peuvent recevoir un complément prépositionnel à valeur partitive : *qui de nous? chacun de mes amis; trois d'entre eux*, etc. On remarquera particulièrement l'emploi fréquemment exclamatif de la tournure *une de ces bouteilles*.

3. La plupart des pronoms peuvent recevoir une proposition relative : *toi qui sais de belles histoires*. Les démonstratifs simples peuvent cumuler un complément partitif et une relative : *ceux de mes amis qui sont venus*.

4. Les indéfinis *même* et *autre* nominalisés par un article peuvent recevoir un complément de comparaison dans les mêmes conditions que l'adjectif au comparatif : *un autre que vous* (cf. *un homme plus grand que vous*).

pronominal(e)

1. Verbe, voix : voir PRONOMINAUX (VERBES).

2. Transformation : voir PRONOM.

pronominalisation

Voir PRONOM.

pronominaux (verbes)

Certains verbes présentent dans leur conjugaison deux traits spécifiques :

— la présence, devant le verbe simple ou l'auxiliaire, d'un pronom personnel conjoint utilisé comme complément. Ce pronom, dit réfléchi, est coréférentiel* au syntagme nominal sujet : dans *Paul se lave*, le sujet, *Paul*, et le complément *se*, visent la même personne.

Remarques. — 1. À l'impératif positif, le pronom réfléchi apparaît après le verbe, selon la règle générale des personnels : *lave-toi* (mais, dans une phrase négative : *ne te lave pas*). Cette règle ne s'observe évidemment pas à la 3e personne, dépourvue d'impératif.

2. Ce n'est qu'à la 3e personne que les pronoms réfléchis se distinguent morphologiquement des non réfléchis. En effet, *se*, invariable en genre et en nombre, s'oppose à la série des formes non réfléchies. Comparer : *tu te réveilles, il te réveille*

571

(*te* est réfléchi dans la première phrase, non réfléchi dans la seconde) à : *elles se réveillent, tu les réveilles,* où *se,* forme unique de réfléchi, s'oppose ici à *les,* forme différenciée en nombre.

— l'utilisation exclusive, aux temps composés, de l'auxiliaire *être,* quelle que soit la fonction du pronom réfléchi : objet dans *tu t'es lavé* (comparer à *tu l'as lavé*), datif* dans *tu t'es lavé les cheveux*(comparer à *tu lui as lavé les cheveux*).

Certains verbes présentent ces deux traits de façon constante : *s'évanouir* n'est pas apte à s'utiliser de façon non pronominale. Comme l'ont montré les exemples cités, d'autres verbes (*laver, réveiller,* etc.) s'utilisent tantôt de façon pronominale, tantôt de façon non pronominale. Ces deux ensembles de verbes (pronominaux permanents, pronominaux épisodiques) peuvent être qualifiés de verbe pronominaux. Selon des critères combinés de forme et de sens, on les répartit entre les trois classes suivantes :

A. Les pronominaux réfléchis

Le procès signifié par le verbe trouve son origine dans le syntagme nominal sujet, qui est aussi l'agent. Le pronom réfléchi est, par définition, coréférentiel au sujet : le procès trouve donc également son but dans le sujet, qui est aussi le patient. Dans *Paul se lave, Paul* — le référent commun à *Paul* et à *se* — est donc simultanément l'origine et le but du procès de *laver.*

Cependant, la coréférence peut prendre des aspects différents selon des variables telles que le nombre grammatical et le sens du sujet, le sens du verbe et la structure de la phrase. De ce point de vue, on distingue, pour les pronominaux réfléchis, les quatre sens suivants :

1. Le sens réflexif

C'est celui qu'on observe, avec un sujet au singulier, dans *Paul se lave,* ou, avec un sujet au pluriel, dans *les élèves s'habillent.* Le réfléchi peut fonctionner également comme datif : *Lionel et Françoise se sont offert une semaine de vacances*(remarquer le non-accord du participe passé : il reste invariable précisément parce que *se* est datif, et non objet).

2. Le sens réciproque

On l'observe dans *les extrêmes se touchent* ou dans *Paul et Marie s'embrassent tendrement.* Il est nécessaire que le sujet soit au pluriel ou dédoublé entre plusieurs syntagmes nominaux. Chacun des référents ainsi désignés fonctionne simultanément comme origine et comme but du procès : *Paul embrasse Marie* et *Marie embrasse Paul*. Là encore le réfléchi peut être un datif : *Luc et Denise s'envoient de longues lettres.*

3. Le sens successif

On l'observe avec un petit nombre de verbes désignant des relations de consécutivité temporelle ou spatiale : *les jours se suivent; les présidents de la République se succèdent tous les sept ans; les mots s'enchaînent sans pause,* etc.

4. Dans des phrases telles que *il s'est laissé prendre; il se fait décorer,* etc., le pronom réfléchi est, du point de vue sémantique, complément du verbe à l'infinitif. Mais il est formellement traité comme complément du verbe au mode personnel : il est placé devant lui et lui impose l'auxiliaire *être.* Parmi les verbes qui sont aptes à ce type de construction *(écouter, entendre, envoyer, faire, laisser, mener, regarder, sentir* et *voir), faire* et *voir* en viennent à constituer des périphrases verbales à valeur passive. (Voir AUXILIAIRE et PASSIF.)

Dans chacun des quatre cas examinés, la langue confère la même forme à des relations qui, en dépit de leur trait commun fondamental (la coréférence entre le sujet et le pronom réfléchi), restent distinctes. C'est ce qui explique les deux phénomènes suivants :

a) on peut coordonner des verbes pronominaux relevant des cas 2 et 3 : dans *les jours se suivent et ne se ressemblent pas, se suivent* relève de la successivité et *se ressemblent* de la réciprocité;

b) quand le sujet est au pluriel ou dédoublé entre deux syntagmes, on observe, dans des conditions déterminées par le sens du sujet et le sens du verbe, des phénomènes d'ambiguïté entre le cas 1 et les cas 2 et 3 : dans *Rousseau et Voltaire s'admiraient beaucoup,* rien n'indique s'il s'agit du sens réflexif ou du sens réciproque. Des éléments tels que *eux-mêmes* (pour le réflexif) et *l'un l'autre, réciproquement, mutuellement* (pour le réciproque) lèvent l'ambiguïté. L'ancienne langue utilisait aussi *entre* préfixé au verbe de sens réciproque. Il subsiste dans *s'entraider* et, de façon plus ou moins archaïsante, dans quelques autres verbes : *s'entr'aimer, s'entraccuser, s'entradmirer,* etc. (Sur les possibilités d'ambiguïté avec le sens passif, voir plus bas).

B. Les pronominaux passifs

Dans *la porte se ferma avec fracas,* le syntagme nominal sujet ne peut être tenu comme agent du procès. Il en est en revanche visiblement le patient. Cet emploi se distingue donc des emplois réflexifs où le sujet est à la fois agent et patient du procès. Il s'agit d'une forme particulière de réalisation de la transformation passive (voir aussi PASSIF). Les conditions spécifiques qui déterminent le recours au pronominal de sens passif plutôt qu'au passif avec auxiliaire sont les suivantes :

1. Le pronominal de sens passif ne peut pas avoir, en français moderne, de complément d'agent. Il tient donc fréquemment lieu de passif à une phrase active à sujet indéterminé : *on ferma la porte avec fracas.* Les compléments circonstanciels de moyen ou de cause ne sont pas exclus *(la porte se ferma sous l'effet du vent)* et ceux d'entre eux qui sont introduits par *par (l'éducation se fait par les familles)* peuvent donner l'illusion d'un complément d'agent.

2. Le passif avec auxiliaire est inapte à marquer, en l'absence de complément d'agent, l'aspect non accompli. On recourt alors au passif pronominal : comparer *le mur se fissure* et *le mur est fissuré.*

3. Quoique non exclu, l'emploi de sujets animés est évité, surtout lorsqu'il risque de faire apparaître une ambiguïté avec le sens réflexif et/ou le sens réciproque : pour *les hommes ambitieux se reconnaissent au premier coup d'œil,* on peut hésiter entre les trois interprétations (« on les reconnaît au premier coup d'œil », « ils s'identifient eux-mêmes comme ambitieux », « ils se reconnaissent entre eux »). L'emploi de *ça* comme relais entre le sujet et le verbe n'exclut pas totalement les interprétations réfléchies, mais privilégie l'interprétation passive : *les hommes ambitieux, ça se reconnaît au premier coup d'œil.*

4. Pour des raisons du même ordre, les deux premières personnes sont peu compatibles avec le sens passif. Certains contextes peuvent toutefois les rendre possibles : *avec ton maquillage de clown et ton uniforme de colonel anglais, tu te reconnais de loin.*

5. Enfin, le pronominal passif est généralement évité, au profit du passif avec auxiliaire, quand les circonstances temporelles sont ponctuellement précisées : comparer *ce livre s'est bien vendu* et *ce livre a été vendu hier à 18 heures.* Inversement, les adverbes marquant l'aspect itératif facilitent l'emploi du pronominal : *la jupe courte ne se porte habituellement pas dans les cérémonies.*

C. Les pronominaux lexicalisés

Certains verbes s'utilisent exclusivement comme pronominaux : *s'abstenir, s'arroger, se désister, s'évanouir, se repentir, se souvenir,* etc., sont enregistrés par les dictionnaires à la place alphabétique de leur initiale, mais comportent l'indication *verbe pronominal.* Seule l'histoire de la langue permet, dans certains cas, de repérer la fonction et la valeur du pronom réfléchi.

D'autres verbes sont aptes à apparaître tantôt dans une construction active (éventuellement passive), tantôt dans une construction pronominale. On repère entre les deux types d'emploi des différences de sens et de construction syntaxique :

1. Le pronominal tient lieu d'intransitif à un verbe généralement utilisé de façon transitive : *je réveille mes enfants à huit heures/je me réveille à huit heures* (le sens même du verbe exclut l'interprétation réflexive). On observe ce phénomène d' « intransitivisation » dans d'assez nombreux verbes : *disperser, ennuyer, promener,* etc.

2. Quand le verbe est apte à recevoir deux compléments, l'un direct, l'autre indirect, son emploi pronominal restreint ses possibilités au seul complément indirect : *je plains Paul de l'insuccès de son livre/je me plains de l'insuccès de mon livre.*

3. Les pronominaux lexicalisés ne sont pas tous inaptes à recevoir un complément d'objet, direct (*elles se sont rappelé leur jeunesse,* remarquer l'absence d'accord, voir aussi ACCORD), ou indirect *(je me doute de l'échec de Jacques/je m'aperçois de la réussite de Paul).* Dans de tels cas, on observe fréquemment, dans des conditions qui dépendent du sens spécifique de chaque verbe, que le sujet, sans accéder au statut d'objet du procès (ce qui aurait pour effet de ramener au cas des réflexifs) est plus ou moins distinctement affecté par le procès : comparer *imaginer, saisir/quelque chose* et *s'imaginer, se saisir de quelque chose.* On peut même être tenté de reverser cette interprétation « subjective » sur les verbes exclusivement pronominaux tels que *s'affaisser, s'écrouler, s'évanouir,* etc.

4. Dans le cas isolé du verbe *mourir,* l'emploi pronominal insiste sur l'aspect imperfectif, lié, dans ce cas, au non accompli : d'où l'impossibilité d'utiliser *se mourir* au passé composé : *Madame se meurt, Madame est morte* (mais *se mourait,* et même *se mourut* sont acceptés).

Un certain nombre de verbes pronominaux lexicalisés sont aptes à perdre (non obligatoirement) le réfléchi quand, à l'infinitif, ils sont

575

compléments d'un verbe tel que *faire, laisser, envoyer : la police a fait (se?) disperser la foule; j'ai laissé (s'?)éteindre le feu* (mais : *le feu s'éteindre*).

> **Remarque.** — Le problème des verbes pronominaux est l'un de ceux qui déterminent les débats les plus aigus entre les linguistes. Indice révélateur : la terminologie est particulièrement fluctuante : on parle de *forme* pronominale, de *tournure*, de *conjugaison*, de *voix*. C'est autour du terme de *voix* que se centre le problème : est-il possible de saisir une unité autre que formelle entre les trois classes de verbes pronominaux qui viennent d'être distinguées? En synchronie, l'exercice est difficile : les relations sont lointaines entre les pronominaux réfléchis et les pronominaux passifs. Les pronominaux lexicalisés ne se laissent aisément ni totalement séparer, ni entièrement rapprocher des réfléchis. Du point de vue diachronique, les difficultés sont simplement remontées dans le temps : le latin connaissait des verbes pronominaux, avec des emplois voisins de ceux qu'ils ont en français. On se contentera de remarquer que plusieurs linguistes ont pu établir une relation entre les pronominaux français et la voix moyenne de l'indo-européen, conservée en grec ancien, et, partiellement, en latin, par les verbes déponents (passifs de forme, « moyens » de sens). La voix moyenne se caractérise en effet par le fait que le sujet est présenté comme intérieur au procès dont il est, en même temps, l'agent : trait qui, on l'a vu, se retrouve dans beaucoup d'emplois des pronominaux français.

prononciation

Voir ORTHOÉPIE et PHONÉTIQUE.

proparoxyton

Voir PROSODIE.

propos

1. Voir THÈME et PRÉDICAT.

2. On a parfois donné le nom de complément circonstanciel de *propos* à l'élément qui, dans le syntagme d'un verbe tel que *parler*, fait connaître le thème du discours. Le complément de propos est le plus souvent indirect *(on a parlé de toi)*, mais parfois direct *(causer chiffons)*.

proposition

Selon la conception traditionnelle — en partie inspirée par la logique classique — la *proposition* se compose d'un nombre minimal de termes dont l'agencement permet l'expression d'un jugement. Dès lors, l'analyse de la phrase en propositions permet de faire la distinction entre les phrases simples (propositions indépendantes) et les phrases complexes, à quoi vient s'articuler la distinction entre proposition principale (ou phrase matrice) et proposition subordonnée (ou phrase constituante). (Voir PHRASE, COMPLÉTIVE, RELATIVE et CIR-CONSTANCIELLE.)

propre

Voir NOM.

propre (sens)

Voir FIGURE, LITTÉRAL et SENS.

prosodie

On désigne par le terme de *prosodie* le domaine de la phonétique qui échappe à l'articulation en phonèmes. On parle aussi de traits *supra-segmentaux*. La prosodie regroupe tous les facteurs faisant usage de l'intensité, de la hauteur et de la durée, soit : l'intonation, l'accentuation, le rythme, la mélodie, les tons, les pauses, la quantité.

Bien qu'ayant trait à la phonétique, la plupart de ces phénomènes sont liés à une analyse grammaticale, au point qu'on a pu utiliser, pour les désigner, le terme de phonétique syntaxique : il n'y a pas d'énoncé oral sans prosodie.

Plusieurs caractères des phénomènes prosodiques expliquent le traitement marginal auquel ils sont souvent soumis dans les grammaires :

— ils jouent sur des facteurs qui, inhérents à toute production linguistique, peuvent induire la tentation de les considérer comme accessoires. Et il n'est effectivement pas rare que des linguistes ne leur reconnaissent un rôle qu'en cas d'échec des explications syntaxiques, les considérant comme redondants dans les autres cas;

— ils ne sont que peu et mal transcrits dans l'écrit : la pause et l'intonation ne sont que signalées par une marque approximative (virgule, point, point-virgule, deux points, point d'interrogation ou d'exclamation), d'autres ne le sont pas du tout (l'accent, l'ensemble du schéma intonatif, le rythme). (Voir PONCTUATION.)

— ils sont difficiles à transcrire phonétiquement : l'intonation, par exemple, impose des grilles particulières, qui ne reproduisent que très imparfaitement une intonation effective.

A. Aspects physiques

La *durée* d'un phonème est très brève (elle se mesure en centièmes de seconde), de même que celle des traits prosodiques qui concernent la syllabe : même allongée, une syllabe reste donc très brève.

L'*intensité* est liée à l'amplitude des vibrations sonores, mesurable en décibels. Elle est produite par une tension des cordes vocales, qui généralement s'accompagne d'une élévation de hauteur.

La *hauteur* est l'impression auditive produite par la fréquence des vibrations sonores : elle se mesure en cycles par seconde. Les variations de hauteur reflètent les variations du son émis par les cordes vocales.

Durée, intensité et hauteur jouent au niveau de la syllabe. Combinés au niveau de la phrase, ces facteurs créent le *contour mélodique* (la mélodie).

L'étude expérimentale des faits d'intonation se pratique au moyen des appareils de la phonétique acoustique (kymographe, oscillographe, spectrographe, synthétiseur de parole). Aussi une présentation telle que celle-ci ne peut-elle que fournir quelques indications.

B. Problèmes de classement

Les faits de prosodie sont généralement classés à travers les fonctions qu'ils remplissent dans la langue.

1. La fonction distinctive permet d'opposer un mot à un autre. Elle peut concerner la durée des voyelles, l'intensité (opposant, par exemple en anglais *im´port*, verbe, et *´import*, nom), ou la hauteur, comme dans les langues à tons (certaines langues d'Afrique ou d'Extrême-Orient) : ainsi, en chinois, on opposera *lí* avec ton montant qui signifie « poire », et *lì* avec ton descendant, qui signifie « châtaigne ». Aucune de ces possibilités n'apparaît en français, sauf, de façon marginale, pour la durée. (Voir PHONÉTIQUE/PHONOLOGIE.)

2. La fonction démarcative souligne les limites d'une unité (morphème, mot, groupe syntaxique ou phrase). Elle concerne essentiellement l'accent tonique qui est, selon les langues, à place libre ou à place fixe. L'accent français est fixe, frappant toujours la dernière syllabe du mot (voir plus bas). C'est ce qu'on appelle un oxyton, par opposition au paroxyton (où l'accent frappe l'avant-dernière syllabe) et au proparoxyton (où l'accent frappe l'antépénultième). La pause et la mélodie peuvent également remplir une fonction démarcative.

3. La fonction significative apporte par elle-même un surcroît de signification. C'est essentiellement le cas de l'intonation. Quand, en français, on compare la phrase assertive *il vient*, avec intonation descendante, à la phrase interrogative *il vient?*, avec intonation montante, on constate que l'intonation, dans la deuxième phrase, joue le même rôle qu'une marque grammaticale (par exemple *est-ce que* dans *est-ce qu'il vient?* ; voir INTERROGATION). En même temps, l'intonation joue ici une fonction démarcative, indiquant les limites de la phrase.

4. La fonction culminative, *ou expressive* met en valeur un élément parmi les autres. C'est là la fonction de l'accent d'insistance.

On n'adoptera pas un tel classement, plus intéressant en linguistique générale que pour le français. On étudiera donc successivement les deux phénomènes prosodiques essentiels du français : l'*accentuation* et l'*intonation,* malgré les risques de redites dus aux étroites relations qu'ils entretiennent.

C. L'accentuation

L'accentuation est un phénomène de mise en relief, au moyen de l'intensité, de la hauteur ou de la durée, d'une syllabe parmi d'autres. Toute langue se caractérise par la nature et par la place de l'accent, comme par la dimension de l'unité qu'il frappe (que l'on appelle unité accentuelle). La représentation la plus courante (et la plus pratique) est une apostrophe précédant la syllabe accentuée.

1. L'accent « tonique »

L'accent français se caractérise par sa durée , et à titre secondaire par la hauteur, l'intensité et accessoirement la pause. D'où l'inadéquation de la dénomination de « tonique », qui signifie uniquement « de hauteur ». Il intervient à des places qui sont aussi marquées par l'intonation.

Si on prononce un mot isolé, l'accent tombe toujours sur la dernière syllabe ([paʁˈtiʁ], [fenɔˈmɛn]). Cependant, dans la chaîne parlée, l'accent de mot n'est qu'une virtualité, qui disparaît au profit de l'accent de groupe. On peut classer les mots en deux catégories : les mots accentogènes, susceptibles de porter l'accent, et les clitiques (prenant appui sur un accentogène), qui peuvent être proclitiques s'ils prennent appui sur le mot suivant (c'est le cas le plus fréquent en français : par exemple l'article), ou enclitiques s'ils prennent appui sur le mot qui précède (cas plus rare en français : dans *où vais-je?, je* est enclitique).

Un mot peut donc toujours perdre son accent dans la phrase, alors qu'un mot-outil peut en recevoir un du fait de sa position *(il ne parle ´pas; vient-´il?).* La tendance du français parlé à retrouver l'ordre canonique dans l'interrogation a pour effet de restituer l'accentuation sur un mot significatif, en désaccentuant les mots-outils : *vous par´tez?*

L'identité du mot isolé disparaît donc à l'oral au profit du groupe accentuel (ce qu'un écrivain comme Queneau a montré avec des expressions comme *doukipudonktan* dans *Zazie dans le métro*). Cependant la notion de « groupe accentuel » ne répond pas à des critères grammaticaux permanents : le groupe est élastique, d'autant plus long que le débit est plus rapide et moins soigné. On ne peut le définir que de façon virtuelle : il peut toujours y avoir fin de groupe accentuel quand on peut mettre une pause sans nuire ni au sens ni aux groupes grammaticaux. Ainsi, *elle a ache´té une ´robe très ´courte* a ici trois accents (donc trois groupes accentuels), mais aurait pu n'en avoir que deux (sur *acheté* et *courte*).

Ce type d'accentuation particulier au français est à relier à plusieurs facteurs, essentiellement grammaticaux :

a) la structure morphologique du mot. Le rôle grammatical d'un mot français dans une phrase est marqué par des éléments adjoints, comme le pronom personnel, l'auxiliaire, l'article, la préposition (généralement préposés). L'accent a donc ici pour fonction d'assurer la cohérence du groupe, renforçant la tendance de l'oral à faire disparaître le mot au profit du groupe;

b) l'ordre des mots dans la détermination, qui peut présenter les deux formes : *déterminant + déterminé*, ou *déterminé + déterminant*. Dans le premier cas, c'est le déterminé qui porte l'accent *(un grand gar´çon; tu as mal travai´llé)*, le déterminant étant désaccentué : le groupe devient dès lors une unité à la fois lexicale, grammaticale et phonétique. Dans le deuxième cas, déterminé et déterminant peuvent constituer des groupes accentuels différents, à condition toutefois que le déterminant soit polysyllabique *(un mou´v(e)ment inso´lite, une mai´son déla´brée)*. Cette règle permet, en principe, de distinguer *une nouvelle poli´tique* (adjectif + nom), de *une nou´velle poli´tique* (nom + adjectif), distinction éventuellement confortée par la liaison* : *un savant ‿ a´veugle* (adjectif + nom, une seule accentuation, liaison possible), vs *un sa´vant | a´veugle* (nom + adjectif, deux accentuations et liaison interdite). Dans le deuxième cas, si le déterminant est un monosyllabe, il est rattaché au groupe accentuel principal (et, en tant que dernier élément, c'est lui qui porte l'accent) : *une maison ´haute; elle dessine ´bien.* Cependant, s'il a lui-même des déterminants, il peut être le point de départ d'un nouveau groupe accentuel : *une belle mai´son haute de plusieurs é´tages;*

c) la constitution rythmique. Le français connaît, en plus de l'accent principal, un accent secondaire qui frappe la seconde syllabe avant celle qui reçoit l'accent tonique : *excep´tionnelle´´ment*, (où´´ représente l'accent principal, et ´ l'accent secondaire). Le français est donc caractérisé par une alternance binaire qui constitue le *rythme* (si toutefois n'interviennent pas d'autres facteurs grammaticaux, qui ont le primat sur le facteur rythmique).

Le groupe accentuel (également appelé « mot phonétique ») est donc l'unité phonique primaire de la phrase française. Sa cohérence est renforcée par des facteurs comme la liaison*, l'élision* et l'enchaînement* (voir ces mots) : obligatoires à l'intérieur d'un groupe, ils sont interdits d'un groupe à l'autre. Cette disparition du mot dans le groupe à l'oral fait du français une langue qui se prête particulièrement aux calembours et aux jeux de mots* (par exemple *c'est un œuf* se prononce exactement de la même façon que *c'est un neuf*).

On ne « sent » guère l'accent en français. Il est pourtant important pour comprendre les contractions en français populaire qui conservent préférentiellement la dernière syllabe : [spa] pour *n'est-ce pas*, [ptɛt] pour *peut-être*...

Au niveau de la phrase, la distribution des accents est liée à la structure syntaxique, telle par exemple qu'elle est représentable en arbre. Prenons la phrase, exemple bien connu d'ambiguïté : *la belle porte le voile,* dont la catégorisation est désambiguïsatrice :

Sens 1

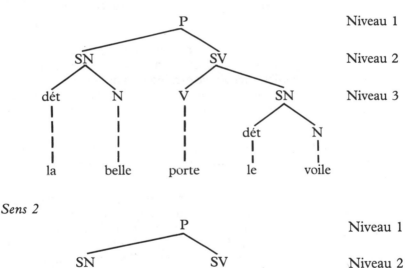

Sens 2

À chaque niveau, un accent est attribué à la dernière syllabe de chaque groupe. Ici, au premier niveau, celui de la phrase, l'accent portera sur *voile* dans les deux cas. Au deuxième niveau, celui de SN et SV, l'accent frappera *belle* pour la première structure, et *porte* pour la seconde. Et ainsi de suite à chaque niveau, à condition que le nombre de syllabes du groupe soit suffisant pour qu'il n'y ait pas deux accents de suite. On peut donc dire que l'importance de l'accent est proportionnelle au niveau, dans l'arbre, du nœud correspondant au groupe syntaxique considéré. Aussi, quand on modifie la longueur d'un constituant, on modifie du même coup son accentuation : *l´en´fant, le petit en´fant, le ´frère du petit en´´fant, les ´frères et ´sœurs du petit en´´fant.*

2. Le groupe rythmique

Le groupe rythmique est constitué par un seul ou plusieurs groupes accentuels, délimités par une pause. La segmentation d'un énoncé en groupes rythmiques est étroitement liée à la syntaxe de la phrase, bien qu'il puisse se composer d'un groupe *sujet* + *prédicat,* si le sujet est court *(nous par´tons).* Elle tient compte de plusieurs facteurs :

a) *L'ordre des constituants.* Ainsi, par exemple, un complément circonstanciel, qui peut indifféremment être en début ou en fin de phrase, n'aura pas les mêmes contraintes dans les deux cas : *dès le lende ´main, je commençais à m'habi´tuer ; je commençais à m'habituer dès le lende ´main* (le second exemple peut comporter deux groupes rythmiques, mais le premier ne peut pas n'en comporter qu'un seul).

b) *Le volume des termes des phrases.* Un groupe long a plus de chances qu'un groupe bref de constituer un groupe rythmique par lui-même.

c) *La hiérarchie de l'information.* L'importance de l'accentuation est proportionnelle à la quantité d'information transmise. Ainsi, dans *tu penses que la femme de Paul n'ira pas au cinéma ce soir, penses* ne sera qu'à peine accentué, alors qu'il l'aurait été fortement dans une interrogative. Par contre, dans l'assertive, l'élément le plus détaché est *pas,* sommet mélodique de la phrase qui porte l'information la plus forte.

d) *Le style et le but de l'énoncé.* Ainsi, *la première fois, il est parti, et c'était grave par ce froid* peut comporter un seul, deux, trois ou quatre groupes rythmiques.

La pause n'est pas obligatoire comme limite de groupe accentuel ou rythmique. Cependant, elle joue un rôle important dans la perception, et il arrive qu'un auditeur croie la percevoir alors qu'elle n'existe pas. Par ailleurs, les pauses ont un rôle démarcatif, puisqu'elles sont exclues à l'intérieur d'un groupe. Leur nombre et leur durée dépendent en grande partie du rythme de l'énoncé : plus le rythme est rapide, moins les pauses sont longues.

3. L'accent d'insistance logique et affective

Les modalités de fonctionnement de l'insistance en français sont liées aux disponibilités laissées par l'accent tonique.

Très souvent, la mise en relief se fait par des procédés (lexicaux, syntaxiques ou phonétiques) qui permettent de placer le mot sur lequel on veut insister sous un accent fort : *c'est votre livre à vous; ceci, je ne le dirai à personne.* La segmentation d'une phrase peut également ment s'interpréter de cette façon *(Pierre, je le connais bien).* L'insistance relève donc aussi des plans grammaticaux.

a) *Accentuation d'insistance logique.* La première syllabe d'un mot est mise en relief, surtout par opposition *(je n'ai pas dit ´antérieur, j'ai dit ´postérieur).* Il s'agit avant tout d'une augmentation d'intensité, avec des caractères secondaires de durée et de hauteur. L'accent d'insistance logique permet, en principe, d'établir un contraste à partir de n'importe quel élément de la phrase : *je veux partir* peut se dire : *´je veux partir* (c'est moi qui le veux), *je ´veux partir* (ma volonté est ferme) ou *je veux ´partir* (il n'est pas question de rester). Il peut aller jusqu'à modifier totalement le contenu du message : *c'est bien ce que tu ´dis* (constatation sur l'expression) et *c'est ´bien ce que tu dis* (jugement favorable).

b) *Accentuation d'insistance affective,* qu'on appelle aussi accent expressif, émotionnel ou emphatique. Il est attaché aux mots dont la charge sémantique est compatible avec cet accent (exemple *magnifique, formidable...* surtout des adjectifs, mais pas seulement). La première consonne du mot est allongée [mːaɲifik], [epːuvãtabl] ou redoublée en gémination (voir PHONÉTIQUE); quand le mot commence par une voyelle, elle peut être précédée d'un coup de glotte ([seʔepːatã]). La graphie peut imiter cette prononciation en redoublant la lettre *(éppatant),* ou par l'adjonction d'un h : voir le *hénaurme* de Flaubert. Les monosyllabes étant difficiles à accentuer, on a recours à des procédés syntaxiques ou lexicaux, qui supposent tous une intonation particulière : répétition de l'adjectif *(un grand, grand comédien),* adverbe d'intensité, ou une syntaxe particulière : *ils l'ont reçu avec* **une** *gentillesse,* **une** *amabilité...* (noter que cette phrase orale ne serait pas grammaticale avec intonation banale).

Les accents d'insistance n'effacent pas l'accent tonique, si faible soit-il. Cependant, leur présence, inhabituelle, tend à supplanter celui-ci. Si l'on devait présenter une probabilité d'évolution du système d'accentuation français, il faudrait dire que l'accent tombe de plus en plus sur les syllabes significatives : plutôt que *lun′di, mar′di,* on dira *′lundi, ′mardi.* L'accent aurait dès lors une place qui ne serait ni tout à fait fixe, ni tout à fait libre, dépendant de la place de l'unité à mettre en valeur, et tendant de plus en plus à affecter les mots pleins.

D. L'intonation

On distingue la *mélodie,* ligne musicale de l'énoncé, paramètre essentiel de l'intonation, liée au rythme, de l'*intonation* proprement dite, catégorie avant tout linguistique. Le mouvement musical est constitué physiologiquement par la fréquence des vibrations des cordes vocales. Selon les langues, l'intonation peut jouer différents rôles, mais elle est toujours importante dans l'organisation de l'énoncé oral.

Le rôle de l'intonation est particulièrement important en français, du fait du faible rôle de l'accent. Elle prend des aspects très différents selon le registre* : relativement monotone au registre soutenu, elle se caractérise, au registre familier, par la fréquence des changements de ton. Dans tous les registres, les variations de hauteur musicale peuvent créer une quantité de nuances délicates.

Elle est caractérisée par la hauteur, la durée et l'intensité, la courbe mélodique, et le niveau. Parmi les niveaux, on distingue : niveau 1 : grave, niveau 2 : médium, niveau 3 : haut et niveau 4 : aigu ; un niveau suraigu 5, et un niveau infra-grave 0 s'ajoutent à cette liste dans les tours expressifs. Le niveau 2 est celui de l'attaque et du *euh* d'hésitation.

La fonction de l'intonation est, selon les cas, syntaxique, démarcative ou expressive. Les représentations que l'on peut en donner sont nombreuses :

• une portée, sur laquelle on représente les syllabes, ou une courbe :

4							
3				yé			
2	Il	a	essa		de	se	
1							tuer

| | Il | a | essa | yé | de | se | tuer |

• des flèches suscrites ou intercalées : *il a essayé↗ de se tuer↘,* ou *il a essayé ↑ de se tuer ↓.*

• la notation souscrite des niveaux :

il a es sa yé de se tuer
2 2 2 2 3 2 2 1

Les portées ayant l'inconvénient d'un appareillage assez lourd, nous adopterons ici soit les flèches soit les numérotations.

1. Les distinctions fondamentales

Elles interviennent entre l'intonation énonciative (2 3 1), l'intonation interrogative (2 3 4) et l'intonation impérative (4 1). Dans ces trois cas, l'intonation remplit une fonction syntaxique, puisque la mélodie suffirait à faire reconnaître le type auquel appartient la phrase : ainsi, *tu viens* (2 1), assertif, *tu viens?* (2 4), interrogatif, *tu viens!* (3 1), impératif; notez que le système de ponctuation n'est pas, ici, trop inadéquat. C'est donc essentiellement par opposition que fonctionne l'intonation. C'est surtout la fin du contour qui permet de reconnaître le schéma syntaxique, ce que l'on peut grossièrement représenter de la façon suivante :

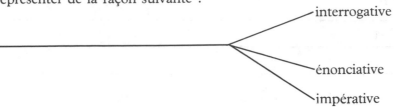

Il est également nécessaire de faire la distinction entre :

— le système proprement intonatif, à valeur syntaxique, qui utilise à la fois la forme de la courbe et la différence de niveaux : elle distingue par exemple entre l'interrogation et l'ordre;

— le système démarcatif (lié à l'accent), qui utilise surtout la direction de la courbe à des fins démarcatives. C'est lui qui permet de faire la différence entre *je veux bien manger* et *je veux bien manger*.

2. L'intonation assertive

Elle est caractéristique des phrases assertives simples, sans pause, parmi lesquelles on peut distinguer les phrases à un seul groupe rythmique, dont l'intonation est globalement descendante *(il est parti : 2 2 2 1)*, et les phrases à plusieurs groupes rythmiques, où l'intonation peut monter avant la chute finale *(il travaille la nuit : 2 3 4 3 1)*.

L'intonation énonciative se caractérise toujours par sa descente mélodique finale, la montée initiale pouvant être plus ou moins progressive; la courbe est toujours très arrondie, douce.

À travers le nombre de groupes rythmiques, l'intonation permet de distinguer :

— *la continuation,* qui indique que l'énoncé est inachevé. On peut encore distinguer entre continuation mineure et continuation majeure : *quand tu viendras* (mineure : 2 3) *et que tu la verras* (majeure : 2 4), *tu seras surpris.* En fait la distinction entre les deux types n'existe qu'en registre soigné, mais la continuation en elle-même représente un phénomène important.

— *la finalité,* qui marque, par une descente, que l'énoncé est achevé (2 1, 3 2 ou 3 1).

— *la rupture,* surtout marquée par la différence de niveaux : une incise (ou une parenthèse, en finale), est marquée par une rupture vers le grave. Une construction segmentée est également soulignée d'un schéma particulier : *il est intéressant* (2 2 2 2 4 2), *ce bouquin* (2 2).

3. *L'intonation interrogative*

Les courbes intonatives de l'interrogation* sont extrêmement variées. Elles dépendent à la fois de la portée de l'interrogation (partielle ou totale) et des procédés d'interrogation utilisés.

a) *Interrogation totale*

Les différentes formes ont en commun de marquer du ton le plus haut celui des mots qui est essentiel pour l'interrogation. Si l'interrogation est marquée syntaxiquement par *est-ce que*, l'intonation interrogative est facultative (ou n'est marquée qu'en début de phrase, culminant sur le *est-ce que*) : la courbe peut donc être la même que pour une énonciative. Si elle est marquée par une postposition du sujet pronominal, la courbe normale est ascendante si la phrase est brève, mais peut descendre dans une phrase plus longue : *a-t-il demandé son ch(e)min?* (3 4 3 3 2 2 1). Si l'interrogation n'est pas marquée dans l'ordre des mots, la courbe intonative est obligatoire, avec élévation sur la finale : *il travaille la nuit?* (2 2 3 3 4). C'est là le cas le plus fréquent en registre parlé.

Ce schéma général n'exclut pas les variations signifiantes sur des détails : on peut par exemple exprimer une vive surprise en maintenant le ton au même niveau jusqu'à la dernière syllabe, qui comporte une montée brusque : *il travaille la nuit?* (2 2 2 2 4). On peut aussi (induisant dès lors une confirmation comme réponse) faire suivre une montée douce d'une brusque descente : *il travaille la nuit?* (2 2 3 4 1 : question incrédule).

b) *Interrogation partielle*

Elle se marque par un ton haut sur le mot interrogatif, qu'il soit placé en tête comme dans la forme « correcte », et suivi d'une inversion du sujet pronominal *(quand vient-il?)*, ou à la fin comme dans l'usage familier qui ne comporte aucun déplacement *(il vient quand?)*. Aussi la première forme comportera-t-elle un ton descendant : *quand vient-il?* (4 3 2) et la seconde un ton monotone ou très légèrement ascendant : *il vient quand?* (2 2 3). La fin de la montée de la voix marque la fin du syntagme sur lequel porte l'interrogation : *à quelle heure Pierre vient-il?* (2 2 4 3 2 1).

4. *La phrase impérative et les autres types de phrases*

L'ensemble de la phrase impérative se caractérise par une intonation descendante, et les groupes qui lui sont adjoints peuvent subir la même courbe : *apportez-moi une carafe d'eau* (4 3 3 3 2 2 1 1) *avec du citron* (3 3 2 2 1).

La courbe exclamative se caractérise par le même ton montant que l'interrogation, mais moins haut. Elle peut également comporter un ton montant-descendant, avec un accent d'insistance sur la dernière syllabe : *que tu es bête!* (3 4 3 1). Une valeur exclamative peut également être caractérisée par une montée ou une attaque de la voix au cinquième niveau.

5. Les modifications de l'intonation de base

Plusieurs facteurs peuvent contribuer à la modification de l'intonation de base :

— l'étagement des groupes syntaxiques : si une phrase comporte des groupes annexes (relatives appositives, apostrophes, incises...), ceux-ci peuvent engager une rupture de style (pauses et ton monotone, au deuxième niveau).

— la coordination ou la juxtaposition d'éléments de même fonction : qu'il s'agisse de mots ou de propositions, on fait monter la voix pour laisser attendre la suite *(il a acheté des carottes, des navets, des poissons, du fromage et du pain).*

— la portée de la prédication qui permet par exemple de distinguer les trois phrases : *tu as rencontré Jean, en Hollande ? tu as rencontré Jean en Hollande ?* et *tu as rencontré Jean en Hollande ?* qui ne présentent pas le même thème : la première interroge à la fois sur la personne et sur le lieu, la deuxième sur l'endroit, et la troisième sur la personne. La montée de la voix a donc la fonction démarcative d'indiquer la fin du groupe syntaxique qui fait l'objet de l'interrogation.

— de même les effets d'une accentuation d'insistance logique modifient la courbe de base : *il a eu une peur* ou *il a eu une de ces peurs*, phrases qui, sans accentuation et intonation particulières, ne pourraient pas être considérées comme grammaticales (les procédés graphiques correspondants sont très approximatifs : capitales sur *une*, points de suspension à la fin de la phrase...).

De nombreuses nuances peuvent venir modifier la courbe : c'est la fonction expressive de l'intonation, qui joue à la fois sur la forme de la courbe et sur les niveaux atteints. Ainsi, outre les exemples déjà vus, on peut noter une intonation d'implication, en forme d'accent circonflexe : *c'était du vin blanc :* « c'est évident que c'était du vin blanc! ».

On peut dès lors se demander si l'inventaire des courbes significatives d'une langue est ouvert ou fermé. D'où le débat pour établir s'il s'agit d'un phénomène discret ou continu. Si c'est un phénomène continu, on dira qu'une modification de la courbe mélodique, quelle qu'elle soit, entraîne une modification parallèle et proportionnelle du sens de l'énoncé. Si c'est un phénomène discret, il faut admettre qu'il existe un seuil où l'on passe d'une interprétation à une autre.

6. L'intonation et la syntaxe

De même que l'accent, l'intonation peut jouer un rôle désambiguïsateur : dans *la belle porte le voile,* on peut distinguer les deux sens par l'intonation : dans le sens 1, *belle* est nom et porte l'accent, et en tant que fin du groupe sujet, il constitue la limite de la montée de la voix : *la belle porte le voile.* Dans le sens 2, c'est *porte* qui est nom, qui porte l'accent, et qui marque la fin de la montée de la voix : *la belle porte le voile.*

On a vu aussi pour les relatives que la différence entre appositive et déterminative se marquait oralement, de façon plus systématique que par la présence ou par l'absence de virgule de l'écrit, par une différence d'intonation et la présence de pauses : *les enfants ≠ qui ont travaillé ≠ seront récompensés* vs *les enfants qui ont travaillé ≠ seront récompensés.* Ces deux exemples illustrent d'ailleurs bien l'intrication des phénomènes, car ils mettent en jeu accentuation, intonation et pause. Quant à leur importance, elle apparaît dans le fait qu'il peut se faire qu'il y ait opposition entre le thème du message (tel qu'il est manifesté dans l'ordonnancement grammatical) et le contenu induit par la prosodie. Cela peut aller jusqu'à une réplique adressée, dans un dialogue, à l'intonation d'une phrase, plus qu'à son sens « littéral ».

E. Les autres facteurs prosodiques

Autant que l'intonation, les pauses jouent un rôle capital : l'absence de ces deux éléments beaucoup plus que l'absence de l'accent peut rendre ininterprétable une séquence sonore : [tõtetatilotetatu] n'est compréhensible que si on le transcrit graphiquement : *ton thé t'a-t-il ôté ta toux ?* ou si l'on y fait figurer intonation et pause : [tõte ≠ tatil ≠ otetatu ≠]. La pause est un phénomène secondaire, toujours lié à l'intonation et l'accentuation.

On doit distinguer, parmi les phénomènes de jonction, entre les jonctures internes, frontières syllabiques entre deux unités de la chaîne parlée *(les petits trous* vs *les petites roues),* et les jonctures externes, finales de groupe, liées à l'accent et à la délimitation des unités accentuelles.

Reste le rythme, facteur difficile à définir, auquel contribuent tous les phénomènes précédemment évoqués. C'est le rythme qui différencie (légèrement) les deux vers holorimes : *Gal, amant de la reine, alla, tour magnanime, Galamment de l'arène à la tour Magne, à Nîmes.* C'est également à une question de rythme qu'on attribuera des préférences dans l'ordre des mots*, en fonction de la longueur respective des constituants : *Pierre frappe Jean avec une incroyable brutalité,* mais *Pierre frappe avec brutalité celui qu'il croit coupable.* Il s'agit ici de préférences, et non de règles impérieuses.

Ici se pose une question décisive pour la grammaire : celle de la modalité de traitement des phénomènes prosodiques. N'en parler que dans les cas où ils sont incontournables n'est évidemment pas satisfaisant. Mais alors, sous quelle forme les intégrer à la grammaire ? Ces phénomènes confirment la difficulté qu'il y a à abstraire un objet langue de l'ensemble des processus d'énonciation.

Enfin l'intonation et l'accentuation jouent un rôle très important dans la reconnaissance des *accents** régionaux et étrangers.

pro-verbe

Orthographié avec un trait d'union pour le distinguer de son homophone *proverbe* (« sentence »), ce mot a parfois été utilisé pour les verbes qui, par anaphore* ou cataphore*, représentent le contenu notionnel d'autres verbes. En français, *faire* fonctionne fréquemment comme pro-verbe : *il travaille plus qu'il ne faisait l'an dernier* (voir d'autres exemples à INTERROGATIFS). On parle parfois, avec le même sens, de *verbe vicaire* (au sens étymologique de *vicaire* : « remplaçant »).

pseudo-adjectif

On donne parfois ce nom aux adjectifs relationnels : *le voyage présidentiel.* (Voir ADJECTIF.)

pseudo-clivée

Une phrase *pseudo-clivée* manifeste, d'un point de vue formel, une opération semblable à celle du clivage, mais avec un ordre inverse, qui a pour effet de faire apparaître un *ce* en plus de la structure *c'est... que.* À partir de *Pierre enseigne le latin,* on peut créer les pseudo-clivées : *ce que Pierre enseigne, c'est le latin,* ou *ce que Pierre fait, c'est enseigner le latin.* (Voir ORDRE DES MOTS, EMPHASE et CLIVÉE.)

Q

qualificatif

Voir ADJECTIF.

qualification

Voir CARACTÉRISATION.

quantificateur

D'origine logique, le terme de *quantificateur* est actuellement utilisé en grammaire pour désigner un ensemble d'opérateurs destinés à déterminer l'extension* du nom. Les principales classes grammaticales pouvant jouer le rôle de quantificateur sont les déterminants indéfinis* : *un, tout, aucun, plusieurs*, etc., les adverbes* de quantité : *beaucoup, peu*, les numéraux* cardinaux, etc. Ces opérateurs ont pour propriété d'entretenir des relations complexes (décrites en termes de « portée »), à la fois entre eux et avec la négation*. Ainsi, *beaucoup de Français lisent plusieurs journaux* et *plusieurs journaux sont lus par beaucoup de Français* ne sont pas des paraphrases, bien qu'elles entretiennent une relation de type actif-passif; cette différence de sens provient, en fait, de la position relative des deux syntagmes quantifiés. (Voir NÉGATION et PASSIF).

question

Voir INTERROGATION.

R

racine

La notion de *racine* est peu utilisée en linguistique française : il est généralement inutile (et malaisé) de distinguer la racine du radical*. Toutefois, la notion de racine est utilisée en linguistique diachronique*, par exemple quand on remonte aux étymons* indo-européens, ou quand on repère des matrices trilittères de caractère onomatopéique*.

radical

Dans les classes grammaticales comportant une flexion*, le *radical* constitue le lexème* (ou morphème* lexical). Il s'oppose aux affixes*(en français préfixes* et suffixes*) et aux morphèmes flexionnels. Dans *retravaillerez*, *re-* est un préfixe, *-er-* et *-ez* des morphèmes flexionnels. Le radical est *travaill-*.

rang

1. Synonyme de *niveau* au sens 1.

2. Voir FRÉQUENCE.

recatégorisation

La *recatégorisation* consiste à faire passer un morphème d'une catégorie* à une autre. Ainsi, le mot *eau*, généralement catégorisé comme non comptable *(de l'eau)*, est recatégorisé comme comptable (voir NOM et NOMBRE) dans *j'ai goûté plusieurs eaux différentes*. Inversement *veau*, animé et comptable dans *la vache nourrit ses veaux*, est recatégorisé comme non animé et non comptable dans *j'ai mangé du veau*.

Remarque. — On trouve parfois des emplois de *recatégorisation* pour le phéno-mène de translation* (ou transposition, ou dérivation* impropre). Il est préférable de ne pas procéder à cette extension de sens, qui repose sur une confusion entre *catégorie* et *classe.*

récepteur

Dans le schéma de la communication*, le *récepteur* (ou destina-taire) est le sujet auquel s'adresse le message. (Voir CODE, COMMUNI-CATION et LANGAGE.)

réciproque

1. La présupposition *réciproque* est, par exemple, la relation qui unit le signifiant* au signifié* pour constituer le signe*.

2. La valeur *réciproque* est celle que prennent les verbes pronomi-naux* dans certains de leurs emplois.

récit

1. *Récit* est parfois utilisé avec le sens de *histoire** (rubrique 1).

2. En sémiotique* textuelle, le récit est la structure narrative sous-jacente à la manifestation discursive. On peut envisager de construire une grammaire du récit selon des modèles dérivés de ceux des grammaires de la langue.

recomposition

On a parfois donné ce nom au procédé de formation lexicale étudié ici sous le nom d'*interfixation*.*

rection

La *rection* est la relation qui s'établit entre deux constituants* quand la présence de l'un — le terme régissant — est indispensable à la présence de l'autre — le terme régi. Dans *le livre de Paul,* *le livre* régit *de Paul.*

récursivité

En termes formels, la *récursivité* est la propriété qu'ont certains symboles (voir la rubrique 3 de SYMBOLE) de pouvoir se dominer eux-mêmes dans une structure hiérarchique. Ce processus peut conduire (tout au moins au niveau de la compétence*) à un nombre théoriquement infini de séquences terminales.

Ainsi, la relation entretenue par un complément prépositionnel à l'intérieur d'un syntagme nominal est dite *récursive* dans la mesure où la règle de réécriture de ce complément comporte, à droite de la flèche, un symbole facultatif dont la propre réécriture fait appel à un symbole déjà présent à gauche de cette même flèche. C'est ce qu'on voit dans : SN → Det + N + (SP) où SP est réécrit : SP → Prép. + SN; ce qui permet d'envisager la génération de syntagmes comme *le chat du voisin de la cousine du président du club de...*

Il en est de même pour les structures phrastiques dont les emboîtements successifs impliquent la récursivité du symbole P. (Voir COMPÉTENCE, GRAMMAIRE GÉNÉRATIVE et NOM (COMPLÉMENT DE).)

redondance

1. En rhétorique, on qualifie de redondants — souvent avec une nuance péjorative — les discours qui manifestent plusieurs fois de suite le même contenu, sous la même forme ou sous des formes différentes. (Voir aussi PLÉONASME.)

2. En théorie de la communication, la *redondance* se définit comme la différence entre la capacité théorique d'un code et la quantité moyenne de l'information qu'il transmet. Cette différence s'explique elle-même par la nécessité, pour une bonne réception, de répéter certains éléments du message.

3. En linguistique, la notion de *redondance* prend différents sens selon le niveau où on l'envisage. Ainsi, en phonologie, les règles qui déterminent les possibilités de succession des phonèmes augmentent la redondance en rendant chacun des phonèmes plus problable dans certains environnements et moins probable dans d'autres : dans le contexte de gauche *tab...,* les seuls phonèmes possibles sont les voyelles et les consonnes /l/ *(table, etc.)* et /r/ *(Tabriz).* C'est toutefois en syntaxe que la notion de redondance est le plus communément employée. Elle dénote les phénomènes de manifestation répétitive d'une catégorie*. Ainsi dans la phrase *ces enfants sont turbulentes et agitées* la catégorie du nombre* est, au niveau du code écrit, manifestée cinq fois, celle du genre* (féminin, malgré le caractère épicène* du nom *enfant)* l'est deux fois. Au niveau du code oral, le nombre n'est manifesté que deux fois (*ces* et *sont,* [sɛ] et [sɔ̃]), celle du genre une fois (*turbulentes,* [tyʁbylɑ̃t]). Cette différence du niveau de la redondance entre le code écrit et le code oral est un caractère à peu près constant du français (sur une exception, voir la morphologie de *tout* à INDÉFINI). Enfin, au niveau sémantique, la redondance prend le plus souvent le nom de *pléonasme**.

redoublement

Voir GÉMINATION, rubrique 3.

réduplication

Voir GÉMINATION, rubriques 3 et 4, ainsi que COORDINATION.

réécriture

Voir GRAMMAIRE GÉNÉRATIVE.

réel (sujet)

Voir IMPERSONNEL et SUJET.

référence

1. Parler des individus, des objets qui nous entourent ou de toute entité appartenant à un univers quelconque ne saurait se concevoir sans l'établissement d'une relation particulière entre la langue et le monde (qu'il soit réel ou fictif : légende, roman, etc.). Lorsque je dis : *la maison est grande,* le sujet de ma phrase désigne un objet du monde que mon interlocuteur doit pouvoir identifier : le *référent;* l'énonciation du syntagme *la maison* me permet alors de réaliser un *acte de référence.* Aussi, cette relation n'est-elle envisageable que dans le cadre d'une utilisation *en contexte* de certaines formes linguistiques. Du point de vue du système de la langue, le signe* *maison* est tout au plus porteur d'une *forme* (manifestation sonore ou graphique) et d'un *sens* (ensemble de propriétés distinctives permettant d'isoler une classe d'objets, à savoir tous ceux qui sont susceptibles d'être appelés « maison ») et ce n'est que par le passage de la langue au discours — par le biais d'un acte d'énonciation* — qu'il va permettre au locuteur de *référer* à un objet unique.

La nécessité de distinguer *sens* et *référence* apparaît nettement dans le fait que des expressions ayant des sens différents autorisent néanmoins la même référence (elles peuvent être mises en relation avec un même référent) : ainsi, *l'auteur des Misérables, le plus grand poète romantique, l'exilé de Jersey,* etc., qui, bien que se distinguant par leur contenu descriptif, peuvent toutes être utilisées pour référer à Victor Hugo.

2. Il est de tradition d'ajouter que, sur le plan grammatical, seuls les substantifs permettent la référence. Encore faut-il préciser que ceux-ci doivent entrer dans un syntagme nominal* porteur de déterminations* diverses, destinées, comme on le dit parfois, à son *actualisation* : cet enfant, l'enfant du voisin, mon enfant,* etc., à moins qu'il ne s'agisse de noms propres* : *Marcel, M. Dupuis, Paris.* Du point de vue de la référence, les pronoms occupent une place particulière dans la mesure où ils servent de relais à des expressions référentielles présentes dans le contexte antérieur : *le train vient d'arriver, il est en retard;* on parle alors de *coréférence*.* (Sur le problème de la référence du verbe, voir PROCÈS et VERBE.)

référenciation

La *référenciation* est l'opération par laquelle un morphème prend en charge un référent*, en passant de la langue* au discours*. Pour le nom, l'opération prend le nom de détermination* (parfois d'actualisation*). On donne parfois à la référenciation le nom de *donation du référent.*

référent

Voir RÉFÉRENCE et RÉFÉRENCIATION.

référentielle (fonction)

Voir LANGAGE et RÉFÉRENCE.

réfléchi

1. Pronom *réfléchi.* Voir PERSONNELS (PRONOMS).

2. Verbe *réfléchi,* construction *réfléchie.* Voir PRONOMINAUX (VERBES).

réflexif

Dans l'emploi réfléchi des verbes pronominaux*, il est commode de distinguer l'emploi *réflexif (Pierre se lave)* des emplois *réciproque (Pierre et Marie s'embrassent tendrement)* et *successif (les jours se suivent).*

régime

La notion de *régime* est, dans l'histoire de la grammaire, celle qui a précédé la notion de complément*. Malgré son âge, la notion continue à être utilisée de loin en loin. Elle a donné son nom au cas régime* de l'ancien français.

régional (français)

Le *français régional* est la forme spécifique prise par le français dans les différentes régions (françaises ou étrangères) où il est parlé : on parle ainsi du français régional de Lille, de Toulouse, de Liège, etc.

régionalisme

Usage linguistique caractéristique d'un français régional. Par exemple le mot *brimbelle* pour *myrtille* est un régionalisme vosgien, l'emploi de *quitter* pour *laisser* un régionalisme poitevin (notamment); l'emploi de l'imparfait préludique (voir PASSÉ (TEMPS DU)) est un régionalisme belge (un belgicisme). Les différents accents* qui caractérisent la réalisation orale du français dans les différentes régions et les différents pays où il est pratiqué sont aussi des phénomènes de régionalisme : on parle ainsi de l'accent « du Midi » ou de l'accent canadien. (Voir aussi DIALECTE, FRANÇAIS, PATOIS, REGISTRES DE LANGUE, et SOCIOLINGUISTIQUE.)

registres de langue

L'hypothèse de l'existence de *registres de langue* est une abstraction par laquelle les dictionnaires et les grammaires cherchent à rendre compte du continuum de la variation, à la fois stylistique et sociale (voir SOCIOLINGUISTIQUE).

En termes de norme*, il s'agit de traduire le fait que certains usages sont recommandés, d'autres neutres, et d'autres enfin condamnés par la communauté linguistique. Ce point de vue conduit à traiter les registres en termes d'écart par rapport à un code.

En termes de situation, il s'agit de montrer que les différentes « manières de parler » sont plus ou moins adaptées à une situation : on ne parle pas de la même manière en faisant une conférence ou en discutant avec un ami. Ce second point de vue conduirait donc à définir le français standard en liaison avec une série de situations et de genres, et non à le représenter comme un absolu stable.

En analysant la langue comme un système régulièrement différencié, comme lieu structuré d'homogénéité, on constate que la reconnaissance des registres, conjointement disponibles pour tous les membres adultes de la communauté, est partie intégrante de la maîtrise de sa langue maternelle* par un locuteur. Il peut être incapable de produire un énoncé dans un registre qui ne lui est pas habituel, tout en étant apte à le comprendre et à lui attribuer la signification sociale qui lui est attachée. La variation s'accompagne donc toujours de jugements, une forme jouissant du prestige ou souffrant du discrédit qui s'attachent aux groupes qui les emploient ou aux situations qui les appellent. C'est ce que le rejet fréquent du terme équivalent « niveau de langue », généralement écarté pour ses connotations hiérarchiques implicites, semble oublier trop rapidement : niveau ou registre, la valorisation existe, parce qu'elle existe dans la communauté.

L'opération de désignation des registres part de l'hypothèse selon laquelle il y a homogénéité dans l'emploi, ce qui est à peu près vrai sur le plan lexical, quand il s'agit de caractériser un mot. Ainsi, un dictionnaire* distinguera la plupart du temps les niveaux : « vieux », « classique », « littéraire », « poétique », « familier », « populaire » et « trivial », éventuellement « soutenu », « vulgaire » et « argotique ». Mais si l'on cherche à caractériser les registres non plus au plan de l'usage, mais au niveau du contenu linguistique, et qu'on les définisse comme l'emploi *conjoint* de constructions syntaxiques particulières, d'éléments lexicaux et de faits de prononciation et d'intonation particuliers, il semble alors difficile d'en isoler plus de trois ou quatre : populaire, familier (mais correct), courant ou moyen, et soigné (soutenu, éventuellement littéraire), tout en tenant compte de la différence (qui ne les recouvre pas) entre oral et écrit. Il semble alors difficile de les caractériser autrement que par différence et par tendances.

Le plan phonétique est le plus révélateur, parce qu'il est le moins accessible à l'intervention consciente du locuteur. On y trouve, en passant du niveau populaire au niveau soigné, une augmentation des traits suivants :
— nombre de liaisons* : très peu de liaisons sont réalisées dans le registre populaire et familier; liaison des mots peu accentués aux mots accentués en conversation soignée; liaison même entre mots accentués en style oratoire;
— résistance à la neutralisation* des voyelles inaccentuées;
— refus des harmonisations vocaliques (prononciation [ʁediʁ] ou [ʁɛdiʁ];

— nombre des [ə] muets (compte tenu, naturellement, des amuïssements obligatoires ou interdits);

— refus des assimilations (prononciation [isʁaɛl] ou [izʁaɛl]);

— degré de tension articulatoire (plus ou moins grande netteté des timbres et des articulations);

— tendance à la relative égalité syllabique;

— refus des régionalismes;

— maintien des groupes consonantiques.

Dans les registres populaire et familier, on trouvera des combinaisons comme [pisk] *(puisque)*, [kekʃoz] *(quelque chose)*, [idi] *(il dit)*, [suʁtu] *(surtout)*, [ʒedi] *(je lui ai dit)*, [kattab] *(quatre tables)*... Les registres familier et courant sont à mi-chemin entre tendances conservatrice et transformatrice. Ainsi, il y a des raisons pour qu'un mot comme *essayer* se prononce [esɛje] (tendance conservatrice) : le rapport à *essai*, et la pression de la graphie. Mais il y en a aussi pour qu'il se prononce [eseje] (tendance transformatrice) : la position syllabique du [e], et l'influence dilatrice du [e] final.

Les registres s'opposent aussi par la mélodie, les pauses et les hésitations; pour celles-ci, c'est plutôt leur nature que leur fréquence qui est pertinente : il relèverait d'une conception simpliste de l'oral de supposer qu'un oral soutenu (sauf lecture orale) en serait exempt : des mots d'appui comme *euh, bien, donc, bon...* se trouvent à tous les registres. Par contre, la fréquence des changements intonatifs, due surtout aux accents d'insistance, est, quant à elle, caractéristique du registre familier.

La possibilité de variation est liée au caractère facultatif d'un élément. Aussi le plan lexical permet-il facilement la distinction des registres, avec des « synonymes » comme par exemple *soufflet* (littéraire), *gifle* (courant), *claque* (familier), *baffe* ou *torgniole* (populaire), encore qu'il n'y ait pas toujours une telle richesse d'équivalents. Mais il n'en est pas de même au plan syntaxique, où la notion de choix se fait plus restreinte. Tout au plus peut-on indiquer quelques phénomènes : l'existence de formes propres à l'usage populaire (par exemple, la relative de français populaire, comme *l'homme que je te parle,* ou certaines interrogations comme *quand c'est ti qu'i vient?*); la plus ou moins grande fréquence d'emploi de formes, comme les constructions segmentées *(moi, ma mère, la télé, elle aime pas)*.

La caractérisation de la variation en termes de registres appelle plusieurs commentaires :

— rien n'est jamais désigné comme normal ou comme standard : on ne dit que l'écart.

— les désignations retenues visent des phénomènes de nature différente : par exemple, « populaire » désigne une classe sociale, et « familier » une situation. De même pour le rapport entre variété sociale et variété régionale : ce qu'on appelle français populaire n'est pas parlé par le peuple partout en France, c'est une variété originellement liée à la région de Paris et de l'Île-de-France, ayant donc son origine géographiquement commune avec le français standard.

— il y a souvent désaccord, dans les caractérisations d'un mot, d'un dictionnaire à l'autre, et encore plus d'un locuteur à l'autre.

Le clivage entre les registres peut être d'ordre exclusivement lexical (par exemple entre langue courante et argot*), ou complet, (entre français populaire et français cultivé). On peut donc donner un statut particulier aux « langues spéciales », et principalement à l'argot.

La difficulté qu'il y a à cerner et à décrire les différents registres et à les homogénéiser justifie le choix grammatical fondamental de ne décrire que la seule langue standard.

règle

Le terme *règle* peut avoir des sens tout à fait différents selon l'acception du mot *grammaire** auquel on le fait correspondre. Les axes qui dessinent la conception de la règle sont les suivants :

— *normatif/descriptif* : on opposera la prescription pour bien parler ou écrire, généralement relative à une zone de la langue où l'usage est flottant *(dites..., ne dites pas...)*, et la règle qui rend compte, éventuellement à travers les hypothèses d'une théorie linguistique générale, des fonctionnements fondamentaux de la langue.

— *implicite/explicite* : la règle implicite renvoie au système intériorisé dont on peut supposer qu'il permet à un sujet de parler (voir COMPÉTENCE), et la règle explicite est la construction que le grammairien établit à partir des productions spontanées et de ce qu'il peut recomposer du savoir implicite d'un sujet, à partir des jugements qu'il énonce. L'usage implicite d'une règle ne suppose pas de réflexion métalinguistique*, contrairement à l'élaboration explicite.

— *observer/décrire/expliquer* : c'est le passage du relevé de faits à leur inscription dans une théorie linguistique, éventuellement formalisée. La grammaire générative* se présente ainsi comme une série d'instructions qui spécifient, dans un système formel, les combinaisons de symboles bien formées.

Quel que soit le sens attribué à *règle* dans une construction grammaticale, il y a certains points communs à la réflexion moderne : l'idée que la langue est un tissu de régularités que le linguiste peut repérer, et l'idée qu'il n'y a pas d'observation naïve : formuler une règle de grammaire est un geste théorique, que les présupposés en soient manifestés ou non. (Voir GRAMMAIRE, GRAMMAIRE GÉNÉRATIVE et LANGUE.)

régressive (dérivation)

Voir DÉVERBAL et SUFFIXATION.

régulier

Un phénomène linguistique est *régulier* quand il est conforme à une règle*. En morphologie*, les flexions régulières sont conformes à un paradigme* groupant un nombre important de formes.

relatif (superlatif)

Voir DEGRÉS.

relatifs

La classe des relatifs groupe une série de pronoms, simples et composés, et une série, peu usitée, de déterminants. Les mots *dont* et *où* fonctionnent comme équivalents d'un syntagme constitué par une préposition et un pronom relatif. Morphologiquement, les éléments relatifs sont, à la réserve de *dont* et *où*, construits sur une base de forme *qu-*, qu'ils ont en commun avec les mots interrogatifs* et exclamatifs*. Toutefois, l'opposition des formes fléchies *qui*, *que* et *quoi* est utilisée de façon différente selon que les pronoms fonctionnent comme nominaux* (relatifs sans antécédent et interrogatifs) ou comme représentants* (relatifs avec antécédent).

À chaque sous-classe de pronoms correspond une sous-classe de déterminants. Cette règle générale doit être nuancée pour les relatifs. En effet, il existe bien une sous-classe de déterminants relatifs : *j'ai acheté hier une voiture, laquelle voiture est tombée en panne aujourd'hui*. Mais l'emploi de ce déterminant relatif est insolite : comme déterminant, il implique la présence d'un nom déterminé; comme relatif, il implique un antécédent : d'où la répétition du nom. Il suffit toutefois que le référent soit désigné successivement par deux noms différents pour que l'emploi du déterminant relatif paraisse plus acceptable : *j'ai acheté une voiture, lequel véhicule est tombé en panne.* On se contentera de signaler l'existence marginale de ces formes qui, morphologiquement, se confondent avec celles du pronom relatif composé.

Les pronoms relatifs

Comme la plupart des autres pronoms, ils fonctionnent alternativement comme représentants et comme nominaux. Quand ils sont employés comme représentants, l'opposition de leurs formes se fait selon le modèle suivant :

1. Formes simples

sujet	*qui* /ki/	
objet direct et attribut	*que* /kə/	
complément prépositionnel	*qui* /ki/	*quoi* /kwa/
	humains	non animés

Les relatifs simples utilisés comme représentants ne marquent ni l'opposition des genres : ${l'homme \atop la\ femme}$ *qui travaille,* ni celle des nombres :

${l'homme \atop les\ hommes}$ *que j'ai vu(s).* L'opposition humain/non animé n'apparaît que pour les compléments prépositionnels : *la femme à qui je pense, le travail à quoi je pense.* Toutefois la langue moderne préfère, notamment dans le second exemple, le relatif composé *(le travail auquel je pense),* réservant l'emploi de *quoi* aux cas où l'antécédent est lui aussi pronominal : *ce à quoi je pense.* En revanche, l'opposition des fonctions est manifestée par la différence entre *qui,* sujet, et *que,* complément d'objet et attribut : *le professeur que je vois, que je suis.*

La forme *dont* est l'équivalent d'un groupement *de qui* ou *de quoi,* quelle que soit la fonction de ce groupement : complément d'un nom dans : *la grammaire dont j'ai remarqué les erreurs;* complément indirect du verbe dans : *le libraire dont je t'ai parlé,* voire complément d'agent du verbe passif dans : *le coup dont j'ai été frappé.* L'élément nominal qui a pour complément *dont* ne peut pas, en principe, être précédé d'une préposition : on préfère *l'escalier sur les marches duquel je suis assis* à **l'escalier dont je suis assis sur les marches.*

L'élément *où* fonctionne comme équivalent d'un groupement : préposition de sens local ou temporel + relatif : *la ville où j'habite, le moment où tu es là*. Comme complément de lieu, *où* peut être précédé par *de : l'endroit d'où je viens*. Dans la langue classique, l'antécédent de *où* pouvait, contrairement à l'usage moderne, être humain.

2. Formes composées

Elles sont construites à l'aide des formes du déterminant *quel* (par ailleurs utilisé comme interrogatif*) nominalisées par l'article défini. Elles marquent donc l'opposition des genres *(lequel, laquelle)* et des nombres *(lesquels, lesquelles)*. Dans les mêmes conditions que l'article défini, elles se contractent avec les prépositions *à (auquel, auxquels, auxquelles)* et *de (duquel, desquels, desquelles)*.

L'emploi de ces formes se fait selon les règles suivantes :

— après une préposition, la langue moderne préfère la forme composée, surtout quand l'antécédent est non animé (voir l'exemple cité plus haut);

— sans préposition : la forme composée est susceptible d'être utilisée comme sujet (exceptionnellement comme complément d'objet ou attribut), mais exclusivement dans les cas où la relative est appositive*; on observe surtout cet emploi quand la forme composée, par ses marques de genre et de nombre, permet d'éviter une ambiguïté : *la femme du directeur, laquelle fait du cinéma, a beaucoup de succès*. On remarquera que l'emploi de *laquelle* présuppose que le directeur n'a qu'une seule femme. Il en irait autrement de *qui*, qui sauvegarderait la possibilité de la polygamie. Cette limitation d'emploi de la forme composée aux relatives appositives s'explique par la présence de l'article défini, qui est inapte à modifier la quantification du nom représenté.

Quand les relatifs sont utilisés comme nominaux, c'est-à-dire sans antécédent, les formes (qui ne peuvent alors être que simples) se répartissent selon le même modèle que les formes du pronom interrogatif (voir le tableau à INTERROGATIFS). Ainsi la forme *qui* fonctionne indifféremment comme sujet *(qui m'aime me suive)*, comme attribut : *restez qui vous êtes*, ou comme objet *(choisissez qui vous voudrez)*, mais exclusivement pour les êtres humains. La forme *que* est réservée aux non animés, mais uniquement comme complément de l'infinitif : *je n'ai que faire*. Enfin la forme *quoi* est utilisée comme complément prépositionnel pour les non animés : *c'est à quoi nous pensons*. Il s'agit d'un relatif dit de liaison (voir COORDINATION).

Le relatif « indéfini » *quiconque* fonctionne, pour les animés, comme sujet d'une proposition relative sans antécédent : *quiconque a beaucoup vu peut avoir beaucoup retenu*. Mais *quiconque* peut aussi s'utiliser, en dehors de toute relative, avec le sens de « n'importe qui » : *je le sais mieux que quiconque*. Dans cet emploi, le pronom *quiconque* a comme correspondant adjectival l'élément *quelconque*.

relationnels (adjectifs)

Voir ADJECTIF. Synonyme : *pseudo-adjectifs*.

relative

Une *relative* est un type de subordonnée qui commence par un pronom, un déterminant ou un adverbe relatifs, et dont le lien à la principale tient à la fois de la subordination* et de la représentation : l'élément introducteur a le rôle démarcatif d'indiquer le début de la proposition, et il manifeste une fonction à l'intérieur de la subordonnée. Dans *la femme qui a élevé Pierre n'est pas sa mère, qui* remplit trois rôle différents : il marque la subordination, il représente le syntagme nominal *la femme*, et il indique, par sa forme, la fonction de sujet de *a élevé Pierre*. La relative n'a donc aucune indépendance, elle ne peut constituer une phrase à elle seule. On distingue trois types de relatives : les relatives adjectives, les relatives substantives, et les relatives prédicatives.

A. Les relatives adjectives, ou relatives à antécédent

Ce sont les plus fréquentes, au point qu'on les considère parfois comme les seules. Elles ont toujours un antécédent exprimé, et leur valeur d'adjectif est établie à la fois par la possibilité de les substituer à un adjectif *(le ballon rouge/le ballon qui est rouge)*, et par celle de les coordonner avec un adjectif *(c'est un homme chauve et qui paraît plus que son âge)*.

L'antécédent de ces propositions est la plupart du temps un nom *(l'homme qui marche sur la plage est mon beau-frère)* ou un pronom *(choisis celui que tu veux)*. Mais ce peut aussi être un adjectif *(de rouge qu'il était, il devint écarlate)*, un adverbe *(viens là où je suis)*, ou une proposition *(il est parti, de quoi je ne me console pas)*.

1. La place du relatif

La règle générale est que le relatif est en tête de la proposition relative, éventuellement précédé d'une préposition : *de quoi, sur lequel*. Dans la mesure où il représente un nom pouvant occuper différentes places dans la subordonnée, l'ordre canonique des mots dans la phrase subit une altération quand le pronom n'est pas sujet. Ainsi, dans *la femme qui a élevé Pierre n'est pas sa mère*, *qui* occupe la place de sujet (respect de l'ordre canonique). Mais, dans *l'homme que j'ai rencontré est un escroc*, ou dans *l'homme dont je te parle est un escroc*, *que*, dont la forme manifeste la fonction d'objet, et *dont*, complément du verbe *parler*, n'occupent pas les places qu'ils auraient dans les phrases simples *(j'ai rencontré l'homme*, et *je te parle de l'homme)*. Plus les formes bouleversent l'ordre canonique des termes de la phrase, plus elles sont rares à l'oral et dans les écrits d'enfants et de locuteurs peu scolarisés (les relatives en *dont* sont particulièrement rares, et les fautes fréquentes). La structure des relatives dites de « français populaire » évite le déplacement et respecte l'ordre canonique : on dira *l'homme que je te parle* (où le *que* ne fait qu'indiquer la subordination, et non la relation), *l'homme que je te parle de lui* (où le *que* ne fait également qu'indiquer la subordination, mais où la relation est marquée par un schéma conforme à ce qui se produirait en phrase simple : *je te parle de l'homme)*, ou *l'homme que je t'en parle* (même fonctionnement que dans la phrase précédente, mais la relation est exprimée par un clitique). Dans ces différents cas, *que*, étant l'unique marque du relatif, peut être assimilé à une conjonction*, puisqu'il ne fait qu'indiquer la subordination. Une forme apparemment comparable, mais, en fait, différente car plutôt archaïsante et littéraire, est celle que peut prendre la relative temporelle, dans laquelle *que* peut alterner avec *où (du temps que/où j'étais écolier)*.

La règle de proximité immédiate du relatif avec son antécédent, qui a souvent pour effet d'interrompre une proposition, évite d'éventuelles ambiguïtés. Ainsi, on dira *le blé est emporté sur le dos de l'âne au moulin que tu connais*, plutôt que *le blé est emporté au moulin sur le dos de l'âne que tu connais*. Cette règle peut s'accompagner, dans la langue littéraire, d'une inversion entre sujet et verbe : *cette parole que répétait souvent ma mère* (inversion facilitée par la brièveté de la relative et la simplicité de la forme verbale). La disjonction entre l'antécédent et le relatif n'est tolérée que quand il ne peut y avoir de confusion *(un loup survint à jeun, qui cherchait l'aventure)*. Un tour littéraire peut éventuellement placer la relative avant l'antécédent *(survint brusquement, qui cherchait l'aventure, un loup énorme)*. Enfin, si le relatif est séparé de son antécédent par un groupe qualifiant, il peut être précédé d'une coordination, afin d'éviter toute confusion *(un homme de grande allure et qui parlait latin)*.

La règle de succession de l'antécédent et du relatif se complique quelque peu dans une phrase complexe. Ainsi, par exemple : *le candidat sera élu* peut être transformé en relative *(le candidat qui sera élu aura de la chance)*. Cependant, si l'on prend comme forme de base *j'espère que le candidat sera élu*, on devrait pouvoir former la phrase agrammaticale **le candidat qui j'espère que sera élu*. On remplace cette forme inacceptable par : dans l'usage littéraire, *le candidat que j'espère qui sera élu*, et dans l'usage oral, soit une infinitive *(le candidat que j'espère devoir être élu* ou : *voir élu)*, soit une relative en *dont (le candidat dont j'espère qu'il sera élu)*, soit une incise *(le candidat qui, je l'espère, sera élu)*. L'usage populaire préférera là aussi rétablir l'ordre canonique, avec *le candidat que j'espère qu'il sera élu*.

Quand deux relatives se succèdent au moyen d'une coordination, on peut ne pas répéter le pronom si c'est *qui* ou *que*, et si c'est *que*, omettre également la répétition du sujet *(une lettre que je vous destinais et ne vous ai pas envoyée)*, tour condamné par les puristes.

2. Les types de relatives adjectives

L'interprétation des nuances sémantiques apportées par les relatives s'avère plus ou moins importante pour l'interprétation globale de la phrase. Classiquement, on distingue deux types de relatives adjectives : les *déterminatives* (dites aussi *restrictives*) et les *appositives* (dites aussi *explicatives* ou *descriptives*). Il existe deux modes de définition de ces fonctionnements :

— la définition en termes d'extension* : on dira que l'appositive laisse l'extension de l'antécédent inchangée (dans *les enfants, qui dormaient, n'ont rien entendu,* l'extension de « les enfants » et de « les enfants qui dormaient » est la même), alors que la déterminative restreint l'extension *(les enfants qui dormaient n'ont rien entendu* : « les enfants qui dormaient » est un sous-ensemble, par opposition à l'ensemble complémentaire de « ceux qui ne dormaient pas »). On peut dès lors rapporter l'appositive à une proposition universelle (dans un univers donné), et la déterminative à une proposition particulière.

— la définition en termes d'identification du référent* : l'appositive apporte une remarque supplémentaire sur un référent déjà déterminé, de façon contextuelle ou situationnelle : *les enfants* sont ceux dont nous avons déjà parlé; alors que la déterminative constitue le processus même d'identification du référent à l'intérieur de la phrase *(les enfants* sont ceux que l'on spécifie par le fait qu'ils dormaient).

Outre les éléments de définition qu'on vient de voir, la distinction repose sur des marques formelles :

a) l'intonation et la ponctuation* : l'appositive est précédée et suivie de pauses intonatives et, à l'écrit, de virgules, et non la déterminative. Mais il s'agit là de critères assez faibles, étant donné les variations auxquelles sont sujets ces phénomènes ;

b) la possibilité de remplacer *qui* par *lequel* dans l'appositive *(la femme de Pierre, laquelle sort de prison...)* et pas dans la déterminative. Cependant, ce critère ne s'applique qu'au sujet ;

c) la nature de l'antécédent : la plupart des groupes nominaux, quel que soit leur déterminant, permettent les deux interprétations, mais il existe quelques restrictions. La relative qui suit un nom propre ne peut en principe être qu'appositive *(Paris, qui est la capitale de la France...)*, bien qu'on puisse interpréter *Paris qui se met en colère...* comme une déterminative. De même, quand l'antécédent est précédé d'un possessif, la relative est la plupart du temps appositive *(son roman qui a reçu le prix Goncourt,* qui peut néanmoins être une déterminative = celui de ses romans *)*. Par contre, les cas où s'impose l'interprétation déterminative ne souffrent pas d'exception : quand l'antécédent est un pronom indéfini *(je cherche quelqu'un qui puisse chanter)*, un pronom interrogatif *(qui voyez-vous qui puisse y aller ?)*, et quand l'antécédent nominal a pour déterminant *chaque, tout* singulier et *quel (tout achat qui ne donne pas satisfaction est remboursé)*, ou qu'il est accompagné de *seul* ou d'un adjectif au superlatif relatif *(le seul que j'aime ; le plus intéressant que j'aie vu)*. Le fonctionnement de déterminative est souvent souligné par un subjonctif*, ou par la possibilité d'un conditionnel* ;

d) la possibilité de remplacer la relative par une coordination est une caractéristique de l'appositive *(les enfants, et ils dormaient, n'ont rien entendu)*, de même que la possibilité de paraphraser les différentes valeurs circonstancielles d'implication, de cause, de but, de concession ou d'hypothèse *(les enfants, parce qu'ils dormaient...; Pierre, qui a le cœur faible, fait du vélo = Pierre, bien qu'il ait le cœur faible, ...)* ;

e) seule l'appositive peut être supprimée sans modification du sens de la phrase, ce qui est lié à son caractère superflu ;

f) seule l'appositive permet l'insertion d'une particule logique comme *cependant, de plus* ou *justement (les enfants, qui justement dormaient...)*, d'un adverbe de phrase ou d'une incise, *(les enfants, qui, dit-on, dormaient...)* ;

g) le statut du *le* précédant l'antécédent : anaphorique* dans l'appositive, il annonce le *qui* dans la déterminative.

Cependant, tous ces critères, qui établissent un parallélisme fonctionnel entre déterminative et adjectif épithète d'une part, appositive et adjectif apposé d'autre part, révèlent davantage une dualité de fonctionnement qu'une ambiguïté structurale. Aussi est-ce souvent dans l'interprétation que se fait la distinction. Par exemple, si dans *les syndicats qui défendent les travailleurs appellent à la grève*, rien ne laisse savoir si le locuteur pense à une appositive ou à une déterminative, le récepteur peut comprendre, selon la conception qu'il a des syndicats, soit qu'il s'agit de *tous* les syndicats (appositive, tous les syndicats défendent les travailleurs), soit de *certains* syndicats (déterminative, seuls certains syndicats défendent les travailleurs). Même importance des positions idéologiques pour interpréter une appositive : dans *Napoléon, qui reconnut le danger, envoya ses gardes sur l'ennemi*, quel statut faut-il donner à la relative ? cause ? concession ? concomitance ? Tout dépend de la relation que l'on pose entre les deux faits.

On peut aussi faire une seconde remarque : une telle opposition n'épuise pas les fonctionnements des relatives adjectives. Ainsi, pour la phrase *le médecin qui est venu ce matin est tout à fait rassurant*, on peut envisager une interprétation appositive (justement, il est venu ce matin), une interprétation déterminative (celui qui est venu ce matin, pas l'autre), mais aussi une interprétation « non contrastive », qui serait simplement une réponse à la question : *qu'est-ce qui s'est passé ? eh bien, le-médecin-qui-est-venu-ce-matin dit que...* On peut aussi distinguer plusieurs autres types, par exemple une relative que l'on pourrait appeler « qualificative », comme dans *l'imbécile qui m'a répondu au téléphone ne m'a pas laissé parler* : les interprétations appositive et déterminative sont impuissantes à montrer l'implication entre le fait de ne pas laisser parler et la dénomination d'imbécile, et tout aussi impuissantes à expliquer la non-indépendance des phrases-sources, qui ne peuvent pas être *l'imbécile m'a répondu au téléphone* et *l'imbécile ne m'a pas laissé parler*. Sous certaines conditions de contraste prosodique, on peut aussi envisager une interprétation « sélective » : *le médecin qui est venu ce matin...* (ce n'était pas un guérisseur), où la mise en relief oppositive ne porte que sur l'antécédent. Ce rapide passage en revue montre la souplesse de la structure relative, une même forme permettant plusieurs interprétations différentes.

Une troisième remarque qui invite également à s'interroger sur la dichotomie déterminative/appositive concerne le fait que les deux types de définitions ne s'appliquent pas de façon également satisfaisante à toutes les phrases. Pour *les Alsaciens qui boivent de la bière sont obèses*, la définition en termes d'extension est adéquate à refléter la dualité de fonctionnement, mais celle en termes d'identification ne l'est pas : dans la mesure où *les* est générique*, l'identification du référent est faite du même coup. Inversement, dans *les élèves qui ont* *triché ont été punis,* la définition en termes d'identification rend compte de la dualité, mais non celle en termes d'ensembles (en lecture appositive, « les élèves qui ont triché » ne peut avoir la même extension que « les élèves »).

Cette dernière remarque invite à examiner la nature du déterminant de l'antécédent, dont on constate le rôle lorsqu'on tente de rendre leur indépendance aux propositions sous-jacentes : dans *l'homme que j'ai rencontré est parti au Japon,* les deux phrases indépendantes *j'ai rencontré l'homme* et *l'homme est parti au Japon* ne suffisent pas à rendre compte du fonctionnement. Il vaudrait mieux supposer *j'ai rencontré un homme,* ce qui souligne le lien entre le déterminant *le* et le processus même de la relative.

3. Le mode de la relative

Le mode de la relative ne pose généralement pas de problèmes : le cas le plus fréquent est l'indicatif. Cependant, le subjonctif* n'est pas rare dans les déterminatives. Si le déterminant de l'antécédent est indéfini, on peut trouver le subjonctif dans des relatives dépendant de phrases dont le verbe exprime une incertitude, comme *chercher, demander, désirer, préférer...,* structures qui autorisent l'alternance entre *je cherche une maison qui a des volets verts* (je sais qu'elle existe), et *je cherche une maison qui ait des volets verts* (j'aimerais en trouver une). Un conditionnel dans la principale peut produire le même effet *(Pierre apprécierait une viande qui soit bien cuite,* où le subjonctif est peu vraisemblable si *apprécier* est au présent*),* de même qu'un modal* *(Pierre devra opérer avec une méthode qui nous satisfasse,* impossible avec *opérera).* On trouve également le subjonctif avec un indéfini *(quelqu'un qui sache conduire),* après un antécédent comportant un superlatif ou les adjectifs *seul, premier, dernier, unique (il est le seul qui puisse le faire),* et quand la relative détermine une proposition négative, dubitative, interrogative ou conditionnelle *(il y a peu d'hommes qui soient contents de leur sort).* Dans certains cas, le subjonctif peut être remplacé par un conditionnel* *(je rêve d'un jardin qui aurait de grands arbres).*

La relative peut également être à l'infinitif, essentiellement après *où* et les relatifs comportant une préposition, et quelquefois après *dont (un endroit où se reposer, un lit sur lequel dormir, un sujet dont parler).*

Dans les formes clivées*, le verbe s'accorde en personne avec l'antécédent *(c'est moi qui sais).*

Relatif de liaison

Par comparaison avec le relatif latin, on donne le nom de *relatifs de liaison* aux formes qui reprennent en apposition soit un nom, soit une idée de la proposition précédente *(je me suis acheté une voiture; voiture que j'ai dû revendre très vite,* ou *véhicule que j'ai dû revendre)*, et les relatives qui reprennent, avec ou sans *ce,* la proposition précédente : *il partit; ce que voyant, je le suivis; il a vendu sa maison; ce à quoi je n'avais pas pensé; il partit, après quoi je ne savais plus que faire* — toutes formes pouvant comporter une ponctuation plus ou moins forte.

B. Les relatives substantives, sans antécédent

Marquées par un pronom relatif dépourvu d'antécédent, ces relatives occupent la place d'un nom. Le relatif appartient à un système en *qui/quoi* (c'est-à-dire qu'il n'existe pas de formes en *que* sauf dans les rares expressions du type *je n'ai que faire,* très proches des interrogatives indirectes telles que *je ne sais que faire).*

Si elles désignent une personne, elles sont introduites par *qui,* sujet *(qui veut voyager loin ménage sa monture),* attribut ou objet *(embrassez qui vous voudrez).* La forme *à qui* est toujours suivie de l'infinitif *(trouver à qui parler).* En position sujet, on peut remplacer *qui* par *quiconque,* et, de façon générale, on peut paraphraser la relative en restituant un pronom antécédent *celui (celui qui veut voyager loin...).* La fonction de la relative substantive peut être sujet, attribut *(c'est qui vous savez),* objet *(j'aime qui m'aime),* ou suivre une préposition *(dis-le à qui tu veux).* Il existe par ailleurs quelques locutions comportant une relative substantive sans verbe *(à qui de droit, à qui mieux mieux).*

Si la relative désigne une chose, le relatif *quoi* ne peut que suivre une préposition, à l'intérieur d'une relative attribut *(c'est à quoi je pense)* ou après les présentatifs *voici* et *voilà (voilà de quoi elle est capable). De quoi* introduit une relative à l'infinitif *(il y a de quoi faire).*

Les relatives substantives peuvent également être réalisées avec l'adverbe relatif *où,* qui marque le lieu *(je vais où tu vas),* mais peut aussi être attribut *(c'est où nous voulions en venir),* objet, ou suivre les prépositions *de* et *par (il sera puni par où il a péché).*

C. Les relatives prédicatives

Elles sont aussi dites attributives ou déictiques. On les trouve après les compléments d'objet de verbes de perception *(apercevoir, observer, regarder, écouter, entendre, sentir... je vois Pierre qui se promène),* ou de quelques autres verbes comme *montrer, trouver* ou *avoir (j'ai ma femme qui m'attend; j'ai rencontré Pierre qui mendiait).* On les trouve aussi avec les verbes *être, rester, se trouver* suivis d'une détermination de lieu *(il est là qui t'appelle)*, avec les présentatifs *voici, voilà, c'est, il y a (voilà Pierre qui pleure ! il y a Pierre qui pleure !).*

On peut rapprocher de celles-ci les relatives indépendantes exclamatives *(mon train qui n'arrive pas !).*

Les relatives, surtout avec antécédent, sont des structures très répandues à travers les langues du monde, où on retrouve toujours la grande richesse sémantique constatée ici pour le français.

représentants

Voir PRONOM, ainsi que ANAPHORE, CATAPHORE, PRO-ADJECTIF et PRO-VERBE.

représentation

1. Terme utilisé pour désigner la symbolisation métalinguistique* d'un niveau donné de l'analyse de la phrase, au sein de l'articulation de la théorie linguistique. On parle ainsi de *représentation phonétique* (suite de symboles concaténés destinés à identifier les sons) et de *représentation sémantique* (formule de type logique dont le symbolisme est, le plus souvent, emprunté à la logique des prédicats). Il n'est pas exclu, toutefois, de parler des divers niveaux de la représentation syntaxique, qu'il s'agisse de la structure profonde, de la structure de surface ou de l'une quelconque des étapes qui les séparent. (Voir GRAMMAIRE GÉNÉRATIVE, SENS et PHONÉTIQUE.)

2. Voir ANAPHORE, CATAPHORE, PRONOM, REPRÉSENTANTS.

restriction

1. Limite à la généralité de l'application d'une règle (on dira par exemple qu'il y a plus de restrictions — ou de contraintes — à la coordination par *mais* qu'à celle par *et*). (Voir RÈGLE.)

2. Restriction de sélection : limitation pesant sur la combinatoire de termes à l'intérieur de la phrase. Par exemple *? le piano étouffait* enfreint la restriction selon laquelle le verbe *étouffer* ne peut avoir comme sujet qu'un nom ayant le trait* [+ animé]. On peut exposer les restrictions de sélection en termes syntaxiques ou sémantiques.

3. Voir EXCEPTION, rubrique 2.

restrictive

Voir RELATIVE.

rétracté

Voir PHONÉTIQUE/PHONOLOGIE.

rétroflexe

Voir PHONÉTIQUE/PHONOLOGIE.

rhème

Voir THÈME et PRÉDICAT.

rhétorique

Dans ses origines gréco-romaines, la *rhétorique* recouvrait l'ensemble des disciplines nécessaires à la formation de l'orateur. L'enseignement de la rhétorique — dispensé par le rhéteur — prenait place, chronologiquement, après celui de la grammaire, dispensé par le grammairien. Quelques ultimes traces de cette stratification chronologique ont subsisté en France jusque vers les années 70 : l'agrégation de grammaire était réservée aux classes du 1er cycle (dites de grammaire), et s'opposait ainsi à l'agrégation des lettres, réservée notamment à la classe de 1re (autrefois dite rhétorique).

Parmi les techniques enseignées par le rhéteur au futur orateur, on distinguait l'invention, la disposition, l'élocution, et, accessoirement, la mémoire et la prononciation. La plupart des traités de rhétorique de langue française se limitent à l'élocution, qui énumère et classe les diverses figures*. Parmi ces figures, un assez grand nombre sont inévitablement communes à l'analyse linguistique du discours et à sa description proprement rhétorique. C'est pourquoi la grammaire traditionnelle, fréquemment suivie par les linguistiques modernes, a utilisé dans son appareil terminologique des notions empruntées à la rhétorique, par exemple l'anaphore*, l'asyndète*, la cataphore*, l'ellipse*, l'emphase*, l'euphémisme*, la litote*, la métaphore*, la métonymie*, le zeugme*, etc.

On parle aujourd'hui de *composant rhétorique* lorsqu'il s'agit de prendre en charge des phénomènes qui échappent à l'analyse formelle (syntaxique ou logique) et qui relèvent, de manière générale, des opérations de mise en discours*.

rime

Cas particulier de l'homophonie*, la *rime* est l'identité, entre deux séquences, de la dernière voyelle accentuée et de tous les phonèmes qui, éventuellement, la suivent : il y a rime entre *loup* ([lu]) et *cou* ([ku]) (la dernière voyelle accentuée se trouve être le dernier phonème) comme entre *désastre* ([dezastʁ]) et *piastre* ([pjastʁ]), où la dernière voyelle accentuée est suivie, dans le même ordre, par les trois mêmes consonnes. La rime se distingue ainsi de l'assonance, qui autorise des différences entre les phonèmes qui suivent la voyelle : il y a assonance entre *masque* ([mask]) et *chiasme* ([kjasm]).

romains (caractères)

L'opposition des *caractères romains* aux italiques (et, si nécessaire, à d'autres types de caractères) permet de donner une manifestation graphique à certaines différences de statut linguistique, par exemple l'emploi habituel (« mondain », voir MÉTALANGAGE) et l'emploi autonymique* des mots; on remarquera que les deux types de caractères échangent leurs fonctions quand un mot est cité dans un texte lui-même cité : *le mot* Paris *a deux syllabes.*

romanes (langues)

Voir FRANÇAIS, INDO-EUROPÉENNES (LANGUES) et LATIN.

roulé (r)

Voir PHONÉTIQUE/PHONOLOGIE.

rythme

Voir PROSODIE.

S

sécant

Voir ASPECT.

seconde (langue)

Voir MATERNELLE (LANGUE).

segment

Résultat de l'opération de segmentation*.

segmentation

La *segmentation* est l'opération qui consiste à découper (= segmenter) l'énoncé de façon à en identifier les unités. (Voir COMMUTATION, CONSTITUANTS IMMÉDIATS, LANGUE (rubrique 2), MORPHÈME, PHONÈME et PHONÉTIQUE/PHONOLOGIE.)

sémantique

Selon les théories, étude systématique du sens des unités significatives (morphèmes*, mots*) et/ou de leurs combinaisons en syntagmes* et en phrases*. (Voir SENS ET GRAMMAIRE GÉNÉRATIVE.)

sème

Dans la terminologie de la sémantique structurale, le *sème* est l'unité minimale de signification. (Voir SENS.)

semelfactif

Voir ASPECT.

semi-auxiliaire

Voir AUXILIAIRE, ASPECTUELS, MODAL et PÉRIPHRASE VERBALE.

semi-consonne

Voir PHONÉTIQUE/PHONOLOGIE.

sémiologie

Voir SÉMIOTIQUE.

sémiosis

À la différence de sens*, signification* et valeur*, ce terme est utilisé de façon exclusive dans le lexique technique de la linguistique* et de la sémiotique*. Il vise de façon univoque la relation qui, établie entre le signifiant* et le signifié*, constitue le signe* linguistique. Le terme *sémiosis* n'est pas utilisé par Saussure, mais par ses continuateurs, ainsi que par les sémioticiens américains. Il correspond, cependant, de façon aussi précise que possible à la relation qui est symbolisée dans le schéma du signe par les deux flèches verticales orientées en sens opposés.

Équivalences terminologiques : *signification* (dans le second emploi de ce terme), *fonction sémiotique.*

sémiotique

Dans sa définition extensive, la *sémiotique* est l'étude scientifique des systèmes de signification. Elle englobe donc la linguistique, qui se donne pour objet ces systèmes de signification spécifiques que sont les langues* naturelles. Mais elle tient compte en outre de tout objet susceptible d'être considéré comme constituant un système de signification. De ce point de vue, on distingue deux types de sémiotiques :

1. Les sémiotiques verbales, qui ont pour objet les systèmes de signification utilisant pour leur manifestation une langue naturelle : la littérature, les différents types de discours (religieux, mythique, folklorique, historique, juridique, scientifique, etc.).

2. Les sémiotiques non verbales, qui se donnent pour objet les systèmes de signification dont la manifestation utilise un matériau non verbal : la peinture, l'architecture, la musique, la mode, éventuellement la cuisine, etc.

Il existe également des **sémiotiques syncrétiques,** qui prennent pour objet les systèmes de signification qui se manifestent simultanément par des signifiants de divers types : le théâtre, le cinéma, l'opéra, etc.

Selon des procédures qui échappent à la visée de cet ouvrage, les méthodes et les concepts de la sémiotique se sont dégagés progressivement de celles de la linguistique structurale.

Remarque. — 1. Le terme de *sémiologie* est parfois utilisé avec le même sens que *sémiotique*. Parfois aussi des différenciations de sens sont introduites entre ces deux termes, dans des directions diverses, voire contradictoires. La plus commune de ces différenciations tend à restreindre le champ de la sémiologie aux systèmes intentionnellement et exclusivement utilisés à des fins communicatives : par exemple le code de la route (voir COMMUNICATION), les microsystèmes de symboles de la vie quotidienne (par exemple la classification des hôtels et restaurants, etc.), les systèmes de chiffres, etc. Ainsi conçue, la sémiologie exclut les langues de son objet, mais utilise des méthodes directement empruntées à celles de la linguistique.
2. Le terme *sémiotique* est parfois utilisé comme synonyme de *langage*. C'est ce qui explique l'emploi de *métasémiotique** comme équivalent de *métalangage**.

semi-voyelle

Voir PHONÉTIQUE/PHONOLOGIE.

sens

Lorsqu'il est utilisé dans la littérature linguistique, le terme de *sens* joue souvent le rôle d'une notion préthéorique qui garde les principaux caractères de son acception la plus commune (il équivaut approximativement à *signification**); c'est pourquoi, il ne saurait, tel quel, faire l'objet d'une véritable définition.

En revanche, dès qu'il s'agit d'aborder les problèmes afférents à la description du sens, à son analyse, à son mode de manifestation ou à sa représentation, les linguistes se voient contraints de faire appel à un éventail de concepts permettant de tenir compte des divers points de vue adoptés — chacun de ces concepts devant être replacé à l'intérieur d'une ou de plusieurs constructions théoriques. On parle ainsi de *signifié**, de *contenu**, de *valeur**, d'*interprétation sémantique* et de *représentation sémantique*.

Le sens dans la description linguistique

La problématique du sens en linguistique peut être schématiquement évoquée comme relevant de deux points de vue différents, qui ne sont pas sans entretenir des relations complexes.

En premier lieu, les développements théoriques qui ont accompagné les travaux des diverses écoles linguistiques n'ont jamais échappé à la question de savoir quel rôle devait jouer le *sens* dans la méthodologie de la description de la langue; presque invariablement, les réponses apportées ont conduit à réduire ce rôle au maximum, voire à l'exclure totalement. Mais, en second lieu, on constate que ces mêmes écoles sont également à l'origine de travaux qui considèrent le sens comme l'objet même de la description et qu'elles ont ainsi contribué à l'élaboration de véritables théories sémantiques.

Ce chassé-croisé, pour paradoxal qu'il puisse paraître, s'explique en partie — toujours aussi schématiquement — par le fait que toute approche quelque peu systématique de la langue se doit de circonscrire son objet en excluant tous les champs qui risquent d'interférer avec lui, et il semble bien que ce soit le cas de la notion de *sens* dans ses représentations les plus communes : si l'on parle de *sens* à propos de la langue, c'est qu'elle permet de « s'exprimer », de « penser », de « parler du monde », etc., propriétés qui ouvrent une problématique relevant davantage de la philosophie, de la psychologie ou de l'histoire que de la linguistique proprement dite. C'est pourquoi, la première décision susceptible de fonder la discipline a consisté à considérer la langue avant tout comme un *système* qu'il convient d'aborder et de décrire de manière formelle. Dans cette perspective, le sens n'est pas préexistant, il n'apparaît que comme l'un des deux éléments d'une association : c'est un *signifié** (ou *contenu*) qui n'est accessible qu'à travers la relation qu'il entretient avec un *signifiant** (ou *expression*).

Aussi, le premier souci des linguistes a-t-il été de décrire la langue comme si elle était provisoirement débarrassée de cet aspect conceptuel que constitue le signifié, en tentant de l'atteindre, d'abord, à travers sa manifestation matérielle (le signifiant) — tout en gardant à l'esprit, bien entendu, que cette analyse n'était rendue possible que par l'existence de la relation entre les deux plans signifiant-signifié.

Et ce n'est qu'au terme apparent de cette approche qu'il est devenu possible de transposer, en partie, les procédures, l'appareil conceptuel, la méthodologie ainsi élaborés à l'étude du plan du signifié.

On observe cette évolution (sur des modes divers) dans les trois principales tendances de la linguistique moderne.

1. En linguistique structurale

Dans les travaux de la phonologie, qui inaugurent les développements du structuralisme, il n'est fait appel au sens que de manière purement technique et opératoire : l'identification des unités pertinentes est réalisée grâce à un processus de commutation*, au sein d'une unité d'ordre supérieur; on peut dire ainsi que les sons [t] et [d]

sont des phonèmes (/t/, /d/) parce que dans un même contexte [_ o]
la substitution de l'un à l'autre s'accompagne d'un changement de
sens : *tôt/dos*. En outre, la comparaison des unités ainsi identifiées
permet d'atteindre un second niveau d'analyse que l'on peut formuler
en termes de traits pertinents : /t/ et /d/ ont en commun les traits
[+ consonne], [+ occlusive], [+ dental]; mais, ils diffèrent en ce que
le premier est [_ sonore] alors que le second est [+ sonore]. Dès lors,
l'hypothèse d'un isomorphisme (due à L. Hjelmslev) entre le plan de
l'expression et du contenu a permis l'application du même type de
procédure dans l'analyse des signifiés et inauguré les travaux de
l'analyse *sémique* ou *componentielle* (variantes européenne et américaine de la sémantique structurale); ainsi *femme* et *fille* partagent les
traits ou sèmes [+ humain], [_ mâle], mais se distinguent par les
traits [± adulte]; *cheval* et *homme* partagent les traits [+ mâle],
[+ adulte] mais se distinguent par les traits [± humain]; dans une
phrase comme *l'homme descend du singe*, le trait [± mâle] n'est plus
pertinent dans l'analyse de *homme* et de *singe*, on dit, comme en
phonologie, que l'opposition est *neutralisée*.

2. En linguistique distributionnelle

Les problèmes du sens sont systématiquement écartés; ils relèvent,
pour L. Bloomfield, d'une part, d'une analyse des situations
d'échange selon les termes du couple stimulus-réponse, emprunté à
la psychologie béhaviouriste et, d'autre part, des travaux des sciences
de la nature (ainsi, *sel* a notamment pour signification NaCl). Ce
formalisme, qui s'est montré particulièrement fécond dans l'analyse
des énoncés en hiérarchies de constituants a, en outre, permis de
formuler l'hypothèse (due à Z. S. Harris) que l'étude des environnements d'une unité (sa distribution) pouvait être mise en relation avec
son (ou ses) *sens*. On peut, ainsi, distinguer les diverses significations
d'un même terme sur la base des diverses constructions dans lesquelles il est susceptible d'entrer : le verbe *avancer*, par exemple, signifie
« progresser » lorsqu'il est intransitif; avec un complément [+ hu-
main], il signifie « faire gagner du temps »; avec un complément
[_ concret], il signifie « proposer », etc. On peut, également, rassembler plusieurs termes partageant un même trait de signification sur la
base des distributions qui leur sont communes : les verbes *dire*,
déclarer, raconter, expliquer, etc., ont un grand nombre de constructions en commun : ils ont un sujet de type [+ humain], ils acceptent
deux types de complément : un COD et un COI introduit par *à*, ce
dernier est de type [+ humain], le COD peut être une complétive, le

mode de son verbe est l'indicatif, etc. Si bien qu'on a pu parler, à ce propos, d'une isomorphie entre grammaire et lexique.

3. *En grammaire générative*

Le but initial de la théorie est d'engendrer l'ensemble infini des phrases grammaticales de la langue; dans cette perspective, le sens ne doit pas participer à l'élaboration du modèle; tout au plus, intervient-il de manière incidente lorsqu'il s'agit de proposer plusieurs structures sous-jacentes pour une même phrase *(ambiguïté*)* ou de proposer des équivalences transformationnelles *(paraphrases*);* autrement dit, la grammaire s'identifie à une syntaxe. Toutefois, dès cette étape, N. Chomsky admet que le cadre ainsi dégagé permet d'entrevoir des rapprochements entre certaines propriétés des structures syntaxiques et la manière dont les locuteurs accèdent au sens des énoncés. D'où l'entreprise qui a consisté à compléter la syntaxe par un système d'interprétation ou *composante sémantique,* instaurant ainsi une symétrie avec la *composante phonologique :* alors que celle-ci interprète les structures de surface pour leur affecter une *représentation phonétique,* la composante sémantique interprète les structures profondes pour leur associer une *représentation sémantique;* les règles de la composante sémantique consistent à faire entrer le contenu lexical des unités de la suite terminale des structures profondes engendrées au niveau de la syntaxe et à montrer comment le sens de ces unités se combine pour conduire au sens de la phrase. Selon cette conception, la combinatoire sémantique est tout entière assujettie aux relations syntagmatiques engendrées par la base.

De nombreux travaux sont venus bousculer cette image; il est apparu, en particulier, que la décomposition de certaines unités sous la forme d'une juxtaposition de traits était insuffisante pour rendre compte de relations paraphrastiques d'une grande généralité : ainsi, des verbes comme *montrer* et *persuader* peuvent être considérés comme étant eux-mêmes issus d'une structure sous-jacente comportant des enchâssements de prédicats élémentaires du type *faire (voir)* et *faire (croire).* Par ailleurs, l'interprétation des opérateurs logiques (*quantificateurs, négation* — voir ces articles) exige la prise en charge de relations qui ne coïncident pas avec celles qui se dégagent des structures syntaxiques.

Quoi qu'il en soit, l'idée s'impose aujourd'hui que la théorie linguistique d'inspiration générativiste doit être considérée comme un système destiné à expliciter la relation entre forme et sens; selon les tendances, le sens peut être issu de l'interprétation des structures syntaxiques *(sémantique interprétative)* ou bien constituer, à lui seul, le niveau sous-jacent pris en charge par la grammaire pour conduire aux structures de surface *(sémantique générative).* Dans l'un et l'autre cas, le sens est conçu comme correspondant à une représentation sémantique apparentée à une formule logique, le plus souvent inspirée du calcul des prédicats.

Enfin, les convergences observées dans le développement des trois principales écoles de la linguistique moderne ne doivent pas dissimuler les différences, chacune d'entre elles manifestant une conception du sens qui lui est propre : les deux premières le situent au niveau des unités (mots, morphèmes); mais tandis que la sémantique structurale tire son information de la dimension paradigmatique, la sémantique distributionnelle la tire de la dimension syntagmatique; cette différence est notamment illustrée par le fait que la première est plus spécifiquement appliquée à l'analyse des noms, alors que la seconde se montre surtout efficace dans celle des verbes et des adjectifs, catégories qui présentent le plus grand nombre de contraintes combinatoires. La grammaire générative, quant à elle, s'attache à montrer comment le sens des phrases résulte d'un processus compositionnel qui ne se réduit pas à la simple juxtaposition d'éléments signifiants, mais répond à un mode de structuration dont la relation avec l'analyse syntaxique constitue un système d'une grande complexité.

sentiment linguistique

On donne parfois ce nom traditionnel à l'intuition du sujet parlant*qui lui permet de porter sur les phrases des jugements de grammaticalité* et d'apprécier les différents registres* de langue. (Voir COMPÉTENCE.)

siglaison, sigle

Voir ABRÉVIATION.

signal

En sémiologie de la communication (voir SÉMIOTIQUE, remarque 1), le *signal* est un élément d'information produit intentionnellement. Appliquée à la linguistique, cette terminologie fait de la phrase un signal.

signe

En linguistique* et en sémiotique*, le mot *signe* a un sens particulier, distinct de celui qu'il a dans l'usage courant. Il vise l'ensemble constitué par le *signifiant**, le *signifié**, et la relation qui s'établit entre ces deux termes. À ce titre, le mot*, quand il se confond avec le morphème*, est un signe : il comporte un signifiant (manifesté par la voix ou par l'écriture) et un signifié non manifeste.

Dans l'usage quotidien, le mot *signe* vise généralement un élément perceptible dont la fonction est d'en représenter un autre, non perceptible. On peut dire, par exemple, en décrivant le fonctionnement des feux tricolores dans le code de la route, que « le feu vert est le signe de la voie libre ». Le feu vert, élément perceptible, représente la notion de « voie libre », élément non perceptible. L'usage particulier du mot *signe* par les linguistes et les sémioticiens consiste, à propos de cet exemple du feu vert, à repérer les faits de la façon suivante :

— le feu vert, distinct des feux rouge et orange, est la manifestation perceptible (dans ce cas visuelle) du signifiant;
— l'information « voie libre », opposée aux informations « passage interdit » et « imminence de l'interdiction du passage », est le signifié;
— l'ensemble constitué par le signifié, le signifiant et leur relation est le signe.

En tenant compte à la fois des ressemblances et des différences entre le système du code de la route et celui des langues (voir CODE et LANGUE), on peut transposer cette analyse aux unités de la langue. En prenant pour exemple le morphème *table*, on repérera les faits de la façon suivante :
— la suite de phonèmes /tabl/ ou la suite de graphèmes *table* est la manifestation (nécessairement matérielle) du signifiant;
— la contrepartie notionnelle du signifiant (c'est-à-dire, sommairement, le concept évoqué lors de la manifestation du signifiant) est le signifié;
— l'ensemble du signifiant, du signifié et de leur relation est le signe.

C'est en ce sens qu'on peut dire que le mot *table* est un signe linguistique. À première vue insolite, cet emploi de la notion de *signe* a l'avantage de souligner le caractère spécifique de la relation entre les deux aspects indissociables de l'entité qu'est la langue : le signifiant n'est signifiant que parce qu'il est signifiant d'un signifié; inversement, le signifié n'est signifié que parce qu'il est signifié d'un signifiant. Cette relation — dite de présupposition réciproque — donne lieu, de la part de Ferdinand de Saussure, à la célèbre métaphore de la feuille de papier : « on ne peut en découper le recto sans découper en même temps le verso. »

Le signe linguistique, tel qu'il est analysé par Saussure, et, à sa suite, par les linguistes structuralistes, présente trois caractères spécifiques :

1. Il est *biface,* puisqu'il est défini par la relation réciproque des deux (*bi-*) plans (ou *faces*) que constituent le signifiant et le signifié ; on le représente communément par le schéma suivant :

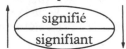

2. Le signifiant est *linéaire :* orale, la manifestation du signifiant se déroule dans le temps : on ne peut pas prononcer simultanément les phonèmes du mot /tabl/. Écrite, elle se déroule dans l'espace : on ne peut pas écrire les uns sur les autres les différents graphèmes du mot *table.* On remarquera que la linéarité n'affecte que le signifiant, à la réserve du signifié.

3. Le signe est *arbitraire.* On entend par là que le signifiant n'entretient avec le signifié d'autre relation que celle qui a été décrite, plus haut, sous le nom de présupposition réciproque, et illustrée par la métaphore de la feuille de papier. S'il est bien vrai que le sujet parlant est contraint d'utiliser le signifiant *table* (à l'exclusion de *chaise, fourmi,* et, dans le cadre de la langue française, à l'exclusion de *Tisch, tavola,* etc. pour le signifié « table »), il est non moins vrai qu'il est impossible d'expliquer la relation entre le signifiant et le signifié par des traits qu'ils auraient en commun : le signifiant *table* ne ressemble pas au signifié « table ».

Remarque. — La problématique de l'arbitraire du signe recouvre partiellement l'un des problèmes qui ont sollicité le plus intensément l'attention des philosophes, puis des linguistes : celui des origines du langage. Les philosophes grecs se partageaient entre les partisans de la théorie dite *thesei,* qui pensaient que les noms ont été affectés aux choses par convention, et ceux qui professaient, dans le cadre de la théorie dite *physei,* que les mots sont consubstantiellement attachés aux choses. Les linguistes d'aujourd'hui admettent généralement le postulat de l'arbitraire du signe : même les onomatopées* *(tic-tac, cocorico,* etc.) sont fortement conventionnelles, et varient considérablement entre les langues (les coqs allemands chantent [kikeriki] selon l'onomatopée censée imiter leur chant). Une certaine analogie du signifiant au signifié peut cependant se remarquer dans certains secteurs de la morphologie : par exemple, le signifiant du pluriel est (généralement...) plus « étoffé » que celui du singulier.

L'arbitraire du signe — qui s'oppose à la *motivation* du symbole*— ne joue toutefois qu'entre le signifiant et le signifié. De signe à signe on observe dans la langue des relations dites de motivation secondaire ou relative : ainsi *vingt* est-il absolument immotivé (= arbitraire), mais *dix-neuf* ne l'est pas au même degré. Un signe à motivation relative est nécessairement complexe : *enterrement*, constitué du préfixe* *en-*, du radical* *terre* et du suffixe* *-ment*, est motivé par rapport à *terre*. Un sujet étranger qui connaîtrait la valeur des trois éléments constitutifs pourrait comprendre le mot *enterrement* même sans l'avoir préalablement rencontré.

Compte tenu de ces limitations, le principe de l'arbitraire du signe est fondamental en linguistique. Il est immédiatement lié à la notion de valeur linguistique*, qui permet de comprendre le mode d'existence spécifique des unités linguistiques.

Le maniement du concept de signe et des concepts connexes pose des difficultés particulières.

— à strictement parler, le signifiant ne se confond ni avec sa manifestation orale, ni avec sa manifestation écrite (voir SIGNIFIANT). Il est cependant fréquent (même dans cet ouvrage) d'utiliser le mot *signifiant* pour la manifestation orale ou écrite des unités linguistiques : *le signifiant* /tabl/ ;

— par une extension comparable, la notion de signifié* est fréquemment utilisée avec une valeur voisine de celle qu'a dans l'usage courant le mot sens* : *le signifié* « table » ;

— il convient en revanche de se garder de confondre *signifié* et *référent* (voir RÉFÉRENCE). La différence entre les deux notions est bien illustrée par l'exemple suivant : « *tubercule introduit par Parmentier* » et « *légume avec lequel on fait des frites* » ont le même référent, mais des signifiés différents ;

— avec le sens respectif de *signifiant* et *signifié*, les linguistes utilisent parfois les termes *expression* et *contenu ;*

— la notion de signe et la dichotomie qu'elle implique entre le signifiant et le signifié n'affectent pas seulement le morphème, défini comme signe minimal. L'exemple du *tubercule introduit par Parmentier* montre que le syntagme est un signe, et comporte donc signifiant et signifié. D'une façon plus générale, c'est la langue elle-même qui est affectée par le clivage constitutif de la notion de signe; (voir LANGUE.)

— si intéressants qu'ils soient dans leur domaine, les emplois qui sont faits des notions de *signe*, de *signifié* et surtout de *signifiant* par les psychanalystes postlacaniens sont à examiner avec précaution. La distinction entre le signifiant des linguistes et le signifiant des analystes est d'autant plus délicate qu'ils se recouvrent partiellement;

— on notera enfin qu'une linguistique peut se passer d'une

théorie du signe, mais non d'une théorie de la stratification*. (Voir GRAMMAIRE GÉNÉRATIVE.)

signifiant

Dans sa relation (parfois dite *sémiosis**) avec le *signifié**, le *signifiant* constitue le *signe** linguistique. Le lien qui unit le signifiant au signifié est, en synchronie*, indissoluble : pour un signifié, le choix du signifiant ne dépend pas du sujet parlant, qui ne peut recourir au signifiant *chaise* ou *fourmi* pour le signifié « table ». Indissoluble, ce lien est en même temps arbitraire (voir SIGNE) : aucun rapport rationnel n'est décelable entre le signifiant *table* et le signifié « table ». La diachronie* a pour effet (entre autres) de modifier le signifiant : le signifiant *table* affectait en latin la forme *tabula*.

À strictement parler, le signifiant, non matériel, ne se confond ni avec sa manifestation orale ni avec sa manifestation écrite : on peut concevoir — et réaliser — d'autres manifestations matérielles du signifiant, par exemple sa manifestation dactylologique (gestuelle) dans la « langue des signes » utilisée par les sourds-muets. Cependant, il est fréquent d'utiliser le terme *signifiant* pour désigner soit la manifestation orale, soit la manifestation écrite, soit ce qu'elles ont de commun.

Au même titre que les unités du *signifié* (voir MORPHÈME et MOT), les unités du *signifiant* (PHONÈMES*, GRAPHÈMES*, éventuellement GESTUÈMES) sont définies par leurs relations réciproques. De ce fait le signifiant est défini moins par ses qualités propres que par la différence qui l'oppose aux autres signifiants. C'est ce qui explique qu'un phonème ou un graphème conservent la même fonction distinctive en dépit de variations matérielles considérables : le [r] dit « roulé » et le [ʁ] dit « grasseyé » sont, du point de vue matériel, tout à fait différents. En français, ils n'en sont pas moins fonctionnellement identiques (contrairement à ce qui se passe dans d'autres langues, par exemple l'arabe, où ils correspondent à deux phonèmes). De la même façon, le graphème *r* conserve la même fonction, qu'il soit imprimé, dactylographié, manuscrit (avec différentes réalisations possibles). Des oppositions telles que romain/*italique* (r/*r*), minuscule/majuscule (r/R), etc., apportent des informations complémentaires, mais n'affectent en rien la fonction distinctive du graphème.

La possibilité de l'autonymie* permet de citer le signifiant. Par convention, on le distingue généralement par les caractères italiques, par opposition au signifié, que l'on écrit en romains entre guillemets* : c'est ce qu'on a pratiqué non seulement dans cet article mais dans tout l'ouvrage (*table*/« table »).

On utilise parfois le terme *expression* comme équivalent de *signifiant.*

signification

Signification est utilisé en linguistique dans trois types d'emplois différents :

1. Il apparaît souvent comme pur et simple synonyme de *signifié*;*

2. Il désigne parfois la relation, constituante du signe* linguistique, entre le signifiant* et le signifié*. Dans cet emploi il est synonyme de *sémiosis*;*

3. Enfin il est aussi utilisé comme synonyme approché de *valeur* (voir cet article).

Remarque. — On ne s'étonnera pas trop de cette polysémie* du terme *signification :* les vocabulaires techniques des sciences (et parmi eux celui de la linguistique) présentent, à un degré toutefois atténué, les caractères qui affectent le lexique dans son ensemble, et spécifiquement la polysémie*.

Dans l'usage quotidien, *signification* est le plus souvent utilisé comme synonyme de *sens :* les dictionnaires définissent *sens* par *signification* et *signification* par *sens.*

signifié

Dans son rapport avec le *signifiant*,* le *signifié* constitue le *signe** linguistique, ainsi défini par la relation de présupposition réciproque des deux éléments qui entrent dans sa composition.

Ce qui est dit du signifiant est transposable, *mutatis mutandis,* sur le signifié. Le point le plus important est le suivant : le concept que constitue le signifié n'est pas défini de façon positive, mais de façon différentielle par les oppositions qui le séparent des autres signifiés. Ainsi s'éclaire la distinction, au premier abord problématique, entre la signification* et la valeur*, qui, on le voit, intervient de la même façon au niveau du signifiant et du signifié.

1. Dans le lexique, les signifiés se définissent par leurs oppositions réciproques. Deux mots de même sens peuvent avoir, d'une langue à l'autre, une même signification et une valeur différente. Ainsi, *mouton* a, quand il vise la bête sur pied, la même signification que l'anglais *sheep,* mais non la même valeur. Celle de l'anglais est en effet modifiée par l'existence du mot *mutton,* qu'on emploie pour parler de

la viande apprêtée et servie. Les faits de ce genre, loin d'être exceptionnels, atteignent, de façon il est vrai plus ou moins apparente, tous
les secteurs du lexique. Les exemples les plus fréquemment allégués
sont ceux des systèmes de parenté (on notera par exemple que le
français n'a pas de signifié correspondant à celui de l'allemand
Geschwister, qui vise, dans leurs relations réciproques, les frères et
sœurs d'une même famille) ou du vocabulaire des couleurs : en
utilisant l'exemple donné par Gleason, on fait apparaître le tableau
suivant, qui montre clairement que *bleu* du français et *hui* du bassa
ont la même signification (il faudrait traduire *hui* par *bleu*), mais non
la même valeur, puisque le signifié de *hui* n'est pas limité de la même
façon que celui de *bleu.*

français	indigo	bleu	vert	jaune	orange	rouge
chona (Zambie)	cips^{w}uka		citema		cicena	cips^{w}uka
bassa (Libéria)	hui			ziza		

Remarque. — En chona, le même mot *cips^{w}uka* s'utilise pour les couleurs orange,
rouge, indigo et, partiellement, bleue, ce qui explique son apparition aux deux
extrémités du tableau.

Pour le signifié de *bois,* on obtient, cette fois d'après Hjelmslev, le
tableau suivant :

français	arbre	bois	forêt
allemand	Baum	Holz	Wald
danois	Trae		Skov

Et il n'est pas jusqu'au signifié de la *neige* — donnée pourtant
apparemment immédiate de l'expérience — qui n'entraîne des analyses différentes non seulement selon les langues, mais encore selon les
usages régionaux ou sociaux : le citadin exclusif ne connaît que le
signifié « neige » ; le montagnard ou le bon skieur distingueront (non
seulement par des adjectifs, mais aussi par des noms) la *poudreuse, la
soupe, la glace, le carton,* etc. Et les langues eskimo procèdent à une
analyse qui fait apparaître jusqu'à une vingtaine d'unités différentes,
distinctes selon l'ancienneté de la chute, la température, la contex-
ture, etc.

2. Les signifiés des catégories morphologiques sont soumis à la
même loi de délimitation réciproque : le masculin et le féminin n'ont
pas la même valeur dans une langue qui, comme le français ne
connaît que ces deux genres* et une langue (l'allemand, le russe, le

latin, etc.) qui connaît en outre le neutre*. L'imparfait et le passé simple du français (voir PASSÉ) ne sauraient avoir la même valeur que l'unique temps simple du passé de langues telles que l'anglais ou l'allemand. Là encore, on pourrait multiplier les exemples et les étendre à l'inventaire des classes morphologiques, qui, on le sait, ne se recouvrent pas d'une langue à l'autre : le signifié « détermination » ne peut avoir le même statut dans une langue qui, comme le français, dispose d'une classe morphologique spéciale pour le manifester et une langue comme le latin, où la classe n'existe que de façon lacunaire.

Ainsi, les signifiés de la linguistique structurale sont bien des concepts, mais des concepts spécifiques, délimités de façon négative, c'est-à-dire par ce qu'ils ne sont pas. On remarquera, pour conclure, que ce régime d'existence est aussi celui de l'ordre du *symbolique* dans la psychanalyse lacanienne.

Équivalence terminologique : de façon équivalente à *signifié* on utilise fréquemment *contenu.*

simple

1. Le mot *simple,* par opposition au dérivé* et au composé*, est constitué d'un radical*, auquel s'ajoutent éventuellement des morphèmes flexionnels.

2. Les temps *simples,* par opposition aux temps composés (et surcomposés), sont ceux qui ne comportent pas d'auxiliaire. Les formes passives, quoique comportant toujours l'auxiliaire *être,* se répartissent elles aussi entre formes simples *(elle est aimée)* et formes composées *(elle a été aimée).* (Voir AUXILIAIRE et PASSIF.)

3. Passé *simple.* Voir PASSÉ (TEMPS DU).

4. La phrase *simple,* par opposition à la phrase complexe, est celle qui comporte une seule proposition*.

singulier

Le *singulier* est, en français, l'une des deux positions de la catégorie du nombre* grammatical.

sociolinguistique

Plutôt qu'une discipline, la *sociolinguistique* constitue un courant de préoccupations mettant en rapport le langage* ou la langue* avec quelque chose de l'ordre du social : société, culture ou comportement.

Quand on pose le linguistique et le social comme deux entités, le langage étant l'intermédiaire qui conduit à la société, la sociolinguistique a affaire à des phénomènes très variés : les fonctions et les usages du langage dans la société, les contacts entre langues, les dialectes*, patois*, pidgins et créoles, le bilinguisme* et la diglossie*, la planification et la standardisation linguistique, les phénomènes d'aliénation, de déculturation, d'interférences...

Cependant, dans un cadre grammatical, ce ne sont pas ces aspects de la sociolinguistique qui constituent l'essentiel; c'est plutôt, concernant la langue, l'éclairage qu'une réflexion sociolinguistique peut apporter sur les attitudes et les comportements linguistiques actifs et passifs. Ce n'est donc pas par les champs que l'on va opposer sociolinguistique et grammaire, mais par les points de vue :

SOCIOLINGUISTIQUE	GRAMMAIRE
travaille sur des énoncés effectivement produits par des locuteurs réels dans des situations concrètes	travaille sur des énoncés fictifs, empruntés au corpus littéraire ou fabriqués *ad hoc;* éventuellement prélevés sur un corpus
prend en compte les variétés d'une langue unique, sous l'angle de l'hétérogénéité	ne prend en compte que la variété dite standard, sous l'angle de l'homogénéité
met les variétés en liaison avec la variation des situations et des locuteurs	fait abstraction de l'acte d'énonciation, réduit à la seule intuition du linguiste ou d'un informateur.
établit les régularités au niveau des usages	établit les régularités au niveau d'un système sous-jacent

À partir de la constatation selon laquelle les productions linguistiques à l'intérieur d'une langue ne sont pas égales entre elles, la sociolinguistique invite à ne pas laisser de côté les phénomènes déviants ou isolés, à ne pas reléguer ce qui n'est pas la langue standard dans le domaine du raté, de la faute* ou de l'inattention. Toute production linguistique manifeste des régularités, et peut donc faire l'objet d'une description.

A. Le français standard

Le français décrit par les grammaires est la variété normalisée, dite *standard,* ce qui signifie qu'elle est reconnue comme « correcte », elle est enseignée à l'école, et elle est soumise au contrôle d'institutions comme l'Académie française. (Voir NORME.)

Si cette variété peut être dite celle de la classe dominante, son statut symbolique dépasse les limites d'une classe sociale. Outre une très vaste zone commune à tous les usages, la variété standard fonctionne comme un registre véhiculaire majoritaire, dont tous les locuteurs ont au moins la maîtrise passive, et elle s'appuie sur le sentiment partagé d'appartenance à une même communauté.

Pour ce qui concerne la France, l'histoire de l'uniformisation des pratiques linguistiques en ce qu'on appelle « le français national » est liée à la constitution de l'État moderne à la fin du XVIIIᵉ siècle.

B. Hétérogénéité et structure de la langue

L'appartenance d'un sujet à une communauté linguistique (en tant que locuteur de sa langue dite « maternelle »*) le rend capable d'une maîtrise structurée de sous-systèmes hétérogènes. Comme l'ont montré les travaux du sociolinguiste américain William Labov, la variation est manifeste à deux niveaux : la variation stylistique (les différents usages d'un même locuteur), et la variation sociale (les différents usages de différents locuteurs, au plan de la communauté). Cependant, tous les faits de langue ne sont pas soumis à variation, et tous n'y sont pas soumis de la même manière. Ils ressortissent à trois types différents de règles :

1. Les règles catégoriques qu'aucun locuteur, jamais, ne viole. C'est ce que l'on observe dans la liaison entre déterminant et nom dans le groupe nominal ([lezɑ̃fɑ̃], et jamais *[leɑ̃fɑ̃]). Ces règles couvrent la plus grande partie des phénomènes linguistiques, et n'ont jamais à être explicitement enseignées, puisqu'elles sont le produit de l'apprentissage fondamental de la langue.

2. Les règles semi-catégoriques. Elles sont énonçables sous une forme impérative, dans la mesure où elles sont fréquemment violées, et que la violation est interprétable socialement. Elles constituent donc le domaine d'injonctions comme « ne dites pas *je vais au coiffeur* ou *si j'aurais su* ». Beaucoup de gens le disent, mais ces formes sont jugées populaires et condamnées par la norme, qui leur préférera *je vais chez le coiffeur* ou *si j'avais su.*

629

3. *Les règles à variables.* Une unité linguistique est susceptible de variables quand deux ou plusieurs formes sont en concurrence (du point de vue du locuteur ou de celui de la communauté) dans le même contexte : c'est le cas, par exemple, de *pas* et *ne... pas* pour la négation. Le choix de l'une ou l'autre variable est à mettre en relation avec des facteurs sociaux, et l'on distingue, en fonction du statut des locuteurs qui les utilisent, des variables de prestige et des variables stigmatisées.

Il faut donc, en opposition avec l'attitude grammairienne, disjoindre le lien entre système et homogénéité, et définir une communauté linguistique, non pas comme l'ensemble des locuteurs qui parlent de la même manière, mais comme l'ensemble de ceux qui, malgré la diversité de leurs pratiques, partagent les mêmes normes et les mêmes jugements.

C. Jugements et productions linguistiques

Même quand ils emploient des formes différentes, les locuteurs d'une même communauté partagent un même jugement sur les formes employées. Il y a donc fréquemment décalage, pour un locuteur, entre sa production linguistique et l'évaluation sociolinguistique qu'il en fait. Ainsi, les locuteurs des classes populaires n'utilisent pas certaines variables qu'ils savent correctes, et jugent incorrectes celles qu'ils utilisent. La petite-bourgeoisie, caractérisée par une insécurité linguistique liée à une identité problématique, est la classe qui manifeste la plus forte distorsion entre usage en situation ordinaire et usage en situation surveillée, et elle est susceptible d'hypercorrection* dans des situations ressenties comme formelles.

Ces remarques donnent la dimension du caractère idéologiquement intériorisé de la norme, et du fait qu'il en est ainsi pour tous les locuteurs, puisqu'il n'y a pas de locuteur à style unique. Quel que soit son statut social, tout locuteur voit ses productions affectées par la variation stylistique. La communauté est donc affectée parallèlement par les deux types de variation, et si le système fonctionne, ce n'est pas en dépit des variations, mais avec elles : il faut donc redéfinir le sytème, non plus à travers une homogénéité, mais comme une hétérogénéité structurelle.

L'observation de la langue en situation naturelle pose le problème du recueil des données, car d'une part le paradoxe de l'observateur est de ne pouvoir observer ce qui se passe quand il n'est pas là, et d'autre part l'inégalité entre observateur et observé altère la langue ordinaire dès que l'observateur est présent. La description de la langue ordinaire pose aussi à la pratique grammaticale des questions cruciales. D'une part, sur le plan de la transcription, problème à peu près réglé par la phonétique mais qui laisse presque intouché le niveau prosodique*, mais aussi d'autre part les problèmes de catégories d'analyse grammaticale, quand sont ébranlées des notions aussi fondamentales que la phrase ou le sujet. Ce qui incite, au minimum, à réfléchir sur le statut des catégories grammaticales à travers lesquelles on décrit la langue.

D. Variation et changement

Le terme unique de *variation* permet de rendre compte de deux phénomènes habituellement considérés isolément : la variation proprement dite (en synchronie*, d'ordre stylistique ou social), et le *changement* (ou évolution des langues, en diachronie*). Étant donné qu'une langue ne passe jamais brutalement d'un état à un autre, le changement est lisible dans la variation, observable en temps apparent par la co-présence de formes différentes dans une même synchronie. Il est aussi explicable (au sens grammatical du terme) par l'interaction de facteurs internes, propres au système de la langue, et de facteurs sociaux objectifs et subjectifs, propres à la vie sociale de la communauté.

solécisme

Dans la taxinomie des fautes* de langue élaborée par les grammairiens anciens, le *solécisme* s'oppose au barbarisme* en ce qu'il enfreint non les règles de la morphologie, mais celles de la syntaxe. *Moi y en a vouloir des sous* ne comporte pas un seul barbarisme, est en outre parfaitement compréhensible, mais est hérissé de solécismes. L'extension de la notion de solécisme dépend du degré de rigidité dans l'appréciation de la norme. Par exemple, de nombreux puristes condamnent comme un solécisme l'emploi de *chaque* comme pronom dans une phrase telle que *ces melons coûtent 7 francs chaque*. (Voir aussi GRAMMATICALITÉ, NORME, REGISTRES DE LANGUE et SOCIOLINGUISTIQUE.)

son

Voir PHONÉTIQUE/PHONOLOGIE.

sonore

Voir PHONÉTIQUE/PHONOLOGIE.

source

1. Voir COMMUNICATION.

2. Voir CAS (PROFONDS).

3. Dans les opérations de traduction, la *langue-source* est la langue à traduire dans la *langue-cible*.

sourde

Voir PHONÉTIQUE/PHONOLOGIE.

sous-ordonné

Voir HYPONYMIE.

standard (français, langue)

Voir NORME, SOCIOLINGUISTIQUE, ainsi que DIALECTE, FRANÇAIS et IDIOLECTE.

stratification

1. La *stratification* du langage est la notion générale qui recouvre l'ensemble des phénomènes de clivage — disposition en strates définies par leur opposition réciproque — caractérisant le langage. Le nombre des strates identifiées varie selon les théories linguistiques, mais ne s'abaisse nécessairement jamais au-dessous de deux : c'est le lieu de la théorie du signe* linguistique, analysé en signifiant* et signifié*. Dans d'autres théories structuralistes, l'opposition de la forme* et de la substance* s'articule avec celle du signifié (= contenu) et du signifiant (= expression). Le clivage du contenu et de l'expression est déplacé dans l'opposition du langage-objet* au métalangage*. En grammaire générative*, le problème de la stratification est posé d'une autre façon (voir l'article spécial). Enfin, il existe des linguistiques spécifiquement dites *stratificationnelles*, qui postulent l'existence de plusieurs niveaux intermédiaires entre la forme et le sens.

2. En sociolinguistique*, la *stratification* fait allusion à la distinction des différents niveaux ou registres* de langue.

structural, structuralisme

Voir STRUCTURE.

structure

La mise en place de la notion de *structure* — qui n'est pas spécifique à la linguistique — repose sur le postulat que les objets du monde (par exemple les langues) ne sont pas connaissables en eux-mêmes, mais par les relations que leurs éléments entretiennent entre eux et avec l'ensemble qu'ils constituent. La structure peut donc se définir comme une entité autonome de relations internes organisées de façon hiérarchisée.

La notion de structure intervient à tous les niveaux de l'analyse linguistique. On peut par exemple dire que les langues *sont* des structures, ou *ont* une structure. On peut parler de la structure morphologique (ou syntaxique, ou sémantique) de la langue. On peut même, par métonymie*, désigner comme des structures des éléments manifestes de la langue : il est fréquent d'utiliser *structure* pour désigner un type de phrase ou de syntagme, voire une phrase ou un syntagme.

Structure a donné lieu à la formation des dérivés *structural, structuralisme, structuraliste,* qui sont parfois utilisés, de façon polémique, pour désigner certaines tendances, essentiellement distributionnelles, du structuralisme.

style

La notion de *style* se situe de part et d'autre de la frontière — d'ailleurs poreuse — qui sépare l'analyse du discours de la description linguistique du texte littéraire. On ne signalera ici que celles des valeurs de la notion qui sont utilisées dans cet ouvrage :

1. Le terme *style* est un substitut fréquent de discours* dans les expressions *style direct, indirect, indirect libre.*

2. Le terme *style* s'emploie comme équivalent de *niveau** ou de *registre** dans des expressions telles que *style familier, soutenu, populaire,* etc. Toutefois, l'inventaire des caractérisations possibles de *style* est plus étendu que celui de *niveau* ou *registre* : on parlera volontiers de *style affecté, recherché, précieux, archaïsant,* etc. Certains phénomènes grammaticaux — notamment les faits d'ordre des mots*— posent des problèmes de style.

subjonctif

Avec l'indicatif, le *subjonctif* est le seul des modes* du verbe à comporter une flexion en personne* complète : l'impératif ne dispose que de la 1re personne (au pluriel) et de la 2e (aux deux nombres); le conditionnel*, du double point de vue de la morphologie et de la syntaxe, peut légitimement être décrit comme un tiroir* de l'indicatif; les autres modes — infinitif*, participe*, gérondif* — sont entièrement dépourvus de flexion en personne, et pour cette raison, sont dits impersonnels*.

Cependant, le parallélisme entre l'indicatif et le subjonctif n'est pas absolu. L'indicatif comporte un vaste inventaire de tiroirs temporels où se laisse aisément reconnaître la distinction des trois époques du passé*, du présent* et du futur*. Le subjonctif ne comporte pour sa part que quatre tiroirs : deux simples, le présent et l'imparfait, deux composés, le « passé » et le plus-que-parfait (on notera que ce dernier reçoit encore parfois, dans certains de ses emplois, la dénomination traditionnelle scolaire de *conditionnel passé 2e forme*). Encore faut-il ajouter que l'imparfait et le plus-que-parfait ne se rencontrent plus que dans l'usage écrit surveillé, et presque exclusivement à la 3e personne : les formes des deux autres personnes prennent de ce fait un aspect suranné, de la même façon que leurs homologues du passé simple, auxquelles elles sont morphologiquement apparentées : *que nous sussions, que vous limassiez* continuent, comme *nous sûmes* et *vous limâtes,* à encombrer les tableaux de conjugaison des grammaires (y compris de celle-ci), alors que leur emploi ne répond plus guère qu'à des intentions ludiques. L'usage oral ne recourt qu'au présent et au « passé », qui n'est autre que la forme composée du présent : *que je travaille, que je finisse, que je vienne; que j'aie travaillé, que j'aie fini, que je sois venu* (sur les problèmes morphologiques, et notamment sur les phénomènes d'homonymie avec l'indicatif, voir CONJUGAISON). Il est traditionnel — et d'ailleurs, comme il apparaîtra plus bas, légitime — de faire apparaître l'élément *que* devant les formes du paradigme du subjonctif.

Remarque. — Les périphrases verbales temporelles (*aller, être sur le point de, devoir* + infinitif) et aspectuelles (*être en train de, être à* + infinitif) sont aptes, à des degrés divers, à se combiner avec le subjonctif.

Pour rendre compte de la valeur du subjonctif dans ses différents emplois, on part souvent de l'incontestable constatation morphologique qui vient d'être faite : le subjonctif présente moins de formes temporelles distinctes que l'indicatif. Mais les conclusions qu'on en tire ne sont pas toujours aussi pertinentes. On dit, par exemple, que le subjonctif, moins apte que l'indicatif à actualiser le procès signifié par le verbe, se spécialise pour les procès « virtuels », « imaginés », par opposition aux procès « actuels », « réels », censés réservés à l'indicatif. Il est vrai que cette opposition entre les deux modes est souvent confirmée par les faits. C'est notamment ce qu'on observe quand le mode du verbe est sélectionné par un adjectif qui, tel que : *certain, probable, possible,* etc., apprécie les chances d'actualisation du procès. On constate, en effet, que la frontière entre l'indicatif et le subjonctif passe (en dépit de quelques bavures idiolectales*) entre *probable* et *possible : il est certain* (ou : *probable) que Pierre viendra/il est possible que Pierre vienne.* La négation, grammaticale ou lexicale, de *certain* et de *probable* les ramène au cas de *possible : il n'est pas certain* (ou : *il est improbable) qu'il vienne.* L'interrogation elle-même rend possible l'emploi du subjonctif, en alternance toutefois avec l'indicatif : *est-il certain qu'il vienne/viendra ?*

Et pourtant les observations ainsi formulées sont souvent mises en défaut. Dans les deux sens :

a) dans *il imagine faussement que Pierre est là,* la présence de Pierre n'est en rien « actualisée », elle est au plus haut point « imaginée ». Et pourtant l'indicatif s'impose, aux dépens du subjonctif, qui, possible dans certains états anciens de la langue, est exclu en français contemporain.

b) dans *bien que Pierre soit là, je suis content,* ou : *je regrette que Pierre soit là,* ou encore dans *le fait que Pierre soit là m'agace,* la présence de Pierre, « réelle » et « actualisée », n'est en rien « virtuelle » ni « imaginée » — à moins que, dans un étrange cercle vicieux, on ne décrète « imaginé » tout procès au subjonctif. Et pourtant, le subjonctif est obligatoire dans les deux premières phrases, possible, en alternance avec l'indicatif, dans la troisième.

On observe même, de façon apparemment bizarre, qu'il suffit d'antéposer la proposition à l'adjectif *certain* pour y faire apparaître le subjonctif : *que ce livre soit excellent, j'en suis absolument certain.*

Sans essayer de régler définitivement le problème — sans cesse repris par les grammairiens et les linguistes — du signifié (unique? homogène?) du subjonctif, on procédera, ici, à un inventaire des emplois en insistant sur les éléments qui pèsent en faveur du subjonctif ou de son concurrent.

A. Le subjonctif en phrase indépendante

Sauf dans un petit nombre d'expressions figées et dans son emploi dans les systèmes conditionnels, le syntagme du verbe au subjonctif est précédé de l'élément *que.* Dans les cas d'homonymie avec l'indica-

635

tif, la présence de *que* marque à elle seule le subjonctif : comparer *que Paul travaille* à *Paul travaille*. *Que* ne peut ici, par définition, fonctionner comme élément introducteur d'une subordonnée. C'est donc qu'il est lié au subjonctif, ce qui justifie la pratique traditionnelle de le faire apparaître dans le paradigme* de la conjugaison du mode. Les principales valeurs observées pour le subjonctif en phrase indépendante sont les suivantes :

1. Valeur impérative : *qu'il s'en aille!* Le subjonctif tient lieu ici de substitut à l'impératif qui, en français (contrairement à d'autres langues, par exemple le grec ancien), ne comporte pas de 3e personne.

2. Valeur optative : *que Dieu nous pardonne!* Plus atténué, le souhait se rapproche du consentement : *qu'à cela ne tienne.* C'est avec des valeurs de ce type qu'on rencontre les emplois figés du subjonctif sans *que : vive la France!* (et, par une survivance de l'emploi en interrogative, *qui vive?*), *plaise au ciel que* (parfois : *plût au ciel,* marquant le regret), *puissé-je, puisses-tu, puisse-t-il,* etc. (périphrases verbales optatives). Spécialisé dans l'expression de l'hypothèse, le présentatif *soit* du discours didactique : *soit l'exemple suivant.* Utilisé seul, *soit* (parfois prononcé [swat]) est une formule d'acquiescement peu enthousiaste (cf. *admettons*). L'alternatif *soit... soit* n'est plus interprété, synchroniquement, comme la forme verbale au subjonctif qu'il est étymologiquement.

3. Valeur exclamative : *moi, que je travaille!* (comparer avec la valeur équivalente de l'infinitif : *moi, travailler!*).

À ces emplois en phrase indépendante, on peut rattacher, bien qu'ils soient en relation avec une autre proposition, les emplois du subjonctif avec une valeur hypothétique *(qu'il vienne, et je m'en vais)* parfois teintée d'opposition *(qu'il sonne : je ne lui ouvrirai pas)*.

Ces emplois du subjonctif ont pour trait commun que la valeur du mode n'y est pas conditionnée par un élément du contexte. On constate que dans tous les cas la valeur de vérité du procès n'est pas posée : il n'est pas certain au moment où je dis *que Paul travaille!* que Paul exécutera cet ordre; au moment où je m'exclame *moi, que je travaille!* l'idée que ce procès puisse pour moi prendre valeur de vérité est rejetée avec indignation de mon univers. Spécialement intéressant, malgré sa rareté et son archaïsme, est l'exemple d'expression du regret par l'imparfait du subjonctif : *plût au ciel que j'aie travaillé!* Précisément, il n'a pas plu au ciel. Mais la suspension de la valeur de vérité opérée par le subjonctif (et, indissolublement, l'élément *que*) permet cependant de présenter sous forme assertive un procès définitivement resté inexécuté.

Remarque. — L'usage écrit surveillé conserve un emploi du verbe *savoir* à la 1re personne du singulier (parfois du pluriel) dans une phrase négative : *je ne sache pas que la grammaire soit inutile.*
Cet emploi a souvent une valeur polémique : l'opinion rejetée est présentée comme exclue de tout univers possible. On remarquera l'emploi, à la 1re personne du pluriel, de l'intéressant barbarisme *sachons,* qui se substitue parfois au régulier *sachions.* L'emploi de cette forme montre qu'elle n'est plus comprise comme subjonctif du verbe *savoir,* mais comme indicatif d'un autre verbe, de sens plus énergique (« nous ne voulons pas savoir que... »).

B. Le subjonctif en proposition subordonnée

La valeur du subjonctif est, ici, déterminée par le contexte constitué par la proposition principale. Il convient donc d'étudier les emplois selon le type de subordination.

1. En proposition complétive

Les complétives (voir l'article spécial) sont toujours introduites par l'élément *que* (parfois développé en *à ce que, de ce que,* etc.). Cet élément a nécessairement ici une double fonction : syntaxique (il introduit la subordonnée) et sémantique (il suspend la valeur de vérité du procès). Cependant le syntagme dont dépend la subordonnée peut, par son contenu global, rétablir cette valeur de vérité. D'où l'alternance entre l'indicatif et le subjonctif. On peut répartir les emplois entre les trois classes suivantes :

a) l'indicatif est seul possible quand le syntagme (le plus souvent verbal) dont dépend la subordonnée confère une valeur de vérité au procès signifié par son verbe : c'est le cas après *dire* (quand il est déclaratif), *affirmer, prévoir, penser, croire, espérer, être certain, être probable,* etc., utilisés de façon affirmative. On a vu plus haut qu'*imaginer,* même affecté par un adverbe tel que *faussement,* se rattache à cette classe.

b) le subjonctif est seul possible quand le syntagme verbal confirme la suspension de la valeur de vérité du procès subordonné : c'est ce qu'on observe après *vouloir, ordonner* (et *dire* quand il a une valeur injonctive), *défendre, douter, attendre, préférer, souhaiter, regretter, être satisfait, être possible,* etc. On a déjà vu que le subjonctif est seul possible après *je ne sache pas,* alors qu'il est exclu après *je ne sais pas.*

c) l'indicatif et le subjonctif apparaissent en alternance quand le syntagme introducteur est susceptible d'être interprété de l'une ou l'autre façon dans ses effets sur le procès subordonné. On observe, par exemple, les faits suivants :

— la négation de *dire, affirmer, penser, croire,* etc., entraîne la possibilité du subjonctif : *je ne pense pas qu'il soit* (ou *qu'il est*) *venu;* l'interrogation a pour certains verbes le même effet : *crois-tu qu'il soit* (ou *est*) *venu?* (mais *dis-tu qu'il soit venu?* est peu acceptable);

— inversement, la négation de *douter* (mais non celle de *être possible*) restitue la possibilité de l'indicatif : *je ne doute pas* (= « je suis certain ») *qu'il est venu;*

— enfin l'alternance entre *il est certain qu'il est venu* et *qu'il soit* (ou *est*) *venu, c'est certain* s'explique par le fait que *certain,* quand il est postposé à la subordonnée, corrige de façon moins énergique la suspension de la valeur de vérité introduite par *que* : pour que l'indicatif soit rétabli, il faut en effet que la certitude soit acquise dès le moment où s'énonce le début de la phrase. Une analyse du même type rend compte des emplois du subjonctif après *le fait que.*

Remarque. — L'impossibilité pour le subjonctif de signifier explicitement le futur rend compte de certains emplois peu attendus de l'indicatif : *il n'est pas certain que les records seront battus* (mais une périphrase verbale telle que (...) *doivent être battus* permet la restitution du subjonctif). Le conditionnel permet d'éviter l'archaïque imparfait du subjonctif : *je ne crois pas que Paul travaillerait, même poussé par le besoin.* (Voir aussi CONCORDANCE DES TEMPS.)

2. En proposition relative

L'emploi du subjonctif s'observe quand le référent du syntagme nominal dont dépend la relative donne lieu à une sélection dans un inventaire limité de possibles : *je cherche une commode qui ait quatre tiroirs.* Là encore, on observe des variations selon les modalités* du verbe de la principale : comparer *je connais une commode qui a quatre tiroirs* à *je ne connais pas de commode qui ait quatre tiroirs,* ou *j'ai trouvé une commode qui a quatre tiroirs* à *trouvez-moi une commode qui ait quatre tiroirs,* etc. On comprend, dans ces conditions, que le subjonctif soit exclu des relatives appositives : *ma commode, qui a quatre tiroirs, est d'un modèle très rare.*

3. En proposition circonstancielle

Selon les types de circonstancielles, on observe les faits suivants :

a) on trouve l'indicatif dans les temporelles sauf lorsqu'elles sont introduites par *avant que* (et *jusqu'à ce que*), qui ont évidemment pour effet d'affecter le procès signifié à un univers seulement possible : *je serai parti avant que tu viennes.*

Remarque. — On observe de plus en plus fréquemment l'usage, réputé incorrect, du subjonctif dans une temporelle introduite par *après que* : *je suis arrivé après que tu sois parti.* Plusieurs facteurs expliquent cet emploi : l'analogie de *après* + infinitif et de *avant de* + infinitif; l'analogie de la construction de *avant que;* l'homophonie à la 3ᵉ personne du passé antérieur et du plus-que-parfait du subjonctif *(après qu'il fut/fût* ([fy]) *parti)*. On peut ajouter qu'on observe dans ces phrases le même décalage, entre les deux procès, que dans le cas précédent; il est cependant inversé : c'est ici celui de la principale qui est rejeté dans l'inventaire des possibles. Cette pesée sémantique peut faciliter l'emploi du subjonctif au seul endroit de la phrase où il peut apparaître : la subordonnée introduite par *que*.

b) les propositions causales font apparaître l'indicatif, sauf quand la cause est rejetée comme telle *(il a été reçu à son examen, non qu'il ait travaillé, mais il a eu de la chance)*, ou fait l'objet d'une alternative entre deux possibles : c'est d'ailleurs dans ce cas l'élément *soit que*, originellement subjonctif lui-même, qui introduit les deux termes exclusifs : *il a été reçu, soit qu'il ait travaillé, soit qu'il ait eu de la chance.*

c) les concessives font apparaître le subjonctif (sauf, selon les puristes, après *tout* + adjectif + *que : tout travailleur qu'il est, il a été refusé à son examen)* : *bien que, quoique, si* ou *quelque* + adjectif + *que*, etc., ne se rencontrent que très exceptionnellement avec l'indicatif : *bien que Jeanne soit venue, je suis parti.* Apparemment déconcertant, comme il a été dit plus haut, l'emploi du subjonctif peut s'expliquer de la façon suivante : la relation concessive inverse la relation causale attendue. Dans la phrase citée, la venue de Jeanne aurait dû m'inciter à rester et non à partir. C'est ce décalage entre le procès effectivement observé et celui qui, attendu, a été un instant possible qui se trouve signifié par le subjonctif, au seul point de la phrase où il peut apparaître : le verbe de la subordonnée.

d) les propositions finales comportent obligatoirement un verbe au subjonctif : *on écrit des livres pour qu'ils soient lus.*

e) inversement, les consécutives ont leur verbe à l'indicatif : *il écrit tant qu'il finit par être lu.* Cependant, comme pour certaines complétives, un verbe principal négatif ou interrogatif fait apparaître le subjonctif : *le style de ses ouvrages n'est pas tel qu'ils puissent se lire facilement. De façon que* appelle fréquemment le subjonctif.

f) les comparatives sont toujours à l'indicatif.

g) enfin, les conditionnelles présentent le cas particulier de la coexistence de deux systèmes. L'usage oral n'emploie que l'indicatif dans la subordonnée (liée au conditionnel de la principale). Mais l'usage écrit surveillé dispose encore de la possibilité d'utiliser dans les deux propositions le plus-que-parfait du subjonctif, avec la valeur de l'irréel du passé : *s'il eût travaillé, il eût sans doute réussi.* C'est dans cet emploi, devenu exceptionnel, que le plus-que-parfait du subjonctif recevait autrefois le nom de conditionnel passé 2ᵉ forme. (Sur le subjonctif à valeur hypothétique dans une structure coordinative, voir plus haut). (Voir aussi ATTRACTION MODALE.)

Remarque. — Le subjonctif existe sous le même nom (parfois sous le nom voisin de CONJONCTIF) dans de nombreuses langues historiquement et typologiquement apparentées au français. Mais ces emplois ne sont jamais identiques d'une langue à l'autre : le latin fait apparaître obligatoirement le subjonctif dans les interrogatives indirectes, l'allemand l'utilise dans les systèmes conditionnels, l'emploi du subjonctif italien est l'une des difficultés d'apprentissage de cette langue pour les Français, etc.

subordination

Par opposition à la coordination*, reposant sur l'égalité des rôles syntaxiques, la *subordination* est une relation dissymétrique entre deux phrases, dont l'une reçoit sa fonction de l'autre, sans réciprocité. Dans *il se mit à pleuvoir quand le soir tomba, quand le soir tomba* est une subordonnée.

A. Définition de la subordination

L'usage le plus fréquent du terme « subordination » est réservé à des liens entre phrases : une proposition est subordonnée quand elle est membre d'une autre phrase. Dans *Pierre constate que Marie est partie, que Marie est partie* joue le rôle qu'aurait *son erreur* : la subordonnée est ici complément d'objet du verbe *constater*.

Le rapport de subordination se caractérise bien souvent par une servitude temporelle ou modale, liée à la dépendance. En contrepartie, la subordonnée peut avoir une certaine souplesse de position, dans la mesure où la nature du rapport entre les deux propositions est exprimée par un subordonnant.

Les subordonnées sont, en principe, reconnaissables à la présence d'un terme introductif (ou subordonnant) : conjonction* de subordination *(que, alors que, parce que, si...)* ou pronom relatif*. Le subordonnant peut n'exprimer que la relation de dépendance (comme le *que* de la complétive), ou cumuler deux rôles : soit marque de relation et rapport sémantique (c'est le cas du subordonnant introduisant une circonstancielle), soit marque de relation et fonction grammaticale (c'est le cas du pronom relatif). Cependant, il existe des subordonnées sans marque spécifique : l'interrogative indirecte partielle *(je me demande qui vient dîner,* où *qui* indique l'interrogation, mais pas la relation de subordination), l'infinitive et la participe, qui ne comportent pas de marques démarcatives, et sont donc formellement des juxtapositions*. C'est assez dire l'imbrication des phénomènes.

Une définition par la dépendance ne suffit cependant pas à établir la différence entre certaines coordonnées et certaines subordonnées (comme par exemple, *il l'a renvoyé parce qu'il buvait* et *il l'a renvoyé car il buvait).* La définition par la différence de nature entre les introducteurs — conjonction de coordination? ou conjonction de subordination? — est parfaitement circulaire : la liste des unes et des autres n'est établie qu'en fonction du type de phrase, coordonnée ou subordonnée, qu'elles introduisent. La distinction est d'ailleurs aussi fragile que récente, puisqu'elle n'apparaît dans la réflexion grammaticale que dans la deuxième moitié du XIXe siècle.

Le recours aux critères formels n'est pas non plus décisif, car aucune propriété ne parvient à isoler toutes les coordinations d'une part, et toutes les subordinations de l'autre : ni la possibilité d'effacer la conjonction, ni l'identité de nature des deux éléments reliés, ni la possibilité d'effacement d'éléments communs aux deux propositions, ni enfin, la possibilité de permuter les deux propositions (avec ou sans déplacement de la conjonction).

Il ne reste donc que deux solutions : soit traiter de la coordination et de la subordination comme phénomène unique de lien entre phrases, soit, par respect de la tradition, continuer à opposer ces deux notions. C'est cette deuxième solution qui est adoptée ici.

B. Classement des subordonnées

En dehors de la question de la définition, le problème essentiel posé par les subordonnées est celui de leur classement.

On peut faire appel à plusieurs types de classements, dont on verra les avantages et les inconvénients. Chaque mode de classement a aussi des conséquences sur les dénominations.

1. Le classement « morphologique »

Il est fondé sur la possibilité de trouver, pour chaque type de subordonnée, une catégorie simple qui lui corresponde. On distinguera alors la *substantive* (ou complétive), comparable au nom *(je souhaite que tu viennes/je souhaite ta venue),* l' *adjective* (ou relative), comparable à l'adjectif *(le ballon qui est rouge/le ballon rouge),* et l' *adverbiale* (ou circonstancielle), comparable à l'adverbe *(il partira quand la nuit sera finie/il partira demain).*

On peut adresser à ce classement plusieurs critiques :

— il offre une vision simpliste de la langue, avec une correspondance entre catégorie simple et catégorie complexe. En effet, l'enchâssement d'une proposition n'implique pas nécessairement l'identité formelle entre proposition et mot;

— il présente un certain nombre de lacunes, qui ne sont pas toutes dues à l'absence fortuite d'un terme;

— seuls certains verbes permettent la correspondance entre complétive et nom, ce n'est pas le cas de tous;

— pour les circonstancielles, il existe des subordonnées impossibles à paraphraser par un nom *(elle est si belle que je l'adore)*. Par ailleurs, on voit aux articles ADVERBE et CIRCONSTANCIELLE que les deux catégories n'ont pas absolument les mêmes propriétés;

— ce classement se contente, pour les subordonnées sans marque formelle autre que modale, d'assimiler l'infinitive à un nom, et la participiale à un adverbe;

— les différentes interrogations indirectes ne seraient-elles aussi que des variantes du nom?

2. Le classement par les fonctions syntaxiques

Il distingue les *complétives*, aptes à remplir toutes les fonctions directes du nom : sujet, complément d'objet, attribut et apposition; les *circonstancielles*, remplissant la fonction de complément circonstanciel, et les *relatives*, complément d'un antécédent.

La première critique que l'on peut lui adresser est la même que pour le classement précédent. Et de plus :

— les circonstancielles ne correspondent pas terme à terme aux compléments circonstanciels. Notamment, la conditionnelle, la consécutive et la comparative n'ont pas d'équivalent comme complément.

— le terme de « complétive » n'est guère satisfaisant : s'il signifie « complément », il ne couvrirait pas les autres fonctions, et s'il signifie qu'il « complète » une phrase qui sans lui serait incomplète, on pourrait également l'appliquer à certaines relatives indispensables.

3. Le classement logique

Du point de vue logique, on peut distinguer les subordonnées sans valeur de vérité propre : la plupart des complétives, les circonstancielles finales, les relatives déterminatives, les temporelles avec valeur présuppositionnelle* et les conditionnelles non irréelles; les subordonnées ayant valeur de vérité propre : les relatives appositives et les concessives; et les subordonnées ayant valeur de vérité propre, mais auxquelles on ne peut substituer une autre proposition ayant même valeur de vérité (les complétives suivant un verbe comme *savoir, reconnaître, s'imaginer...* les causales, les temporelles non présuppositionnelles, et les conditionnelles irréelles).

Ce classement a l'inconvénient de ne pas tenir compte de la forme linguistique des propositions, mais il a l'intérêt d'introduire un point de vue énonciatif, en faisant la différence entre les subordonnées qui ne supposent qu'une seule énonciation de la part du locuteur (comme la relative déterminative), et celle qui en supposent deux, indépendantes (comme la relative appositive).

4. Le classement formel

Il est fondé sur la distinction entre les marques de la subordination. On distinguera :

a) *les subordonnées conjonctives*, introduites par une conjonction de subordination, et qui se répartissent en trois sous-classes :

— les conjonctives pures, introduites par *que* simple marque de subordination, qui peuvent être sujet, objet, attribut ou apposition ; à quoi l'on peut rattacher des subordonnées introduites par *que* précédé d'une préposition, lorsque ce groupe ne constitue pas une locution conjonctive *(je suis pour qu'on soit gais ce soir)*; les conjonctives introduites par *à ce que, de ce que, en ce que* et *sur ce que*, qui ne sont (voir COMPLÉTIVE) que des variantes d'une complétive en *que* pour un verbe à construction indirecte ; et les subordonnées de registre familier introduites par des locutions conjonctives comme *sans doute que, sûrement que, heureusement que, avec ça que...;*

— les conjonctives relationnelles, dont la conjonction a, outre la fonction de marquer la subordination, un rôle sémantique propre. Ce sont les subordonnées circonstancielles ;

— les interrogatives indirectes totales, introduites par *si* interrogatif. La conjonction *si* n'est pas, comme *que*, uniquement marque de subordination, mais elle n'introduit pas non plus de relation grammaticale : elle introduit une question totale, elle est le correspondant en subordonnée du *est-ce que* de l'interrogation directe.

b) *les interrogatives indirectes partielles*, introduites par des mots qui marquent le commencement de la proposition, mais qui n'indiquent aucunement le caractère subordonné (il n'y a pas de différence formelle entre *qui vient?* et *je me demande qui vient*). Seule l'absence des marques de l'interrogation directe indique le caractère subordonné (pas d'inversion, pas d'intonation interrogative, pas de point d'interrogation). On voit donc que, d'un point de vue formel, on ne peut classer ensemble l'interrogation indirecte totale et l'interrogation indirecte partielle.

c) *les relatives*, caractérisées par le fait que le mot introducteur assume toujours une fonction dans la subordonnée, que la relative soit de type adjective ou de type substantive. De ce point de vue, on peut donc les comparer aux interrogatives indirectes partielles, dont on les distingue néanmoins par le fait que l'introducteur est aussi marque de subordination. La relative dite de « français populaire » se distingue par l'autonomisation de ces deux rôles : la marque de subordination est assurée par un *que,* et la fonction dans la subordonnée est indiquée par un pronom ou une préposition à fonction adverbiale (voir RELATIVE). De la relative peuvent être rapprochées les propositions de sens indéfini ou concessif introduites par *quiconque, qui que, quoi que, quelque... que.* Ainsi, *quoi que* sera distingué de la conjonction *quoique* par la fonction qu'il occupe dans la subordonnée *(quoi qu'il dise, je ne le crois pas : quoi que* est objet; *quoique* n'occupe aucune fonction dans *quoiqu'il parle beaucoup, je ne le crois pas).*

d) *les subordonnées participiales* sont nettement caractérisées, à la fois comme propositions et comme subordonnées, par la forme participe du verbe.

e) *les subordonnées infinitives* sont également clairement distinguées des autres par la forme du verbe, bien qu'on puisse hésiter sur l'extension à donner à la classe (quant à la nécessité de la présence d'un sujet exprimé et différent du sujet de la principale).

Ces différents classements sont en fait complémentaires les uns des autres, insistant sur des aspects différents de la subordination.

C. Subordination et intonation

L'intonation d'une subordonnée ne manifeste pas, généralement, de spécificité, la mélodie se poursuivant sans rupture jusqu'à la fin de la phrase. Cependant elle permet de faire la différence entre interrogation directe et indirecte *(dis-moi : « qui est venu? »* et *dis-moi qui est venu),* entre relative appositive et relative déterminative *(les enfants, qui dormaient, n'ont rien entendu* et *les enfants qui dormaient n'ont rien entendu).* Mais il n'y a aucun autre cas où elle soit discriminative.

De façon générale, il apparaît qu'en français, les marques grammaticales de la subordination sont suffisamment fortes et nombreuses pour qu'on puisse considérer l'intonation comme marginale, redondante par rapport aux marques grammaticales. Il n'en serait pas de même dans une langue comme l'anglais, où certaines relations entre phrases ne connaissent aucune marque, comme dans *I think he's mad,* ou *the man I told you about.*

subordonnée (proposition)

Voir SUBORDINATION.

substance

La notion de *substance* s'oppose à celle de *forme*** (au sens 1 de l'article) et est définie négativement par rapport à elle : est substance tout ce qui n'est pas forme. Une caractérisation positive de la notion permet de repérer comme relevant de la substance :

— au plan du signifiant*, l'ensemble des réalisations phonématiques possibles, indépendamment de leur mise en forme par les systèmes phonologiques des diverses langues;

— au plan du signifié*, le contenu notionnel, indépendamment de sa mise en forme par les systèmes de signification que constituent les diverses langues.

substantif

Voir NOM.

substantive

Voir COMPLÉTIVE.

substitution

1. En linguistique diachronique*, on parle de *substitution* quand un élément en élimine un autre au cours de l'évolution de la langue. Le phénomène affecte tous les secteurs de la langue, de la phonologie à la syntaxe.

2. La *substitution* est la relation linguistique manifestée par l'opération suivante : on remplace un élément d'un plan de la langue (signifiant ou signifié) par un autre élément du même plan. Il y a substitution si la modification n'entraîne aucun changement sur l'autre plan. Ainsi, il y a substitution entre [r] et [ʁ] dans l'ensemble des mots français, parce que le remplacement de l'un de ces deux éléments du signifiant par l'autre n'entraîne pas de modification au niveau du signifié : /amur/ a le même signifié, qu'il soit prononcé [amur] ou [amuʁ]. En ce sens, *substitution* s'oppose à *commutation*. Toutefois, on observe fréquemment que les deux termes sont utilisés de façon indifférente pour désigner toute procédure de remplacement d'un élément par un autre. (Voir PARADIGME.)

suffixation

Au sein des procédés qui contribuent à la *néologie*, la *suffixation* entre, avec la *préfixation*, dans le cadre de la *dérivation*, qui s'oppose à la *composition*. À l'intérieur de la dérivation, la suffixation se distingue par le fait que les *affixes* qu'elle utilise, les *suffixes*, sont toujours postposés à la base. Ils ont en outre souvent pour effet de modifier la classe grammaticale de l'élément d'où est tirée la base : *événement* est un nom, sa suffixation en *-iel* (sur une base qui se confond avec la forme du nom) fournit un adjectif.

De façon beaucoup plus étendue que la préfixation, la suffixation a une fonction syntaxique. Elle fournit notamment une marque à certaines opérations de transformation : par exemple la nominalisation* de *on organise la réception* est marquée, dans le syntagme nominal *l'organisation de la réception,* par le suffixe *-ation.* Le repérage des opérations successives de ce type permet d'identifier les différents suffixes dans les cas de suffixation cumulée. Ainsi dans *organisationnel,* on identifiera successivement le suffixe *-el* (marque de l'adjectivation de *organisation*) et le suffixe *-ation* (marque de nominalisation du verbe *organiser*).

L'étude de la suffixation fait apparaître des problèmes morphologiques complexes, dont on se contentera ici de donner deux exemples :

a) l'adjectivation de *contrat* donne *contractuel,* avec modification étymologisante du radical (*contract* - sur le modèle du latin *contractum*) et utilisation de la variante *-uel* du suffixe (en concurrence, selon le contexte, avec *-el,* voir *naturel,* et *-iel,* voir *événementiel*);

b) la nominalisation de *généreux* donne *générosité,* celle de *sourd* donne *surdité,* avec de nouveau modification étymologisante du radical et utilisation de la variante *-ité* du suffixe (en concurrence avec *-té,* voir *beauté* et *-eté,* voir *pureté*).

Remarque. — On se gardera de confondre ces cas, où la suffixation s'accompagne d'une modification étymologisante du radical, avec les phénomènes de supplétisme, du type *aveugle, cécité; amener, adduction; foie, hépatique,* où un mot emprunté au latin ou au grec pallie l'absence (ou l'utilisation avec un autre sens) du suffixé. (Voir aussi EMPRUNT.)

Enfin, on parle parfois de dérivation régressive (ou inverse, ou encore de dérivation à suffixe zéro) dans les cas où un nom est obtenu à partir d'un verbe par la suppression des marques catégorielles de celui-ci. Le nom obtenu est masculin *(galop,* tiré de *galoper, oubli* de *oublier)* ou féminin *(taille* tiré de *tailler, coupe* de *couper, donne* de *donner).* On observe parfois la création de deux homonymes distingués par le genre : *le casse* et *la casse* sont extraits de *casser.* Ces noms, particulièrement fréquents dans certains vocabulaires techniques *(la chauffe, l'embauche, la plonge, le report)* ou populaires *(la bouffe, la gratte, la retape,* etc.*)* sont des *déverbaux**ou *postverbaux.* Les couples verbe-nom ainsi constitués ne se distinguent pas en synchronie* des couples dans lesquels c'est le verbe qui a été formé sur le nom : seule la datation* (nécessairement incertaine) des deux termes permet de repérer dans quel sens (du verbe au nom, ou du nom au verbe) la dérivation a fonctionné : *calcul* est antérieur à *calculer* et *galop* postérieur à *galoper,* mais les deux couples sont formellement identiques.

L'analyse des phénomènes de ce type en termes de suffixation fait problème. Elle repose, en effet, sur l'hypothèse que les morphèmes de la conjugaison du verbe et, inversement, leur absence dans la flexion du nom (ce qu'on appelle le *suffixe zéro*) constituent des suffixes. Or, comme il est dit notamment aux articles CONJUGAISON, NOM et VERBE, ces éléments ne sont pas des suffixes, mais les marques des catégories morphologiques affectant les deux classes. Il est donc plus exact de décrire la relation existant entre *galop* et *galoper* ou *calcul* et *calculer* comme un phénomène de transfert de classe, sans utilisation de suffixe, trait pour trait comparable à celui qui s'observe entre un adjectif et un nom *(le bleu du ciel)* ou un nom et un adjectif *(il est très professeur)*.

Remarque. — Cette façon d'envisager le problème a nécessairement pour implication d'exclure les marques d'infinitif *-ir* et *-er* de l'inventaire des suffixes, où elles figurent traditionnellement. Leur introduction y a été apparemment facilitée par le fait que les morphèmes *-ir* et *-er* d'infinitif ont matériellement l'allure de suffixes. Mais on sait que c'est en vertu d'une convention arbitraire que les verbes français (à la différence, notamment, de ceux du latin ou du grec ancien) sont cités dans les dictionnaires sous la forme de l'infinitif. S'ils étaient cités sous la forme de la 1re ou de la 3e personne du singulier du présent, le prétendu suffixe verbal se réduirait dans de nombreux cas à zéro, et se confondrait donc avec le « suffixe zéro » de la dérivation régressive des noms. Il va sans dire qu'on a conservé dans l'inventaire des suffixes verbaux les éléments tels que *-iser, -ifier, -ailler*, etc.

suffixes

Tels qu'ils sont définis à SUFFIXATION, les *suffixes* constituent une classe en principe fermée. Il est cependant à remarquer que leur nombre varie assez considérablement d'un ouvrage à l'autre : comme pour les préfixes*, les critères, et surtout leurs combinaisons, sont variables. L'un d'entre eux, celui de la productivité du suffixe dans un état de langue donné, est d'appréciation délicate. L'identification de la base comme susceptible d'emploi autonome ne fournit qu'une présomption de productivité : les dérivés nominaux en *-ure (froidure, blessure, couverture, toiture*, etc.) laissent fréquemment apparaître une base autonome. Toutefois le suffixe est improductif. Des mouvements peu prévisibles peuvent rendre la productivité à des suffixes qui l'avaient perdue : ainsi les études sur la suffixation publiées autour des années 60 présentaient le suffixe nominal *-erie* comme très peu productif de noms désignant des locaux de vente. Il a donné lieu, dans les années 75 et suivantes, à un grand nombre de dérivés tels que *bagagerie, billetterie, carterie, chaiserie, croissanterie, gadgeterie, jardinerie, juperie, roberie, tablerie*, et même *froquerie*.

Compte tenu de l'aptitude de certains suffixes à opérer un transfert de classe, une répartition rigoureuse devrait faire apparaître les catégories suivantes :

1. Suffixes qui ne changent pas la classe grammaticale

1.1. Suffixes nominaux : *bagage, bagagerie*
1.2. Suffixes adjectivaux : *gentil, gentillet*
1.3. Suffixes verbaux : *tirer, tirailler*
1.4. Suffixe adverbial : *quasi, quasiment*

2. Suffixes qui changent la classe grammaticale

2.1. Suffixes nominaux :
2.1.1. À partir d'un adjectif : *laid, laideur*
2.1.2. À partir d'un verbe : *élever, élevage*
2.2. Suffixes adjectivaux :
2.2.1. À partir d'un nom : *accident, accidentel*
2.2.2. À partir d'un verbe : *manger, mangeable*
2.3. Suffixes verbaux :
2.3.1. À partir d'un nom : *tyran, tyranniser*
2.3.2. À partir d'un adjectif : *vert, verdoyer*
2.4. Suffixe adverbial, surtout à partir d'un adjectif : *absolu, absolument.*

Toutefois, ce classement entraînerait de nombreuses redites, du fait que certains suffixes apparaîtraient successivement dans plusieurs rubriques : ainsi *-ard* serait cité en 1.1. *(montagne, montagnard)*, 1.2. *(faible, faiblard)*, 2.1.1. *(riche, richard)*, 2.1.2. *(brailler, braillard)*, 2.2.2. *(vanter, vantard)*. On a donc pris le parti de ne tenir compte, pour établir le classement qui suit, que de la classe du terme suffixé. Les indications sur les classes d'où sont issues les bases sont fournies pour chaque suffixe.

TABLEAU DES SUFFIXES FRANÇAIS

1. Suffixes nominaux

SIGNIFIÉ DU SUFFIXE	FORME	GENRE	CLASSE D'ORIGINE DE L'ÉLÉMENT SUFFIXÉ	EXEMPLES
action, résultat de l'action	*ade* *age* *aille(s)*	f m f	verbe verbe, nom verbe	*embrassade* *assemblage, codage* *semaille, trou-vaille, épousailles*
	aison *ison* *oison*	f	verbe, nom	*pendaison,* *siglaison* *garnison* *pâmoison*
	ation *ition* *(s)sion* *xion* *isation*	f	verbe, nom, adj.	*indexation* *finition* *récession* *connexion* *arabisation*
	(e)ment	m	verbe	*conditionnement,* *aménagement*
	erie	f	verbe	*chamaillerie*
	ure *ture* *ature*	f	verbe, nom	*gelure* *mouture* *armature, ossature*
	is	m	verbe	*abattis, mouchetis*
qualité, propriété, fonction	*ance* *ence* *escence*	f	adj. verbal	*voyance* *latence* *coalescence*
	at	m	nom	*assistanat,* *médicat*
	ité, eté, té	f	adj.	*musicalité, bonté*
	(er)ie	f	adj.	*ladrerie, courtoisie*
	esse	f	adj.	*bassesse, hardiesse*
	ise	f	adj.	*débrouillardise*
	eur	f	adj.	*hauteur*
	isme	m	verbe, nom, adj.	*dirigisme,* *vandalisme,* *fauvisme*
opinion, attitude	*isme*	m	nom, adj. proposition	*christianisme,* *communisme,* *j'm'enfoutisme*
partisan d'une opinion ou d'une attitude	*iste*	m, f	nom, adj.	*fasciste, trotskiste,* *socialiste*

SIGNIFIÉ DU SUFFIXE	FORME	GENRE	CLASSE D'ORIGINE DE L'ÉLÉMENT SUFFIXÉ	EXEMPLES
agent d'une action	*eur* *(is)seur* *(is)ateur*	m	verbe, nom	*fondeur, skieur* *bâtisseur, doseur* *applicateur*
	euse *(is)seuse*	f	verbe, nom	*repasseuse* *blanchisseuse*
	atrice	f	verbe	*démonstratrice*
	ier	m	nom	*chapelier, routier*
	ière	f	nom	*laitière*
	aire	m, f	nom	*disquaire*
	ien	m	nom	*informaticien*
	ienne	f	nom	*généticienne*
	iste	m, f	nom	*affichiste,* *céramiste*
	er [e]	m	nom	*cocher, porcher*
	er [ɛʁ]	m	nom	*docker, supporter*
	eron	m	nom	*tâcheron*
	eronne	f	nom	*bûcheronne*
	o, ot (popul.)	m	nom	*métallo, cheminot*
instrument, machine, objet fonctionnel	*eur* (et ses var.)	m	verbe, nom	*autocuiseur, incinérateur*
	euse (et ses var.)	f	verbe, nom	*agrafeuse, pelleteuse dégauchisseuse*
	(a)trice	f	verbe, nom	*excavatrice*
	oir	m	verbe	*arrosoir, plantoir*
	oire	f	verbe	*écritoire, baignoire*
	(t)ier	m	nom	*plafonnier*
	(t)ière	f	nom	*cafetière*
arbre (ou végétal) producteur	*ier*	m	nom	*poirier, fraisier*
lieu de fabrication d'exercice de vente	*erie*	f	nom	*teinturerie* (voir ex. au début de l'article)
	anderie	f	nom	*buanderie*
	oir	m	verbe	*chauffoir, fumoir, brunissoir*
état	*age*	m	nom	*esclavage*
	é	f	nom	*parenté*
collectifs	*ade*	f	nom	*colonnade*
	(r)aie	f	nom	*chênaie, roseraie*
	ain	m	numéraux	*douzain*
	aine	f	»	*vingtaine*
	aille	f	nom, verbe	*ferraille, mangeaille* (péjoratif)

SIGNIFIÉ DU SUFFIXE	FORME	GENRE	CLASSE D'ORIGINE DE L'ÉLÉMENT SUFFIXÉ	EXEMPLES
contenu, mesure	*ée*	f	nom	*assiettée, matinée*
péjoratifs	*aille*	f	nom, verbe	(voir plus haut)
	ard	m	nom, verbe	*chauffard, cumulard*
	asse	f	nom, verbe	*vinasse, lavasse*
	assier	m	nom	*écrivassier*
	âtre	m, f	nom	*gentillâtre, marâtre*
diminutifs	*aut*	m	nom	*levraut*
	eau *ceau* *ereau* *eteau*	m	nom	*chevreau* *pourceau, lionceau* *lapereau* *louveteau*
	elle	f	nom	*ruelle*
	et, elet	m	nom	*articulet, balconnet*
	ette, elette	f	nom	*fourgonnette, côtelette*
	in, otin	m	nom	*tableautin, diablotin*
	ine	f	nom	*bottine*
	ot	m	nom	*îlot*
	ote, otte	f	nom, verbe	*tremblote, jugeotte*
	(er)on, illon	m	nom	*bottillon, moucheron*
	ille	f	nom	*brindille*
	(er)ole	f	nom adj.	*bestiole, banderole* *rougeole* (maladie)
	(i)(c)ule	m, f	nom	*lobule, animalcule* *aspérule*
	iche	f	nom	*barbiche*
habitants d'une région ou d'une ville	*ain, -e*	m, f	nom propre	*romain, -e*
	an, -e	m, f	» »	*texan, -e*
	ais, -e	m, f	» »	*anglais -e*
	ois, -e	m, f	» »	*chinois, -e*
	ien, -ienne	m, f	» »	*parisien, -ienne*
	in, -ine	m, f	» »	*limousin, -e*
	iste	m, f	» »	*briviste*
	on, onne	m, f	» »	*berrichon, -onne*
	ot, otte	m, f	» »	*solognot, -otte*
	ard, -e etc.	m, f	nom et n. p.	*montagnard, -e* *briard, -e*
âge, anniversaire	*aire*	m, f	numéral	*centenaire*

651

Remarques. — 1. On n'a pas visé l'exhaustivité dans l'énumération des suffixes servant à former les désignations des habitants des villes et pays : on en a dénombré 47.

2. Il existe dans le lexique technique de nombreuses sciences des systèmes suffixaux qu'il était exclu de décrire ici. Ils ont fréquemment des aspects linguistiques proches des interfixes* (notamment en médecine). En linguistique, l'élément *-ème* s'ajoute rarement à des éléments existant indépendamment dans le lexique *(morphème, phonème, léxème,* mais aussi *sème, sémème, phème, virtuème,* etc.).

3. La multiplicité des formes de certains suffixes s'explique a) par des phénomènes de distribution complémentaire* *(-eur* et ses variantes); b) par des phénonèmes de doublets*.

2. *Suffixes adjectivaux*

SIGNIFIÉ DU SUFFIXE	FORME	CLASSE D'ORIGINE DE L'ÉLÉMENT SUFFIXÉ	EXEMPLES
propriété, relation	*ain, -e*	adjectif	*hautain*
	(i)aire	nom	*alimentaire, glaciaire*
	é, ée	verbe, nom	*imagé*
	(i)/(u)el, -lle	nom	*naturel, conceptuel, événementiel*
	(i)al, -e	nom	*structural, colonial*
	(i)er, ère	nom	*mensonger, hospitalier*
	esque	nom, nom propre	*arabesque, dantesque*
	eur, euse *(i)/(u)eux, euse*	verbe, nom nom	*menteur* *pesteux, sélénieux, torrentueux*
	if, ive	verbe, nom	*duratif, récursif*
	in, ine	nom, adjectif	*enfantin, blondin*
	ique	nom	*cubique*
	atoire	nom	*attentatoire*
	u, ue	nom, verbe	*barbu, recru*
intensif	*issime*	adjectif	voir DEGRÉS
possibilité	*able, ible, uble*	verbe	*mangeable, lisible soluble*
indication du rang multiplicatifs	*ième*	numéraux	*deuxième*
	(u)ple	»	*centuple, quadruple*

Remarques. — 1. Dans l'opposition propriété/relation, qui apparaît pour spécifier le signifié des suffixes adjectivaux, on a reconnu l'opposition des adjectifs et des pseudo-adjectifs* (ou adjectifs relationnels, voir ADJECTIF). Les adjectifs suffixés se répartissent donc entre les deux classes.

2. De nombreux suffixes nominaux (notamment les péjoratifs, diminutifs,

ethniques, etc.) sont aptes également à construire des adjectifs. On ne les a répétés dans la liste des suffixes adjectivaux que lorsque leur signifié est différent (voir par exemple *ain* qui recouvre en réalité deux homonymes, l'un nominal, l'autre adjectival).

3. Suffixes verbaux

SIGNIFIÉ DU SUFFIXE	FORME	CLASSE D'ORIGINE DE L'ÉLÉMENT SUFFIXÉ	EXEMPLES
action	*iser*	nom, adjectif	*tyranniser, solidariser*
	ifier	nom, adjectif	*planifier, solidifier*
action ou état	*oyer*	nom, adjectif, pronom	*charroyer, rougeoyer tutoyer, vouvoyer*
fréquentatifs, diminutifs, péjoratifs	*ailler*	verbe	*rimailler*
	asser	»	*traînasser*
	eler	»	*craqueler*
	eter	»	*voleter*
	iller	»	*fendiller*
	iner	»	*trottiner*
	nicher	»	*pleurnicher*
	ocher	»	*flânocher*
	onner	»	*tâtonner*
	ot(t)er	»	*vivoter, frisotter*
	ouiller	»	*chatouiller*

Remarques. — 1. Pour les raisons dites à SUFFIXATION, on n'a pas inclus dans l'inventaire des suffixes les morphèmes verbaux cités sous leur forme d'infinitif *-er* et *-ir*.

2. Les verbes sur lesquels sont formés les fréquentatifs, péjoratifs et diminutifs peuvent appartenir à une autre classe que la classe (1 ou 2) à laquelle leur suffixation les intègre : *fendre* et *vivre* (classe 3.3) sont suffixés en *fendiller* et *vivoter* (classe 1). (Voir CONJUGAISON.)

3. De façon extensive, on désigne parfois comme *factitifs* les suffixes utilisés pour former des verbes sur des adjectifs *(solide, solidifier; aseptique, aseptiser)*.

4. Suffixe adverbial

Le seul suffixe adverbial est *-ment*. Il s'ajoute le plus souvent à des adjectifs *(petitement, atrocement, arrogamment, véhémentement)*, parfois à un nom utilisé comme interjection (*bigrement, diablement* = « d'une façon propre à faire dire *diable !* »), par exception à l'adverbe *quasi : quasiment*, qui est condamné par les puristes. Le suffixe *-ment* est étymologiquement un nom féminin signifiant « de façon ». L'adjectif antéposé à ce nom avait donc la forme du féminin. C'est ce qui explique, diachroniquement, les très nombreux cas où l'adjectif suffixé est au féminin. Cependant, les adjectifs terminés par une voyelle ne présentent pas la marque (écrite) du féminin : *hardiment, vraiment* (seule exception : *gaiement*). Quelques adverbes en *-ument* comportent un accent circonflexe sur l'*u*, ultime séquelle graphique de l'*-e* étymologique : *assidûment, congrûment, continûment, crûment, goulûment, incongrûment, indûment* (mais : *absolument, éperdument,* etc.)

Les adjectifs en *-ant* et *-ent,* étymologiquement invariables en genre, ont fourni des adverbes en *-amment* et *-emment* [amã] : *abondamment, décemment,* etc.; il y a toutefois quelques exceptions, explicables diachroniquement *(lentement, présentement; grandement* a eu comme concurrent *grammment).*

Formés sur le modèle de *aisément, modérément,* un certain nombre d'adverbes présentent un *-é-* [e] qui s'oppose à l'*-e* [ə] de l'adjectif : *confusément, impunément, intensément, uniformément,* etc.

Enfin, des irrégularités, explicables par la diachronie, s'observent dans la formation de plusieurs adverbes, par exemple *brièvement, gentiment, nuitamment, sciemment, traitreusement,* etc.

Remarque. — Les formations en *à* + radical verbal + *-ons (à reculons, à tâtons)* fonctionnent comme des adverbes, mais ne sont plus productives.

sujet

Bien que correspondant à une notion intuitive relativement stable parmi les locuteurs francophones, la fonction de *sujet* se laisse difficilement circonscrire de manière univoque. Les diverses tentatives de définition devront donc être replacées dans leurs cadres théoriques spécifiques, compte tenu des niveaux d'analyse qu'ils privilégient.

A. Le sujet en grammaire traditionnelle

L'hésitation de la grammaire traditionnelle est, à ce propos, symptomatique. À défaut de se réclamer de principes théoriques cohérents, elle se voit contrainte de proposer une description purement notionnelle, qui se présente sous la forme d'une disjonction : « Le sujet est l'être ou la chose qui fait OU subit l'action OU qui est dans l'état exprimé par le verbe. » Cette caractérisation, mainte fois critiquée, est en effet difficilement applicable : si, par exemple, dans *le directeur a convoqué un élève, le directeur* est bien celui qui fait l'action et *un élève* celui qui la subit, ces « rôles » sont conservés dans *un élève a été convoqué par le directeur* alors que le sujet a changé. En outre, ces notions du « faire », du « subir » et de l' « action » n'ont qu'une pertinence relative : dans *les nuages nous rendent tristes,* il semble bien que quelqu'un subisse quelque chose (*nous*, qui n'est d'ailleurs pas le sujet), mais *qui* ou *qu'est-ce qui* fait l'action ? S'agit-il même d'une action ? De même, le fait d'être dans un « état » n'exclut en rien que l'on puisse « subir » quelque chose, comme on le voit dans *Paul est victime de son entourage*.

À cette description, s'ajoute un mode d'identification qui a toutes les apparences d'un critère formel : « Le sujet est le nom qui répond aux questions *qui est-ce qui?* ou *qu'est-ce qui ?* (et non *qui est-ce que ?* ou *qu'est-ce que ?*), ou qui peut être remplacé par *celui qui* ou *ce qui* (et non par *celui que* ou *ce que*). » Bien que généralement pertinent, ce genre de critère peut néanmoins être mis en défaut : si l'on cherche à connaître, de cette manière, le sujet de *travaille* dans *Paul dit qu'il travaille*, la réponse à *qui est-ce qui travaille?* (ou le remplacement de *celui qui*) donnera *Paul* alors que ce nom est le sujet du verbe *dit*, le sujet de *travaille* étant le pronom *il*. Par ailleurs, du point de vue de la cohérence du système grammatical, ce genre de raisonnement n'est pas sans évoquer la circularité dans la mesure où l'élément à remplacer, dans ces deux formules, n'est autre que *qui*, défini comme étant la forme du relatif* *sujet*. Sa pronominalisation par *il(s)* ou *elle(s)* est également systématique, mais elle pose le même type de problème.

B. Description formelle

En fait, sur le plan formel, la notion de *sujet* ne peut être correctement caractérisée que par un faisceau de propriétés, étant admis un axiome de départ sans lequel aucune observation grammaticale ne serait possible : celui de la phrase *canonique*, c'est-à-dire celui de la phrase *déclarative*, construite en conformité avec les règles de la langue et dont les morphèmes et constituants se présentent dans leur ordre « normal ». (Voir ORDRE DES MOTS.)

a) Dans ce cadre, le sujet apparaît, tout d'abord, comme un élément qu'il est impossible de supprimer sans porter atteinte à la grammaticalité de la phrase. Certes, cette propriété peut également concerner d'autres constituants comme l'*objet* ou l'*attribut;* mais elle ne se manifeste, alors, qu'en présence de certains verbes en nombre limité, comme *prendre, rencontrer, trouver, sembler, devenir...;* en revanche, il n'est pas de verbe qui ne requière la présence d'un sujet.

b) Le sujet se place normalement avant le verbe, c'est-à-dire en tête de la phrase (en grammaire générative, c'est le premier constituant de la règle de réécriture du symbole P : P → SN + SV). Les apparentes exceptions à cette règle sont conditionnées par certaines constructions ressortissant à un cadre de phrase autre que déclaratif ou à quelques procédés stylistiques en nombre restreint.

c) La catégorie syntaxique du *sujet* est celle d'un constituant de type *nominal* : syntagme nominal (nom propre : *Paul, M. Dupuis;* nom commun déterminé : *le voisin, la maison en ruines, le petit enfant que j'ai élevé*); pronom *(il, celui-ci, certains);* verbe à l'infinitif ou forme « nominale » du verbe (*rêver est une nécessité*); proposition substantive, appelée parfois conjonctive (ou même complétive) sujet (*que tu t'en ailles m'indiffère totalement*).

d) Il régit l'accord* du verbe* en nombre* et en personne*, parfois également en genre* lorsque, conjugué avec l'auxiliaire *être*, le verbe apparaît sous la forme d'un participe passé : *la gare est reconstruite.*

C'est, en général, l'admission implicite de cet ensemble de propriétés qui fonde la notion de sujet « grammatical ». En fait, cette notion a été également utilisée pour caractériser les constructions dites « impersonnelles* » : Quel est, en effet, le rôle de *il* dans *il pleut, il neige* si ce n'est de conférer au verbe ses marques de nombre et de personne ? Il s'agit alors d'une forme unique *(il/*elle/*ils/*elles pleut)* qui ne tolère aucune substitution nominale *(*le ciel pleut).* Par ailleurs, il est courant d'opposer au sujet grammatical un sujet dit « logique » pour rendre compte de phrases du genre *il est arrivé un accident :* le premier, *il,* pur support formel (appelé aussi sujet *apparent*), coexiste, en effet, avec un second constituant (appelé aussi sujet *réel*) susceptible de retrouver son rôle grammatical et sa place naturelle en l'absence de l'impersonnel *il : un accident est arrivé.*

e) Enfin, dans le passage de l'actif au passif*, le sujet de la phrase active devient complément d'agent dans la phrase passive et le complément d'objet de la phrase active devient le sujet de la phrase passive : *le brouillard cache la maison → la maison est cachée par le brouillard.*

C. Interprétation sémantique

1. Fondement logique

Pour les grammaires d'inspiration logique, le *sujet* représentait la première partie de la *proposition :* « ce dont on parle », la seconde étant le *prédicat :* « ce qu'on en dit ». Le schéma canonique sous-jacent à cette conception était alors représenté par des phrases attributives du genre *la neige est blanche* où sujet et prédicat sont reliés par la copule *être;* par extension, tout jugement pouvait être ainsi ramené à l'attribution d'une propriété à une entité : *Pierre court* signifiant : « Pierre est courant ». Toutefois, cette réduction — logiquement plausible — n'est pas sans poser quelques problèmes, en particulier dans le cas où le verbe implique la présence de plusieurs constituants nominaux; cette notion de « propriété » devient, en effet, plus difficilement applicable pour des phrases comme *Jeanne lit un livre; Marie a offert un cadeau à sa sœur; Gérard a acheté ce bibelot à un brocanteur pour quelques francs;* d'où l'idée de compléter cette définition abstraite par une caractérisation de type psychologique : le sujet est alors conçu comme le « point d'appui » du jugement, sa « source », son « point de départ dans la pensée ». C'est à cette conception que correspond la notion de « thème », fréquemment utilisée pour décrire le rôle du sujet. Cependant, cette notion est bien délicate à manier dans la mesure où elle n'est recevable — pour caractériser le sujet — que dans le cadre d'une proposition isolée; son intérêt majeur consiste dans le fait qu'elle permet de repérer une information déjà connue ou *présupposée* par le locuteur et/ou l'interlocuteur de manière à l'opposer à une information nouvelle (appelée *rhème*) à l'intérieur d'un contexte ou d'une situation. Ainsi, dans *Pierre a été nommé directeur en province*, le thème peut être *Pierre* si la phrase répond à une question du genre : *au fait, et Pierre ?*, mais ce peut être *Pierre a été nommé directeur* si elle répond à *où Pierre a-t-il été nommé directeur ?* et *Pierre fait quelque chose en province* si elle répond à *Pierre est en province, mais que fait-il au juste ?*, etc.

C'est pourquoi les logiciens contemporains, soucieux de ne pas mêler le plan de la structure abstraite de la proposition à celui de l'utilisation effective des énoncés, proposent de réduire la notion de *prédicat* à celle d'*opérateur* (en général le verbe) accompagné d'un ou de plusieurs *arguments* (les constituants nominaux, munis d'une référence, c'est-à-dire les éléments aptes à désigner des entités extralinguistiques). Lorsque le prédicat se construit avec un seul argument, ce dernier ne peut être que le sujet, c'est le cas des constructions intransitives symbolisées par P(x) : *Marcel dort*. Lorsqu'il se construit avec plusieurs arguments, on admet conventionnellement que le sujet est représenté par le premier d'entre eux, ce qui correspond à des formules du genre : P(x,y), P(x,y,z), etc.

2. *Rôles sémantiques du sujet*

Dès lors que la proposition peut être envisagée comme un système sous-jacent de relations entre un verbe et un ou plusieurs constituants nominaux, rien n'interdit d'analyser ce type de relations sur un plan purement conceptuel et non pas fonctionnel, c'est-à-dire sans égard aux rôles syntaxiques que pourront être amenés à jouer les syntagmes nominaux en structure de surface. Tel est le point de vue des tenants de la grammaire dite « de cas », qui postulent l'existence d'une série de cas sémantiques profonds, ensemble théoriquement fini et universel. On constate alors que, tout comme les autres constituants nominaux, le sujet est susceptible d'assumer les rôles sémantiques les plus divers : il est *Agent* dans *Jean m'a donné un cadeau*, *Patient* dans

Jean a reçu un coup, DATIF dans *Jean a reçu un cadeau,* INSTRUMENTAL dans *cette antenne capte la 2e chaîne,* LOCATIF dans *Paris est ensoleillé,* TEMPOREL dans *l'hiver est rude.*

D'où l'idée d'associer à chaque verbe une *formule casuelle* représentant un assortiment de cas, tantôt obligatoires tantôt facultatifs, et dont la promotion à telle ou telle fonction syntaxique de surface est réalisée par des transformations, elles-mêmes soumises à diverses contraintes. Ainsi, lorsqu'un verbe comme *ouvrir* se construit avec un AGENT, un INSTRUMENT et un objet, le sujet de la phrase active sera l'AGENT : *Paul a ouvert la porte avec cette clé;* en l'absence d'AGENT, ce sera l'INSTRUMENT : *cette clé ouvre la porte;* en l'absence d'AGENT et d'INSTRUMENT, ce sera l'objet lui-même : *la porte s'ouvre.* Il devient alors possible de comparer des verbes dont le sémantisme est proche, comme *aimer* et *plaire :* ils ont la même formule casuelle mais ils se distinguent par la sélection du sujet (dans *Pierre aime les roses,* le sujet est le cas DATIF alors que dans *les roses plaisent à Pierre,* le sujet est le cas objet). (Voir aussi CAS (PROFONDS) et THÈME.)

sujet parlant

Tout être humain pris sous l'angle de sa faculté de langage et de la langue particulière qu'il pratique comme langue maternelle est un *sujet parlant.* L'élaboration d'une grammaire fait appel dans une mesure plus ou moins importante à la capacité d'intuition du sujet parlant. (Voir COMPÉTENCE, GRAMMATICALITÉ et GRAMMAIRE GÉNÉRATIVE.)

superlatif

Voir DEGRÉS.

super-ordonné

Voir HYPERONYMIE.

suprasegmental (trait ou niveau)

Voir PROSODIE.

surcomposés (tiroirs, temps)

Les tiroirs* *surcomposés* du verbe sont constitués à l'aide d'un auxiliaire* lui-même composé : à côté de *j'ai déjeuné*, passé composé où l'auxiliaire est simple, le passé surcomposé utilise pour auxiliaire *j'ai eu : j'ai eu déjeuné*. Chaque forme composée dispose d'une forme surcomposée, selon le tableau suivant :

— passé composé : *j'ai déjeuné;* passé surcomposé : *j'ai eu déjeuné;*

— plus-que-parfait : *j'avais déjeuné;* plus-que-parfait surcomposé : *j'avais eu déjeuné;*

— futur antérieur : *j'aurai déjeuné;* futur antérieur surcomposé : *j'aurai eu déjeuné;*

— futur en *-rais* composé : *j'aurais déjeuné;* futur en *-rais* surcomposé : *j'aurais eu déjeuné;*

— subjonctif passé : *que j'aie déjeuné;* subjonctif passé surcomposé : *que j'aie eu déjeuné.*

Le passé antérieur surcomposé *(j'eus eu déjeuné)* et le plus-que-parfait surcomposé du subjonctif *(que j'eusse eu déjeuné)* sont des curiosités de grammairien, cependant disponibles pour peu que les circonstances se prêtent à leur emploi.

Contrairement à une opinion répandue, les formes surcomposées s'observent indifféremment avec l'auxiliaire *avoir* et avec l'auxiliaire *être : j'ai été parti, elle a été revenue.*

Remarque. — Bien qu'elles comportent également deux auxiliaires, les formes composées du passif *(elle a été aimée)* ne sont pas dites surcomposées. Mais on rencontre parfois des formes passives surcomposées, qui comportent donc trois auxiliaires : *elle a eu été aimée.*

La valeur des formes surcomposées est double :

— en emploi libre, elles fonctionnent comme formes d'accompli par rapport à la forme composée correspondante quand celle-ci a une valeur temporelle : *il a eu terminé son repas en dix minutes;*

— dans une subordonnée temporelle, elles tiennent lieu de formes d'antérieur à la forme composée correspondante : *dès qu'il a eu terminé son repas, il est parti.*

Les formes surcomposées sont anciennes dans la langue. Leur développement a sans doute été facilité par la substitution progressive du passé composé au passé simple dans le discours*. (Voir ÉNONCIATION et PASSÉ (TEMPS DU).) Il devenait en effet indispensable de fournir une forme d'accompli et une forme d'antérieur au nouvel aoriste* ainsi créé.

surface (structure de)
Voir GRAMMAIRE GÉNÉRATIVE.

surnorme
Voir NORME.

suspension (points de)
Voir PONCTUATION.

syllabation
Voir PHONÉTIQUE/PHONOLOGIE.

syllabe
Voir PHONÉTIQUE/PHONOLOGIE.

syllabogramme
Voir ÉCRITURE et ORTHOGRAPHE.

symbole
Même dans le champ relativement homogène de la linguistique (et de la sémiotique*), la notion de *symbole* n'est pas utilisée de façon uniforme; il convient notamment de distinguer clairement les deux emplois suivants :

1. Dans beaucoup de travaux américains ou influencés par la sémiotique américaine, *symbol* (en anglais) et *symbole* (en français) sont utilisés avec le sens qui a été ici affecté au terme *signe* (voir cet article). Certains auteurs français, sans utiliser le terme *symbole* avec ce sens, emploient les dérivés *symbolique, symboliser* et *symbolisation* comme s'ils étaient en relation avec le terme *signe* : ainsi Benveniste peut parler, à propos du langage tel qu'il est analysé par Saussure, de sa « nature symbolique ».

2. Spécifiquement chez Saussure, *symbole* est utilisé quand il existe une relation de motivation, « un rudiment de lien naturel », entre le signifiant et le signifié. L'exemple traditionnellement repris de ce type de symbole est la justice, qui, symbolisée par une balance (il existe en effet une relation métaphorique entre le signifiant et le signifié), ne pourrait pas l'être par un char.

En dehors du champ de la linguistique, par exemple en logique et en psychanalyse, d'autres acceptions sont conférées au terme *symbole*. Le terme lacanien de *symbolique* est spécialement ambigu, car il comporte simultanément une référence au *symbolisme* freudien et à la théorie saussurienne du *signe* (spécifiquement du *signifiant*).

3. Enfin, le métalangage de certaines théories linguistiques — notamment la grammaire générative* — recourt à des symboles pour la formulation de ses règles. (Voir notamment CONSTITUANTS IMMÉDIATS et GRAMMAIRE GÉNÉRATIVE.)

symétriques (verbes)

Voir NEUTRE, 2.

synchronie

La séparation de la linguistique en deux disciplines, l'une synchronique, l'autre diachronique marque, dans les intentions de son initiateur, Ferdinand de Saussure, l'opposition, à ses yeux spécifique et fondamentale, entre deux modes d'approche des faits de langage :

1. *La linguistique synchronique* étudie les phénomènes selon l'axe des simultanéités, sans tenir compte de l'évolution dans le temps. Elle fait apparaître les relations instituées entre les unités dans un état de langue donné (= une synchronie), c'est-à-dire les systèmes que constituent ces unités : par exemple, le système du nombre grammatical du français contemporain, dont les réalisations morphologiques sont décrites à NOMBRE. On observera qu'il est possible de faire la description *synchronique* d'un état de langue ancien (par exemple le latin, ou le français du XIIIᵉ siècle).

2. *La linguistique diachronique* étudie les phénomènes selon l'axe des successivités temporelles. Elle vise un processus d'évolution (= une diachronie). Dans la définition qu'en donne Saussure, l'étude diachronique ne peut jamais considérer qu'un fait à la fois. Elle en décrit les changements successifs : par exemple, les modifications qui ont transformé le morphème de l'accusatif pluriel des noms latins en morphème du pluriel des noms français. Elle est par nature inapte à décrire les systèmes : isolés, les faits qu'elle prend en compte n'ont pas de rapport avec les systèmes, bien qu'ils les conditionnent.

L'origine des changements linguistiques se trouve selon Saussure dans la parole (voir LANGAGE, 3 et LANGUE, 10). Le couple *synchronie/diachronie* se trouve donc soumis à une hiérarchisation parallèle à celle qui est établie entre *linguistique de la langue* et *linguistique de la parole :* le premier terme des deux couples prend le pas sur l'autre.

La coupure opérée par Saussure entre synchronie et diachronie a une fonction épistémologique et polémique : elle vise à séparer la linguistique qu'il contribue à construire de la linguistique du XIXe siècle, qui, essentiellement historique (= diachronique), ne parvient pas à dégager de façon suffisamment nette le concept de langue.

Dans ses développements plus récents, la linguistique met en cause non le principe même de la distinction entre synchronie et diachronie, mais le caractère absolu que Saussure, en certains passages du *Cours,* affecte à la séparation des deux points de vue. Les arguments utilisés sont de deux ordres :

1. Dans tout système linguistique envisagé en synchronie apparaissent des éléments qui relèvent de la diachronie. Ainsi, en phonologie, on observe fréquemment l'existence simultanée, dans un état de langue unique, de plus d'un système : l'opposition de /ɛ̃/ et de /œ̃/ ou de /ɑ/ et de /a/ est, selon les sujets, respectée ou négligée. Des faits de même ordre s'observent en morphologie (pluriel des noms en -*al*) ou en syntaxe *(ne... pas/pas* comme morphème de la négation). La simple constatation de l'existence de ces usages différents relève de la synchronie. Mais dès qu'on observe que l'un d'eux, plus fréquent que l'autre, semble être en cours de généralisation, on introduit inévitablement une considération diachronique.

La morphologie lexicale présente, de ce point de vue, la particularité de comporter des systèmes synchroniques (la préfixation*, la suffixation*, la composition*, etc., voir aussi NÉOLOGIE) qui sont utilisés pour constituer des unités nouvelles, dont l'introduction dans le stock lexical constitue un phénomène diachronique.

2. Aucun obstacle théorique ne s'oppose à ce que l'étude diachronique se porte non plus sur les faits isolés, mais sur les systèmes : c'est par exemple l'objet que se donne la phonologie diachronique. Les études de ce type ont pour trait commun de situer l'origine des changements linguistiques non plus dans la parole, mais dans le système. Ainsi, l'éventuelle disparition complète des oppositions /ɛ̃/ vs /œ̃/ et /ɑ/ vs /a/ s'expliquerait non par les défaillances individuelles des réalisateurs, mais par le rendement relativement faible de ces oppositions dans le système. (Voir PHONÉTIQUE/PHONOLOGIE.)

On observera enfin que l'opposition de la synchronie et de la diachronie peut être surmontée, dans deux directions différentes :

— l'étude comparative des types d'évolution diachronique et la mise en place de règles générales susceptibles de les décrire relèvent d'un point de vue *panchronique*.

— l'assimilation de la distance (diachronique) entre deux états successifs d'une même langue à la distance qui existe entre deux langues apparentées relève d'un point de vue *achronique*.

synecdoque

Voir MÉTONYMIE.

synérèse

Opposée à la diérèse*, la *synérèse* consiste à traiter comme une syllabe unique un groupement constitué d'une semi-voyelle et d'une voyelle. Le mot *tiède* donne normalement lieu à la synérèse [tjɛd]. Mais dans certaines conditions (prononciation régionale, nécessité du compte des syllabes dans un vers), il peut donner lieu à la diérèse [tiɛd], où la semi-voyelle a le statut d'une voyelle, et de ce fait d'une syllabe.

synonymie

Au sens strict, la *synonymie* est la relation qu'entretiennent deux formes différentes (deux signifiants*) ayant le même sens (un seul signifié*); elle peut affecter des mots, des groupes de mots ou des phrases (on parle plutôt, dans ce cas, de *paraphrase**). Sur le plan logique, elle correspond à l'implication réciproque : deux énoncés synonymes ne peuvent être vrais ou faux qu'en même temps; deux termes ou expressions sont synonymes lorsque la substitution de l'un à l'autre dans un même énoncé permet d'obtenir deux énoncés synonymes : si *Paul n'est pas marié* est vrai, alors *Paul est célibataire* l'est aussi, et inversement (la relation est la même dans le cas de la fausseté).

Cette propriété, que les locuteurs reconnaissent aisément, ne va pas pourtant sans difficulté lorsqu'il s'agit de la concevoir au niveau de la langue. Si l'on admet que les unités se délimitent réciproquement et qu'elles résultent de l'union d'un signifiant et d'un signifié, il ne saurait y avoir de modification dans un plan qui ne s'accompagne de modification dans l'autre. Par ailleurs, une telle situation serait contraire au principe d'économie qui gouverne toute langue. Dans cette perspective, on peut soutenir, en effet, qu'il n'existe pratiquement pas de synonymes : la substitution systématique d'un terme à un autre dans tous les énoncés où il est susceptible d'apparaître est impossible.

En revanche, elle est parfois possible dans certains environnements : on admettra ainsi que *débuter* peut remplacer *commencer* dans *le nouveau professeur commence ce matin; le film commence à 9 heures* mais pas dans *il commence son travail; le travail a commencé; il commence à comprendre,* etc. C'est pourquoi on préfère parler de synonymie partielle ou contextuelle lorsque deux termes sont substituables dans certains contextes (*contexte* étant ici utilisé au sens étroit, c'est-à-dire au niveau de l'énoncé) : d'où le sentiment qu'ils n'ont pas, à proprement parler, le même sens mais des sens voisins (ils possèdent de nombreux traits sémantiques en commun). En outre, l'équivalence entre deux termes peut être considérée comme totale sur le plan sémantique (c'est-à-dire au niveau des valeurs de vérité) alors même que le choix de l'un ou de l'autre est conditionné par des paramètres socioculturels : *manger* et *bouffer* désignent la même activité, mais ils ne sont pas toujours employés par les mêmes locuteurs dans les mêmes circonstances (on peut parler, à ce propos, de contexte situationnel), ce qui permet de les distinguer sur le plan de la connotation*. Si le premier peut être considéré comme neutre, le second sera — selon les circonstances et les systèmes de valeur — considéré comme familier, populaire, voire vulgaire.

Enfin, on parle parfois de *synonymie référentielle;* cette notion est trompeuse car des expressions permettant la référence à une même entité n'ont pas nécessairement le même sens : ainsi en est-il de *le monarque absolu* et *le protecteur des arts* pour désigner Louis XIV. (Voir RÉFÉRENCE.)

syntagme

Les *syntagmes* sont des séquences d'unités de dimension variable qui constituent les divers niveaux intermédiaires d'une structure hiérarchisée dont le sommet est représenté par la *phrase** et le niveau inférieur par les *morphèmes** (voir CONSTITUANTS IMMÉDIATS). Ainsi, une phrase comme *la demoiselle buvait un café à la terrasse* se décompose, d'abord, en trois syntagmes : un syntagme nominal *la demoiselle,* un syntagme verbal *buvait un café* et un syntagme prépositionnel *à la terrasse,* ces deux derniers syntagmes comportant eux-mêmes un syntagme nominal : respectivement *un café* et *la terrasse.*

Les relations qui s'observent entre les termes qui constituent les syntagmes — les relations syntagmatiques — s'opposent aux relations paradigmatiques (voir PARADIGME) en ce qu'elles affectent des éléments *présents* dans l'énoncé. On leur donne parfois le nom de relations *in praesentia* (en latin : « en présence », sous-entendu : des autres termes).

syntaxe

Traditionnellement, la *syntaxe,* comme étude des combinaisons de mots en groupes et en phrases, est opposée en tant que partie de la grammaire à la fois à la phonétique*, à la morphologie*, à la lexicologie* et à la sémantique*.

Selon les époques et les théories, le terme *syntaxe* a recouvert des réalités assez différentes. Aussi s'efforcera-t-on, sans entrer dans le détail historique des écoles, de dégager quelques tendances, et de rechercher les points communs entre les différentes théories.

Le terme *syntaxe* manifeste une partie de l'ambiguïté du mot grammaire* : à la fois organisation implicite, et construction théorique visant à présenter des hypothèses sur celle-ci.

Pour l'*organisation implicite,* on peut rappeler quelques propositions :

— contrairement à ce qui a été fréquemment dit, il n'y a pas de langue sans syntaxe, car l'organisation des mots n'est jamais aléatoire.

— les relations syntaxiques ne sont pas de l'ordre de celles qui s'observent dans les ensembles mathématiques.

— il n'y a pas de relation bi-univoque entre nature et fonction des éléments : des éléments de même nature peuvent avoir des fonctions différentes (un nom peut être sujet ou complément), et une même fonction peut être assurée par des éléments de nature différente (un attribut peut être un nom ou un adjectif).

— le fait qu'il y ait dans une langue un inventaire limité de fonctions, qui apparaissent dans des énoncés différents, avec des significations différentes, assure à la fois le fonctionnement de la langue et la possibilité de l'analyser.

Du point de vue de la *construction théorique,* le point de partage essentiel est une conséquence d'une analyse de la langue comme comportant un plan du signifiant* et un plan du signifié*, définis par leurs relations réciproques.

En un sens à peu près tombé en désuétude, marqué par la philologie des langues classiques où les relations syntaxiques apparaissent à peu près constamment dans la flexion morphologique, la syntaxe était entendue comme la description du contenu des catégories morphologiques : on opposait, par exemple, la morphologie des temps verbaux (leur énumération et la description de leur forme), et leur syntaxe (valeurs et emplois), ou la morphologie et la syntaxe des cas*.

La syntaxe, comme partie de la construction grammaticale, rencontre un problème de statut disciplinaire. La distinction entre syntaxe et morphologie est généralement effacée dans les théories modernes, à cause des difficultés d'une théorie du mot et de la dérivation* : la plupart des théories préfèrent parler d'une morphosyntaxe qui regroupe les deux ordres de phénomènes. Mais les limites de la syntaxe sont aussi à voir dans les rapports avec la prosodie, quand il s'agit de l'oral. Des phénomènes comme la liaison*, l'élision* et l'enchaînement*, l'intonation*, l'accentuation* et les pauses* établissent l'impossibilité d'isoler totalement syntaxe et phonétique. (Sur l'aspect de ces problèmes au niveau de l'écrit, voir PONCTUATION.)

La distinction essentielle entre les théories syntaxiques modernes oppose les syntaxes à base sémantique aux syntaxes à base formelle :

— une syntaxe peut partir du plan du signifié : son étude est celle des relations sémantiques qui apparaissent entre les constituants des syntagmes, des phrases, et éventuellement des unités transphrastiques. Quelle que soit l'analyse, la marque d'une telle conception est inscrite dans la terminologie de la grammaire traditionnelle, souvent reprise par les conceptions formelles afin d'éviter la multiplication des termes (sujet, complément circonstanciel, attribut...).

— si l'on part du plan formel, on étudiera les relations entre les constituants, indépendamment de leur investissement sémantique : l'ordre des mots*, les accords*, les concordances*, les rections*, les contraintes...

Il n'est pas indifférent d'adopter l'une ou l'autre démarche, car les descriptions ne se recouvrent pas, comme il est montré ici dans différents articles (par exemple les différentes fonctions, SUJET, OBJET ou COMPLÉMENT CIRCONSTANCIEL).

Chaque type de syntaxe peut à son tour recéler des options différentes. Pour ne parler que d'une démarche formelle, celle qui a été privilégiée dans cet ouvrage, on peut distinguer :

— des syntaxes qui restent au niveau des relations apparentes présentes dans un énoncé. C'est le cas de la grammaire distributionnelle, qui définit le fonctionnement d'un élément par son contexte*, ce qui permet d'établir sa distribution* comme ensemble de ses environnements.

— des syntaxes qui s'autorisent des commutations* : c'est le cas d'une analyse en constituants immédiats*, établissant le rôle d'un élément par des réductions successives faisant le tri entre éléments facultatifs et éléments indispensables à la phrase minimale.

— des syntaxes autorisant différents types de manipulations (effacement, déplacement...), permettant d'établir des propriétés (par exemple, un verbe est caractérisé selon ses capacités à avoir tel type de sujet, être suivi d'un nom objet, être suivi d'une complétive, être mis au passif...), propriétés qui peuvent être corrélées et éventuellement interprétées en termes sémantiques. Elles permettent d'établir une « structure profonde », à travers des règles qui traduisent des relations susceptibles de passer inaperçues au niveau d'une analyse de surface. En ce sens, une analyse syntaxique est une théorie explicative, qui consiste à mettre en rapport, dans une construction grammaticale, des phénomènes dont la relation n'est pas apparente en surface (par exemple, la capacité d'un verbe à être mis au passif avec sa capacité à être accompagné de certains adverbes, à l'exclusion de certains autres).

Des théories formelles peuvent également différer sur le statut qu'elles accordent à la notion de « fonction syntaxique » : on peut la mettre à la base de la syntaxe, ou, comme en grammaire générative*, en faire une fonction dérivée (par exemple, la notion de « sujet » se déduit de la position dans l'arbre* d'un SN immédiatement dominé par la phrase, et situé à gauche du verbe).

Enfin, les théories formelles se divisent aussi sur la part d'autonomie à accorder à la syntaxe. Les théories qui mettent en avant une autonomie totale ont rencontré autant d'apories que les théories à fondement sémantique, et, à l'heure actuelle, on assiste plutôt à l'introduction, dans les syntaxes formelles, de catégories sémantiques (c'est le cas dans les derniers modèles de la grammaire générative, dans la sémantique générative et dans les grammaires casuelles).

On peut en somme dire qu'il y a un point commun entre les différentes théories syntaxiques actuelles : elles s'appuient sur une conception de la langue comme analysable, parce que répétition de régulier et manifestation de stratification*. On peut alors proposer de définir la syntaxe comme le système complexe que l'on ne peut pas ne pas supposer entre le sens et le son.

système

Voisin du concept de *structure**, le concept de *système* intervient à tous les niveaux de l'analyse linguistique. Il permet par exemple de définir la langue comme un système de valeurs*, où les éléments sont exclusivement définis par leurs relations réciproques. Il peut également intervenir à chacun des niveaux repérés par l'analyse : on parle communément de système phonologique, de système morphologique, de système lexical, etc. Enfin, dans certaines théories linguistiques c'est la langue elle-même (au sens 10 de l'article) qui reçoit le nom de *système*, par opposition au *discours*, appelé *procès*.

T

tabou

Du point de vue linguistique, le *tabou* consiste à éviter la profération des mots attachés à certaines réalités. Les champs sémantiques
affectés par les phénomènes de tabou varient selon les civilisations et,
au sein de celles-ci, selon les milieux sociaux. Ce sont notamment les
notions relatives à la mort, à la religion, aux organes sexuels et,
parfois, à l'argent et à la politique. Paradoxalement, le tabou a
fréquemment pour effet d'entraîner une prolifération de désignations
« figurées » (souvent euphémisantes*) qui se substituent au mot
interdit. Ainsi, en français pour le nom du *diable*, autrefois, et
aujourd'hui encore, pour le verbe *mourir*, remplacé, selon les milieux,
par *décéder, passer, s'en aller* et quantité d'autres expressions plus ou
moins pittoresques : en français non conventionnel d'aujourd'hui, il
est aisé d'en repérer une vingtaine.

temps

L'emploi de la notion de *temps* en linguistique donne lieu à
certaines ambiguïtés :

1. Temps est fréquemment utilisé avec les valeurs habituelles du
mot dans la langue commune, par exemple dans des phrases telles
que : *le verbe est la classe qui exprime le temps,* ou dans l'expression :
complément circonstanciel* de temps (ou : *proposition circonstancielle**
de temps) ou encore en linguistique diachronique : *la diachronie* vise*
l'évolution dans le temps des phénomènes linguistiques.

2. Le terme se spécialise dans la désignation d'une catégorie
morphologique spécifique, en français, au verbe, mais susceptible,
dans d'autres langues, d'affecter d'autres classes (voir VERBE). Ce
second emploi est en relation métonymique* avec le premier : la
catégorie morphologique du temps 2 articule le champ notionnel du

temps 1. En grammaire générative*, le temps est un constituant obligatoire de l'auxiliaire*.

3. Sous l'effet d'une seconde métonymie, le mot *temps* s'utilise pour désigner, dans la conjugaison*, chacune des articulations spécifiques de la catégorie du temps 2 : en ce sens, on dit que le présent, l'imparfait, le futur antérieur, etc., sont des temps. C'est pour éviter cette ambiguïté (quand elle était à craindre) qu'on a, ici, utilisé, à la suite de Damourette et Pichon, le terme *tiroir*. Il est à remarquer que les tiroirs du verbe marquent fréquemment des oppositions aspectuelles (voir ASPECT) autant que temporelles.

Remarque. — D'autres langues comportent deux termes (en anglais *time* et *tense*) et évitent ainsi certains aspects de l'ambiguïté.

temps (ou temporel)

En grammaire de cas, rôle sémantique d'un syntagme ayant pour but d'identifier un repère d'ordre temporel. (Voir SUJET, COMPLÉMENT D'OBJET et CAS (PROFONDS).)

tensif

Voir ASPECT.

tension

Voir PHONÉTIQUE/PHONOLOGIE.

terminatif

Voir ASPECT.

texte

En linguistique de langue française, le concept de *texte* est peu utilisé. On lui préfère les concepts de discours* et d'énoncé*. On trouve toutefois des emplois du mot avec les deux sens suivants :

1. *Texte* fonctionne parfois comme équivalent de *corpus*. Il est toutefois limité, le plus souvent, aux manifestations écrites.

2. Dans certaines théories, *texte* est utilisé avec un sens voisin de celui de *parole* chez Saussure, c'est-à-dire de *discours* au sens B. de l'article.

3. Enfin, le mot *texte* est fréquemment utilisé en sémiotique littéraire, parfois précisément dite sémiotique *textuelle*. Les différents sens attachés à la notion de texte en sémiotique échappent au champ de cet ouvrage.

thème

La notion de *thème* est utilisée pour identifier ce qui constitue l'objet même d'un acte d'énonciation particulier, à propos d'un énoncé envisagé dans le cadre du discours, par opposition au *propos* (ou *rhème*), qui représente le contenu de ce qui est transmis relativement à ce thème. Bien que compatible avec l'interprétation classique de la relation sujet-prédicat (voir PRÉDICAT), l'analyse en thème-propos ne doit pas être confondue avec elle : il ne s'agit pas, ici, de faire coïncider l'analyse syntaxique avec l'interprétation logique d'une phrase hors contexte, mais de dégager les éléments statiques et dynamiques qui sont constitutifs de l'énoncé. (Il est à noter que cette distinction reçoit des dénominations diverses, on parle aussi de *topique/commentaire*, de *présuppositions/focus* (foyer) et même d'information *ancienne/nouvelle*).

Ainsi, la phrase *Paul révise sa physique* peut devenir un énoncé qui est censé répondre à une question explicite ou implicite, comme *que fait Paul? Paul* est le thème et *révise sa physique*, le propos (il y a ici coïncidence avec les constituants SN et SV). Mais s'il répond à *que révise Paul?* le thème est alors *Paul révise (quelque chose)* et le propos, *sa physique*. À la limite, le thème peut être absent de l'énoncé, celui-ci constituant, à lui seul, le propos; ce serait le cas si la question avait été *qu'est-ce qui se passe?* : le thème équivaudrait à « il se passe quelque chose ».

Au sein de l'énoncé, ces phénomènes sont souvent marqués, en langue parlée, par une intonation particulière, le propos ayant tendance à porter un accent contrastif par rapport au thème, qui est normalement neutre. (Voir PROSODIE.) De même, il est possible de mettre à profit l'ordre des mots pour détacher le (ou les) thème(s) de l'énoncé : la hiérarchie thématique trouve un équivalent dans la succession *gauche-droite* des constituants détachés : *sa physique, Paul, il la révise!* Cet ordre est toutefois inversé lorsque le verbe est absent : *admirable, ce roman!* Enfin, la focalisation (ou mise en valeur du propos) peut s'opérer à l'aide de tournures spécifiques; ainsi, les constructions du type *c'est... que/qui...* sont souvent utilisées pour ménager la première place au propos et la seconde au thème : *c'est Paul qui révise sa physique*. (Voir ORDRE DES MOTS.)

671

tiret

Élément du système de la ponctuation*, le *tiret* a alternativement trois fonctions :

1. Dans la présentation écrite d'un texte dialogué, il marque le changement d'interlocuteur.

2. De part et d'autre d'un segment de discours, il marque, de façon plus insistante que la double virgule, le décalage du fragment ainsi isolé (apposition*, incise*, réflexion incidente, etc.) par rapport au reste du discours. Dans cet emploi, le tiret est en concurrence avec la parenthèse*.

3. Enfin, le tiret est utilisé pour représenter un mot ou une expression qu'on ne veut pas répéter. On observe surtout cet usage dans la présentation des articles de dictionnaires* quand l'adresse* est complexe : *passé (temps du —).*

tiroir

À la suite de Damourette et Pichon, le terme *tiroir* est utilisé ici pour désigner, dans la conjugaison, chacun des ensembles de formes temporelles et modales du verbe : l'imparfait de l'indicatif, le présent du subjonctif, l'infinitif présent, etc., sont des *tiroirs*. (Voir CONJUGAISON, TEMPS et VERBE.)

token

S'oppose à *type*. Voir OCCURRENCE.

tonique

En position sous l'accent. Voir PROSODIE et PHONÉTIQUE/PHONOLOGIE.

topicalisation

Voir ORDRE DES MOTS.

topique

De l'anglais *topic*. Voir THÈME et PRÉDICAT.

toponyme

Nom propre* de lieu. La forme syntaxique des *toponymes,* notamment leur détermination, varie selon la typologie du référent. Les noms de pays sont généralement déterminés : *la France, les Pays-Bas, le Japon* (mais *Israël, Cuba*); les noms de villes ne le sont généralement pas *(Paris, Moscou, Pékin,* mais *Le Havre, La Haye).* Les noms de cours d'eau le sont toujours : *la Loire, le Nil.* Du point de vue historique, les toponymes, fréquemment très anciens, ont souvent pour étymons* des mots de langues entièrement disparues : gaulois et langues préceltiques pour le français.

toponymie

Étude scientifique des toponymes.

totale

Voir INTERROGATION.

tournure

Ce terme peu rigoureux de la grammaire traditionnelle est utilisé pour désigner certains modes d'expression présentés comme « détournés » par rapport à l'expression « propre ». On parle ainsi de *tournure impersonnelle,* de *tournure pronominale.* (Voir IMPERSONNELS et PRONOMINAUX.) On parle également de *tournure archaïque, littéraire,* etc.

traditionnelle (grammaire)

Voir GRAMMAIRE.

trait

Élément minimal capable d'assumer une fonction distinctive (on parle, en général, de *trait distinctif* ou *pertinent*). Le système des traits distinctifs est fondé sur une logique binaire symbolisée par l'opposition des signes [+] et [−]. Ainsi, dans le domaine phonologique, toute consonne est [± sonore], [± nasale], etc., et dans le domaine sémantique, tout nom est [± animé], [± humain], etc. Lorsque l'opposition (pour des raisons diverses) n'est plus pertinente, on parle de neutralisation* : dans *l'homme est un animal raisonnable,* le trait [± mâle] est neutralisé.

trait d'union

Élément du code graphique de la langue (voir ORTHOGRAPHE et PONCTUATION), le *trait d'union* a les fonctions suivantes :

1. En fin de ligne, il indique que, pour des raisons matérielles, le mot a dû être coupé. En français, on coupe les mots aux frontières des syllabes graphiques, en respectant l'étymologie *(atmo-sphère)* et en veillant à ce que le segment rejeté à la deuxième ligne comporte au moins trois lettres, de préférence sans voyelle muette.

Remarque. — Les règles d'emploi du trait d'union varient légèrement d'une langue à l'autre. En français, on ne coupe pas un mot avant ou après un *x* ou un *y* placé entre deux voyelles. En anglais, on peut le faire.

2. Dans l'orthographe de certains mots composés, le trait d'union marque leur statut d'unité linguistique : *chou-fleur, station-service.* (Voir aussi PONCTUATION et COMPOSITION.)

transcription

Voir PHONÉTIQUE/PHONOLOGIE.

transfert

Voir TRANSLATION, TRANSPOSITION.

transformation

Voir GRAMMAIRE GÉNÉRATIVE.

transitif

À l'origine, la notion de « transitivité » était censée décrire un phénomène sémantique qui consiste en un *passage* (« transition ») de l'action accomplie par le sujet sur un complément d'objet (pour une discussion de ces notions, voir OBJET (COMPLÉMENT D')). Dans une acception plus neutre, l'adjectif *transitif* sert à désigner (*a*) un type de construction caractérisée par la présence d'un complément d'objet, ou bien (*b*) une classe de verbes, à savoir ceux qui se construisent avec un complément d'objet. (En ce sens, *transitif* a pour antonyme *intransitif*).

Si le sens (*a*) ne pose guère de problème (la présence ou l'absence du complément étant seule pertinente), le sens (*b*) est plus délicat à manier dans la mesure où de nombreux verbes sont compatibles avec les deux types de construction. C'est pourquoi on convient, ordinairement, d'appeler *transitifs* les verbes qui *admettent* un complément d'objet, ce qui ne signifie pas qu'ils *imposent* sa présence (on dit parfois qu'ils l'« appellent »). Ainsi, à côté d'un sous-ensemble restreint de verbes qui ne sauraient guère s'employer sans complément d'objet : *faire; prendre; trouver,* etc., nombreux sont ceux qui peuvent relever d'une double construction : *manger : il mange sa soupe/il mange; chanter : il chante une romance/il chante,* etc. (on estime, dans ce cas, que l'absence du complément résulte d'un effacement). Toutefois, la présence ou l'absence de complément peut s'accompagner d'une modification sensible dans l'interprétation sémantique du verbe : *il voit un chien/il voit* (= il possède le sens de la vue); *elle conduit la voiture/elle conduit* (= elle sait conduire). À la limite, les deux emplois sont tellement distincts que l'on peut être enclin à parler d'homonymie* : *percer* (transitif) : *on a percé la cloison/percer* (intransitif) : *ce chanteur a rapidement percé.*

Parmi les verbes dits « transitifs », on distingue encore ceux qui sont immédiatement suivis par le complément d'objet (transitifs directs) de ceux dont le complément est introduit par une préposition (transitifs indirects) : *obéir à; se souvenir de; douter de,* etc. Enfin, les verbes intransitifs excluent normalement la présence d'un complément d'objet : *aller; venir; grimacer; briller,* etc.; on y adjoint parfois les verbes qui ne peuvent se construire qu'avec un attribut du sujet : *être; sembler; devenir,* etc.

transitivité

Voir TRANSITIF.

translation, transposition

En concurrence avec *transfert,* ces deux mots désignent le phénomène de passage d'un morphème de sa classe d'origine dans une autre classe. Le phénomène est décrit ici, sous son nom traditionnel de *dérivation impropre,* à DÉRIVATION.

transphrastique

Les unités transphrastiques sont les unités discursives dont les dimensions dépassent celles de la phrase (voir DISCOURS).

tréma

Signe diacritique utilisé depuis le XIIe siècle dans la notation écrite de la langue, le *tréma* / ¨ / y a aujourd'hui les fonctions suivantes :

1. Placé sur *i, u* en toute position dans le mot et sur *e* à l'intérieur d'un mot, il indique pour la lettre qu'il affecte une prononciation indépendante de la voyelle qui la précède :

— pour -*ï* : [i] dans *haïr* (et *haï*), *héroïne, ouïr* et *ouï* , etc.
[ɛ̃] dans *coïncidence* et ses dérivés
[j] dans *aïeul, faïence, glaïeul;* dans *ïambe, ï* note [j]
par rapport à la voyelle suivante.
— pour -*ü* : [y] dans les noms propres *Esaü,* et *Saül,* [ɔ] dans
capharnaüm.
— pour -*ë* : [ɛ] dans *Noël* et *Israël.*

2. Placé sur -*e* en fin de mot après -*gu*-, le tréma indique la
prononciation [gy], en écartant la prononciation [g], que rendrait
possible l'absence de tréma : *aiguë, ambiguë, ciguë, exiguë,* etc.

Remarque. — L'Académie française a recommandé le déplacement du tréma sur
le *u.* Cette innovation n'a guère été suivie d'effet.

3. Quelques noms propres présentent sur *e* un tréma qui indique
que le *e* ne donne lieu à aucune prononciation : *Staël* ([stal]), *Saint-
Saëns* ([sɛ̃sɑ̃s]).

trigramme

Groupe de trois lettres pourvu, dans l'orthographe*, d'une fonction unique ou, plus fréquemment, de deux fonctions associées. Dans
le nom de l'*eau,* le trigramme a simultanément la fonction phonographique de noter le phonème /o/ et la fonction logographique de
distinguer *eau* de ses homophones *au, haut, oh,* etc.

trilittère

Se dit d'un élément linguistique qui comporte trois lettres. (Voir
ONOMATOPÉE et RACINE.)

troncation

1. Voir ABRÉVIATION et PONCTUATION.

2. Voir ÉLISION et LIAISON.

trope

Voir FIGURE.

type

S'oppose à l'anglais *token.* (Voir OCCURRENCE.)

U

unipersonnels (verbes)

Voir IMPERSONNELS (VERBES).

universaux du langage

Dans cette expression empruntée à la philosophie médiévale, *universaux* est le pluriel de l'adjectif nominalisé *universal*, doublet* savant de *universel*. Conformément à son étymologie, la notion d'*universaux* s'applique donc aux traits linguistiques universels, c'est-à-dire communs à toutes les langues connues.

La recherche des universaux peut se faire à tous les niveaux de l'analyse linguistique. On distinguera ainsi :

— des universaux de structure : toute langue est stratifiée en deux plans, et comporte donc des unités de deux natures différentes (voir LANGAGE, LANGUE, SENS, SIGNE, STRATIFICATION, etc.);

— des universaux phonologiques, par exemple l'opposition des voyelles* et des consonnes*, etc.;

— des universaux morphosyntaxiques : certaines classes (par exemple celle des pronoms*) et certaines catégories (par exemple celle de la personne*) sont (ou semblent) universelles;

— des universaux sémantiques : les cas « profonds* » de la sémantique générative offrent un exemple de construction théorique de traits donnés comme universels.

uvulaire

Voir PHONÉTIQUE/PHONOLOGIE.

V

valeur

Comme tous les termes de l'usage quotidien utilisés à titre de termes techniques dans le lexique de la linguistique, *valeur* est polysémique*. On peut en effet distinguer deux types d'emploi du mot :

1. Il est souvent utilisé comme équivalent approché de *signification*, surtout dans le domaine de la grammaire : ainsi on parle fréquemment — notamment dans cet ouvrage — des *valeurs* des temps du verbe.

2. De façon à la fois plus spécifique et plus extensive, *valeur* est souvent pris, à la suite de Saussure, comme l'effet produit sur les unités linguistiques par leur délimitation réciproque. En ce sens, la notion de valeur intéresse nécessairement non seulement les unités du signifié*, mais aussi celles du signifiant*, soumises les unes et les autres au même type de statut. (On trouvera des exemples à SIGNIFIANT et SIGNIFIÉ.)

variante

Voir ALLOMORPHE, ALLOPHONE, MORPHÈME, ORTHOGRAPHE et PHONÉTIQUE.

variation

La *variation* linguistique s'observe dans l'espace ou selon les couches socioculturelles : on ne parle pas exactement le même français à Paris et à Romorantin, dans un salon du XVIᵉ arrondissement et dans un groupe d'ouvriers, etc. (Voir REGISTRES DE LANGUE, SOCIOLINGUISTIQUE, ainsi que FRANÇAIS.)

En règle générale, *variation*, ainsi compris, s'oppose à *changement*, qui vise les mutations diachroniques. Toutefois, on observe parfois des phénomènes d'échange entre ces deux mots.

vedette

Synonyme d'*adresse**.

vélaire

Voir PHONÉTIQUE/PHONOLOGIE.

velours

Voir LIAISON.

verbal

Verbal tient lieu de dérivé adjectival au mot *verbe* dans ses deux sens :

1. Dérivé de *verbe* dans le sens ancien de « parole, mot », *verbal* s'utilise dans des expressions telles que *échange verbal*, synonyme d'acte de communication*. Les *sémiotiques* verbales* sont celles qui prennent pour objet des systèmes manifestés par des éléments linguistiques : la sémiotique littéraire (ou textuelle) est une sémiotique verbale, par opposition à la sémiotique picturale, qui est non verbale.

2. Dérivé de *verbe* au sens de « classe grammaticale », *verbal* apparaît notamment dans les expressions suivantes :
— syntagme verbal : voir CONSTITUANTS IMMÉDIATS ;
— adjectif verbal : voir PARTICIPE ;
— nom verbal : parfois utilisé comme synonyme d'infinitif*.
Enfin, *verbal* est parfois nominalisé pour désigner, dans certains états de la grammaire générative, l'ensemble constitué par le verbe et l'adjectif.

verbe

En français comme dans les autres langues indo-européennes modernes, la classe grammaticale du verbe peut être définie du strict point de vue de la morphologie*. Le *verbe* est en effet seul à être affecté par un ensemble de catégories morphologiques, même si, isolément, certaines de ces catégories se retrouvent dans d'autres classes. Conjuguer un verbe, c'est énumérer l'ensemble des formes différentes qui manifestent ces catégories. Le paradigme* fermé, mais relativement étendu (voir CONJUGAISON), de ces formes reçoit le nom de conjugaison. En français, comme dans beaucoup d'autres langues, le verbe est la classe qui présente le nombre de formes différentes le plus important, même si on repère dans la conjugaison des phénomènes d'homonymie*, dont le nombre varie selon le type des verbes.

Les catégories morphologiques dont l'ensemble caractérise le verbe sont les suivantes :

1. La personne*

Le verbe tient la catégorie de la personne de son sujet* : la 3ᵉ personne, quand le syntagme nominal sujet (nom déterminé, nom propre, pronom autre que *je* ou *tu)* relève de la non-personne; la 1ʳᵉ ou la 2ᵉ personne, quand il entre dans la relation de personne *je/tu* (sur le problème de l'opposition entre personne et non-personne, voir PERSONNE et PERSONNELS). Toutefois, à l'impératif, c'est, en l'absence de sujet manifeste, la forme du verbe qui indique la (ou les) personne(s) visée(s) par l'injonction : *marche ! travaillons ! allez donc au cinéma !* Le choix est limité à la 2ᵉ (au singulier et au pluriel) et à la 1ʳᵉ (exclusivement au pluriel); le sujet de l'énonciation s'inclut alors parmi les destinataires de l'injonction : si je dis *marchons !,* c'est que j'ai l'intention d'exécuter moi-même l'ordre que je donne à une ou plusieurs autre(s) personne(s).

Remarques. — 1. Certains verbes échappent à la catégorie de la personne : ce sont les impersonnels*, appellation préférable à unipersonnels, qui laisse entendre que la 3ᵉ personne est à mettre sur le même plan que les deux autres. Du point de vue sémantique, les verbes impersonnels n'ont pas de sujet assignable : à propos du procès désigné par *il pleut,* il n'y a pas de sens (et il est grammaticalement impossible) à se demander **qui pleut ?* (Les expressions du grec ancien du type *Zeus pleut* viennent d'une réfection secondaire.) Toutefois, la structure syntaxique du français imposant, en dehors de l'impératif, la présence d'un syntagme nominal, c'est l'élément minimal *il* qui est utilisé, à l'exclusion de tout autre. (Voir aussi IMPERSONNELS [VERBES], qui indique quelques exceptions.)
2. Certains modes* du verbe échappent également à la catégorie de la personne. Ils sont, pour cette raison, appelés modes impersonnels. Ce sont l'infinitif*, le participe* et le gérondif*. Ces modes ont pour effet de transformer le verbe qu'ils affectent respectivement en nom, en adjectif et en adverbe par rapport aux éléments dont ils dépendent syntaxiquement, tout en leur laissant leur statut de verbe à l'égard des éléments qui dépendent d'eux. Ainsi transférées (même partiellement) en une autre classe, ces formes ne reçoivent pas en français la marque de la personne. Il n'en va pas de la même façon dans toutes les langues : le portugais, pourtant apparenté, historiquement et typologiquement, au français, comporte un infinitif variable en personne.

2. Le nombre*

Au même titre que la personne, la catégorie du nombre est conférée au verbe, en vertu des règles d'accord*, par le syntagme nominal sujet : à sujet au singulier, verbe au singulier; à sujet au pluriel, verbe au pluriel. (Sur les exceptions apparentes, voir ACCORD.)

Remarques. — 1. La personne et le nombre étant indissolublement liés dans la flexion du verbe, on observe, pour le nombre, les mêmes particularités que pour la personne : à l'impératif, le nombre du verbe vise directement la quantité des destinataires de l'injonction; les verbes impersonnels ne peuvent apparaître, dans les conditions normales, qu'au singulier *(*ils pleuvent* est exclu, sauf cas exceptionnel); les modes impersonnels ne disposent pas de flexion en nombre, à la réserve du participe passé. Pour le participe présent, la flexion en nombre marque son passage définitif dans la classe de l'adjectif. La séparation entre le participe et l'adjectif est d'ailleurs parfois marquée dans l'orthographe *(fatiguant,* participe/*fatigant* [*-e, -s, -es*], adjectif).

2. Le verbe n'est pas affecté, en français, par la catégorie du genre, si ce n'est par l'intermédiaire du participe passé des formes composées qui, selon les règles d'accord*, porte la marque du genre (et, indissociablement, du nombre) du sujet ou de l'objet.

3. Le temps* et l'aspect*

Selon les langues, ces deux catégories s'équilibrent différemment. En français, elles reçoivent, pour l'essentiel, des marques communes, ce qui rend compte, par exemple, de l'ambiguïté* des formes composées : temporelles ? ou aspectuelles ? (On se reportera, pour l'analyse de détail, à ASPECT, FUTUR, PASSÉ, PRÉSENT et TEMPS.)

Remarque. — L'expression du temps n'est pas exclusivement réservée au verbe : le nom n'est pas inapte à situer son référent dans le temps, par rapport au moment de l'énonciation, par des formules telles que *un ancien élève* (ou *l'ex-roi d'Albanie), l'actuel président, le futur gouvernement.* Cependant, ces indications temporelles sont fournies par des éléments lexicaux (adjectifs ou préfixes) et non des éléments morphologiques.

4. Le mode*

Cette catégorie confère une marque morphologique aux différents degrés d'actualisation du procès tels qu'ils sont appréciés par le locuteur ou déterminés par la structure de l'énoncé. (Pour l'analyse de détail, on se reportera à GÉRONDIF, IMPÉRATIF, INDICATIF, PARTICIPE, SUBJONCTIF.)

Remarque. — Le nom n'est pas inapte à comporter des marques modales, il est vrai lexicales : des adjectifs tels que *possible, probable, éventuel,* etc., permettent de modaliser les noms d'actions et de qualités.

5. La voix*

La catégorie morphologique de la voix (parfois encore appelée de son nom traditionnel grec de *diathèse)* est souvent considérée comme exclusivement propre au verbe. Elle permet en effet de signaler l'attitude du sujet* à l'égard du procès : grossièrement agent du verbe actif*, patient du verbe passif*, à la fois agent et patient du verbe pronominal* (parfois dit moyen*).

Remarque. — Le nom peut cependant être également porteur de notions de l'ordre de la diathèse. L'ambiguïté* bien connue de syntagmes tels que *l'amour de Jeanne* ou *la critique de Chomsky* peut être interprétée du point de vue sémantique comme l'indistinction entre l'action agie et l'action subie (Chomsky critique ou est critiqué). Il est vrai que dans ce cas, c'est le même signifiant qui est utilisé pour les deux « voix ». Il n'en va pas de même dans des couples de suffixés tels que *destinateur/destinataire, administrateur/administré, enseignant/enseigné,* etc., où l'alternance des deux suffixes peut être décrite comme une flexion en voix du nom, même si, partiellement, cette flexion est empruntée au paradigme des formes verbales. Pour les adjectifs, le suffixe *-able* (et ses variantes *-ible* et *-uble*) peut être considéré comme un morphème de diathèse : il marque la possibilité de réalisation d'un procès envisagé de façon passive : *ce n'est pas mangeable* (voir PASSIF).

Inversement, un certain nombre de verbes — notamment parmi les plus fréquents : *être, avoir* (sauf cas exceptionnels), *aller,* etc. — sont inaptes à recevoir la flexion en voix : il s'agit des verbes intransitifs et attributifs (le verbe *avoir,* « *être à* renversé » selon la formule de Benveniste, étant assimilé à ces derniers). D'autre part, l'infinitif, qui comporte bien un passif avec auxiliaire et un passif pronominal, neutralise dans certains cas cette opposition : *un tissu facile à laver (à être lavé?).*

L'énumération qu'on vient de faire laisse d'elle-même apparaître, notamment dans les remarques, certains faits qui invitent à nuancer quelque peu la rigueur apparemment absolue de la définition morphologique du verbe français :

— aucune des cinq catégories envisagées n'est exclusivement propre au verbe;

— inversement, il existe des formes verbales et même des verbes qui restent à l'écart de certaines catégories.

Si on envisage des langues autres que les langues indo-européennes modernes, on fait les constatations suivantes :

a) La définition morphologique du verbe par un ensemble de catégories ne se fait pas toujours de la même façon : en guarani (au Paraguay) et en comox (Colombie britannnique), c'est le nom qui comporte une conjugaison temporelle. Le tübatulabal (langue uto-aztèque parlée au Colorado) ajoute à la flexion en temps du nom une flexion en personne : *j'ai mangé* se traduit dans cette langue par un « nom », « mangeur », affecté par les suffixes du passé et de la 1ʳᵉ personne *(tïkapïganan-gi,* « mangeur passé-je »). Dans d'autres langues amérindiennes, ce sont l'adjectif, le pronom interrogatif, souvent les numéraux qui se « conjuguent ». En finnois, la négation elle-même comporte une flexion en personne, qu'on peut traduire en français par un verbe métalinguistique tel que *nier :* « je nie dormir, tu nies dormir », etc.

b) Il est même possible, à propos d'un nombre non négligeable de langues, de se poser la question de l'existence morphologique du verbe. Le chinois a longtemps été présenté par les linguistes comme l'un des meilleurs candidats à ce statut de « langue sans verbe ». Si certains morphèmes du chinois sont aptes, suivant le cas, à fonctionner comme « noms » ou comme « verbes » (c'est d'ailleurs aussi le cas en français de formes telles que *danse* dans *la danse* et *elle danse*), d'autres sont préassignés à l'emploi verbal. Des suffixes spécifiques confèrent à ces formes des marques aspectuelles. En revanche, le kalispel (langue amérindienne de la côte nord du Pacifique, aujourd'hui pratiquement morte) répartit les catégories morphologiques entre plusieurs classes de telle façon qu'il est impossible d'isoler l'une d'entre elles comme verbe (ni, corrélativement, comme nom) du point de vue morphologique. Il en va de même en nootka, langue de la Colombie britannique.

Pour pallier l'insuffisance des critères morphologiques, qui ne sont vraiment opérants que pour certaines langues — précisément celles pour lesquelles (et dans lesquelles) a été créée la terminologie grammaticale : incontestable cercle vicieux — il est indispensable de cerner la classe du verbe par des critères sémantico-syntaxiques. De ce point de vue, on constate qu'un énoncé fini (en gros, une phrase*) exige la présence d'un élément qui, quels qu'en soient les caractères morphologiques, assume deux fonctions :

a) assurer la cohésion, entre eux, des différents éléments de l'énoncé;

b) mettre en relation l'énoncé ainsi constitué avec les éléments de la réalité non linguistique visés par l'acte d'énonciation. Soit, par exemple, la phrase *le professeur apprend la grammaire aux enfants*. C'est le mot *apprend* — en français caractérisé morphologiquement comme verbe — qui exerce ces deux fonctions :

— il établit une relation avec les autres éléments de la phrase qui, par son intermédiaire, entrent en relation les uns avec les autres. Si on supprime le verbe *apprend,* on obtient non une phrase, mais un paquet de syntagmes : *le professeur, la grammaire, aux enfants,* dépourvus de relations réciproques. Chacun de ces syntagmes, pris à part, a bien un signifié. Mais l'ensemble qu'ils constituent n'a pas de signifié global. Il suffit de réintroduire le verbe, à la place que lui assignent les contraintes distributionnelles, pour conférer un signifié à l'ensemble qui, accédant au statut de phrase, prend de ce fait le statut de signe linguistique, au même titre, quoique dans des conditions différentes et à un niveau hiérarchique différent, que le signe linguistique minimal qu'est le morphème.

— du signifié global ainsi constitué, le verbe a en outre pour fonction de dire qu'il est vrai (ou faux, ou de mettre en question sa vérité ou encore de suspendre sa valeur de vérité) : quoi qu'il en soit, d'établir une relation entre la suite d'unités linguistiques que constitue la phrase et la réalité non linguistique (« mondaine », comme on dit parfois). On sait que cette relation entre énoncé et réalité prend le nom de référence*. On constate qu'il en va de même du point de vue de la référence et du point de vue du signifié : chacun des syntagmes de la phrase est bien pourvu d'un référent; mais l'ensemble qu'ils constituent n'est doté d'une référence globale que par l'intermédiaire du verbe. On notera que cette fonction — indissolublement énonciative et référentielle — du verbe ne se confond pas avec sa fonction prédicative, qui est l'interprétation logique, en termes de thème* et de prédicat*, de la fonction sémantico-syntaxique précédemment décrite : tout se passe comme si, au signifié prédicatif constitué par la phrase, le verbe ajoutait un « cela est » (ou « cela n'est pas ») implicite.

À l'analyse qui vient d'être donnée semble s'opposer l'existence, dans de nombreuses langues et notamment le français, de phrases sans verbe qui n'en semblent pas moins comporter les deux fonctions décrites. Statistiquement assez rare au moins dans l'usage écrit du français, la phrase sans verbe y est pour l'essentiel spécialisée dans certaines modalités, notamment impérative et exclamative : *lentement! Quel silence! Jean-Paul Sartre, quel écrivain!* Mais dans de nombreuses autres langues (par exemple, dans le domaine indo-européen, les langues slaves), la phrase sans verbe est la règle pour la relation attributive : le verbe russe *est* (3e personne du singulier du présent) est d'emploi exceptionnel. Mais on voit que ce type de phrase ne contredit qu'apparemment les analyses données. Elles peuvent, en effet, selon leur structure ou le type de langue dans lequel elles apparaissent, être décrites de l'une des deux façons suivantes :

— soit par l'intervention d'une transformation d'effacement du verbe, présent au niveau de la structure profonde;

— soit par l'attribution des fonctions sémantico-syntaxiques le plus souvent exercées, en français, par le verbe à un élément qui n'en présente pas les aspects morphologiques.

En définitive, pour s'en tenir au français, on tiendra compte et des éléments morphologiques énumérés au début de l'article et des considérations sémantico-syntaxiques qui sont apparues ensuite. On définira donc le verbe comme la classe grammaticale qui, pourvue d'un ensemble spécifié de catégories morphologiques, est apte à exercer la double fonction de cohésion et de référenciation de l'énoncé fini minimal qu'est la phrase. À la différence du nom et du pronom, qui (sauf précision explicite, voir plus haut) visent un référent pensé comme immuable dans le temps, le verbe est donc spécialisé dans l'indication des relations entre les éléments de la réalité — à commencer par les personnes en jeu dans l'acte d'énonciation. Or ces relations sont nécessairement inscrites dans le temps. Toute phrase de la langue, par exemple *les touristes regardaient les Pyramides*, fait apparaître cette opposition entre la référence des syntagmes nominaux et des syntagmes verbaux. C'est ce qui se manifeste, morphologiquement, par l'importance des catégories du temps et de l'aspect — au point qu'elles ont souvent été utilisées de façon exclusive pour définir le verbe. C'est aussi ce qui explique le choix généralement fait du terme *procès** pour désigner le signifié du verbe envisagé comme classe grammaticale : le *procès* s'oppose en effet à l'*objet* en ce qu'il se déroule dans le temps.

verlan

Le verlan est un procédé de cryptonymie* ancien, qui a connu une considérable extension à partir des années 70, notamment chez les jeunes. Il consiste en principe à intervertir l'ordre des syllabes des mots : *l'envers* donne *verlan, tomber* donne *béton*, etc. Cependant, cette règle ne suffit pas à générer toutes les formes du verlan :

— les mots de plus de deux syllabes donnent lieu à des variantes dialectales pour l'ordre des syllabes : 1 2 3 peut donner 3 2 1 ou 3 1 2 : *berlingot* donne *golinbert* ou *goberlin*.

— les monosyllabes donnent lieu à des phénomènes de substitution de voyelles : *femme* donne [mœf] (et non le [*maf] attendu), *flic* donne [kœf] (et non le [*kilf] attendu), *merde* donne [dœm] (et non le [*dʁɛm] attendu), sans doute sous l'effet d'une épellation régressive : *femme* est lu : *m, e,* manifesté oralement par [œ], *f; flic* est lu [kœ] (désignation de la lettre *c*), *f.*

— certains dissyllabes terminées par -*e* muet ajoutent à la mutation vocalique des phénomènes d'abréviation : *arabe* donne [bœʁ], peu identifiable par rapport à son étymon. La règle est récursive : elle génère [ʁœb] (parfois [ʁœbœ], *rebeu*) à partir de [bœʁ].

Certains mots du verlan sont plus ou moins lexicalisés. L'intégration dans les structures orthographiques de la langue est en voie : *ripou* (verlan de *pourri*) a pour pluriel *ripoux*, sous l'influence de *pou, poux.*

versus

Le mot latin *versus* (« en face de ») est fréquemment utilisé (souvent sous la forme abrégée *vs*) comme signe de l'opposition entre deux termes : [r] vs [ʁ], *masculin* vs *féminin,* etc. On utilise aussi avec la même valeur la barre oblique (/).

vibrante

Voir PHONÉTIQUE/PHONOLOGIE.

vicaire (verbe)

Voir PRO-VERBE.

virgule

Voir PONCTUATION.

vocabulaire

Voir LEXIQUE.

voisement

Voir PHONÉTIQUE/PHONOLOGIE.

voix

1. En phonétique* la *voix* est l'ensemble des ondes sonores produites dans le larynx par la vibration des cordes vocales. Au même titre que l'écriture, la voix est produite par un effort musculaire. La voix constitue le support matériel (substantiel) du signifiant* oral de la langue.

2. La voix est l'une des catégories qui affectent la classe du verbe. Elle peut également être considérée comme affectant l'ensemble de la phrase. En français, il existe, pour les verbes transitifs*, deux voix : l'actif* et le passif*. La construction pronominale de certains verbes est parfois considérée comme une troisième voix comparable au moyen* de certaines autres langues (voir PRONOMINAUX (VERBES)). Enfin, il existe des périphrases verbales* diathétiques. *(Voix* a pour synonyme *diathèse.)* (Voir aussi AUXILIAIRE et FACTITIF.)

voyelle

Voir PHONÉTIQUE/PHONOLOGIE.

vs

Abréviation du mot *versus**.

X, Z

xénisme

Utilisation épisodique d'un mot étranger. (Voir EMPRUNT.)

zéro (morphème)

Pour les classes* comportant une flexion*, on parle de *morphème zéro* quand une catégorie* comporte comme marque d'une de ses positions l'absence de tout élément manifeste : dans la flexion en genre* des adjectifs*, le masculin est caractérisé, en opposition avec le féminin, par le morphème zéro. *Zéro* est représenté par le symbole ø. On peut donc dire que *petit* au masculin comporte deux morphèmes : le morphème lexical (lexème) *petit-* et le morphème ø du masculin.

zeugme

Voir COORDINATION.

zoosémiotique

La *zoosémiotique* est l'étude des systèmes de communication dans les sociétés animales. On n'en signale ici l'existence que dans l'intention de suggérer les relations et les différences entre les systèmes utilisés par les animaux et les langues humaines.

Des systèmes de communication variés existent — et fonctionnent avec efficacité — dans de nombreuses sociétés animales. Ils ont des supports matériels divers : visuels (présentation de parties colorées du corps, gestes, mimiques, etc.), sonores (émissions de sons chez les oiseaux, les serpents, les mammifères, par exemple les dauphins, etc.), olfactifs, chimiques, etc. La communication peut donner des informations sur un référent absent : par exemple, la danse des abeilles fournit des renseignements sur une source de butin alimentaire plus ou moins éloignée.

Certains de ces systèmes de communication peuvent être décrits selon le modèle de la stratification* du langage en deux plans : signifiant et signifié. Ainsi chez les macaques l'émission de sons *kaa* provoque la dispersion, alors que *kuan* détermine le silence, la dissimulation, la préparation à la fuite : il est donc possible de décrire *kaa* et *kuan* comme des signifiants, et « ordre de dispersion » et de « silence » comme leurs signifiés.

Ces analogies avec le langage humain ne doivent cependant pas faire considérer ces systèmes comme des langues, au sens qui a été défini à l'article LANGUE. En effet, il apparaît, dans l'état actuel des connaissances, que deux au moins des traits qui caractérisent les langues humaines ne sont jamais représentés dans les langages animaux :

a) La double articulation, qui permet la production d'un nombre illimité d'unités de première articulation. De ce point de vue, les langages animaux comportent une articulation unique.

b) La possibilité de produire un nombre infini de combinaisons de signes en phrases. De ce point de vue, les langages animaux peuvent souvent être décrits comme un répertoire fini d'unités dont les combinaisons, quand elles sont possibles, constituent également un inventaire fermé.

BIBLIOGRAPHIE

Au moment d'établir cette bibliographie, les auteurs ont successivement pris conscience de deux impossibilités.

Il s'est, d'emblée, révélé impossible de donner une bibliographie exhaustive — ou prétendue telle — de la linguistique française : un ouvrage du volume de celui-ci n'y aurait pas suffi. Le *Bulletin analytique de linguistique française,* publié périodiquement par l'I.N.A.L.F. [1], comporte chaque année plusieurs centaines de pages.

Il est, ensuite, apparu déraisonnable de réserver à la bibliographie la cinquantaine de pages qu'aurait exigée l'énumération des travaux de toute nature qui — parfois pour un infime détail — ont été consultés en vue de l'élaboration du *Guide alphabétique.*

On s'est donc résolu à fournir une bibliographie très étroitement sélective [2]. Les trois critères de choix qui ont été retenus sont ceux de l'utilité, de l'accessibilité (à tous les sens du mot) et de l'influence effectivement exercée sur la composition de l'ouvrage : c'est dire que des travaux en eux-mêmes excellents ont été intentionnellement passés sous silence. C'est le cas notamment des articles, qui ne sont signalés, indirectement, que par le titre des revues dans lesquelles ils ont été publiés.

1. Linguistique générale

1.1. *Ouvrages de linguistique générale*

BENVENISTE (É.). — *Problèmes de linguistique générale,* I et II. — Gallimard; 1966 et 1974. Réédités dans la collection Tel.

CHOMSKY (N.). — *Le langage et la pensée.* — Payot; 1970.

FRANÇOIS (F.), (éd). — *Linguistique.* — P.U.F., 1980.

FUCHS (C.). et LE GOFFIC (P.). — *Initiation aux problèmes des linguistiques contemporaines.* — Hachette; 1977.

GLEASON (H. A.). — *Introduction à la linguistique.* — Larousse; 1969.

HAGÈGE (C.). — *La Structure des langues.* — P.U.F., Que sais-je?; 1982.

HJELMSLEV (L.). — *Le Langage.* — Minuit; 1966.

---

(1) Direction de l'Institut de la Langue Française, 44, avenue de la Libération, CO 3310, 54014 Nancy Cedex.

(2) Pour ne pas fausser les perspectives historiques, on a pris le parti d'indiquer pour les ouvrages publiés en français la date de leur première publication. Pour les ouvrages traduits d'une autre langue, on a donné la date de la première édition de la traduction française.

HJELMSLEV (L.). — *Prolégomènes à une théorie du langage.* — Minuit; 1971.

JAKOBSON (R.). — *Essais de linguistique générale,* I et II. — Minuit; 1963 et 1973.

JOYAUX (J.). — *Le Langage, cet inconnu.* — S.G.P.P.; 1969. Republié sous le nom de KRISTEVA (J.), collection Points.

LEROT (J.). — *Abrégé de linguistique générale.* — Cabay; 1983.

LYONS (J.). — *Linguistique générale.* — Larousse; 1970.

MARTINET (A.). — *Éléments de linguistique générale.* — Colin; 1960.

MARTINET (A.) (éd.). — *Le Langage.* — Gallimard, Encyclopédie de la Pléiade; 1968.

MILNER (J.-C.). — *L'Amour de la langue.* — Seuil; 1978.

SAUSSURE (F. de). — *Cours de linguistique générale.* — Payot; 1916.

1.2. Dictionnaires de linguistique générale

DUBOIS (J.) et *alii.* — *Dictionnaire de linguistique.* — Larousse; 1973.

DUCROT (O.) et TODOROV (T.). — *Dictionnaire encyclopédique des sciences du langage.* — Seuil; 1972.

GALISSON (R.) et COSTE (D.), (éds). — *Dictionnaire de didactique des langues.* — Hachette; 1976.

GREIMAS (A. J.) et COURTÈS (J.). — *Sémiotique : dictionnaire raisonné de la théorie du langage.* — Hachette; 1979.

POTTIER (B.) et *alii.* — *Le Langage.* — CAL/Retz puis Denoël; 1973.

REY-DEBOVE (J.). — *Sémiotique : lexique.* — P.U.F.; 1979.

2. Les classiques de la linguistique française

BONNARD (H.). — *Code du français courant.* — Magnard; 1981.

BONNARD (H.) et *alii.* — Rubriques « grammaire et linguistique » du *Grand Larousse de la langue française.* — Larousse; 1971-1978.

BRUNOT (F.). — *La Pensée et la langue.* — Masson; 1922.

CHEVALIER (J.-C.) et *alii.* — *Grammaire du français contemporain.* — Larousse; 1964.

CHISS (J.-L.), FILLIOLET (J.), MAINGUENEAU (D.). — *Linguistique française. Initiation à la problématique structurale,* I et II. — Hachette; 1977 et 1978.

DAMOURETTE (J.) et PICHON (E.). — *Des mots à la pensée, essai de grammaire de la langue française.* — D'Artrey; 7 volumes, 1911-1940. Réédité chez Vrin.

DÉSIRAT (C.) et HORDÉ (T.). — *La Langue française au XXe siècle.* — Bordas; 1976.

DUBOIS (J.). — *Grammaire structurale du français,* I, II et III. — Larousse; 1965, 1967 et 1969.

GOUGENHEIM (G.). — *Système grammatical de la langue française.* — D'Artrey; 1939.

GREVISSE (M.). — *Le Bon Usage : grammaire française.* — Duculot; 1936.

GUILLAUME (G.). — *Langage et science du langage.* — Presses de l'Université Laval et Nizet; 1973.

TESNIÈRE (L.). — *Éléments de syntaxe structurale.* — Klincksieck; 1959.

TOGEBY (K.). — *Structure immanente de la langue française.* — Larousse; 1965.

VAN HOUT (G.). — *Franc-Math : essai pédagogique sur les structures grammaticales du français moderne;* — Didier; 4 volumes, 1973.

WAGNER (R.-L.) et PINCHON (J.) — *Grammaire du français classique et moderne.* — Hachette; 1962.

WARTBURG (W. von) et ZUMTHOR (P.). — *Précis de syntaxe du français contemporain.* — Francke; 1947.

3. Phonétique et phonologie

3.1. Ouvrages

CARTON (F.). — *Introduction à la phonétique du français.* — Bordas; 1974.

CHIGAREVSKAÏA (N.). — *Traité de phonétique française.* — Moscou; 1982.

CHOMSKY (N.) et HALLE (M.). — *Principes de phonologie générative.* — Seuil; 1973.

DUCHET (J.-L.). — *La Phonologie.* — P.U.F., Que sais-je ?; 1980.

LÉON (P.). — *La Prononciation du français standard.* — Didier; 1964.

LÉON (P.) et MARTIN (Ph.). — *Prolégomènes à l'étude des structures intonatives.* — Didier; 1969.

MALMBERG (B.). — *La Phonétique,* — P.U.F., Que sais-je ?; 1968.

MARTINET (A.). — *Le Français sans fard.* — P.U.F.; 1969.

ROSSI (M.) et *alii.* — *L'Intonation, de l'acoustique à la sémantique.* — Klincksieck; 1981.

THOMAS (J. M. C.), BOUQUIAUX (L.) et CLOAREC-HEISS (F.). — *Introduction à la phonétique : phonétique articulatoire et phonétique distinctive.* — P.U.F.; 1976. Cet ouvrage est illustré par un disque 33 tours, des mêmes auteurs : *Introduction à la phonétique* (P.U.F. et O.R.S.T.O.M., distribué par la S.E.L.A.F.).

WALTER (H.). — *La Phonologie du français.* — P.U.F.; 1977.

3.2. Dictionnaires de prononciation

LEROND (A.). — *Dictionnaire de la prononciation.* — Larousse; 1980.

MARTINET (A.) et WALTER (H.). — *Dictionnaire de la prononciation française dans son usage réel.* — France-Expansion; 1973.

WARNANT (L.). — *Dictionnaire de la prononciation française.* — Duculot; 3ᵉ éd., en un volume, 1968; avec un disque 45 tours.

4. Orthographe

BLANCHE-BENVENISTE (C.) et CHERVEL (A.). — *L'Orthographe.* — Maspéro; 1969.

CATACH (N.). — *L'Orthographe française.* — Nathan; 1980.

CATACH (N.). — *Orthographe et lexicographie.* — Nathan; 1981.

THIMONNIER (R.). — *Le Système graphique du français.* — Plon; 1967.

5. Grammaire

ANTOINE (G.). — *La Coordination en français,* I et II. — D'Artrey; 1958 et 1962.

ARRIVÉ (M.) et CHEVALIER (J.-Cl.). — *La Grammaire, lectures.* — Klincksieck; 1970.

BÈGUE (D.). — *Quelques Aspects de la coordination en français.* — Thèse de l'Université de Paris VII; 1979.

BESSE (H.) et PORQUIER (R.). — *Grammaires et didactique des langues.* — Hatier; 1984.

BORILLO (A.), SOUBLIN (F.) et TAMINE (J.). — *Exercices de syntaxe transformationnelle du français.* — Colin; 1974.

CHOMSKY (N.). — *Aspects de la théorie syntaxique.* — Seuil; 1971.

DUCROT (O.) et *alii.* — *Les Mots du discours.* — Minuit; 1980.

GROSS (M.). — *Méthodes en syntaxe.* — Hermann; 1975.

GRÜNIG (B.-N.). — *Structure sous-jacente : essai sur les fondements théoriques.* — Champion; 1981.

GUIRAUD (P.). — *La Syntaxe du français.* — P.U.F., Que sais-je?; 1962.

HUOT (H.). — *Constructions infinitives du français.* — Droz; 1981.

KAYNE (R.). — *Syntaxe du français.* — Seuil; 1977.

MARTINET (A.) et *alii.* — *Grammaire fonctionnelle du français.* — Crédif/Didier; 1979.

MILNER (J.-C.). — *Arguments linguistiques.* — Mame; 1973.

MILNER (J.-C.). — *De la syntaxe à l'interprétation. Quantités, insultes, exclamations.* — Seuil; 1978.

NIQUE (Ch.). — *Grammaire générative : hypothèses et argumentations.* — Colin; 1978.

PICABIA (L.) et ZRIBI (A.). — *Découvrir la grammaire française.* — C.E.D.I.C.; 1981.

PINCHON (J.) et COUTÉ (B.). — *Le Système verbal du français.* — Nathan; 1981.

RIGAULT (A.) et *alii.* — *La Grammaire du français parlé.* — Hachette; 1971.

RUWET (N.). — *Introduction à la grammaire générative.* — Plon; 1967.

RUWET (N.). — *Théorie syntaxique et syntaxe du français.* — Seuil; 1972.

RUWET (N.). — *Grammaire des insultes et autres études.* — Seuil; 1982.

6. Lexicologie et sémantique

CHOMSKY (N.). — *Questions de sémantique.* — Seuil; 1975.

GALMICHE (M.). — *Sémantique générative.* — Larousse; 1975.

GOUGENHEIM (G.). — *Études de grammaire et de vocabulaire français.* — Picard; 1970.

GREIMAS (A.-J.). — *Sémantique structurale.* — Larousse; 1966.

GUILBERT (L.). — *La Créativité lexicale.* — Larousse; 1975.

GUIRAUD (P.). — *Structures étymologiques du vocabulaire français.* — Larousse; 1967.

KLEIBER (G.). — *Problèmes de référence : descriptions définies et noms propres.* — Klincksieck; 1980.

LYONS (J.). — *Éléments de sémantique.* — Larousse; 1978.

LYONS (J.). — *Sémantique linguistique.* — Larousse; 1980.

MARTIN (R.). — *Inférence, antonymie et paraphrase.* — Klincksieck; 1976.

MARTIN (R.). — *Pour une logique du sens.* — P.U.F.; 1983.

MITTERAND (H.). — *Les Mots français.* — P.U.F., Que sais-je?; 1963.

PICOCHE (J.). — *Précis de lexicologie française.* — Nathan; 1977.

REY (A.). — *La Lexicologie, lectures.* — Klincksieck; 1970.

REY (A.). — *Théories du signe et du sens, lectures.* I et II. — Klincksieck; 1973 et 1976.

ULLMANN (S.). — *Précis de sémantique française.* — Francke; 1959.

WAGNER (R.-L.). — *Les Vocabulaires français.* I et II. — Didier; 1967 et 1970.

7. Lexicographie

7.1. Ouvrages relatifs à la lexicographie

COLLIGNON (L.) et GLATIGNY (M.). — *Les dictionnaires.* — C.E.D.I.C.; 1978.

DUBOIS (J. et C.). — *Introduction à la lexicographie : le dictionnaire.* — Larousse; 1971.

MATORÉ (G.). — *Histoire des dictionnaires français.* — Larousse; 1968.

QUEMADA (B.). — *Les Dictionnaires du français moderne : 1539-1863.* — Didier; 1968.

REY (A.). — *Le Lexique : images et modèles; du dictionnaire à la lexicologie.* — Colin; 1977.

REY-DEBOVE (J.). — *Étude linguistique et sémiotique des dictionnaires français contemporains.* — Mouton; 1971.

7.2. Dictionnaires

Dictionnaires de langue

Trésor de la langue française. — C.N.R.S. et Klincksieck puis Gallimard, 11 volumes parus (jusqu'à NAT) en 1986 (15 volumes prévus).

Dictionnaire alphabétique et analogique de la langue française. — Le Robert; 1953-1971; 6 volumes et un supplément.

Nouveau Grand Robert; 1985; 9 volumes.

Grand Larousse de la langue française; 1971-1978; 6 volumes.

Pour mémoire : LITTRÉ (E.). — *Dictionnaire de la langue française,* Hachette; 1863-1877; 4 volumes et un supplément. Réédition en 7 volumes, Pauvert puis Hachette-Gallimard; 1956-1958.

Le Petit Robert, un volume (environ 50 000 mots).

Dictionnaire du français contemporain. — Larousse, un volume, (environ 25 000 mots).

Lexis. — Larousse, un volume.

Dictionnaire actuel de la langue française. — Flammarion; 1985; un volume (environ 51 200 mots).

Dictionnaires comportant des développements encyclopédiques

Grand Dictionnaire encyclopédique Larousse, 10 volumes.

Dictionnaire encyclopédique Quillet, 10 volumes et un supplément.

Dictionnaires usuels associant langue et encyclopédie

Petit Larousse illustré; depuis 1906.

Dictionnaire Hachette en un volume; depuis 1980.

Dictionnaire du français vivant. — Bordas.

Dictionnaire usuel illustré. — Flammarion; depuis 1980.

Dictionnaires spécialisés

Étymologie.

DAUZAT (A.), DUBOIS (J.), MITTERAND (H.). — *Nouveau Dictionnaire étymologique.* — Larousse; 1964.

PICOCHE (J.). — *Nouveau Dictionnaire étymologique du français.* — Tchou-Hachette, puis Le Robert; 1971.

Synonymes, antonymes.

BERTAUD DU CHAZAUD (H.). — *Nouveau Dictionnaire des synonymes.* — Tchou-Hachette, puis Le Robert; 1971.

DUPUIS (H.). — *Dictionnaire des synonymes et des antonymes.* — F.I.D.E.S.; 1975.

Homonymes.

BERTRAND (J.). — *Dictionnaire pratique des homonymes.* — Nathan; 1980.

Analogie.

DELAS (D.) et DELAS-DEMON (D.). — *Dictionnaire des idées par les mots.* — Tchou-Hachette, puis Le Robert; 1971.

Néologismes.

GILBERT (P.). — *Dictionnaire des mots nouveaux.* — Tchou-Hachette, puis Le Robert; 1971.

RHEIMS (M.). — *Dictionnaire des mots sauvages.* — Larousse; 1969.

Argot, français non conventionnel.

CARADEC (F.). — *Dictionnaire du français argotique et populaire.* — Larousse; 1973.

CELLARD (J.) et REY (A.). — *Dictionnaire du français non conventionnel.* — Hachette; 1980.

Éléments de formation grecs et latins.

CELLARD (J.). — *Les 500 Racines grecques et latines les plus importantes du vocabulaire français,* 1. Racines grecques, 2. Racines latines. — Duculot; 1979 et 1980.

Difficultés du français.

COLIN (J.-P.). — *Nouveau Dictionnaire des difficultés du français.* — Tchou-Hachette, puis Le Robert; 1971.

DUPRÉ (P.), (éd.). — *Encyclopédie du bon français dans l'usage contemporain.* — Trévise; trois volumes, 1972.

HANSE (J.). — *Nouveau Dictionnaire des difficultés du français moderne.* — Duculot; 1984.

Rimes.

WARNANT (L.). — *Dictionnaire des rimes orales et écrites.* — Larousse; 1973.

Anthroponymie, toponymie.

DAUZAT (A.). — *Dictionnaire étymologique des noms de famille et prénoms de France.* — Larousse; 1951.

DAUZAT (A.) et ROSTAING (Ch.). — *Dictionnaire des noms de lieux de France.* — Larousse; 1963.

8. Sociolinguistique, énonciation, discours

AUSTIN (J.-L.). — *Quand dire c'est faire.* — Seuil; 1970.

BENVENISTE (E.). — Voir la rubrique linguistique générale.

DUCROT (O.). — *Dire et ne pas dire.* — Hermann; 1972.

FREI (H.). — *La Grammaire des fautes.* — Geuthner; 1929. Réédition Slatkine.

GUIRAUD (P.). — *L'Argot.* — P.U.F., Que sais-je?; 1966.

GUIRAUD (P.). — *Le Français populaire.* — P.U.F., Que sais-je?; 1969.

KERBRAT-ORECCHIONI (C.). — *De la subjectivité dans le langage.* — Colin; 1980.

LABOV (W.). — *Sociolinguistique.* — Minuit; 1977.

MAINGUENEAU (D.). — *Approche de l'énonciation en linguistique française.* — Hachette; 1981.

MARCELLESI (J.-B.) et GARDIN (B.). — *Introduction à la sociolinguistique.* — Larousse; 1974.

RÉCANATI (F.). — *La Transparence et l'énonciation.* — Seuil; 1979.

SEARLE (J.-R.). — *Les Actes de langage.* — Hermann; 1972.

9. Revues

La Banque des mots. — C.I.L.F.; P.U.F.

Cahiers de lexicologie. — Didier-Larousse; depuis 1959.

D.R.L.A.V. — Université de Paris VIII; depuis 1972; voir notamment les numéros 15 (sur la coordination), 21 (mélanges de syntaxe et de sémantique), 25 (dans le champ pragmatico-énonciatif), 26 (parole multiple), 27 (des bords au centre de la linguistique), 32 (métalangages).

Études de linguistique appliquée. — Didier; depuis 1962.

Le Français aujourd'hui. — A.F.E.F.; depuis 1968.

Le Français dans le monde. — Hachette-Larousse; depuis 1961.

Le Français moderne. — D'Artrey, puis C.I.L.F.; depuis 1933. À consulter constamment.

L'Information grammaticale. — Baillère; depuis 1979.

Langages. — Didier-Larousse, puis Larousse; depuis 1966; voir notamment les numéros 7 (linguistique française), 8 (phonologie générative), 13 (analyse du discours), 17 (énonciation), 19 (lexicographie), 20 (analyse distributionnelle et structurale), 27 (sémantique générative), 32 (le changement linguistique), 36 (la néologie lexicale), 37 (analyse du discours, langue et idéologies), 38 (grammaire des cas), 48 (quantificateurs et référence), 64 (le temps grammatical), 76 (la dénomination).

Langue française. — Larousse; depuis 1969; voir notamment les numéros 1 à 4 (syntaxe, lexique, stylistique, sémantique), 11 (syntaxe transformationnelle), 16 (la norme), 19 (phonétique et phonologie), 20 (orthographe), 30 (lexique et grammaire), 44 (grammaire de phrase et grammaire de discours), 45 (ponctuation), 46 (l'explication en grammaire), 52 (l'interrogation), 57 (grammaire et référence), 58 (français et grammaire universelle), 59 (le signifiant graphique), 62 (la négation).

La Linguistique. — P.U.F.; depuis 1965.

LINX. — Université de Paris X — Nanterre; depuis 1979.

Travaux de linguistique et de littérature. — Klincksieck; depuis 1963.

De nombreuses autres revues françaises publient de façon plus ou moins régulière des articles concernant la linguistique française. Citons, une fois de plus sans atteindre ni même viser l'exhaustivité, le *Bulletin de la société de linguistique de Paris* (avec de très nombreux comptes rendus d'ouvrages), *Change* (voir notamment le n° 17-18 sur la critique générative et spécifiquement les discours direct et indirect), *Communications, Histoire, épistémologie, langage, Journal de psychologie normale et pathologique, Pratiques,* etc. De nombreuses revues étrangères comportent périodiquement des articles de linguistique française : *Cahiers de linguistique* et *Revue québécoise de linguistique* (Canada), *Cahiers de linguistique théorique et appliquée* et *Revue roumaine de linguistique* (Roumanie), *Dilbilim* (Turquie), *Études romanes de Brno* (Tchécoslovaquie), *French review, Language, Romanic review, Word* (U.S.A.), *French studies* et *Modern language review* (Angleterre), *Bulletin CILA, Cahiers de linguistique française Kratylos* et *Vox romanica* (Suisse), *Les lettres romanes* et *Orbis* (Belgique), *Lingua, Linguisticae investigationes, Linguistics* et *Neophilologus* (Pays-Bas), *Neuphilologische Mitteilungen* (Finlande), *Praxis des Neusprachlichen Unterrichts, Romanische Forschungen, Romanistisches Jahrbuch, Zeitschrift für französische Sprache und Literatur, Zeitschrift für romanische Philologie, Zeitschrift für Sprachwissenschaft* (Allemagne), *Revista Portuguesa de Filologia* (Portugal), *Revue romane* (Danemark), *Studi francesi* (Italie), *Studia linguistica* et *Studia neophilologica* (Suède), etc.

Enfin, de nombreuses universités publient des revues de linguistique où la linguistique française est fréquemment représentée : parmi de nombreuses autres *B.U.L.A.G.* et *Cahiers du C.R.E.L.E.F.* (Besançon), *Cahiers de linguistique sociale* (Rouen), *Bulletin du cercle de linguistique et de pédagogie du français* (Perpignan), *Cahiers de grammaire* (Toulouse), *Cahiers de praxématique* (Montpellier), *HESO-Liaisons* (sur l'orthographe, C.N.R.S.), *Langage et société* (Maison des sciences de l'homme), *Lexique* et *Modèles linguistiques* (Lille), *Mots* (C.N.R.S.), *Recherches linguistiques* (Paris VIII), *Recherches sur le français parlé* et *Travaux du cercle linguistique* (Aix), *SIGMA* (Aix-Montpellier), *Travaux de linguistique* (Angers), *Travaux du C.I.E.R.E.C.* (Saint-Étienne), *Verbum* (Nancy), etc.

BUSCILA, Bulletin de l'Association des Sciences du langage, fournit un répertoire périodiquement mis à jour de ces publications. Adresse de l'Association : 33, rue Croulebarbe, 75013 Paris.

INDEX

Conformément à ce qui a été annoncé dans l'avant-propos, on a fait apparaître dans l'index les mots et expressions qui donnent lieu à une analyse ou à un commentaire dans le *Guide*. En revanche, les noms des notions linguistiques n'avaient pas à figurer de nouveau dans l'index.

Dans quelques cas de références multiples, on a composé en caractères gras la (ou les) référence(s) particulièrement importante(s).

Achevé d'imprimer par l'Imprimerie Nouvelle. 45800 Saint-Jean-de-Braye
en Juillet 1999
N° édition : FK 200311 – N° impression 42423
Dépôt légal : Novembre 1989

Imprimé en France